Informatik – Fachberichte

Band 4: Computer Architecture. Workshop of the Gesellschaft für Informatik 1975. Edited by W. Händler. VIII, 382 pages. 1976.

Band 5: GI – 6. Jahrestagung. Proceedings 1976. Herausgegeben von E. J. Neuhold. (vergriffen)

Band 6: B. Schmidt, GPSS-FORTRAN, Version II. Einführung in die Simulation diskreter Systeme mit Hilfe eines FORTRAN-Programmpaketes, 2. Auflage. XIII, 535 Seiten. 1978.

Band 7: GMR – GI – GfK. Fachtagung Prozessrechner 1977. Herausgegeben von G. Schmidt. (vergriffen)

Band 8: Digitale Bildverarbeitung/Digital Image Processing. GI/NTG Fachtagung, München, März 1977. Herausgegeben von H.-H. Nagel. (vergriffen)

Band 9: Modelle für Rechensysteme. Workshop 1977. Herausgegeben von P. P. Spies. VI, 297 Seiten. 1977.

Band 10: GI – 7. Jahrestagung. Proceedings 1977. Herausgegeben von H. J. Schneider. IX, 214 Seiten. 1977.

Band 11: Methoden der Informatik für Rechnerunterstütztes Entwerfen und Konstruieren, GI-Fachtagung, München, 1977. Herausgegeben von R. Gnatz und K. Samelson. VIII, 327 Seiten. 1977.

Band 12: Programmiersprachen. 5. Fachtagung der GI, Braunschweig, 1978. Herausgegeben von K. Alber. VI, 179 Seiten. 1978.

Band 13: W. Steinmüller, L. Ermer, W. Schimmel: Datenschutz bei riskanten Systemen. Eine Konzeption entwickelt am Beispiel eines medizinischen Informationssystems. X, 244 Seiten. 1978.

Band 14: Datenbanken in Rechnernetzen mit Kleinrechnern. Fachtagung der GI, Karlsruhe, 1978. Herausgegeben von W. Stucky und E. Holler. (vergriffen)

Band 15: Organisation von Rechenzentren. Workshop der Gesellschaft für Informatik, Göttingen, 1977. Herausgegeben von D. Wall. X, 310 Seiten. 1978.

Band 16: GI – 8. Jahrestagung, Proceedings 1978. Herausgegeben von S. Schindler und W. K. Giloi. VI, 394 Seiten. 1978.

Band 17: Bildverarbeitung und Mustererkennung. DAGM Symposium, Oberpfaffenhofen, 1978. Herausgegeben von E. Triendl. XIII, 385 Seiten. 1978.

Band 18: Virtuelle Maschinen. Nachbildung und Vervielfachung maschinenorientierter Schnittstellen. GI-Arbeitsseminar. München 1979. Herausgegeben von H. J. Siegert. X, 230 Seiten. 1979.

Band 19: GI – 9. Jahrestagung. Herausgegeben von K. H. Böhling und P. P. Spies. (vergriffen)

Band 20: Angewandte Szenenanalyse. DAGM Symposium, Karlsruhe 1979. Herausgegeben von J. P. Foith. XIII, 362 Seiten. 1979.

Band 21: Formale Modelle für Informationssysteme. Fachtagung der GI, Tutzing 1979. Herausgegeben von H. C. Mayr und B. E. Meyer. VI, 265 Seiten. 1979.

Band 22: Kommunikation in verteilten Systemen. Workshop der Gesellschaft für Informatik e.V.. Herausgegeben von S. Schindler und J. C. W. Schröder. VIII, 338 Seiten. 1979.

Band 23: K.-H. Hauer, Portable Methodenmonitoren. Dialogsysteme zur Steuerung von Methodenbanken: Softwaretechnischer Aufbau und Effizienzanalyse. XI, 209 Seiten. 1980.

Band 24: N. Ryska, S. Herda, Kryptographische Verfahren in der Datenverarbeitung. V, 401 Seiten. 1980.

Band 25: Programmiersprachen und Programmierentwicklung. 6. Fachtagung, Darmstadt, 1980. Herausgegeben von H.-J. Hoffmann. VI, 236 Seiten. 1980.

Band 26: F. Gaffal, Datenverarbeitung im Hochschulbereich der USA. Stand und Entwicklungstendenzen. IX, 199 Seiten. 1980.

Band 27: GI-NTG Fachtagung, Struktur und Betrieb von Rechensystemen. Kiel, März 1980. Herausgegeben von G. Zimmermann. IX, 286 Seiten. 1980.

Band 28: Online-Systeme im Finanz- und Rechnungswesen. Anwendergespräch, Berlin, April 1980. Herausgegeben von P. Stahlknecht. X, 547 Seiten, 1980.

Band 29: Erzeugung und Analyse von Bildern und Strukturen. DGaO – DAGM Tagung, Essen, Mai 1980. Herausgegeben von S. J. Pöppl und H. Platzer. VII, 215 Seiten. 1980.

Band 30: Textverarbeitung und Informatik. Fachtagung der GI, Bayreuth, Mai 1980. Herausgegeben von P. R. Wossidlo. VIII, 362 Seiten. 1980.

Band 31: Firmware Engineering. Seminar veranstaltet von der gemeinsamen Fachgruppe „Mikroprogrammierung" des GI Fachausschusses 3/4 und des NTG-Fachausschusses 6 vom 12. – 14. März 1980 in Berlin. Herausgegeben von W. K. Giloi. VII, 289 Seiten. 1980.

Band 32: M. Kühn, CAD Arbeitssituation. Untersuchungen zu den Auswirkungen von CAD sowie zur menschengerechten Gestaltung von CAD-Systemen. VII, 215 Seiten. 1980.

Band 33: GI – 10. Jahrestagung. Herausgegeben von R. Wilhelm. XV, 563 Seiten. 1980.

Band 34: CAD-Fachgespräch. GI - 10. Jahrestagung. Herausgegeben von R. Wilhelm. VI, 184 Seiten. 1980.

Band 35: B. Buchberger, F. Lichtenberger: Mathematik für Informatiker I. Die Methode der Mathematik. XI, 315 Seiten. 1980.

Band 36: The Use of Formal Specification of Software. Berlin, Juni 1979. Edited by H. K. Berg and W. K. Giloi. V, 388 pages. 1980.

Band 37: Entwicklungstendenzen wissenschaftlicher Rechenzentren. Kolloquium, Göttingen, Juni 1980. Herausgegeben von D. Wall. VII, 163 Seiten. 1980.

Band 38: Datenverarbeitung im Marketing. Herausgegeben von R. Thome. VIII, 377 pages. 1981.

Band 39: Fachtagung Prozeßrechner 1981. München, März 1981. Herausgegeben von R. Baumann. XVI, 476 Seiten. 1981.

Band 40: Kommunikation in verteilten Systemen. Herausgegeben von S. Schindler und J.C.W. Schröder. IX, 459 Seiten. 1981.

Band 41: Messung, Modellierung und Bewertung von Rechensystemen. GI-NTG Fachtagung. Jülich, Februar 1981. Herausgegeben von B. Mertens. VIII, 368 Seiten. 1981.

Band 42: W. Kilian, Personalinformationssysteme in deutschen Großunternehmen. XV, 352 Seiten. 1981.

Band 43: G. Goos, Werkzeuge der Programmiertechnik. GI-Arbeitstagung. Proceedings, Karlsruhe, März 1981. VI, 262 Seiten. 1981.

Band 44: Organisation informationstechnik-geschützter öffentlicher Verwaltungen. Fachtagung, Speyer, Oktober 1980. Herausgegeben von H. Reinermann, H. Fiedler, K. Grimmer und K. Lenk. 1981.

Band 45: R. Marty, PISA – A Programming System for Interactive Production of Application Software. VII, 297 Seiten. 1981.

Band 46: F. Wolf, Organisation und Betrieb von Rechenzentren. Fachgespräch der GI, Erlangen, März 1981. VII, 244 Seiten. 1981.

Informatik-Fachberichte

Herausgegeben von W. Brauer
im Auftrag der Gesellschaft für Informatik (GI)

90

Informatik als Herausforderung an Schule und Ausbildung

GI-Fachtagung
Berlin, 8.-10. Oktober 1984

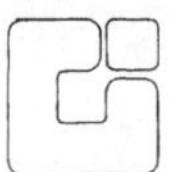

Herausgegeben von W. Arlt und K. Haefner

Springer-Verlag
Berlin Heidelberg New York Tokyo 1984

Herausgeber

Wolfgang Arlt
Freie Universität Berlin
Institut für Didaktik der Mathematik und Informatik
Habelschwerdter Allee 45, D-1000 Berlin 33

Klaus Haefner
Universität Bremen, FB 3/MZH
Postfach 330440, D-2800 Bremen 33

ISBN-13:978-3-540-13869-3   e-ISBN-13:978-3-642-70089-7
DOI: 10.1007/978-3-642-70089-7

CIP-Kurztitelaufnahme der Deutschen Bibliothek. Informatik als Herausforderung an
Schule und Ausbildung: GI-Fachtagung, Berlin, 8. - 10. Oktober 1984 / hrsg. von
W. Arlt u. K. Haefner. – Berlin; Heidelberg; New York; Tokyo: Springer, 1984.
(Informatik-Fachberichte; 90)
ISBN-13:978-3-540-13869-3

NE: Arlt, Wolfgang [Hrsg.]; Gesellschaft für Informatik; GT

VORWORT

Informatik ist immer noch eine junge und in rascher Entwicklung befindliche Wissenschaft - die ständig zunehmende Integration ihrer Methoden und Werkzeuge in fast alle Daseinsbereiche des Menschen zwingt uns, sich mit der Informatik intensiv auseinanderzusetzen.

Diese Auseinandersetzung mit der Informatik in Schule und Ausbildung hat relativ frühzeitig begonnen - erste Ansätze zur Aufnahme von Datenverarbeitung und Informatik im Bildungsbereich lassen sich bis 1965 zurückverfolgen. Diese Entwicklung kann man mit: "vom Computer-Unterstützten-Unterricht (CUU) über die Rechnerkunde zur Informatik und der Computer-Literacy in der Schule" knapp umreißen.

Die Ständige Konferenz der Kultusminister der Länder der Bundesrepublik Deutschland beschloß bereits 1972, Datenverarbeitung (Informatik) als Grundkurs in der reformierten Oberstufe zuzulassen; die Informatik als Lehrinhalt der allgemeinbildenden Schule konnte sich nun rasch entwickeln: über Arbeitsgruppen, zufällige oder regelmäßige Kursangebote bis zur möglichen Wahl als 3. oder 4. Abiturfach.

Im Rahmen von DV-Förderungsprogrammen konnte zeitlich parallel dazu der Einsatz von Rechnern als Medium und zur Verbesserung der Schulorganisation erprobt werden, wobei sich um den CUU ein deutlicher Schwerpunkt der Entwicklung bildete.

Die parallel zu den DV-Förderungsprogrammen des BMFT entwickelten Förderungsprogramme als Bund-Länder-Modellversuche waren dagegen für die Entwicklung und Erprobung der Informatik-Curricula von entscheidender Bedeutung: Lehrinhalte, -strategien, Unterrichtsmaterialien und -medien konnten entwickelt, erprobt und revidiert werden. Die 1976 erarbeiteten ersten Empfehlungen der GI (vgl. S. 321) bildeten einerseits den Abschluß der Entwicklungen, andererseits den Anlaß, die ersten Rahmenpläne zu überarbeiten und sie weitgehend vergleichbar zu machen. Parallel entwickelten sich Ansätze, Modelle und Rahmenpläne in den anderen Schul- und Bildungsbereichen - aus heutiger Sicht allerdings viel zu schleppend.

Mitglieder der Gesellschaft für Informatik beteiligten sich ebenfalls frühzeitig an der Entwicklung und Integration der Informatik in Schule und Ausbildung - so gab es z.B. bereits 1974 die erste RGU-Fachtagung (Rechner-Gestützter-Unterricht) in Hamburg; viele Tagungen des ACU (Arbeitskreis Computer im Unterricht) fanden bereits vor diesem Zeitpunkt statt. Aus den Beiträgen zu diesen Tagungen lassen sich ebenfalls die Entwicklungen nachvollziehen - vom Computer als Medium zur Informatik in der Allgemeinbildung.

Weitgehend unabhängig davon entwickelten sich umfassende Modelle und umfangreiche Aktivitäten der Industrie, um die Ausbildung und Qualifizierung des
benötigten Fachpersonals zu sichern.

Die zunehmende Integration der Informatik in die allgemeine und berufliche
Bildung führte auch zu eigenen Tagungsaktivitäten des BMBW (in Verbindung mit
dem BMFT und einzelnen Kultusverwaltungen); so wurden in Zusammenarbeit mit
örtlichen Institutionen 1980 in Lüdenscheid, 1982 im Schloß Birlinghoven und
1984 in Wiesbaden Expertentreffen zur Förderung der Informatik in Schule und
Ausbildung durchgeführt.

Die Kultusminister haben ebenfalls mehr oder weniger anspruchsvolle Programme
zur Integration der Informatik und zur Rechnerausstattung der Schulen angekündigt. So sei in diesem Zusammenhang nur auf eine Tagung exemplarisch hingewiesen, die das Land Niedersachsen in Loccum (1983) durchgeführt hat. Ebenfalls werden in der letzten Zeit von fast allen Ländern umfangreiche Programme
zur Lehrerfort- und -weiterbildung für Informatik angekündigt, auch der Einsatz von Rechnern in Schulen (und Universitäten) soll nun endlich gefördert
werden.

Die Breite der angebotenen Referate auf der nunmehr in Berlin stattfindenden
Fachtagung macht deutlich, daß die Integration der Informatik in Schule und
Ausbildung in Gang gekommen ist - allerdings auch jetzt noch mit völlig unzu-
reichenden Mitteln und Methoden.

Trotz allem besteht die Chance, mit solchen Fachtagungen insbesondere Lehrern
und Ausbildern einen Überblick über Erfahrungen, Anregungen und Hilfen zur
Informatik und Datenverarbeitung in Schule und Ausbildung zu geben. Zusätzlich
sind umfangreiche Förderungsprogramme und -mittel des Bundes und der Länder
ebenso erforderlich, wie eine großzügige Förderung der Lehrerqualifizierung
und der Rechnerbeschaffungen.

Für die umfangreiche Förderung der Fachtagung in Berlin sei an dieser Stelle
insbesondere dem Zentralinstitut für Unterrichtswissenschaft und Curriculumentwicklung (ZI 7) der Freien Universität Berlin, der Senatorin für Schulwesen, Jugend und Sport und dem Senator für Wirtschaft und Verkehr (beide
Berlin) gedankt. Dieser Dank gilt auch den Mitarbeitern zur Vorbereitung der
Fachtagung; ohne ihr engagiertes Mittun wäre diese Fachtagung in Berlin nicht
möglich gewesen.

Wolfgang Arlt

INHALTSVERZEICHNIS

Informatik in der Sekundarstufe I

Informatik in der Sekundarstufe II

Informatik in anderen Unterrichtsbereichen

Informatik und Mathematik

Informatik in der Lehrerfort- und -weiterbildung

Informatik in der beruflichen Aus- und Fortbildung

BILDUNG UND AUSBILDUNG FÜR EINE HUMAN COMPUTERISIERTE GESELLSCHAFT

Klaus Haefner
Fachbereich 3
Universität Bremen

Wege in die human computerisierte Gesellschaft

Die schnelle Entwicklung und Penetranz der modernen Informationstechnik - insbesondere auch in USA und in Japan - hat dazu geführt, daß wir in der Bundesrepublik vielerlei Ängste und Sorgen vor dem vor uns liegenden Wandel haben. Insbesondere die Provokation der immer neuen aus dem Ausland importierten Technologie-Konzepte und ihre Umsetzung in deutschen Unternehmen führt dazu, daß vielerlei Aversionen gegen die Nutzung von Computern und modernen Telekommunikationseinrichtungen in der Gesellschaft entstanden sind. Das Wort von dem"Ausgehen der Arbeit" in der Arbeitsgesellschaft führt zu Sorgen um den Arbeitsplatz und mittelfristig zu der Frage, wie können wir die steigende Arbeitsproduktivität angemessen verteilen? Für viele zerfällt mit der modernen Informationstechnik das soziale Netz: Sie sehen die einen in die Arbeitslosigkeit abgleiten, während die anderen unter Nutzung der modernen Technik zu "Unberechenbaren" werden, die den Apparat kontrollieren.

Von den neuen Medien wird behauptet, daß sie die Freizeit des Menschen zerstören und ihn noch mehr an die "Glotze" binden, als dies sowieso schon der Fall ist. Mit dem Bildschirmtextsystem glauben viele, daß wir in eine Welt eines integrierten Gesamtsystems eintreten, in der der Mensch zum durchnumerierten Objekt "geheimer Mächte" wird. Im internationalen Raum ist ein weiterer Zerfall zwischen den hochcomputerisierten Entwicklungsnationen und den ärmsten der armen Entwicklungsländer zu erwarten. Viele Argumente gegen die neue Informationstechnik enden schließlich damit, daß unterstellt wird, sie erlaube es, die demokratische Organisation zu unterhöhlen und eine neue "Substruktur" in den Händen der Mächtigen zu entfalten.

Berücksichtigt man diese Sorgen, Ängste und Befürchtungen - die zum einen von den Medien immer wieder transportiert werden, zum anderen aber an vielen Stellen in der Bevölkerung wirklich wach sind - so stehen wir vor einem Entscheidungspunkt: Haben wir eine Chance, auf die moderne Informationstechnik zu verzichten und uns in eine "human-alternative" Gesellschaft zu retten, in der die Informationstechnik "begrenzt", "eingefroren" oder ganz "zurückentwickelt" wird? (In dieser würden sich dann viele der obigen Probleme "von selbst" lösen.) Oder sind wir "auf Gedeih und Verderb" auf dem Weg in die"computerisierte

Gesellschaft"?

Der Weg in die human-alternative Gesellschaft erscheint durch drei mächtige Faktoren versperrt:

Erstens ist nicht erkennbar, wie die Bundesrepublik Deutschland ohne die Nutzung moderner Informationstechnik auf dem internationalen Markt sowohl bezüglicher ihrer Produkte als auch ihrer Produktionsbedingungen und Kosten wettbewerbsfähig bleiben kann, wenn sie auf die Informationstechnik verzichtet.

Zweitens erscheint es völlig unmöglich, eine moderne Verteidigungspolitik konsequent durchzuhalten, wenn man auf die Nutzung von Computern und modernen Nachrichtensystemen im Militär verzichtet. Auch deshalb ist die Bundesrepublik auf diese Technologie angewiesen, will sie nicht militärisch und letztlich politisch erpreßbar werden.

Drittens gibt es mit einer Begrenzung der Informationstechnik außerordentlich gravierende innenpolitische Schwierigkeiten. Eine Demokratie, die bewußt die Informationstechnik "einfrieren" wollte, müßte dies zunächst mit entsprechenden wirtschaftspolitischen Gesetzen durchsetzen und dann mit einem geeigneten Überwachungsinstrumentarium kontrollieren. Da aber die moderne Informationstechnik außerordentlich dezentral und klein ist, ist kaum zu erkennen, wie dieses ohne ein perfides informationstechnisches System á la Orwell's "Großem Bruder" geschehen kann!

So bleibt die nüchterne Einsicht, daß die Computerisierung und Informatisierung der Gesellschaft weiter vorangehen wird. Es kommt jetzt darauf an, nicht in eine Computer-Gesellschaft, sondern in eine <u>human computerisierte</u> Gesellschaft aufzubrechen. Hierbei gilt es - neben vielen Detailaspekten - zentral drei große Problembereiche zu bewältigen:

Erstens müssen wir uns sehr grundsätzliche Gedanken darüber machen, wie die deutlichen, mit der Informationstechnik möglichen Produktivitätssteigerungen in einer human computerisierten Gesellschaft <u>sozial gerecht</u> verteilt werden können. Hierzu bedarf es einer Neukonzeption des Wirtschaftssystems, aufbauend auf der Grundeinsicht, daß es möglich ist, eine "Grundversorgung" in den Industrienationen durch ein weitgehend vollautomatisches System zu sichern.

Zweitens muß es uns gelingen, die Konsequenzen der Informationstechnik im Militär zu beherrschen. Hier hat sich durch die konsequente Nutzung von Computern und nachrichtentechnischen Systemen eine neue, bisher nie dagewesene Machtkonzentration ergeben. Diese gilt es demokratisch zu kontrollieren und so zu entschärfen, daß informationstechnisch unterstützte atomare Kriege auch in Krisensituationen unmöglich sind.

Drittens aber heißt es, sich mit der Frage auseinanderzusetzen, welche Bildung und Ausbildung Menschen für eine human computerisierte Gesellschaft brauchen. Was soll gelernt werden, wenn wir alle wichtigen Informationen in Expertensystemen nachschlagen können? Welche Prozeduren·sind noch von Bedeutung, wenn Rechner alle Routineaufgaben abwickeln und die Roboter die Produktion übernehmen? Was ist der Durchschnittsmensch neben der "intelligenten" Maschine, die plötzlich Qualifikationen aufweist, von denen ein "Durchschnittsbürger" bestenfalls träumen kann?

Entfaltung des Menschlichen in Bildung und Ausbildung

Die Technik ernst nehmen. In der human computerisierten Gesellschaft müssen wir im Bildungswesen davon ausgehen, daß ein großer Anteil routinemäßiger kognitiver Prozesse von der Informationstechnik übernommen werden wird. Das heißt, daß das "eigentlich Menschliche", welches nicht technisch abgewickelt werden kann, für den gesamten Lebensstandard eines Volkes im internationalen Wettbewerb von außerordentlicher Bedeutung werden wird. Die heute - häufig nur verkürzt praktizierte - Aufgabe von Bildung und Ausbildung, ein breites "Human-Kapital" in Form von relativ einfachen Fähigkeiten und Fertigkeiten für das Gesellschaftssystem und die Wirtschaft zur Verfügung zu stellen, ist also deutlich zu erweitern.

Angesichts der großen Schnelligkeit, mit der sich Informationstechnik zur Zeit entwickelt und ausbreitet - und dieser Prozeß wird ja gerade in einer human computerisierten Gesellschaft kaum langsamer werden - muß das Bildungswesen alles nur mögliche tun, um einem Zerfall der Bevölkerung in zwei Schichten entgegenzuwirken, nämlich in diejenigen, die mit und diejenigen, die neben der neuen Technik leben! Nur wenn es gelingt, breite Schichten in die Lage zu versetzen, zum einen die Informationstechnik zu beherrschen und zum anderen jenseits der Leistungsfähigkeit der Informationstechnik eigene Leistungen zu erbringen, wird es möglich sein, die Herrschaft einer Elite zu vermeiden. (Das soll nicht ausschließen, daß eine Elite, die jenseits der Leistungen der Informationstechnik arbeitet, für den internationalen Wettbewerb notwendig ist, sie muß aber politisch integrierbar sein.)

Die heutigen Planungszeiträume im Bildungswesen, die ja z.B. für einfache Studiengänge im Bereich von fünf Jahren und für Ausbildungspläne bei ca. zehn Jahren liegen, sind wesentlich zu verkürzen. Dies heißt,

daß das Bildungswesen in Zukunft sehr eng anzukoppeln ist an die gesamtgesellschaftliche Integration der Informationstechnik und die
Ziele der human computerisierten Gesellschaft.

<u>Einen der Situation angepaßten Auftrag für ein differenziertes Bildungs-
wesen formulieren.</u> Große Schwierigkeiten wird bei der Neukonzeption
des Bildungswesens die außerordentlich unterschiedliche Betroffenheit
verschiedener Sektoren unserer Gesellschaft durch die Informationstechnik machen. Während noch das Bildungswesen der 50er und 60er Jahre davon ausgehen konnte, daß fast die gesamte Informationsverarbeitung in
allen Bereichen nur von Gehirnen abzuwickeln war, muß das heutige Bildungswesen sich darauf einstellen, daß ein (laufend zunehmender) Teil
der Prozesse von Automaten übernommen werden wird, aber auch <u>viele</u>
Verarbeitungsprozesse weiterhin von Menschen auszuführen sind: Während
z.B. der Tischler, der in einem Haus ein altes gegen ein neues Fenster
auswechseln muß, weiterhin alle seine Qualifikationen braucht, um diese
Tätigkeit auszuüben (ein Roboter, der dies kann, ist in den nächsten
10 bis 20 Jahren nicht in Sicht), kann z.B. der Kraftfahrzeugmechaniker,
der früher am Band gearbeitet hat, eine Tätigkeit mit den alten Qualifikationen nicht mehr ausüben, weil dort ein Roboter die Arbeit übernommen hat. Während es z.B. für die mitmenschliche Kommunikation weiterhin außerordentlich wichtig ist, Gedanken in wohlgeordneten Sätzen
formulieren zu können, braucht die Sekretärin ihre Qualifikationen in
Orthographie nicht mehr, wenn sie den Sprechschreiber benutzt, der sowohl Orthographie als auch die Grammatik überwacht, etc..

<u>Lehrerqualifikationen weiterentwickeln.</u> Mit einem heutigen Bestand von
einigen 600.000 beamteter Lehrer und einer vergleichbaren Zahl von
"Ausbildern" in der Bundesrepublik bedeutet ein Wandel des Bildungssystems hin auf eine neue Zielrichtung sowie die Integration der Informationstechnik in die geistige Arbeit in Schule und Hochschule eine
"kulturelle Revolution" auf der Ebene der Lehrerfort- und -weiterbil-
dung,für die es bisher nur marginale Ansätze gibt. In der human computerisierten Gesellschaft kommt es darauf an, mit einem ständig aktiven
Schneeball-System Lehrerqualifikationen in einem rollenden Takt "nach
unten" weiterzugeben. (Die Engländer haben dieses mit einem zentralen
Programm Anfang der 80er Jahre relativ gut demonstriert: Sie haben ein
System von Grundausbildungen in regionalen Zentren eingerichtet, die
dazu geführt haben, daß die dort Ausgebildeten wieder auf ihrer lokalen
Ebene ausbildeten und schließlich lokal ausgebildete Lehrer ihre Kollegen weiter qualifizierten.) Mit einem derartigen System, intensiv unterstützt von Rundfunk und Fernsehen und geeigneten Handreichungen in ge-
druckter und elektronischer Form, sollte es auch in der Bundesrepublik

möglich sein, die notwendigen Anpassungen in einem angemessenen Zeit-
rahmen durchzusetzen.

Eine breite Lehrerqualifizierung ist auch deswegen notwendig, um den
"Knowledge Gap" zwischen Computer-Fans und "analphabetischem" Lehrer
nicht zum Strukturproblem werden zu lassen.

<u>Lehr- und Ausbildungspläne anpassen.</u> Wenn es gelingt, Bildungspoliti-
ker und Lehrer im Rahmen einer Gesamtkonzeption für die Entfaltung
der human computerisierten Gesellschaft zu aktivieren, so wird es
nötig sein, einen kontinuierlichen Anpassungsprozeß von Lehrplänen und
Ausbildungsplänen an die sich verschiebende Verteilung von Informationsverarbeitung zwischen Gehirnen und technischen Systemen vorzunehmen.

Es kommt also in der human computerisierten Gesellschaft nicht darauf
an zu warten, bis sich eine neue Struktur etabliert hat und dann ex
post in der Bildung zu reagieren, vielmehr werden wir uns darauf einstellen müssen, daß das Bildungswesen unter einen ständigen Anpassungs-
druck geraten wird. Die Höhe dieses Anpassungsdruckes wird auch davon
abhängen, inwieweit das Bildungswesen in der Lage ist, direkt an der
Reorganisation von Wissensstrukturen und deren Nutzung in Wirtschaft
und Verwaltung mitzuwirken: Sind die Hochschulen z.B. an der Entwicklung eines medizinischen Diagnose- und Therapie-Systems beteiligt, so
können sie von Anfang an ihre Studenten so qualifizieren, daß sie zum
einen mit dem System umgehen können und zum anderen Qualifikationen
erwerben, die jenseits dieses Systems sinnvoll und langfristig nutzbar
sind.

<u>Der Informationstechnik-Führerschein für jedermann.</u> Lesen- und Schreiben-
können und die "klassischen" Kulturtechniken allein reichen in der
human computerisierten Gesellschaft nicht mehr aus, da unsere <u>informa-
tionelle Umwelt</u> komplexer geworden ist und mehr und mehr aus informationstechnischen Strukturen besteht. Für diese aber qualifiziert das
heutige Bildungswesen nicht, es orientiert sich bestenfalls am klassischen Buch. Der einzuführende "Informationstechnik-Führerschein" muß
deshalb <u>erstens</u> Lerninhalte umfassen, die sich mit der eigentlichen
Technik und ihrer Bedienung beschäftigen. <u>Zweitens</u> aber - und dies ist
besonders wichtig - muß vermittelt werden, wie die informationelle
Umwelt eigentlich organisiert und strukturiert ist. Das heißt, es muß
ein Einblick gegeben werden in die Struktur des Wissens und deren
Repräsentation in den verschiedenen Medien und Mediensystemen. <u>Drittens</u>
muß allen Bürgern deutlich gemacht werden, welche Gefahren im Mißbrauch
der informationellen Umwelt entstehen. Dies gilt sowohl im Hinblick

auf die "falsche Nutzung", als auch im Hinblick auf Informations-
produktion, die unter Umständen zur "Informations-Verschmutzung" beitragen kann. Viertens muß der Informationstechnik-Führerschein deutlich machen, wo spezifische Potenzen des Menschen sind. Das heißt, es
muß sich um eine kritische Einführung in die Nutzung der Informationstechnik handeln, die aufzeigt, wie Mensch und Maschine mittel- und
langfristig miteinander umgehen müssen. Fünftens bleibt festzuhalten,
daß der Informationstechnik-Führerschein nur nach Bestehen einer geeigneten Prüfung vergeben werden darf. Den Führerschein auf Lebenszeit
kann es wegen des raschen Wandels der informationellen Umwelt auch
nicht geben, es ist kontinuierliche Weiterbildung zu fordern.

"Autonome" und "Unberechenbare" qualifizieren, "Substituierbare" vermeiden. Es müssen im Bildungswesen alle Anstrengungen unternommen
werden, sowohl die "Autonomen", also diejenigen, die ohne Informationstechnik leistungsfähig sind, zu qualifizieren, als auch die, die jenseits der Informationstechnik und in Komplementarität zur neuen Technik
als "Unberechenbare" arbeiten. Zu unterlassen sind insbesondere alle
zeitaufwendigen Qualifizierungen in Bereichen, von denen erkennbar
ist, daß sie bereits der Substitution durch die Informationstechnik zum
Opfer gefallen sind und gleichzeitig auch auf einer höheren Lehr- und
Lernzielebene keine Bedeutung haben (z.B. einfache Fertigkeiten, die
von Robotern oder Textsystemen übernommen werden). Parallel ist darauf
zu achten, daß im Hinblick auf eine politische Stabilität der human
computerisierten Gesellschaft alle Absolventen des Bildungswesens eine
vergleichbare Grundqualifikation, insbesondere in ihrem politischen
Verständnis unseres Staatswesens, sowie in ihrem Verhalten zum Mitmenschen erhalten. Das heißt, wir brauchen auf der einen Seite eine relativ frühe Differenzierung der individuellen Qualifikationsentwicklung,
auf der anderen Seite einen Basiskanon an Lehr- und Lernzielen, der
allen verfügbar gemacht werden muß.

Auf die Entfaltung der "Unberechenbaren" wird ein Industrieland wie die
Bundesrepublik allerdings nicht verzichten können. Dies wiederum bedeutet, daß wir Hochbegabten bereits in einer frühen Phase eine echte
Chance geben müssen. Angesichts der Möglichkeiten, die Informationstechnik auch zur Qualifizierung zu nutzen, bedeutet die notwendige
Elite-Ausbildung keineswegs notwendigerweise die Bildung von Elite-
Schulen und -Hochschulen. Vielmehr kann man sich auch ein differenzier-
tes System vorstellen, in dem zwar Hochbegabte und weniger Begabte gemeinsam eine Klasse besuchen, aber den Hochbegabten eine weitere Förderung und Entfaltung unter Nutzung von Informationstechnik ermöglicht
wird. Hier gilt es, grundsätzlich neue Konzepte zu entwickeln und umzu-

setzen.

Ähnliche Überlegungen gelten aber auch für die "Autonomen", die sich
ja gerade dadurch auszeichnen, daß sie "rechts" oder "links" von der
Informationstechnik qualifiziert werden wollen, um eben im wesentlichen
ohne diese leben und arbeiten zu können. Hier haben also "alternative"
Schul-Systeme eine besondere Funktion, die ihren Schwerpunkt nicht in
der Ausbildung von der Informationstechnik überlegenen kognitiven Prozesse und Strukturen sehen, sondern gerade darin, kognitive und psycho-
motorische Fähigkeiten sowie effektive, musische, soziale und kreative
Qualifikationen stark zu entfalten.

Es wird darauf ankommen, einen Unterricht zu organisieren, in dem das
Persönliche Informations- und Telekommunikations-System (als drastische
Erweiterung des heutigen Taschenrechners in der Mathematik) ständig genutzt werden kann und der Mensch unter Nutzung dieses Systems jenseits
dessen Leistungsfähigkeit gefördert und weiterentwickelt wird. Nur so
ist die "Qualifizierung der Substituierbaren" vermeidbar.

Die politische Verantwortung der "Unberechenbaren" herausarbeiten. Es
ist nur zu offensichtlich, daß sich die human computerisierte Gesellschaft ständig damit auseinanderzusetzen haben wird, wie die Macht der
Unberechenbaren einzuschränken und politisch zu integrieren ist. Die
Sorge vor einer Elite, die die Informationstechnik unter ihrem Einfluß
für sich gestaltet und implementiert, ist durchaus berechtigt. Ihr
kann nur begegnet werden, wenn die politische Verantwortlichkeit von
Anfang an tief in die Unberechenbaren "hineingepflanzt" wird. Das heißt
aber insbesondere, daß das Bildungswesen den Gesamtkontext des integrierten Systems "Human Computerisierte Gesellschaft" klarmacht und
dafür sorgt, daß eine Einbindung der "Unberechenbaren" stattfindet.

Wir haben hier vielleicht ein Phänomen, welches geschichtlich mit der
gesellschaftlichen Einbindung des Militärs vergleichbar ist: Während
es uns erst nach einer langen leidvollen Geschichte gelungen ist, das
Militär in Form des "Staatsbürgers in Uniform" in das Gesamtgesell-
schafts-System zu integrieren und damit direkt und indirekt politisch
kontrollierbar zu machen, so werden wir auch die Unberechenbaren - die
ja keine Uniform tragen - in ihre Verantwortung für das Gesamtwesen einzubetten haben. In gleicher Weise, wie heute in den entwickelten west-
lichen Demokratien ein Staatsreich der Militärs ausgeschlossen zu sein
scheint, so muß es ausgeschlossen werden, daß die Unberechenbaren einen
"informationstechnischen Staatsstreich" gegen die Restbevölkerung organisieren. So wie physische Macht im Militär durch politische Kontrolle
neutralisiert wurde, so ist kognitive Macht der Unberechenbaren durch

das politische System zu steuern.

Das Bildungswesen muß an der Gestaltung der Wissens-Organisation mitwirken. In der human computerisierten Gesellschaft wird es darauf ankommen, daß sich menschliche und technische Informationskenntnisse und
Informationsverarbeitungsprozesse in vielen Bereichen angemessen kom-
plementieren. Dies erscheint aber langfristig nur möglich, wenn das
Bildungswesen an der Organisation des Wissens in technischen Systemen
mitwirkt. Die Vorstellung, daß es selbst nur komplementär zu einem in
den Verlagen und der informationstechnischen Industrie entstehenden
System von Wissensstrukturen (z.B. in Form von "Expertensystemen")
den Menschen qualifiziert, erscheint mittelfristig unakzeptabel. Dadurch würde nämlich das ständige"Hinterherhinken" der Bildungsarbeit
gegenüber der Organisation von Wissen in technischen Systemen zu einem
gravierenden Defizit führen; die Mensch-Maschine-Schnittstelle würde
immer mehr zum Problem.

Konkret heißt dies, daß das Bildungswesen als Institution einerseits,
und durch viele konkrete Projekte im Schul-, im Hochschul- und im
Weiterbildungsbereich andererseits, selbst hergeht und die Informationstechnik nutzt, um z.B. Expertensysteme zu realisieren und Problem-
löseinstrumente zu schaffen, die der Mensch in der konkreten "Arbeits-"
und "Freizeitwelt" braucht ("gute" Computerspiele, aus pädagogischer
Verantwortung entwickelt, wären hier ein attraktiver Beitrag und viel
besser als ein - nicht funktionierendes - Zurückweisen "schlechter"
Spiele). Die neuen informationstechnischen Instrumente sind so zu gestalten, daß sie auch in der Schule, in der Hochschule und in der
Weiterbildung als Komponente des Unterrichts zu nutzen sind.

Computerunterstützter Unterricht mit Maßen. Die Kombination von billigen Heimcomputern, leistungsfähigen Telekommunikationsnetzen und
kostengünstiger, weil massenhaft genutzter Software, erlaubt es grundsätzlich, computerunterstützte Lernprogramme in fast allen Bereichen
zu entwickeln und preiswert anzubieten. Die Software-Industrie ist hier
sehr aktiv und im amerikanischen Raum besteht bereits für eine breite
Palette von Lernzielen geeignete "Courseware" (programmierte Lernprogramme für den Rechner). Obwohl viele dieser Programme leistungsfähig
sind im Hinblick auf die Vermittlung von Fähigkeiten und Fertigkeiten,
muß man vorsichtig mit ihrer Nutzung umgehen. Es sieht nämlich so aus,
als ob ein großer Teil heute über Übungs- und Trainingsprogramme angebotenen Qualifikationen schon mittelfristig nicht mehr zu den Qualifikationen gehören werden, die der Mensch wirklich in einer Ergänzung zur
Informationstechnik benutzen wird.

Der Rechner zur Vermittlung von Fertigkeiten kann in <u>Spezialbereichen</u>
natürlich sehr sinnvoll sein, als <u>allgemeines</u> Lehrsystem erscheint er
jedoch ungeeignet: Eben weil gerade die Qualifikationen, auf die es
mittel- und langfristig ankommt (z.B. soziales Verhalten, Überblicks-
wissen-schnell-verfügbar-haben, Kreativität, musische Fähigkeiten,
Affektiv-Sinnliches), mit dem Rechner nur schwer oder überhaupt nicht
zu vermitteln sind.

<u>Computerspiele als geheime Lehrsysteme.</u> Seit der Erfindung des Compu-
terspiels gibt es zunehmend einen gleitenden Übergang zwischen der
Nutzung des Rechners im computerunterstützten Unterricht, mit dem Ziel
der Vermittlung klar abgegrenzter Lernziele und einem gleichsam
"spielend" vermittelten Lernzielhorizont. Man muß heute davon ausgehen,
daß viele Computerspiele Fertigkeiten, Fähigkeiten und Qualifikationen
vermitteln - je nach Qualität und Quantität der Spiele. Angesichts der
"Attraktivität" vieler Spiele, muß man auch berücksichtigen, daß in der
human computerisierten Gesellschaft weiterhin intensiv gespielt werden
wird. Hier kommt es in Zukunft darauf an, die Spiele derart zu gestalten und zu vermarkten, daß sie wirklich einen Beitrag liefern zur Entwicklung menschlicher Informationsverarbeitung und daß sie nicht als
Drillprogramme dazu dienen "Computer auf Beinen" zu qualifizieren - oder
nur die Zeit "totzuschlagen".

<u>Informelle Bildung unterstützen und entfalten.</u> Die heutige, gerade in
der Bundesrepublik relativ strenge Gliederung von formaler Bildung
(in der Jugend), von Arbeit und von Freizeit muß zunehmend zurückgehen.
Die Verfügbarkeit des Zuganges zu Informations-Systemen und die unmittelbare Nutzung von informationsverarbeitenden Systemen werden es gestatten,
an verschiedensten Orten und zu jeder Zeit zu lernen. Angesichts der
entstehenden Kostenentwicklung ist auch erkennbar, daß diese Art des
Lernens preiswerter sein wird, als z.B. das Kaufen - und Nicht-lesen -
von Büchern. Daraus resultiert, daß sich die human computerisierte Gesellschaft darüber intensiv Gedanken machen muß, wie sie <u>informelle</u>
Lernprozesse in allen Bereichen des menschlichen Lebens unterstützt.
Hierzu ist zum einen - wie schon oben angedeutet - ein sinnvolles und
leicht zugängliches System der Wissensorganisation notwendig, an dessen
Organisation das Bildungswesen in der human computerisierten Gesellschaft mitwirken muß.

Daneben aber kommt es vor <u>allen Dingen</u> darauf an, daß in sozialen Gruppen, in der Familie, in Verbänden, in Vereinen und in vielen Trägern
der Weiterbildung sowie in den Kirchen die mitmenschliche Kommunikation
entfaltet wird. Wenn der Mensch langfristig kreativ und jenseits der

Informationstechnik leistungs- und arbeitsfähig bleiben soll, so ist
es nötig, gerade diese kommunikativen Prozesse zu entfalten. Auch hier
ist darauf zu achten, daß Informationstechnik nicht von vornherein
herausgenommen wird, sondern eine angemessene - aber kritisch reflektierte - Komplementarität zwischen den Leistungen der Technik und
denen des Menschen ermöglicht wird.

Sehr wichtig wird es sein, daß der Jugendliche aus der Schule mit
der Einsicht entlassen wird, daß Lernen nicht nur in abgeschlossenen
Umgebungen, sondern in der permanenten Auseinandersetzung mit global
verfügbarer Information und Informationsverarbeitungsleistung erfolgen muß. Hierfür sind dann entsprechende Strukturen vor allem in der
Aus- und schließlich in der Weiterbildung zu schaffen. Diese müssen
sich zusammensetzen aus Akademie- bzw. Volksschul-artigen Organisationen und einem vom Bildungswesen getragenen informationstechnischen
Basissystem, welches es erlaubt, sich schnell und problemorientiert
in neue Bereiche einzuarbeiten.

Zusammenfassung
Bildung und Ausbildung können nicht losgelöst werden von gesellschaftlichen Verhältnissen und gesellschaftlichen Zielen. Die neue Informationstechnik zwingt uns, viele strukturelle Fragen anzugehen und sie
konstruktiv zu lösen. Hierbei erscheinen Verhinderungsstrategien - mit
den Konsequenzen á la "human-alternative" Gesellschaft - unrealistisch.
Die vorhandenen Kräfte drängen deutlich hin zu einer intensiven Nutzung
der Informationstechnik. Dieses stellt gewaltige Anforderungen an die
Organisation einer human computerisierten Gesellschaft.

Das - heutige - Bildungswesen verliert in der human computerisierten
Gesellschaft seine Monopol-Stellung, es ist nicht mehr das einzige
System, welches schnell verfügbare Qualifikationen und Informationen
bereitstellen kann. Vielmehr gibt es eine breite Palette von anderen
Wegen, Qualifikationen in Form von technischen Prozessen in Produktion
und Verwaltung einzufügen, oder Information über informationsverarbeitende und informationsspeichernde Systeme unmittelbar, kostengünstig
und problemorientiert abzurufen.

In dieser Situation kommt es darauf an, den Auftrag des Bildungswesens
neu zu formulieren und das Bildungswesen entsprechend zu organisieren.
Es müssen Strukturen entwickelt werden, die es erlauben, die Komplementarität menschlicher und technischer Informationsverarbeitung rechtzeitig zu erkennen und zu erlernen. Hierzu bedarf es zum einen einer
Qualifizierung der Bildungspolitiker, die ja über unser öffentliches
Bildungswesen bestimmen, zum andern ist eine breite Lehrerweiterquali-

fizierung unabdingbar. Dieses erscheint nur denkbar, wenn es gelingt, die Lehr- und Ausbildungspläne schnell an die neuen Situationen anzupassen und den Lehrern geeignete, fachspezifische Materialien an die Hand zu geben. Es wird sehr wichtig sein, umgehend im Bildungswesen die Nutzung der Informationstechnik und die Kenntnis der dahinterstehenden Struktur in Form eines Informationstechnik-Führerscheins an alle zu vermitteln.

Ein wichtiges Spezialproblem der Schulen und Hochschulen von morgen ist darin zu sehen, daß sehr unterschiedliche Qualifikationen zum einen für die "Autonomen" und zum anderen für die "Unberechenbaren" gefordert werden. Es sind geeignete organisatorische und strukturelle Maßnahmen zu ergreifen, die sicherstellen, daß diese Heterogenität möglich wird. Dabei ist darauf zu achten, daß die "Unberechenbaren" angemessen in das Gesamtsystem integriert werden und sich nicht als Herrschafts-Elite verstehen.

Obwohl gerade die neuen Techniken eine breite Nutzung von computerunterstützten Lehrsystemen ermöglichen, so ist deren Einsatz in der Bildung der human computerisierten Gesellschaft jedoch mit Vorsicht zu sehen: Ein großer Teil der einfachen computerunterstützten Unterrichtsprogramme vermittelt nämlich nur Fähigkeiten und Fertigkeiten, die mittelfristig sowieso von Rechnern abgewickelt werden können. In den Bereichen menschlicher Qualifizierung, wo es darauf ankommt, jenseits der Informationstechnik leistungsfähig zu werden, ist es in der Regel außerordentlich schwierig, computerunterstützten Unterricht zu entwickeln und zu nutzen. So sollte der Rechner komplementierend zu menschlich gesteuerten Lernprozessen genutzt werden, aber nur in bestimmt-en Fällen als Trainingssystem für Fähigkeiten und Fertigkeiten.

Langfristig ist davon auszugehen, daß mit der Entfaltung der Informationstechnik der informellen Bildung eine wesentlich höhere Bedeutung als heute zukommen wird. Das Lernen vor Ort in der aktuellen Problemlösung mit informationstechnischer Unterstützung wird weitverbreitet sein. Gerade die Benutzerfreundlichkeit moderner informationstechnischer Systeme zeigt einerseits, welche Möglichkeiten hier bestehen. Andererseits wird der Weiterbildung im menschlichen Miteinander eine große Bedeutung zugemessen werden müssen.

Allgemeinbildende Schule und Familie, betriebliche und staatliche Berufsausbildung, Hochschule, Berufswelt und Weiterbildung müssen sich enger aufeinander abstimmen, um die notwendigen gemeinsamen Leitziele sicherzustellen. Alle Bereiche von Bildung und Ausbildung müssen die vorhandenen Ressourcen der Informationstechnik sinnvoll nutzen und integrieren. Dieses bedeutet ein hohes Maß an Abstimmung zwischen Feldern in der Gesellschaft, die z.Z. relativ getrennt nebeneinander herlaufen.

Bildung und Ausbildung in der human computerisierten Gesellschaft darf vor allem nicht verstanden werden als "Einmal-Qualifizierung", sondern muß als der permanente Versuch gesehen werden, letztlich menschliche Informationsverarbeitung _jenseits_ der Leistungsfähigkeit technischer Informationsverarbeitung zu entfalten. Dieses große Ziel etwa als "Sozialhygiene" abzuqualifizieren, hieße die Zahl der Substituierbaren drastisch zu erhöhen und mitzuhelfen, chaotische und bedauernswerte Zustände zu reproduzieren, die mit der letzten industriellen Revolution vor einhundertfünfzig Jahren entstanden sind.

Literatur

Alex, L. und G. Weißhuhn: Ökonomie der Bildung und des Arbeitsmarktes. Hannover 1980

Anders, G.: Die Antiquiertheit des Menschen. Über die Zerstörung des Lebens im Zeitalter der dritten industriellen Revolution. München 1980

Arlt, W.(Hrsg.): EDV-Einsatz in Schule und Ausbildung. München 1978

Bammé, A. et al.: Maschinen-Menschen und Mensch-Maschinen. Grundrisse einer sozialen Beziehung. Reinbek 1983

Bosler, U. und K.-H. Hansen (Hrsg.): Mikroelektronik, sozialer Wandel und Bildung. Weinheim/Kiel 1981

Bolder, A.: Ausbildung und Arbeitswelt. Eine Längsschnittuntersuchung zu Resultaten von Bildungsentscheidungen. Frankfurt 1983

Bund-Länder-Kommission für Bildungsplanung, Hery, G. und K.Weber (Hrsg.): Modellversuche zur Informatik sowie zur Bereitstellung und Erprobung audio-visueller Medien für die Schule. Bonn 1983

Chartrand, M. und C. Williams: Educational Software Directory: A Subject Guide to Microcomputer Software. Libraries Unlimited 1983

Control Data GmbH. (Frankfurt): Higher Education PLATO Courseware. Jeweils aktuelle Ausgabe

Donaldson, M. (Ed.): Early Childhoad Development and Education. Oxford 1983

Dostal, W.: Bildung und Beschäftigung im technischen Wandel. IAB-Beitrag AB 65, Nürnberg 1982

Dunlop, F.: The Education of Feeling and Emotion. London 1984

Evangelische Akademie Loccum (Hrsg.): Neue Technologien und Schule. Loccum 1984

Forschungsgruppe Kammerer: Ergebnisse der Mediennutzungs- und Medienforschung unter besonderer Berücksichtigung bildungspolitisch relevanter Aspekte. München (Kaiserstr. 36) 1982

Furian, M. und P. Wittemann (Hrsg.): Television total? - Leben und Erziehen an der Schwelle zu einer neuen Medienwelt. Heidelberg 1982

Haas, H.-W. et al. (Hrsg.): Mikroelektronik und Schule. FEoLL/BMBW. Paderborn/Bonn 1983

Haefner, K.: Die neue Bildungskrise - Herausforderung der Informationstechnik an Bildung und Ausbildung. Basel 1982. - Mit Stellungnahmen deutscher Kultusminister: Reinbek 1985

Haefner, K.(Hrsg.): Schulrechner 1985. Stuttgart 1980

Hawkridge,D.: Information Technology in Education. London 1983

Kagelmann, H. und G.Wenniger: Medienpsychologie. München 1982

Michel, K. und T. Spengler (Hrsg.): Kursbuch 75 - Computer-Kultur. Berlin 1984

Pappert, S.: Mindstorms - Kinder, Computer und Neues Lernen. Basel 1982

Peccei, A.(Hrsg.), Club of Rome: Das menschliche Dilemma - Zukunft und Lernen. München 1979

Pogrow, S.: Education in the Computer Age. Beverly Hills. 1983

Popper, K. und J. Eccles: Das Ich und das Gehirn. München 1982

Rolff, H.-G.: Schule im Wandel - Kritische Analysen zur Schulentwicklung. Essen 1984

Roston, A. and D. Sewell: Microtechnology in Special Education - Aids to Teaching and Learning. Beckenham 1983

Rushby, N.J. (Ed.): Computer Based Learning. Computer State of the Art Report, Series II, Number 4, Oxford 1983

Schauer,H. und M. Tauber (Hrsg.): Kommunikationstechnologien - Neue Medien in Bildungswesen, Wirtschaft und Verwaltung. Wien 1982

Silex, C.: Computer: Lernen für die Zukunft. Köln 1984

Simon, J.-C.: L'education et l'informatisation de la société. Rapport an Président de la Republique. La Documentation Francaise, Paris 1980

Skinner, B.F.: Jenseits von Freiheit und Würde. Reinbek 1973

Taylor, R.P.: The Computer in the School - Tutor, Tool, Tutee.
New York 1980

Tinsley, J.D. and E.D.Tagg (Eds.): Informatics in Elementary Education. Amsterdam 1984

Vieweg: Programmbibliothek Mikrocomputer: Zahlreiche Bände für Spiel und Lehre. Braunschweig

Wang, A.C.: Index to Computer Based Learning. University of Wisconsin-Milwaukee. Jeweils aktuelle Ausgabe

<u>Neue Medien - Herausforderung an Bund und Länder</u>
Hans-Georg Rommel
Bundesministerium für Bildung und Wissenschaft
Heinemannstraße 2
5300 Bonn 2

"Herausforderung der Neuen Medien an Bund und Länder" ein offenes Thema:
Appell an die Verantwortlichen; Klage über Unzulänglichkeiten oder gar
Sprengstoff unseres Bildungswesens, um Alternatives für eine veränderte
Gesellschaft herauszulocken? Die Diskussion um die Neuen Medien mit
heutiger und zukünftigen Informations- und Kommunikationstechniken läßt
zweifelsohne viele, ja jede Deutung zu. Kennzeichnend, daß beispielsweise erst kürzlich ein Autor fünf sehr unterschiedliche Auffassungen beschrieben hat. Wenn dazu neben den optimistischen Utopisten vor allem
die pessimistischen Technikkritiker genannt wurden, so scheint heute im
Rahmen der Fachtagung weder das eine noch das andere sondern vor allem
die realistische und handlungsorientierte Behandlung des Themas weiter-
zuhelfen.

Für Bildung und Ausbildung - und darin stimmen zweifellos alle Verantwortlichen überein - stellen die Neuen Informations- und Kommunikationstechniken unter dem Stichwort Neue Medien eine zentrale Herausforderung
an die für unsere Industriegesellschaft bedeutsamen Identitätsstrukturen
zur Arbeit und Bildung dar. Für die Beherrschung der Neuen Informationstechniken werden deshalb Bildung und Ausbildung zu einem Schlüsselbereich.

Die Herausforderung richtet sich sowohl an dafür benötigte fachliche
und fachübergreifende Kenntnisse und Fähigkeiten wie an die Stärkung
der Persönlichkeitsbildung. Erziehung und Bildung sind als Ganzes betroffen: Die Aneignung grundlegender und fachlicher Kenntnisse zu den
Informationstechniken können von Bildung und Erziehung der Persönlichkeit und der Ausbildung sozialer Verantwortung bei Jugendlichen und
Erwachsenen nicht isoliert werden.

Betroffen sind deshalb alle, die in unserer Gesellschaft für Bildung
und Erziehung Verantwortung tragen: Neben Bund und Ländern ist die Wirtschaft mit den Sozialpartnern in der beruflichen Aus- und Fortbildung,
sind es Kommunen und die Träger der Weiterbildung ebenso wie die Eltern
in der Familie gefordert.

In der Breite der Nennungen zeigt sich ein Vorzug unseres föderativ organisierten Bildungssystems. Weil jeder für sich in seinem Bereich Verantwortung trägt, weichen die Verantwortlichen Entscheidungen für ihren Bereich nicht aus. So lassen sich auch bei den notwendigen Maßnahmen recht unterschiedliche Voraussetzungen z.B. der grundlegenden Struktur- und Trägerschaft punktgenau und nach Maß berücksichtigen.

Dabei bleibt die Wahrung und die Förderung eines Mindestmaßes an Einheitlichkeit der Lebensverhältnisse im Interesse der Freizügigkeit, der Sicherung der Chancengerechtigkeit im Bildungswesen und der Mobilität, insbesondere im Beschäftigungssystem, eine wichtige Aufgabe. Der Bund wird die ihm dafür zur Verfügung stehenden Instrumente im Rahmen einer auf Kooperation ausgerichteten Bildungspolitik verantwortungsvoll nutzen.

Daß im letzten Jahr trotz oder gerade wegen der Vielfalt der Antworten sich ein kohärente Politik von Bund und Ländern im Bildungsbereich zu den Neuen Informations- und Kommunikationstechniken entwickelt oder jedenfalls nach meiner Auffassung entwickeln wird, ist eines der ermutigensten Zeichen, um vor der Zukunft nicht zu kapitulieren sondern sie trotz allem Unwägbarem zu bestehen.

Was spricht dafür und woher rührt diese optimistische Auffassung?

Zunächst einmal ist es Tatsache, daß die Auswirkungen der Neuen Medien in unserem Bildungssystem zwar Bund und Länder in ihren Verantwortungsbereichen getrennt aber letztlich gleich treffen: Das beginnt mit dem Eindringen neuer Produkte seien es Rechner oder Videorecorder in neue Märkte, bei dem die Bildungseinrichtungen nur ein Randgebiet darstellen aber unmittelbar betroffen werden. Daß Home- und Personalcomputer und Videorecorder ganz ohne Zutun der Bildungseinrichtungen rasch sowohl in viele Haushalte vordringen, ist jedermann geläufig.

Die Wenigsten machen sich aber klar, daß die Verkürzung technischer Entwicklungsspannen für Neue Informations- und Kommunikationsprojekte z.T. dramatisch verkürzte Zeitspannen für Reaktionen des Bildungswesens im ganzen Bundesgebiet mit sich bringen. Dazu bringen Unwägbarkeiten über die breite Verfügbarkeit neuer Systeme z.B. bei den Fernmelde- oder Direktsatelliten für die Zukunftsplanung des Bildungswesens zusätzliche Unsicherheiten. Gleiches gilt trotz aller Prognosen für die Verfügbarkeit und die Kostenrelationen beim Einsatz schneller Rechner mit großer

frei verfügbarer Speicherkapazität für den Haus- und Bildungsgebrauch
oder der mit ihnen operierenden zukünftigen Telekommunikationssysteme,
wie es sich am Beispiel der Kabeldebatte zeigt.

Auch der Ausstattungsdruck auf Verwaltungen, Träger und Einrichtungen
nach der öffentlichen Diskussion im vorpolitischen Raum, aus der Forschung und durch die Eltern wirkt im einzelnen sehr unterschiedlich
aber doch gleichartig im ganzen Bundesgebiet. Die Wünsche der Gymnasial-
eltern in Flensburg und in Berchtesgaden unterscheiden sich da keineswegs! Und mir scheint auch sehr erfreulich, daß jetzt in allen Kammer-
bezirken viele Klein- und Mittelbetriebe auf eine zureichende Aus- und
Anpassungsfortbildung ihrer Mitarbeiter drängen, um die neu beschafften
Rechner optimal einzusetzen.

Daß in der Bundesrepublik im Gegensatz zu allen anderen Industrieländern
die Grundsatzdiskussion zum Stellenwert der Neuen Medien und Informations-
technikentechniken am intensivsten geführt wird, fordert nicht nur Bund
und Länder getrennt sondern auch gemeinsam heraus. Schließlich berührt
die vielerorts beschriebene unterschiedliche Einstellung in den Altersgruppen zum Einsatz Neuer Medien und Informationstechniken am Arbeitsplatz, in der Familie und Freizeit alle Verantwortlichen durchaus unterschiedlich. Aber letztlich trifft es Alle.

Die überall spürbaren Auswirkungen der Einführung Neuer Medien auf der
Grundlage Neuer Informations- und Kommunikationstechniken auf die An-
wendungsfelder in der Wirtschaft und im Beschäftigungssystem und in der
Gesellschaft sind oft beschrieben. Das führt zu zusätzlichen Chancen für
die qualitative Verbesserung im Bildungswesen, wenn bei realistischer
Einschätzung Gewinn und Risiken klar definiert, erkannt und berücksichtigt werden.

So wird die Bestandssicherung der vorhandenen Schulen und Ausbildungs-
einrichtungen in entlegenen und dünn besiedelten Gebieten erleichtert,
weil gestaffelte Informationen zu Bildung und Ausbildung dank der
Neuen Systeme dort ebenso wie in den Ballungsgebieten verarbeitet werden
können. Das erleichtert der Rechnerverbund mit und ohne Btx oder über
Satelliten und Kabel ebenso wie eine kostengünstige Weitergabe von Soft-
und Coursware für Bildungs- und Ausbildungszwecke durch Nutzung von
electronic mail. Und die Utopie kann durchaus die Wirklichkeit einholen,
wenn auf der entlegensten Hallig genauso wie im dichtbesiedelten Kreuzberg Jungen und Mädchen am Kompaktrechner mit hoher Speicherfähigkeit,

Graphik und Bildauflösung selbstständig oder im Team arbeiten und beide Gruppen interaktiv persönlich Rat und Hilfe sowohl vor Ort in Kreuzberg als auch über weite Entfernungen auf der Hallig erhalten.

Unbestritten ist zweifelsohne auch, daß vor allem mit dem Rechner oder im Rechnerverbund notwendiger Lerndrill verkürzt werden kann. Und daß mit den Neuen Medien zur Bildung sehr anschaulich Erlebnisse vermittelt werden, über die bisher nur in Ausschnitten mündlich oder schriftlich berichtet werden konnte, darf auch nicht unterschätzt werden ebenso wie die Förderung systemlogischer Fähigkeiten und des nüchternen und sachbezogenen Denkens durch den Rechner.
Um der Verantwortung sachlich und verantwortungsbewußt zu begegnen, darf nicht übersehen werden, daß Neue Informations- und Kommunikationstechniken sowohl mit dem Einsatz einzelner Geräte wie neuer Verbundsysteme nicht nur Veränderungen im Denken, Erleben und Verhalten, sondern auch im allgemeinen gesellschaftlichen Kulturprozeß provozieren. Für Bildung und Ausbildung wirkt sich dann die technische Besonderheit jedes Produktes recht unterschiedlich aus, z.B. mit der Begrenzung des Bildausschnittes und der rasch wechselnden Bildfolge beim Fernsehen und der Konzentration auf algorithmische Datenaufbereitung beim Rechner. Jedenfalls bringt allzulanges Hocken vor dem Bildschirm neue psychische und physische Probleme mit sich.

Das Bildungswesen muß deshalb insgesamt in Bund und Ländern klarstellen, wo und wie die Chancen zur Ausgestaltung der Bildungsangebote und Verbesserung der Qualität am besten genutzt werden. Zugleich muß darauf geachtet werden, daß erkennbaren Gefahren zur Reduktion unserer Wahrnehmung und des umfassenden ganzheitlichen Gebrauches all unserer Vernunft und unserer Seele - wenn ich das für viele von uns Unnennbare so bezeichnen darf - begegnet wird.

Das alles sind schwerwiegende Herausforderungen für Bund und Länder. Wie haben sie und wie werden sie sich darauf einstellen und antworten?

Ich hoffe, daß auch Außenstehende erkannt haben, wie in den letzten Monaten in Bund und Ländern die Überzeugung gewachsen ist, daß eine <u>ausreichende informationstechnische Grundbildung aller Jugendlichen in der Schule</u> Grundlage für den weiteren Auf- und Ausbau einzelner differenzierterer Anforderungen der folgenden Berufsausbildung oder der besonders Interessierten in der gymnasialen Oberstufe und der Hochschule darstellt. Zweifelsohne führen hier viele Wege nach Rom. Der Präsident der Kultusministerkonferenz wird sicher darauf im einzelnen eingehen.

Mir scheint vor allem noch offen, wie weit der Rechner als Lehrmittel
mit entsprechender Coursware als Lehrmaterial für traditionelle Fächer-
inhalte zum zentralen Ansatzpunkt in der Grundschule und im Sekundarbereich I wird. Auf jeden Fall wird ein solcher Einsatz in der Grundschule
im Gegensatz zu England und Frankreich äußerst skeptisch beurteilt.
Wieweit auf dem freien Markt mehr und mehr verfügbare Coursware zur
Nachhilfe und zum selbstständigen Erarbeiten des Stoffes mit Hilfe bil-
dungsbewußter Eltern zu quasi parallelen Bildungsangeboten führen wird,
muß allerdings in ein mittelfristiges Kalkül einbezogen werden.

Im Sekundarbereich I braucht im übrigen die informationstechnische Grundbildung nicht zu einem weiteren zusätzlichen Fach führen. Die Vermittlung wichtiger Grundkenntnisse, z.B. zur Sprache und Datenstruktur bis
zu Vorformen der Anwendung, etwa in der Datenverarbeitung, gehört durchaus in den traditionellen allgemeinbildenden Fächerkanon. Weil die ausreichende Vermittlung einer informationstechnischen Grundbildung auch
für die folgende Ausbildung für einen Beruf oder für die Hochschule so
wichtig ist, wird die Schule allerdings nicht nur die Vermittlung der
Grundkenntnisse über die black box des Rechners oder die technische
Funktionsweise Neuer Telekommunikationssysteme im Lehrplan berücksichtigen. Es geht gerade im Zusammenhang mit Rechnern und allen Neuen
Medien auch um die Entwicklung der sprachlichen Fähigkeiten und des
logischen Denkens insgesamt, der Sicherung einer breiten naturwissenschaftlichen Bildung, wie um Kenntnisse zur Datenaufbereitung. Und ich
mache ausdrücklich darauf aufmerksam, daß für die volle Nutzung der
Neuen Techniken ganzheitliches Erkennen von Zusammenhängen ebenso wie
die Entwicklung lebendiger Neugier und Kreativität in allen Lernbereichen
ihren besonderen Stellenwert haben.

Die Festigung der Kenntnisse in den herkömmlichen Kulturtechniken des
Schreibens, Lesens und Rechnens bildet dann eine notwendige Grundlage.
Und die praktische Anwendung der neuen Geräte und Coursware erleichtert
die Einschätzung ihres Einsatzes außerhalb der Schule.

Und unabhängig von dem Erwerb besonderer Fachkenntnisse in Schule,
beruflicher Bildung und Hochschule, wird unter Bildungsgesichtspunkten
Medienerziehung als Prinzip auch in vielen Fächern und den unterschiedlichsten Bildungsangeboten zu berücksichtigen sein, um Kinder, Jugendlichen und Erwachsenen zu helfen, ihre Urteilskraft zu stärken, damit
sie nicht in inhumane Abhängigkeiten geraten.

Im Erziehungsauftrag erhält die Förderung der Kommunikations- und Team-
fähigkeit und der Bereitschaft zum sachlich wie verantwortungsbewußten
Umgang mit den neuen Techniken und Medien einen zusätzlichen Stellenwert.
Mit der Erziehung zu einer ethisch-moralischen Haltung und der Hinführung
zur Sinn- und Wertorientierung unter Stärkung der Persönlichkeit schafft
die Schule wie auch die anderen Bildungseinrichtungen Voraussetzungen,
allen noch nicht absehbaren Entwicklungen und Auswirkungen der Neuen
Informationstechniken und Medien sachlich, verantwortungsbewußt und ge-
staltend zu begegnen.

Mit der Einführung der informationstechnischen Grundbildung im Sekundarbereich, in welcher Form auch immer, gibt es aber neue und schwerwiegende
Probleme für Pädagogik und Didaktik. Für die Durchsetzung ist z.B. der
Mangel an geeigneter Software ein offenes Geheimnis. Dabei kann z.B.
benutzerfreundliche Coursware zum Einsatz als Lehr- und Lernmaterial
in den traditionellen Fächern dort am ehesten den Skeptiker überzeugen.
Dagegen wird der programmierbegeisterte Computerfan z.B. in einem anspruchsvoller organisierten Wahlfach oder Computerkurs am ehesten unan-
gefochten seine Fähigkeiten ausbauen. Jedem das Seine gilt auch für die
Durchsetzung der informationstechnischen Grundbildung.

Aber wir brauchen nicht den Kopf in den Sand zu stecken, zu klagen und
letztlich doch nur abzuwarten. Es muß Sie alle ermutigen, daß sich die
Hersteller von schulfähigen Rechnern zu Ihrer Initiative "Computer und
Bildung" zusammengefunden haben und auch das Engagement der großen
Schulbuchverlage zur Entwicklung von Qualitätssoftware vorankommt.

In der beruflichen Bildung wurde bereits frühzeitig Anfang der siebziger
Jahre damit begonnen, die Einführung der Datenverarbeitung in Ausbildungsordnungen und Lehrplänen zu berücksichtigen.

Die Anpassungen der beruflichen Bildung an die neuen Anforderungen
kommt jetzt auf breiter Front in Gang. In den meisten betroffenen Ausbildungsberufen wird es aus heutiger Sicht genügen, Grund- und Zusatz-
qualifikationen für die Informationstechnik einzuführen. Mit den er-
probten Verfahren wird diese Anpassung sehr erleichtert, weil die Erfordernisse der Praxis frühzeitig und grundlegend berücksichtigt
werden. Soweit Neufassungen der Ausbildungsordnungen begonnen wurden,
wird systematisch daran, z.B. im Berufsfeld Metall, gearbeitet. Und der
Bund konnte erst vor kurzem eine neue Fortbildungsverordnung für die
anspruchsvolle Qualifizierung zum Wirtschaftinformatiker erlassen.

In vielen Fällen werden zunächst zwischenzeitlich bereits eingeleitete Forschungsvorhaben, insbesondere des Bundesinstitutes für Berufsbildung in Berlin und des Institutes für Arbeitsmarkt- und Berufsforschung in Nürnberg, die Auswirkungen im einzelnen sondieren und strukturieren.

Die Entwicklung praxisgerechter Orientierungshilfen und -empfehlungen, z.B. zur Durchführung von Lehrgängen, zu Ausbildungsmitteln, sowie Vorschläge zur inhaltlichen Anpassung weiterer Aus- und Fortbildungsverordnungen ist Gegenstand eines großangelegten Modellprogramms des Bundesministeriums für Bildung und Wissenschaft, das hierzu in den nächsten Jahren mindestens 25 Mio DM aufwenden wird. Wichtig ist, daß für berufliche Schulen bereits seit 1979 mit einem ersten Modellversuch zum Thema Mikroprozessoren in der Berufsbildung begonnen wurde. Der Schwerpunkt der Aktivitäten liegt im Berufsfeld Metalltechnik. Dabei sind vor allem die Ausbildungsberufe Technischer Zeichner (CAD, CAM, Werkzeugmacher, Dreher und Metallfräser CNC, sowie Kfz-Mechaniker) betroffen. Auch in der Elektrotechnik werden notwendige methodisch-didaktische Ergänzungen oder Neuorientierungen des Berufsschulunterrichts untersucht. Im Büro- und verwaltungstechnischen Bereich wird im Hinblick auf den Einsatz neuer Kommunikationstechniken unter anderem untersucht, welche fachlichen Lerninhalte besser in der Berufsschule und welche besser im Umfeld des Betriebes eingeführt werden können.

Neben den abschließenden Arbeiten zu den begonnenen Vorhaben an Ausbildungsordnungen im Berufssfeld Metall werden insbesondere Erkenntnisse der ersten abgeschlossenen Entwicklungsvorhaben für den Bereich Elektrotechnik und kaufmännisch-verwaltenden Bereich genutzt werden können. Hierbei wird auch geprüft, wieweit in den einzelnen Ausbildungsberufen Grundkenntnisse aus dem Gebiet der Informations- und Kommunikationstechnologien vermittelt werden, die auf die informationstechnische Grundbildung der vorhergehenden allgemeinen Schulbildung aufbauen können. Bereits im Modellversuch entwickelte Vorschläge für Ausbildungspläne und zur Fortbildung der Ausbilder stehen z.B. für Elektrotechniker zur Verfügung. Hierbei wird auch die zukünftige Bedeutung der Klein- und Mittelbetriebe besonders beachtet.

Vor allem wird bei der Berücksichtigung veränderter Qualifikationsansprüche an die berufliche Bildung die langjährige Erfahrung der Wirtschaft und der beruflichen Schulen zu einer zeitgerechten Berücksichtigung neuer Anforderungen gerade aus der Sicht des Bundes voll genutzt werden können.

Auch für die <u>Hochschule</u> ist jetzt klar erkennbar, wie Bund und Länder
die Herausforderung der Neuen Informations- und Kommunikationstechniken als Ganzes erkannt haben und handeln.

Der frühzeitige Ausbau der Informatik in den 70er Jahren, z.T. durch
besondere Bundesförderung, trägt auch im internationalen Vergleich
durchaus zur Sicherung des Bedarfs bei. Die Bundesseite hat wiederholt
darauf hingewiesen, daß die notwendige AUsbildungskapazität ohne Ein-
buße der Qualität von Forschung und Lehre auch durch befristete Ent-
lastungsmaßnahmen bereitgestellt werden könnte. Die Frage des ausreichenden wissenschaftlichen Nachwuchses hat hier allerdings zweifelsohne
zu besonderen Engpässen geführt.

Die Bundesregierung hat darüberhinaus in ihrer Konzeption zur Förderung
der Entwicklung der Mikroelektronik, der Informations- und Kommunikationstechniken erklärt, daß sie es über die Ausbildung in den genannten
Studiengängen hinaus für erforderlich hält, auch Studenten anderer
technischer Bereiche, aber auch nichttechnischer oder nichtnaturwissen-
schaftlicher Studiengänge die Möglichkeit zu eröffnen, die notwendigen
Qualifikationen im Umgang mit dem Computer zu erwerben.

Hier geht es ja um durchaus unterschiedliche Bedürfnisse. Neben Studien-
schwerpunkten Informatik im Rahmen eines sonstigen Studienganges, der
Entwicklung von Aufbaustudiengängen Informatik und dem Angebot von Informatik als einem wichtigen Fach anderer Studiengänge, geht es ja auch
um die allgemeine Informatik-Weiterbildung und die Bereitstellung eines
ausreichenden Angebotes zum Nachholen einer ersten informationtech-
nischen Grundbildung.

Bund und Länder haben hierzu erst jüngst ein deutliches Signal gesetzt.
Der Planungsausschuß für den Hochschulbau hat ja Ende Juni beschlossen,
im Rahmen der Gemeinschaftsaufgabe für den Hochschulbau ein gemeinsames
Programm von Bund und Ländern zur Ausstattung der Hochschulen mit Mikro-
rechnernetzen, zum Einsatz in Studium und Lehre, vorzusehen. Sie wissen,
daß jetzt begonnen wurde, die für die Verwirklichung eines solchen Programms notwendigen rechtlichen, finanziellen und inhaltlichen Voraussetzungen einschließlich der Zusammenarbeit mit der deutschen Forschungs-
gemeinschaft und dem Wissenschaftsrat zu klären und entsprechende Be-
schlußvorschläge dem Planungsausschuß vorzulegen. Daß auch im Rahmen der
Entwicklung des "Deutschen Forschungsnetzes" die Bundesregierung beabsichtigt, in einigen Schwerpunkten die AUsstattung lokaler Netze mit
Arbeitsplatzrechnern für Studenten zu erproben und angeregt wird, mit

Unterstützung durch die zuständigen Landesregierungen, Computerfonds
einzurichten, die geeignete Arbeitsplätze an Studenten unter günstigen
Bedingungen ausleihen könnten, erwähne ich, um das Bild abzurunden.

Für Schule, berufliche Ausbildung und Hochschule bemühen sich Bund und
Länder so die Herausforderung der neuen Informations- und Kommunikationstechniken aufzunehmen, daß rechtzeitig die Maßnahmen eingeleitet werden,
die für den jeweiligen Bildungsbereich, dessen Rahmenbedingungen am
besten entsprechen und Chancen wie Gefahren der Neuen Medien sachgerecht
und verantwortungsbewußt einschätzen. Das sollten auch kritische Beob-
achter anerkennen, wenn sie die gerade im letzten Jahr getroffenen Entscheidungen einschätzen: ich brauche nicht nur an die Festlegungen einzelner Länder zur Berücksichtigung der Neuen Informations- und Kommunikationstechniken im Sekundarbereich I, das erwähnte große Entwicklungs-
und Erprobungsprogramm mit Wirtschaftsversuchen des Bundesministeriums
für Bildung und Wissenschaft oder den gemeinsam von Bund und Ländern im
Planungsausschuß für den Hochschulbau gefaßten Beschluß zur Ausstattung
der Hochschulen mit Mikrorechnern zu erinnern.
Wie Sie wissen hat die Bund-Länder-Kommission die Förderung von entsprechenden Modellvorhaben zu den Neuen Informationstechniken in allen
Bildungsbereichen zu einem besonderen Förderungsschwerpunkt erklärt.
Und durch eine Reihe von Tagungen einzelner Länder des Bundes oder gemeinsamer Veranstaltungen sind im letzten Jahr weitere Impulse ausgegangen. Zweifelsohne sind z.B. aus Niedersachsen durch die Herbsttagung
1983 in Lokkum spürbare Anregungen im ganzen Bundesgebiet erfolgt, ebenso wie die von Landes- und Bundesseite gemeinsam veranstaltete Märzta-
gung in Wiesbaden grundsätzliche Fragen der Computer-Literacy weithin
beachtet aufgegriffen hat. Und nicht zuletzt ist durch die gemeinsame
Aktion des Bundesministers für Bildung und Wissenschaft und den Bundesministers für Forschung und Technik die Bildung einer Fördergemeinschaft
"Computer und Bildung" zur Hilfe bei der Ausstattung der Bildungseinrichtungen und bei der Fort- und Weiterbildung der Lehrenden vorangetrieben worden.

Überhaupt liegt ein Spezifikum gerade darin, daß die Verwaltungen in
Bund und Ländern nicht allein gelassen werden. Wissenschaft, wie die
"Gesellschaft für Informatik", die Wirtschaft mit den Herstellern, die
Massenmedien mit ihren Bildungsprogrammen und nicht zuletzt Verleger der
guten Fachzeitschriften und Druckwerke aller Art, tuen ihrerseits alles,
um sachgerecht und verantwortungsbewußt zu helfen.

Ebenso erleichtert die internationale Zusammenarbeit im Rahmen der europäischen Gemeinschaften auf der Grundlage der beiden Entschließungen vom
Juni und September 1983 zur Einführung der Neuen Informationstechniken
in Bildung und Ausbildung die Entwicklung in unserem nationalen Bereich.
Gemeinsam sollen offene Fragen durch Informationsaustausch, Fachtagungen
und durch Modellvorhaben zur beruflichen Ausbildung geklärt werden.

Ungeachtet der in Gang gekommenen Maßnahmen für alle Bildungsbereiche
bleiben zweifelsohne besondere Schwachpunkte, deren sich alle Beteiligten erkennbar bewußt sind:
An erster Stelle ist die ausreichende Einführung des Personals in Bildung und Ausbildung in die neuen Herausforderungen und die daraus abge-
leiteten Anforderungen für ihren Tätigkeitsbereich zu nennen. Wir können dazu auf die Erfahrungen engagierter Lehrer und Ausbilder ebenso
wie auf die Einrichtungen der Länder, der Institute an den Hochschulen
und überregionaler Einrichtungen, wie das Institut für Film und Bild
in Wissenschaft und Unterricht der Länder oder das Berufsbildungsinsti-
tut des Bundes zurückgreifen. Wir brauchen jedoch nicht nur Freaks, wir
müssen alle Lehrenden und Ausbilder erreichen. Sonst bleiben Unsicherheit und Ängste anstelle der geforderten klaren Übersicht über das Notwendige und Machbare in jedem Klassenraum, in jedem Ausbildungsbetrieb
und in allen Hochschulinstituten.

Das Gleiche gilt für praktikable Soft- und Coursware.
Zutrauen in die Nutzung der Neuen Medien entsteht nur, wenn sich sowohl
der Begeisterte an schwierigste Probleme durch ihre Nutzung heranwagt,
aber im übrigen auch beim Normalverbraucher bei der Nutzung der Neuen
Medien kein täglicher Frust entsteht. Die unterschiedslose Nutzungsmög-
lichkeit von Soft- und Coursware für alle Produkte mag noch lange ein
Wunschtraum bleiben, ebenso wie die Reduzierung des Angebotes auf ein
genormtes Videorecordersystem. Vielleicht hilft aber der regional und
überregional organisierte Softwareaustausch, insbesondere zur Entwicklung von Qualitätsnormen, Prüfzeichen und Anerkennungsplaketten
weiter. Hier findet auch die Stiftung Warentest über kurz oder lang ein
gutes Betätigungsfeld.

Ausreichende Fort- und Weiterbildung und Bereitstellung qualifizierter
Soft- und Coursware für Bildungszwecke, ermöglichen lebenslanges Lernen
für jedermann ebenso wie für den Spezialisten.
Ich wünschte mir, daß hier zur Unterstützung neben einer guten Hardware-
und Softwareausstattung auch das für die Bundesrepublik weithin unge-

löste Problem ausreichender <u>Nutzung großer kommerzieller Datenbanken für Bildung und Ausbildung</u>, insbesondere auch in den Hochschulen und weiterführenden Bildungseinrichtungen, gelöst werden kann.

Dann brauchen wir nicht vor Zukunftsängsten verzagen, sondern können mit Gelassenheit und Zuversicht jede Herausforderung Neuer Technik beherrschen.

Zukunftstendenzen der Informationsverarbeitung

Dr. Theo Lutz
IBM Deutschland

Vergleicht man die ersten Prozessoren der Datenverarbeitung etwa
mit einem modernen, leistungsfähigen Mikroprozessor, so bietet
sich ein interessantes Bild. Während etwa der ENIAC (1945) mit
rund 35.000 Bauteilen auf einer Standfläche von 135 m³ eine
interne Leistung von etwa 5 KIPS erzeugte, generiert ein Chip-
prozessor in einem leistungsfähigen Mikro mit seinen rund
100.000 Bauelementen und einer Standfläche weit unter einem
Quadratmeter leicht eine interne Leistung von rund 250 KIPS.
Diese massive Veränderung ist sicherlich nicht nur quantitativ,
sie steht ohne Zweifel auch für eine starke Veränderung in den
Qualitäten der Prozessoren. Auf einen kurzen Nenner gebracht,
bedeutet dies, daß aus dem tonnenschweren Prozessor der Frühzeit
über vier Jahrzehnte hinweg ein Bauteil der Nachrichtentechnik
geworden ist, das man hintragen kann, wohin man will, und das
man vor allem einbauen kann, wo immer dies Sinn macht. Man
spricht in diesem Sinne auch von einer Verteilung der Datenverarbeitung. Ergänzt man dieses Bild durch den immer deutlicher
sichtbaren Trend zum Mega-Speicherchip und zum 32-Bit-
Mikroprozessor, so kann man davon ausgehen, daß die Computertechnologie in absehbarer Zeit in der Lage sein wird, am unteren
Leistungsrand der Zentraleinheiten, etwa im "Personal Computer",
ein Megabyte Arbeitsspeicher und ein MIPS interner Leistung
anzubieten. Das sind immerhin die Kenndaten einer IBM 158, die
vor wenigen Jahren noch als Großrechner galt. Daß bei einer nachfolgenden Computergeneration die Leistungszahlen der Großrechner
von gestern auf die Kleinrechner von morgen übergehen, ist nicht
neu. Neu ist aber, daß jetzt zum ersten Mal das sich seit Jahrzehnten ständig verbessernde Verhältnis aus Preis und Leistung
zusammen mit der ebenfalls anhaltenden Miniaturisierung im

Computerbau Geräte ermöglicht, die mit ihrer internen
CPU-Leistung nicht nur den Großrechnern von gestern gleichen,
sondern die sich zugleich mühelos in Arbeitsplätzen jeder Art,
auch in "Heim und Hobby", unterbringen lassen. Damit ist wohl
der Computer, wie vor ihm eine Vielzahl anderer technischer
Objekte (Auto, Radio, Fernsehen, Telefon) auf dem Weg zu jedermann.

Das Bild wäre unvollständig ohne den Hinweis, daß es viele
Signale aus dem technologischen Raum gibt, die deutlich darauf
hinweisen, daß die Entwicklung des Computers alles andere als
abeschlossen ist. Dabei ist es von sekundärem Interesse, ob die
weitere Entwicklung der Mikroelektronik durch die Josephson
Junction, durch Gallium-Arsenid oder durch andere Prinzipien
bestimmt wird. Für die Beurteilung der Zukunft des Computers auf
seinem Weg zu jedermann im Sinne der Rückkopplung des Leistungsvorlaufes beim Großrechner von heute zum Kleinrechner von morgen
ist bedeutsam, daß die Technologien, mit denen sich die Grundlagenforschung befaßt, in den Schaltzeiten der Elementar-
schaltungen vom Nano zum Piko führen. Für die interne Leistung
einer zentralen Einheit in heutiger Architektur bedeutet dies
nach einem Forschungsbericht rund 250 MIPS in einem Volumen von
nur noch 650 cm³ (IBM Journal of Research and Development, Vol.
24 Nr. 2, 3/80). Dieser Forschungsbericht geht davon aus, daß
die Kosten für ein Chip dieser Technologie im selben Rahmen
liegen, wie die Kosten für ein Chip heute. Damit kann das
Preis/Leistungsverhältnis seine Tradition in die Zukunft hinein,
fortsetzen. Im Computerbau gilt also weiterhin der bekannte
amerikanische Slogan "faster, smaller and cheaper".

Die wirtschaftliche Einbindung der Computerentwicklung charakterisiert man üblicherweise durch das Verhältnis aus Preis und
Leistung, dessen Verlauf sich in den vergangenen Jahrzehnten
ebenso eindrucksvoll darstellte, wie die anderen Zahlen. So
betrug der Preis für ein MIPS im Jahre 1965 noch eine Million
deutscher Mark (Monatsmiete für das gesamte System). Er dürfte
heute etwa in der Gegend um 150.000 DM für ein MIPS liegen,
wobei wiederum eine Monatsmiete für das gesamte System gemeint

ist. Daß auch hier Raum für weitere Entwicklung gegeben ist, ergibt sich aus den Anmerkungen über die Josephson Junction. Man muß allerdings fairerweise auch darauf hinweisen, daß sich die Leistungserwartungen in den zurückliegenden Jahrzehnten drastisch verändert haben und daß ein erheblicher MIPS-Aufwand für Benutzerfreundlichkeit getrieben werden muß. Konsequenterweise gehört zum Abwärts des Preis/Leistungsverhältnisses eben auch eine Deflation des MIPS, wie man das auch von den PS-Zahlen des Kraftfahrzeuges her kennt.

Aus dem zweiparametrigen Preis/Leistungsverhältnisses ergeben sich zwei sehr grundsätzliche Tendenzen er Computerentwicklung, wenn man jeweils einen der Parameter über die Zeit hinweg als konstant ansieht. So kommt man bei konstantem Preis zu einer ständig wachsenden Leistung der Computer und bei konstanter Leistung zu einer ständig sich verbessernden Wirtschaftlichkeit. Beide Phänomene bestimmen die Entwicklung der Geräte im Computerbau. Im ersten Falle spricht man vom "upgrade", im zweiten vom "downgrade".

Den "upgrade" kann man auf die sehr bequeme Formel bringen, daß der jeweils größte Computer immer größer wird. Wenn wir uns heute mit den Zentraleinheiten für die kommerzielle Datenverarbeitung, bei aller gebotenen Skepsis gegenüber den Mass MIPS, zwischen 25 und 30 befinden, so sind die vermuteten 25 MIPS für einen hypothetischen Josephsonrechner eine Indikation dafür, daß der sog. "Kilomipper" (1000 MIPS oder 1 GIPS) doch wenigstens gedacht werden kann. Wenn nach veröffentlichten Statistiken heute in der BRD vier bis fünf "Kilomips" installiert sind, so müßten vier bis fünf Kilomipper ausreichen, um den derzeitigen Computerbedarf in Deutschland abzudecken. Dies ist allerdings eine statistische Illusion, weil nicht in Rechnung gesetzt ist, daß bis zum möglichen Auftauchen solcher Computergiganten der MIPS-Bedarf hierzulande in großen Schritten gewachsen sein wird. Für dieses Wachstum fehlen seriöse wissenschaftliche Recherchen, so daß man auf Vermutungen angewiesen ist. Diese reden von einem MIPS-Wachstum zwischen 30 % und 50 % pro Jahr!

Es ist sicherlich wichtig, zu verstehen, daß der wachsende
Datenverkehr, wie ihn Schlagworte vom Stil "Büro von Morgen"
immer wieder anzeigen, mit adäquaten Geräten rechnen kann. Im
Hinblick auf das Thema "Computer bei jedermann" ist jedoch
gerade der "downgrade" von entscheidendem Interesse. Die
Rückführung des Leistungsvorlaufes der Spitzentechnologien in
die Wirtschaftlichkeit ist es, die Technik demokratisiert und
damit jedermann verfügbar macht. Aus dieser Sicht wundert es
nicht, daß der "Personal Computer", den wir im folgenden dem
Sprachgebrauch folgend mit PC bezeichnen wollen, so großes und
nachhaltiges Interesse findet. An dieser Stelle muß man
allerdings zur Kenntnis nehmen, daß dieser PC alles andere ist,
als etwa eine Spitzentechnologie zum Nulltarif. Er gleicht eher
einem Volkswagen oder einer "Ente", als einem Mercedes 600 oder
einem Rolls-Royce. Bei aller Faszination, die einen befällt,
wenn man plötzlich seinen eigenen Computer in der Hand hält, so
sind diese Geräte doch eher kapazitiv bechränkt und vorzugsweise
lokal. Sie sind dazuhin in einer schwierigen Weise abhängig von
der jeweils am Ort verfügbaren Software und gleichen hier eher
einem Kassettenrecorder, der seinem jeweiligen Benutzer immer
nur das vorspielt, was dieser per Kassette vorrätig hat. Vom
Reichtum der Rundfunksender profitiert erst der um einen Tuner
ergänzte Recorder. Auch der PC wird seinen ganzen Nutzen erst
dann entfalten, wenn er netzwerkverträglich ist und damit Zugang
hat zu den unterschiedlichsten Informationssystemen seiner
Umgebung. Hier schließt sich interessanterweise das Bild zum
Kilomipper, denn solche umfassenden Informationssyteme, die etwa
durch Btx eine Vielzahl von PCs versorgen, sind ohne Größt-
rechner kaum denkbar. Auch hat man hier einen Anschluß an die
Forderung nach Breitbandverkabelung, weil diese generellere Art
der Informationsversorgung über das herkömmliche Telefonnetz
kaum abzuwickeln ist.

Daß der PC mit seinem "single user/single job"-Betrieb, mit dem
er in besonderer Weise unabhängig und zum individuellen Ereignis
wird, auf viele Leute eine echte Faszination ausübt, ist eine
Qualität, die man ebenfalls vom Kraftfahrzeug, vom Telefon oder
vom Rundfunk her kennt. Hier ist die Drift des Computers zu
jedermann besonders deutlich sichtbar.

Der Prozess der ständig fortschreitenden Verteilung der
"computing power", bedingt durch Miniaturisierung und ständige
Verbesserung von Preis und Leistung ist naturgemäß von weit-
reichender Konsequenz, wie man das von anderen technischen
Objekten her auch weiß. Ein besonders naheliegendes Beispiel ist
hier der Elektromotor, der aus ähnlichen Gründen eine ungeheure
breite Verteilung erfahren hat und noch erfährt. Drei Phänomene
kennzeichnen die Verteilung des Prozessors, insbesondere sein
Auftauchen in den Datenstationen. Zuerst einmal folgt der
physischen Verteilung des Prozessors in einen breiten Geräte-
katalog eine organisatorische Verteilung der Datenverarbeitung,
die man auch als DDP (distributed data processing) bezeichnet.
Sie bringt die Option, daß man zentrale und dezentrale
Anwendungspakete aufschnüren und einzelne Transaktionen an die
mit Prozessoren ausgestatteten Datenstationen geben kann. Vorzugsweise handelt es sich dabei um Bildschirme, die mehr und
mehr mit Prozessoren ausgerüstet werden. Dieser Prozessor in der
Datenstation versetzt sie in die Lage, daß sie sich bei Bedarf
in ein Computernetzwerk integrieren kann, um von einer größeren
Zentraleinheit Unterstützung in Daten und Programmen zu bekommen. Damit wird die bisher einseitige Versorgung von Datenstationen, die ausschließlich von oben nach unten verlief, durch
eine Kommunikation von unten nach oben ergänzt. Zu dieser verti-
kalen Kommunikation kommt eine zusätzliche horizontale, als
Qualität der Verteilung, wenn die mit einem Prozessor ausge-
stattete Datenstation über einen Knoten Kontakt zu anderen Datenstationen aufnimmt. Hier beginnt der Funktionsraum lokaler Klein-
netzwerke (LAN=Local Area Network), die eine entscheidende Voraussetzung für eine integrale und umfassende Information-
verarbeitung in der Zukunft darstellen. Es handelt sich bei
diesem LAN nicht nur um eine Vermittlungseinrichtung, sondern
weit eher um einen Verbund verteilter Prozessoren. Zu ihm
gehören zuerst einmal die Arbeitsprozessoren der Datenstationen,
ergänzt um Serviceprozessoren für Interpreter und Editoren, zur
Abwicklung und Verwaltung der elektronischen Briefkästen und
Postverteilung und zur Vermittlung der Kommunikation mit den
umhüllenden Informationssystemen anderer Benutzer und Anbieter
und der Mitbenutzer des LAN. Möglicherweise eröffnet das LAN

neue Wege der Computerarchitektur mit einer sehr konsequenten
Verteilung der Prozessoren.

Zur Netzwerkintegration, die man im Amerikanischen plastisch
"connectivity" nennt, kommt als zweites die Personalisierbarkeit
der Datenstation. Varialbe Personalisierbarkeit bedeutet, daß
man die Datenstation über ihren programmierbaren Prozessor
flexibel auf individuelle Gegegenheiten am Arbeitsplatz einrichten kann und daß man eine gerade gewählte Personalisierung
mit den in der Elektronik üblichen Geschwindigkeiten, etwa durch
Knopfdruck ändern kann. Dieser Punkt ist von erheblicher Bedeutung für die zukünftige Gestaltung der Arbeitsplätze und der
gesamten Arbeitswelt.

Die dritte und letzte Konsequenz der Prozessorenverteilung
betrifft die Wirtschaftlichkeit der zukünftigen Datenstation.
Bereits heute ist sichtbar, daß die Kosten für eine Datenstation
gering sind im Vergleich mit den Gesamtkosten eines
Arbeitsplatzes. Damit ist die Datenstation in den individuellen
Arbeitsplatz integriertbar, wie lange vor ihr das Telefon, die
Rechenmaschine, die Schreibmaschine oder andere technische Büro-
einrichtungen. Es besteht auch hier nicht mehr der wirtschaftliche Zwang, die Geräte voll auszulasten. Sie werden vielmehr
bei Bedarf in Anspruch genommen. Auch dieses Phänomen ist nicht
frei von Vorbildern der Vergangenheit. Viele technische Objekte
sind genau auf diesem Weg in jedermanns Hand gegangen. Die Datenstation wird also in der Konsequenz dieser Entwicklung mehr und
mehr zum persönlichen Computer im Sinne eines Werkzeuges. Dieses
Werkzeug ist zuerst einmal autonom nutzbar, findet aber über
seinen Prozessor vertikal und horizontal seinen Weg in die unterschiedlichsten Informationssysteme, die es versorgen und unterstützen und die die Kommunikation mit anderen Datenstationen vermitteln. Ergänzt man auch dieses Bild durch die anhaltenden Tendenzen des Preis/Leistungsverhältnisses, so ergibt sich ein
interessantes Zukunftsbild für das "Büro von morgen".

Zur Zukunft einer umfassenden "Demokratisierung" des Computers
gehört weiter noch ein Phänomen, das man mit dem Begriff

"benutzerfreundlich" nur sehr unscharf faßt, zumal dieser
Begriff ohnehin stark ideologieverdächtig und kaum zu definieren
ist. Sicherlich ist das Kraftfahrzeug in seiner heutigen Form
benutzerfreundlich. Es ist im Grunde in jedermanns Hand und
gestattet eine professionelle Nutzung durch den Laien, ohne, daß
dieser mehr als eine Fahrschule hinter sich bringen muß, die
weit mehr dem Verkehr und seinen Problemen gilt, als etwa der
Technik des Kraftfahrzeuges. Dieses Bild kann man auf den
Computer übertragen. Auch er hat nur dann eine Chance, sinnvoll
genutzt zu werden, wenn diese Nutzung professionell durch den
Laien erfolgen kann, ohne daß dieser dazu seinen Status als Laie
aufgeben muß. Daß gerade dieses Problem für die Didaktik der
Informatik eine ganz besondere Herausforderung darstellt, bedarf
keiner weiteren Kommentierung. Möglicherweise gehört zu dieser
Welt, so wie bei fast allen anderen technischen Objekten, die
wir breit nutzen, eher eine Abstinenz von den technischen Sach-
verhalten, als eine profunde Kenntnis ihrer Zusammenhänge! Daß
solche Objekte andererseits komplex und kompliziert und dazuhin
von erheblicher technischer Qualität sein müssen, wird oft miß-
verstanden. In diesem Sinne heißt "benutzerfreundlich", und der
Computer wird sich weiter in diese Richtung entwickeln, daß das
Gerät trotz seiner funktionellen Komplexität vom Laien bedient
werden kann, und zwar im Sinne einer professionellen Nutzung.

Man spricht heute sehr viel von Informationsverarbeitung, ohne
daß in jedem Falle hinreichend klar ist, was damit gemeint ist.
Oft wird der Begriff sogar als Abgrenzung gegenüber der Datenverarbeitung benutzt. Aber Datenverarbeitung ist schließlich
Teil der Informationsverarbeitung, jedoch mit der Einschränkung,
daß die Darstellung von Information in Form von Daten für die
menschliche Kommunikation fast nicht geeignet ist. Ihre
Orientierung zielt auf maschinelle, möglichst sogar automatische
Verarbeitung, reguliert durch konsequente Digitalisierung und
strenge Formatierung. Aus dieser Sicht ist es verständlich, daß
mit der Ausbreitung der Datenverarbeitung das Bedürfnis wächst,
formale Darstellungen für Information zu finden, die die Kommunikation zum Benutzer hin verbessern und besser unterstützen als
Daten. Besser auf den Benutzer ausgerichtet als Daten sind die

Informationstypen Text, Bild und Stimme, die in dieser Reihenfolge immer besser für den menschlichen Kommunikationspartner
geeignet sind. Allerdings fällt auch in dieser Reihenfolge die
Eignung für maschinelle Auswertbarkeit stark ab. Hier hat man es
mit einem Problembereich zu tun, der nicht leicht zu lösen ist,
und der für die Zukunft noch manches offen läßt. Die volle
Digitalisierung von Bild und Stimme passiert zögernd und ihre
techniche Integration in Arbeitsplätze und Datenstationen
erfolgt langsam und ohne große sichtbaren Erfolge, obwohl die
gesamte Problematik bereits in der Frühzeit des Computers verstanden wurde. Handschrift als Faksimile auf dem Bildschirm ist
selten, grafische Datenverarbeitung noch immer weitgehend auf
Sonderfälle beschränkt und modifizierende Stimmverwaltung im
Computer ist eher eine Seltenheit. Daß sich allerdings die Informationsverarbeitung in Ergänzung zru Datenverarbeitung in diese
Richtungen bewegt, ist nicht zu übersehen. Noch größere Skepsis
muß man im Hinblick auf die Erwartung anmelden, der Computer
werde in absehbarer Zeit in der Lage sein, sua sponte Information aus textlicher, bildlicher oder gar stimmlicher Darstellung zu entnehmen oder gar zu bewerten, um sie dann in entsprechende Aktionen und Tätigkeiten umzusetzen. Möglicherweise
steckt hinter solchen Erwartungen eine illusionäre Vorstellung
von den Möglichkeiten des Computers und eine Unterbewertung
seines Charakters als Werkzeug. Was die Informationsverarbeitung
jedoch in den kommenden Jahren zusammen mit dem Computer zu
bieten hat, ist eine Ausdehnung weit über Daten als Träger für
Information hinaus auf eine integrierende Administration an-
spruchsvollerer Informationsdarstellungen wie Text, Bild
und Stimme. Dies demonstriert sich sehr deutlich an der Effizienz
der sich rasch ausbreitenden Textverarbeitung im Computersystem
unter Einbeziehung der horizontalen Kommunikation mit anderen
Datenstationen. Textverarbeitung in diesem Sinne ist aber
syntaktisch und daher computergeeignet. Die Semantik der Textverarbeitung bleibt jedoch beim Sachbearbeiter. Dies gilt auch
für konstruierbare Grafik im Computer und erst recht für das
Faksimile und die Stimme im Computer.

Was das "Büro von Morgen" betrifft, so laufen die geschilderten
Tendenzen zuerst einmal auf eine Datenstation (work station)
hinaus, die voll in den Arbeitsplatz integriert ist und die man
wegen der Vielzahl ihrer Möglichkeiten mulifunktional nennt. Sie
ist "konnektiv" und läßt sich benutzerfreundlich in alle verfügbaren Informationssysteme integrieren. Ihr Besitzer ist Partner
im LAN. Von dorther bezieht er seine Post. Durch Knopfdruck
bekommt er den jeweils nächsten Brief, beispielsweise als Handschrift auf den Bildschirm. Er entnimmt ihr die Kundennummer und
den Wunsch des Absenders nach einer Prämienberechnung. Mit
wenigen Handgriffen aktiviert er seine Transaktion in einem
DB/DC-System und bezieht aus der Datenbank ein Kundenprofil. Mit
diesen Daten entscheidet er sich für eine Prämienberechnung, die
ein ebenfalls leicht zugängliches APL-System für ihn durchführt.
Je nach Informationslage kehrt er in das LAN zurück und schreibt
mit einem Editor einen Antwortbrief. Dazu benutzt er die noch
immer verfügbare Handschrift, das Kundenprofil und die Prämienberechnung. Über Btx geht dieser Brief zum Kunden. Daß man für
die benutzerfreundliche Realisierung einer solchen Bürokon-
zeption am Arbeitsplatz die Kapazität eines Großrechners (1
MIPS, 1 MEGA) von gestern benötigt, versteht sich von selbst.
Daß Ihre Gestaltung nicht zwanghaft von der Technik abhängt, ist
eine Konsequenz ihrer Flexibilität.

Wenn wir in der letzten Szene ein festes Bild von der Bearbeitung eines Vorgangs im "Büro von morgen" gezeigt haben, so
darf daraus nicht der Eindruck entstehen, dieses Büro von morgen
wäre ein Ereignis, das sich mit unabwendbarer Zwanghaftigkeit
einstellt. Richtig ist eher das Gegenteil. Es handelt sich viel
mehr um einen Prozess, um eine Entwicklung, die stark von den Beteiligten bestimmbar ist. Die erheblichen Aufwendungen, die
notwendig sind, um diesen Prozess zu betreiben, stellen eigentlich sicher, däß auch in der Zukunft nach Relationen zwischen
Kosten und Nutzen operiert wird, die nach allen Seiten zu rechtfertigen sind. Man hat es eher mit einer langsamen Evolution, als
mit einer schnellen Revolution zu tun!

Hier wird noch ein Punkt sichtbar, der sich darauf bezieht, daß
eine Projektion auf diese Welt von morgen dadurch sehr erschwert
wird, daß sie durch eine Betrachtung der technischen Objekte
allein kaum ausleuchtbar ist. Technische Objekte sind eben ohne
Kenntnis des Environments in dem sie sich befinden oder befinden
sollen, nur partiell und nur sehr bedingt in ihrer Auswirkung
erklärbar. Es mag sein, daß ein Teil der Befürchtungen und
Ängste, die in der Öffentlichkeit gegenüber der technischen Entwicklung auch des Computers bestehen, eine ihrer Ursachen in
dieser Diskrepanz haben. Der Informatiker jedenfalls muß zur
Kenntnis nehmen, daß es für den Computer heute, anders als vor
25 Jahren, ein öffentliches Bewußtsein gibt und daß ihn der
plurale Prozess in unserer Gesellschaft mehr und mehr erfaßt.
Dies berührt in starkem Maße auch die Didaktik der Informatik,
weil sich die Information über den Computer und die Diskussion
über ihn nicht mehr nur auf die technische Innovation beschränken kann.

INFORMATIK IN SCHULE UND AUSBILDUNG IM INTERNATIONALEN VERGLEICH

Peter Gorny
Universität Oldenburg

1. Einleitende Bemerkungen

In einem knappen Referat soll ich Ihnen darstellen, wie die Bemühungen
der Bundesrepublik im Bereich Informatik im internationalen Vergleich
zu bewerten sind. Zur Bewältigung dieser Aufgabe gibt es im Prinzip
zwei Wege: entweder berichtet man von einem umfangreichen Forschungs-
programm mit ausführlichen Umfragen und einer klassifizierend/statis-
tischen Auswertung der auffindbaren Literatur aller in die Untersuchung
einbezogenen Länder. Leider hat bisher niemand ein solches Forschungs-
team finanziert (abgesehen davon, daß bei der Vorlage des Berichts die
Entwicklung bereits weitergelaufen und die Situation in allen beteiligten Ländern ganz anders sein kann).
Bleibt nur der zweite Weg: der Verzicht auf die statistische Objektivi-
tät, der Verzicht auf präzise Definitionen und Ableitung der Schlußfolgerungen aus bewiesenen Tatbeständen. Für den mathematisch Geschulten
ist das der Verzicht auf seine üblichen Werkzeuge. Ich berichte Ihnen
über meine -subjektiven- Eindrücke von Tagungen und Ausschußsitzungen
der GI, ACM, ATEE, AEDS und IFIP, von Expertenkommissionen für amtliche
Stellen der EG, verschiedener Staaten und Bundesländer sowie von Fach-
artikeln und Einzelgesprächen aus den letzten drei Jahren. Ich bitte
meine Kollegen im In- und Ausland um Vergebung, wenn ich ihre Bemühungen und ihre Äußerungen durch manche holzschnittartige Verallgemeinerung
reduziere und ich bitte Sie um Verständnis für dieses Verfahren.

2. Abgrenzung des Themas

Informatik ist die Wissenschaft von den Methoden zur Verarbeitung von
Information einschließlich der dafür erforderlichen technischen Mittel
zur Erfassung, Speicherung, Bearbeitung Wiedergewinnung und Übertragung
der die Information tragenden Daten. Das Produkt der Bemühungen dieser
Wissenschaft, die Informationstechnik, soll menschliches Wissen ver-
mehren und die menschlichen Fähigkeiten erweitern, technische und soziale
Prozesse zu kontrollieren.
So wie wir selbstverständlich Methoden der Mathematik oder der Physik -
der Altersstufe entsprechend aufbereitet - vom ersten Schuljahr an

in der Schule unterrichten, so könnte das auch für Informatik geschehen, vorausgesetzt, wir billigen der Informatik eine vergleichbare Bedeutung in der Allgemeinbildung zu. Ich will dies hier nicht diskutieren, sondern verweise dazu auf die vielfältige internationale Literatur, die sich auch in den Curriculum-Empfehlungen der ATEE /vWeert 84/ ausdrückt. Leider ist die Sache nicht so einfach, wie sie mit der obigen Definition und der Bemerkung zum Schulunterricht erscheinen mag: Beides deckt nicht ohne weiteres die vielen Varianten von "computer literacy" und "computer awareness", die sich in den angelsächsischen Ländern finden und schon gar nicht die vielen Anwendungen von Computern und von informatischen Methoden in anderen Fächern. In der Diskussion wird gern für den Gesamt-bereich der (wenig präzise) Begriff Informationstechnologie verwendet. Im folgenden werde ich ihn als Sammelbegriff verwenden.
Ich will außerdem ausdrücklich nur über Informatik und Informationstech-nologie im Bildungswesen sprechen, soweit es sich nicht um die beruf-liche Ausbildung von Spezialisten der Informationstechnik handelt: also nicht von Hochschulstudiengängen der Informatik, nicht von berufsbilden-den Schulen für DV-Leute mit gewerblichen oder kaufmännischen Schwer-punkten.

Um den internationalen Vergleich zu ermöglichen, muß ich mich schließ-lich auf die Primarstufe und die Sekundarstufe beschränken. Das heißt aber konkret, daß für die USA nicht bloß die high School gerechnet werden darf, sondern auch die ersten beiden Jahre des College ("Freshmen" und "Sophomore") zu berücksichten sind, um den Vergleich mit der Sekun-darstufe II herstellen zu können.

3. <u>Informationstechnologie im Bildungsbereich</u>

Unter den genannten Einschränkungen können wir vier Erscheinungsformen der Informationstechnologie (IT) in der Schule unterscheiden, die sich teilweise überschneiden oder gar ununterscheidbar verwischt sind:
<u>A.</u> Informationstechnologie als Unterrichtsgegenstand zur Vermittlung von Fertigkeiten, Fähigkeiten und Kenntnissen, die sich auf die Gestaltung, Anwendung und Auswirkung der Informationstechnik beziehen können. Her-kömmlich wird das Gebiet unter den Namen Informatik, EDV, Informatische Grundkenntnisse usw. auftauchen. Ich rechne aber ausdrücklich nicht nur die intellektuellen Fähigkeiten, sondern auch die "handwerklichen" Fer-tigkeiten zur Bedienung von Geräten und zur Codierung in einer maschinen-nahen Sprache zu diesem Gebiet, oder, als Zielgruppe, den Informatik-

Doktoranden ebenso wie den Teilnehmer an einem Operateur-Lehrgang. In
der allgemeinbilden Schule werden die Lernziele - altersadäquat gestuft
- immer sowohl die Vermittlung von Fertigkeiten im Umgang mit IT wie
die Fähigkeiten zur Gestaltung und Bewertung von IT umfassen, um die
Beurteilung der Möglichkeiten und Grenzen des Einsatzes von IT und ihre
demokratische Beherrschbarkeit zu ermöglichen.

<u>B.</u> <u>IT als</u> Unterrichtsgegenstand zur Vermittlung <u>einer neuen Kulturtechnik</u>.
Über den Charakter dieser Kulturtechnik gibt es seit längerem eine aus-
führliche Diskussion, auf die hier nur in einigen exponierten Beteiligten
verwiesen sei: /BOSLER 81/, /CERYCH 82/, /HAEFNER 82/, /NORA 79/,
/PAPERT 79/. Wesentliche Grundlagen dieser Kulturtechnik sind
- Abstraktion von Information,
- Modellbildung,
- Problemlösemethodik,
- Algorithmisierung.
(Weizenbaum dagegen nennt als wesentliche Faktoren "Management von Kom-
plexität, Simulation und Modellierung, analytisches und algorithmisches
Denken /Weizenbaum 84/.)
Sie lassen sich zusammenfassen in "<u>Kompetenz im systematischen Umgang</u>
<u>mit Information</u>".

Es wird selbstverständlich anerkannt, daß die vier genannten Grundlagen
der neuen Kulturtechnik schon immer Teile der Lernziele anderer Fächer,
insbesondere des muttersprachlichen Unterrichts und der Mathematik, waren.
Wie in den meisten der oben genannten Quellen gehe ich jedoch hier von
der These aus, daß durch den Umgang mit Informationstechnik und das
Studium ihrer Methodik die Kompetenz im systematischen Umfang mit Information didaktisch einleuchtender und leichter vermittelt werden kann
als durch andere Fächer. Eben weil die IT ohne diese Kulturtechnik überhaupt nicht arbeiten kann und weil die Wirkungen unterschiedlicher
Methoden der Abstraktion, der Modellbildung, des Problemlösens und der
Algorithmisierung mit Hilfe von IT sofort und unmittelbar erfahrbar sind,
kann sie dann auch die Curricula fast aller anderer Schulfächer sinnvoll
und didaktisch verantwortbar befruchten /vWeert 84/.

<u>C.</u> Informationstechnologie im Computer-Unterstützten Unterricht (CUU),
d. h. als <u>Hilfsmittel im Unterricht</u> (vergleichbar mit anderen Unterrichts-
hilfsmitteln wie Zirkel, Taschenrechner, Lexikon, Atlas) und als <u>Medium</u>
<u>im Unterricht</u> (vergleichbar mit Buch, Film, Dia, Sprachlabor). Hier muß
noch feiner unterschieden werden nach der Art des didaktischen Konzepts,
nach dem IT dann eingesetzt wird:

      - drill and practice

- tutorieller Unterricht
- Simulation und Spiele
- Rechenhilfe
- Information Retrieval (aus Datenbanken)
- Problemlösemethodik

Oft überlappen sich mehrere dieser Konzepte in einem spezifischen Anwendungsfall. Ich will auch darauf hinweisen, daß die drei letztgenannten Arten gleichzeitig dem Zweck dienen (können), IT als eine neue Kulturtechnik zu vermitteln, und daß aufgrund der Erfahrungen aus den Sechziger/Siebziger Jahren gegen die beiden erstgenannten Einsatzarten erhebliche pädagogische Vorbehalte bestehen.

D. Nur der Vollständigkeit halber sei die vierte Form erwähnt: IT in der Schulverwaltung und in der Unterrichtsverwaltung, auch "Computer Managed Instruction" genannt. Sie kann zwar für den Lehrer eine große Rolle spielen, für den Schüler erscheint sie nur als eine Form der Leistungsbewertung und Verwaltung.

4. Einige typische Situationen in anderen Ländern

Erlauben Sie mir, entsprechend dieser Klassifizierung die Situation in einigen Ländern stichwortartig zu schildern: In den USA gibt es einige Staaten, in denen der Einsatz von IT in den Schulen sehr weit fortgeschritten ist. Spitzenreiter sind gewisse Bereiche von Kalifornien (Silicone Valley) und Minnesota. Allerdings stehen die Formen A und C im Vordergrund. Auch schon im Primarbereich werden Mikrocomputer als Medium und Hilfsmittel verwendet und es ist kaum eine Wirkung der Warnungen vor den lernpsychologischen Gefahren zu erkennen, wie sie von Psychologen und Pädagogen in den letzten 15 Jahren veröffentlicht wurden. Die Vorbehaltlosigkeit gegenüber der Technik als Lerngerät geht in der politischen Wirkung so weit, daß in einigen Kommunen des Silicone Valley ernsthaft die Schließung der öffentlichen Schulen diskutiert wird, da der Unterricht über (vernetzte) Mikrocomputer erfolgen könne. Form B wird zwar von vielen in den USA proklamiert, bei näherem Betrachten der Curricula für Computer Literacy-Kurse steht aber nicht die neue Kulturtechnik im Vordergrund, sondern die Fertigkeit im Umgang mit Mikrocomputern (Form A), z. B. durch BASIC-Programmierung und der Benutzung von Anwendungsprogrammen, wie auch die neuere Diskussion zeigt, etwa im Referat von Grace Hertlein /Hertlein 82/.
Deutlich sind in den letzten Jahren aber auch die Warner gegen den Boom

von computer literacy (im Sinne der Form A) geworden. Typisch ist der
Hauptvortrag des Informatikers McCracken auf dem Symposium on Computer
Science Education der ACM im Februar 1984 /McCracken 84/:

> "I'm attacking the notion that "everybody" needs to know something
> about computers, and I'm attacking the seemingly unchallenged
> assumption that those who do need to know something about computers
> are automatically best served by learning a smattering of programming.
> (...) On our present course, we are going to waste ten years, a lot
> of money, and an irretrievable opportunity to do more useful things -
> on a venture with goals that I do not believe even its proponents
> have cleary defined. The attitude seems to be, "The Computers Are
> Coming! Don't just stand there! DO SOMETHING!" Well, sure, the
> computers _are_ coming. They will affect our lives(...) in ways more
> profound than any previous technological innovation. But (...) I
> don't understand how we prepare for that future effectively by
> requiring all students to undergo kindergarten-level training in the
> way computers are currently programmed."

Ein anderer Kritiker ist Joseph Weizenbaum, der kürzlich in einem Vortrag /Weizenbaum 84/ sagte, der Computer in der Schule sei ein "technological fix" (etwa "technisches Patentrezept"), daß das mediokre Bildungssystem der USA (mit 20% "funktionalen Analphabeten"), verbessern,
den Mangel an gutausgebildeten Lehrern beheben, den technologischen
Vorsprung der USA erhalten, die Wirtschaft beleben und die Klassenunter-
schiede im Zugang zu Computerinformation mildern, schlicht zur Heilung
aller Übel der Zeiten dienen solle und das Nachdenken über die wirk-
lichen Ursachen der Probleme erspare. Nur so sei die Kritiklosigkeit
bei seiner Einführung erklärbar, wenn man davon absähe, daß einige daran gut verdienen. Oder nach einem anderen Weizenbaum-Wort: "Computer
illiteracy is a disease invented to market the cure" (Zit. nach /Mc
Cracken 84/).

Erst durch das Betonen von Lernzielen der Form B werden die Bedenken
der Kritiker relativiert. In den USA drückt sich dies aus durch ein
schnelles Vordringen von Pascal und LOGO, wie die großen Tagungen zeigen (/NECC 82/, /ACM 84/, /AEDS 84/) und durch die Entwicklung von preis-
werten Systemen wie BOXER /diSessa 84/, die auch objektorientierte Pro-
grammiermethoden erlauben und moderne "Benutzeroberflächen" haben wie
LISA und McIntosh.

Wegen der kommunalen und regionalen Autonomie des Bildungswesen der USA
gibt es neben den Spitzenreitern natürlich auch Gebiete, die etwa dem

Entwicklungsstand der Bundesrepublik entsprechen, also mit nur einigen
wenigen Mikrocomputern in jeder Schule des Sekundarbereichs und mit
Lehrern, die - abgesehen von den Fachlehrern - der IT hilflos oder ab-
lehnend gegenüberstehen. Einsatz von IT nach Form C erfolgt in großem
Maße, ist aber durch die meist geringe Qualität der Unterrichtsprogramme
(teachware) begrenzt. Teachware wird vielfältig produziert und angeboten,
privat und öffentlich, von Computerfirmen, Softwarefirmen, Lehrern usw.
und es herrscht ein reger Tauschhandel mit Raubkopien geschützter Software.

In Kanada ist deutlich ein größerer Einfluß der didaktischen Diskussion
der Siebziger Jahre erkennbar, möglicherweise durch den traditionell
stärkeren europäischen (genauer: britischen und französischen) Einfluß.
Aber auch hier dominieren die Formen A und C, ebenso wie die regionale
Kulturhoheit zu einer breiten Streuung der Anwendungsarten und der
Installationsdichte führt. In jüngster Zeit sind einige interessante
Entwicklungen festzustellen, die zu "intelligenteren" Anwendungen von
tutoriellem CUU führen.

In Frankreich begann Ende der Siebziger Jahre ein massives Informatik-
Programm, das unter dem Slogan "L'informatisation de la societé" verbreitet wurde. Wegen des zentralistischen Schulsystems konnte es auch
sofort umgesetzt werden. Dabei wird schon in der Sekundarstufe I, aber
auch in Modellvorhaben in der Primarstufe die Fertigkeit im Umgang mit
IT (im BASIC-Derivat LSE) vermittelt (Form A). Weitgehend ohne lern-
psychologische Vorbehalte werden dabei auch einfache drill and practice-
teachware und tutorieller CUU eingesetzt (C). Es ist deklariertes Ziel
der Regierung, IT-Unterricht der Form B zu betreiben, allerdings integriert in praktisch alle Schulfächer und nicht in einem getrennten Fach.
Die dazu erforderliche Lehrerfortbildung wird massiv vorangetrieben.

Bei der Betrachtung der Entwicklung in Großbritannien muß man England/
Wales und Schottland unterscheiden. Für England und Wales wurde - vom
Handelsministerium initiiert - ein Microelectronics Education Programme
begonnen, für das neben den Mitteln der regionalen Behörden seit 1980
jährlich über 20 Mill. DM bereitstehen. Durch die Initiative der BBC
wurde - außerschulisch - ein spezieller Mikrocomputer und vielfältige
Teachware entwickelt, ergänzt durch Video-Kassetten und Lehrbücher, die
natürlich auch in den Schulen verwendet werden können. Die Zielrichtung
ist einerseits Form A - Fertigkeiten im Umgang mit Mikrocomputern
(Programmiersprache BASIC) und andererseits Form C - teachware für
tutoriellen Einsatz, für drill and practice und für Simulation. Geoffrey

Hubbard wird hier darüber berichten. Für Schottland ist ein spezielles
Programm entwickelt worden, das dem zentralistisch organisierten schot-
tischen Schulwesen entspricht. Herausstechendes Merkmal ist hier die
zentral organisierte, massiv betriebene Lehrerfortbildung und die über
eine Teachware-Zentrale laufende Verbreitung von Unterrichtssoftware,
begleitet durch eine Teachware-Qualitätskontrolle und durch Beratung.

Aus den <u>Niederlanden</u> wird Ihnen Tom van Weert hier ausführlich berichten;
ich will nur darauf aufmerksam machen, daß nach meiner Klassifikation
das holländische Programm auf Form A und B ausgerichtet ist und nach
Entwicklung von Teachware auch C umfassen soll.

Von den skandinavischen Ländern berichten hier Stål und Köhler. Ich will
nur kurz <u>Dänemark</u> erwähnen, das bereits seit Mitte der Siebziger Jahre
am Ende der Sekundarstufe I das Fach Datalaere eingeführt hatte und damit der Form A entspricht. Wegen der relativ geringen Installationsdichte wurde die Anwendung von IT nach Form C nicht sehr stark betrieben,
allerdings gibt es einige gute Beispiele für Teachware zur Problemlösemethodik und zur Simulation, die nach meiner Klassifizierung auch unter
B einzuordnen sind. Seit diesem Jahr wird ein Hauruckprogramm zur Lehrerfortbildung durchgeführt (für alle Lehrer), um die neue Kulturtechnik
(Form B) in alle Fächer zu integrieren. Gegen dieses Programm, das für
den einzelnen Lehrer nur 40 Fortbildungsstunden umfaßt, werden bereits
warnende Stimmen laut, die wegen der Oberflächlichkeit vor einem Rück-
schlag à la Mengenlehre warnen.

5. <u>Die Bundesrepublik im Vergleich</u>

Wie steht die Bundesrepublik im Vergleich zu den genannten Entwicklungen?
In einigen Thesen sei mein subjektiver Eindruck hier kurz zusammengefaßt:
- Form A <u>IT als Unterrichtsgegenstand</u> ist für die gymnasiale Oberstufe <u>theoretisch</u> gut entwickelt. Es gibt Richtlinien, Prüfungs-
  ordnungen und eine ganze Reihe von brauchbaren Schulbüchern, in
  denen z.T. auch bereits Lernziele und Inhalte von Form B auftauchen.
  Der Adressatenkreis ist fast überall beschränkt auf Freiwillige,
  da Informatik nur als Grundkurs bzw. 3. oder 4. Abiturfach oder in
  Arbeitsgemeinschaften angeboten wird.

- Im <u>Berufsbildenden Schulwesen</u> ist Informatik im wesentlichen beschränkt auf die Berufszweige mit EDV-Anwendungen (Form A).

44

- In der <u>Sekundarstufe I</u> gibt es seit längerem in Bayern und Berlin und
  seit kurzem auch in einigen anderen Bundesländern die Möglichkeit für
  Informatik-Unterricht (Form A). Arbeitsgemeinschaften - meist auf Initiative eines Lehrers - sind überall möglich.
- Die <u>technischen Voraussetzungen</u> in den Schulen liegen weit hinter den
  Erfordernissen zurück. Trotz einer Welle von Mikrocomputerbeschaffun-
  gen dürfte nicht einmal die Hälfte der Schulen der Sekundarstufe
  wenigstens einen Arbeitsplatz zur Verfügung haben. Das Ziel, in jeder
  Schule einen Fachraum so mit Arbeitsplätzen auszustatten, daß höchstens
  3 Schüler einen Arbeitsplatz gemeinsam nutzen müssen, ist erst an
  wenigen Schulen erreicht.
- Anwendungen der <u>Erscheinungsform C</u> gibt es in der Bundesrepublik in
  größerem Umfang erst in einigen Unternehmen zur innerbetrieblichen
  Aus- und Weiterbildung, insbesondere die CUU-Typen "drill and practice"
  und "tutorial". In den Schulen wird Form C praktisch nur zu Simulation und Spielen sowie als Rechenhilfe verwendet. Nur wenige Fachlehrer
  außerhalb Mathematik und Physik nutzen bisher die Informationstechnik
  oder haben informatische Methoden in ihren Unterricht aufgenommen.
- Eine planmäßige und hinreichende Lehrerfortbildung und Lehrerweiterbildung für die Formen A und B (Fachlehrer für Informatik) gibt es
  nur auf dem Papier: es gibt zu wenige Plätze in den Lehrerfortbildungs-
  kursen und ihr Niveau reicht kaum für Form A. Studienplätze für ein
  Ergänzungsstudium stehen nur vereinzelt zur Verfügung, da die Infor-
  matik-Fachbereiche bereits durch Diplomstudenten zu knapp 100% über-
  belegt sind.
- Eine planmäßige Lehrerausbildung gibt es nur an einigen wenigen Hochschulen, was verständlich ist, da Informatik noch kein eigenständiges
  Schulfach (außer Sekundarstufe II) ist und die KMK-Beschlüsse eine
  Lehramtsprüfung in Informatik nur für Gymnasiallehrer im Drittfach
  zulassen.
- Die Bemühungen zur Einführung informatischer Grundkenntnisse für alle
  Lehrer sind erst am Anfang (Baden-Württemberg).
- Die Einführung informatischer Grundkenntnisse für alle Schüler findet
  inzwischen das Interesse der Politiker, die auch zur Finanzierung be-
  reit sind, wird aber nur schleppend von den Bildungsverwaltungen auf-
  gegriffen.
- Eine organisierte Software/Teachware-Entwicklung findet nicht statt.

6. Nachwort

Erlauben Sie mir, nach dem Referat noch einige persönliche Schlußfolgerungen anzufügen:

- Informatische Grundkenntnisse für alle Schüler ja - aber vom Typ B
  und nicht vom Typ A (siehe Warnung von McCracken);
- Die Einführung von obligatorischem Unterricht kann frühestens in 6-8
  Jahren erfolgen. Bis dahin müssen massive Anstrengungen in der Lehrer-
  aus-, fort- und weiterbildung unternommen werden, sowohl in qualita-
  tiver wie in quantitativer Hinsicht (Form B).
- Die Schulen sollten schnellstmöglich in breitem Maße die Ausstattung
  für Informatikunterricht in der Oberstufe und für Arbeitsgemeinschaften bzw. Wahlfachunterricht in der Sekundarstufe I erhalten. Nur so
  können die Lehrer die erforderlichen Qualifikationen für den späteren
  Pflichtunterricht erwerben, Unterrichtsmaterialien entwickeln und erproben und Lehrer anderer Fächer anregen, informatische Methoden in
  ihren eigenen Unterricht aufzunehmen bzw. Informationstechnik als
  Hilfsmittel zu verwenden.
- Bund und Länder müssen die Entwicklung entsprechender Unterrichtsmaterialien einschließlich Software anregen und massiv finanziell unterstützen.

Es erscheint mir erforderlich, nicht bloß unseren Nachbarn in Frankreich
und England mit einer Verzögerung von zwei bis drei Jahren nachzulaufen.
Es wäre unverantwortlich, die warnenden Stimmen in den USA zu ignorieren.
Sie erinnern uns daran, daß wir niemanden suggerieren dürfen, informatische Grundbildung erschöpfte sich im Schreiben von BASIC-Programmen
zum Suchen der Primzahlen bis 100, ebenso wie musische Bildung nicht
im Einfinger-Klimpern von "Hänschen-Klein" besteht, oder die Fähigkeit
zum Lesen von Verkehrsschildern den Zugang zur abendländischen Literatur
eröffnet.

Literaturhinweise

/ACM 84/   Cassel, L.N., and I. C. Little (Eds.): Fifteenth SIGCSE
                Technical Symposium on Computer-Science Education.
                ACM SIGSCE Bulletin vol. 16, no. 1 (1984).

/AEDS 84/   Martin, C. D., and R. S. Heller: Capitol-izing on
                Computers in Education - Proceedings of the 1984
                Association for Educational Data Systems Anunal
                Convention. Rockville MD 1984: Computer Science Press.

/Bosler 81/   Bosler, U. u. K.-U. Hansen (Hrsg.): Mikroelektronik,
                sozialer Wandel und Bildung. Weinheim 1981.

/Cerych 82/   Cerych, L.: Computer education in six countries:
                policy, problems and issues. Europ. J. Education vol. 17,
                no. 4 (1982).

/diSessa 84/   diSessa,A.: A Principled Design for an Integrated Compu-
                tational Environment. MIT-LCS Report, Cambridge 1984.

/Haefner 82/   Haefner, Klaus: Die neue Bildungskrise: Basel,
                Boston, Stuttgart 1982.

/Hertlein 82/   Hertlein, G.: Computer literacy 1982: an update.
                In: /NECC-82/, pp. 238-247.

/McCracken 84/ McCracken, D.D.: A Sceptical View of Computer Literacy.
                In: /ACM 84/, Appendix A.

/NECC 82/   Smith, I., and G. S. Moum (Eds.): Proceedings of NECC-82,
                National Educational Computing Conference 1982.
                Columbia MD, 1982.

/Nora 79/   Nora, S. u. A. Minc: Die Informatisierung der Gesellschaft.
                Frankfurt 1979.

/Papert 79/   Papert, S.: Mindstorms, children, computers and powerful
                ideas. Brighton 1980.

/vWeert 84/   van Weert, Tom (Hrsg.): Modell-Lehrplan Informatische
                Grundkenntnisse für alle Lehrer. Association for Teacher
                Education in Europa. Brüssel 1984.

/Weizenbaum84/ Weizenbaum J.: Computer in der Schule. Vortrag Oldenburg
                06.06.84. (Unveröffentlicht).

BASISLEHRGANG INFORMATIK
'BUERGERINFORMATIK'
FUER ALLE SCHUELER

drs. Tom J. van Weert

Arbeitskreis   Institut für Lehrerausbildung
Post-Akademischer Unterricht   und Lehrerfortbildung
in Informatik   'Ubbo Emmius'
Amsterdam   Groningen
Niederlande   Niederlande

1. Die Universitäten und Technische Hochschulen in den Niederlanden arbeiten in Bezug
    auf post-akademischen Unterricht in verschiedenen Disziplinen in Arbeitskreisen
    zusammen. Der Arbeitskreis für post-akademischen Unterricht in Informatik (PAO
    Informatik) organisiert Kurse für EDV-Fachleute, aber auch Fortbildungskurse für
    Lehrer. Der 'Strukturplan Fortbildung Informatik weiterführende Schulen' des PAOs
    Informatik enthält einerseits einen Entwurf der Lehrinhalte für Schüler, anderer-
    seits einen Entwurf der Lehrinhalte für die Lehrerfortbildung in Informatik. In
    diesem Bericht wird der Lehrinhalt des Basislehrgangs Informatik ('Bürgerinforma-
    tik') für Schüler im Alter von 12 bis etwas 15 Jahren beschrieben.

Aus: **'Strukturplan Fortbildung Informatik an weiterführenden Schulen'**; Vorschlag für den
    Lehrstoffinhalt Informatik an weiterführenden Schulen, notwendige Fortbildung für
    Lehrer. Programmkommission PAO-Informatik für Lehrer, April 1983

2. Lehrinhalt Basislehrgang Informatik

    Im folgenden Text wird erläutert, welchen Lehrstoffgebieten (und auf welche Weise)
    man sich nach der Meinung der Programmkommission in den ersten Lehrjahren auf den
    weiterführenden Schulen widmen sollte.
    Dieses Kapitel ist gleichzeitig Teil des Artikels 'Einführung der Bürgerinformatik
    in der ersten Phase des weiterführenden Unterrichts' der gemischten Arbeitsgemein-
    schaft Informatik-Unterricht der Gesellschaft für Handel und Gewerbe und der
    niederländischen Gesellschaft für Informatik. Dieses Kapitel verdankt sein Enstehen
    einem Beitrag der Programmkommission und wurde in der hier angebotenen Form sowohl
    von der gemischten Arbeitsgemeinschaft Informatik-Unterricht als auch von der
    Programmkommission für gut befunden.

2.1. Allgemein

    Als Ausgangspunkt für die Feststellung des gewünschten Basislehrgangs 'Erlernen von
    Informationstechnologie' für Schüler dienen die folgenden Tatsachen:

- Es betrifft den Unterricht für alle Schüler nach der Grundschule, also der Alterstufe von 12 oder 13 Jahren bis zum etwa fünfzehnten Lebensjahr.
- Ein Teil von ihnen wird mit diesem Unterricht die Schulausbildung abschliessen; zum Teil wird er nur eine Grundlage für weiterführenden Unterricht sein; der gewünschte Lehrstoff wird folglich sowohl sogar in sich abgeschlossen sein als auch einen guten Anschluss für den Lehrstoff für Fortgeschrittene bieten müssen; selbstverständlich sollte der Stoff einen guten Uebergang von der Grund- zu den weiterführenden Schulen gewährleisten.
- Das Wissen auf dem Gebiet der Informatik unterliegt einem raschen Veränderungsprozess; aus diesem Grund empfiehlt es sich, den Schülern soviel wie möglich unveränderliche, also nicht an Apparatur oder Programme gebundene Kenntnisse zu vermitteln.

Im Zentrum steht das Vermitteln von Einsicht, die den Schülern die Möglichkeit bietet, eine verantwortliche Haltung in Bezug auf Informationstechnologie zu entwickeln. Sie sollen mit Einsicht auf Situationen reagieren können, in denen Kontakt mit automatisierten Systemen stattfindet. Zu diesem Ziel führen unter anderem vier Hauptwege:

1. Erfahrungen sammeln in Mensch-Maschinen-Situationen, in denen der Schüler eine Maschine als Benutzer von Anwendungsprogrammen und (falls es notwendig ist) als Benutzer von Systemprogrammen selbst bedienen muss.
2. Erfahrungen in Situationen sammeln, in denen die Informationstechnologie den Bedürfnissen des Individuums/der Gesellschaft dienen kann oder eventuell auch nicht dienen kann. Bei diesen Erfahrungen stehen Einsicht in das Enstehen und in die Folgen von Zustandekommen dieser Situationen im Zentrum.
3. Das Entwickeln guter Denkmodelle, mit denen Schüler automatisierte Systeme angemessen durchdenken und mit ihnen umgehen können. Bei der Entwicklung solcher Denkmodelle ist das systematische Arbeiten mit 'black boxes', also mit Elementen, deren inneres Funktionieren der Schüler nicht kennt, ein gutes, wenn nicht sogar wesentliches Arbeitsprinzip, weil es die erstrebte Einsicht am Beispiel erläutert.
4. Das Sammeln orientierender Erfahrungen in algorithmischem Denken und modularem Aufbau im Rahmen problemlösenden Handelns. Dies geht mit Hilfe der Programmierung, die hierzu die Möglichkeit in einer sehr beschützenden (das heisst in einer für den Schüler sehr benutzerfreundlichen) Programmierumgebung (besser: eine sehr beschützende und bewusst begrenzte algorithmische oder Anwendungsumgebung) bietet.

Zusammenfassend zeigen die vier Hauptwege, dass sich der Basislehrgang stark auf das Sammeln eigener Erfahrungen richtet, wobei der Inhalt des Lehrstoffes, das Lehrmaterial und die Begleitung vom Lehrer gewährleisten müssen, dass der Schüler eine 'gute Einstellung' entwickelt.

Der Lehrstoff ist zu diesem Zweck in vier Hauptgruppen aufzuteilen:

A. Gesellschaftlicher Stellenwert und Folgen

B. Benutzen von Anwendungssystemen

C. Problemanalyse und Problemlösung mit algorithmischen Methoden ('Prinzipien des Programmierens')

D. Prinzipien der Architektur von Programmen und Geräten

Der Reihenfolge liegt die Philosophie zugrunde, dass eine Linie von der Umgebung zur Maschine verläuft, die der Lehrer ständig als Stütze beim Unterrichten verwenden kann.

Es wird jedoch nicht beabsichtigt, die Reihenfolge von der Gesellschaft zur Maschine auch integral zur Reihenfolge des Unterrichts zu machen; der Lehrstoff kann grossenteils parallel und konzentrisch angeboten werden. Ferner muss der Lehrer den Stoff auf seine eigenen Schüler abstimmen, indem er Akzente setzt.

2.2. Inhalt des Lehrstoffgebietes 'Erlernen der Informationstechnologie'

Beim Ausarbeiten des Lehrstoffes liegen die grössten Probleme in der Tatsache, dass der Lehrstoff an der Erlebniswelt von 12- bis 15-jährigen Schülern anschliessen muss, und in der Gegebenheit, dass der Stoff aus Mangel an Uebersichtlichkeit oder wegen zu hohen Schwierigkeitsgrades nicht demotivierend wirken darf.

Im folgenden Abschnitt versuchen wir innerhalb des Lehrstoffes für jeden Hauptthemenbereich eine Anzahl Aspekte anzugeben:

- die Punkte, die in jedem Hauptthemenbereich zur Sprache kommen müssen (abstrakt);

- diese Punkte konkret füllen, wobei Beispiele gegeben werden können, die der Verdeutlichung der mehr abstrakten Begriffe dienen;

- zuguterletzt wird in Einzelfällen auch auf die Frage eingegangen werden müssen, ob es möglich ist, eine einfache Form zu finden, in der man den Lehrstoff so behandeln kann, dass er die Schüler motiviert.

A. Gesellschaftlicher Stellenwert und Folgen

Die folgenden Aspekte spielen eine Rolle:

- das Sammeln der Daten

- Schutz und Vollständigkeit der Daten

- sich verändernde Arbeitsmethoden

- sich verändernde Beschäftigungslage

- Qualität der Arbeit

- Einfluss auf Einzelpersonen und ihre Zusammenarbeit mit anderen

- Einfluss auf Organisationen

- Einfluss der Simulation

Diese Aspekte sollen bei der Behandlung der Anwendungen aus dem Lehrstoffbereich B, Benutzung der Anwendungen, zur Sprache kommen. Hierbei sind von Bedeutung: die Gründe für die an den Computer gebundene Formalisierung, unter anderem die algorithmische Arbeitsweise; ihre Folgen; die Ausbreitung und Begrenzung der Möglichkeiten demzufolge, sowohl in der Vergangenheit als auch in Zukunft.

B. Benutzung von Anwendungssystemen

Für diesen Bereich wird bewusst eine Bezeichnung gewählt, die seinen aktiven Charakter widerspiegelt. Eingedenk des Schwerpunktes auf eigene Erfahrungen, muss man diese Erfahrung auch hier aktiv machen.
In der Klasse wird dieser Teil einen starken Zusammenhang mit dem Bereich 'gesellschaftliche Aspekte' zeigen.

Es wird beabsichtigt, einerseits einen Ueberblick der im Folgenden aufgeführten Anwendungskategorien zu geben, andererseits sollen die Schüler am Beispiel, soviel wie möglich, die realisierten Anwendungen benutzen können.

- Textverarbeitung
    z.B. Klubzeitung, Klubkorrespondenz, professionelle Textverarbeitung, Teletext
- Informationssysteme
    . Abrufsysteme wie z.B. Bildschirmtext, Bibliotheksysteme, Reservierungssysteme, Einwohnerverzeichnisse, Patienteninformationssysteme
    . administrative Systeme wie die Schulverwaltung, Sozialleistungs- bzw. Lohnverwaltung, Girosysteme, Verarbeitung der Volkszählung
- Prozesssteuerung
    z.B. Ampelsysteme, Robotik
- Anwendungen im Unterricht
    Lernen mit Hilfe der Informationstechnologie, Lernen mittels der Informationstechnologie

Hinter den Arten der Anwendung sind einige Beispiele angegeben. Eine Reihe von ihnen schliesst direkt bei der eigenen Erlebniswelt des Schülers an. Einige andere bedeuten jedoch ein Verlassen der Erfahrungswelt.
Bei diesem Hauptthemenbereich scheint es kein grosses Problem zu sein, eine motivierende Form zu finden. Neben dem sehr konkreten 'Selbst-Tun' gehören auch Exkursionen zu den Möglichkeiten, zum Beispiel zu einer Entwicklungsabteilung oder einer Bibliothek, die an einen automatisierten zentralen Katalog angeschlossen ist.

C. Problemanalyse und Programmieren

Ziel dieses Teils ist es, den Schüler orientierende Erfahrungen machen zu lassen mit:
- algorithmischem Denken
- modularem Aufbau
- Lösungsstrategien und systematische Verfeinerung der Algorithmen
- Programmieren in 'beschützender' Programmierumgebung

Es liegt in der Absicht, die unter B, Benutzung von Anwendungssystemen, genannten

Themen auch eine Rolle bei Problemanalyse und Problemlösung mittels algorithmischer Methoden spielen zu lassen, insbesondere um exemplarisch einen Lösungsweg für unstrukturierte Probleme zu verdeutlichen und um innerhalb beschützender (das heisst, mit sehr benutzerfreundlichen Geräten und Programmen) Programmierumgebungen (besser: eine sehr beschützende und bewusst begrenzte algorithmische oder Anwendungsumgebung) Lösungen für einfache Probleme von Schülern programmieren zu lassen.

Auch andere, isoliertere Probleme werden ihren Weg ins Klassenzimmer finden.

Die Ansprüche, die an das Lehrmaterial gestellt werden, führen zu einer Form, bei der dem Schüler unterschiedliche beschützende Anwendungsumgebungen (das heisst, auf den Schüler abgestimmte und sehr benutzerfreundliche Versionen der Anwendungssysteme) angeboten werden. Das Lehrmaterial wird sowohl Jungen als auch Mädchen, musisch und naturwissenschaftlich orientierte Schüler ansprechen müssen. Auf der Suche nach einer richtigen/guten Uebersetzung der obengenannten abstrakten Begriffe sollte dann auch das Thema (der Inhalt) der gewählten Beispiele solcher Art sein, dass es nicht zu dominant wird oder auf eine Reihe Schüler abstossend wirkt.

Es erscheint uns darum auch nicht wünschenswert, die Beispiele im Bereich des Rechenunterrichtes (z.B. numerische Algorithmen) und in der Manipulation von Texten zu suchen. Graphische Anwendungen sind in diesem Zusammenhang angemessenere Objekte.

Eine Möglichkeit zur Aufbereitung des Lehrmaterials liegt darin, den Schüler zuerst einige Grundalgorithmen ausführen zu lassen, oder dass er Veränderungen in derartigen Algorithmen anbringt und schliesslich aus den Grundalgorithmen Algorithmen höherer Ordnung zusammenstellt.

D. Prinzipien der Architektur von Programmen und Geräten

- Der grundlegende Begriff ist **Prozess**, der in einem **Programm** beschrieben ist und von einem **Prozessor** ausgeführt wird
- Speicherung und Speichervermögen
- Die verschiedenen Ebenen, auf denen mit einer Maschine (hardware und software) kommuniziert werden kann
- Datenkommunikation
- Mikro-Elektronik

In diesem Abschnitt geht es darum, dem Schüler bzw. der Schülerin Modelle anzubieten, die es ihm oder ihr ermöglichen, die Erfahrungen im Umgang mit der 'Maschine' zu begreifen. Hierbei ist es wichtig, die Erkenntnis zu vermitteln, dass alle Ergebnisse der Computerarbeit immer eine Folge menschlicher Aktivität und vom Menschen eingegebenen Daten und Werten/Normen sind. Die Einsicht in den Aufbau eines Systems erfordert, dass es der Schüler lernt mit 'black boxes' zu arbeiten, und dass er es sich auch zutraut, damit umzugehen.

2.3. Darbietung des Lehrstoffes

- Der Lehrer wird sich bei der Präsentation des Lehrstoffes ständig bewusst sein müssen, dass der Stoff alle Schüler erreichen muss.
- Die Darbietung des Stoffes muss sich auf das Sammeln schülereigener Erfahrungen in der Mensch-Maschine-Begegnung richten: handelnd lernen.
- Beim Erfahrungen Sammeln in einer Problemsituation spielen Gruppenprozesse eine Rolle; der Lehrer wird auf diese Prozesse achten müssen, weil sie die Lehrstoffvermittlung und das Sammeln von Erfahrungen negativ beeinflussen könnten. Siehe: das sogenannte MENT-Projekt der Technischen Hochschule Eindhoven über den Einfluss von Gruppenprozessen auf die Lehrstoffvermittlung an Jungen und Mädchen (Projekt "Mädchen, Physik und Technik", 1983, durchgeführt von der Fachgruppe Didaktik des Physik der TH Eindhoven, Vorsitzender Prof.Dr. J.H. Raat).
- Wenn der Lehrer die Schüler selbst Erfahrungen machen lässt, dann wird er vom zufälligen Material abstrahieren müssen, vom zufälligen Beispiel, mit dem gearbeitet wird; denn es ist das Ziel, einige allgemeine und unveränderliche Begriffe zu vermitteln, die dazu führen, dass der Schüler Denkmodelle entwickelt und eine unabhängige Haltung annimmt.
- Da der Akzent auf dem Entwickeln von Einsicht liegt, die zu einer verantwortlichen Haltung führt, sind verschiedene Modelle möglich.
- Die Teile der diversen Lehrstoffgebiete lassen sich vermutlich am besten konzentrisch und um 'Kerne' der Curricula herum gruppieren.
- Das didaktische Modell wird in der Praxis inhaltlich gefüllt werden müssen, wobei man jedoch Anschluss an die Wirklichkeit suchen muss, an die eigene Erfahrungswelt der Schüler, besonders wenn es darum geht, neue Begriffe einzuführen.

2.4. Strukturierung des Unterrichtsplanes

Der Lehrstoff kann in zwei aufeinanderfolgenden Jahren, in zwei abgerundeten Blöcken wie folgt angeboten werden:

1. ABcd
2. abCD

Die grossen Buchstaben verweisen auf den Inhalt des Stoffgebietes 'Erlernen der Informationstechnologie', die kleinen Buchstaben geben einen **Teil** des mit einem dementsprechenden grossen Buchstaben angedeuteten Lehrstoffinhaltes an.

Der Stoff des Blockes ABcd beansprucht zwei Unterrichtsstunden pro Woche während des ganzen Schuljahres, mit höchstens einer Stunde Maschinenbenutzung pro Woche.

Der Lehrstoff des Blockes abCD nimmt ebenfalls zwei Unterrichtsstunden pro Woche während eines ganzen Schuljahres in Anspruch, mit gleichfalls höchstens einer Wochenstunde Maschinenbenutzung.

Ausser in diesen Unterrichtsstunden 'Erlernen der Informationstechnologie', sollen die Schüler auch in anderen Lehrstoffbereichen Erfahrungen mit den Anwendungen der

Informationstechnologie sammeln. Diese zusätzlichen Erfahrungen sind bei der genannten Anzahl benötigter Unterrichtsstunden nicht mitgerechnet. Im obigen Teil wird davon ausgegangen, dass alle Schüler an beiden Blöcken teilnehmen. Es wird sich an den Versuchsprojekten, die die Ministerien für Kultus und Wirtschaft initiiert haben, zeigen müssen, ob der zweite Block (abCD) für alle Schüler durchführbar ist, oder ob hieran besser nur eine begrenzte Gruppe von Schülern teilnehmen soll.

Die Zeitverteilung, ausgedrückt in Prozent pro Lehrstoffbereich, ist wie folgt gedacht:

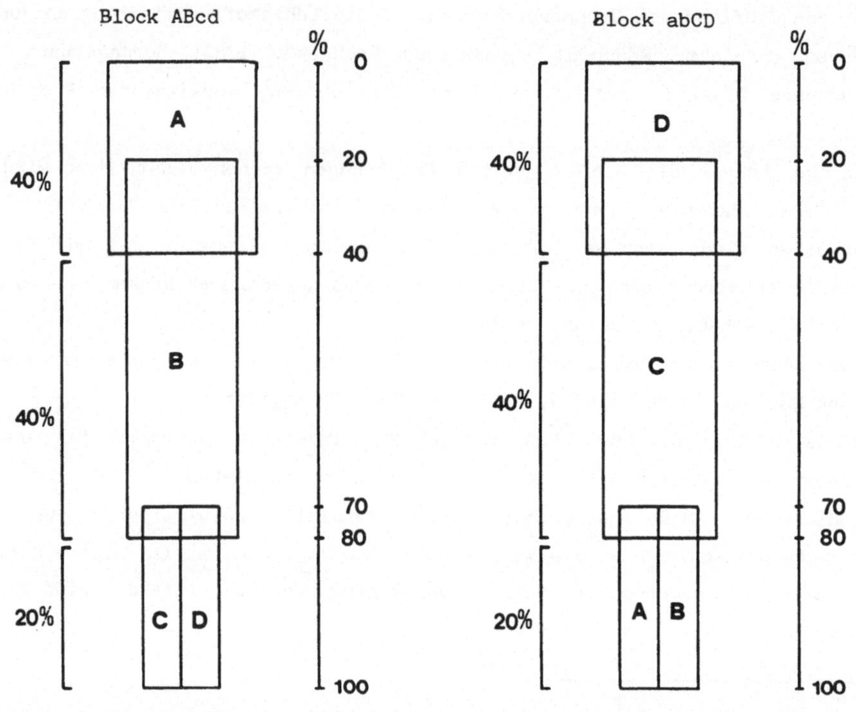

Im Rahmen des sogenannten Hundert-Schulen-Projektes, in dem die niederländischen Ministerien für Kultus und Wirtschaft 100 Schulen Mikrocomputer für den Unterricht in 'Bürgerinformatik' zur Verfügung gestellt haben, wurde von der Stiftung Lehrplanentwicklung (SLO) eine Grundstruktur für die Bürgerinformatik entwickelt. Hierin sind für die Lehrstoffgebiete A bis D noch zusätzlich Beispiele und Erläuterungen aufgenommen worden.

Quelle: **Raamwerk Burgerinformatica, Katern 1**, Project Burgerinformatica 12-16-jarigen, SLO, Enschede, 1983.

3.1. Teilbereich A: Benutzung von Anwendungssystemen

Wir sprechen nachdrücklich von der Benutzung von Anwendungssystemen. Dies geschieht hauptsächlich aus didaktischen Gründen. An anderer Stelle haben wir als Zielsetzung genannt: Lernen praktisch mit datenverarbeitenden Systemen umzugehen. Die Bezeichnung dieses Teilbereiches spiegelt also auch die Entscheidung wider, dass nicht ein Ueberblick über die Anwendungen behandelt werden muss, sondern dass aktive Erfahrungen mit einer Reihe — auf die Benutzung von Schülern abgestimmte — sinnvoller Anwendungssysteme gesammelt werden müssen.

In diesem Licht sollten demzufolge auch die nachfolgenden Beispiele von Anwendungen gesehen werden.

Einige Beispiele für in Betracht kommende Anwendungen:

- Informationsverarbeitung über Barcode in Supermärkten: die verkauften Artikel werden mit einem Barcodeleser registriert (dieser Vorgang muss wahrscheinlich simuliert werden) und das Programm bearbeitet die Vorratslisten und regelt Bestellungen; letzteres kann eventuell auf der Grundlage von Modellen in Bezug auf die Verkaufschancen der Artikel geschehen.

- Eine kleine Datenbank, mit der man folgende Erfahrungen sammeln kann: Zugang erhalten zu nur einem Teil der Datenbank, Speicherung und Abändern der Daten, das Stellen einfacher Fragen, Fragen stellen, sodass Daten aus verschiedenen Quellen kombiniert werden müssen.

- Simulation einer Bank oder eines Girodienstes, bei der relevante Aspekte erlernt werden können, wie Einzahlen und Ueberweisen, on-line Abrufen und off-line Verarbeiten, Bedeutung der Ueberweisungszeit in Zusammenhang mit den Geldreserven, Kredit aufnehemen, Möglichkeiten zum Betrug und zur Sicherung kennen lernen.

- Ein textverarbeitendes System, mit dem man Grundfertigkeiten erlernen kann: Eintippen von Textänderungen, einfache Aufnahmestrukturen anbringen, Einfügen externer Information z.B. bei Standardbriefen.

- Ein System, bei dem Erfahrungen mit graphischen Anwendungen gemacht werden können, zum Beispiel ein Programm, mit dem man computergesteuert Strickmuster entwerfen kann; hiermit begeben wir uns schon in Richtung der an anderer Stelle erwähnten beschützenden Anwendungsumgebungen.

- Gebrauch öffentlicher Systeme zur Informationsforderung wie eine Bibliothek und Bildschirmtext.

- Programme, die Schüler befähigen, den Computer 'andere Entscheidungen fällen zu lassen', indem sie die Modelle verändern (z.B. Simulationen des Bevölkerungswachstums und des Rohstoffverbrauchs).

- Simulationsspiele, die es Schülern ermöglichen, auf spielerische Weise ein neues Kenntnisgebiet zu erkunden (z.B. Wirtschafts- oder Raumordnungsprobleme).

3.2. Teilbereich B: Gesellschaftliche Auswirkungen

Einige Beispiele der Folgen für gesellschaftliche Strukturen, die geeignet sind, im Rahmen konkreter Situationen zur Sprache gebracht zu werden, weil die 'Entstehung' der Computer darauf grossen Einfluss ausübt:

- Folgen für die Beschäftigung: welche Arbeitsplätze sind verschwunden oder werden noch verschwinden? Welche Arbeitsplätze sind hinzugekommen oder werden noch hinzukommen? Sind periodische Fortbildung oder Umschulung notwendig? Wie wird Arbeit verteilt? Was tun mit mehr Freizeit? Ist Arbeiten unbedingt notwendig? ...

- Folgen für den persönlichen Lebensbereich: gibt es ein Recht auf Geheimnisse? Was dürfen andere von dir selbst wissen? Darf ein jeder dieselben Dinge von dir wissen? Wie ist gesichert, dass die über dich gespeicherte Information korrekt ist? Welchen Einfluss besitzen die Daten, die über deine Verwandtschaft gespeichert sind? Wie funktionieren Kreditkarten? Was hältst du von einem Einkaufsbummel per Computer? ...

- Folgen in Bezug auf Kriminalität: was kann man alles mit Hilfe eines Computers stehlen? Kannst du dir Methoden und Sicherheitsmassnahmen hierzu ausdenken? Welche Information über dich darf gespeichert werden, wenn man bei einer Gesetzesübertretung oder bei einer kriminellen Handlung erwischt wird? ...

- Folgen des Aufkommens des Computers im Vergleich mit beispielsweise der industriellen Revolution: was war bzw. ist der Einfluss auf Arbeitsmethoden, Lebensstil, Kultur, politische Struktur, Realität von Leben und Arbeit, Beschäftigungsmöglichkeit? ...

- Folgen des Aufkommens des Computers für den Geldverkehr: wie entstand einst das Geld? Wie kann es an Wert verlieren oder gewinnen? Wie funktioniert ein Girodienst und eine Bank? Welche Vor- und welche Nachteile bietet der vollständig elektronische Geldverkehr? Welchen Einfluss haben Störungen in solch einem Fall? Und wie regelt man eine Auslandreise, wenn man zu diesem Zweck ein elektronisches Geldüberweisungssystem verwendet?

3.3. Teilbereich C: Problemanalyse und Programmieren

Der Inhalt dieses Bereichs steht im Rahmen der Bürgerinformatik noch mitten in der Diskussion. Einer ausdrücklichen Problemanalyse wird im Unterricht noch nicht so viel Aufmerksamkeit gewidmet; auch die Notwendigkeit des Programmierenlernens steht noch zur Diskussion. Das Programmierenlernen wird nicht als Ziel an sich gesehen, sondern als Hilfsmittel, um Einsicht in die Art des menschlichen Umganges mit der Maschine zu gewähren.

Die Kommunikation mit dem Computer kann auf verschiedenen Ebenen stattfinden. Das höchste Niveau ist das des Anwendungsprogramms, mit dem der (End)Benutzer in Berührung kommt. Als nächstes folgt die Ebene der höheren Programmiersprache, die im Grunde zum Aufgabenbereich des Anwendungsprogrammierers gehört. Auch der Systemprogrammierer bewegt sich auf diesem Niveau, obwohl die Montage- oder

Maschinensprache eher zu seinem Gebiet gehört. Der Uebergang zwischen dem Niveau des Endbenutzers und dem des Anwendungsprogrammierers ist mehr oder weniger fliessend.

Von der Position des Endbenutzers ausgehend, kann eine Reihe von Schritten, die zum Aufgabenbereich des Anwendungsprogrammierers hinführen, unternommen werden. Man sollte es vorziehen, dass Schüler sozusagen als Endbenutzer Lösungen für einfache Probleme selbst programmieren, wobei sie an Schüler angepasste und benutzerfreundliche Anwendungsprogrammiersysteme verwenden können.

Auf diese Art ist eine Didaktik zu verwirklichen, die den Endbenutzer befähigt, auf sinnvolle Weise den Weg in die Richtung höherer Programmiersprachen einzuschlagen, ohne dass er sich mit den Eigenarten einer bestimmten Sprache beschäftigen muss.

3.4. Teilbereich D: Prinzipien der Architektur von Programmen und Geräten

Hierunter verstehen wir unter anderem:

- Funktionelle Beschreibungen von Computern auf der Grundlage der Apparaturkomponenten, die man sehen kann oder deren Existenz man sehr direkt erleben kann. Auf diese Weise entstehen Abstraktionen wie Eingabeapparat, Ausgabeapparat, internes Speichervermögen, Prozessor, externes Speichervermögen, Datentransport.
- Die Schichtenstruktur programmierter Systeme, wie sie zum Beispiel im Niveauunterschied zwischen den Anwendungsprogrammiersprachen und höheren Programmiersprachen zum Ausdruck kommen.

Ein Kernbegriff bei der Behandlung des Lehrstoffes ist **Prozess**, der in erster Linie von drei Aspekten gekennzeichnet wird:

- die Elemente, die in einem Prozess gelangen beziehungsweise ihn wieder verlassen: die Daten
- die Arbeitsweise des Prozesses: der Algorithmus
- der (programmierte) Apparat, der den Prozess ausführt: der Prozessor.

(Bei Verwendung der Methode mit der 'black box' kann man die Kenntniss des dazugehörigen Algorithmus beiseite lassen.)

Ein Minimalprogramm "24 Lektionen Informatik" für alle Schweizer Gymnasiasten und die entsprechende Lehrerausbildung

C.A. Zehnder und A. Ventura
Institut für Informatik, ETH-Zentrum, CH-8092 Zürich

Abstract: Die Gegebenheiten des Schweizer Gymnasialsystems bedingen eine Konzentration des allgemeinen Informatik-Einführungskurses auf ca. 24 Lektionen. Die daraus folgenden Konsequenzen für Schule und Lehrerbildung werden hier dargestellt und anhand von Erfahrungen bewertet.

Rahmenbedingungen

Das Schulwesen ist in der Schweiz (6 Mio. Einwohner) im wesentlichen eine Sache der 26 Kantone mit eigenem Schulsystem, Lehrplänen und Lehrerbildungsanstalten. Auf der oberen Sekundarschulstufe (Gymnasium, 9. - 12./13. Schuljahr) wirken allerdings zwei wesentliche Koordinationsfaktoren:

- Die gesamtschweizerische *Maturitätsanerkennungsverordnung* regelt, unter welchen Bedingungen (inklusive Lehrinhalte) die Abschlussprüfungen der Gymnasien (Maturität) als Zulassungsgrundlage für alle 11 Hochschulen der Schweiz anerkannt werden.
- Die Ausbildung der *Gymnasiallehrer* erfolgt im wesentlichen an den Hochschulen mit Schwergewicht auf der wissenschaftlichen, nicht auf der fachdidaktischen Seite.

In einer solchen stark föderalistischen Situation ist die Einführung eines neuen Stoffgebietes wie der Informatik nur über verschiedene Zwischenschritte möglich, weil keine Entscheide "von oben" den Durchbruch auslösen können. Die wichtigsten Stossrichtungen der letzten Jahre sind dabei:

- Versuche mit Informatikkursen durch interessierte, aktive Lehrer seit den sechziger Jahren.
- Ausweitung solcher Versuche durch Lehrergruppen; anfänglich spontan, seit etwa 1975 koordiniert über gesamtschweizerische Instanzen und Organisationen.
- Formulierung eines Minimalprogrammes "24 Lektionen Informatik", sowie zugehöriger Lehrmittel und Unterlagen (deutsch mit Pascal und Basic, französisch mit Basic) durch erfahrene Lehrer ab 1978.
- Wachsende Anerkennung des Minimalprogrammes "24 Lektionen Informatik" als Arbeitskonzept in Schulen und Schulbüchern ab 1982.
- Angebot verschiedener Lehrerbildungskurse (für Lehrer, welche selber Informatikkurse erteilen, aber auch für andere Interessierte) durch die Weiterbildungszentrale Luzern, eine Institution der Eidgenössischen Erziehungsdirektorenkonferenz (entspricht der Konferenz der Kultusminister) ab 1974. Die Weiterbildungszentrale gibt auch eine Zeitschrift "Interface" [1] heraus, welche sich mit Fragen der Schulinformatik befasst.

Offensichtlich fehlt in diesem Sortiment aber der Beitrag der Hochschulen, für welche die Lehrerbildung doch eine Grundaufgabe bildet. Daher stellte sich uns 1983 die Frage, in welcher Form ein Beitrag der Zürcher Hochschulen (Eidgenössische Technische Hochschule und Universität) optimal zu erbringen wäre. Aus ausführlichen Vorgesprächen resultierten die folgenden Rahmenbedingungen:

- Informatik im Gymnasium kann nur als Teil eines grösseren Fachbereichs gesehen werden, etwa in Mathematik oder Buchhaltung (letzteres nur im Wirtschaftsgymnasium). Dazu sind keine "Informatik-Fachlehrer" auszubilden, sondern Lehrer anderer Fächer benötigen eine Zusatzausbildung.

- Ein neuer Kurs "Informatik-Didaktik" (ab Wintersemester 1983/84) soll sich auf die Lehreraspekte einer "Informatik-Einführung für alle im Umfang von 24 Lektionen" ("24 Lektionen Informatik") konzentrieren. Als typische Schüler von "24 Lektionen Informatik" sind dabei Gymnasiasten (jeden Typs) des 10. Schuljahres zu betrachten, welche die "24 Lektionen Informatik" obligatorisch besuchen müssen.
- Aspekte anderer Informatikangebote auf Gymnasialstufe (freiwillige Kurse, Kurse für Wahlfächer grösseren Umfangs, etc.) sollen höchstens am Rande behandelt werden.
- Der Kurs "Informatik-Didaktik" soll sich an Studenten wenden, welche sich auf eine spätere Tätigkeit im höheren Lehramt vorbereiten wollen. Auch Lehrer, die bereits im Amt stehen, sollen den Kurs als Weiter- beziehungsweise Fortbildungskurs besuchen können. (Äussere Konsequenz für Kursumfang und Kursdurchführung: höchstens 3 Stunden pro Woche, zusammenhängend).
- Bei allen Kursteilnehmern werden gute Grundkenntnisse im Programmieren in einer höheren Programmiersprache vorausgesetzt (zum Beispiel 2 Semester "Einführung ins Programmieren" mit Pascal).

Natürlich könnten verschiedene dieser Rahmenbedingungen auch anders festgelegt werden (mehr/weniger Vorkenntnisse, etc.). Zugunsten einer wenigstens minimalen Übereinstimmung der Bedürfnisse der Kursteilnehmer war aber eine Definition der Ausgangslage unumgänglich.

Konzept für "24 Lektionen Informatik"

Ein Lehrerkurs ist kaum sinnvoll, wenn nicht über den künftigen Unterrichtsbereich (Ziel, Inhalt, Vorgehen) ein klares Konzept besteht. Wir legten dieses auf Grund vorhandener Schulerfahrungen zum voraus fest.

Ziel

Allgemeinbildung im Bereich der Informatik (kann je nach Gymnasialtyp angepasst und verfeinert werden): Vermittlung von Wissen und eigenen Eindrücken über Einsatzmöglichkeiten, Funktionsweise und Grenzen des Computers und der Datentechnik (Informatik).

Inhalt

1. Zwei bis drei Beispiele von grösseren Anwendungen

Der Schüler soll beispielhaft sehen, wo und wie der Computer praktisch eingesetzt werden kann (Spiele, Textverarbeitung, Simulation, Buchhaltung, Bibliothekssssysteme, Prozesssteuerung, computerunterstütztes Entwerfen, Software-Entwicklung). Bei einfachen Anwendungen kann zusätzlich auf die Prinzipien der Computerlösung eingegangen werden.

2. Algorithmus und Programm

Die algorithmischen Grundelemente (Anweisung, Folge, Schleife, Fallunterscheidung) werden in geeigneter Form dargestellt. Das Formulieren von bekannten Alltagsalgorithmen (Kochrezept, Überqueren einer Strasse, Bedienung eines Billetautomaten) soll den Schüler mit der algorithmischen Denkweise vertraut machen.

Der Schüler soll erkennen, dass ein Programm die Beschreibung eines Algorithmus in einer für den Computer verständlichen Sprache darstellt. Daher muss in einer Programmiersprache jedes algorithmische Grundelement darstellbar sein; idealerweise entspricht jedem algorithmischen Element ein Element der Programmiersprache. (Nicht jeder Schüler kann am Schluss von "24 Lektionen Informatik" selbständig programmieren, aber jeder hat gewisse Programmierversuche an der Maschine selbständig gemacht.)

3. Daten

Die grundlegenden Datenelemente und Datenstrukturen werden eingeführt: Zahl, Ziffer, Zeichen einerseits; Datensätze, Listen und Tabellen andererseits. Alltagsbeispiele sind Zeugnisnoten, Sportranglisten und Stundenpläne.

Wichtig ist auch der Hinweis auf Probleme bei der Darstellung einer Wirklichkeit durch Daten: Oft kann die Wirklichkeit mit beschränkten Wertebereichen nur vereinfacht - und damit verfälscht -

durch Daten dargestellt werden. Beispiele: Fragebogen, Formulare.

4. Aufbau eines Computers

Funktion und Zusammenspiel der wichtigsten Computerkomponenten werden behandelt: Der Kern eines Computers ist die Zentraleinheit, bestehend aus Steuereinheit, Recheneinheit und Arbeitsspeicher; Sekundärspeicher sind grösser als der Arbeitsspeicher, aber langsamer; Ein/Ausgabegeräte verbinden den Computer mit der Aussenwelt. (Keine Mikroelektronik, Schaltlogik höchstens als Beispiel.)

5. Informatik und Gesellschaft

Hier sollen punktuelle Hinweise auf die Konsequenzen der Informatik und der Automation auf die Schule, auf Arbeitsweisen im Beruf und auf das allgemeine Informationsverhalten gegeben werden. Idealerweise würde dieser Aspekt ausserhalb von "24 Lektionen Informatik" von verschiedenen Fachlehrern aufgegriffen und mit Hinblick auf die Auswirkungen der Informatik auf ihr Fach besprochen.

Vorgehen

Der Kurs "24 Lektionen Informatik" soll im Schulzimmer und teilweise auch im Computerraum abgehalten werden. Gegebenenfalls wird auch eine Besichtigung einer grösseren Computeranwendung ausserhalb der Schule vorgesehen (Bank, Reservationssystem einer Fluggesellschaft, Redaktion einer Zeitung, automatische Ausleihkontrolle einer Bibliothek). Neben dem Unterricht im Klassen- oder Halbklassenverband ("24 Lektionen Informatik") wird der Schüler nochmals etwa gleichviel Zeit für selbständiges Lösen von Aufgaben und für praktische Übungen an der Maschine (ohne Lehrerpräsenz) aufwenden müssen.

Die zeitliche Aufteilung der oben aufgezählten fünf Problemkreise auf 24 Lektionen bleibt dem Lehrer weitgehend überlassen. Sein persönliches Interesse und der Gymnasialtypus, dem seine Klasse angehört, sollen die Gewichte bestimmen. Auf jeden Fall sollen aber alle fünf Themen behandelt werden.

Die Lehrerausbildung "Informatik-Didaktik"

Auf der Basis des "24 Lektionen Informatik"-Konzeptes konnten nun für den Lehrerkurs Ziel, Inhalt und Vorgehen formuliert werden.

Ziel

Die Absolventen des Lehrerkurses sollen in der Lage sein, einen Kurs "24 Lektionen Informatik" an einem allgemeinbildenden Gymnasium selbständig zu erteilen.

Inhalt

Der Kursinhalt umfasst allgemein informatikdidaktische Teile (∗) sowie Teile mit direkter Ausrichtung auf die 5 Themen (1) ... (5) von "24 Lektionen Informatik" in der nachstehenden Reihenfolge:

(∗) Definition des *Lehrziels* für "24 Lektionen Informatik" zugeschnitten auf die individuelle Situation des jeweiligen Lehrers und seiner Klasse sowie die entsprechende Aufteilung der Lektionen auf die fünf Themenkreise.

(1) Beispiele für *Computeranwendungen*; Gegenüberstellung der automatischen und der manuellen Lösung.

(∗) Festlegung eines beschränkten *Informatikvokabulars* (max. 25 bis 30 Begriffe), das der Lehrer fortlaufend einführt. Der Schüler soll zum Gebrauch dieser Begriffe angehalten werden (Vermeidung eines Computer-Slang).

(2) *Algorithmus und Programm:* Beispiele von Algorithmen und Programmen, die der Lehrer direkt in seinem Unterricht verwenden kann; Darstellung von Algorithmen (verbale Beschreibung, Diagramme, Programmiersprachen); Diskussion über Programmiersprachen und Programmierumgebungen.

(3) *Daten:* Beispiele von Datenelementen und Datenstrukturen, die der Lehrer direkt in seinem Unterricht verwenden kann; Probleme bei der Darstellung einer Wirklichkeit durch Daten; Datenerfassung.

(4) *Grundkomponenten des Computers:* Ausblick auf kommende Entwicklungen in der Mikroelektronik.

(∗) *Technische Voraussetzungen* für die Informatik an einem Gymnasium (Geräte, Betriebssystem, Organisation). Wie sieht der ideale Schulcomputer aus? Welche Produkte entsprechen am ehesten dem Anforderungsprofil?

(∗) Der gemeinsame Bereich zwischen *Informatik und Mathematik:* Numerik, theoretische Informatik.

(∗) Der Computer als *Unterrichtsmittel:* interaktive Programme, die durch Simulation und Animation die Erklärung theoretischer Sachverhalte anschaulich ergänzen (Experiment).

(5) Wechselbeziehung zwischen *Informatik und Gesellschaft.*

(∗) Möglichkeiten zur *Weiterbildung und Fortbildung* in Informatik.

Vorgehen

Es war vorausgesetzt, dass die Teilnehmer des Lehrerkurses bereits über gute Grundkenntnisse im Programmieren in einer höheren Programmiersprache verfügen. Der Lehrerkurs umfasste 48 Lektionen, einschliesslich der Übungen (nämlich 16 Wochen zu je 2 Stunden Vorlesung und 1 Stunde Übungen oder Diskussion).

In den Übungen werden das persönliche Lehrziel für "24 Lektionen Informatik" definiert, einige Musterlektionen entworfen, ein Antrag für die Beschaffung von Informatik-Betriebsmitteln formuliert und ein interaktives Programm für den Einsatz des Computers als Unterrichtsmittel entwickelt.

Beispiele von Computeranwendungen und Aufgaben mit Lösungsweg werden im Kurs so aufbereitet, dass sie direkt im Unterricht benützt werden können. Dies ist als Hilfe für Lehrer gedacht, die "24 Lektionen Informatik" zum ersten Mal unterrichten.

Bei den Punkten "Algorithmus und Programm","Daten","Grundkomponenten des Computers" und "Informatik und Gesellschaft" wird bei den Lehrern vorhandenes Wissen aktiviert und den Bedürfnissen der Schulinformatik angepasst. Nicht die Vermittlung von zusätzlichem Sachwissen, sondern Fragen des didaktischen Vorgehens stehen im Vordergrund. Einige weitere Themen, welche eng mit der Schulinformatik verknüpft sind, deren Inhalt aber nicht direkt in "24 Lektionen Informatik" eingesetzt werden kann, vertiefen und ergänzen das Informatikwissen des Lehrers.

Zur Ausstattung der Schule mit Informatik-Betriebsmitteln

Ins Konzept einer Unterrichtssequenz "24 Lektionen Informatik" müssen auch Vorstellungen über eine geeignete Ausstattung der Schule mit Informatik-Betriebsmitteln einbezogen werden. Im folgenden soll daher eine optimale Geräteausstattung zur Durchführung eines Kurses "24 Lektionen Informatik" beschrieben werden.

Zweiergruppen haben sich als besonders günstig für den Unterricht am Computer erwiesen (besser als ein Schüler pro Arbeitsplatz, da die Gruppe selbständiger arbeitet und bei technischen Problemen weniger auf die Hilfe des Lehrers angewiesen ist). Ausgehend von einer mittleren Klassengrösse von 24 Schülern muss daher mit 14 Arbeitsplätzen pro Klasse gerechnet werden (12 Schüler-, 1 Lehrer- und 1 Ersatzarbeitplatz), bei Halbklassen mit 8 Arbeitsplätzen. Alleinstehende Tischrechner sind möglich, besser sind aber die Arbeitsplätze durch ein Netzwerk miteinander und mit teuren Betriebssmitteln (Drucker, Massenspeicher, Plotter) verbunden.

Jeder Arbeitsplatz sollte für die Eingabe über eine Tastatur, für die Ausgabe über einen schwarz-weissen Graphik-Bildschirm (24 Zeilen mit 80 Zeichen, beziehungsweise 300 x 500 Bildpunkte) verfügen. Das Betriebssystem sollte den interaktiven Betrieb unterstützen und eine einfach zu bedienende Programmierumgebung für eine höhere Programmiersprache (Basic, Pascal, Logo) anbieten. Dem Schüler sollten alle notwendigen Prozeduren zur Entwicklung interaktiver, graphischer Programme zu Verfügung gestellt werden: Ein- und Ausgabeprozeduren für den Dialogbetrieb, Graphikprozeduren, Prozeduren für Zeitkontrolle und die Behandlung von Ausnahmesituationen (Fehler). Ein einfaches Textsystem würde die Benützung von Computerarbeitsplätzen auch für andere Fächer attraktiv machen und das Verständnis für die Büroautomation wecken: Damit könnten gelegentlich Laborberichte in Physik und Biologie, Aufsätze in den Sprachfächern geschrieben werden.

Bei der Beschaffung der Geräte sollte darauf geachtet werden, dass möglichst grosse Gruppen von Schulen der gleichen Stufe über die gleiche Lehranlage verfügen. Damit kann erreicht werden, dass

- Programme einfach untereinander ausgetauscht werden,

- Lehrer gemeinsam ausgebildet werden,

- Lehrer einfacher von einer Schule zur andern wechseln und

- Geräte kostengünstig beschafft werden können (Rabatte).

Natürlich kann dieses Ziel nicht von heute auf morgen erreicht werden, denn die meisten Schulen verfügen bereits über einen Gerätepark und müssen diesen 6 bis 8 Jahre nutzen. Dennoch sollte bei zukünftigen Anschaffungen versucht werden, etwas koordinierter vorzugehen.

Erste Erfahrungen und Fortsetzung

Das Echo auf die Ausschreibung eines ersten Informatik-Didaktik-Kurses durch die beiden Zürcher Hochschulen war sehr gross. 50 aktive Lehrer, 40 Studenten (vor allem Informatiker, wenige Mathematiker) und 10 andere Interesslerte besuchten ihn im Wintersemester 1983/84. Eine detaillierte Schlussbeurteilung des Kurses durch die Teilnehmer zeigte deutliche Unterschiede zwischen Studenten und aktiven Lehrern. Die Studenten fanden fast den ganzen Stoff zu einfach, obwohl didaktisch relevant. Die Lehrer waren bei der Beurteilung der didaktischen Relevanz differenziert kritischer und hatten einige Probleme mit dem Schwierigkeitsgrad des Stoffes (besonders bei einzelnen Beispielen und Hintergrundpräsentationen). Die Studenten lösten signifikant mehr Übungen als die Lehrer, waren aber häufiger abwesend (Präsenzkontrolle). Selbstverständlich können diese Beurteilungen noch gar nichts über die künftige Qualität des Informatik-Unterrichtes der Absolventen aussagen. Auf alle Fälle wurde aber Interesse geweckt, und die Absolventen erhielten einiges Material für ihre künftige Praxis [2].

Im Sommersemester 1984 wird ein Kurs "Informatik-Didaktik II" nur für Studenten durchgeführt, in dem das Erteilen von Unterricht im Klassenverband durch Anfänger im Vordergrund steht. Im Wintersemester 1984/85 wird "Informatik-Didaktik I" ähnlich wie oben dargestellt wiederholt, wobei vermutlich der Studentenanteil gegenüber den Lehrern wohl eher ansteigen dürfte. Allerdings ist die Zusammensetzung noch nicht ideal, indem zwar Studenten der Informatik (welche nur selten Gymnasiallehrer werden) den Kurs besuchen, während Studenten der Mathematik, der Physik und anderer Natur- oder Geisteswissenschaften die Informatik-Didkatik noch kaum entdeckt haben.

[1] Intèrface.
   Bulletin Informatik in der Mittelschule.
   Weiterbildungszentrale, Luzern, seit 1977.

[2] A. Ventura, C.A. Zehnder (Ed.): Materialien zur Informatik-Didaktik.
   Institut für Informatik, ETH Zürich, 1984.

<u>Didaktik der Schulinformatik</u>

Didaktische Konzeption von Informatik-Unterricht und ihre Realisierung in den unterschiedlichen Bildungs- und Ausbildungsbereichen.

Peter Heyderhoff

Gesellschaft für Mathematik und Datenverarbeitung mbH, Bonn

1. Vorbemerkungen

Die stürmische technische Entwicklung, in deren Zentrum der Computer und die
neuen Medien stehen, ist eine extreme Herausforderung an das gesamte
Bildungswesen. In zunehmendem Maße wird das Berufsleben und nicht weniger
die Freizeitgestaltung von der Informationstechnik geprägt. Die Auswirkungen
hiervon auf junge Menschen bedrohen tradierte Vorstellungen
institutionalisierten Lernens. Informationstechnik ist ein Bestandteil
unserer Zivilisation. Das erfordert einen bewußten Umgang mit ihr, auch und
gerade in der Schule. Es erscheint sinnvoll dort nicht nur lesen, schreiben
und rechnen, sondern auch programmieren zu lernen und den Computer als
neuartiges Werkzeug und Medium im Unterricht einzusetzen.

Die Schule steht dieser Situation nicht völlig unvorbereitet gegenüber.
Informatik, die Lehre vom Umgang mit Informationstechnik, ist Schulfach und
wird seit Jahren an vielen Schulen unterrichtet. Die Schule nimmt also diese
Herausforderung an:

> Für die Sekundarstufe 1 laufen die Bemühungen um Integration der
> Informatik in den Fächerkanon auf Hochtouren.

> In der Sekundarstufe 2 ist Informatik bundesweit als Unterrichtsfach
> etabliert.

> Im berufsbildenden Schulbereich gewinnt Informatik zunehmend an Bedeutung
> und Verbreitung.

Die Gesellschaft für Informatik hat durch Empfehlungen richtungsweisende
Impulse gegeben:

> 1976: Zielsetzung und Inhalte des Informatikunterrichts /1/

> 1978: Empfehlungen zur Ausbildung, Fortbildung und Weiterbildung von
> Lehrkräften für das Lehramt Informatik für die Sekundarstufe 1 und 2
> /2/

> 1979: Stellungnahme und Empfehlungen zum Volkshochschulzertifikat
> Informatik /3/

> 1982: Lernziele des Informatikunterrichts an kaufmännischen Schulen /4/

> 1984: Informatik an gewerblichen Schulen /5/

> 1984: Informatik in der Sekundarstufe 1 /6/

In der letztgenannten und noch nicht veröffentlichten GI-Empfehlung wird die

Einführung eines für alle Schüler obligatorischen Pflichtbereichs Informatik
mit mindestens 30 Unterrichtsstunden gefordert.

Wenn die Schule der informationstechnischen Herausforderung in geeigneter
Weise begegnen will stellt sich uns die zentrale pädagogische Frage nach der
didaktischen Konzeption von Informatikunterricht, also die didaktische
Grundfrage:

Was soll unterrichtet werden ?
(differenziert nach den unterschiedlichen Bildungsbereichen)

Antworten sind zu reflektieren an der didaktischen Sinnfrage nach dem
Bildungswert:

Welchen Beitrag liefert solcher Unterricht zu den Bildungszielen der
Gesellschaft ?

Daran muß sich dann die pädagogisch-methodische Frage anschließen:

Wie wird dies am besten realisiert ?

2. Ziele des Informatikunterrichts

Heute stehen in unserer Gesellschaft folgende **Bildungsziele** im Vordergrund:

Entwickeln und fördern individueller Anlagen und Fähigkeiten.

Erreichen einer Art von Weltverständnis durch Verstehen bedeutender
Sachverhalte, Vorgänge und Zusammenhänge in der modernen Welt.

Fördern von individueller Selbständigkeit, Urteilsvermögen und der
Bereitschaft zur Mitbestimmung und Mitverantwortung in sozialer Kompetenz.

Entwickeln und Fördern von Kommunikationsbereitschaft und
Kooperationsfähigkeit.

Vorbereiten auf eine Berufstätigkeit durch Entwickeln und Fördern
fachlicher und technischer Kompetenz.

Der Informatikunterricht kann in besonderem Maße zu diesen Zielen beitragen
und dem Schüler eine zukunftsweisende Orientierung und ein tragfähiges
Fundament beruflicher Ausbildung mitgeben. Durch ihn werden folgende
Fähigkeiten stark gefördert:

Ordnendes Denken und Organisieren,
sprachlich präzises Denken, Formulieren und Dokumentieren,
schöpferisch-modellierendes Denken und Problemlösen,
konstruktives Denken orientiert an Verfahren und Transformationen,
strukturelles Denken und Analysieren komplexer Zusammenhänge,
Selbstkontrolle in konstruktiv-kritischer Haltung.

In einem über 10 Jahre andauernden Klärungsprozess haben sich folgende
allgemeine fachspezifische **Richtziele** für den Informatikunterricht
herauskristallisiert /7/:

Vertrautheit mit Algorithmen und ihrer Programmierung
Vertrautheit mit dem Begriff Algorithmus,
Fähigkeit zur Analyse und Darstellung von Algorithmen,
Fähigkeit zur Programmierung und Formulierung von Abläufen,
Fähigkeit, algorithmische Lösungen zu Problemen zu finden.

Einblick in Benutzung und funktionalen Aufbau eines Rechners
Einsicht, daß Computer programmgesteuerte Maschinen sind,
Überblick über Funktionseinheiten von Rechnern,
Fähigkeit zur interaktiven Systembenutzung,
Erfahrung mit der Benutzerfreundlichkeit von Systemen.

Kenntnisse der Anwendungen und Auswirkungen der Informationstechnik
Überblick über typische Anwendungen,
Einblick in Möglichkeiten und Grenzen von Rechneranwendungen,
Einblick in Auswirkungen auf Gesellschaft und Arbeitswelt.

Diese allgemeinen Richtziele für den Informatikunterricht sind
bildungsbereichsübergreifend. Diese Ziele sind in ähnlicher Form in den
Rahmenplänen für alle relevanten Bildungsbereiche wiederzufinden. Sie
differenzieren sich natürlich auf einem für die jeweilige Zielgruppe
adäquaten Niveau.

3. Didaktische Struktur des Informatikunterrichts

Auf Grund der GI-Empfehlung von 1976, die einen algorithmischen Ansatz für
den Informatikunterricht forderte, hat sich dieser allgemein durchgesetzt.
Unter stärkerer Betonung der Bedeutung der Problemanalyse und der
Modellbildung wurde dieser Ansatz weiterentwickelt zu einem didaktischen
Fünfphasenmodell für anwendungs- und algorithmenorientierten
Informatikunterricht. Dieses Modell wurde hier im Land Berlin nicht nur in
der Sekundarstufe 2 angewandt, sondern auch in einem Modellversuch in der
Sekundarstufe 1 erprobt /8/. Es hat folgende Struktur:

Phase 1: **Problem- und Zielformulierung**
Anders als im Mathematikunterricht sind Informatikaufgaben in
der Regel nicht scharf definiert, sondern entstammen einem
Praxisbereich, in den der Schüler sich zunächst hineinfinden
muß, um dann die Probleme und Ziele zu erkennen und
einzugrenzen.

Phase 2: **Problemanalyse und Modellansatz**
Die Anforderungen aus dem Praxisbereich an die angestrebte
Lösung sind zu präzisieren. Mit der Modellbildung beginnt die
Problemlösung: die funktionalen Zusammenhänge werden erkannt und
beschrieben. Dazu sollen auch graphische Beschreibungsmittel
verwendet werden.

Phase 3: **Algorithmierung**
Die Operationen, die mit den Objekten des Modells durchzuführen
sind, werden geeignet strukturiert, zusammengefaßt und in ihrer
Gesamtheit als ein Prozess oder ein System von Prozessen
aufgefasst. Diese Prozesse müssen nun durch Formulierung von
Algorithmen und Deklaration der Objekte beschrieben werden. Dies
kann in einer geeigneten Entwurfssprache (z.B. in Elan)
erfolgen.

Phase 4: **Programmierung**
Durch schrittweise Verfeinerung wird aus der algorithmischen
Formulierung ein Programm in einer geeigneten höheren
Programmiersprache (z.B: Pascal oder Elan) gewonnen. Dies wird
durch Erprobung, Fehleranalyse und Korrektur zu einem
lauffähigen System entwickelt.

Phase 5: **Anwendung des Systems und Analyse der Auswirkungen**
Für den gewählten Praxisbereich ist nun ein neues Arbeitsmittel
entstanden, das neuartige Tätigkeiten von seinen Benutzern
verlangt. Resultierende technische, organisatorische und
personelle Veränderungen und Auswirkungen sind zu analysieren.

Dieses Fünfphasenmodell kann zu einer Fünfphasenspirale geschlossen werden,
da die in Phase 5 festgestellten Fehler und Auswirkungen in der Regel Anlaß
zu einer revidierten, erweiterten oder ganz neuen Problemstellung sind. Mit
anderen Worten gesagt: Korrekturen finden nicht nur in Phase 4 statt.
Erfahrungsgemäß ist für gute Projektarbeit nach diesem Modell weniger die
verfügbare Programmiersprache als vielmehr eine besonders flexible und
erweiterbare Programmierumgebung entscheidend, wie sie vorbildlich in dem
erweiterbaren Elan-Betriebssystem Eumel gegeben ist.

4. Informatikunterricht in der Sekundarstufe 1

Bisher hat die Schule es in der Breite versäumt, den Zugang zur
Informationstechnik als Basistechnologie der Zukunft den Betroffenen
angemessen zu vermitteln. Hierauf hat Haefner in seinen Büchern /9/ immer
wieder hingewiesen. Heute sind wir bestürzt darüber, in welchem Ausmaß
unsere Jugend unvorbereitet dem negativen Einfluß technischer Medien (von
Computerkriegsspielen, Nonstopfernsehen bis zum Horrorvideo) ausgesetzt ist.
Wichtigster Bildungsauftrag der Schule angesichts dieser Entwicklung ist es,
die individuelle Orientierungsfähigkeit des Menschen zu stabilisieren.
Hierbei kommt dem Informatikunterricht eine Schlüsselrolle zu. Seine Aufgabe
wäre verfehlt, wenn er sich darauf beschränkt, die ohnehin vorhandene
Begeisterung für Computer kritiklos noch zu verstärken und weitere
Konsumansprüche an die neuen technischen Medien zu schüren. Noch ist es Zeit
zu verhindern, daß Informatik in der Schule gleichgesetzt wird mit dem
Angebot, neue Telespiele zu erfinden und den Heimcomputer effizienter zu
nutzen. Informatikunterricht in der allgemeinbildenden Schule sollte alle
Schüler erreichen und ihnen helfen, die neuen technischen Medien in ihren
Prinzipien und Auswirkungen zu durchschauen und zu beherrschen, statt sich
unreflektiert der negativen Macht der neuen Medien auszuliefern.

Ein Schüler, der nach 10 Schuljahren in die Berufsausbildung entlassen wird,
muß verstehen, wie eine Problemlösung in Einzelschritten erarbeitet wird und
welche intellektuellen Fähigkeiten des Menschen durch Rechner sinnvoll
unterstützt werden können. In seiner Berufssituation als Betroffener und als
Anwender muß er in fachlicher und sozialer Kompetenz zum Einsatz technischer
Medien Stellung beziehen können. Er muß in der Lage und interessiert sein,
Beurteilungen zu formulieren, die verhindern, daß alles machbare gemacht
wird, die aber unterstützen, daß Arbeit durch technische Medien humanisiert
wird.

Die **Faszination,** die vom Computer ausgeht, sollte verstanden, in die
Didaktik einbezogen und unterrichtsmethodisch genutzt werden. Faszinierend
ist:

Der Computer ist ein äußerst vielseitiges Spielzeug, das uns von der
Realität löst und auf Knopfdruck in abenteuerliche Spiel- und
Modellwelten eintauchen läßt.

Der Computer führt unsere Programme aus und läßt uns die Funktionalität,
die Korrektheit oder Fehlerhaftigkeit unserer formulierten Gedanken
sofort erleben.

Der Computer ermöglicht die Realisierung eines alten Menschheitstraums,
daß auf ein Wort hin all das geschieht, was als abstrakte Idee mit diesem

Wort gemeint ist. Die entsprechende Idee muß nur vorher einmal
programmiert werden.

Informatikunterricht sollte diese natürliche Faszination überlegt nutzen.
Dann wird das Lernen zum Spiel, ohne im Spiel zu versanden /10/.

Informatikunterricht ermöglicht es, **Eigenaktivität und Gruppenarbeit** der
Schüler besonders zu fördern und hat daher zweckmäßigerweise weitgehend die
Form eines Praktikums. Statt vieler kleiner Aufgaben ist es zu empfehlen, ein
größeres Problem mit Teilproblemen unterschiedlichen Schwierigkeitsgrads in
Gruppen zu bearbeiten. Dabei empfiehlt es sich, die Problem- und
Zielformulierung der Teilaufgaben gemeinsam zu erarbeiten. Bei der
Gruppenarbeit führen unterschiedliche Eingangsvoraussetzungen leicht zu
einer Frustration der Anfänger durch schon erfahrene Schüler. Dem sollte man
gegensteuern und bei ihnen auf Mitteilbarkeit, Strukturierung,
Dokumentation und Verständlichkeit ihrer Ideen für die schwächeren Schüler
dringen.

Die **Algorithmierung** ist für Schüler ohne Vorkenntnisse meist eine
zu schwierige Aufgabe. Daher sollten Algorithmen, Programmbausteine und
Softwarerahmen zur Verfügung gestellt werden. Es kann leicht durch
systematisches und wohldokumentiertes Ändern vorgegebener Programme in die
Funktionsweise von Rechnern eingeführt werden.

Die **Inhalte des Informatikunterrichts** sind weniger irgendwelche abstrakten
Rechenverfahren als vielmehr Allgemeinwissen über Informationstechnik,
orientiert an Anwendungen der neuen Technik im Alltag und der Methode der
Informatik, dem konstruktiv-systematischen Problemlösen mit Modellbildung.

Man beginnt mit der Einführung des Problemlöseprozesses zunächst mit der
Formalisierung an kleinen elementaren praktischen Beispielen algorithmischer
Denkweise. Hierbei bieten Graphikprogramme einfachster Art, die aber
interaktiv am Bildschirm eingesetzt werden können, den besten Einstieg /11/.
In vorbildlicher praxisorienterter Weise wurden in einer Hauptschule in
Kaiserslautern Computerarbeitsgemeinschaften zu folgenden Aspekten
durchgeführt /12/:

    Rechnen mit dem Computer
    Texten mit dem Computer
    Sortieren mit dem Computer
    Spielen mit dem Computer
    Lernen und Lehren mit dem Computer
    Verwalten mit dem Computer
    Regeln und Steuern mit dem Computer

Dabei wurde versucht, den Computereinsatz im Alltag in modellhafter und
vereinfachter Form auf dem Schulcomputer nachzuvollziehen. Anwendungsbezug
wurde durch Betriebsbesichtigungen hergestellt. Technikauswirkungen wurden
problematisiert und diskutiert an Hand folgender Fragen:

    Wo begegnen Computer im Alltag ?
    Was kann ein Computer leisten und wo liegen seine Schwächen ?
    Welche sozialen Probleme ergeben sich ?
    In welchen Berufen hat man mit Computern zu tun ?
    Wie denkt ein Computer ?
    Wie haben die Computer sich entwickelt ?

Informatikunterricht in der Sekundarstufe 1 erfordert ein hohes Maß an
Organisation und durchdachter Vorbereitung. Mehr im Ablauf des Unterrichts
als in schönen Worten sollten die Prinzipien systematischen Arbeitens
wirksam und sichtbar werden.

5. Informatikunterricht in der Sekundarstufe 2

Auch für die gymnasiale Oberstufe gilt der Doppelauftrag von Schule, sowohl
Unterrichts- als auch Erziehungsaufgaben zu erfüllen. Sie soll dem Schüler
eine wissenschaftspropädeutische Ausbildung vermitteln und zugleich Hilfen
zur Selbstverwirklichung in sozialer Verantwortung geben. Ersteres verlangt
eine weitgehende Beherrschung von Prinzipien und Formen selbständigen
Arbeitens sowie eine Einübung in sowohl grundlegende als auch spezielle
wissenschaftliche Verfahrens- und Erkenntnisweisen. Selbstverwirklichung in
sozialer Verantwortung ist nicht erreichbar ohne Verständigung mit anderen
und Bereitschaft zur Zusammenarbeit. Dabei ist es notwendig zu lernen,
sich mit Werten und Wertsystemen auseinanderzusetzen, zu urteilen und sich
zu entscheiden /13/.

Anders als in anderen Fächern des naturwissenschaftlich-technischen
Aufgabenbereichs liefert Informatik dem Lernenden Erfahrungen, die typisch
für den konstruktiv-synthetischen Charakter dieser Wissenschaft sind. Die
Bedeutung des Faches wird ihm deutlich in seinen Auswirkungen für die
Gesellschaft und für das Individuum in seinen Rollen als Staatsbürger,
Arbeitnehmer und Privatperson.

Die **Lernziele** für den Informatikunterricht entsprechen den oben angegebenen
allgemeinen fachspezifischen Richtzielen, wenn auch in stärker
wissenschaftspropädeutischer Ausprägung. Für Nordrheinwestfalen gilt
folgender Lernzielkatalog:

Kenntnisse über wesentliche Sachverhalte und der zu ihrer Beschreibung
notwendigen Grundbegriffe der Informatik haben.
(Algorithmen, Daten, Gliederungskonstrukte, Problemlösungsprinzipien
und Darstellungsmöglichkeiten, Standardalgorithmen, strukturelle und
funktionelle Prinzipien der Computer, problemorientierte Sprachen)

Methoden der Informatik anwenden können.
(Algorithmen und Datenstrukturen erkennen, Lösungsansätze auffinden
und auswählen, Algorithmen entwickeln und darstellen, Algorithmen in
Programme umsetzen und dokumentieren, Systeme und deren Teile auf
Rechnern erproben, Algorithmen bewerten, Programmierprojekte planen
und durchführen, Probleme lösen durch Modellbildung)

Tragweite, Gültigkeitsgrenzen und Bezüge zu anderen Fächern erkennen.
(Anwendungsgebiete, Möglichkeiten und Grenzen, Übertragbarkeit von
Modellen auf die Wirklichkeit abschätzen, fächerverbindende
Zusammenhänge und Reichweite erkennen)

Fähigkeit zu rationaler und verantwortungsbewußter Auseinandersetzung mit
anderen auf der Grundlage wissenschaftlicher Kenntnisse und Einsichten.
(Einschätzen der Entwicklungstendenzen, Beurteilung der Auswirkungen,
Einsicht in die Notwendigkeit des Schutzes der Privatsphäre, Förderung
der Kommunikations- und Kooperationsfähigkeit bei der Arbeit)

Die Rahmenpläne für Informatik in den beiden Sekundarstufen sind als
Spiralcurriculum anzusehen, denn es werden gleiche Richtlernziele verfolgt.
Die didaktische Struktur des Informatikunterrichts folgt dem allgemeinen
Fünfphasenmodell. Auch die Unterrichtsmethodik entspricht dem schon für die
Sekundarstufe 1 dargelegten, jedoch die Inhalte des Informatikunterrichts
sind wesentlich weiter. Während man sich dort auf die praktische Informatik
beschränkt, kommen hier Gegenstände aus der theoretischen Informatik und der
technischen Informatik hinzu /14/. In Leistungskursen wird die Durchführung
eines größeren anspruchsvollen Softwareprojekt mit einem fast
professionellen Projektmanagement sehr empfohlen /15/.

Beispielsweise sieht der 1984 revidierte **Lehrplan** für die gymnasiale
Oberstufe in dem Land Rheinland-Pfalz folgendes Curriculum im Umfang von
drei Wochenstunden über drei Jahre vor /16/:

11/1: Vom Problem zum Algorithmus
      (Problemspezifikation, Algorithmusbegriff, Methode der
      schrittweisen Verfeinerung, Korrektheit und Aufwand von
      Algorithmen, formalisierte Darstellung von Algorithmen in der
      Umgangssprache)

11/2: Vom Algorithmus zum getesteten Programm
      (Elementare Bausteine einer Programmiersprache, Technik des
      Programmierens)

12/1: Vom Algorithmus zum dokumentierten Programm komplexerer Struktur
      (Weiterführende Sprachkonzepte, Vermessen und Dokumentieren)

12/2: Vom Programm zur Maschine und zur Anwendung
      (Maschinensprache (Praktische Informatik), Rechnerstruktur und
      elementare Bausteine (technische Informatik), endliche Automaten
      (Theoretische Informatik), kaufmännische DV-Anwendungen (Angewandte
      Informatik))

13/1 und 13/2: (Wahlpflichtbereich mit folgender Themenauswahl:)

      Turingmaschinen und Algorithmen   (Theoretische Informatik)
      Vergleich von Suchalgorithmen   (Praktische Informatik)
      Technische Realisierung eines Rechners   (Technische Informatik)
      Modell einer Datenbank   (Angewandte Informatik)

6. Informatikunterricht an kaufmännischen Schulen

Die Situation des Informatikunterrichts an kaufmännischen Schulen ist heute
allgemein gekennzeichnet durch eine überwiegend hardwareorientierte
Ausrichtung der Lerninhalte, die Vermittlung eines sich schnell überholenden
Faktenwissens, ein zwar geforderter, jedoch kaum realisierter Praxisbezug
und eine noch unzureichende Berücksichtigung des Informatikunterrichts in
den Stundentafeln. Die Empfehlungen der Gesellschaft für Informatik sollen
dazu beitragen, die festgestellte Kluft zwischen den Strukturveränderungen
der Betriebspraxis und den derzeitigen Zielen des Informatikunterrichts an
kaufmännischen Schulen zu überwinden. Auf der Grundlage von Modellen einer
entscheidungsorientierten Betriebswirtschaftlehre wurde ein detaillierter
Lernzielkatalog /4/ für folgende fünf Lernbereiche entwickelt:

Informationsverarbeitende Prozesse in Unternehmungen und Verwaltungen
      (kaufmännische Tätigkeiten erkennen und Aufgaben unterscheiden,
      Verfahren und Betriebsformen beschreiben, Entwurfsmethoden anwenden,
      Gestaltungsphasen kennen, Anwendersoftware beurteilen und einsetzen)

Algorithmen und Programme
      (Eigenschaften und Darstellungsformen von Algorithmen kennen und
      anwenden, Problemlösungen algorithmisch formulieren, verfeinern,
      programmieren, testen und dokumentieren)

Daten und ihre Organisation
      (Wert, Bezeichnung, Format, Typ und Zugriffsrecht von Daten
      unterscheiden und die Zusammensetzung von Daten und die Organisation
      von Dateien erklären und anwenden, Aufgabe von Dateiverwaltungs- und
      Datenbanksystemen kennen)

Abwicklung rechnergesteuerter Problemlösungen
(Betriebssysteme in ihren Funktion erklären und benutzen,
Betriebsarten unterscheiden und die Zusammenhänge von Datenerfassung,
Datenverarbeitung, Textverarbeitung und Kommunikation erläutern)

Informatik und Gesellschaft
(Betriebliche und gesamtwirtschaftliche Bedeutung der
Informationstechnik sowie die resultierenden Veränderungen und
Qualifikationsanforderungen abschätzen, die Notwendigkeit von
Datensicherung und den Schutz der Privatsphäre kennen und bewerten)

Die didaktische Leitfrage lautet:

Wie gestaltet man kaufmännische Problemlösungen mit Hilfe der
Informationstechnik?

Die Lernziele sind mit den schon genannten allgemeinen Richtzielen des
Informatikunterrichts in Einklang und beschreiben die Qualifikationen, über
die ein Schüler verfügen sollte, um seine mehr und mehr rechnergestützte
betriebliche Umwelt zu verstehen.

Die didaktische Struktur des Informatikunterrichts folgt dem
Fünfphasenmodell wobei in Anlehnung an die betriebliche Praxis der
Software-Lebenszyklus unterrichtlicher Orientierungsrahmen sein sollte.

Die Unterrichtsmethode sollte sich orientieren an einem ganzheitlichen
zukunftsorientiertem Ansatz kaufmännischer Bildung. Die gelingt am besten
durch Verwendung eines informationstechnisch gestützten **Lernbüros,** das nach
den didaktischen Prinzipien der Praxisorientierung, Ganzheitlichkeit der
Arbeitsprozesse und Handlungskompetenz aufgebaut ist und eine Vielzahl von
Anwendungssoftware integriert. Ein Lernbüro erlaubt die modellhafte
Abbildung wirtschaftlicher und betrieblicher Sachverhalte und kann
gleichzeitig als Unterrichtsmedium lernprozeßunterstützende Funktionen
übernehmen. Erfahrungen mit klassischen Übungsfirmen können hier eingebracht
werden /17/.

Für die Inhalte des Informatikunterrichts im kaufmännischen Bereich ist die
besondere Betonung der Dateibearbeitung charakteristisch, denn Dateien sind
fundamentale Objekte kaufmännischer Informationsverarbeitung. Der
dateiorientierte Ansatz erlaubt ein unmittelbares Anknüpfen an
betriebspraktische Erfahrungen wie den Umgang mit Formularen, Karteien usw.
zur Strukturierung von Massendaten und bietet ein natürliches
Abstraktionsschema.

7. Informatikunterricht an gewerblich technischen Schulen

Grundkenntnisse über programmierbare Mikroelektronik werden in vielen
Berufen erwartet. Deshalb müssen Informatikinhalte in Berufsbilder und
Lehrpläne gewerblich-technischer Berufe einbezogen werden. Dabei ist auf
Grund praktischer Erfahrungen vor einem Einstieg über die Hardware zu
warnen. Denn ein solcher Einstieg versperrt in der Regel den Blick für das
Programmieren und damit den Einsatz und die Anpassung der programmierbaren
Mikroelektronik. Die Überlegenheit des algorithmischen Ansatzes hat sich in
Schulversuchen gezeigt. Von der Gesellschaft für Informatik wird deshalb ein
Lernzielkatalog /5/ empfohlen, der die notwendigen Qualifikationen im
gewerblich technischen Bereich festlegt.

Der Schüler soll wissen:

was Mikrocomputer können und nicht können,
wie ein Mikrocomputer und seine Peripherie arbeiten,
welches der technische Hintergrund ist,
wie man vom Problem zum Algorithmus findet und
vom Algorithmus über den Ablaufplan zur höheren Programmiersprache,
wie man mit einem Mikrocomputer umgeht,
was ein Mikrocomputer noch kann,
daß die Sprache des Mikrocomputers digital ist,
welches die Grundprinzipien digitaler Rechner sind,
daß Mikrocomputer speicherprogrammierbare Steuerungen sein können,
wie der Mikrocomputer die Gesellschaft beeinflußt.

Die didaktische Leitfrage lautet:

Wie können technische Prozesse mit Mikrocomputern gesteuert werden ?

Auch in diesem Bereich sind also die Lernziele mit den allgemeinen
Richtzielen des Informatikunterrichts in Einklang und ebenso erweist sich eine
didaktische Strukturierung nach dem Fünfphasenmodell als angemessen.

Die Unterrichtsmethode ist natürlich stärker geprägt durch die Verwendung
von Hardwarebausteinen. Jeweils kleine Gruppen von maximal 3 Schülern
sollten über ein **Mikrocomputerlabor** verfügen. Dieses sollte in der
Grundausstattung in einer höheren Sprache programmiert werden, softwaremäßig
erweiterbar sein und sich insbesondere hardwaremäßig durch eine flexible
Ausbaufähigkeit auszeichnen. Je Labor sollten jeweils einzelne
berufsbezogene Modelle (speicherprogrammierbare Steuerung, Regelungsmodell,
Graphik-Tablett, Roboterarm, Printer, Plotter, BTX-Anschluß) vorhanden sein
/18/.

8. Zusammenfassung

Es wurde ein Überblick über die didaktische Konzeption von
Informatikunterricht und ihre Realisierung in unterschiedlichen Bildungs-
und Ausbildungsbereichen gegeben. Es konnte gezeigt werden, daß die Didaktik
der Schulinformatik -- obwohl noch eine sehr junge wissenschaftliche
Disziplin -- zu einer einheitlichen bildungsbereichsübergreifenden
Konzeption geführt hat mit allgemeingültigen Richtlernzielen und einem
didaktischen Fünfphasenmodell.

Die Herausforderung durch die Informationstechnik führt zu der
Notwendigkeit, Informatikunterricht in allen Bildungsbereichen einzuführen.
Dies ist mittlerweile eine unumstrittene und allgemein akzeptierte
Erkenntnis und muß konsequenterweise dazu führen, daß Informatikunterricht
sehr bald von einem Spezialgebiet und Wahlfach zu einem festen Bestandteil
des Pflichtfachbereichs in der allgemeinbildenden Schule wird. Für die
Realisierung dieses und der übrigen Ziele ist die Lehrerausbildung und
Lehrerfortbildung die dringendste didaktische Notwendigkeit.

9. Literatur

/1/ Gesellschaft für Informatik: Zielsetzungen und Inhalte des
     Informatikunterrichts. -In: Zentralblatt für Didaktik der Mathematik 8
     (1976) H.1, S. 78-89

/2/ Gesellschaft für Informatik: Empfehlungen zur Ausbildung, Fortbildung
     und Weiterbildung von Lehrkräften für das Lehramt Informatik in den
     Sekundarstufen   -In: Informatik Spektrum 1978

/3/ Gesellschaft für Informatik: Stellungnahme und Empfehlungen zum
     Volkshochschulzertifikat Informatik. In: Informatik Spektrum 1979/3

/4/ Gesellschaft für Informatik: Lernziele des Informatikunterrichts an
     kaufmännischen Schulen. -In: Informatik Spektrum 1982/4

/5/ Gesellschaft für Informatik: Informatik an gewerblichen Schulen
     -In: Informatik Spektrum 1984

/6/ Gesellschaft für Informatik: Informatik in der Sekundarstufe 1
     -In: Informatik Spektrum 1984   to be published

/7/ R.Gunzenhäuser: Bildungs- und Richtziele des Informatikunterrichts
     -In: Login 1982/4 (Odenbourg-Verlag, München)

/8/ B.Koerber, I.Peters: Informatik im Unterricht in der Sekundarstufe 1 im
     Land Berlin. -In: Zentralblatt für Didaktik der Mathematik 1984/1

/9/ K.Haefner: Die neue Bildungskrise. Verlag Birkhäuser 1982

/10/ V.Claus: Informatik an der Schule: Begründungen und allgemeinbildender
      Kern. -In: Informatik im Unterricht der Sekundarstufe 2, Bericht der
      Arbeitstagung des Instituts für Didaktik der Mathematik, Bielefeld 1977

/11/ L.Oppor: Grundlagen der Programmierung, Erfahrungsbericht.
      Arbeitsbericht des Instituts Informatik-Kolleg der Gesellschaft für
      Mathematik und Datenverarbeitung, Bonn 1982.

/12/ M.Weber: EDV-Unterricht in der Hauptschule. -In Login 1984/1

/13/ Kultusminister NW: Richtlinien Informatik für die gymnasiale Oberstufe
      Greven Verlag (Heft 4725), Köln 1981

/14/ E.Kaier: Lehren, Lernen und Computer.
      Deutsche Verlagsanstalt, Stuttgart 1977

/15/ W.Koch, L.Sack: Konzepte und Inhalte für einen Lehrplan Informatik in
      der gymnasialen Oberstufe. -In: In diesem Tagungsband 1984.

/16/ H.Stimm: Neuer Lehrplan Informatik -In: Login 1984/1

/17/ B.Borg: Informationstechniken an kaufmännischen Schulen.
      -In: In diesem Tagungsband 1984.

/18/ E.v.Puttkamer, A.Rissberger: Informatik für technische Berufe, ein
      Lehr- und Arbeitsbuch zur programmierbaren Mikroelektronik.
      Teubner-Verlag 1984

<u>ZUR INTEGRATION DER INFORMATIK IN ANDERE SCHULFÄCHER</u>

Leo H. Klingen
Helmholtz-Gymnasium Bonn

<u>Darstellung der Voraussetzungen</u>

In den Grundkursen der Oberstufe des Gymnasiums hat sich das Fach
Informatik unter 30 anderen zugelassenen Fächern in allen Bundesländern mittlerweile fest etabliert; das gilt heute nicht nur de jure
(als ein sogenannter Exote unter ca. 10 anderen), sondern erfreuli-
cherweise auch de facto, nachdem der Trend der Jugend, neuerdings in
zunehmendem Maße auch der weiblichen Jugend, sich der Informatik zuge-
wandt hat. Diese Aussage gilt noch nicht für die Wahl von Informatik
als Abiturfach, für das sich erst sehr wenige Jugendliche entschieden
haben, sowohl was das mündliche wie was das schriftliche Fach anbelangt. Für statistische Aussagen, welcher Anteil des gymnasialen Ober-
stufenjahrgangs sich für Informatik entschieden hat, fehlen noch neuere Daten; auch führen personelle Engpässe oder begrenzte Möglichkeiten
in der hardware-Versorgung nicht selten zu einem numerus clausus, der
das wahre Bild verfälscht. Für den Geburtsjahrgang wären die Verhält-
nisse an den Berufsschulen hinzuzurechnen. Bei aller Unsicherheit kann
jedoch kein Zweifel daran bestehen, daß nur ein Teil (erheblich unter
50 %) des Geburtsjahrgangs während seiner schulischen Ausbildung mit
elektronischer Datenverarbeitung und Computern in der Sekundarstufe II
in Berührung kommt. Natürlich verändern die in zunehmender Anzahl
vorhandenen Homecomputer an dieser Sachlage nichts, weil in diese
Freizeitbeschäftigung keine verantworteten Lernziele eingehen können
und eingehen sollen. Wer die Geschichte des deutschen Schulwesens
kennt und extrapolieren kann, weiß auch, daß ein Freiraum im Pflichtunterricht der Sekundarstufe I auf keine Weise zu erreichen ist, auch
nicht epochenweise. Der Differenzierungsbereich (Wahlbereich) der
Sekundarstufe I in den Jahrgängen 9 und 10 läßt sich zwar besetzen,
besitzt aber die Konkurrenz von einer ganzen Anzahl anderer Fächer,

darunter z.B. höchst empfehlenswerte dritte Fremdsprachen. Daraus folgt, daß nur die Integration des Computers in andere Schulfächer über die gesamte Schulzeit an allgemeinbildenden Schulen die Möglichkeiten und Grenzen des modernen Instrumentariums in hinreichender Weise jedem Schüler verdeutlichen kann.

Im Gegensatz zu einer Anlaufzeit in den vergangenen Jahren dürften die hardware-Voraussetzungen in vielen Schulen für ein solches Vorhaben erheblich günstiger liegen. Da etwa ein Drittel der Schulen Informatik als Fach lehrt und man dafür die Genehmigung nur erhält, wenn ausreichend Gerät vorhanden ist, kann dieselbe Installation auch für die geforderte Integration in andere Schulfächer dienen - denn für 1 - 2 Informatikgrundkurse pro Oberstufenjahrgang tritt eine Vormittagsauslastung des Computerraums noch nicht ein. Über das Drittel hinaus werden viele weitere Schulen Einzelgeräte besitzen, die durchaus für die Integration dienen können. Jedenfalls sollte ein Verwaltungszweck nicht den Vorrang haben. Allerdings gelten diese Aussagen mehr für die Zahl der Geräte als für ihre Art; ein Teil der hardware wird veraltet sein, nachdem Schulen sich eine so schnelle Abschreibung wie in der Industrie nicht leisten können. Ideal für die Integration in andere Schulfächer wäre ein Medienraum, der eine 256 k - 512 k-Anlage mit Floppy-Laufwerk oder Winchesterplatte, einen kleinen Drucker und Plotter, einen Overheadprojektor und 2 - 3 zum Bildschirm parallele Monitore so enthält, daß die ganze Anlage über einen einzigen Schalter betriebsbereit ist.

Für die zugehörige software stellt sich die Frage, wieweit man auf käufliche zurückgreifen will oder muß, (was wiederum Bindungen in der hardware-Frage bedeutet). Oft wird das Bedürfnis vorhanden sein, eigene software zumindest als Ergänzung zu benutzen. Dann stellt sich allerdings auch die Frage der verwendbaren Sprache und die des Betriebssystems. Wer sich in dieser Situation für Apparaturen entschließt, welche sogar mehrere Betriebssysteme und mehrere Sprachen anbieten, wird wissen müssen, daß er dann in besonderer Weise kundige und vielseitige Bediener braucht.

Damit sind wir bei der personellen Frage. In der Tat liegt hier der eigentliche Engpaß für die Zukunft. Über die Organisation der Stadt- und Kreisbildstellen und über die technische Vereinfachung der Projektoren ist es in der Vergangenheit gelungen, die Verwendung filmischer Aufzeichnungsgeräte vom 16 mm-Tonfilm bis zum videorecording in Schulen zu einem Stück Alltag werden zu lassen. Computer mit Peripherie stellen komplexeres Gerät dar. Softwaremäßig läuft vergleichsweise an

Schulen nur selten die eigene Produktion eines Films oder Videofilms. Auch für Sprachlabore ist nur relativ selten angepaßte software hergestellt worden. Daraus mag man entnehmen, welcher organisatorische Einsatz in der Lehrerausbildung und Lehrerweiterbildung vonnöten ist. Es ist denkbar, daß die Lehrerbezirksseminare in der zweiten Phase der Lehrerausbildung eine mehrwöchige Einweisung im eigenen Haus oder in einer besonders ausgestatteten Ausbildungsschule übernehmen. Diese Organisation müßte sich auf Lehrer aller Fächer erstrecken und ebenso auf Lehrer aller Schulformen. Fortlaufende Nachschulung würde schon aus dem raschen technischen Fortschritt auf diesem Sektor folgen. Die eher als gering anzusetzende Professionalität des Lehrers könnte von solchen einschlägigen Ausbildungskomponenten nur gewinnen. Allein für das anzusetzende Ausbildervolumen sind aber bisher keine hinreichenden Resourcen zu erkennen.

Integration im mathematisch-naturwissenschaftlichen Aufgabenfeld

Für die folgende Darstellung beziehe ich mich auf alle Jahrgänge der Sekundarstufe I und II an allen allgemeinbildenden Schulformen, weil ich für den Bereich der Grundschulen, Sonderschulen und Berufsschulen keine eigenen Erfahrungen mitteilen kann.
In der Vergangenheit sind es vor allem die Mathematiklehrer gewesen, welche weitgehend als Autodidakten das neue Medium eingesetzt haben. Es besteht kein Zweifel, daß ein algorithmischer Strang vom Jahrgang 5 bis zum Jahrgang 13 zwanglos zur Einbeziehung eines Computers führen kann. Ohne Anspruch auf Vollständigkeit sei ein Rahmen dafür kurz dargestellt:

        Jahrgang 5: Rückführung der elementaren Rechenarten aufeinander;
                     Verwandlung von Zahldarstellunegn in Stellenwertsyste-
                     men
        Jahrgang 6: Teiler und Primfaktoren; Bruchrechnung
                     Euklidischer Algorithmus, Sieb des Erathostenes
        Jahrgang 7: graphische Verarbeitung einfacher geometrischer Abbil-
                     dungen;
                     Prozent-und Zinsrechnung
        Jahrgang 8: Proportionalität und Tabellen linearer Funktionen;
                     einfache Gleichungen
        Jahrgang 9: Grundlagen der Wahrscheinlichkeitslehre und Kombinato-
                     rik;

quadratische Gleichungen; Graphik zentrischer Strek-
kungen;
Sumereralgorithmus für die Quadratwurzel
Jahrgang 10: trigonometrische Konstruierbarkeit; Division von
Polynomen; lineare Optimierung;
Binomialkoeffizienten; Wachstumsfunktionen
Jahrgang 11: Newton - Verfahren für Nullstellen von Funktionen;
Hornerschema; numerische Differentiation;
Simulation von Grenzübergängen; Funktionsdiskussionen
Jahrgang 12: Simpson - Integration;
Gauß-Elimination für lineare Gleichungssysteme
Jahrgang 13: Simulation von stochastischen Experimenten;
Natur-und sozialwissenschaftliche Simulationen
über einfache Differenzengleichungen

Man kann sich den Einsatz des Computers in diesem algorithmischen
Strang recht unterschiedlich vorstellen. Wer z.B. für den Einsatz in
numerisch umfangreicheren Anwendungssituationen im wesentlichen an der
Produktion von Resultaten interessiert ist, wird die deskriptive Ebene
der Prozeduraufrufe von insertierten Prozeduren nicht verlassen.

```
put( simpsonintegral( 0.0,pi,0.000001,PROC sin(x)))
```

verlangt eine Programmiersprache mit Prozedurvariablen. Dann ist der
einzige wesentli/che Unterschied zur mathematischen Schreibweise die
Hineinnahme der Genauigkeitsgrenze in die Parameter der Prozedur.

```
put( loesungsvektor ( matrix, 5)
```

sollte die Gaußelimination für 5 lineare Gleichungen automatisch vornehmen und muß vorher eine bequeme Deklarierung und Eingabe der Matrix, am besten über einen einschlägigen Datentyp, ermöglichen. Und

```
print( primzahlen, 1, 10000)
```

würde entsprechend für Kinder einen mitnehmbaren Ausdruck der Primzahlen erzeugen.
In vielen Fällen wird der Mathematiklehrer, der es gewöhnt ist, alles
ab ovo zu beweisen oder herzuleiten, mit diesem funktionellen Verfahren nicht zufrieden sein. Andererseits wird er bedenken müssen, daß

die Verkettung solcher Praktiken ihm wesentlich erweiterte Anwendungsmöglichkeiten erschließt, für die allerdings Literatur noch kaum vorliegt; es wäre recht verdienstvoll, wenn diese Marktlücke geschlossen werden könnte: selbst die Anwendungen in Lehrbüchern der numerischen Mathematik beziehen sich immer noch weitgehend auf die Vorstellung, die Verfahren müßten von Hand abgearbeitet werden. (Das sieht man am bescheidenen Umfang, aber auch an eingearbeiteten Proben)

Es gibt aber von Anfang an auch die andere Möglichkeit, zumindest die wesentlichen Teile des verwendeten Programms im Unterricht sichtbar zu machen, zu erläutern, ggf. zu verändern und schließlich selber zu entwickeln. Das gilt insbesondere für kleinere Programme, wie sie für zahlreiche mathematische Programme typisch sind. Das didaktische Verfahren ist an keine Altersgrenze gebunden. Wer für 11-jährige Kinder den Euklidischen Algorithmus für zu schwierig hält (den ich für durchaus vermittelbar halte), kann ersatzweise zum Sieb des Erathostenes greifen. In der schwächsten Art dieser Präsentation wird man auf Erläuterung der Ausgabekosmetik verzichten (bzw. bei vielen graphischen Ausgaben vorinsertierte Graphikprozeduren zuhilfe nehmen). Das stärkere Verfahren, im genetischen Unterricht ad-hoc-Veränderungen in Programmen vorzunehmen, bietet sich insbesondere in der Oberstufe an; da ein Teil der Schüler mit der Anlage vertraut ist, weil diese Schüler die Informatikkurse besuchen, kann in einem eher unauffälligen begleitenden editing am Bildschirm in großer Schnelligkeit (wenn ausreichende Schreibmaschinenkenntnisse vorhanden sind) die Problementwicklung durch ein Programm ergänzt werden.

Dafür möchte ich ein konkretes Beispiel geben. In der Wahrscheinlichkeitslehre im Leistungskurs 13 war das Problem des vollständigen Satzes theoretisch in einer Unterrichtsstunde behandelt worden. ("Wie groß ist die Wahrscheinlichkeit, mit 10 Würfen eines Laplace-Würfels einen vollständigen Satz aller 6 Augenzahlen zu erhalten?") Die theoretische Lösung ist nur für den Sonderfall von 6 Würfen einfach; für 10 Würfe muß man eine Polynomialverteilung ansetzen und außerdem mehrere Kombinationen von Ereignissen betrachten. Es waren Zweifel entstanden, ob die erarbeitete theoretische Lösung richtig war. Es fehlten noch 10 Minuten bis zum Schluß der Stunde. Einen zweiten theoretischen Zugang über Markow-Ketten in dieser kurzen Zeit zur Bestätigung heranzuziehen, schloß sich aus. Aber die 10 Minuten reichten, um ein Simulationsprogramm zu schreiben, zu verbessern, zu testen und für 2000 Wurfserien von je 10 Würfen ablaufen zu lassen! Im vorliegenden Fall wurde das theoretische Ergebnis bestätigt; sogleich ergab sich

aber eine neue Fragestellung nach der zulässigen Abweichung des Simulationsergebnisses, d.h. nach der Varianz und dem Konfidenzintervall.
Das Beispiel weist einen Wechselbezug zwischen traditionellem mathematischen Unterricht und computerorientiertem mathematischen Unterricht auf: beide Verlaufsformen können sich wechselseitig stützen und ergänzen. Damit ist auch die häufig gestellte Frage, auf welche anderen curricularen Teile denn der Unterricht zu verzichten habe, wenn der algorithmische Strang eingebaut wird, falsch gestellt: die Einbeziehung des Computers in den Mathematikunterricht bedeutet mehr eine Veränderung des Aspektes, übrigens in der gleichen Richtung, wie sie in den letzten Jahren ohnehin durch Abkehr von Strukturmathematik und axiomatisch orientierter Mathematik schon beobachtet wurde, in Richtung auf mehr Anwendungsorientiertheit und Beziehungshaltigkeit der Wissenschaft.
Man sollte darüber nachdenken, ob bestimmte breite Übungsfelder so beibehalten werden sollten. Die Existenz von Taschenrechnern hat die Logarithmentafeln verdrängt und damit z.B. ein häßliches Übungsfeld meiner eigenen Schülerzeit, das Interpolieren. Wenn erst einmal software-Pakete für symbolische Algebra überall üblich sind (was zur Zeit nur an wenigen Schulen zutrifft), stellt sich die Frage, ob die Grundfertigkeit, Äquivalenzumformungen von Termen und von Gleichungen, welche ihre Lösungsmenge invariant lassen, noch im alten Umfang geübt werden sollte. Wenn sich an graphischen Terminals Schaubilder von Funktionen und Funktionenscharen in beliebigen Ausschnitten und Maßstäben herstellen lassen, stellt sich ebenso die Frage, ob diese Aufgaben notwendig weiterhin zum Zentrum einer Abiturarbeit gehören sollten usw. Natürlich ergibt sich das pädagogische Problem, ob Schüler für einen erheblicheren Anteil kreativer Aufgabenstellungen motivierbar sind und ob sie ihn überhaupt leisten können, nachdem Computer nicht nur einige Standardalgorithmen ausführen, sondern auch ganze Aufgabenklassen der gehobenen Schul-Routine übernehmen.

In den Naturwissenschaften ergeben sich breite Simulationsmöglichkeiten und zunehmend in neuerer Zeit auch Prozeßsteuerungen.
Im Fach Physik gehört es zu einer guten deutschen Tradition, die Lehrerdemonstration in jede Stunde hineinzunehmen, die Schülerübung wenn möglich in jede zweite Unterrichtswoche; entsprechendes Material haben zwei große und mehrere kleine Lehrmittelfirmen auch für den Export hergestellt. Unter diesem Material spielen die sogenannten "großen"

Experimente der Physik eine besondere Rolle, wie z.B. der Millikan-Versuch (e/m-Bestimmung). Zugleich gibt es pädagogische Stimmen (Martin Wagenschein), welche die Nähe zum Naturphänomen fordern und zuviele "graue Kästen" ablehnen. In diesem Umfeld ist die Frage der Integration des Computers in den Physikunterricht zu sehen.

Zunächst gibt es eine Reihe von Modellversuchen, welche auf andere Weise nicht gut durchgeführt werden können. Dazu gehört z.B. die Bewegung eines Massenpunktes im Zentralfeld. Das Computerprogramm dafür läßt sich so übersichtlich gestalten, daß es ohne Kommentar verstanden werden kann:

```
        eingabe der anfangsdaten;
        drucke koordinatensystem;
        REPEAT
          IF hinreichende zeit vergangen
            THEN drucke position aus
          FI;
          schreite gleichfoermig weiter;
          berechne neue position ;
        UNTIL dauer ueberschritten
        END REPEAT.

        eingabe der anfangsdaten:
          REAL VAR x,y, vx,vy;
          REAL CONST fm :: 398500.0;
          INT VAR t :: 0, n, delta t, dauer;

          put("           Anfangsort?");put("x=");get(x) ;
                               put("y=");get(y) ;line;
          put("           Geschwindigkeit?");put("vx=");get(vx);
                             put("vy=");get(vy);line(2);
          put("           Druckmodul?"); get(n);
          put("           Delta t ?"); get(delta t);
          put("           Dauer der Simulation?"); get(dauer).

        drucke koordinatensystem:
          page;
          drucke achsen;
          drucke ort des zentralkoerpers.
```

```
drucke ort des zentralkoerpers:
  cursor(40,4); out("Z").

drucke achsen:
  cursor(1,4); 78 TIMESOUT "-";
  cursor(40,1);
  INT VAR i;
  FOR i FROM 1 UPTO 22 REPEAT
     out("l");
     gehe eine zeile tiefer
  END REPEAT.

gehe eine zeile tiefer:
  out(""8"");
  out(""10"").

hinreichende zeit vergangen:
  t MOD n = 0.

dauer ueberschritten:
  t > dauer.

schreite gleichfoermig weiter:
  t INCR delta t;
  REAL VAR x hilf :: x + vx * real(delta t);
  REAL VAR y hilf :: y + vy * real(delta t).

berechne neue position:
  REAL  VAR r :: sqrt ( x*x + y*y );
  REAL VAR radiuspotenz :: r**3;
  vx DECR fm * x * real(delta t) / radiuspotenz;
  vy DECR fm * y * real(delta t) / radiuspotenz;
  x := x hilf;
  y := y hilf.

drucke position aus:
  INT VAR abszisse :: int( round( x/ 1000.0,0)) + 40;
  INT VAR ordinate :: - int( round( y/2000.0,0)) + 4;
  cursor (abszisse,ordinate);
  out("*").
```

Die Variation der Eingabeparameter ergibt Kreis-,Ellipsen-,Parabel-und Hyperbelbahnen je nach Anfangsgeschwindigkeit, die Geschlossenheit der ersteren (die von der Güte der Approximation abhängt) kann man durch die angesetzte Diskretisierung verändern.

In jeder Teildisziplin der Physik ergeben sich mannigfache Möglichkeiten für solche Simulationen. In vielen Fällen stellen sie "eingefrorene" Zustände dar, welche Kurzzeitmessungen überflüssig machen. Natürlich kann man im realen Experiment einen Ball eine Schultreppe hinunter springen lassen. Daß die Tatsache des unelastischen Stoßes aber hier zu einer Abweichung vom Gesetz "Einfallswinkel = Ausfallswinkel" führt, muß man entweder berechnen oder trickfilmen, und im letzten Fall ist die Simulation auf einem graphischen Terminal weit weniger aufwendig. Interessant ist auch die Verfolgung mathematischer Prinzipien in den Naturwissenschaften. Ein einfaches Beispiel stellt das Fermaʼsche Prinzip des optisch kürzesten Lichtweges dar; sehr eindrucksvoll zeigt sich das Minimum der Fermatschen Funktion genau da, wo das Snellius-Gesetz für die Lichtbrechung eingehalten wird.

Auf einem ganz anderen Sektor liegen Einsätze des Computers im Physikunterricht zur Versuchsauswertung. Hier ist nicht an Mittelbildungen gedacht, die eher ein Taschenrechner ausführen wird; vielmehr kann man für viele Meßreihen Ausgleichsgeraden oder Ausgleichskurven berechnen und zeichnen lassen, wobei die Wahl der Kurve (z.B. Exponentialkurve für die Entladung eines Kondensators oder rechtwinklige Hyperbel für das Boyle-Mariottesche Gesetz) aus dem theoretischen Hintergrund erfolgt und die Fundamente der Theorie der Ausgleichsrechnung durchaus gelehrt werden können. Auf graphischem Sektor sind u.a. dreidimensionale Darstellungen lehrreich (Beispiel: p-v-T-Diagramm für das ideale Gasgesetz), welche über gute Plotroutinen einfach aufrufbar sind und aus dem Galileischen "dissecare naturam" wieder eine anschauliche Synthese machen.

Schließlich sind noch die Prozeßsteuerungen zu erwähnen, welche in der Gegenwart von Lehrmittelfirmen angeboten werden und die schon der Laufzeitschnelligkeit halber maschinensprachlich programmiert sind; in der Regel wird der Physiklehrer wegen des Aufwandes des Eindringens in die Programmiersprache sich an die Vorgaben der Firma halten. Die Erfahrung muß noch erweisen, ob solche computergesteuerten Experimente für den Unterricht effizient sind, so wichtig ein Erleben des Themas "Steuern und Regeln" bzw. "Prozeßsteuerung" erscheint.

Für den chemischen Unterricht werden ähnliche Anwendungen in Frage
kommen. In stärkerem Maße als in der Physik wird die Modellbildung im
Molekülbereich in Frage kommen, wie etwa die Simulation eines dynamischen Gleichgewichts (Diffusionsmodell nach Ehrenfest) oder die Simulation einer Reaktionskinetik (z.B. einer Autokatalyse durch eine
deterministisch festgelegte logistische Funktion als Lösungsfunktion
der entsprechenden Differentialgleichung oder durch eine stochastische
Simulation).

Der biologische Unterricht wird insbesondere partizipieren an fertigen
Programmen zur statistischen Auswertung.(Beispiel: lateinische Quadra-
te für Experimente in Schulversuchsgärten, Regressionskurven für mannigfache biologische Meßreihen). Natürlich wird der Lehrer überlegen
müssen, wieweit er die Voraussetzungen eines statistischen Verfahrens
so darstellen kann, daß mißbräuchliche Benutzung ausgeschlossen ist.
Im studentischen Bereich kann man beobachten, daß Biblotheksroutinen
von Rechenzentren bedenkenlos "ausgeschlachtet" werden; das sollte
nicht schon auf der Schule einsetzen, sondern besser von vornherein
durch .sie verhindert werden.

Integration im gesellschaftswissenschaftlichen Aufgabenfeld

An zweiter Stelle von der Verwendungshäufigkeit her ist jenes erst
über die "Bonner Vereinbarung" von 1972 zur Neuordnung der Oberstufe
entstandene Aufgabenfeld zu nennen, das Geschichte, Erdkunde, Politik,
Sozialwissenschaften und Philosophie zusammenfaßt. Den Simulationen im
ökonometrischen Teil der Sozialwissenschaften dürfte ein besonderes
Interesse zukommen. Hier ist ein Beispiel, das bereits im Politik-
Unterricht des Jahrgangs 10 benützt wurde, das aber ebenso in der
Oberstufe des Gymnasiums präsentiert werden kann. Das Samuelson-Modell
will zeigen, wie die Entwicklung eines Bruttosozialproduktes vonstat-
ten gehen kann. Es benützt dazu nur wenige Annahmen: das Volkseinkom-
men setzt sich additiv aus Konsumentenausgaben, unternehmerischen
Investitionen und Regierungsausgaben zusammen. Die Konsumentenausgaben
sind proportional zum Bruttosozialprodukt des Vorjahres, die unternehmerischen Investitionen proportional zum Trend der Konsumentenausgaben, die Regierungsausgaben (irrealerweise) konstant. Anfangs wird ein
Aufschwung angenommen.

```
PACKET volkswirtschaft
DEFINES konsum, investitionen, staatsausgaben, sozialprodukt:


REAL PROC konsum (INT CONST t):
  0.7 * sozialprodukt (t - 1)
END PROC konsum;

REAL PROC investitionen ( INT CONST t):
  0.6 * (konsum (t) - konsum (t - 1))
END PROC investitionen;

REAL PROC staatsausgaben:
  1.0
END PROC staatsausgaben;


REAL PROC sozialprodukt (INT CONST jahr):
  IF jahr = 1 THEN
     2.0
  ELIF jahr = 2 THEN
     3.0   (* Aufschwung *)
  ELSE
     konsum (jahr) + investitionen (jahr) + staatsausgaben
  FI.
  END PROC sozialprodukt

END PACKET volkswirtschaft;


PACKET samuelson program
DEFINES samuelson:

PROC samuelson:
  INT VAR jahr :: 1;
  beschreibung;
```

```
   REPEAT
     male histogramm;
     jahr INCR 1
   UNTIL jahr > 10 OR incharety <> "" END REPEAT.

   male histogramm:
     REAL VAR bruttosozialprodukt;
     bruttosozialprodukt := sozialprodukt (jahr);
     out ("        ", start inverse);
     tab (int (15.0 * bruttosozialprodukt));
     out ("     ", text (text (bruttosozialprodukt), 5));
     out (end inverse);
   line.

   beschreibung:
     page;
     line (2);
     put ("Dieses  Programm  simuliert  eine volkswirtschaftliche");
     put ("Entwicklung. Die Balken zeigen das Bruttosozialprodukt");
     put ("fuer  jedes  Jahr.  Die  Simulation laeuft zehn Jahre.");
     line (2).

   END PROC samuelson;

   END PACKET samuelson program;
```

Vielleicht mit Ausnahme der kleinen Graphik ist der Aufbau des Programms unmittelbar verständlich, weil er bis ins Detail den Modellannahmen folgt. Bei der unterrichtlichen Durchführung waren die Schüler
mit dem oszillatorischen Verhalten nicht zufrieden, das bei den vorhandenen Eingabedaten herauskam. Die Modellannahmen wurden so lange
ergänzt bzw. verändert, bis gewissermaßen in einer auf die Vergangenheit verschobenen Rechnung die Entwicklung des Bruttosozialproduktes
für die letzten 20 Jahre richtig herauskam. Dabei spielte es für den
Computer keine Rolle, daß durch das Herumschnitzen am Modell die Differenzengleichung zweiter Ordnung auf eine solche dritter Ordnung
erhöht wurde: theoretisch wäre schon die Differenzengleichung erster
Ordnung für die Schüler unlösbar gewesen.

Andere Simulationen aus demselben Bereich knüpfen z.B. an die Fortschreibung von Bevölkerungspyramiden und den Vergleich zwischen Industrieländern und Entwicklungsländern, der sich daran anschließen läßt. Auch jene Iterationen, welche ein "cobweb" erzeugen, stammen ursprünglich aus dem volkswirtschaftlichen Bereich (Hanauscher Schweinezyklus).

Für alle Fächer des gesellschaftswissenschaftlichen Bereiches wird gelten, daß Routinen zur Darstellung von Histogrammen recht gut gebraucht werden können. Man denke an direkte oder kumulative Abarbeitung, Stabdiagramme, Säulendiagramme für absolute Zahlen, Kreissektordiagramme für prozentuale Angaben usw. Es ist ein wichtiges Lernziel, Schülern jene Dosis einer angepaßten Informationsreduktion beizubringen, welche Unwesentliches unterdrückt und Wesentliches beläßt.
Dagegen wird das Überspielen umfangreicher aktueller Datensammlungen von externen Datenbanken auf Schulcomputer, damit dort daraus Histogramme erst entstehen (gewissermaßen der "elektronische Atlas"), noch der Zukunft, vielleicht aber schon der unmittelbaren, angehören.

Integration im sprachlich-künstlerischen Aufgabenfeld

Wir sehen hier davon ab, linguistische Experimente am Computer darzustellen, weil die Curricula entsprechende Lernziele deutlich zurückgenommen haben. Vielmehr sollte eine weitere Verwendung des Computers im Vordergrund stehen, die für Deutsch und Fremdsprachen, aber auch für Geschichte, Philosophie, Religion, meines Erachtens von großer Bedeutung ist. Die Unterrichtstradition dieser Fächer bezieht sich ganz wesentlich auf die Interpretation vorhandener Texte. Dagegen hält sich das Erzeugen eigener Texte in einem eher bescheidenen Rahmen, vor allem was längere Textpassagen anbelangt. Hier sollte man lebhaft für eine Veränderung plädieren, nachdem Computer zugleich die Arbeit eines Textautomaten für Textverarbeitung übernehmen können. Allgemeinbildende Schulen haben es bisher verabsäumt, Schreibmaschine schreiben zu lehren (obwohl man darüber nachdenken könnte, ob das richtig war). Jetzt ist die Korrektur auf dem Bildschirm viel einfacher und unsichtbar geworden. Ein Blocksatz läßt sich links-und rechtsbündig mit beliebigem Zeilen-und Seitenumbruch herstellen, ganze Abschnitte können verworfen oder verlagert und umgeordnet werden, es gibt eine automatische oder halbautomatische Silbentrennung, Paginierung, Fußnoten, automatische Herstellung von Inhaltsverzeichnissen usw. Jeder Schüler sollte über ein halbes Dutzend längerer Referate aus verschiedenen Fächern hier die Mittel kennenlernen, welche die Kommunikation zwischen Autor und Leser erhöhen, und diese Referate sollten am Schulcomputer geschrieben werden.

Daß eine sinnvolle Mischung von seriellen und stochastischen Elementen in einem Computerprogramm auch für künstlerische Produktionen taugen kann, ist einsichtig. Sowohl im Fach Musik wie im Fach Kunst wird man sich entsprechende Arbeiten vorstellen können; es macht nichts, wenn ihre begrenzte Güte mit dem Reichtum unmittelbaren menschlichen Einfalls verglichen wird – auch die daraus resultierende Einsicht stellt ein vernünftiges Lernziel dar.

Schließlich ergeben sich im Fach Sport echte Anwendugen, die im weitesten Sinne dem Thema "Listenverarbeitung" angehören und deren Programmierung ein dankbares Arbeitsfeld für Schüler des Informatikkurses darstellen.

Schlußfolgerungen

Wenn der Leser diese tour d'horizont mitgegangen ist, wird er sich eine Zukunft vorstellen können, wo jede Klasse im Abstand von 1 - 2 Wochen den Computerraum aufsucht, um eine Integration der Maschine in einen unterrichtlichen Zweck mitzuerleben, der sich aus dem Kontext des Faches und seines Curriculums ergibt. Das bedeutet, daß der Computer kein primäres Lehrziel darstellt, sondern ein Entlastungs-Instrumentarium, zugleich aber seine Möglichkeiten und Grenzen als sekundäres Lernziel erfahren werden. Wenn man weiß, daß keineswegs alle Jugendlichen eines Jahrgangs existentiell an Informatik hängen (was auch nicht sinnvoll sein kann, weil es viele gute konkurrierende Lernziele und Lebensinhalte gibt) und wenn man berücksichtigt, daß viele Jugendliche den langfristigen Einsatz und die Geduld nicht aufbringen, um Elemente der Algorithmik, der Datenstrukturen und der theoretischen Informatik zu lernen, wird man mit dieser Berührung zufrieden sein müssen.

Die Wechselwirkungen zwischen Problemstellung, Programmiersprache und
verwendeten Informatikmethoden am Beispiel der beiden
Bundeswettbewerbe in Informatik[*]

V. Claus
A. Schwill
Informatik II
Universität Dortmund
Postfach 500 500
D-4600 Dortmund 50

1. Einleitung

In den Jahren 1980/81 und 1982/83 wurden zwei Bundeswettbewerbe in Informatik
für Jugendliche durchgeführt, über die in /3,4/ berichtet wurde. Die insgesamt
300 eingesandten Beiträge werden zur Zeit analysiert. Unter anderem werden folgende
Fragestellungen untersucht:

(1) Welche Informatikmethoden wurden verwendet?

(2) Welche Wechselwirkungen bestehen zwischen den Anwendungsgebieten der Programme
    und den bei der Bearbeitung des Problems verwendeten Informatikmethoden?

(3) Inwieweit haben Rechnersysteme und Programmiersprachen einen Einfluß auf die
    Auswahl der Aufgabenstellungen?

(4) Ist der Informatikunterricht hilfreich bei der Lösung komplexerer Aufgaben?

2. Was sind Informatikmethoden ?

In der Literatur findet man häufig die Feststellung, Informatik sei eine Methoden-
wissenschaft und daher in den schulischen Bereich einzubeziehen /2,5/. Unserer Ansicht
nach sind folgende Elemente charakteristisch für den Einsatz von Informatikmethoden:

(A) Methodische Lösungsansätze und systematisches Vorgehen bei der Softwareent-
    wicklung (strukturiertes Programmieren, Modularisierung und Konkretisierung)

(B) Denken in Abläufen im zeitlichen Nach- und Nebeneinander (algorithmisches Denken)

(C) Spezifikation der Anforderungen an die zu erstellende Software

(D) Strukturierung und Darstellung von Objekten (Denken in Datenstrukturen)

(E) Hinzufügen von Operationen und formales Erfassen ihrer Eigenschaften (Idee
    der abstrakten Datentypen)

(F) Verifikation der erstellten Software

(G) Einsicht in Syntax und Semantik von Spezifikations- und Programmiersprachen

(H) Komplexitätsuntersuchung von Algorithmen und Effizienzsteigerung

(I) Höhere Konzepte wie Rekursion, Parallelität, Nichtdeterminismus und Parametri-
    sierung bei Datenstrukturen und Algorithmen

---

*) Das diesem Bericht zugrundeliegende Vorhaben wird mit Mitteln des Bundesmini-
sters für Bildung und Wissenschaft (Förderungskennz.: B 3512.00 B) gefördert.
Die Verantwortung für den Inhalt der Veröffentlichung liegt bei den Autoren.

(J) Bearbeiten konkreter Aufgaben mit Hilfe virtueller Maschinen

(K) Implementierungstechniken

(L) Simulationstechniken

(M) Arbeiten im Team (z.B. für Komplexitätsbewältigung, Schnittstellendefinitionen,
Dokumentation, Anpassungs- und Wartungsfragen)

Zum Handwerkszeug dessen, der Datenverarbeitung nutzen will, gehören Kommando-
sprachen, Programmiersprachen und Spezifikationssprachen. Konzepte, wie abstrakte
Datentypen oder virtuelle Maschinen dienen einerseits dazu, den Benutzer von Datenverarbeitungsanlagen von der jeweiligen Sprachwelt zu lösen, andererseits spiegeln
sich die Konzepte in den Sprachen wider. Zentrale Fragen unserer Untersuchungen
lauten daher: Wie verwenden Jugendliche Informatikmethoden? In welchem Umfang erweitert oder verengt die verwendete Programmiersprache die Denkweise? /1/ Wie ist der
Zusammenhang zwischen bearbeiteten Problemklassen (insbesondere ihrem Schwierigkeitsgrad oder ihrer Modellkomplexität) und dem Einsatz von Informatikmethoden? Aus den
Antworten sollen auch Hinweise für die konkrete inhaltliche Gestaltung eines "Fundamentum" /8/, bzw. der "Computer Literacy" aus Sicht der Informatik gewonnen werden.

3. <u>Erste Ergebnisse zum Einsatz von Informatikmethoden durch Jugendliche</u>

Die Untersuchung wird erst Ende 1984 abgeschlossen. Zum jetzigen Zeitpunkt lassen
sich folgende Ergebnisse feststellen:

a) Eine erwartbare Erhöhung der Programmkomplexität (M) ist bei den insgesamt 15
Teamarbeiten der beiden Wettbewerbe nicht festzustellen. Verantwortlich hierfür
ist sicher unter anderem die Schule, die traditionell im wesentlichen Einzellei-
stungen honoriert und wenig Möglichkeiten bietet, Teamarbeit zu üben.

b) Hardwarenahe Probleme, z.B. der Bereich Computer-Graphics, erfordern mangels
geeigneter Schnittstellen zu höheren Programmiersprachen die Verwendung von
Maschinensprachen und eine große Ausdauer im probieren und tüfteln. Es scheint,
als ob die Lösung dieser zweifellos schwierigen Synchronisations- und Anpassungs-
probleme soviel "Kraft" erfordert, daß für Informatikmethoden kein Raum mehr
bleibt. Die eingesandten Programme lösen daher überwiegend Spezialfälle von
Graphikproblemen und verwenden kaum Informatikdenkweisen. Nur sehr wenige Jugendliche erstellten ein Programm mit Werkzeugcharakter, das sich mit anderen Programmen koppeln läßt und die Basismaschine echt erweitert (Methode J).

c) Vor der eigentlichen Programmierung erfolgt die Modellbildung. Hierbei werden
in systematischer Weise die Datenstrukturen und die hierauf erlaubten Operationen festgelegt.(Methoden B,C,D,E). Manche Aufgaben benötigen diese Modellbildung
nicht, da die Lösungen bereits in einer algorithmischen Form vorliegen. Solche
Probleme erzwingen daher nicht die Beschäftigung mit Informatikmethoden. Wenn
man die Aufgabenbereiche, die die Jugendlichen bearbeitet haben, nach der Zahl
der verwendeten Informatikmethoden (A bis M) ordnet, zeichnet sich folgendes ab:

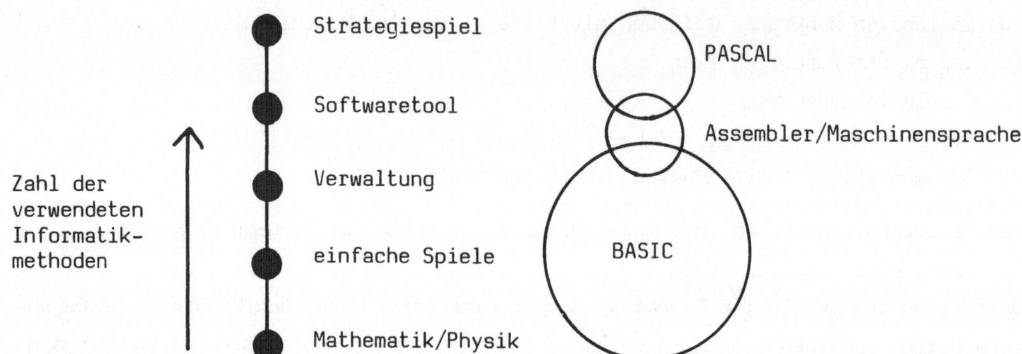

Daneben stehen die tendenziell bevorzugt verwendeten Programmiersprachen. Die
in BASIC programmierten Aufgaben waren deutlich anspruchsloser als vergleichbare
Aufgaben in Assembler oder PASCAL. Im einzelnen ergab sich folgendes Bild:

1. Für die Implementierung von Schulproblemen aus der Mathematik oder Physik ist
   die Kenntnis von Informatikmethoden kaum erforderlich. Die verwendete Programmiersprache spielt eine untergeordnete Rolle.

2. Das Programmieren von primitiven Videospielen (z.B. Schiffe versenken, "Weltraum-
   spiele") fördert die Beschäftigung mit Informatikmethoden kaum. Die Implementierung artet häufig in Bastlerarbeiten aus.

3. Für normale Verwaltungsprobleme genügen Kenntnisse einfacher Datenstrukturen
   (Felder, Files); einfache virtuelle Maschinen treten als wichtigste Informatikme-
   thode auf.

4. Die Entwicklung von Softwareentwicklungswerkzeugen setzt fortgeschrittene Kenntnisse über Informatikmethoden voraus, die gewöhnlich nicht auf einer grundlegenden Ausbildung beruhen, sondern durch umfangreiche Programmiererfahrung
   erworben wurden (Komplexitätsbewältigung durch Erfahrung).

5. Die Implementierung von Strategiespielen benötigt fortgeschrittene Informatikmethoden und Strukturierungstechniken. Höhere Programmiersprachen (ab PASCAL)
   sind hier in der Regel unverzichtbar.

<u>Begründungen</u>

<u>zu 1)</u> Teilweise wurden anspruchsvolle mathematische Probleme bearbeitet. Die Pro-
gramme sind aber aus informatischer Sicht überwiegend primitiv, da sie in der
Regel nur eine vorliegende formalisierte Lösungsvorschrift in eine Programmiersprache übertragen. Entsprechend einfache Kontroll- und Datenstrukturen werden verwendet:
meist nur for-Schleifen und Felder.

<u>zu 2)</u> Einfache Spiele können häufig "straight forward" programmiert werden. Die
Entwicklung eines Modells und methodischer Lösungsansätze entfällt überwiegend.
Da oftmals die graphische Ausgabe im Vordergrund steht, treten ähnliche Schwierigkeiten mit der Hardware auf, wie bei Computer-Graphics Problemen, die in der Regel
durch geduldiges Probieren gelöst werden können.

<u>zu 3)</u> Die meisten Programme der Verwaltung dienen vorrangig der Pflege und Verarbeitung mittelgroßer Datenmengen im Schulbereich, z.B. Notenberechnung, nachrangig kommerziellen Zwecken, z.B. Liegenschaftsverwaltung, und sind nach Angaben der Teilnehmer im Einsatz. Da im allgemeinen auch Laien mit diesen Programmen arbeiten, legen die Teilnehmer Wert auf die Implementierung einer leicht verständlichen fehlertoleranten Benutzerumgebung (Methode J). In ausführlichen Bedienungsanleitungen werden die erlaubten Eingaben und Verhaltensmaßregeln in Fehlerfällen erläutert. Vom programmtechnischen Gesichtspunkt betrachtet sind die Programme eher primitiv. Kompliziertere Datenstrukturen als Felder und sequentielle Files werden kaum verwendet, obwohl sich z.B. für die in fast jedem Verwaltungsprogramm vorkommenden Suchroutinen binäre Bäume anbieten. Lineare Listen werden als Arrays von Records implementiert. Entsprechend einfach sind auch die verwendeten Algorithmen. Gesucht wird sequentiell, sortiert mit Bubblesort-ähnlichen Algorithmen.

<u>zu 4)</u> Der Entwurf von Softwareentwicklungstools setzt eine umfangreiche Programmiertätigkeit des Teilnehmers voraus, aus der der Wunsch nach Unterstützung dieser Arbeiten durch den Computer entstand. Der fortgeschrittene Umgang mit der Informatik resultiert aus der wachsenden Routine und nicht aus einer fundierten Ausbildung. Setzt man voraus, daß die weiterführende Beschäftigung mit Informatik auch die Kenntnis anderer Programmiersprachen umfaßt, so wird klar, warum die Programmierer von Softwaretools wesentlich häufiger PASCAL und Maschinensprachen verwendet haben als die Teilnehmer insgesamt. Die Verwendung der Informatikmethoden (A),(B), (C),(D), (G),(J),(K),(L) ist bei den Einsendungen deutlich erkennbar. Die Programmierung in maschinennahen Sprachen wurde oft aus Effizienzüberlegungen, und um Probleme mit dem Rechner zu bewältigen, notwendig. Die Teilnehmer erkannten aber im allgemeinen, daß strukturiertes und systematisches Vorgehen bei der Implementierung der teilweise großen Programme (Assembler, Editoren) wichtig war. Ohne Zweifel kann den Entwicklern von Softwareentwicklungswerkzeugen ein Vorsprung gegenüber den anderen Teilnehmern bescheinigt werden. Dies dokumentiert sich auch in einer im Durchschnitt besseren Bewertung der Beiträge.

<u>zu 5)</u> Die Programmierung von Strategiespielen stellt im allgemeinen hohe Anforderungen an die Fähigkeit, Informatikmethoden zu verwenden /7/. Der Einsatz der Elemente (A),(B),(C),(D),(H),(I),(K) ist bei den untersuchten Programmen deutlich erkennbar. Da BASIC diese Methoden nicht unterstützt, wundert es nicht, daß jene Teilnehmer häufiger in PASCAL und ELAN programmiert haben als andere. Obwohl natürlich jedes Spiel auch in Assembler oder BASIC geschrieben werden kann, verschließen sich in diesen Sprachen die für die Implementierung von Strategiespielen wichtigen Informatikmethoden Denken in Datenstrukturen (D) und Rekursion (I). Von allen Teilnehmern haben nur die Programmierer von Strategiespielen (sie sind mit dem Problem unmittelbar konfrontiert) ihre Programme unter Komplexitätsgesichtspunkten (Methode H) qualifiziert untersucht.

4. Folgerungen

Aus den obigen Ausführungen folgt, daß Informatikmethoden, die über den Entwurf
einfacher virtueller Maschinen und eine gewisse Systematisierung bei der Programmentwicklung hinausgehen, bei der überwiegenden Mehrzahl der Jugendlichen unbekannt
sind. Die Kenntnis elementarer Algorithmen (z.B. Quicksort) und Datenstrukturen
(z.B. Listen, Bäume) ist im allgemeinen nicht gegeben.(Ein Grund hierfür mag die
Tatsache sein, daß 80% aller Teilnehmer angaben, ihre Informatikkenntnisse im
Selbststudium erworben zu haben.) Sehr viel Zeit investierten die meisten Teilnehmer
in die Lösung von Problemen, die nicht der Informatik zuzurechnen sind, z.B. rechnerinterne Schwierigkeiten. Fragen nach den Zusammenhängen zwischen einem Problem
und den bei der Lösung verwendeten Informatikmethoden und Programmiersprachen
stehen zukünftig im Vordergrund der Untersuchungen, die Ende 1984 zu einem vorläu-
figen Abschluß kommen. Ergebnisse hierzu können in Form einer Sammlung von Themen
und Fachgebieten, deren Bearbeitung die Computer Literacy fördert oder hemmt,
hilfreich bei der Gestaltung von Lehrplänen sein /8/. Um hier möglichst konkrete
und exakte Aussagen zu erhalten, ist ferner zu prüfen, inwieweit der Wettbewerb
als Instrument zur Messung von Erfolgen und Fehlentwicklungen in der Informatikausbildung mit anschließender Rückkopplung auf den Unterricht verwendet werden kann.
Überlegungen hierzu sind das Thema nachfolgender Berichte, die auch den 3. Bundeswett-
bewerb berücksichtigen werden.
Momentan zeichnet sich folgende These ab, die uns nicht leicht fällt, offen auszu-
sprechen:

<u>These:</u> Beim Programmieren von Strategiespielen trainiert ein Schüler Methoden
der Informatik besser ein als bei vielen der gängigen Anwendungsprobleme.

Aus pädagogischer Sicht ist diese These sicher sehr problematisch.

5. Literatur

/1/   Bosler,U.; Schulz-Zander,R.: "Sprachenerprobung in Modellversuchen"
        LOG IN 3 (1983) 21-27
/2/   Brunnstein,K.: "Thesen zur Informatikausbildung im Schulwesen"
        in: W.Arlt (ed.): "EDV-Einsatz in Schule und Ausbildung Bd.1"
        Oldenbourg Verlag 1978
/3/   Claus,V.: "1. Jugendwettbewerb in Computer-Programmierung"
        LOG IN 2 (1981) 4-5 und Informatik Spektrum 4 (1981)
/4/   Claus,V.; Fleischhack,H.:
        "Bericht über den 2. Jugendwettbewerb in Computer-Programmierung"
        LOG IN 2 (1983) 13-15 und Informatik Spektrum 3 (1983) 174-175
/5/   Eickel,J.: "Sollte Informatik zum Schulstoff gehören?"
        in: K.Weinhart (ed.): "Informatik im Unterricht", Oldenbourg Verlag 1979
/6/   Fleischhut,J.; Koerber,B.; Riedel,D.:
        "Didactical aspects of informatics education in secondary schools"
        Proceedings of the World Conference on Computers in Education (1981) 657-664
/7/   Schrage,G.: "Die algorithmische Struktur strategischer Spiele"
        LOG IN 2 (1983) 43-49
/8/   "Mikroelektronik und Schule - Anforderungen an neue Lerninhalte?"
        Fachtagung in Wiesbaden am 27./28.3.1984 (Tagungsbericht erscheint 1984)

Grundbildung Informatik für jeden Schüler

U. Bosler

Institut für die Pädagogik der
Naturwissenschaften an der
Universität Kiel (IPN)

D-2300 Kiel

In den letzten Jahren drangen Mikrocomputer zunehmend in den Arbeits-
und Alltagsbereich ein. Home-Computer waren die Verkaufsschlager im
Weihnachtsgeschäft 1983.

Die Verantwortlichen im Bildungsbereich begannen sich mehr als früher
mit Mikrocomputer und Schule auseinanderzusetzen.

Kaum eine Woche vergeht nun, ohne daß jemand dazu aufruft, Computer
und Neue Informationstechnologien in die Schule aufzunehmen und so
früh wie möglich den Kindern und Jugendlichen nahezubringen. Einige
Kultusminister haben sich öffentlich und mit Nachdruck zu diesem Thema
geäußert. Verschiedene Stellungnahmen von Claus, Esser, Granzow, Haefner,
Frey, Lutterbeck und Oschatz finden sich auszugsweise in BOSLER, HAMPE,
WANKE, van WEERT, 1984. Die Begründungen sind recht unterschiedlich, sie
sollen an dieser Stelle nicht noch einmal wiederholt werden. Wie auch
immer argumentiert wird: Erwartet wird auf jeden Fall, daß sich Schule
und Berufsbildung umfassend mit dem Computer bzw. der Informatik befassen.

Computer Literacy im Ausland

Im angelsächsischen Bereich findet man zahlreiche Vorhaben zu dem Thema
"In Informatik kundig sein" unter dem Begriff 'computer literacy'. Der 3.
Weltkongreß für Datenverarbeitung in Lausanne im Jahre 1981 machte erst-
mals international auf verschiedene Bemühungen aufmerksam (vgl. LEWIS,
TAGG, 1981). Verschiedene Literaturangaben zu ausländischen Vorhaben
finden sich in BOSLER, HAMPE, WANKE, van WEERT, 1984.

Umfangreiche Arbeiten finden z. Z. in *Holland* in einem "100-Schulen-

Projekt" statt. "Bürgerinformatik" soll für alle Schüler im Alter zwischen 12 und 15 Jahren eingeführt werden (vgl. van WEERT, 1983, van WEERT, 1984 und sein Beitrag in diesem Tagungsband).

Die *Vereinigung für Lehrerbildung in Europa (ATEE)* erarbeitete einen Modell-Lehrplan "Informatische Grundkenntnisse" für alle Schüler und Lehrer (vgl. auch GORNY, WANKE in diesem Tagungsband).

Informatikunterricht für alle Schüler in der Bundesrepublik Deutschland

In Bayern kann in der 10. Klasse mathematisch-naturwissenschaftlich orientierter Gymnasien ein Informatikunterricht für alle Schüler angeboten werden. In Baden-Württemberg wurden die Lehrpläne verschiedenster Fächer ab Klasse 8 daraufhin untersucht, inwieweit einzelne Elemente der neuen Informationstechnologien an verschiedenen Stellen eingeführt werden können (MINISTERIUM FÜR KULTUS UND SPORT BADEN-WÜRTTEMBERG, 1984).

Auf der Fachtagung "Mikroelektronik und Schule - Anforderungen an neue Lerninhalte?" wurde Ende März 1984 eine längerfristige Perspektive für Informatikunterricht für alle Schüler entwickelt (vgl. PESCHKE, HULLEN, DIEMER, 1984). In Fortsetzung der 1. Tagung in Lüdenscheid (vgl. BOSLER, HANSEN, 1981) entstanden nun Überlegungen, wie ein "Fundamentum informationstechnische Grundbildung" aussehen sollte. Das Ergebnis war eine Gesamtstruktur für die Sekundarstufen I und II und die Empfehlung, im 8. Schuljahr ein informationstechnisches Fundamentum innerhalb eines Lernblocks von 40 - 80 Unterrichtsstunden vorzusehen.

IPN-Curriculum Grundbildung Informatik

Ende Mai 1984 lud das IPN 16 Personen aus verschiedenen Bereichen zu einer "Curriculum-Schreibewoche" ein. Die Teilnehmer erarbeiteten in einer sogenannten Curriculum-Konferenz Anregungen für ein 60-stündiges Curriculum Grundbildung Informatik in der 8. oder 9. Klasse.

Die wesentlichen Entscheidungen waren:
- Es sollte kein mehrjähriges Fach geschaffen werden. Ein Block von 60 Stunden schien längerfristig in einigen Bundesländern in Klasse 8 einführbar.
- Die Teilnehmer an der Curriculum-Konferenz entschieden sich für ein ganzheitliches Konzept und gegen eine Verteilung von Aspekten der

Informatik auf verschiedene Jahrgänge.
- Es wurde eine klare Aufgabenbestimmung für eine Grundbildung Informatik und für aufbauenden Unterricht angestrebt. In der Grundbildung Informatik sollte der Schüler mehr die Rolle eines Benutzers, bei aufbauendem Unterricht mehr in der Rolle eines Experten sein.
- Die angenommene Schülerrolle und der Umfang von 60 Stunden bedeuten für eine Grundbildung Informatik, daß für die Umsetzung der Algorithmen auf einen Computer nicht wie bisher Programmiersprachen, sondern Benutzersprachen (software-tools) eingesetzt werden sollen.

Überspitzt formuliert: Wenn man nur 60 Stunden hat, dann steht man letztlich vor der Entscheidung, ob man einen Programmiersprachenkurs anbietet, oder ob man die genannten Lernbereiche inhaltlich miteinander verbunden behandelt und dann bei der Vermittlung von Programmiersprachen Einschränkungen vorgenommen werden.

Diese Einschränkung erscheint möglich, da mit dem Vordringen der Mikrocomputer auf den Tisch des Sachbearbeiters zunehmend mehr spezialisierte Systeme für Benutzer angeboten werden, die die Verwendung von Kontrollstrukturen in einfacher Weise ermöglichen. Einschränkungen liegen bei den Datenstrukturen vor. So gibt es z.B. Benutzersprachen, die für Tabellen benutzt werden (wie VISICALC, MULTIPLAN). Texte, Formeln, Summenbildungen und Funktionen, die auf ein solches "Bildschirm-Notizblatt" angewandt werden können, lassen sich wie in einer Sprache sehr einfach formulieren. Ein anderes Beispiel ist die Anwendung von Datenbank-Systemen (wie dBASE II).

Für den Einsatz im Unterricht müssen noch einige Verbesserungen erreicht werden, wie deutsche Versionen, einheitliche Notationen und für den Schüler geeignete Programmierumgebungen (vgl. auch LUSTI, 1984).
- Für Unterricht im Wahlbereich und in der Sekundarstufe II sollen geeignete Programmiersprachen verwendet werden. Benutzersprachen können aber bei der Nutzung von Mikrocomputern in einigen Fächern an die Stelle bisher verwendeter Programmiersprachen treten.

Die Inhalte

Die folgenden Bereiche sollen zusammenhängend behandelt werden:

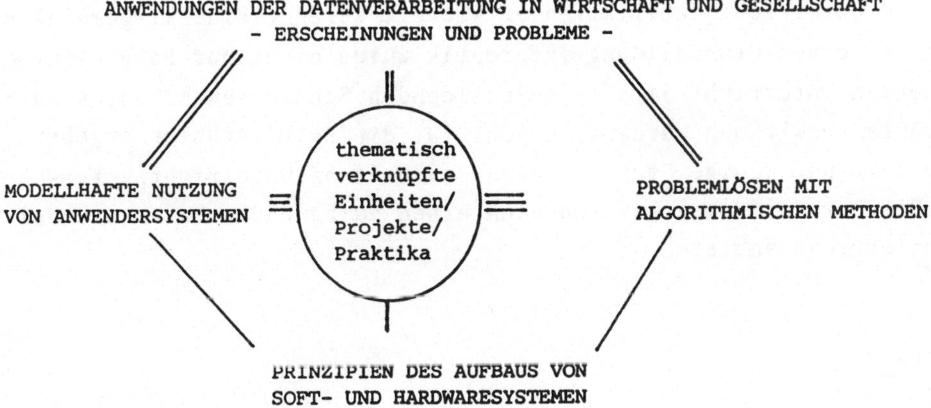

Der Kern des 60-Stunden-Curriculums soll ein ca. 30-stündiges projektorientiertes Vorgehen sein. Hinzu kommen eine Einführungs- und eine Ver-
breiterungsphase. Diese beiden Phasen können eigenständige Teile sein,
sie können aber auch zu dem projektorientierten Teil hinzugenommen werden. Das nächste Bild zeigt diese Phasen und nennt einige Beispiele,
die sich auf eine oder mehrere Phasen beziehen. Es wurden 10 Beispiele
erarbeitet, die illustrieren sollen, wie die Autoren des Curriculums
sich dies vorstellen.

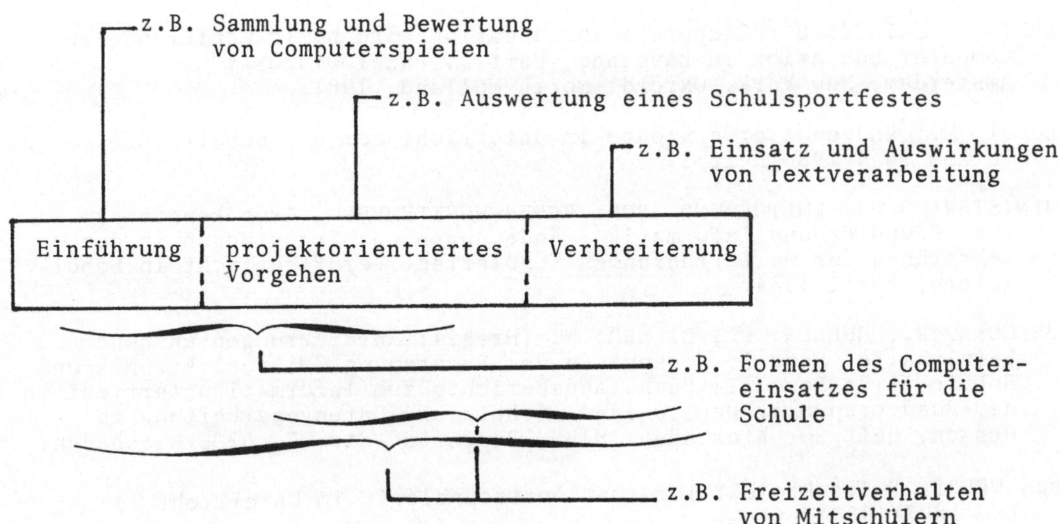

Folgearbeiten

In dem einen oder anderen Bundesland sollten in Schulversuchen von diesen curricularen Anregungen aus für die verschiedenen Schulformen Lehr-

pläne und Unterrichtsmaterialien entwickelt werden. Eine allgemeinere Einführung einer Grundbildung Informatik würde nicht nur Folgen für einen aufbauenden Unterricht im allgemeinbildenden Schulwesen haben, sondern die größte Auswirkung würde sich wohl für die Berufsschulen ergeben, wo zur Zeit nur wenige Stunden Datenverarbeitungsunterricht vorgesehen sind. Die Berufsschulen könnten dann einen aufbauenden Datenverarbeitungsunterricht anbieten.

Literatur

ARLT, W., FLEISCHHUT, J., KOERBER, B., PETERS, I., RIEDEL, D., ROHDE, M.: Modellversuch ECIS - Entwicklung von curricularen Elementen für das Fach Informatik in der Sekundarstufe I. Berlin (West): Freie Universität Berlin. Verschiedene Broschüren und Manuskriptdrucke aus den Jahren 1980-1984. Erhältlich über Prof. W. Arlt, FU Berlin, ZI 7, WE 3, Habelschwerdter Allee 45, D-1000 Berlin 33.

BOSLER, U., HANSEN, K.-H. (Hrsg.): Mikroelektronik, sozialer Wandel und Bildung. Weinheim und Basel: Beltz, 1981.

BOSLER, U., HAMPE, W., WANKE, I., van WEERT, T.J.: Grundbildung Informatik - Anregungen für ein Curriculum. Kiel: IPN, Polyskript, 1984.

GORNY, P., WANKE, I.: Kontaktstudienangebot "Informatische Grundkenntnisse" für Lehrer. In diesem Tagungsband.

LEWIS, R., TAGG, D.: Computers in Education. 3rd World Conference on Computer Education in Lausanne. Part 2, Panel Discussions. Amsterdam, New York, Oxford: North-Holland, 1981.

LUSTI, M.: Endbenutzerwerkzeuge im Unterricht der Wirtschaftsinformatik. In LOG IN 4(1984)Heft 3.

MINISTERIUM FÜR KULTUS UND SPORT BADEN-WÜRTTEMBERG: Grundkenntnisse über Computer und Informatik - Änderungen und Ergänzungen in den Lehrplänen der weiterführenden Schularten. Veröffentlicht in Schulintern, April 1984.

PESCHKE, R., HULLEN, G., DIEMER, W. (Hrsg.): Anforderungen an neue Lerninhalte. Band I: Ergebnisse der Fachtagung "Mikroelektronik und Schule III"; Band II: Sachstandsberichte zum Informatikunterricht in der Bundesrepublik Deutschland. Schule und Datenverarbeitung in Hessen, Heft 20. Wiesbaden: HIBS, Bodenstedtstr. 7, 6200 Wiesbaden.

van WEERT, T.J.: Projekt Informationstechnologie im Unterricht. In LOG IN 3(1983)Heft 4.

van WEERT, T.J. (Hrsg.): Modell-Lehrplan Informatische Grundkenntnisse für alle Lehrer. Deutsche Fassung von P. Gorny und I. Wanke, Universität Oldenburg. Brüssel: ATEE, 1984.

van WEERT, T.J.: Basislehrgang Informatik - 'Bürgerinformatik' für alle Schüler. In BOSLER, U., HAMPE, W., WANKE, I., van WEERT, T.J. 1984, a.a.O.

DIDAKTISCHE ASPEKTE ZUR VERMITTLUNG VON PROGRAMMIERSPRACHEN

Bernhard Koerber, Ingo-Rüdiger Peters, Ingrid Sobeck

Freie Universität Berlin
Zentralinstitut für
Unterrichtswissenschaften und Curriculumentwicklung (ZI 7)
Habelschwerdter Allee 45, D-1000 Berlin 33

1. Vorbemerkungen

Im Informatikunterricht nimmt die Vermittlung einer Programmiersprache einen großen
Raum ein. Ziel der vorliegenden Arbeit ist, didaktische Grundlagen des Fremdsprachenunterrichts, insbesondere des Englischunterrichts, daraufhin zu prüfen, inwieweit sie einen Beitrag für die Didaktik des Informatikunterrichts, speziell der Pro-
grammiersprachenvermittlung, leisten können.

Dabei ist sicherlich zu beachten, daß eine fundierte Fachdidaktik des Informatikunterrichts, vor allem des Informatikunterrichts in der Sekundarstufe I, noch nicht
existiert. Erste Ansätze sind u.a. in /1/, /2/, /3/, /5/, /7/ und /12/ veröffentlicht. Allerdings divergieren diese Ansätze in wesentlichen Punkten. In einem Punkt
scheint jedoch eine grundsätzliche Übereinstimmung vorzuliegen: Die Vermittlung einer Programmiersprache ist nicht das primäre Ziel des Unterrichts, sondern Programmiersprachen sind als Werkzeug zur Lösung von Problemen zu betrachten.

Im Rahmen eines Modellversuchs, der aus Mitteln des Bundesministers für Bildung und
Wissenschaft und des Landes Berlin gefördert wurde (BMBW-Förderkennzeichen: A 5578),
konnten die hier vorgelegten didaktischen Überlegungen im Unterricht der Sekundarstufe I erprobt werden, so daß ebenfalls bereits erste Rückkoppelungen aus der Unterrichtspraxis vorliegen.

2. Programmiersprachen im Informatikunterricht

Programmiersprachen sind - auch im Unterricht - im Zusammenhang mit der Erstellung
größerer Software zu sehen. Ausgangspunkt (vgl. /7/, /10/ und /11/) ist eine Problemsituation, die über verschiedene Stufen (vgl. Bild 1) zu einer Lösung mit Hilfe des
Einsatzes von Software bzw. eines DV-Systems geführt wird.

So kann mit dem abgebildeten Strukturmodell verdeutlicht werden, welcher Arbeits-
schwerpunkt bei der Konstruktion von Unterricht im Zentrum steht, ohne daß der Ge-
samtzusammenhang verlorengeht. Als Beispiele verschiedener Unterrichtsabschnitte
sollen hier nur folgende angegeben werden:

A. Einstieg und Einführung in die Informatik

- Ein Struktogramm wird vorgegeben, ein Programm soll geschrieben werden (der
  Weg von C_0 nach D_0).

- Eine Problembeschreibung wird vorgegeben, und es soll hierzu eine Formel zum
  prinzipiellen Lösungsansatz entwickelt werden (der Weg von A_0 nach B_0).

- Analysieren von Zeitungs- und Zeitschriftenartikeln über DV-Anwendungen (der
  Weg ab F_0, also g_0).

B. Verfestigung und Anwendung des Gelernten

- Lösung von kleineren, jedoch immer komplexer werdenden Problemen (der Weg von
  A_0 nach F_0).

C. Durchführung von Unterrichtsprojekten

- Bearbeitung und Anwendung der Lösung eines realitätsnahen Problems (der Weg
  von a_0 bis g_1).

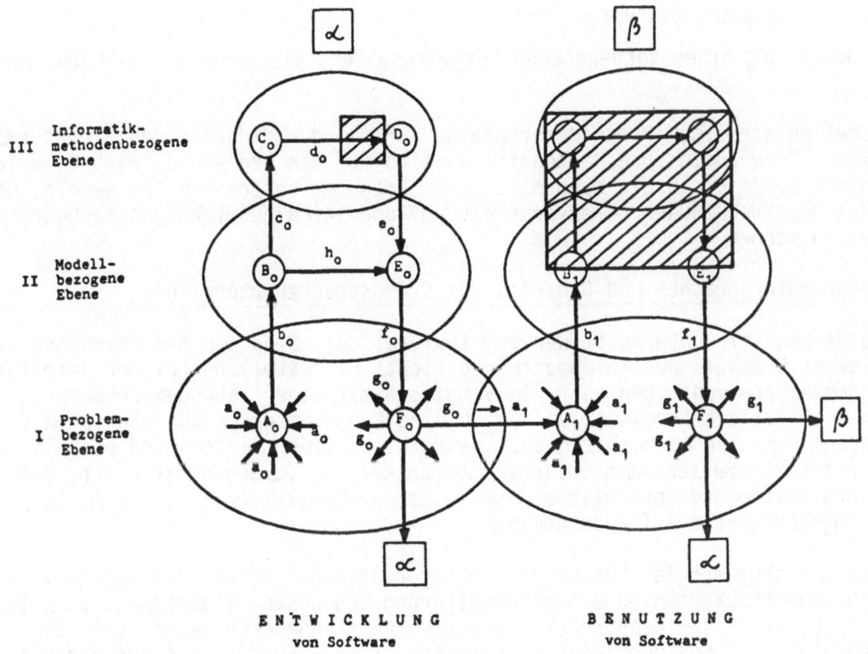

ERLÄUTERUNG

		Entwicklung / Benutzung		
		α Entwicklung von Software (bzw. DV-Systemen)	β	Benutzung von Software (bzw. DV-Systemen)
Problembezogene Ebene		a_o Problemsituation, Feststellung der Einzelprobleme, Situationsanalyse	a_1	auf die Benutzungssituation einwirkende Faktoren
		A_o Definition des Problems, der Anforderungen und des Projektziels	A_1	Definition des Benutzungsfalls
	Modellbezogene Ebene	b_o Durchführung der Systemanalyse und der Modellbildung	b_1	Datengewinnung
		B_o Modellbeschreibung	B_1	gespeicherte Daten
		c_o Algorithmierung		
		C_o Detail-Entwurf des DV-Systems		
		d_o Modulprogrammierung und Modultest, Implementation des Gesamtsystems		automatisch ablaufender Prozeß
		▨ ggf. automatisch ablaufender Prozeß		
		D_o formal einwandfreies, ablauffähiges Software-System		
		e_o Systemtest, Durchführung des Probebetriebs		
		h_o operative Anwendung der Modellbeschreibung ohne EDV		
		E_o einsatzfähiges, validiertes System	E_1	Ergebnisdaten
		f_o Entscheidungsfindung und Treffen der Entscheidungen zur endgültigen Installation des Systems einschl. der Begleitmaßnahmen	f_1	Auswertung der Ergebnisdaten
		F_o installiertes, benutzbares System	F_1	Entscheidung zur Anwendung der Ergebnisdaten
		g_o Auswirkungen der Entscheidungsmaßnahmen	g_1	Auswirkungen der Entscheidungen

(Die Spalte "Informatikmethodenbezogene Ebene" umfasst die Zeilen c_o bis e_o.)

Bild 1: Prototyp einer DV-Anwendung (aus: /11/, S. 31).

D. Benutzung eines DV-Systems

   - Anwendung eines vorgegebenen Softwaresystems als Benutzer (der Weg von a_1 bis g_1).

Der Stellenwert einer Programmiersprache wird an dem didaktischen Strukturmodell deutlich: Programmiersprachenkenntnisse sind auf dem Weg von C_o nach D_o erforderlich. Insgesamt sind jedoch die Kenntnisse über Programmiersprachen notwendig, um den Einsatz des "Werkzeuges Datenverarbeitung" und seine Auswirkungen sachgerecht beurteilen zu können.

3. Programmiersprachen und Didaktik des Fremdsprachenunterrichts

Im folgenden soll untersucht werden, inwieweit die Didaktik des Fremdsprachenunterrichts der Didaktik des Informatikunterrichts Hilfestellung bei der Vermittlung von Programmiersprachen geben kann. Im Vergleich mit einer lebenden Fremdsprache und ihren vielfältigen Aspekten ist jedoch eine Programmiersprache ein formales und funktionsorientiertes Werkzeug zur Lösung bestimmter Probleme und enthält keine sozialen Aspekte zwischenmenschlicher Kommunikation. Daraus ergibt sich, daß wesentliche inhaltliche und sprachliche Aspekte der Kommunikation im Informatikunterricht nur eingeschränkt zum Tragen kommen.

Im Zusammenhang mit der Forderung, im Informatikunterricht über bestimmte muttersprachliche Strukturen zu einer Formulierung des Lösungsalgorithmus zu gelangen (vgl. z.B. /9/), der dann in eine Programmiersprache übertragen wird, die im allgemeinen englische Schlüsselwörter aufweist, liegt es nahe, sich auf didaktische Aspekte der Wortschatzvermittlung im Englischunterricht (vgl. /6/) zu beschränken.

Im Fremdsprachenunterricht wird zwischen passivem und aktivem Wortschatz unterschieden, wobei die folgenden Fertigkeiten im Unterricht erlangt werden sollen (/6/, S. 12):

	mündlich-auditiv	schriftlich-visuell
rezeptiv	Hörverständnis	Leseverständnis
produktiv	Sprechen	Schreiben

Im Gegensatz zum Fremdsprachenunterricht, bei dem größtenteils die mündlich-auditiven Fertigkeiten den Vorrang haben, ist im Informatikunterricht der Schwerpunkt in den schriftlich-visuellen zu sehen. Das schriftliche Darstellen ist jedoch ohne die anderen Fertigkeiten nicht denkbar (vgl. /14/, S. 18).

Zur Gestaltung des fremdsprachlichen Unterrichts unterscheidet Tiggemann mehrere Unterweisungstechniken, die hier zur analytischen Darstellung getrennt aufgeführt, in der konkreten Unterrichtssituation jedoch häufig kombiniert, angewandt werden. Im folgenden werden nur die Unterweisungstechniken wiedergegeben, die unseres Erachtens für den Informatikunterricht relevant sind (vgl. /14/, S. 21):

- die Techniken im Situationsunterricht (Situationstechnik) mit dem Hauptziel der Entwicklung situationsgerechten Sprachverhaltens;

- die Technik der Kompetenzübertragung (Transfertechnik) mit dem Hauptziel, dem Schüler das erworbene Sprachmaterial zur Anwendung in neuen Zusammenhängen übertragbar zu machen;

- die Technik des Automatisierens (Automatisierungstechnik) mit dem Hauptziel, Gelerntes zu festigen, es geläufig zu machen, es zu sichern;

- die Technik zum Einführen und Erschließen neuen Sprachmaterials (Einführungs- und Erschließungstechnik) mit dem Hauptziel, das Verständnis des gesamten Kontextes zu fördern;

- die Techniken zur Vermittlung des sinnerfassenden Lesens.

Ziel eines mit Hilfe dieser Unterweisungstechniken gestalteten Unterrichts ist der korrekte Spracherwerb. Dazu gehören über Grammatik, Syntax und Semantik hinaus, außerdem die Akzeptabilität (acceptability) und die Angemessenheit (appropriateness) der gelernten und danach benutzen Begriffe (vgl. /4/, S. 181). Unter Akzeptabilität und Angemessenheit wird hier die situations- und umfeldgerechte Anwendung der gelernten Sprache verstanden.

Ebenso wie im Fremdsprachenunterricht versucht wird, an die Kenntnisse und Erfahrungen der Schüler anzuknüpfen, so lassen sich im anwendungsorientierten Informatikunterricht (vgl. /7/, /11/ und /12/) hierzu Analogien aufstellen.

4. Unterrichtsbeispiele

Die im folgenden dargestellten Unterrichtsbeispiele aus der Sekundarstufe I gehen davon aus, die zu lösenden Problemsituationen nicht künstlich zu schaffen, sondern sie dem realen Umfeld der Schüler zu entnehmen. Bei der notwendigen Modellbildung zum Einsatz der Problemlösung auf dem Rechner (vgl. /13/) wird den Schülern die tatsächliche Reduktion von Realität verdeutlicht.

4.1. Erstellung einer Währungstabelle

Der Einführungsunterricht beginnt unmittelbar nach der Urlaubszeit. Ein großer Teil der Schüler hat die Ferien im Ausland verbracht und die Schwierigkeiten im Umgang mit fremden Währungen erfahren. Hier ergibt sich der situative Bezug. Die Schüler erstellen eine ausführliche Währungstabelle für mehrere, sie interessierende Währungen und können sie zu Währungsumrechnungen bei künftigen Reisen nutzen. Gemeinsam werden die Währungen, die für sie oder ihre Eltern von Wichtigkeit sind, herausgesucht. Die Erstellung des Layouts der Tabelle und erste Berechnungen zur Umrechnung der eigenen Währung in Fremdwährung ist der erste Arbeitsauftrag. Der Gang zu Sparkassen und Banken führt zur exakten aktuellen Kursfestlegung. Das führt zu der Frage, welche Informationen erfragt werden müssen und nicht konstant sind und welche Informationen bezogen auf die Problemlösung bekannt sind. Der Wertebereich der Tabelle wird festgelegt, wobei die groben Tabellen der Banken erste Anhaltspunkte und Modifikationsmöglichkeiten geben und auch die Nutzung einer solchen Tabelle Einfluß auf die Gestaltung hat. Begriffe wie Variable, Eingabe und Ausgabe werden erläutert und sprachlich formuliert. Die Tatsache, daß sich bestimmte Prozesse zur Berechnung des festgelegten Wertebereichs wiederholen, führt zur exakten sprachlichen Formulierung der Zählschleife.

Die muttersprachlich genaue Formulierung der Arbeitsanweisungen zur Erstellung der Tabelle auf der Grundlage des eigenen Handelns hat einen Algorithmus zum Ergebnis, dessen Grundstruktur den Schülern aus den ersten Erläuterungen zum Wesen eines Algorithmus bekannt ist. Hierbei muß darauf geachtet werden, daß muttersprachliche Formulierungen verwendet werden, die den Programmanweisungen entsprechen. Den Schülern wird das Programm vorgegeben, an dem nun Fragen zum Verständnis der Anweisungen geklärt werden. Die vorhandenen Englischkenntnisse lassen die Handlungsabfolge verständlich erscheinen, so daß allein Syntaxfragen erläutert werden müssen. Das Abschreiben des Programms in den Rechner prägt Sprachformulierungen ein und läßt unmittelbar daran anschließend die Aktion erlebbar und nachvollziehbar werden. Individuelle Modifikationen am Programm üben den Umgang mit der Sprache und schaffen letztendlich ein individuelles Produkt, das dann wiederholt von Schülern und Eltern tatsächlich verwendet wird. Nach insgesamt 12 Unterrichtsstunden konnte das Thema abgeschlossen werden.

4.2. Erstellung einer Heizkostenabrechnung

Das Thema der Heizkostenabrechnung fällt in den Beginn der Heizperiode. Regelmäßig erscheinen in den Zeitungen die Kosten für Heizöl, die nach der jeweiligen Abnahmemenge gestaffelt sind. Unter Zuhilfenahme realer Ölrechnungen wird definiert, was auf einer solchen, vom Rechner zu erstellenden Rechnung erscheinen muß: Name und Anschrift des Abnehmers, die Abnahmemenge, der entsprechende Literpreis. Daraus ergibt sich die Berechnung des Gesamtpreises unter Auswurf der Mehrwertsteuer. Bezogen auf die unterschiedlichen Preise in Abhängigkeit von der Abnahmemenge wird die bedingte Verzweigung sprachlich formuliert. Wenn die Abnahmemenge eine bestimmte Größe hat, dann ist der Literpreis gleich einem Wert, sonst wenn die Abnahmemenge größer ist, dann verringert sich der Literpreis usw. Ein weiteres zusätzliches Problem bildet die Erläuterung der Textstruktur in der Programmiersprache, und zwar bezogen auf die Eingabe und Ausgabe des Abnehmernamens und seiner Anschrift. Das Programm wird nun, nach der sprachlichen Algorithmenformulierung, nicht mehr vorgegeben, sondern unter Zuhilfenahme des Währungsprogramms werden die Sprachelemente herausgesucht, die auch in diesem Programm Anwendung finden können, und die neuen Elemente werden entsprechend des sprachlichen Algorithmus umgearbeitet. So wird das Programm gemeinsam erarbeitet, wobei auf der einen Seite die Transfertechnik Anwendung findet als auch die Situationstechnik fortgeführt wird. Die Eingabe des Programms festigt Gelerntes, sichert es und macht sprachliche Programmformulierungen geläufig. Auch hier verhelfen individuelle Modifikationen zur Aktivierung der Sprachelemente im Zusammenhang mit der Aktion. Dieses Programm fand ebenfalls bei den Schülern regen Zuspruch und wurde zur häuslichen Nutzung vielfach angewandt.

4.3. Simulation eines Ökosystems

Die Simulation eines Ökosystems nach einem Modell von Eigen und Winkler ("Das Spiel - Naturgesetze steuern den Zufall", 1975) vertieft das bisher Gelernte in einem völlig neuen Sinnzusammenhang und betont besonders den Aspekt der Modellbildung als Grundlage der Rechnernutzung. Alle dort verwendeten Elemente der Programmiersprache sind bekannt. Durch die Größe der Problemstellung wird die Strukturierung in Teilprobleme eingeführt, und diese werden gesondert von Schülergruppen bearbeitet. Hierbei erweist sich, daß das Problem der Anwendung einer Programmiersprache eine untergeordnete Rolle im Problemlösungsprozeß bildet und im Prinzip auch keine Schwierigkeiten mehr auftreten. Der rezeptive Sprachumgang hat sich in einen produktiven Prozeß umgewandelt, was auch in der Tatsache ihren Ausdruck findet, daß viele Schüler sich eigenen Problemstellungen in ihrer Freizeit widmen und sie für den Rechner formulieren.

5. Literatur

/1/ Arlt, W. (Hg.): Informatik als Schulfach - Didaktische Handreichungen für das Schulfach Informatik. Reihe "Datenverarbeitung/Informatik im Bildungsbereich", Band 4. München/Wien (R. Oldenbourg) 1981.

/2/ Bauersfeld, H. und M. Otte, H.G. Steiner (Hg.): Informatik im Unterricht der Sekundarstufe II. Schriftenreihe des Instituts für Didaktik der Mathematik - Band 15 und 16. Bielefeld (Universität Bielefeld/IDM) 1977.

/3/ Brenner, A. und R. Gunzenhäuser: Informatik - Didaktische Materialien für Grund- und Leistungskurse. Stuttgart (Ernst Klett) 1982.

/4/ Corder, S.P.: Zur Beschreibung der Sprache des Sprachlerners. In: G. Nickel (Hg.): Reader zur kontrastiven Linguistik. Frankfurt a.M. (Fischer Athenäum) 1972, S. 175-184.

/5/ Deller, H.: Informatik in der Sekundarstufe II - Zur Grundlegung der Informatik als Unterrichtsfach. Frankfurt a.M./Berlin/München (Verlag Moritz Diesterweg) 1980.

/6/ Doyé, P.: Systematische Wortschatzvermittlung im Englischunterricht. Hannover (Hermann Schroedel Verlag) und Dortmund (Verlag Lambert Lensing) [4]1975.

/7/ Fleischhut, J. und B. Koerber, D. Riedel: Didactical Aspects of Informatics Education in Secondary School. In: R. Lewis, E.D. Tagg (Hg.): Computers in Education. Proceedings of the IFIP 3rd World Conference on Computers in Education. Amsterdam/New York/Oxford (North-Holland Publishing Company) 1981, S. 657-664.

/8/ Freudenstein, R. und H. Gutschow (Hg.): Fremdsprachen - Lehren und Erlernen.
München (Piper) 1972.

/9/ Hahn, R. und B. Nienaber: Probleme lösen mit dem Computer.
Band 1 - Einführung in die algorithmische Problemlösung.
Band 2 - Werkzeuge und Methoden. Tübingen (Neuer Verlag Bernhard Bruscha) ^{2}1979.

/10/ Jähnichen, St. und W. Koch, G. Schürmann: Software Engineering und Lehrerbildung im Fach Informatik. In: LOG IN, 3. Jg. (1983) H. 2, S. 25-29.

/11/ Koerber, B. und L. Sack, R. Schulz-Zander: Prinzipien des Informatikunterrichts. In: /1/, S. 28-35.

/12/ Koerber, B. und I.-R. Peters: Informatik im Unterricht der Sekundarstufe I im Land Berlin. In: Zentralblatt für Didaktik der Mathematik, 16. Jg. (1984) H. 1, S. 5-12.

/13/ Riedel, D.: Grundsätze eines anwendungsorientierten Informatikunterrichts. In: INFO - Ein Informationsblatt zur Integration der Informatik in Berliner Schulen, 5. Jg. (1979) H. 9/10, S. 12-49.

/14/ Tiggemann, W.: Unterweisungstechniken im mündlichen Englischunterricht. Hannover (Hermann Schroedel Verlag) und Dortmund (Verlag Lambert Lensing) ^{4}1973.

Programmieren im Pflichtbereich

der Sekundarstufe I ?

StD Mario Spengler

Hermeskeil

Bestandsaufnahme

Im Unterricht der Sekundarstufe I und in Gesprächen mit Nicht-Informatikern treten oft Formulierungen auf, die zeigen, wie wenig der Gesprächspartner vom Zusammenspiel zwischen Programm und Computer weiß. Als Beispiel diene der folgende Dialog aus dem Mathematikunterricht einer 6. Klasse:

L: Bestimme alle Teiler der Zahl 31349 !
S: Das ist mir zu schwer, das kann doch der Computer.
L: Wie soll der Computer das denn machen ?
S: Na, einfach den Knopf drücken !
L: Was für einen Knopf ?
S: Wie beim Taschenrechner die Zahl eingeben,
L: Und dann ?
S: werden die Teiler auf den Bildschirm geschrieben.
L: Ja, aber woher weiß der Computer, daß er gerade die Teiler
   und nicht die Vielfachen berechnen soll ?
S: Der weiß das !

Der Dialog zeigt, daß im Pflichtunterricht allgemeinbildender Schulen dringend Infomationen über die Arbeitsweise eines Computers erforderlich sind. Dabei ist es weniger wichtig, dem Schüler zu zeigen, wie ein vorgefertigtes Programm funktioniert bzw. wie ein Benutzer vom Programm geführt wird, sondern es muß vielmehr Aufgabe der Schule sein zu zeigen, daß jedes Bild, jedes Menu, jede

Bildschirminstruktion und erst recht jede Rechnung vom Menschen vorbedacht und gewollt sein muß. Um die Vorgehensweise vom Problem über einen Algorithmus zu einem lauffähigen Programm erläutern zu können, müssen Beispiele besprochen werden, muß programmiert werden. Das heißt auf keinen Fall, daß eine Informatikunterrichtsreihe ein Programmierkurs sein sollte, das heißt nur, daß man nicht über eine Sache reden kann, ohne sie im Prinzip und am Beispiel kennengelernt zu haben.

Stufen des Programmierens

Beim Erlernen einer Programmiersprache gibt es mehrere Stufen im Schwierigkeitsgrad, von denen ich die wichtigsten nach zunehmender Schwierigkeit aufführen möchte:

1. Wissen, daß Computer programmgesteuert arbeiten.
2. Einfache Programme lesen und verstehen können.
3. Einfache Programme modifizieren können.
4. Einfache Programme entwerfen und austesten können.

5. Mittlere Programme lesen und im TRACE verfolgen können.
6. Mittlere Programme modifizieren können.
7. Mittlere Programme entwerfen und austesten können.

8. Komplexe Programme entwerfen und austesten können.
9. Bedienungssichere Software entwerfen und austesten.

Programmieren hat man in der Regel erst dann gelernt, wenn man in der Lage ist, ein mittleres Problem zu lösen, in die Programmiersprache zu übersetzen und das fertige Programm auszutesten. Dies ist nicht Aufgabe des Unterrichts der Sekundarstufe I, sondern eher in einem Wahlpflichtfach, einem Wahlfach oder einer Arbeitsgemeinschaft zu erreichen. Die ersten vier Punkte lassen sich jedoch innerhalb der S I in kurzer Zeit erlernen, gleichgültig welche Programmiersprache gewählt wird. Gibt man etwa eine geeignete Teilmenge des gesamten Sprachumfangs vor, so stehen dennoch genügend konkrete einfache Beispiele zur Verfügung, um den Ablauf einer computergerechten Problemlösung im Unterricht zu besprechen.

Einfaches Programmbeispiel

Wegen der guten Lesbarkeit von PASCAL-Programmen wurde das folgende

Beispiel in dieser Programmiersprache formuliert.

```
0   PROGRAM TEILER;
1
2   USES TRANSCENDENT;
3
4   VAR ZAHL,WURZ,I : INTEGER;
5
6
7   BEGIN
8
9   WRITE ('Bitte nat. Zahl eingeben  : ');READLN (ZAHL);WRITELN;
10  WRITELN('Die Teiler der Zahl sind  : ', 1:10);
11                             FOR I:=2 TO ZAHL DO
12                             IF ZAHL MOD I = 0 THEN
13  WRITELN(' ':28,   I:10); WRITELN;
14
15  WRITELN('und jetzt schneller ....      ');WRITELN;
16
17                             WURZ:=TRUNC(SQRT(ZAHL))+1;
18  WRITELN('Die eingegebene Zahl ist  : ', ZAHL);
19  WRITELN('Die Teiler der Zahl sind  : ', 1:10,ZAHL:10);
20
21                             FOR I:=2 TO WURZ DO
22                             IF ZAHL MOD I = 0 THEN
23  WRITELN(' ':28, I:10,ZAHL DIV I:10);
24
25  END.


    COMPILATION TERMINATED, NO ERRORS FOUND

    RUNNING .....


    Bitte nat. Zahl eingeben  : 31349
    Die Teiler der Zahl sind  :          1
                                        23
                                        29
                                        47
                                       667
                                      1081
                                      1363
                                     31349

    und jetzt schneller ....

    Die eingegebene Zahl ist  : 31349
    Die Teiler der Zahl sind  :          1        31349
                                        23         1363
                                        29         1081
                                        47          667
```

An diesem einfachen Beispiel läßt sich Vieles zeigen, was für allgemeinbildende Schulen von Bedeutung ist:

1. Die Schüler können erkennen, daß jeder Schritt vom Programmautor vorausgedacht werden muß.

1.1 Nicht der Computer fordert den Benutzer auf, eine Zahl einzugeben, sondern der Programmierer durch den Befehl in Zeile 9.

1.2 Selbst Kleinigkeiten wie eine Leerzeile müssen bedacht werden.

1.3 Was im Endeffekt so primitiv aussieht, ist für den Programmierer vorausplanende Gedankenarbeit wie die bedingte Anweisung in einer Schleife von Zeile 11 bis Zeile 13.

2. Die Schüler können erkennen, daß die Güte eines Programms nicht nur vom Komfort des Bildschirmdialogs abhängt, sondern besonders von der Effektivität des Algorithmus.

2.1 Zur Verarbeitung der Zeilen 10 bis 13 benötigt ein Mikrocomputer etwa 60 Sekunden

2.2 Zur Verarbeitung der Zeilen 19 bis 23 werden nur 6 Sekunden benötigt.

Zusammenfassung

Informatik im Pflichtbereich der Sekundarstufe I richtet sich nicht an computerinteressierte Schüler(Freaks), sondern an die 70% der gesamten Schülerschaft, für die eine minimale Kenntnis über Algorithmen, Programmierung, Computer und dessen gesellschaftliche Auswirkungen zur Allgemeinbildung gehören sollte. Damit diese Schüler das Zusammenspiel zwischen Programm, Computer und Programmablauf besser verstehen können, ist die einfache Einführung in das Programmieren notwendige Voraussetzung für das Verständnis von Computern in der Umwelt.

<u>DURCHFÜHRUNG EINER UNTERRICHTSEINHEIT:</u>
"KLEINE TEXTE FORMATIEREN"
Wolfgang Müller
Martin-Buber-Oberschule
1 Berlin 20

I. Zur Themenwahl:

Seit 1974 werden an der Martin-Buber-Schule Kurse im Fach Informatik für
die Sekundarstufe II angeboten. 1983 wurde dieses Angebot auf den Wahlpflichtbereich in der Sekundarstufe I für den 9. und 10. Jahrgang erweitert, und ich übernahm einen der beiden Wahlpflichtkurse im 9.Schuljahr.
Die Umstellung vom Oberstufenunterricht auf das 9.Schuljahr war für mich
insofern nicht einfach, als nach Rahmenplan zwar im Wesentlichen gleiche
Unterrichtsinhalte wie im Anfangsunterricht der Oberstufe zu vermitteln
sind, aber den Schülern viele in der Oberstufe selbstverständliche Voraussetzungen fehlen, um an einfachen Beispielen den sinnvollen Einsatz
der EDV zu zeigen und daran die Methoden der Algorithmenentwicklung zu
üben.

Als Hauptproblem stellte sich für mich die Frage, welche Themen im Mit-
telstufenunterricht behandelt werden können, ohne daß das Erfassen der
Problemstellung durch die Schüler mehr Zeit in Anspruch nimmt als die
anschließende Realisierung mit Hilfe einer EDV-Anlage.
Daneben soll für mich ein geeignetes Thema gleichzeitig ein systematisches Heranführen an die wesentlichen Bestandteile eines Algorithmus
ermöglichen sowie Training im Umgang mit den erworbenen Kenntnissen.

Das Thema "Text formatieren" erscheint mir als eine Möglichkeit, diesen
Anforderungen gerecht zu werden:
Einerseits erfordert dieses Thema vor der Frage "welche Struktur kenn-
zeichnet den zu entwickelnden Algorithmus" keine langwierige Sachver-
haltsanalyse.
Andererseits erlaubt dieses Thema, fast durchgängig mit der gleichen
Kontrollstruktur (WHILE-Schleife) zu arbeiten und so den Umgang mit
dieser Struktur intensiv zu üben.

Schließlich bietet es eine gute Vorbereitung für die spätere Unterrichtseinheit zum Thema "Rationalisierung der Büroarbeit".

II. Zur Unterrichtseinheit Textformatierung :

1. Einbettung:
   a) inhaltlich: Einführung in die Algorithmik
   b) programmierspezifisch: Bedingte Schleifen
                             Stringbehandlung
                             Stringfunktionen
                             Unterprogramme

2. Unterrichtsvoraussetzung:

   a) inhaltlich:
   Am 1.2.84 übernahm ich einen Wahlpflichtkurs Informatik im 9.Schul-
   jahr. Der vorher unterrichtende Kollege hatte im wesentlichen Unterrichtseinheiten zu den Themen
   - gesellschaftliche Auswirkungen der Informatik
     Auswirkungen auf das Berufsleben
   - Einführung in elementare Programmiergrundlagen
     (I/O-Operationen, Datentyp INT, STRING; Zählschleife und Verzwei-
     gung)
   durchgeführt.

   b) der Kurs:
   Es nehmen 16 Schüler am Unterricht teil. Davon besitzen 7 Schüler
   einen eigenen Rechner; das Spektrum reicht vom Sharp PC 1500 über
   Atari und VC64 bis zum Spektravideo.

   c) technische Ausstattung:
   Für den Unterricht stehen zur Zeit 4 Kleincomputer zur Verfügung: 3
   TA PC mit Massenspeicher, 1 Wang 2200 mit Massenspeicher (jeweils
   Laufwerke und Kassetten).
   Programmiersprachen: Im Unterricht wird zur Zeit noch Microsoft-Basic
   Version 5... verwendet. Wesentliche überdurchschnittliche Eigenschaf-
   ten: While-Wend-Schleife
              Speicherbezeichner bis zu 40 Zeichen.

3. Unterrichtsziele:

   Im Rahmen der Unterrichtseinheit sollen die Schüler lernen:
   - schrittweises Entwickeln von Algorithmen durch Verfeinerung von
     Formulierungen
   - Verwendung der bedingten Schleife als Konstruktionsmittel für Algo-

rithmen
- Verkettung mehrerer Algorithmen
- Gebrauch des Datentyps Array

4. Durchführung der Unterrichtseinheit:

Die Unterrichtseinheit ist in mehrere Aufgabenstellungen unterteilt:
a) Es soll ein Umbruchprogramm erstellt werden, das Worte liest, sie in
eine Zeile vorgegebener Länge schreibt und im Fall des Nicht-mehr-Hin-
einpassens eine neue Zeile beginnt, bis ein Schlüsselzeichen das Ende
der Worteingabe signalisiert.

b) Die so entstandene Zeile soll, ähnlich wie in Zeitschriften, auf die
vorgegeben maximale Länge vergrößert werden, indem hinreichend viele
Blanks in die Zeile eingefügt werden.

c) Die Worteingabe unter a) ist natürlich viel zu unbequem. Es sollen
jetzt alle Worte auf einmal eingegeben werden, und sowohl Umbruch als
auch Blocksatz laufen anschließend ab.

d) Diese Eingabe wird nochmals verbessert, indem nun vollständige Zeilen
beliebiger Länge eingegeben werden. Damit wird ein Programm erforderlich, das aus einer Zeile die Worte identifiziert, bis die Zeile zu Ende
ist, das Gleiche mit der nächsten Zeile durchführt usw. , bis alle Zeilen verarbeitet sind. Die so ermittelten Worte werden dem Umbruchprogramm unter a) zugeführt.

5. Unterrichtsverlauf:

zu Aufgabe a):
Im ersten Arbeitsschritt trugen die Schüler alle kleinen Teilprobleme
zusammen, die ihrer Meinung nach zur Bewältigung der Aufgabe berücksichtigt werden mußten.
Die Schüler fanden sofort heraus, daß ihnen bisher Möglichkeiten fehlten, um die Anzahl von Zeichen eines Stringspeichers zu ermitteln sowie
zur Verkettung von mehreren Zeichenfolgen in einen Zeichenspeicher.
Daraufhin wurde in einem Einschub die Information zu diesen Fragen gegeben und an einigen kleinen Übungen verdeutlicht (Length-Funktion,
"+"-Operator für Zeichenspeicher).
Nun sollten die Schüler versuchen, eine Beschreibung zur Arbeitsweise
eines Programms zu finden. Bei geringen Korrekturen durch mich wurde an
der Tafel festgehalten:

1. lege maximale Zeilenlänge fest
2. lies Wort ein
3. beginne Zeile mit dem Wort
4. lies Wort ein
5. Solange noch ein Wort vorhanden, wiederhole:
    wenn das Wort in die Zeile paßt
        dann füge es an die Zeile an
        sonst gib die Zeile aus
            beginne mit dem Wort eine neue Zeile
    lies nächstes Wort
6. gib die letzte Zeile aus.

Der Diskussionsprozeß in diesem Stadium wurde von allen Schülern aufmerksam mitverfolgt. Offensichtlich waren alle Schüler in der Lage, sowohl die Aufgabe als auch den Weg zur Lösung auf der verbalen Ebene nicht nur nachzuvollziehen, sondern auch aktiv mitzugestalten.

Das von mir in   obiger Form an der Tafel notierte Diskussionsergebnis lieferte sofort das der Programmerstellung vorausgehende Struktogramm. Unter Hinweis auf die beiden neuen Sprachelemente schrieben die Schüler nun sehr schnell das zugehörige Programm.
Der Gesamtaufwand für diese Aufgabe betrug 4 Unterrichtsstunden.

zu Aufgabe b):
Diese Aufgabe ist zugegebenermaßen nicht so einfach wie die vorangegangene. Allerdings blieb trotz umfangreicher Arbeit an dieser Aufgabe die Motivation der Schüler ungebrochen: die Aussicht, selbst einen Text "wie in der Zeitung" herzustellen, übte eine für mich überraschende Faszination auf die Schüler aus.

Zur Methode: Ich hatte eine Zeitschrift mitgebracht, aus der die Schüler das Prinzip des Blocksatzes in einigen Augenblicken erkannten. Damit war auch eine erste Kurzformulierung der Aufgabe gefunden:
"Man muß solange Blanks einfügen, bis die gewünschte Zeilenlänge erreicht ist."
Meine Frage, ob dies eine dem Rechner entsprechende Formulierung sei, wurde allerdings einstimmig verneint, und so entstand in Diskussion eine zweite Formulierung:
1. beginne am Zeilenanfang
2. Solange die tatsächliche Zeilenlänge kleiner als die gewünschte Zeilenlänge ist, wiederhole:
   a)   suche nächstes Blank

b)   füge danach ein weiteres Blank ein

c)   suche nächsten Wortanfang

d)   falls kein Wortanfang mehr auf der Zeile, beginne am Zeilenanfang

3. gib die Zeile aus

Auch diese Formulierung konnte noch nicht vollständig befriedigen. Es
entstand schließlich noch eine dritte Version.
Diese war genau genug, um dann ein Programm zu erstellen.

Im nächsten Arbeitsschritt wurden beide Programme verbunden über das
BASIC-typische "GOSUB".
Die Befriedigung über die geleistete Arbeit war bei den Schülern sehr
groß. Die Fantasie ließ nicht nur noch den Gedanken an ein Silbentrenn-
programm aufkommen, sondern erste Fragen nach einer kommerziellen Verwertbarkeit wurden gestellt.
Die offensichtliche Unvollkommenheit des Programms im Bereich der Text-
eingabe führte die Schüler von sich aus auf die Frage, wie diese denn
nun noch effizienter gestaltet werden könne, und so kamen meine Aufgaben
c) und d) praktisch nicht von mir, sondern wurden von den Schülern
selbst gewünscht. Die Aufteilung der Aufgaben c) und d) beruhte auf dem
Gedanken, ein neues Sprachelement (Array) erst einmal so einfach wie
möglich im bekannten Zusammenhang einzuführen, um dann in Aufgabe d) mit
dem neuen Hilfsmittel im größeren Zusammenhang zu arbeiten. Daneben
ermöglicht diese Aufteilung eine Weiterverwendung der ersten Programme
mit nur geringen Änderungen im Umbruchprogramm, zudem wird der Umgang
mit dem neuen Datentyp "Array" gleich noch einmal mit Aufgabe d) vertieft.

Die Aufgaben b) - d) sind hier verkürzt dargestellt bzw. lediglich ge-
streift.
Zusammenfassend habe ich den Eindruck, die Unterrichtseinheit bietet
eine Möglichkeit, daß Schüler die Phase der "Algothmusübungen" nicht als
trockenes Pauken empfinden, sondern dabei Spaß haben können (und sollen!).

<u>AUFBAU UND KONZEPTION EINER FREIWILLIGEN INFORMATIK-AG</u>

<u>AN EINER HAUPTSCHULE</u>

K.P. Wolff
Hauptschule Germersheim
Am Römerweg
D-6728 Germersheim 1

1. <u>Randbedingungen</u>

Die hier gemachten Aussagen erfolgen auf der Grundlage von Erfahrungen mit 5 freiwilligen Arbeitsgemeinschaften (1979-1984). Die aus dem A-Kurs Mathematik des 9.Schuljahres und aus dem freiwilligen 10.Schuljahr an unserer Schule teilnehmenden Schüler arbeiteten bei ca. 50% Praxisanteil mit Zugang zum Großrechner im Stapel- und Dialogbetrieb wöchentlich etwa 5 Unterrichtsstunden. Die Programmierung erfolgte in PASCAL.

2. <u>Konzeption der Informatik-AG</u>

2.1 <u>Allgemeine Zielvorstellungen</u>

Unter Berücksichtigung der Empfehlungen der GI wurde mit Hauptschülern
- der <u>praktische</u> Gebrauch einer Datenverarbeitungsanlage (DVA),
- der Aufbau von <u>fachsprachlichen</u> Begriffen und Ausdrucksweisen,
- der Aufbau <u>grundlegender</u> Strategien und Methoden zur Lösung und zur Programmierung von Aufgaben versucht und ihnen
- Einblick in <u>Auswirkungen</u> der Informationstechnik auf die Gestaltung des Umfeldes ("Mensch-Maschinen-Schnittstellen") und den Menschen gegeben.

2.2 <u>Problemlösen - Aufgabenlösen - Programmieren</u>

<u>Problemlösen</u> findet in der AG vor der Anpassung an Beschränkungen der DVA und der verwendeten Programmiersprache statt. Dabei finden <u>heuristische Strategien</u> (Vorwärtsarbeiten, Rückwärtsarbeiten, Teilaufgaben lösen usw. wie man sie bei POLYA oder WICKELGREN findet) Anwendung, um zu einem für eine Aufgabenklasse gültigen algorithmischen Verfahren der Lösung vorzudringen und dieses sprachlich zu fassen. Damit ist das Problemlösen, bei dem man für Objekte jeder Abstraktionsstufe eine Operationsfolge finden muß, die das Problem löst und es zur Aufgabe degenerieren läßt, abgeschlossen.
Daran schließt sich das <u>Aufgabenlösen</u> an, das für eine Klasse von Aufgaben mit diesem entwickelten algorithmischen Verfahren möglich ist. Aufgabenlösen ist das Abarbeiten einer Operationsfolge für Objekte be-

stimmter Abstraktionsstufe nach der Vorschrift des algorithmischen Verfahrens. Je nach Entwicklungsstufe und Vorkenntnis der Schüler kann die Aufgabenlösung auf unterschiedlichen Repräsentationsebenen (BRUNER) ablaufen und wird als Handlungsmuster deutlich.

Um jedoch eine solche Aufgabe von einer DVA, objektiviert durch ein Programm, abarbeiten oder lösen zu lassen, ist die Anpassung des für den Menschen als Prozessor fixierten Handlungsmusters an das Zeichenrepertoire des Rechners als algorithmisches Verfahren für eine abstrakte Maschine (hier: PASCAL-Maschine) durchzuführen. Die dazu notwendige Untermenge des Zeichenrepertoires des Rechners und der Sprache müssen vom Schüler im Lernprozeß erworben werden. Die Anpassung erfolgt dann auf dieser Grundlage durch Erzeugen eines algorithmischen Verfahrens solcher Stufe, daß es von der DVA in eindeutiger Weise abgearbeitet werden kann und daß die von der DVA ohne Berücksichtigung der Semantik erzeugten Ergebnisse von den Schülern bei der Anwendung unter Hinzufügen der Semantik interpretierbar, kontrollierbar und in den Sachverhalt der Aufgabe richtig einbettbar, deutbar und für das Ziehen von Konsequenzen verwendbar sind.

Der Algorithmus wird als mathematische Idealvorstellung von einem real in der DVA ablaufenden Programm aufgefaßt, bei dem Speicherplatz, Zeit sowie Probleme mit der physikalischen Apparatur und Benutzerfehler keine Rolle spielen. Im Unterricht wird vom algorithmischen Verfahren (STEVER) und vom Aufgabenlösen gesprochen, vom Problemlösen,wenn das Verfahren fehlt.

ÜBERSICHT: Handlungsmuster - Algorithmisches Verfahren - Algorithmus

Kriterium der Skalierung:	Darstellungsform des Verfahrens zur Lösung von Aufgaben:	Begriff zur Kennzeichnung des Verfahrens:
keine Berücksichtigung der Programmiersprache		Handlungsmuster:
+ niedriges Abstraktions-niveau	Folge von Handlungen	Handlungsmuster 0.Stufe (enaktives Handlungsmuster)
+ mittleres Abstraktions-niveau	Folge von Zeichnungen	Handlungsmuster 1.Stufe (ikonisches Handlungsmuster)
+ hohes Abstraktionsniveau	Folge von Symbolen (Zeichen u. Superzeichen)	Handlungsmuster 2.Stufe (symbolisches Handlungsmuster)
+ hohes Abstraktionsniveau + Bewußtes Ablaufdenken	Folge von Symbolen mit Ablauf-symbolik!	Handlungsmuster 3.Stufe (dynamisches Handlungsmuster)
mit Berücksichtigung der Programmiersprache		algorithmische Verfahren:
+ Betonung der Steuerung + Reduktion des Repertoires für Steuerkon-struktionen	Pseudocode, Structured English	algorithmisches Verfahren 3.Stufe
+ Berücksichtigung der reservierten Worte der Programmiersprache	Problemorientiertes Programm in einer höheren Programmiersprache (z.B. PASCAL)	algorithmisches Verfahren 2.Stufe
+ Maschinenorientierung	Maschinenorientiertes Programm (z.B. ASSEMBLER)	algorithmisches Verfahren 1.Stufe
+ Maschinenangepaßt	Maschinenprogramm auf {0,1} Repertoire	algorithmisches Verfahren 0.Stufe
mathematische IDEALVORSTELLUNG	Turing-Maschine, Markov-Algorithmen,...	ALGORITHMUS

2.3 Kognitive Strukturen und vermittelnde Lernprozesse

Die bearbeiteten Probleme und Aufgaben entstammten vorwiegend mathem.-nat. wiss. Unterricht. Bei der Bearbeitung (Programmentwicklung) bilden sich hinsichtlich der Erzeugung von Handlungsmustern (Problemlösen) und von algorithmischen Verfahren (Aufgabenlösen) im Schüler Heuristiken für seine Tätigkeit als Problemlöser, Aufgabenlöser, Programmierer und Anwender von fertigen Programmen und -teilen aus, die ihm in Folgesituationen den Zeitaufwand reduzieren. Im zeitlichen Ablauf der AG werden so über vermittelnde Lernprozesse (Superierungsprozesse) kognitive Strukturen im Schüler aufgebaut, die die Repräsentationsmöglichkeiten von Aufgaben im Zeichen- und Superzeichenrepertoire der abstrakten Maschine und des Menschen betreffen, diese ineinander abbildbar und die Aufgabenlösung auf die Maschine übertragbar machen, wobei letzteres an die Kenntnis des Betriebssystems und der Job Control Language (Kommandosprache) der DVA im notwendigen Umfang gebunden ist.

ÜBERSICHT: KOGNITIVE STRUKTUREN UND VERMITTELNDE LERNPROZESSE

Skalierungskriterium:	Repräsentationsinhalte:	Anteil heuristischer und algorithmischer Elemente:	Superierungs- prozesse mit Schwerpunkt:
Kognitive Ebenen mit zunehmender Abstraktion:			
Kognitive Ebene 3. Ordnung	Allgemeine Konzepte für Problemlösen z.B Hartkopfs "Grundmethodik" Phasenmodelle	heuristische Handlungsmuster	Imperativ Bedeutung
Kognitive Ebene 2. Ordnung	Bereichsspezifische Strategien, Richtlinien und Regeln.		Imperativ Bedeutung Bezeichnung
Kognitive Ebene 1. Ordnung	Bereichsspezifische Schemata für Klassen von Aufgaben		Bedeutung Bezeichnung Zeichen
Kognitive Ebene 0. Ordnung	Repräsentation von Handlungsmustern	algorithmische Handlungsmuster	Bezeichnung Zeichen
Wahrnehmungsebene	Handlungen, Beobachtungen	reale Handlungsfolgen enaktiver, ikonischer symbolischer Art	Zeichen

2.4 Mensch-Maschine-Schnittstelle

Beim Aufgabenlösen mit Hilfe einer DVA gibt es zwei wesentlich verschiedene Mensch-Maschine-Schnittstellen, je nach dem, ob der Mensch Benutzer oder Programmierer ist. Der Benutzer kommt mit wenigen Elementen der Kommandosprache aus und benutzt dann das Zeichenrepertoire der normalen Sprache zur Aufgabenbearbeitung. Der Programmierer führt die eigentliche Kopplung vom sprachlich formulierten Handlungsmuster in das programmiersprachlich formulierte algorithmische Verfahren unter Berücksichtigung gemeinsamer Kontroll-, Ablauf- und Datenstrukturen und eines gemeinsamen Zeichen- und Superzeichenrepertoires durch. Je weiter die Kenntnis der Programmier- und Kommandosprache der DVA beim Schüler entwickelt ist, um/so größer sind seine Ausgestaltungsmöglichkeiten seiner Mensch-Maschine-Schnittstelle. Dabei liegt die Ebene des Bezeichnens, der Bedeutungszuweisung und der aus den Ergebnissen ableitbaren Imperative beim Schüler. Er erhält wesentliche Einblicke in Fehlermöglichkeiten, die bei dieser Kopplung auftreten können. Die Übersicht zeigt das Verlagern der Situationsfolge S_α ... S_ω in ihren Repräsentationen im Rechner und die Schnittstelle des programmierenden Schülers ohne Berücksichtigung der Kommandosprache.

<u>Übersicht:</u> **Zeitunabhängige Prozesse beim Problemlösen und Programmieren**

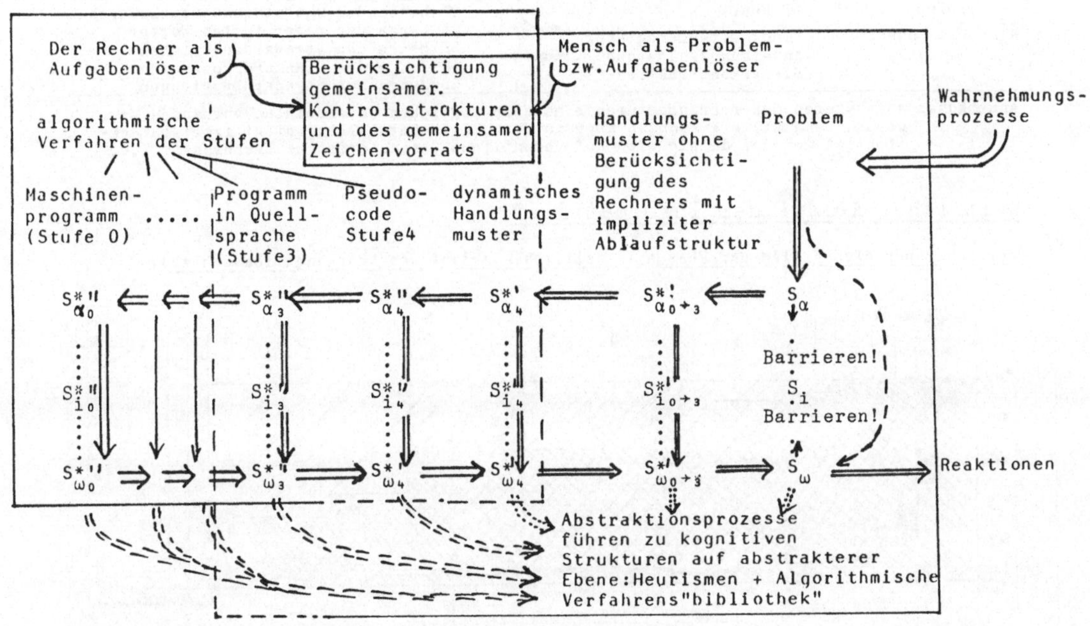

2.5 <u>Superzeichenhierarchien beim Programmieren</u>

Zu vorhandenen Superzeichenhierarchien im Bereich der Sprache erwerben die Schüler Superzeichenhierarchien im Bereich der Programmiersprache, die auf zwei verschiedenen Alphabeten A und $\tilde{A}_p$ beruhen. Je weiter beide Hierarchien entwickelt sind, desto weiter verschiebt sich das Superierungsniveau nach oben, auf dem die Abbildungsprozesse vom dynamischen Handlungsmuster zum programmiersprachlichen, algorithmischen Verfahren ablaufen. Dies wird möglich, weil der Schüler schon aufgrund seiner Erfahrungen weiß, wie er Teilaufgaben als Prozeduren ausprogrammieren wird, weil er eine fertige Handlungsanweisung dafür im Gedächtnis hat, die er nur abzurufen braucht. Der Schüler arbeitet dann mit Superzeichen.

Übersicht: Mögliche Superzeichenhierarchisierung für die Alphabete A und λ_p

Bereich der Textstrukturierung in Programmen (Darstellung algorithmischer Verfahren 3.Stufe)		Bereich Textstrukturierung im Bereich Sprache (Darstellung von Handlungsmustern)
λ_p^K: Softwaresysteme		A^K: Bibliothek
λ_p^Y: Programmsysteme		A^Y: Buch mit verschiedenen Texten
λ_p^3: Vereinbarungen: {Funktionen und Prozeduren mit internem Steuerfluß}	Handlungsteil: {Folgen von Prozedur- und Funktionsaufrufen mit Steuerflußkonstruktion}	A^5: {Folgen von Abschnitten}∪{Folgen von Folgen von Rechenoperationsfolgen}
λ_p^2: Vereinbarung von {Funktionen und Prozeduren ohne internen Steuerfluß}	Handlungsteil: {Folgen von Prozedur- und Funktionsaufrufen mit Steuerkonstruktion}	A^4: {Abschnitte}∪{Folgen von Rechenoperationsfolgen} A^3: {Sätze}∪{Rechenoperationsfolgen} A^2: {Wörter} ∪ {Rechenterme} ∪ {Sonderzeichen}
λ_p^1: {Elementare nicht strukturierte Vereinbarungen}	{Geblockte Anweisungsfolgen in Steuerkonstruktionen.}	A^1: {Silben}∪{Zahlen}∪{Sonderzeichen m. Leerz}
λ_p^0: $O∪\widetilde{RW}∪\widetilde{SF}∪\widetilde{SP}∪\widetilde{SB}∪A^0$	Block mit elementarer Anweisungsfolge ohne Steuerkonstruktion.	A^0: {Buchstaben}∪{Ziffern}∪{Sonderzeichen mit Leerzeichen}
		O Menge der Operatorendarstellungen RW Menge der reservierten Wörter SF Menge der Standardfunktionen SP Menge der Standardprozeduren SB Menge der Standardbezeichner

Anmerkung: Auf höheren Superierungsstufen sind alle möglichen Unterzeichen vorhanden bzw. werden benutzt, sie konnten aber in der obigen Darstellung nicht immer berücksichtigt werden, da sie sich auf wesentliche Charakteristika beschränkt. K.W.

3. Zeitlicher Ablauf der Informatik-AG

Übersicht über die Anteile der Phasen im zeitlichen Ablauf des Lehrgangs (geschätzt):

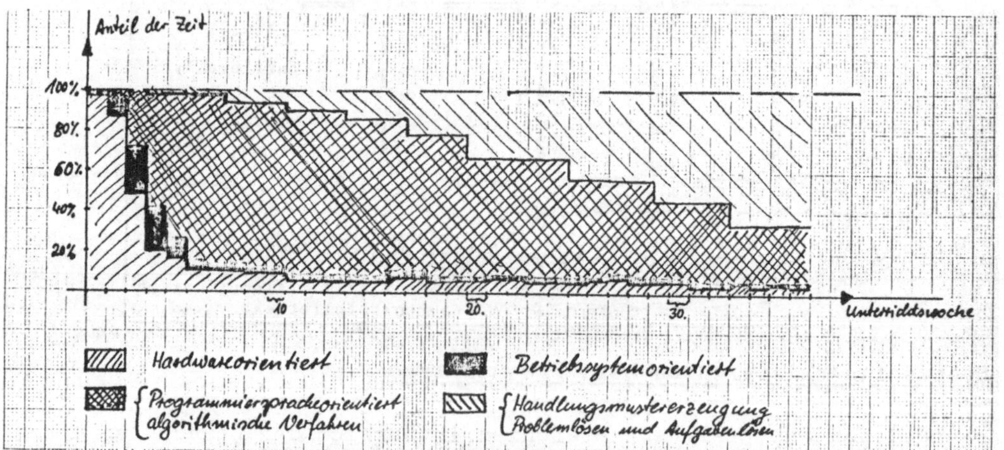

Nach einer kurzen hardware-orientierten Phase beginnen die Schüler mit Programmen im Alphabet unterster Stufe und lernen den Umgang mit dem Betriebssystem als Benutzer. Nach BOTTOM-UP-Programmierung zum Aufbau von Superzeichen in der Programmiersprache folgt zunehmend nach Möglichkeit TOP-DOWN-Entwicklung von Programmen. Mit wachsenden Kenntnissen steigt die Komplexität der Aufgaben, die Konkretisierung im Handlungsmuster und Abstraktions- und Strukturierungleistungen zur Superzeichenbildung in algorithmischen Verfahren von den Schülern verlangt.

Die Übersicht zeigt die Auswirkung des Lernprozesses auf die schwerpunktmäßig verwendeten Superierungsstufen im zeitlichen Ablauf der AG.
Vergessensprozesse sorgen dafür, daß die Schüler immer wieder auch in
den letzten Wochen in Teilbereichen die Konkretisierung bis zur unter-
sten Ebene durchführen müssen, teilweise ist dies aber auch durch Aufgabenstellung und durch fehlende Elemente der Programmiersprache, die
bisher nicht erworben wurden, verursacht.

Übersicht: Auswirkung des Lernprozesses auf die Superierungsstufen die schwerpunktmäßig verwendet werden.

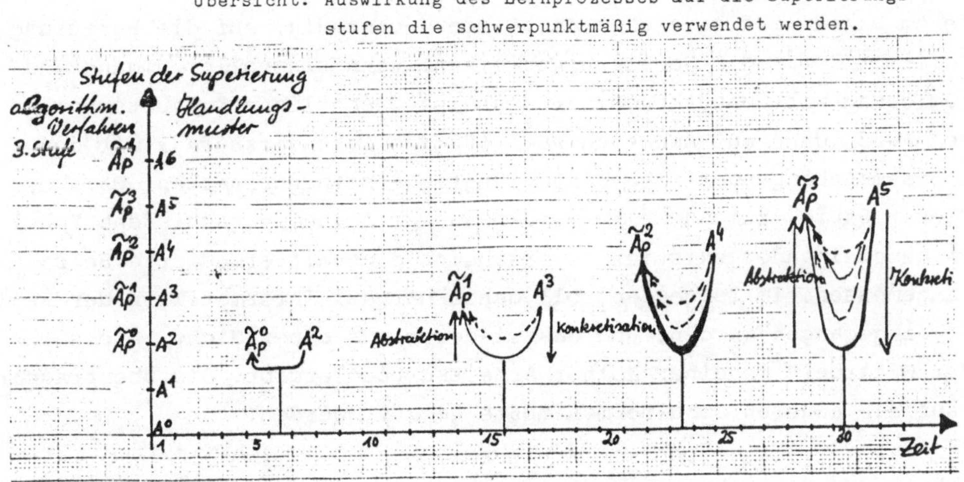

4. <u>Literatur</u> (Auswahl)

BRUNER, J.S, Entwurf einer Unterrichtstheorie, Päd.Verlag Schwann,
          Düsseldorf 1974

DÖRNER, D., Problemlösen als Informationsverarbeitung, Verlag W. Kohl-
          hammer, Stuttgart 1976

LANSKY,M./POLAK,V (Hrsg.), Studien zur Superierung durch Komplexbildung
          Schroedel Verlag, Hannover 1977 (Paderborner Forschungsbe-
          richte Bd.7 FEoLL)

POLYA,G., Mathematik und Plausibles Schließen Bd.1 und Bd.2, Birkhäuser
          Verlag, Basel, 1962(Bd.1), 1963(Bd.2)

POLYA,G., Vom Lösen mathematischer Aufgaben, Bd.1 und Bd.2, Birkhäuser
          Verlag, Basel, 1966(Bd.1), 1967(Bd.2)

POLYA,G., Schule des Denkens - Vom Lösen mathematischer Probleme -,
          Sammlung Dalp, A.Francke AG Verlag, Bern, 1967[2]

WICKELGREN,W.,How To Solve Problems - Elements OF A Theory Of Problems
          And Problem Solving, W.H.Freeman and Company,San Francisco
          1974

STEVER,H/JANNASCH,H, Aspekte zur Behandlung von Algorithmen im Mathema-
          tikunterricht der SI, in: Mathematica didact,Heft 4, 1979

<u>INFORMATIK IN DER REALSCHULE</u>

BERICHT AUS EINER KÖLNER ARBEITSGRUPPE

H. Barsuhn

Städt. Realschule Bretzelnweg, 5160 Düren

In diesem Rahmen ist es sicher nicht mehr notwendig, auf die Bedeutung
der Informatik für die Schule hinzuweisen. Wenn sinnvoller Umgang und
Problemlösung mit Computern sogar als eine wesentliche Kulturtechnik angesehen wird, dann muß man sich auch für die Sekundarstufe I mit den
damit zusammenhängenden Fragen rechtzeitig auseinandersetzen. Da aber
auf dieser Stufe, zumindest in Nordrhein-Westfalen, verschiedene Schulformen nebeneinander existieren, erscheint eine differenzierte Betrachtung angemessen. Im folgenden soll daher nur auf Informatik in der Realschule eingegangen werden, und das wiederum aus einer Sicht, die sich
aus der Mitarbeit in einer Kölner Arbeitsgruppe ergibt. Die Übertragbarkeit auf die anderen Schulformen müßte geprüft werden.

Die Arbeit der Realschule hat sich - ihrem Namen und ihrem Auftrag gemäß - unter anderem an den gesellschaftlichen Entwicklungen, sowie an
der Berufs- und Arbeitswelt zu orientieren. Aus dieser Grundhaltung heraus, schon früh von der wachsenden Bedeutung der Datenverarbeitung über-
zeugt, haben sich Kollegen seit mehr als 10 Jahren um Informatik in der
Schule bemüht. Notwendiges Fachwissen wurde u.a. in Lehrerseminaren der
Universität Dortmund (Prof. V.Claus) und der Gesellschaft für Mathematik und Datenverarbeitung (Dr. P.Heyderhoff) vermittelt.

Vornehmlich im Wahlpflichtbereich (Klasse 9 und 10) konnten praktische
Erfahrungen gesammelt werden. In einem ständigen Erfahrungsaustausch,
wegen unterschiedlicher Bedingungen an den verschiedenen Schulen besonders wichtig, konkretisierten sich Vorstellungen, wie Allgemeinbildendes
der Informatik stufengerecht an den Schüler der Sekundarstufe I , insbesondere der Realschule, herangetragen werden kann. Sie wurden in einem
Bericht zusammengestellt und dem Kultusministerium in Düsseldorf zuge-
leitet. Als Entwurf von Unterrichtsempfehlungen wurden sie im Februar
1984 an die Schulen weitergeleitet, damit sie in der Unterrichtspraxis
weiter erprobt werden können.

Allgemeine Gesichtspunkte

Als einen wesentlichen und allgemeinbildenden Teil der Informatik soll
der Unterricht das systematische Problemlösen nahebringen. Dies stellt
sich als das strukturierend aufgliedernde Zerlegen einer Gesamtaufgabe
in Teilprobleme dar, die in gleicher Weise weiter zerlegt, überschaubar
und damit einfacher lösbar sind.Als Bausteine oder Module werden die ge-
lösten Teilprobleme dem Rechner eingegeben (programmiert), getestet und
in Programmen zusammengefaßt, gemeint ist also die TOP-DOWN-Programmie-
rung oder das schrittweise Verfeinern (STEPWISE REFINEMENT); man geht
also vom Problem zum Programm vor.

Aber für Schüler scheint es angebracht, zuerst den Umgang mit einzelnen
Befehlen, kleinsten Bausteinen zu üben. Sie müssen doch erst erfahren,
was der Computer auf einer unteren Stufe überhaupt kann und wie man ihn
dazu bringt, diese einfachen Anweisungen auszuführen.

Ein Einstieg mit Hilfe der Grafik bietet dazu weitere Vorteile:
- Die Wirkung der Befehle wird unmittelbar sichtbar.
- Der Schüler hat eine sofortige Kontrolle.
- Der Schüler, auch ein "schwacher", wird zu selbständigem Gestalten und
  Erproben angeregt.

Diese einfachen Bausteine werden zu größeren zusammengesetzt, getestet
und dann wiederum in noch größere Module eingebaut.Gemeint ist also die
BOTTOM-UP-Programmierung. Prozeduren,mit sinnvollen Namen versehen, werden also sehr früh eingeführt.

Später sollten sich TOP-DOWN- und BOTTOM-UP-Verfahren einander ergänzen.
Bei anfänglich einfachen Aufgaben erscheinen sie zunächst umständlich;sie
haben aber bei der Lösung größerer und anspruchsvoller Probleme - und
das sollte doch das Ziel sein - erhebliche Vorteile:
- Praxisnahe und daher meist komplexe Probleme werden lösbar; erst an ih-
  nen wird die Verwendung von Computern sinnvoll und einsichtig.
- Der Lösungsweg wird nachvollziehbar und damit kontrollierbar.
- Das Auffinden logischer Programmfehler wird erleichtert.
- Die Veränderung und Verbesserung von Programmen wird vereinfacht.
- Die Module können arbeitsteilig erstellt,getestet und zu größeren Pro-
  grammeinheiten zusammengestzt werden.

Programmiersprachen

Im Vordergrund jeden Programmierens sollte das Problemlösen stehen,nicht
jedoch die Programmiersprache. Diese notwendigen Werkzeuge müssen dazu
möglichst problemnah sein.

Sprachen für die Schule sollen folgende Anforderungen erfüllen:
1. Die strukturierende Entwicklung und Dokumentation von gut lesbaren
   Programmen soll gefördert und unterstützt werden durch
     - ausreichende Zahl von Kontrollstrukturen,
     - umfassendes Prozedurkonzept, einschließlich rekursiver Prozeduren,
     - Unterscheidung zwischen globalen und lokalen Variablen,
     - Möglichkeit, ausreichend lange Namen zu wählen,
     - optische Gliederungsmöglichkeit.
2. Formalsprachliche Klarheit und Einfachheit der Syntax
3. Geeignete Datentypen und Möglichkeiten ihrer Verarbeitung
4. Einfache Verarbeitung von Dateien
5. Grafikbefehle
6. Interaktives Arbeiten, besonders im Anfangsunterricht.

Programmiersprachen,meist nicht nach den Erfordernissen der Schule entwickelt, sind   in der Schule danach zu beurteilen, welche didaktischen,
methodischen Freiheiten sie lassen. Wird etwa in LOGO programmiert, so
kann man auf Variable, Wertzuweisung auch sehr spät eingehen;   in BASIC
ist man gezwungen, dies nicht einfache Problem sehr früh zu behandeln.

Ein Sprachenstreit beseitigt keine Probleme. Daher wurden Unterrichtsreihen, welche die einführenden Themen   behandeln, für LOGO, Pascal,
ELAN und BASIC ausgearbeitet. Dabei zeigte sich auch, daß bei BASIC die
meisten Schwierigkeiten zu bewältigen sind.

Informatik und Fächerkanon

Von der spezifischen Denk - und Arbeitsweise, sowie der eigenständigen
Mehtodik, aber auch vom Stoffumfang her gesehen, erschien es nicht rat-
sam, eine Eingliederung in bestehende Fächer anzustreben. Diese Fächer,
sicher nicht im Hinblick auf den Computereinsatz konzipiert, würden zusätzlich belastet. Die Informatik, erst einmal in Pflichtarbeitsgemein-
schaften erprobt, könnte sich dann als 4-stündiges Schwerpunktfach im

Differenzierungsbereich etablieren. Das hier Gelernte ist auch in anderen Fächern anwendbar und würde so einen wichtigen Beitrag zum fächerübergreifenden Unterricht und zur Allgemeinbildung leisten.

Allgemeine Lernziele

1. Befähigung zum systematischen Problemlösen.
2. Einsicht in die Arbeitsweise von Datenverarbeitungsanlagen.
3. Einsicht in Anwendungsgebiete der Datenverarbeitung.
4. Möglichkeiten und Grenzen der Datenverarbeitung.
5. Auswirkungen auf die Gesellschaft.

Themenkatalog

I. Einführung und grundlegende Themen

 1. Hinführung zum Begriff Informatik
 2. Wesentliche Teile des zur Verfügung stehenden Computersystems
    Anm.: Die sachgerechte Handhabung ist Vor-aussetzung für die weitere
       Arbeit. Demonstrations- und Spielprogramme sind geeignet, Fertigkeiten im Umgang mit dem Gerät und dem Betriebssystem zu
       entwickeln.
 3. Arbeit mit Grafikmoduln
 4. Prozeduren - Definition und Aufruf
 5. Prozeduren als Bausteine von Prozeduren
 6. Prozeduren mit Parametern
 7. Einfache Wiederholungen
 8. Rekursionen, Abbruchbedingungen
 9. Datentypen und zugehörige Operationen

II.Weiterführende und ergänzende Themenbereiche

 1. Einführung weiterer Kontrollstrukturen
 2. Praxisnahe komplexe Problemstellungen unter Einbeziehung der Kontrollstrukturen
 3. Benutzung bzw. Anwendung vorgegebener

    - Textverarbeitungsprogramme,

   - Bibliotheksprogramme,

   - anzupassende Datenverarbeitungsprogramme,

   - Datenbanken.

4.Aufbau und Wirkungsweise von Computern

5.Geschichte der Informatik

6.Berufsfelder in der Datenverarbeitung.

III. Dateiverwaltung als Beispiel für ein Projekt

1.Lesen und Schreiben von Dateien

2.Felder (eindimensional - und zweidimensional-)

3.Bearbeiten einer Datei (Löschen, Einfügen, Ändern, Suchen)

4.Sortierverfahren

5.Auswirkungen der Datenverarbeitung - Möglichkeiten und Grenzen -

6.Datensicherungsmaßnahmen - Recht des Bürgers auf Datenschutz -

IV. Zusätzliche Themenbereiche zur Auswahl

1.Meßwerterfassung und -verarbeitung

2.Simulationen

3.Strategiespiele

4.Erstellen und Darstellen von Statistiken

5.Maschinensprache

Schlußbemerkung

    "Auf jeden Fall sollten Computer dazu benutzt werden,
   um Probleme zu lösen
   (und nicht Probleme erfunden werden,
    um Computer zu füttern)"

                    (F.L.Bauer)

Auf dieser Basis (wahrscheinlich auch nur so) kann der Computer in
der Schule zu einem vielseitigen und nützlichen Instrument werden.

INFORMATIK IN DER SEKUNDARSTUFE 1
<u>EINE ÜBERFORDERUNG FÜR VIELE, EINE GEBOTENE FÖRDERUNG FÜR MANCHE</u>

A. Wynands
Universität Bonn, PF
Römerstraße 164, 5300 Bonn

Sprechen möchte ich von Überforderungen, sinnvollen Förderungen und eigenen Erfahrungen in der Sekundarstufe 1 (S1).

<u>Überforderung</u>

Die Forderung nach Informatik als Pflichtfach in der S1 halte ich zur Zeit für eine
Überforderung. Bezüglich der Gymnasien stimme ich der Argumentation in der 'Stellungnahme zum Informatikunterricht an Gymnasien' der Deutschen Mathematiker-Vereinigung
von 1983 zu. Für Realschulen und besonders für Hauptschulen möchte ich auf folgende
Schwierigkeiten und Gefahren hinweisen:
Es besteht (z.Z.) keine hinreichende Aufnahmebereitschaft bei den berufstätigen Lehrern. Die Zahl der teilweise autodidaktisch weitergebildeten Lehrer ist zu gering für
ein allgemeinbildendes Pflichtfach Informatik.
Man beachte,daß selbst Taschenrechner (nach von mir durchgeführten Untersuchungen)
bis zur 8. Klasse von ca. 90 % der Lehrer nicht im Unterricht eingesetzt werden.
Selbst in der 9. Klasse wird der Taschenrechner nur von etwa jedem zweiten Lehrer benutzt. Ist die Handhabung zu kompliziert oder besteht kein echter Bedarf oder wird
ein bestehender Bedarf nicht wahrgenommen?
Eine Analyse der gegenwärtig vorliegenden Vorschläge zur Informatik in der S1/S2
macht Akzeptanz schwierig und trifft den Bedarf kaum. Es gibt zu viele 'große' Beispiele, die in der S1 nicht oder nur für wenige Lehrer/Schüler machbar sind.
Es werden kaum allgemeinbildende Ziele einer S1-Informatik genannt, die nicht im der-
zeitigen Fächerkanon des mathematisch-naturwissenschaftlichen Unterrichts betont wer-
den können. Das Programmieren steht (zwangsläufig ?) bei vielen im Vordergrund. Der
Sprachenstreit ist noch immer (nicht nur für Lehrer) abschreckend. Manche sind froh,
Basic zu können und reagieren verärgert, wenn man sie aus dieser neuen Heimat (mit
Elan und Pascal und ...) vertreiben möchte.
Bei dem Wunsch nach eigenständigem Programmieren durch Schüler sind u.a. folgende
Schwierigkeiten zu beachten:
Viele Schüler möchten möglichst schnell (interaktiv) mit dem Computer korrespondieren.
Das Beachten syntaktischer Regeln überfordert manche, die in der Rechtschreibung und
im Verbalisieren von Verfahren ohnehin Schwierigkeiten haben. Auch wenn es richtig
sein sollte, daß Ende der 80er Jahre in der Bundesrepublik die Informationsberufe
mehr als 50 % aller Erwerbstätigen umfassen werden (manche prognostizieren 80 %),
so bedeutet dies noch nicht, daß auch nur 1 % der Hauptschüler 1990 Programmierer sein

werden. Eine oberflächliche Ausrichtung auf nicht absehbare Erfordernisse einer Informationsgesellschaft ist bedenklich.

Plädieren möchte ich für eine

Förderung informatischer Aspekte

die darin besteht, daß allen S1-Schülern vor ihrem Schulabschluß die Möglichkeit angeboten wird

a) Grundsätzliches über algorithmische Verfahren und Programmierung zu erfahren,

b) Methoden für Problemlösungen kennenzulernen, die den Computer als Werkzeug nutzbar machen und

c) Computer mit vorgegebenen aber inhaltlich verstandenen Programmen als ein solches Werkzeug bei altersadäquaten Problemen selbst zu nutzen.

Solange weder eine flächendeckende Ausstattung unserer Schulen mit Mikrocomputern zu erkennen ist, noch hinreichend viele Lehrer darauf vorbereitet sind, müßte dieses Angebot im Wahl-Pflichtbereich der Klassen 9 und 10 gewährleistet sein.

Diese Förderung informatischer Aspekte kann weitestgehend innerhalb des mathematisch-naturwissenschaftlichen Unterrichts erfolgen, wenn man von der Einführung in eine Programmiersprache absieht.

Der Mathematik-Unterricht war bisher der Ort, wo Schüler mit Konstanten und Variablen, mit Iteration und Rekursion, mit konstruktiven Verfahren, Algorithmen und modularen Problemlösungsmethoden vertraut gemacht wurden. Die Tatsache, daß dies wesentliche Begriffe der (angewandten) Informatik geworden sind, sollte nicht dazu benutzt werden, Informatik als Pflicht-Schulfach zu fordern, sondern dazu, daß diese Begriffe mit dem Werkzeug Computer verbesserte Zugänge und Anwendungen im Mathematikunterricht finden. Man kann einwenden, daß im Mathematikunterricht vorwiegend mit Zahlen (numerischen Daten) und geometrischen Figuren (Graphik) nicht aber mit Texten als Objekten gearbeitet wird. Ich denke, eine Einbeziehung weniger, signifikanter Beispiele (Schreiben/ Korrigieren von Standard-Briefen, Häufigkeits-Untersuchungen in Texten...), die den Mathematikunterricht nicht unzulässig aufblähen, sollten hierfür genügen.

Beispiele und Erfahrungen

Die folgenden Ausführungen sollen meine Zielvorstellung und subjektiven Erfahrungen in einem konkreten Fall (letztes Schulhalbjahr einer Arbeitsgemeinschaft der 10. Klasse) skizzieren. Bezüglich Lernzielerfolge sind keine statistisch abgesicherten oder generalisierbaren Resultate intendiert.

1. Anwendungsorientierte Einführung von BASIC-Sprachelementen.

Ein Zugang zum Programmieren über Turtle- (oder Igel-) Geometrie schied u.a. deshalb aus, weil die geeignete Sprache (Logo) nicht zur Verfügung stand.

Die Beschränkung auf zwei Stoffinhalte

    a) Behandlung einfacher (prozentualer) Wachstumsprozesse und

    b) Einsatzbeispiele der RND-Funktion

erfolgte, abgesehen von Gründen der recht kurzen Unterrichtszeit, aufgrund folgender Kriterien: Der Stoff (Themenbereich) soll an den Kenntnis-Anfangszustand des Schülers anknüpfen, soll aus seinem Erfahrungsbereich sein, möglichst weittragend (fortsetzbar) für neue innermathematische und gebrauchspraktische Anwendungsgebiete sein und dabei für den Schüler neue Fragestellungen und Problemlösemethoden erschließen. Daneben soll der Stoff neue Programmiersprachelemente von sich aus als sinnvoll erleben lassen.

Zunächst wird der MC als Gerät mit Taschenrechner- und Schreibmaschineneigenschaften im Direkt-Modus eingesetzt, z.B. PRINTT 200 * 0.07 oder LAENGE = 2.35, BREITE = 1.83, FLÄCHE = LAENGE * BREITE. Eingabewerte werden verarbeitet und Ausgaben (auf dem Bildschirm) erzeugt. Die Frage "wie der MC das macht" bleibt unberücksichtigt; von den Schülern gab es hierzu keine Nachfragen. Die Verwendung von Buchstaben (A, B...) als Variablennamen machte wenig Schwierigkeiten. Verwundert waren aber die Schüler, daß z. B. LAENGE als Variablenname gebraucht werden kann. "Wortformeln" werden dadurch unmittelbar semantisch korrekt interpretiert. Trotzdem mieden viele Schüler die langen Namen, weil das (Schreibmaschinen-)Schreiben so unbequem und zeitraubend ist.

zu a) Behandlung einfacher Wachstumsprozesse

Zu Beispielen aus verschiedenen Sachgebieten (Einkauf, Lohnerhöhung, Geldverkehr...) wurden zuerst "3-Zeilen-Programme" (z. B. 1 INPUT A 2 LET Z=A*0.07 3 PRINT Z) erarbeitet, dann Programme mit Ein-, Ausgabekommentaren und automatischem Rücksprung (z. B. GOTO 1) zum Programmanfang zur Erstellung von Tabellen auf dem Bildschirm.

Das methodische Vorgehen möchte ich am Beispiel des "Kapitalwachstums von Jahr zu Jahr" in der fünften Doppelstunde skizzieren.

Die Erklärung des Sachverhalts erfolgt im konkreten Durchrechnen eines Beispiels mit dem Taschenrechner (MC im Direkt-Modus) und das Eintragen der Ergebniswerte in eine vorgegebene Tabelle von Hand. Dann konnten verschiedene sprachliche Formulierungen des Verfahrens (Fig. 1 und 2) und schließlich die Übertragung des Pseudo-Algorithmus (Fig. 3) in die Programmiersprache erfolgen.

Eingabe des Anfangswertes	Eingabe Anfangswert	Eingabe A, P
Berechne den Endwert	Wiederhole 8 mal	$Q := 1+P/100$
Berechne davon den Endwert	Berechne den Endwert	Wiederhole 8 mal
Berechne davon den Endwert	notiere ihn und	$E := A \cdot Q$
usw. insgesamt 8 mal	setze diesen als	Ausgabe E
1. Notiere alle Endwerte	neuen Anfangswert	$A := E$
	2.	3.

Die Wiederholungsanweisungen (Fig. 2 und 3) sind in unserer Alltagssprache eingebettet, die Übersetzung z. B. in die FOR-TO-NEXT Steueranweisung oder mit IF-Abfrage erfordert im Unterricht zusätzliche Hilfestellungen (Mitzählen, Strichliste führen, Zählwerk). Das aus Figur 3 heraus entwickelte (simple sieben-Zeilen BASIC-) Programm ergibt für die vorliegende Aufgabenklasse eine Fülle von didaktischen Möglichkeiten u. a. zum operativen Durcharbeiten und zur Analyse von Schülerleistungen (s. u.).

Die Anwendung des Programms zu Figur 3 erzeugt sehr schnell Anregungen zur Verbesserung der Programmbedienung, des Ausgabeformats und der Programmdokumentation. Bei diesen "Verschönerungen" muß der Lehrer anfangs sehr viel helfen. Vielen Schülern erscheinen sie zunächst überflüssig, manche verschwenden jedoch auch zu viel Zeit auf Nebensächlichkeiten wie Programmüberschrift mit persönlichen Daten des Programmierers statt z. B. auf Ausgabe der Zahlwerte mit richtigen Benennungen (DM, kg,...) zu achten. Ein Blick auf viele Nachkommastellen führte zu sinnvollem Runden der Ergebnisse und damit zur Einführung der Integer-Funktion.

Fachinhaltlich ist damit ein Zugang geschaffen zur geometrischen Folge, definiert durch die Rekursionsvorschrift: $a_{n+1} = a_n \cdot q$ für $n \in \mathbb{N}_0$ und $a_0 = a$.

Potenzen q^n mit natürlichen Exponenten ergeben sich jetzt als Spezialfall mit $a_0 = 1$.

Der Zugang zur geometrischen Reihe erfolgt nun durch eine additive Konstante d in jedem Rekursions-Schritt: $r_{n+1} = r_n \cdot q + d$ und $r_0 = a$.

Inhaltlich kann d als Dosis oder Rate interpretiert werden, die bei jedem Schritt neu hinzu kommt.

Zinseszinsrechnung, Modellrechnungen für Bevölkerungsprognosen, Abbau bzw. Aufbau von Giften in biologischen Prozessen, Zerfallsprozesse, Absorptionsvorgänge in der Physik sind mit den vier Grundrechenarten genauso zugänglich wie die Frage nach dem effektiven Zinssatz beim Prämienbegünstigten Sparen.

<u>zu b)</u> Einsatzbeispiele der RND-Funktion

Die Programmzeile 10 FOR I = 1 TO 20 : PRINT RND (1) : NEXT I erzeugt einen hinreichend motivierenden Einstieg in die RND-Funktion. Verschiebt man das Komma in den erzeugten Zahlen um eine (zwei...) Stellen nach rechts und schneidet den Nachkommaanteil (mit INT) ab, so erhält man Zahlen zwischen 0 und 9 (99...). Würfelzahlen (von 1 bis 6) und Lottozahlen sind jetzt schnell erzeugt. Die Frage, ob hier ein "guter", "nicht gezinkter" Würfel simuliert werden kann ist die reduzierte Frage nach der "Güte" oder "Gleichverteilung" von (Pseudo-)Zufallszahlen. Wie oft die 6 gewürfelt wurde, wird durch eine "Strichliste" (im Feld) für die 6 ermittelt. Dies führt zu einfach indizierten Feldern (vgl. W = INT (RND (1) * 6)+1 und A(W) = A(W)+1). In zwei Doppelstunden wurde ein Würfelspiel "17 und 4" (oder "Makao") programmiert und durchgespielt, bei dem nach wiederholtem Würfeln die Gesamtaugensumme nie 21 überschreiten, aber möglichst nahe bei 21 (bzw. $n \in \mathbb{N}$) liegen soll.

Nach Vorbesprechung des Problems "Ziehen der Lottozahlen" brachte lediglich eine Schülerin in der letzten Doppelstunde ein "logisch" richtiges aber syntaktisch fehlerhaftes Programm als Hausaufgabe mit zur Schule.

Zusammenfassung: Das eigenständige Erstellen syntaktisch richtiger Programme auch zu voll erfaßten (Pseudo-) Algorithmen machte allen Hauptschülern große Schwierigkeiten, selbst bei 5 bis 10-zeiligen Programmen. Modifizierungen und Verbesserungen können viele Schüler an vorliegenden Programmen vornehmen, was ihr verständnisvolles Umgehen mit fertigen Programmen zeigt. Die Handlung des Computers zur Durchführung eines Programmes und dessen Anwendung ist allen Hauptschülern der besuchten 10. Klasse möglich gewesen, sofern ihnen der Anwendungsbereich erschlossen war.

Zum letztgenannten möchte ich auf zwei Einsatzbereiche von Computern innerhalb des "normalen" Mathematikunterrichts kurz hinweisen.

2. Arbeiten mit fertigen Programmen.

Mit einem fertigen Programm zu Figur 3 erstellt ein Schüler auf dem Bildschirm praktisch auf Knopfdruck ohne numerischen Ballast eine Spalte von Zahlen für die 8 Endwerte E in Abhängigkeit vom Anfangswert A und dem prozentualen (jährlichen) Zuwachs p %. Der Einfluß von A bzw. p im Laufe der 8 Schritte (n Jahre) auf E wird sichtbar, wenn man A (bzw. p) verändert und p̄ (bzw. A) festhält. Das Programm liefert Werte für die lineare Funktion $E(A) = A \cdot (1 + \frac{p}{100})^8$ genauso wie für die Potenzfunktion $E(p) = A \cdot (1 + \frac{p}{100})^8$ und bei Änderung der Schrittzahl n (statt 8) für die Exponentialfunktion $E(n) = A \cdot (1 + \frac{p}{100})^n$.

Mit diesem Programm kann jeder Schüler zudem nur durch "Probieren und Hinsehen" leicht die drei "Umkehraufgaben" lösen, bei denen A bzw. p bzw. n gesucht wird. Der MC ist hier ein viel besseres Hilfsmittel als der Taschenrechner. Noch deutlicher wird dies am Beispiel des prämienbegünstigten Sparens.

Beispiel: Monatsrate 52,-DM, sechs Jahre lang. Fester Jahreszinssatz von 4 %, Prämie 14 % von allen Monatsraten. Auszahlen nach 7 Jahren?

In der o.g. Arbeitsgemeinschaft entwickelte eine Schülergruppe (unter Anleitung) ein Programm für das jährliche Sparkapital einschließlich Zinsen. Den Problemrest programmierte eine zweite Schülergruppe. Mit beiden Teilprogrammen konnte zunächst bestätigt werden, daß eine Bankwerbung, die eine Auszahlung nach 7 Jahren von 4921,94 DM versprach, korrekt war. Danach wurde (statt 4 %) ein effektiver Zinssatz solange geraten, bis hiermit auch ohne 14 % Prämie das gleiche Auszahlungskapital erreicht wurde. Diese Beispiele sollen den Einsatz des MC zeigen zum operativen Durcharbeiten zur Elementarisierung von Problemen und zur gezielten Parametervariation als Lösungsstrategie. Fertige Programme, deren Anwendungsbereiche (Ein-Ausgabeverhalten) den Schülern bekannt sind, können helfen, alle numerischen Schwierigkeiten von den übrigen Lösungsschritten abzukoppeln. Rechenfertigkeiten sind dann nicht gefragt, Fähigkeiten wie Problemerkennung, Erkennen was gegeben, was gesucht und welches von mehreren vorgegebenen Lösungsverfahren anwendbar ist, können isoliert trainiert bzw. getestet werden. Mit sehr guten Ergebnissen benutzten beispielsweise die Schüler der hier beschriebenen Arbeitsgemeinschaft ein Programm zu Figur 3 zur Lösung aller Aufgabentypen (s.o.) prozentualer Wachstumsprozesse.

Konzepte und Inhalte für einen Lehrplan "Informatik"
in der gymnasialen Oberstufe

Wilfried Koch
Technische Universität Berlin
Institut für Angewandte Informatik
1000 Berlin 10

Lothar Sack
Fritz-Karsen-Schule
Gesamtschule mit Grundstufe und gymnasialer Oberstufe
1000 Berlin 47

Zusammenfassung

Die hier vorgestellten Ergebnisse sind das Resultat einer Arbeit im Auftrage des Senators für Schulwesen, Jugend und Sport zur Neufassung des Rahmenplans für das Fach Informatik in der gymnasialen Oberstufe. Die Arbeit wird gegenwärtig noch fortgesetzt.

Der Plan basiert auf Lehrerfahrungen von Berliner Lehrern im Schulunterricht und von Angehörigen der Universitäten im Grund- und Hauptstudium sowie in der Lehrerfortbildung.

Der Rahmenplan stellt als generelle Absicht des Informatikunterrichts neben die Vermittlung der Methodik der Softwareherstellung im kleinen und im großen den Erwerb von Kenntnissen über die wichtigsten Anwendungsfälle der Informationstechnologie einschließlich ihrer Auswirkungen in den Vordergrund. Themen aus der Rechnerorganisation treten ergänzend hinzu. In den beiden letzten Kurshalbjahren ist mindestens einsemestrig die Durchführung eines Softwareprojektes vorgesehen.

1. Einleitung

Im Folgenden wird über das Ergebnis der Arbeit einer Kommission berichtet, die im Auftrage des Senators für Schulwesen, Jugend und Sport Berlin mit der Neufassung des Rahmenplans für Informatik als Grundfach in der gymnasialen Oberstufe beauftragt war. An der Arbeit waren neben Berliner Lehrern auch Angehörige der Freien Universität Berlin und der Technischen Universität Berlin beteiligt. Alle Kommissionsmitglieder verfügen über jahrelange Erfahrungen im Informatikunterricht an ihrer jeweiligen Stamminstitution und in der Lehrerfortbildung.

Aufgabe des neuen Rahmenplans ist die organisatorische und inhaltliche Fixierung des Informatik-Fachunterrichts im engeren Sinne, nicht jedoch die Planung der Unterrichtsgestaltung in Fächern, in die Informatikinhalte eingehen können und werden (etwa in Gestalt der Anwendung verfügbarer Programmpakete im naturwissenschaftlichen Unterricht oder der Thematisierung der Technologiefolgen im sozialkundlichen Unterricht). Die Autoren sind der Meinung, daß in diesem Bereich ein erhebliches Defizit besteht und daß hier ein auf Breitenwirkung angelegter Unterricht notwendig ist, um sowohl die Behandlung neuer Technologien einschließlich ihrer Anwendungen und Auswirkungen sicherzustellen als auch die Handhabung von Anwendersoftware in methodisch sinnvoller Weise zu lernen. Die Autoren empfehlen in diesem Zusammenhang, über den Informatik-Fachunterricht und

die Integration von Rechneranwendungen in die bestehenden Schulfächer
hinausgehend, die Einführung einer infomationstechnologischen Grundbildung in der Sekundarstufe I.

Der Anlaß für die Neufassung des Rahmenplans war dreifach:
1. Ab Schuljahr 1984/85 wird auch in Berlin die Einführungsphase einjäh-
   rig. Eine Überarbeitung der Rahmenpläne für die gymasiale Oberstufe
   war daher insgesamt fällig.
2. Spätestens seit der Einführung des Rahmenplans für die Klasse 10 des
   Gymnasiums 1981 bestand eine unbefriedigende Situation für Schüler, die
   am Informatikunterricht in der Sekundarstufe I (Gesamtschule oder Gymnasium) teilgenommen hatten. Sie konnten Informatik in der gymnasialen
   Oberstufe nicht als Abiturprüfungsfach wählen; wegen der weitgehenden
   Inhaltsgleichheit des Unterrichts in der Sekundarstufe I mit den Anfängerkursen im Kurssystem konnten diese Schüler nur an den zwei vorgesehenen Fortgeschrittenenkursen teilnehmen. Für dieses Problem mußte
   eine Lösung gefunden werden.
3. Schließlich war der seit 1975 geltende Rahmenplan auch inhaltlich
   revisionsbedürftig. Für viele Schüler erwies sich der Übergang von den
   Einführungskursen im 1. und 2. Kurshalbjahr zu den Kursen im 3. und
   4. Semester, in denen die Durchführung von Softwareprojekten vorgesehen war, besonders in letzter Zeit als mitunter recht großer Sprung.
   Eine der Ursachen hierfür dürfte die gegenüber den Anfängen des Informatikunterrichts weiter entwickelte Methodik der Softwarekonstruktion
   sein. Ein weiterer Grund dürfte darin liegen, daß im Gegensatz zu den
   "Pionierjahren" das Fach Informatik zumindest in den Anfängerkursen
   nicht mehr nur von einer relativ kleinen Zahl besonders interessierter
   Schüler gewählt wird.

Ca. 2/3 der Informatikschüler wählen Informatik nur für das erste Unterrichtsjahr. Es wurde versucht, diesem Umstand dadurch Rechnung zu tragen,
daß nach jedem Unterrichtsjahr ein sinnvoller Abschluß erreicht wird.
Jeder für den Informatikunterricht wesentliche Aspekt muß daher auch bereits im ersten Unterrichtsjahr thematisiert werden. Hierdurch wird ein
"spiraliger" Aufbau des Curriculum nahegelegt. Die Besonderheit des neuen
Berliner Rahmenplans im Vergleich zu den Lehrplänen anderer Bundesländer
liegt eher in dieser Art des Aufbaus als in der Gesamtzielsetzung und
den insgesamt vorgesehenen Unterrichtsthemen.

Geplant werden sollte ein 4-semestriger Grundkurszyklus mit einer vorangehenden einjährigen Einführungsphase oder mit vorangehendem Informatikunterricht im Wahlpflichtbereich der Mittelstufe. Je nach dem Zeitpunkt
des Beginns des Informatikunterrichts sind verschiedene Kursfolgen möglich. Auf jeden Fall muß der Unterricht spätestens in der Einführungsphase
begonnen werden, damit Informatik als Abiturprüfungsfach gewählt werden
kann. Zur Vereinfachung wird im folgenden als Standardfall der Beginn des
Informatikunterrichts in der Einführungsphase vorausgesetzt. Es sind folgende Kurse vorgesehen:

Klasse 11   Basiskurs   Einführung in die Informatik I / II

Klasse 12   Grundkurse   Grundlagen und Probleme großer Programmsysteme
                            I / II

Klasse 13/1 Grundkurs   Durchführung eines Softwareprojektes I oder
                            Softwareherstellung I

Klasse 13/2 Grundkurs   Durchführung eines Softwareprojektes II oder
                            Softwareherstellung II oder
                            Thema nach eigenem Plan

2. Zielsetzung und Themenauswahl

Bei der Auswahl von Lerninhalten für den Informatikunterricht muß einerseits auf eine gewisse Aktualität der Themen geachtet werden, andererseits
sollten nur solche Inhalte aufgenommen werden, die als auch längerfristig
gesicherter Bestand der Informatik gelten. Eine zu große Spezialisierung
muß vermieden werden.

Es dürfte heute unbestritten sein, daß nach wie vor die systematische
Konstruktion und die Realisierung algorithmischer Problemlösungen einschließlich ihrer Validierung einen Schwerpunkt des Unterrichts bilden.

Daneben müssen Schüler einer allgemeinbildenden Schule über heutige und
zukünftige Anwendungen der Informationstechnologie in fast allen gesellschaftlichen Bereichen informiert sein; dies umso mehr als eines der wesentlichen Motive zur Einführung dieses Faches gerade die gesellschaftliche Virulenz der Rechneranwendungen war und ist. Diese Information
schließt die Kenntnis der Veränderungen mit ein, welche der Einsatz der
Informationstechnologie bewirkt hat und bewirken wird. Schließlich sollen
die Möglichkeiten und Grenzen der Einflußnahme und Gestaltung beim Rechnereinsatz für Betroffene und aktiv Beteiligte aufgezeigt werden.

Neben die beiden inhaltlichen Schwerpunkte Algorithmik und Anwendungen/
Auswirkungen tritt der Komplex der Rechnerorganisation. Der Rechner ist
im Informatikunterricht wie in den meisten Anwendungen in erster Linie
Werkzeug. Die Vermittlung der wichtigsten Eigenschaften dieses Werkzeugs
geht daher mehr von einem phänomenologischen Ansatz aus und hat dort ihre
Grenzen, wo spezielle Eigenschaften des Rechners zur algorithmischen Lösung von Anwendungsproblemen nicht unmittelbar benötigt werden. Dies bedeutet jedoch nicht, daß die heute übliche Rechnerarchitektur und die Kon-
figurierung heute verwendeter Rechnersysteme nicht exemplarisch dargestellt
werden müssen.

Auf Gefahren sowohl beim Algorithmikunterricht als auch beim Unterricht in
Rechnerorganisation muß deutlich hingewiesen werden.

In der Algorithmik darf sich der Unterricht nicht in der Vermittlung von
Bestandteilen einer speziellen Programmiersprache erschöpfen. Eine pro-
grammiersprachenunabhängige Methodik des Entwurfs und der Realisierung von
Algorithmen wird zwar von manchen Programmiersprachen besser unterstützt
als von anderen; jedoch kann nicht deutlich genug darauf hingewiesen werden, daß keine (!) Programmiersprache die einzelnen Arbeitsschritte der
Algorithmisierung in ihrer prinzipiellen Strenge darzustellen gestattet
und daß die Verwendung keiner noch so guten Programmiersprache die notwendige Kreativität beim Finden einer Lösungsstrategie ersetzt.

In der Rechnerorganisation besteht die Gefahr, daß die Eigenschaften des
konkreten Schulrechners zum Leitfaden des Unterrichts werden. Aus diesem
Grund wird im neu erstellten Rahmenplan zwischen Rechnerorganisation als
Unterrichtsgegenstand und notwendigen Kenntnissen der Rechnerbedienung,
deren Erwerb in den Unterricht zu integrieren ist, strikt unterschieden.

Besonderes Gewicht wurde im neuen Rahmenplan auf die Durchführung eines
Softwareprojekts gelegt. Allerdings ergibt sich erst für die fortgeschrit-
tenen Schüler die Möglichkeit, Probleme der Anwendung, Algorithmik, Rechnerorganisation und Rechnerbedienung bei der Bearbeitung realitätsnaher
Projekte integriert und in ihrer tatsächlich auftretenden Relevanz zu erfahren und dabei in heute typische Methoden zur Herstellung komplexerer
Software eingeführt zu werden.

Der Rahmenplan läßt in den beiden letzten Semestern einige Alternativen
der Unterrichtsgestaltung zu; es ist möglich, sowohl zweisemestrig ein
größeres Softwareprojekt (Durchführung eines Softwareprojekts I/II)) als
auch zwei kleinere, dann einsemestrige Projekte durchzuführen (Softwareherstellung I/II). Statt des zweiten Kurzprojekts läßt der Plan auch Kurse
zu, deren Inhalt vom Lehrer selbst definiert werden. Hiermit soll eine
gewisse Offenheit für die Behandlung neuerer Entwicklungen erreicht werden, und gleichzeitig soll dem Lehrer Gelegenheit gegeben werden, seine
besonderen Interesssenschwerpunkte in den Unterricht einzubringen.

3. Kurs Einführung in die Informatik I / II

Die Kursbeschreibung für diesen Kurs liegt zur Zeit noch nicht vollständig
vor. Die Konzeption lehnt sich an die bisherigen Kurse in-1/2 des Rahmenplans von 1975 an. Es werden jedoch gegenüber dem alten Plan einige Themen
erst in den Folgekursen behandelt. Auch findet eine Anpassung an die Form
und Terminologie des neuen Plans statt. Der Inhalt des Kurses wird hier
nur kurz umrissen.

Hauptabsicht des Algorithmikteils ist die Vermittlung der grundlegenden
Methodik der Algorithmenentwicklung zur Lösung "kleiner Aufgaben" in Form
von "stand-alone-Programmen". Dabei wird neben der konsequenten Verwendung
von Elementen des Strukturierten Programmierens besonderer Wert auf die
Spezifikation der jeweiligen Aufgabe sowie auf den die Algorithmenentwicklung abschließenden systematischen Test des Programms gelegt. In die Verwendung sequentieller Dateien ist einzuführen. Die Programmierung von Prozeduren ist den Folgekursen vorbehalten.

Im Bereich Anwendungen und Auswirkungen steht die Kenntnisnahme der heutigen Situation insbesondere unter dem Aspekt des von der Anwendung Betroffenen im Vordergrund.

Die Rechnerorganisation beschränkt sich auf einige für das Verständnis der
Funktionsweise von Rechnern grundlegende Themen wie Aufbau eines Digitalrechners, Periphere Geräte, Informationsdarstellung.

4. Kurse Grundlagen und Probleme großer Programmsysteme I / II

Im Bereich der Algorithmik gliedern sich die Unterrichtsinhalte in drei
Teile:
    - Auswahl und Konstruktion von Algorithmen
    - Spezielle Algorithmen
    - Einführung eines "Software-Life-Cycle".

Die Konstruktion und Auswahl von Algorithmen gliedert sich in 4 Arbeitsschritte, nämlich Spezifizieren von Prozuduren und Modulen, Entwerfen von
Algorithmen, Realisieren auf dem Rechner und Validieren der Algorithmen.
Die Unterrichtsinhalte fußen auf den beiden wichtigen softwaretechnischen
Konzepten Prozedur zur Unterstützung der Methode der "starken algorithmischen Abstraktion" (im Gegensatz zur "schwachen algorithmischen Abstraktion" der Verfeinerungstechnik) und Modul zur Unterstützung der Datenab-
straktion ("abstrakte" Datenstrukturen und Datentypen) sowie zur Bildung
von Prozedurpaketen.

Es ist wesentlich, zunächst den Arbeitsschritt des Spezifizierens von Prozeduren und Modulen zu betonen.
Für Prozeduren ist dabei besonders einzugehen auf:
- problemgerechte Benennung der Prozedur und der verwendeten Datenobjekte,
- problemgerechte Festlegung der Prozedurart (Aktion, Funktion, Operator),
- problemgerechte Wahl der Parametrisierung
- geeignete Festlegung des Gültigkeitsbereichs von Datendefinitionen zur Abschirmung prozedurlokaler Objekte.
Für Module ist einzugehen auf:
- problemgerechte Benennung,
- problemgerechte Festlegung der Modulart (Prozedurpaket, Datenstruktur, Datentyp),
- Festlegung der von außen benutzbaren Modulteile, insbesondere die Zugriffsoperationen für die Realisierung von Datenstrukturen und Datentypen (Exportschnittstelle),
- Auswahl von Objekten und Operationen anderer Module, die das zu spezifizierende Modul benutzt (Importschnittstelle),
- Festlegung der gegenseitigen Abhängigkeiten (z.B. Aufrufreihenfolgen) der Operationen des Moduls und der durch das Modul realisierten Objekte.

Bei den Arbeitsschritten Entwerfen von Algorithmen und Realisieren auf dem Rechner wird auf Kenntnisse aus den Vorlaufkursen zurückgegriffen. Eine gewisse Schwierigkeit besteht in der Aufstellung und Durchsetzung von Regeln zur Umsetzung der spezifizierten und entworfenen Bausteine Prozedur und Modul in die verwendete Programmiersprache, wenn diese keine unmittelbaren oder nur eingeschränkte Ausdrucksmöglichkeiten dafür enthält.

Der vierte Schritt, die Validierung, zielt besonders auf eine systematische Testfallkonstruktion für Prozeduren und Module, die Definition und Realisierung einer Testumgebung und die geordnete Dokumentation der Testläufe, ferner auf die strikte Trennung von Testläufen und Fehlerbehebung.

Der inhaltliche Teil "Spezielle Algorithmen" legt drei Klassen von Algorithmen fest, die auf jeden Fall im Unterricht zu behandeln sind: Sortier- und Suchverfahren, Dateiverarbeitung und Textverarbeitung.

Schließlich gibt die Einführung eines "Software-Life-Cycle" eine Überblick über die moderne phasenorientierte Softwareherstellung, die sich am besten an Hand der Entwicklungsdokumentation eines beispielhaft dokumentierten Softwaresystems geben läßt. Hiermit sind wesentliche Lernziele verbunden, wie etwa, daß ein Softwareprodukt nicht ausschließlich aus lauffähigem Code besteht, daß es vielmehr ohne Benutzungs- und Wartungsdokumentation wertlos ist.

Im Bereich Anwendungen und Auswirkungen soll der Schüler qualitative und quantitative Veränderungen in traditionellen Berufen durch den Rechnereinsatz erkennen können, Veränderungen von Betriebsstrukturen durch Rechneranwendungen abschätzen können und ferner die gesamtgesellschaftlichen Veränderungen nicht als bloße Summe von Einzelauswirkungen sondern als einen qualitativen Stukturwandel begreifen. In einem historischen Rückblick sollten diejenigen Motive und Kräfte identifiziert werden, die die Entwicklung der Informationstechnologie und ihrer Anwendungen wesentlich beeinflußt haben.

Im Bereich der Rechnerorganisation sind Aspekte maschinennaher Programmierung vorgesehen. Damit ist die Absicht verknüpft, sowohl den prinzipiellen Befehlsaufbau heutiger (von Neumann-)Rechner darzustellen als auch die Vor- und Nachteile maschinennaher Programmierung herauszuarbeiten.Dies kann durch Gegenüberstellung von Programmteilen gleicher Semantik in problemorientierten Programmiersprachen und Assemblersprachen geschehen. Wegen ihrer prinzipiellen Bedeutung für die Datenorganisation in größeren

Softwaresystemen ist auf die technische Behandlung von Dateien und die
rechnerinterne Dateiorganisation einzugehen. Auch hier ist ein historischer Überblick über die Entwicklung der Rechnertechnologie vorgesehen,
um moderne Entwicklungstendenzen zu verstehen und abschätzen zu können.

5. Kurs Durchführung eines Softwareprojektes I / II

In den beiden Kursen, die insgesamt eine Einheit bilden, soll ein ablauf-
fähiges, benutzbares Programmsystem hergestellt oder ein vorhandenes modi-
fiziert werden. Dabei sollen die in den vorangehenden Kursen weitgehend
getrennt behandelten Bereiche Anwendungen/Auswirkungen, Algorithmik und
Rechnerorganisation auf das Projektthema bezogen integriert behandelt werden.

Gegenstand des Unterrichts ist die phasenbezogene Vorgehensweise bei der
Softwareherstellung:
- Problemanalyse,
- funktionelle Analyse,
- Entwurfsanalyse (Modularisierung),
- Modulprogrammierung und Modultest,
- Systemintegration,
- Beurteilung und Einsatz des Systems.

Jeder Arbeitsschritt zielt auf die Herstellung eines abschließenden Doku-
ments, das Ausgangspunkt für den nächsten Arbeitsschritt ist:
- Anforderungsdefinition als abschließendes Dokument der Problemanalyse,
- funktionelle Spezifikation als Ergebnis der funktionellen Analyse,
- Entwurfspezifikation als Ergebnis der Entwurfsanalyse,
- Modulprogramme und Testprotokolle als Ergebnis von Modulprogrammierung
  und -test,
- einsatzfähiges und dokumentiertes System als Ergebnis der Systemintegration,
- dokumentiertes System mit gezielten Bewertungen und Änderungsvorschlägen
  als Ergebnis der Beurteilung und des Einsatzes des Systems.

Hinzuweisen ist ist auf eine saubere Trennung der Formulierung von Anforderungen und der funktionellen Spezifikation. Sie enthält unter anderem
bereits Lösungsvorschläge zur Gestaltung der Benutzungsschnittstelle des
Systems. Kritisch ist die Phase der Entwurfsanalyse. Der Lehrer sollte
hier möglicherweise Vorgaben machen. Modulprogrammierung und -test sollten
auf einer soliden Basis der vorangegangenen Kurse aufbauen können. Kritisch ist auch die Systemintegration. In dieser Phase werden getestete
Module schrittweise zusammengefügt. Von Schritt zu Schritt wird entschieden, ob Fehler als Systemdefekte beibehalten und als solche dokumentiert
oder behoben werden. Da Design- und Realisierungsfehler unvermeidbar sind,
kommt es eher darauf an, sie aufzuzeigen und zu dokumentieren als sie un-
koordiniert zu "verbessern" und damit letzten Endes den Arbeitserfolg des
gesamten Teams in Frage zu stellen.

Literatur:

        Senator für Schulwesen, Jugend und Sport (Hrsg.):
        Gymnasiale Oberstufe, Fach Informatik, Rahmenplan-Entwurf,
        Februar 1984, Berlin

        Jähnichen, S.; Koch, W.; Schürmann, G.:
        Software Engineering und Lehrerbildung im Fach Informatik,
        LOGIN Heft 2/1983, S. 25 - 29

Zur Didaktik der Datenstrukturen [*]

Walter Dosch

Institut für Informatik
Technische Universität München

Zusammenfassung Die vorliegende Arbeit beschreibt grundlegende fachdidaktische Ansätze zur funktionalen Behandlung von Datenstrukturen in der Sekundarstufe II. Der Vorgehensweise "vom Problem zur Maschine" folgend, wird eine Einführung maschinenunabhängiger Grundbegriffe skizziert und der Bezug zur Programmiermethodik hergestellt.

1. Einleitung

In gleichem Maße, wie der Rechner als physikalisches Gerät gegenüber dem Algorithmus als allgemeinem Verfahren in den Hintergrund trat, folgte die Informatik(ausbildung) verstärkt der Vorgehensweise "vom Problem zur Maschine". So wird Programmieren heute meist als Entwicklungsprozeß verstanden, wobei aus der Problemstellung ("was ist zu tun?") durch schrittweise Verfeinerung schließlich ein effizienter Algorithmus als detaillierte Verfahrensbeschreibung ("wie ist es zu tun?") entsteht.

Diese Methode "vom Problem zur Maschine" – oder allgemeiner "von der Anwendung zur Realisierung" – sollte konzeptionell das Schulfach Informatik im ganzen prägen. Nur ein begrifflich klarer, anwendungsorientierter Informatikunterricht vermag allgemeine Lernziele auszufüllen: er zeigt grundsätzliche Methoden und Lösungsverfahren auf und läßt durch Modellbildung strukturelle Gesetzmäßigkeiten erkennen. Dies befähigt Schüler sicher besser, "die Möglichkeiten der Informationstechnik aktiv zu nutzen" (Haefner [9]), als ein sehr maschinennaher oder stark phänomenologisch geprägter Zugang.

Die Didaktik speziell der Programmiersprachen sollte sich deshalb systematisch auf die zentralen Begriffe einer algorithmischen Sprache (Bauer, Wössner [3]) konzentrieren und vereinheitlichende, maschinenunabhängige Konzepte für Sprachkonstrukte entwickeln. Auf diese Weise kann sich der Unterricht auch von der Vielfalt der (programmiersprachlichen) Notationen und (herstellerabhängigen) Terminologien wie auch von den technischen Zufälligkeiten und Einschränkungen eines an der Schule vorhandenen EDV-Systems lösen.

Bei den Kontrollstrukturen, den Sprachkonstrukten für die Ablaufsteuerung, fand das 'top-down-teaching' in Schulbüchern und Handreichungen für die Lehrerfortbildung weitgehend Eingang. Allerdings wird zum Entwurf von Algorithmen anstelle der funktionalen (variablenfreien) Programmierung meist das prozedurale Niveau gewählt, gestützt auf Kontrollflußdiagramme oder Struktogramme (z.B. Brenner, Gunzenhäuser [5], Engel [8], Klingen et al. [10]).

Obwohl neben den Kontrollstrukturen die zugrundeliegenden Daten ein Kernpunkt der Programmierung wie auch der Nutzung von Informationssystemen sind, werden Datenstrukturen oft noch ausgespart. Schulbücher beschränken sich meist auf Algorithmen mit einfachen zahlartigen Objekten; zudem verfügt auch die noch häufig verwendete Sprache BASIC nur über unzureichende Strukturierungsmittel für zusammengesetzte Objekte.

Nun ist aber in den vergangenen zehn Jahren eine abstrakte, maschinenunabhängige Theorie der Datenstrukturen entstanden (für eine Einführung siehe Pepper et al. [11] und die dort angegebene Literatur). Vor diesem Hintergrund sollen im folgenden einige didaktische Aspekte bei der funktionalen Behandlung des Aufbaus und der algorithmischen Verwendung von Datenstrukturen als sog. Rechenstrukturen in der Sekundarstufe II aufgezeigt werden. Diese methodischen Ansätze (vgl. auch Dosch [7]) prägen auch die ausführlichere Darstellung in dem Einführungslehrbuch [2] für Studienanfänger.

---

[*] Diese Arbeit entstand im Sonderforschungsbereich 49, Programmiertechnik, München.

2. Rechenstrukturen

2.1 Abstraktionsebenen von Datenstrukturen Datenstrukturen treten zwischen Problemstellung
und algorithmischer Problemlösung in einem weiten Spektrum von Abstraktionsebenen auf:

▷ **Abstrakte Typen** definieren Datenstrukturen implizit durch algebraische Axiome, die das
funktionale Verhalten der charakteristischen Operatoren festlegen.

▷ **Rechenstrukturen** fassen Objekte und zugehörige Operationen begrifflich zu einer Einheit
zusammen.

▷ **Module** beschreiben Datenstrukturen speicherorientiert: Programmvariable für strukturierte
Objekte werden durch charakteristische Prozeduren (selektiv) abgeändert.

▷ **Zeigerdarstellungen** ermöglichen Geflechte mit einer Verweisstruktur.

▷ **Binarisierung** führt schließlich zu einer einheitlichen wortorientierten Datenstruktur mit der
Möglichkeit der Bit-Manipulation.

Die unterrichtliche Behandlung von Datenstrukturen sollte also von problem- und anwendungsorientierten Rechenstrukturen wie endlichen Mengen, Vektoren, Sequenzen und Bäumen durch
schrittweise Implementierung zu deren maschineninterner Darstellung durch Programmvariable,
Zeiger und schließlich durch Bits, Bytes und Binärwörter führen. Dabei verschiebt sich der
Schwerpunkt von funktionalem Verhalten zu interner Repräsentation.

2.2 Zur Einführung der Rechenstrukturen In Algorithmen werden Objekte durch Operationen
manipuliert. Methodisch werden deshalb die Objektmenge(n) zusammen mit ihren charakteristischen Operationen als eine algebraische Einheit, als **Rechenstruktur**, aufgefaßt. Eine solche
Rechenstruktur ist nicht durch die Repräsentation der Daten ('Datenstruktur') gekennzeichnet, sondern durch das funktionale Verhalten ihrer Operationen, mit denen im umgebenden
Programm 'gerechnet' werden kann.

In einem Einführungskurs wird der Begriff der Rechenstruktur an einfachen Beispielen, etwa den
ganzen Zahlen oder den Wahrheitswerten, vorbereitet. Sodann können auch Rechenstrukturen für
zusammengesetzte Objekte besprochen werden. Das folgende Beispiel beschreibt die Rechenstruktur STRING der Zeichenfolgen mit Zugriff auf beiden Seiten in PASCAL-ähnlicher Notation.

```
structure STRING ;
  primitive CHAR, INTEGER ;
  type string ;
  function empty: string; «leere Zeichenfolge» ;
  function length (s: string): integer; «Anzahl der Zeichen in der Zeichenfolge s» ;
  function append (x: char; s: string): string ;
    «die durch Anfügen des Zeichens x am Anfang der Zeichenfolge s entstehende Zeichenfolge»;
  function first (s: string {length(s) ≥ 1}): char ;
        «erstes Zeichen der Zeichenfolge s» ;
  function rest (s: string {length(s) ≥ 1}): string ;
        «die Zeichenfolge s ohne erstes Zeichen» ;
  function stock (s: string; x: char): string ;
    «die durch Anfügen des Zeichens x am Ende der Zeichenfolge s entstehende Zeichenfolge»;
  function last (s: string {length(s) ≥ 1}): char ;
        «letztes Zeichen der Zeichenfolge s» ;
  function upper (s: string {length(s) ≥ 1}): string ;
        «die Zeichenfolge s ohne letztes Zeichen»
endstructure
```

Eine Rechenstruktur wird also eingeführt durch Angabe der **Objektmenge(n)** und der **charakteristischen Operationen** samt ihrer **Funktionalität** sowie einer informellen Beschreibung ihrer Bedeutung.

Stehen für einen Einführungskurs in Informatik neben zahlartigen Rechenstrukturen auch einige
Grundrechenstrukturen für zusammengesetzte Objekte 'ready-made' zur Verfügung, so können
Schüler frühzeitig elementare nicht-numerische Algorithmen formulieren, ohne sich um die (von
Wichtigerem ablenkende) Repräsentation der Objekte und die Realisierung der Grundoperationen
kümmern zu müssen.

2.3 Zur Verwendung von Rechenstrukturen Die folgenden, für das Verständnis wie die Anwendung von Rechenstrukturen wichtigen Lerninhalte können induktiv an Hand einer Reihe von Beispielen erarbeitet werden.

2.3.1. Formulierung von Algorithmen Rechenstrukturen unterstützen das "systematische Finden algorithmischer Problemlösungen" (Brauer et al. [4]) auf einem hohen Niveau, indem sie geeignete Grundobjekte und Grundoperationen zur Verfügung stellen. Methodisch wird damit der Algorithmenentwurf gegliedert in die eigentliche Verfahrensidee und die (anschließende) Realisierung der (zunächst als vorhanden angenommenen) Grundoperationen. Dies ist ein "allgemeines Prinzip der Aufbereitung von Problemlösungen" (Arlt, Koerber [1]).

Zum Beispiel kann über der Rechenstruktur STRING aus der informellen Aufgabenstellung "Sortiere eine Zeichenfolge" etwa der abstrakte Algorithmus des Mischsortierens

```
function sort (s: string): string ;
   begin if length(s) ≤ 1 then sort ⇐ s
                          else sort ⇐ merge(sort(left(s)), sort(right(s)))
   end
```

entwickelt werden. Er stützt sich auf den Teilalgorithmus merge zum 'Mischen' zweier sortierter Zeichenfolgen und verwendet die zusätzlichen Grundoperationen left, right; diese teilen eine Zeichenfolge in einen beliebigen, jeweils nichtleeren Links- und Rechtsteil auf, deren Konkatenation wieder die ursprüngliche Zeichenfolge ergibt.

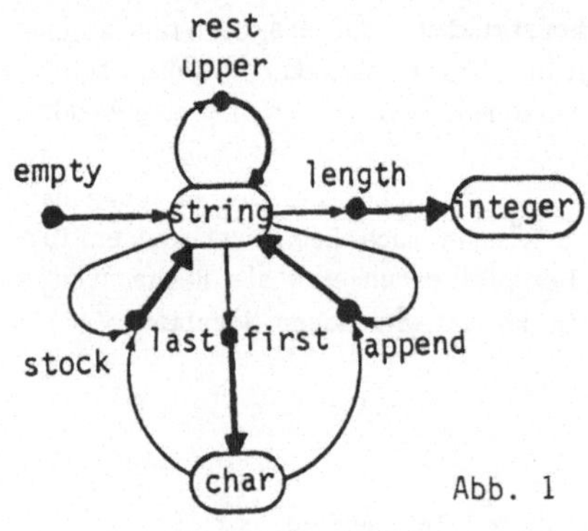

Abb. 1

2.3.2. Die Signatur Die Schnittstelle zwischen dem Benutzer und Implementierer einer Rechenstruktur, also zwischen ihrer externen Verwendung und internen Realisierung, wird syntaktisch durch die **Signatur** beschrieben: sie legt die verfügbare(n) Objektmenge(n) und Operationen samt deren Funktionalität fest (vgl. das **Signaturdiagramm** der Zeichenfolgen in Abb. 1).

2.3.3. Funktionales Verhalten Die Verwendung einer Rechenstruktur wird bestimmt durch deren **funktionales Verhalten**, nicht aber durch die Repräsentation ihrer Objekte und die Realisierung ihrer Grundoperationen; diese Implementierungsdetails können (und sollen) vor dem Benutzer durch **Einkapselung** (Abschirmung) verborgen werden. In einfachen Fällen kann das funktionale Verhalten graphisch veranschaulicht werden (vgl. Abb. 2, Zeichenfolgen als Eisenbahn-Verschiebenetz (nach KNUTH)).

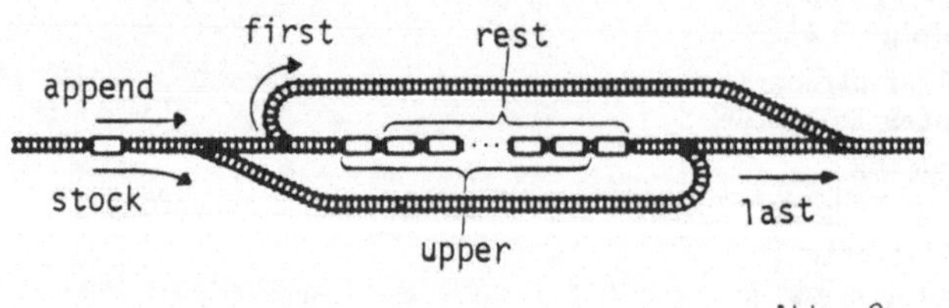

Abb. 2

Diese wichtige Unterscheidung zwischen funktionalem Verhalten und operativer Realisierung kann methodisch bereits beim Funktionsbegriff der Mathematik eingeführt werden; so beschreibt etwa $x \mapsto x^2-4$ einerseits eine Abbildung (Punktmenge), andererseits eine Abbildungsvorschrift, also einen Algorithmus zur Berechnung des Abbildungswertes.

Auch wird im obigen Beispiel die Zeichenfolge s sortiert, unabhängig davon, ob man die Grundoperationen left, right als

$$left(s) = \langle first(s)\rangle \quad und \quad right(s) = rest(s)$$

($\langle c\rangle$ bezeichne die aus dem Zeichen c bestehende Zeichenfolge) oder unter der Bedingung

$$|\, length(left(s)) - length(right(s))\, | \leq 1$$

realisiert. Im ersten Fall erhält man 'Sortieren durch Einfügen' (der Linksteil ist stets einelementig), im zweiten Fall 'binäres Mischsortieren'.

2.3.4. Charakteristische Eigenschaften In gleicher Weise, wie die arithmetischen Grundoperationen der ganzen Zahlen algebraischen Gesetzen genügen, besitzen auch Rechenstrukturen für zusammengesetzte Objekte **charakteristische Eigenschaften**. Im Beispiel STRING der Zeichenfolgen gelten unter anderem folgende (bedingte) Gleichungen:

(1) first(append(x, s)) = x   (4) length(s) $\geq$ 1 $\Rightarrow$ last(append(x, s)) = last(s)

(2) rest(append(x, s)) = s   (5) upper(append(x, empty)) = empty

(3) last(append(x, empty)) = x   (6) length(s) $\geq$ 1 $\Rightarrow$ upper(append(x, s)) = append(x, upper(s))

In solchen Gesetzen wird das funktionale Verhalten einer Operation als ihr Zusammenspiel mit den anderen Operationen festgelegt.

2.3.5. Partielle Operationen In Rechenstrukturen treten **partielle Operationen** auf, deren Definitionsbereich durch eine **Zusicherung** eingeschränkt wird; im obigen Beispiel der Zeichenfolgen sind dies first, rest, last und upper. Bei der Anwendung einer nur partiell definierten Operation in Algorithmen muß zugesichert sein, daß das Argument im Definitionsbereich liegt.

2.3.6. Erzeugungsprinzip Jedes Objekt einer Rechenstruktur durch eine endliche Formel über den Grundoperationen beschrieben werden (**Erzeugungsprinzip**), etwa die Zeichenfolge 'TUM' durch append('T', append('U', append('M', empty))) . Der Formelaufbau beginnt mit ausgezeichneten Elementen, den Konstanten. Standardbezeichnungen für zusammengesetzte Objekte sind dabei Kurzschreibweisen für Formeln, die den operativen Aufbau des Objekts beschreiben. Methodisch läßt sich das Erzeugungsprinzip bereits bei den natürlichen Zahlen einführen, etwa an Hand der Dezimalzahlen oder der Strichzahlen, zum Beispiel

  128 = 1*100 + 2*10 + 8*1 ||||| = succ(succ(succ(succ(succ(0))))) .

Weiterhin soll der Zusammenhang zwischen der endlichen Erzeugung von Objekten und der Terminierung von Algorithmen herausgearbeitet werden. Klassische Beispiele hierfür sind die Ausschöpfung von endlichen Mengen oder die Verkürzung einer Zeichenfolge. So terminiert etwa der Sortieralgorithmus sort (2.3.1.), weil in jedem Berechnungsschritt die Länge der zu sortierenden Zeichenfolgen jeweils abnimmt.

2.3.7. Induktion Das Erzeugungsprinzip ermöglicht Beweise durch **Terminduktion** (strukturelle Induktion). So gilt für Zeichenfolgen eine Aussage $\forall$s:P[s], wenn der **Induktionsanfang** P[empty] und der **Induktionsschritt** P[t] $\Rightarrow$ P[append(x, t)] gezeigt wird. Methodisch kann dieses Beweisverfahren bei den natürlichen Zahlen motiviert werden, wo durch die Nachfolgeroperation succ Terminduktion und gewöhnliche Induktion zusammenfallen.

2.3.8. Hierarchische Gliederung, beobachtbares Verhalten Rechenstrukturen sind **hierarchisch** gegliedert: die gesamte Rechenstruktur erlaubt eine Unterteilung in **primitive** Rechenstrukturen und einen **nichtprimitiven** Anteil (vgl. das **Hierarchiediagramm** der Zeichenfolgen in Abb. 3). Während primitive Rechenstrukturen eine feste (externe) Bedeutung besitzen, wird der nichtprimitive Anteil als schwarzer Kasten ('black box') aufgefaßt, dessen **beobachtbares (extensionales) Verhalten** durch die Ausgabeoperationen (2.3.9.) gegeben ist. Eine solche hierarchische Gliederung unterstützt die modulare Zerlegung komplexer Strukturen in wohlgegliederte, einzeln implementierbare Rechenstrukturen handhabbarer Größe.

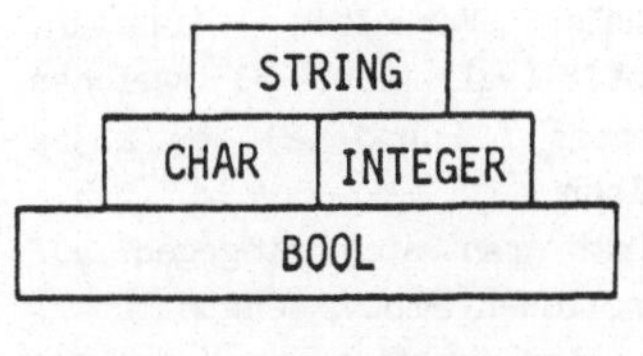

Abb. 3

2.3.9. Klassifikation der Operationen Die Operationen einer hierarchisch gegliederten Rechenstruktur können unterteilt werden in

▷ **Konstruktoroperationen** IK, die die zusammengesetzten Objekte aufbauen,

▷ **Extensionen** IE, die die zusammengesetzten Objekte umbauen, ohne neue Objekte zu schaffen,

▷ **Ausgabeoperationen** IA, deren Bildbereich eine primitive Sorte ist.

Im Beispiel STRING der Zeichenfolgen erhält man etwa

  IK = {empty, append} , IE = {rest, upper, stock} , IA = {length, first, last} .

Dabei ist die Aufteilung in IK und IE im allgemeinen nicht eindeutig. So können alle Zeichenfolgen statt durch append auch durch die Operation stock (Anfügen am Ende) erzeugt werden.

2.3.10. Parametrisierung Strichzahlen (Folgen von Strichzeichen), Binärwörter (Folgen von Binärzeichen) oder Dezimalzahlen (Folgen von Dezimalziffern) entsprechen jeweils dem **Strukturschema** der Folgen, lediglich die eingebrachte Objektmenge der Folgenelemente variiert. Man kennzeichnet dazu in der Rechenstruktur STRING die primitive Rechenstruktur der Folgenelemente als auswechselbar und erhält durch diese **Parametrisierung** das Rechenstrukturschema der Sequenzen, welches durch Angabe einer aktuellen Rechenstruktur für den Parameter **instantiiert** werden kann.

3. Rechenstrukturentwicklung

Eine anwendungsorientierte Rechenstruktur ist im Regelfall nicht direkt verfügbar; vielmehr ist durch schrittweise Entwicklung der Rechenstruktur für ihre Objekte eine Repräsentation und für ihre Operationen ein Algorithmus zu finden, die ausschließlich vorhandene Grundobjekte und -operationen verwenden.

3.1 Implementierung Methodisch können Implementierungen als Wechsel der Rechenstruktur an einfachsten Beispielen erläutert werden. Sollen zum Beispiel Mengen von Zeichen durch Zeichenfolgen dargestellt werden, so gibt es etwa folgende Möglichkeiten:

> Werden Mengen durch ungeordnete Zeichenfolgen mit Wiederholungen repräsentiert, so kann die Mengenvereinigung durch einfache Konkatenation der Zeichenfolgen geschehen.

> Werden Mengen hingegen durch aufsteigend geordnete, wiederholungsfreie Zeichenfolgen repräsentiert, so muß bei der Mengenvereinigung Zeichen für Zeichen in eine geordnete Zeichenfolge einsortiert werden, sofern es noch nicht darin enthalten ist.

Durch einen Vergleich verschiedener Implementierungen ein- und derselben Rechenstruktur erkennt der Schüler, daß bei Implementierungsschritten große Entwurfsfreiheit besteht, deren geschickte Ausnutzung die Effizienz des Algorithmus weitgehend beeinflußt, sein funktionales Verhalten jedoch unverändert läßt.

3.2 Teilrechenstrukturen Läßt man in einer Rechenstruktur gewisse Sorten und/oder Operationen weg, so entsteht eine **Teilrechenstruktur**. Diese umfaßt also eine Teilmenge der Operationen und eine Teilmenge der Objektmengen, jede Objektmenge jedoch vollständig.

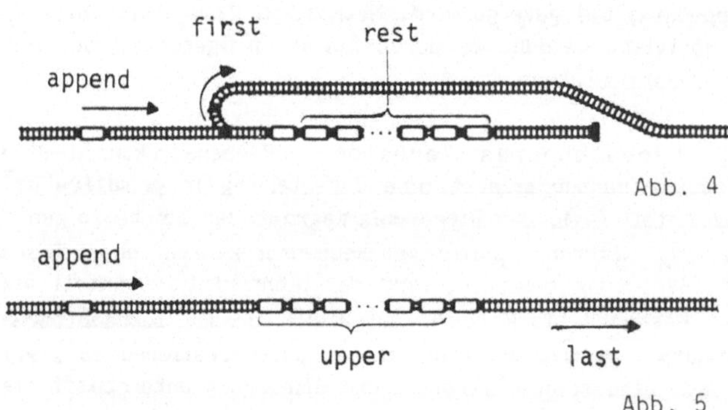

Beschränkt man sich zum Beispiel in der Rechenstruktur STRING der Zeichenfolgen auf die Operationen empty, length, append, first und rest, so entsteht die Teilrechenstruktur der **Stapel.** Deren Zugriffsoperationen an nur einer Seite der Zeichenfolge besitzen das funktionale Verhalten 'last-in, first-out' (vgl. Abb. 4), welches die Gesetze (1) und (2) von 2.3.4 beschreiben. Beschränkt man sich hingegen auf die Operationen empty, length, append, last und upper, so entsteht die Teilstruktur der **Schlangen.** Ihr funktionales Verhalten 'first-in, first-out' (vgl. Abb. 5) beschreiben die Gesetze (3)-(6) von 2.3.4.

In beiden Teilrechenstrukturen sind weiterhin alle Zeichenfolgen erzeugbar; die jeweils fehlenden Operationen können mit Hilfe der vorhandenen als **operative Anreicherung** algorithmisch formuliert werden.

4. Schlußbemerkung

Behandeln Schulbücher der Informatik Datenstrukturen, so geschieht dies meist auf speicherorientiertem Niveau, bestenfalls den Sprachkonstrukten und der Semantik von PASCAL folgend (vgl. Brenner, Gunzenhäuser [5]). Der methodische Unterschied zu der hier skizzierten funktionalen

Einführung von Datenstrukturen resultiert aus folgenden Implementierungsschritten:

▷ Variable für zusammengesetzte Objekte werden repräsentiert durch Zusammensetzungen von Variablen für die Objektkomponenten.

▷ Der Aufbau eines zusammengesetzten Objekts wird durch Zeiger in eine Verweisstruktur umgesetzt.

Dabei überlagert der speicherorientierte Zustandsbegriff der Programmvariablen die algebraischen Eigenschaften der Datenstruktur. Umgekehrt eröffnen sich auf dieser Ebene aber auch qualitativ neue, effiziente Realisierungsmöglichkeiten: Wird der Wert eines zusammengesetzten Objekts in einer Komponente abgeändert, so kann dies speicherorientiert durch eine selektive Umbesetzung der zu ändernden Komponente realisiert werden. Wird hingegen der Objektaufbau abgeändert, so kann dies durch Umsetzen der Verweise am vorhandenen Geflecht realisiert werden, sofern dieses nicht mehr benötigt wird. Auch brauchen umfangreiche, mehrfach vorkommende (Teil-)Objekte nur einmal gespeichert zu werden; ansonsten wird nur darauf verwiesen ('sharing', Gemeinbenutzung von Geflechtteilen).

Dieser Ausblick soll nicht darüber hinwegtäuschen, daß auch bei der maschinennahen Behandlung von Datenstrukturen in der Fachdidaktik noch vieles offen ist. Allgemein jedoch wird zu klären sein, welche Rolle maschinennahe Konzepte in einem Informatikunterricht spielen, der "die Vermittlung grundlagenorientierter Inhalte und prinzipieller Methoden" (Claus et al. [6]) anstrebt.

Danksagung   Die in der Arbeit entwickelten methodischen Vorstellungen entstammen der Forschungsgruppe CIP (Computer-aided Intuition-guided Programming) an der Technischen Universität München. Mein Dank gilt Herrn Prof. F.L. Bauer für vielfältige Diskussionen und meinem Kollegen Dr. H. Wössner für die sorgfältige Durchsicht des Manuskripts.

Literatur

[1] Arlt, W., Koerber, B.: Ziele und Inhalte des Informatikunterrichts. In: Arlt, W. (Hrsg.): Informatik als Schulfach, Didaktische Handreichungen für das Schulfach Informatik. Reihe Datenverarbeitung/Informatik im Bildungsbereich, Band 4 (Oldenbourg, München, Wien 1981) 18–27

[2] Bauer, F.L., Goos, G.: Informatik, Eine einführende Übersicht. Zwei Teile, Dritte Auflage (Springer, Berlin–Heidelberg–New York, Erster Teil 1982, Zweiter Teil 1984)

[3] Bauer, F.L., Wössner, H.: Algorithmische Sprache und Programmentwicklung (Springer, Berlin–Heidelberg–New York, 2. Auflage 1983)

[4] Brauer, W., Claus, V., Deussen, P., Eickel, J., Haacke, W., Hosseus, W., Koster, C.H.A., Ollesky, D., Weinhart, K.: Zielsetzungen und Inhalte des Informatikunterrichts, Empfehlungen der Gesellschaft für Informatik. Zentralblatt für Didaktik der Mathematik 8:1, 35–43 (1976)

[5] Brenner, A., Gunzenhäuser, R.: Informatik, Didaktische Materialien für Grund- und Leistungskurse (Ernst Klett, Stuttgart, 1982)

[6] Claus, V., Eickel, J., Gunzenhäuser, R., Hackl, C., Hosseus, W., Loff, J., Schauer, H., Schnell–Haungs, I., Schulz–Zander, R., Spitta, G.: Empfehlungen zur Ausbildung, Fortbildung und Weiterbildung von Lehrkräften für das Lehramt für die Sekundarstufe I und II. Informatik–Spektrum 2:1, 53–60 (1979)

[7] Dosch, W.: New prospects of teaching programming languages. In: Lovis, F.B., Tagg, E.D. (eds.): Informatics Education for all Students at University Level. Proc. IFIP WG 3.2 Working Conference, Delft, June 1983 (North–Holland, Amsterdam, 1983) 153–169

[8] Engel, A.: Elementarmathematik vom algorithmischen Standpunkt (Ernst Klett, Stuttgart, 1977)

[9] Haefner, K.: Die neue Bildungskrise, Herausforderung der Informationstechnik an Bildung und Ausbildung (Birkhäuser, Basel, Boston, Stuttgart 1982)

[10] Klingen, L., Laubsch, J., Neufang, O., Roth, W.: Informatik (Ernst Klett, Stuttgart, 1978)

[11] Pepper, P., Broy, M., Bauer, F.L., Partsch, H., Dosch, W., Wirsing, M.: Abstrakte Datentypen: Die algebraische Spezifikation von Rechenstrukturen. Informatik Spektrum 5:2, 107–119 (1982)

EDV-AUSBILDUNG IN KAUFMÄNNISCHEN BERUFEN
AM BEISPIEL DER AUSBILDUNG VON INDUSTRIEKAUFLEUTEN

R. Koch
Bundesinstitut für Berufsbildung (BIBB)
Fehrbelliner Platz 3
1000 Berlin 31

1. Verbreitung der EDV

Nach dem Ergebnis einer Befragung des BIBB setzte 1981 erst knapp die Hälfte der Industriebetriebe EDV-Geräte ein. Gut ein Viertel der Betriebe ließ Daten "außer Haus" in einem Rechenzentrum bearbeiten. Und etwa ein weiteres Viertel der Betriebe arbeitete noch ausschließlich mit konventionellen Büroarbeitsmitteln. Während größere Industriebetriebe mit 500 und mehr Beschäftigten fast durchweg die EDV einsetzten, war zum Erhebungszeitpunkt erst jeder fünfte Betrieb mit 10 bis 19 Beschäftigten EDV-Anwender (1).

Das verbesserte Marktangebot an auch für kleinere Betriebe geeigneter Hard- und Software dürfte die Verbreitung der EDV in der Industrie zwar leicht beschleunigen. Den in der Betriebsbefragung erhobenen EDV-Planungen zufolge, muß man aber davon ausgehen, daß auch nach 1985 ein nicht unerheblicher Teil kleinerer Industriebetriebe die EDV gar nicht oder erst marginal anwenden wird und von daher auch nicht oder nur bedingt in EDV ausbilden kann.

2. Anforderungen an EDV-Kenntnisse

An Arbeitsplätzen mit dispositiven Funktionen (z.B. im Einkauf) werden funktionsspezifische kaufmännische Fachkenntnisse durch die EDV nicht überflüssig oder durch EDV-Kenntnisse abgelöst, da auch bei der computerunterstützten Sachbearbeitung die maschinell aufbereiteten Informationen fachlich beurteilt werden müssen. Für die Bearbeitung von Routinefällen genügt dem Sachbearbeiter zwar die Kenntnis der Bedienungsmodalitäten der am Arbeitsplatz eingesetzten Geräte. Ein Grundverständnis der Arbeitsweise der Anwendungssoftware und der technischen Hintergrundsysteme (Betriebssystem, Datenbanken, Übertragungsnetze) ist für den Sachbearbeiter jedoch notwendig, um beim Auftreten von Sonderfällen, Fehlern und Systemausfällen handlungsfähig zu bleiben.

3. EDV-Kenntnisse in der Ausbildungsordnung

In der für die betriebliche Ausbildung von Industriekaufleuten maßgebenden Ausbildungsordnung wurde 1978 der erst 1973 eingeführte Block "Kenntnisse der automatisierten Datenverarbeitung" wieder herausgenommen und durch ein Lernziel ersetzt, nach dem die Erfassung, Verarbeitung und Verwendung von Daten im Betrieb sowohl bei konventioneller als auch bei elektronischer Datenverarbeitung vermittelt werden kann. Zugleich wurde die Vermittlung von EDV-Kenntnissen als lernorteübergreifende Aufgabe definiert und ein entsprechender Lernzielblock im Rahmenlehrplan der Berufsschule verankert (2). Damit wurde vor allem Befürchtungen Rechnung getragen, daß es bei Betrieben ohne eigene EDV-Anlage zu einem Abbau der knapper werdenden Ausbildungsplätze kommen könnte.

Die Diskussion darüber, auf welche Art und in welchem Ausmaß die EDV als Inhalt in Ausbildungsordnungen für kaufmännische Berufe aufgenommen werden soll, hält bis heute an und verläuft insbesondere zwischen Arbeitgeberseite und Gewerkschaften kontrovers. Nach einer vom BMBW in Auftrag gegebenen Befragung der Tarifparteien zu diesem Thema (3), besteht zwar Übereinstimmung darüber, daß EDV-Kenntnisse in der Ausbildung vermittelt werden müssen. Die Arbeitgeberseite sieht aber keinen Regelungsbedarf, da ihrer Auffassung nach EDV-Kenntnisse am besten arbeitsplatzbezogen und verbunden mit den kaufmännischen Funktionen vermittelt werden können. Zudem seien bei der heutigen Formulierung der Ausbildungsordnung für Industriekaufleute die neuen Kommunikationstechniken bereits unausgesprochen aufgenommen. Die Gewerkschaften fordern demgegenüber eine Berücksichtigung von EDV-Kenntnissen in der Ausbildungsordnung. Dabei geht es den Gewerkschaften vor allem darum, den zukünftigen Angestellten nicht nur reines Bediener- und Anwenderwissen zu vermitteln, sondern sie darüber hinaus zu befähigen, die Bedeutung und Funktion der EDV im betrieblichen Arbeitsprozeß zu durchschauen und an der Gestaltung des EDV-Einsatzes mitzuwirken.

4. EDV-Ausbildung im Betrieb

Die überwiegende Mehrheit (84 %) der in die BIBB-Erhebung einbezogenen Industriebetriebe hielt die Vermittlung von EDV-Grundkenntnissen in der kaufmännischen Ausbildung für erforderlich. Nur 9 % vertraten die gegenteilige Auffassung und 8 % hatten keine Meinung.

Am häufigsten befürworteten EDV-Anwenderbetriebe die Vermittlung von EDV-Grundkenntnissen (94 %). In den Betrieben mit Datenverarbeitung "außer Haus" und den Betrieben mit konventioneller Bürotechnik liegen die entsprechenden Anteile mit 76 % bzw. 46 % deutlich niedriger.

Von den Betrieben, die die Vermittlung von EDV-Grundkenntnissen für erforderlich hielten, vertraten 72 % die Auffassung, daß diese in erster Linie in der Berufsschule vermittelt werden sollten. Bei Betrieben ohne eigene EDV-Anlage betrug dieser Anteil 82 % und bei den EDV-Anwenderbetrieben immerhin noch 69 %.

Nach dem Ergebnis einer 1982 vom BIBB durchgeführten Befragung von kaufmännischen Ausbildungsleitern in 100 EDV-Anwenderbetrieben der Industrie wird die EDV in recht unterschiedlicher Form und Intensität zum Gegenstand der Ausbildung gemacht. Die Vermittlung von EDV-Grundkenntnissen und von Kenntnissen der Gerätebedienung hat zwar in der

Ausbildung von Industriekaufleuten an Bedeutung gewonnen, hauptsächlicher Ausbildungs-
gegenstand bleiben jedoch die fachlichen Inhalte. Der am häufigsten genannte betriebliche
Lernort für die Vermittlung von EDV-Qualifikationen ist der Arbeitsplatz in der Fachabtei-
lung. Nicht in allen Fällen führt die EDV-Ausbildung auch dahin, daß die Auszubildenden
- mehr oder weniger selbständig - einfache Vorgänge am Bildschirmgerät bearbeiten. Teilweise werden den Auszubildenden die Arbeitsabläufe am Bildschirmgerät nur theoretisch
erklärt bzw. Auszubildende beobachten lediglich die Arbeitshandlungen des Sachbearbeiters. Teilweise werden die Auszubildenden auch ausschließlich in der EDV-Abteilung am
Bildschirmgerät praktisch unterwiesen, da befürchtet wird, die Auszubildenden könnten fol-
genreiche Fehler bei der Dateneingabe verursachen oder den Geschäftsablauf behindern.
Vor allem in größeren Betrieben wird die EDV-Ausbildung in den Fachabteilungen häufiger
durch einen zusätzlichen Betriebsunterricht ergänzt (4).

5. Der Lernort Arbeitsplatz

Der Einsatz von Bildschirmgeräten an den Arbeitsplätzen der Sachbearbeiter führt zu aus-
bildungsmethodischen Problemen. Nach dem traditionellen Prinzip "Zuschauen und Nach-
machen" kann der Auszubildende weder den betriebswirtschaftlichen Hintergrund noch die
organisatorische Einbettung der Sachbearbeitertätigkeit in den betrieblichen Arbeitsablauf
voll begreifen. Es wird deshalb ein höherer Aufwand an theoretischer Unterweisung erforderlich, der eine entsprechende Qualifikation und Motivation der ausbildenden Sachbearbeiter voraussetzt. Ansonsten besteht die Gefahr, daß den Auszubildenden nur Aufgaben mit
geringem Schwierigkeitsgrad zugewiesen werden und daß das betriebliche EDV-System als
"Black Box" aus der Ausbildung herausgehalten wird und lediglich Fertigkeiten zur Bedienung der Bildschirmtastatur vermittelt werden.
Neue methodische Ansätze für die kaufmännische Ausbildung sollen in der gegenwärtig
laufenden Modellversuchsreihe "Neue Technologien in der beruflichen Bildung" erprobt werden. Dabei geht es zum einen um die Frage, wie betriebliche Realsituationen auch beim
Einsatz der EDV als Lernsituationen genutzt werden können. Zum anderen soll nach Möglichkeiten gesucht werden, wie die Ausbildung in den Fachabteilungen durch projektorientierte Ausbildungsphasen unter Nutzen neuer Informationstechniken ergänzt werden kann.

6. EDV-Ausbildung in der Berufsschule

Vier von zehn der befragten kaufmännischen Ausbildungsleiter schätzten den EDV-Unterricht in der zuständigen Berufsschule als unzulänglich ein. Verantwortlich gemacht wurden
dafür vor allem mangelnde technische und berufspraktische Kenntnisse der Berufsschulleh-
rer und eine fehlende oder ungenügende Ausstattung der Berufsschule mit unterrichtsgeeigneter Hard- und Software. Fast jeder fünfte Befragte war nicht darüber informiert, was die
Berufsschule im EDV-Unterricht vermittelt.

Im KMK-Rahmenlehrplan, den die meisten Bundesländer mit geringen Änderungen übernommen haben, wird die EDV als 30-stündiger Lernabschnitt dem Lernbereich "Industrielles
Rechnungswesen mit Datenverarbeitung" zugeordnet. Bei den Lerninhalten dominiert eine
unsystematische Sammlung von Begriffen über oft kurzlebige technische Fakten. Dies führt
zu einer Datenträger- und Gerätekunde und behindert einen anwendungs- und problemorientierten Unterricht (5). In den Lehrplänen für die kaufmännischen Kernfächer ist die
Anwendung der EDV als Problemlösungsmittel bislang nicht vorgesehen, was überdies durch
eine starre Fächerabgrenzung behindert wird.

7. Maßnahmen

Um die Qualität der EDV-Ausbildung von Industriekaufleuten zu verbessern und zu verein-
heitlichen, halte ich folgende Maßnahmen für vordringlich:

o Die Ausstattung der Berufsschulen mit unterrichtsgeeigneter Hard- und Software muß
verbessert werden.

Zwar besitzt ein erheblicher Teil der Berufsschulen ein eigenes Computersystem. Diese
Systeme sind jedoch vielfach technisch veraltet und nur für begrenzte Zwecke einsetzbar. Hinsichtlich der Software fehlt es an einer ausreichenden Dokumentation und einem
organisierten Austausch der Lernmaterialien (6)

o Die Lehrerfortbildung im Bereich Wirtschaftsinformatik muß intensiviert werden.

Da die erforderliche Anzahl an Berufsschullehrern mit einer Ausbildung in Wirtschaftsinformatik - schon allein aufgrund der z.Z. geringen Einstellungsquoten in den Schuldienst - nicht über die Hochschule zur Verfügung gestellt werden kann, kommt der Lehrerfortbildung ein besonderer Stellenwert zu.

o Der KMK-Rahmenlehrplan muß im Hinblick auf die Wirtschaftsinformatik überarbeitet
werden.
Der rasche Wissensumschlag auf dem Gebiet der Informationstechnik erfordert ein Verfahren der Lehrplangestaltung, das ein schnelles Veralten der Lerninhalte verhindert. Der
Lehrplan sollte einen anwendungs- und problemorientierten Wirtschaftsinformatik-Un-
terricht fördern und auch die Nutzung der Computertechnik als Problemlösungsmittel in
den kaufmännischen Fächern vorsehen.

o Die Kooperation zwischen Schule und Betrieb in der EDV-Ausbildung muß verbessert
werden.

Ansatzpunkte hierfür sind neben einer besseren zeitlichen und sachlichen Abstimmung
der Unterrichts- und Ausbildungsinhalte z.B. das gemeinsame Erstellen von Software für
den Unterricht, die Demonstration betrieblicher EDV-Anwendungen oder Betriebsprakti-
kas für Lehrer.

o Die Computertechnik muß als Inhalt in die Ausbildungsordnung aufgenommen werden.

Nur über die Ausbildungsordnung können rechtsverbindliche Mindestinhalte der Ausbildung definiert werden. Ob und wie intensiv heute die betriebliche EDV-Ausbildung durchgeführt wird, hängt von der EDV-Ausstattung und dem Engagement der Betriebe ab. Angesichts eines stark differierenden Niveaus der EDV-Ausbildung in der Berufsschule hat dies für einzelne Auszubildende - vermutlich vor allem aus kleineren Industriebetrieben - die Konsequenz, daß sie nach ihrer Ausbildung nicht oder nur unzureichend über eine für ihre berufliche Weiterentwicklung wichtige und auch durch praktische Erfahrung fundierte EDV-Grundqualifikation verfügen. Fehlende Ausbildungsmöglichkeiten im Betrieb müssen durch eine überbetriebliche Ausbildung oder einen Ausbildungsverbund ausgeglichen werden.

o Die betrieblichen Ausbilder/Ausbildungsbeauftragten müssen auf die veränderten Anforderungen durch Weiterbildung vorbereitet werden.

Der zukünftige Stellenwert des Arbeitsplatzes als Lernort der kaufmännischen Ausbildung hängt entscheidend von der Qualifikation der Ausbilder/Ausbildungsbeauftragten ab. Ein vordringlicher Qualifizierungsbedarf besteht sowohl auf dem Gebiet der Computertechnik als auch auf pädagogischem Gebiet.

8. Anmerkungen

(1) Vgl. Koch, R.: "Elektronische Datenverarbeitung in der Industrieverwaltung. Ergebnisse einer Befragung von betrieblichen Experten zu den Auswirkungen der elektronischen Datenverarbeitung auf die Qualifikationsanforderungen, den Personaleinsatz und die Aus- und Weiterbildung in kaufmännischen Berufen". BIBB (Hrsg.): Berichte zur beruflichen Bildung, Heft 68, Berlin 1984.

(2) Vgl. Vojta, J.: Kaufmännische Ausbildung - Weichen falsch gestellt, in: Computerwoche, 23. Juli 1982, Nr. 30/1982.

(3) Vgl. Wenningmann, P./Oberbeck, H.: Die Bedeutung neuer Informations- und Datenverarbeitungstechnologien für Qualifikation und Berufsbildung kaufmännischer Angestellter aus der Sicht der Tarifparteien. Unveröffentlichter Forschungsbericht des SOFI im Auftrag des BMBW, Göttingen 1983.

(4) Vgl. Koch, R.: a.a.O.

(5) Vgl. Borg, B.: Wirtschaftsinformatik an kaufmännischen Schulen. Unveröffentlichter Sachstandsbericht im Auftrag des BMBW zur Tagung "Mikroelektronik und Schule" in Wiesbaden 1984.

(6) Vgl. ebenda

INFORMATIONSTECHNIKEN AN KAUFM. SCHULEN
EINE CURRICULARE UND UNTERRICHTSORGANISATORISCHE PLANSKIZZE

StD Bernard Borg, BBS I Soltau

1   Ausgangslage und Zielsetzung

Verbreitung und Anwendung der Informationstechniken (IT) in Wirtschaft und Verwaltung
sind die Herausforderung der 80er Jahre für die kaufm. Ausbildung. Die Vielfalt der
neuen Informationstechniken, ihre dezentrale, arbeitsplatzbezogene Verfügbarkeit und
Integration im 'Büro der Zukunft' sowie der dadurch bedingte Wandel der Qualifikationsanforderungen haben (bisher) keine eindeutigen empirischen und bildungspolitischen Antworten gefunden. Empirische Untersuchungen weisen jedoch darauf hin, daß in
der Verbindung von gutem Fachwissen und vertieften EDV-Kenntnissen ein personalpoli-
tischer Engpaß besteht.
Das bildungspolitische und curriculare Defizit des DV-Unterrichts an kaufm. Schulen
ist aufgearbeitet. /1/ Die GI legte 1982 die Empfehlungen 'Lernziele des Informatikunterrichts an kaufm. Schulen' vor.
Auf der Grundlage der heutigen Richtlinien, der derzeitigen Unterrichtssituation und
einiger Vorarbeiten /1/, /2/ wird versucht, eine schulformübergreifende Planskizze
für die curriculare, unterrichtsorganisatorische und mediale Einbeziehung der Informationstechniken in die berufs(feld)bezogenen Unterrichtsfächer zu entwerfen. Sie
muß dabei berufspädagogische und fachdidaktische Kriterien berücksichtigen und eine
unterrichtliche Integration von Wirtschaft und Informatik unter ökonomischen und humanen Gesichtspunkten erlauben.

2   Unterrichtliche Einsatzfelder der Informationstechniken

Nach den Richtlinien für kaufm. Schulformen gliedern sich die Fächer in allgemeinbildende und berufs- (Berufsschule) bzw. berufsfeldbezogene. Letztere seien hier unterteilt in kaufm. Kernfächer (z. B. Wirtschaftslehren, Rechnungswesen, Schriftverkehr),
Wirtschaftsinformatik o.ä. und Büro- und Schreibtechnik.
Es wird die These vertreten, daß die Informationstechniken in allen diesen Lernbereichen unter verschiedenen didaktischen Fragestellungen Eingang finden müssen und
gleichzeitig in eine ausdifferenzierte curriculare, unterrichts- und medienorganisa-
torische Gesamtkonzeption einzuordnen sind. Abb.1 stellt die Einbeziehung der Informationstechniken in diese Lernbereiche vor.

2.1   Unterrichtsfach Wirtschaftsinformatik

Bisherige empirische Befunde und neuere curriculare Konzepte stimmen darin überein,
daß der Schüler Kenntnisse und Erfahrungen der interdependenten Bereiche kaufm. Anwendung, Software und Informationstechniken mit dem Schwerpunkt einer systematischen
Problemlösungsentwicklung und -dokumentation am schulischen Rechner erhalten soll.
Für die integrative Gestaltung kaufm. Arbeitshandlungen, Arbeitsorganisation, Soft-

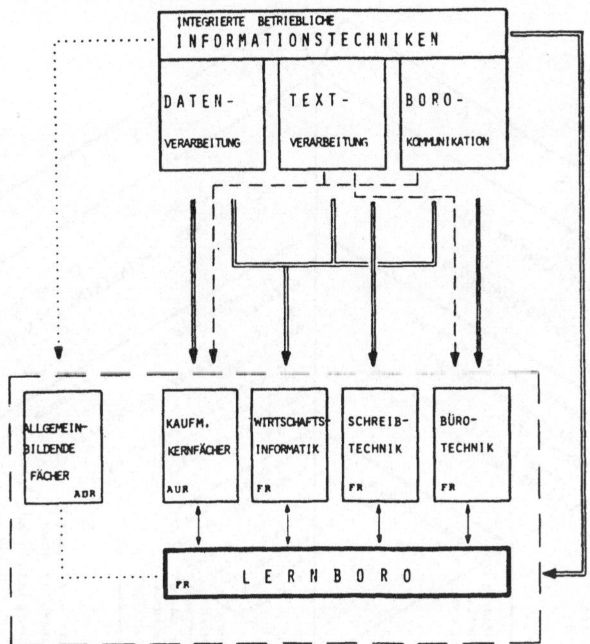

ABB. 1: EINBEZIEHUNG DER INFORMATIONSTECHNIKEN IN
BERUFS(FELD)SPEZIFISCHE LERNBEREICHE / UNTERRICHTSFÄCHER

ware und Informationstechniken nach ökonomischen <u>und</u> humanen Kriterien sind Kenntnisse und Erfahrungen der <u>organisatorischen Gestaltung</u> und ihrer <u>Auswirkungen</u> erforderlich. Die didaktische Leitfrage lautet, wie man kaufm. Problemlösungen mit Hilfe der
IT <u>gestaltet!</u>
Abb. 2 stellt eine curriculare Stufenkonzeption für eine kaufm. Grund-, Fach- und
aufbauende Fachbildung (von innen nach außen) vor, die nach den o.g. Kriterien gegliedert ist und einige stufengeeignete Unterrichtsmethoden angibt. /3/

2.2   Kaufmännische Kernfächer

An einem Teil der Richtlinien dieser Fächer erlauben die IT eine modellhafte Abbildung wirtschaftlicher und betrieblicher Sachverhalte. Dabei können sie gleichzeitig
als Unterrichtsmedium lernprozeßunterstützende Funktionen übernehmen.

Die kombinierbaren Potenzen der IT - dynamische visuelle Darstellung von Daten, Texten und Graphiken; Speicherung von Massendaten; schnelle Berechnungen mit Ergebnis-
dokumentation; Demonstration und Simulation von Zuständen und Abläufen - können genutzt werden, um bei ausgewählten Themen bzw. Problemstellungen u. a.

- eine praxisnahe Vermittlung anzustreben;
- die fachlichen und informationstechnischen Aspekte der Gestaltung zu bewerten;
- abstrakt-theoretische Lerninhalte (z. B. optimale Losgröße) in Varianten darstellen und veranschaulichen zu können;

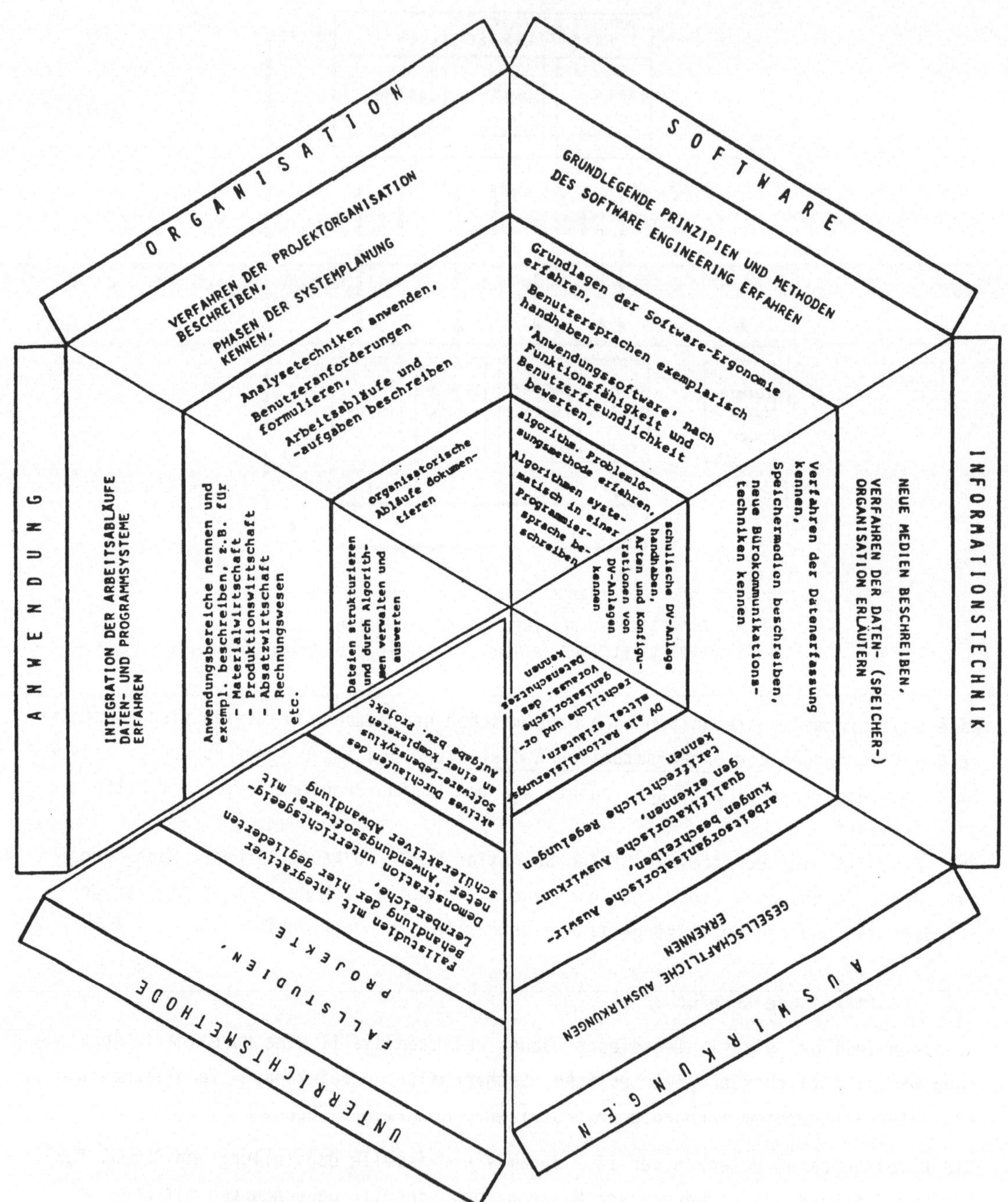

ABB. 2: STUFENKONZEPTION DES WIRTSCHAFTSINFORMATIKUNTERRICHTS NACH DEN GLIEDERUNGSKRITERIEN

- wirtschaftliche Abläufe und Entscheidungen modellieren (z.B. Planspiel) und optimieren zu können;
- auf der Basis von Massendaten Berechnungsexperimente und -übungen (z.B. Verfahren
der Kostenrechnung) durchführen zu können.

Als didaktische Leitfrage gilt, auf dem Hintergrund der informationstechnikorientier-
ten betrieblichen Praxis, einen Teil der Lerninhalte praxisnah und effektiv zu vermitteln.

2.3   Lernbüro

Mit Konzeptionen, wie beispielsweise das Lernbüro, Schein- oder Übungsfirmen versuchen kaufm. Schulen, eine Integration der verschiedenen Aspekte der einzelnen Fächer
und einen erweiterten Praxisbezug durch die Vermittlung unmittelbar verwertbarer
kaufm. Grundfertigkeiten zu erreichen./4/ Der Schwerpunkt liegt bisher oftmals entweder in der Anwendung des in den kaufm. Kernfächern erlernten oder in der Handhabung herkömmlicher Bürotechniken und -organisationsformen.

Jeder Schüler muß davon ausgehen, daß er an seinem späteren Arbeitsplatz - und evtl.
in seinem Freizeit- und Privatbereich (Bildschirmtext) - an einem Dialoggerät mit
komplexen und wenig durchschaubaren, jedoch leicht bedienbaren Softwaresystemen der
Informationstechnik kaufm. Geschäftsvorfälle systemgeführt erledigt, wobei die Lösungsabläufe kaum anschaulich nachvollziehbar und elementar erfahrbar sind. Es gilt
daher, nach den didaktischen Prinzipien Praxisorientierung, Ganzheitlichkeit kaufm.
Arbeitsprozesse und Handlungskompetenz, in einem <u>informationstechnikgestützten Lernort Lernbüro</u>

- das übende Bearbeiten von Geschäftsvorfällen (Handlungen mit Waren- und Geldbewe-
gungen sowie kaufm. Korrespondenz) von der manuellen bis zur dialogen bzw. automatisierten Abwicklung;
- das organisatorische Gestalten betriebsinterner und zugehöriger betriebsexterner
Handlungen und Abläufe;
- das Anwenden wirtschaftlicher Kenntnisse in Routine- und Entscheidungssituationen
- mit dem anwendungsbezogenen Durchdringen der Gestaltungen von Soft- und Hardware
und deren sichere Handhabung

zu einer <u>ganzheitlichen zukunftsorientierten kaufm. Grundbildung</u> (did. Leitfrage) zu
verknüpfen.

Diese Vorgehensweise ist abhängig von einer didaktisch-methodischen Konzeption der
Bürosimulation /4/, einer damit abgestimmten - nach berufspädagogischen Kriterien
ausgewählten - organisatorischen, büro- und informationstechnischen Einrichtung und
insbesondere von einer unterrichts- und schülergemäßen 'Anwendungssoftware'.

3   Voraussetzungen

Eine zwingende Voraussetzung für die erwartete Ausbildungseffektivität dieser Vorgehensweise ist die schulinterne curriculare, methodische und mediale Abstimmung des
Lernbüros mit den kaufm. Kernfächern, der Wirtschaftsinformatik sowie der Schreib-
und Bürotechnik.

Die jetzige Ausstattung kaufm. Schulen mit IT, der Lernmaterialienmarkt und der Aus-
bildungsstand der Kollegen erlauben kaum eine kurzfristige Umsetzung der Planskizze
auf breiter Front. Soll das kaufm. Schulwesen nicht weiterhin als Engpaßfaktor für
eine qualifizierte Ausbildung gelten, so sind u.a. folgende Voraussetzungen zu schaffen.

3.1 Intensivierung der Lehreraus- und Lehrerfortbildung in Wirtschaftsinformatik

Alle Studenten der Wirtschaftspädagogik müssen eine grundlegende fachliche und fachdidaktische Ausbildung in WI erhalten.
Der überwiegende Teil der Kollegen benötigt eine Einführung in die Gestaltung und
Handhabung der IT für ihre Unterrichtsfächer. Die Mehrzahl der das Fach WI unterrichtenden Kollegen ist angewiesen auf eine, der rasanten Entwicklung der IT entsprechende permanente Fortbildung mit Betreuung.

3.2 Ausstattungsempfehlungen für IT (Systemsoftware und Hardware)

Die derzeitigen Beschaffungen von IT werden durch die Budgetrestriktionen der Schulträger diktiert. Sie erfolgen überwiegend getrennt für einzelne Fächer (Fachraum-
prinzip). Nach 2 ergeben sich jedoch, je nach Einsatzfeld, unterschiedliche berufspädagogische, curriculare und unterrichtsorganisatorische Anforderungen an die IT.
So reichen in den kaufm. Kernfächern mobile Einplatzsysteme der Personalcomputer mit
guten Darstellungsmöglichkeiten. Im Lernbüro und im Fach WI benötigt man dagegen
stationäre Mehrbenutzer-Systeme oder lokale (offene) Netzwerke mit Massenspeichern,
die u.a. eine gemeinsame Dateiverarbeitung mit Datensatzsperrung und einen Zugang zu
den Kommunikationstechniken erlauben. Entscheidend für die Effektivität des Einsatzes der IT im Unterricht sind jedoch nicht deren hard- und softwaremäßige Potenzen, sondern das Vorliegen unterrichtsgeeigneter Problemlösungen und der einheitliche und schülergemäße Zugang zu den Systemen der IT, wie z.B. DIN Tastaturen mit ein-
heitlichem Aufbau, einheitliche Funktionstastenbelegung, schülergemäße Betriebssy-
stemumgebung und Programmierspracheneinbettung sowie die Software- und Datenverträg-
lichkeit.

3.3 Entwicklung schulischer Anwendungssoftware

Unter schulischer Anwendungssoftware seien hier nach pädagogischen Kriterien ausgewählte Systeme der Standard-Software, Benutzersprachen und die unterrichtsgeeignete
'Anwendungssoftware' verstanden.
Die Arbeit mit den IT in den kaufm. Kernfächern und im Lernbüro bedeutet ein Benutzen von Anwendungssoftware. Soll die Schülerarbeit dabei nicht auf ein passives Bedienen bzw. das Eintippen der Eingabedaten und das Ablesen von Ergebnissen beschränkt bleiben, so muß es möglich sein, im Unterricht in verschiedenen Lernsituationen (Demonstration, Übung, Einzel- oder Gruppenarbeit) die gegebene Anwendungs-

software ändern zu können.

Dies setzt eine Anwendungssoftware voraus, die nach didaktisch-methodischen Kriterien entwickelt, gut strukturiert, modular aufgebaut, korrektur- und erweiterungsfähig sowie unterrichtsgeeignet (selbst-) dokumentiert und in der Handhabung schülergerecht beschrieben ist. Notwendig ist somit eine unterrichtsgeeignete 'Anwendungssoftware', die im und für den Unterricht nach den obigen Kriterien zu entwikkeln ist (vgl. Abb. 3)

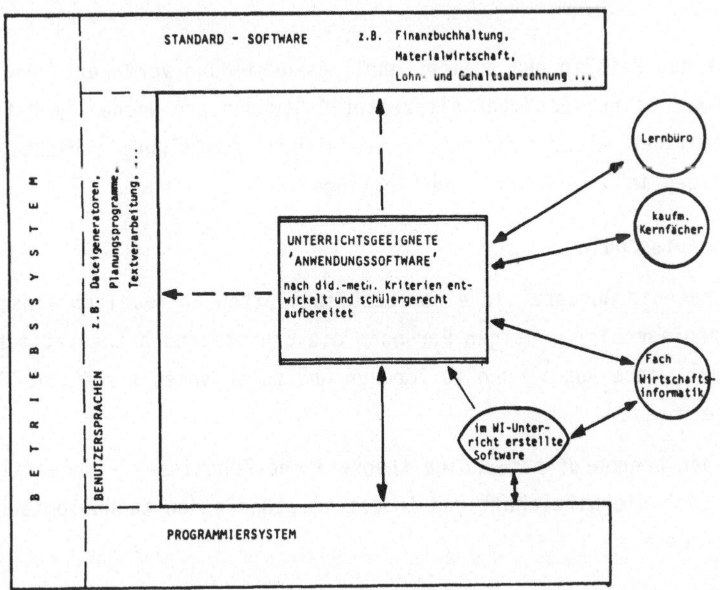

ABB. 3: UNTERRICHTSGEEIGNETE 'ANWENDUNGSSOFTWARE' IM GEFÜGE SCHULISCHER SOFTWARE

3.4 Abstimmung verschiedener Lernmaterialien

System-, Programmier- und Bedienungshandbücher oder Benutzungsanleitungen sind heute von Technikern eher produktorientiert aufgebaut denn nach pädagogischen Kriterien entwickelt. Oftmals liegen sie ausschließlich in englischer Sprache vor. Im Unterricht stehen sie zumeist in keinem Zusammenhang zu den üblichen Lehr- und Lernmaterialien und sind für die Hand des Schülers ungeeignet. Notwendig ist die Erstellung schülergeeigneter Lernmaterialien und deren Abstimmung mit den Begleitmaterialien der Informationstechnik sowie der Dokumentation schulischer Software.

Literatur

/1/ Diepold, Borg   Wirtschaftsinformatik an kaufm. Schulen
    (Hrsg.)   München Wien 1984

/2/   log in, Heft 4, 1982

/3/ Borg, B.   Stufenkonzeption und Markierungspunkte für den Wirtschaftsinformatikunterricht an kaufm. Schulen
    In: /2/ S. 302 ff.

/4/ Hopf, B.   Bürosimulation im Rahmen der kaufm. Grundbildung - Hannover 1973

PRAKTISCHE ERFAHRUNGEN MIT EDV *)
AN KAUFMÄNNISCHEN BERUFSSCHULEN IN ÖSTERREICH

Viktoria Bertignoll
Berufsschule II Steyr
Otto Pensel-Straße 14, A-4400 Steyr

1. ZUR SITUATION

1.1 Zielgruppe

In Österreich ist das Prinzip der dualen Lehrlingsausbildung verankert. Das bedeutet, daß der Lehrling 4/5 seiner Gesamtarbeitszeit (40 Stunden pro Woche) im Betrieb verbringt bzw. ausgebildet wird, und nur 1/5 schulische Ausbildung genießt. Etwa die Hälfte der 16jährigen in Österreich sind Lehrlinge.

1.2 Aufgabe der Berufsschule

Die Berufsschule hat die Aufgabe, in einem berufsbegleitenden fachlich einschlägigen Unterricht den berufsschulpflichtigen Personen die grundlegenden theoretischen Kenntnisse zu vermitteln, ihre Ausbildung zu fördern und zu ergänzen sowie die Allgemeinbildung zu erweitern. (/2/)

Was sind nun für den Lehrberuf notwendige theoretische Kenntisse? - Jedenfalls keine statischen, weil sich die Wirtschaft und Industrie ständig den technologischen Innovationen anpassen müssen.

1.3 Entwicklung

Die Ausbildung der Berufsschüler soll immer möglichst praxisnah erfolgen, was sich auch in der Ausstattung der Berufsschulen niederschlägt. So findet man in fast allen Schulen neben den mechanischen Schreibmaschinen auch elektrische und elektronische.

Die Herausforderung der Mikroelektronik hat die Berufsschule Steyr (Oberösterreich) als eine der ersten Österreichs angenommen; und zwar in ihrem speziellen Bereich, nämlich beim Bürokaufmann. - Der Schule stehen zurzeit 8 Mikrocomputer mit Druckern zur Verfügung.

Vom Bundesministerium für Unterricht und Kunst werden für die Handelsschulen und Handelsakademien Programme angekauft. Es handelt sich dabei um verstümmelte Praxisprogramme für Finanzbuchhaltung (mit Lagerbuchhaltung, Fakturierung, Anlagenbuchhaltung), Kostenrechnung, Personalverrechnung und Textverarbeitung. - Diese Programme werden den Berufsschulen für eine Ausbildung im Operating zur Verfügung gestellt.

---

*) In Österreich wird, im Gegensatz zu anderen Ländern, der Begriff "EDV" für "Informatik" verwendet.

2. ERFAHRUNGEN

Ausgehend von dem Gedanken des "spielenden Lernens" werden die Schüler zunächst mit der Anwendung von Textprogrammen vertraut gemacht - im Rahmen des Unterrichtsgegenstandes Steno- und Phonotypie in der 2. Büroklasse (2. Semester, 18 Unterrichtseinheiten).

Ermöglicht wird dies durch die Lehrplaninhalte: Textbe- und -verarbeitung, Briefgestaltung, Kenntnisse über den rationellen Einsatz der wichtigsten Büromaschinen... Diese Begriffe schließen die jeweils letzten technischen Entwicklungen ein, sodaß nicht der übliche lange Weg über eine Lehrplanänderung eingeschlagen werden muß.

Nach diesem Semester sind die Schüler mit der Bedienung des Computers und mit den Textprogrammen halbwegs vertraut und so wird in den 3. Büroklassen im 1. Semester im Rahmen des Buchführungsunterrichtes (Lehrplaninhalt: Durcharbeitung eines einmonatigen Geschäftsfalles nach einem in der Praxis üblichen Verfahren) das Finanzbuchhaltungsprogramm eingesetzt. Im 2. Semester werden dann die Bürokaufmannslehrlinge im Unterrichtsgegenstand Kaufmännisches Rechnen in das Programm Personalverrechnung eingeschult.

So viel Spaß den Schülern die Arbeit am Computer auch macht, spürt man doch deutlich, daß bei einem Unterricht, der sich mehr oder weniger auf Operating beschränkt, ganz einfach **essentielle Grundbegriffe fehlen**:

1) Aus einem Mangel an Grundkenntissen über die "Denkweise" des Mikrocomputers heraus erscheinen den Schülern manche Abläufe unverständlich und kompliziert. Fehler werden nicht einsichtig und daher dem Computer "angelastet".

2) Durch das oft einfache Handling allein wird vielfach kein Interesse an der Technik, den Hintergründen geweckt, was die Einsicht zur Notwendigkeit der Weiterbildung behindern kann.

3) Das Arbeiten am Computer bleibt beschränkt auf "Handling", auf Softwarebedienung, was einer untergeordneten Stufe in der Hierarchie der EDV-Berufe entspricht.

4) Die am Mikrocomputer erworbenen Kenntisse können nicht mit einer Zeugnisnote dokumentiert werden.

Dies führte zu einem Schulversuch "EDV in Büroklassen" an der Berufsschule II Steyr.

3. SCHULVERSUCH

Bildungs- und Lehraufgabe:

- Vermittlung einer systematischen Grundlage zum Verständnis von elektronischen Datenverarbeitungsanlagen einschl. Textsystemen im Hinblick auf Aufgabenlösungen im kaufmännischen Bereich.

- Vermittlung von Kenntissen und Fertigkeiten im Erstellen und Anwenden kleiner Programme. Erziehung zum betriebswirtschaftlichen Denken.

- Fähigkeit zur konstruktiven Zusammenarbeit in Gruppen bei der Erarbeitung praktischer Lösungen.

Lehrstoff:

- Grundkenntisse über Datenverarbeitung

- Aufbau und Arbeitsweise von Datenverarbeitungsanlagen: Zentraleinheit, Ein- und Ausgabegeräte, Speichermedien, Datenerfassung, Datenträger; Dialoggeräte

- Übersicht über die wichtigsten Programmiersprachen. Erstellung und Anwendung kleiner Programme aus dem kaufmännischen Bereich.

- Einsatz und Organisation der EDV

- Berufe im EDV-Bereich

- Datenschutz; gesellschaftliche Auswirkungen der Mikroelektronik

Eine im Anschluß an den Schulversuch durchgeführte **Fragebogenaktion** ergibt in Steyr eine **100%ige Bejahung des Gegenstandes EDV.** - So geben 100 % an, daß der Gegenstand nicht als zusätzliche Belastung empfunden wird, 90 % wollen ein höheres Stundenausmaß für dieses Fach, nur 10 % finden es ausreichend. - **Und die Lehrer diskutieren, ob EDV überhaupt unterrichtet werden soll.**

4. ARBEITSKREIS "EDV AN BERUFSSCHULEN"

Mittlerweile hat sich in Österreich bundesweit der Arbeitskreis "EDV an Berufsschulen" gebildet, dem Vertreter aus dem Bundesministerium für Unterricht und Kunst und den Berufsschulen angehören. - **Erfahrungen und Empfehlungen stellte der Arbeitskreis in einem Bericht zusammen: (/1/)**

4.1 Bildungsauftrag der Berufsschule

Die Berufsschule kann an den Inhalten der neuen Technologien nicht mehr länger vorbeigehen. Die Auswirkungen der Mikroelektronik dürfen nicht allein zum Inhalt fachtheoretischer Überlegungen werden, sie müssen vor allem im gesamtgesellschaftlichen Zusammenhang gesehen und behandelt werden. Will die Berufsschule ihrem Bildungsauftrag auch in Zukunft gerecht werden, so sind Änderungen in den Lehrplänen der Lehrerausbildung und der Berufsschule erforderlich.

4.2 Bildungsinhalte

- Das kaufmännische Rechnungswesen soll als Ganzes gesehen und behandelt werden; im Rahmen eines Projektunterrichtes sollen komplexe Themen bearbeitet werden.

- Die Vermittlung von Grundkenntissen in einer höheren Programmiersprache wird in Zukunft zu empfehlen sein.

- Im Unterrichtsgegenstand Politische Bildung wird es notwendig sein, gesellschaftliche Konsequenzen, die sich aus der Anwendung von Daten aus der EDV ergeben, aufzuzeigen.

- Die Lehrerausbildung muß den neuen Lehrplaninhalten angepaßt werden.

4.3 Technische Ausstattung

An allen kaufmännischen Berufsschulen in Österreich ist die Anschaffung von EDV-Anlagen geplant bzw. realisiert.

4.4 Konzepte für die Lehrerausbildung wurden erstellt.

4.5 Lehrpläne

Die Einführung der elektronischen Datenverarbeitung in den Rahmenlehrplan erfordert Konsequenzen bei allen Pflichtgegenständen.

4.6 Pädagogisch-didaktische Richtlinien für den Unterricht

Hier konnte ich in den Arbeitskreis meine bisherigen Erfahrungen im praktischen Unterricht einbringen.

Prinzipiell bietet die Beschäftigung mit EDV eine Fülle von Möglichkeiten bezüglich Motivation, Didaktik und Methodik bis hin zum sozialen Lernen. Vor allem muß das Vorurteil ausgeräumt werden, daß ein Informatikunterricht die technokratischen Aspekte im Unterricht verstärke - eine geeignete humanistische Prägung kann eher das Gegenteil bewirken (/3/, S. 412)

Ausgehend vom Schulversuch ergaben sich folgende **Empfehlungen für den EDV-Unterricht:**

- **Beginn mit den Textprogrammen,** da Vorkenntnisse in Maschinschreiben ausreichend vorhanden sind. Es ist bei diesem Programm daher leichter möglich, die unbedingt notwendigen Fachtermini aus dem Bereich EDV und deren Bedeutung zu einem passenden Zeitpunkt einzubauen (integrativ).
Besser ist jedoch, der Softwareanwendung einen eigenen Gegenstand EDV vorzulagern bzw. zumindest parallel dazu anzubieten (eigenständiges Fach, /3/, S. 407).
In den nächsten Semestern erfolgt **dann die Anwendung des Finanzbuchhaltungs- und Personalverrechnungsprogrammes,** weil zu diesem Zeitpunkt auch die notwenigen Buchhaltungs- und Personalverrechnungskenntisse gegeben sind.

- **Unterrichtsmittel** können vielfältig variiert werden. Die Assoziierung und Verankerung des Lehrstoffes erfolgt über verschiedene Eingangskanäle für verschiedene Lerntypen: Das verbal-abstrakte Lehrer-Schüler-Gespräch, optisch unterstützt durch OH-Folien, Skripten und Arbeitsblätter, erläutert die praktische Arbeit am Computer, die in Teamarbeit mit alle ihren zwischenmenschlichen Implikationen durchgeführt wird.

- **Querverbindungen und Assoziierungen** sind ständig gegeben, da Lerninhalte, die aus anderen Unterrichtsgegenständen bereits bekannt sind, auf das Arbeiten am Computer transferiert werden.

- **Erziehung zum rationellen und doch sozialen Lernen in Gruppen**

Durch die vorgenannten Punkte wird dem Lehrer ein großer Teil seiner Mittlerfunktion abgenommen; er wird frei für den so notwendigen Kontakt während des Lernprozesses. **Er ist nicht überlegener Gegner sondern eher Lernpartner und -helfer - kein Stressor, der Denkblockaden bewirkt.**

5. AUSBLICK

Die Berufsschüler mit kaufm. Lehrberufen fordern vehement eine Ausbildung in EDV. - Derzeit ist in Österreich die Einführung eines Faches EDV nur über Antrag beim Bundesministerium als Schulversuch möglich.

Die **entscheidende Frage in Zukunft** wird sein, dem Jugendlichen Fähigkeiten und Fertigkeiten zu vermitteln, die ihm in einer sich ständig wandelnden Berufswelt - mit all ihren technischen Innovationen - mobiles Umsteigen ermöglichen. Noch dazu, wo vom Gesetzgeber her der Zugang von Nicht-Maturanten zur Universität geöffnet wurde.

Der entscheidende erste Schritt in EDV ist jetzt an den Berufsschulen in Österreich getan. Die notwendigen Voraussetzungen sind durch den mittlerweile zum Großteil realisierten Anlagenkauf geschaffen. - Gesichert scheint auf alle Fälle die Ausbildung der Berufsschüler auf dem Gebiet der Softwarebedienung. - **Die Notwendigkeit der Vermittlung von Grundlagen der Informatik ist unbestritten. Sie wird nun auch verstärkt in Österreich diskutiert.**

Literatur

/1/ Arbeitskreis "EDV an Berufsschulen" des Bundesministeriums für Unterricht und Kunst, EDV an Berufsschulen - Erhebungen, Konsequenzen, Ausblicke, Wien 1983

/2/ Lehrplan für den Lehrberuf Bürokaufmann

/3/ SCHAUER, Helmut, Die Bedeutung eines Informatikunterrichts für das österreichische Schulwesen, in: Schauer H./Tauber M. J. (Hrsg.), Kommunikationstechnologien - Neue Medien in Bildungswesen, Wirtschaft und Verwaltung, Wien-München 1982

ANWENDUNGSSOFTWARE FÜR DEN FACHUNTERRICHT

Joachim Wedekind
Institut für Erziehungswissenschaft II
Universtät Tübingen

Bei der Diskussion um die Einführung des Unterrichtsfaches Informatik
wird gerne, insbesondere für den Sekundarbereich I, von der Integration informatischer Konzepte und Methoden in den Fachunterricht gesprochen. Damit ist kein CUU-Revival gemeint, sondern die Anwendung
des Computers als Unterrichtsmedium, Problemlösehilfsmittel, Datener-
fassungs- und Auswertehilfe. Nun ist es wohl unbestreitbar, daß diese
Anwendungsformen des Computers in bestimmten Unterrichtssituationen
und bei bestimmten Lehrverfahren sinnvolle didaktische Funktionen
übernehmen können. Mehr oder weniger vereinzelt sind auch entsprechende Entwicklungen durchgeführt und in den fachdidaktischen Zeitschriften publiziert worden.

Eine weitergehende Integration, d.h. das Unterrichtsmedium Computer
als Normalfall, setzt jedoch gewisse Randbedingungen voraus: Die
Fachlehrer (und eben nicht nur die Computerhobbyisten unter ihnen)
benötigen ein informatisches "Fundamentum" mindestens ebenso sehr wie
ihre Schüler, um Computer und Programme anwenden zu können. Vor allem
jedoch benötigen sie Kenntnisse über die möglichen didaktischen Funktionen, um sie dann auch sinnvoll einsetzen zu können. Schließlich
sind ausgereifte und erprobte Unterrichtsprogramme und Begleitmaterialien Voraussetzung, da die Eigenentwicklung und Eigenprogrammie-
rung für eine Vielzahl von Anwendungsfällen dem Fachlehrer nicht zu-
gemutet werden kann. Im folgenden geht es um die Anforderungen, die
an solche Unterrichtsprogramme zu stellen sind, und um die Darstellung exemplarischer Beispiele.

Bei der Entwicklung von Computerprogrammen für den Unterricht lohnt
es sich, die kommerziell erfolgreichen Anwendungsprogramme auf die
Prinzipien der Benutzerführung, des Bedienungsaufwands und der flexiblen Nutzung zu untersuchen, die dort realisiert sind. Die Übertragung solcher Prinzipien auf Unterrichtsprogramme ist notwendig, da

- die meisten bisher publizierten Unterrichtsprogramme weder didaktischen noch bedienungstechnischen Anforderungen genügen,
- die meisten Fachlehrer keine Selbstprogrammierer sind oder werden wollen, aber durchaus an einer didaktisch sinnvollen Computernutzung interessiert sind
- die meisten Unterrichtsprogramme unflexibel und damit für spezielle Unterrichtssituationen schlecht adaptierbar sind.

Als wesentliche Merkmale kommerzieller Anwendungsprogramme sind zu nennen:

a) Es handelt sich um schlüsselfertige Systeme, d.h. nach dem Einschalten des Computers wird das entsprechende Programm automatisch geladen und gestartet und es meldet sich eingabebereit. Es sind keine speziellen Befehle zum Starten, dem Laden von Hilfsfiles etc. notwendig.

b) Die Benutzerführung durch das Programm ist einfach und übersichtlich. Wahlmöglichkeiten werden häufig in Menues angeboten und nur zur Auswahl gestellte Eingaben akzeptiert. Während des Programmlaufs werden Statusanzeigen für den Benutzer und mögliche Aktionen eingeblendet. Neben programminternen Hilfen (Help-Taste) gehört eine ausführliche Dokumentation zu den Programmen.

c) Die Programme sind flexibel und an persönliche Bedürfnisse anpassbar, wodurch ihr Werkzeugcharakter betont wird. Häufig stehen Kontrollstrukturen zur Verfügung, die den Übergang von Anwendungsprogrammen zu höheren Programmiersprachen fließend werden lassen.

Bekannte Beispiele solcher Anwendungssoftware sind Textverarbeitungssysteme (z.B. Apple Writer II mit einer speziellen Word-Processing-Language), sog. Tabellenkalkulations- oder Betriebsbogenprogramme (Visicalc, Multiplan), die auch als Simulationssysteme bezeichnet werden könnten, und Datenbanksysteme (z.B. d-BASE II). Natürlich sind die Anforderungen an Unterrichtsprogramme weit geringer als an solche umfangreichen Programmpakete.

Dennoch sollten wir uns nicht mit Interaktionsformen zufriedengeben, wie sie z.B. in physikalischen Simulationsprogrammen zu finden sind, die von einem Landesinstitut an Lehrer verteilt werden. Dort wird bei

Starten des Programms lediglich angegeben, mit welchen Bezeichnungen die Modellparameter programmintern dargestellt werden, daß sie über Zuweisungen zu ändern sind, und daß das Programm mit diesen Werten über das BASIC-Kommando CONT gestartet werden kann. Zum Betreiben des Programms sind also BASIC-Befehle im Direkt-Modus einzugeben. Weitere Informationen zu dem Programm gibt es nicht. Für den Physiker mag die Bezeichnungsweise zwar selbsterklärend sein, die Programmsteuerung ist aber in jedem Fall völlig unbefriedigend. Wie es anders gemacht werden kann, sollen drei Beispiele verdeutlichen:

1. Simulation mit einem Tabellenkalkulationsprogramm

Wenn die eingangs genannten Anwendungsprogramme schon so benutzerfreundlich und flexibel sind, liegt es nahe, sie direkt für den Unterricht zu nutzen. So ist es z.B. sehr leicht möglich, mit Programmen wie Visicalc, Multiplan o.ä. Simulationsmodelle zu erstellen.

Kennzeichnend für das Arbeiten mit "elektronischen Blättern" ist das Arbeiten mit Zellen, die in Reihen und Spalten aufgeteilt sind. Inhalt dieser Zellen können Beschriftungen, Zahlen, Formeln oder logische Funktionen sein. Durch Belegen der Zellen mit entsprechenden Bezeichnungen, Werten und Formeln wird ein Simulationsmodell vollständig definiert. Da bei Verändern des Inhalts einer bestimmten Zelle der Inhalt aller anderen Zellen sofort aktualisiert wird, können

in einfacher Weise Differenzengleichungen mit konstanter Schrittweite durchgerechnet werden. MATHENY (1984) zeigt dies am Beispiel des Populationswachstums, des radioaktiven Zerfalls und der Simulation einer Räuber-Beute-Beziehung.

Sehr einfach zu realisieren und sehr anschaulich ist die Simulation der lateralen Inhibition (eines biologischen Mechanismus zur Kontrastverschärfung), bei der der Bildschirm in zwei Fenster geteilt werden kann, wobei die Zellen des einen Fensters den Eingangswert von Nervenzellen angeben, die Zellen des anderen Fensters deren Ausgangswerte. Die Zellen für die Ausgangswerte beinhalten die Formeln für die Verrechnung des Einflusses von Nachbarzellen auf diese Nervenzelle. Wird nun im Fenster der Eingangswerte ein beliebiger Wert geändert, so verändert sich im zweiten Fenster sofort das Muster der Ausgangswerte und gibt unmittelbare Information über den Einfluß bestimmter Wertekombinationen auf die Kontrastverhältnisse.

2. Das Paketkonzept

In England hat sich für die Publikation ausgereifter Unterrichtsprogramme das "Paketkonzept" durchgesetzt. Die in Projektgruppen entwikkelten Programme werden publiziert in Verbindung mit schriftlichen Materialien, die ein Lehrerbegleitheft, Schülerarbeitsmaterialien und Hinweise zur Programmdokumentation umfassen. Einige solcher Programme werden derzeit ins Deutsche übersetzt, adaptiert und demnächst von einem bekannten Schulbuchverlag publiziert. Die Charakteristika solcher Pakete können wieder an einem Beispiel aus der Biologie dargestellt werden, dem Programm COXIST (MURPHY,1982).

In dem Programm können die Wachstumskurven biologischer Populationen simuliert werden, wobei mehrere Populationen gleichzeitig oder die Interaktion zwischen mehreren Populationen betrachtet werden kann. Einzugeben sind die Parameter für die Populationen, ausgegeben werden die Wachstumskurven in einem Diagramm. Die Steuerung des Programms durch den Lerner erfolgt über die Eingabe von Schlüsselwörtern, und zwar an jeder Stelle des Programms. Es werden weitgehende Hilfsfunktionen angeboten (HILFE, INFO, DEMO). Für einen Programmdurchlauf brauchen nicht jeweils alle Ausgangsdaten neu definiert zu werden, sondern sie sind gezielt zu ändern. Das Programm ist sehr gut gegen Fehlbedienungen abgesichert. Für die verschiedenen Faktoren sind zulässige Wertebereiche vorgegeben, außerhalb derer keine Eingaben angenommen werden.

3. Grafisch interaktive Simulationssysteme

Grafisch interaktive Simulationssysteme nutzen die Tatsache aus, daß bestimmte mathematische Modellklassen durch Blockdiagramme repräsentiert werden können, aus denen das Gleichungssystem, das das Systemverhalten beschreibt, direkt herzuleiten ist. Die grafische Repräsentation des Systems kann als Schnittstelle benutzt werden, um ein Modell ohne weitere programmtechnische Hilfsmittel zu implemetieren. Beispiele sind die Systeme QUANT (HOLTMANN/WEDEKIND 1979) zur Beschreibung quantenmechanischer Zwei-Zustands-Systeme und KOMPART, ein System für die Pharmakokinetik (ENGLERT et.al. 1984).

Das letztgenannte System dient der Darstellung von Kompartimentmodellen, die mit wenigen Symbolen für die Kompartimente, Verbindungspfeile und verschiedene externe Funktionen aufzubauen sind. In Abb.1 wird ein solches System zur Simulation eines Kurzzeitnarkotikums gezeigt. In einem Menue werden die erforderlichen Symbole zur Verfügung gestellt, die nach Positionierung des Cursors innerhalb eines vorgegebenen Bildschirmfensters gesetzt werden können. Der Cursor wird mit Handreglern bewegt. Durch Eingabe von Buchstaben über die Tastatur wird der Symboltyp oder die gewünschte Programmfunktion festgelegt. Über dieses einfache Zusammenspiel von Tastatur und Handreglern erfolgt der vollständige Modellaufbau und die gesamte Steuerung des Programms. Mit dem fertig aufgebauten Modell können beliebig viele Simulationsläufe mit frei wählbaren Parametern durchgeführt werden. Das Programm wird dazu an keiner Stelle verlassen, sondern bietet programmintern alle notwendigen Operationen an. Es kann damit als grafischer Interpreter bezeichnet werden.

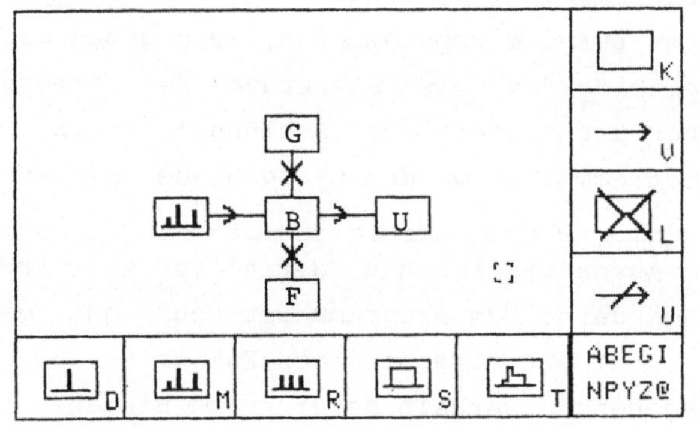

Abb.1: Modellaufbau mit KOMPART

Literatur:

Englert,R./Göhring,R./Wedekind,J. (1984): KOMPART - Ein interaktives Simulationssystem für pharmakokinetische Kompartimentsysteme EDV in Med.u.Biol. 1/84 (im Druck)

Holtmann,W./Wedekind,J. (1979): Über den Einsatz interaktiver Simulationssysteme im Hochschulunterricht. 2. DECUS-München Symposium, 63-69, München

Matheny,A. (1984): Simulation with Electronic Spreadsheets. BYTE 9, 411-414

Murphy,P.J. (1982): Population Dynamics - COXIST. Edward Arnold London

<u>KRITERIEN FÜR UNTERRICHTS-SOFTWARE</u>

Peter Diepold
Seminar für Wirtschaftspädagogik
Universität Göttingen

Der Computer als neues, interaktives Massen-Kommunikations-Medium könnte dem Unterricht neue Dimensionen erschließen: als Informationsspeicher (Zugriff auf externe Dateien, btx) oder Arbeitsmittel (Textverarbeitung), in der Hand des Lehrers als Demonstrationsmedium und als Aufgabengenerator, in der Hand der Schüler als Trainingsinstrument (CUU) und Simulator (Planspiele). Die unterrichtliche Benutzung des Computer als Schnittstelle zwischen Daten- bzw. Textverarbeitung und Kommunikationstechnik setzt aber neben einer geeigneten hardwaremäßigen Ausstattung voraus, daß es <u>unterrichtsgeeignete Programme</u> gibt.

Von den Lernprogrammen der 60er Jahre über den Computerunterstützten Unterricht bis zur sogenannten "Teachware" oder "Courseware" - in USA zu Tausenden auf dem Markt - gibt es solche Programme. Problematisch ist ihre Akzeptanz. Eine detaillierte Auseinandersetzung mit dem traditionellen CUU - mit einer vorwiegend behavioristischen didaktischen Praxis und der Technologie der 60er und 70er Jahre - ist an dieser Stelle nicht möglich. Ich bin allerdings der Meinung, daß es einen akzeptablen Gebrauch des Computers im Unterricht geben kann, wenn die Programme didaktischen Kriterien entsprechen.

Das geht nicht ohne eine explizite didaktische Grundposition. Wir setzen mit AEBLI und DÖRNER ein Schülerbild voraus, das den Lernenden als Subjekt und nicht Objekt des Lernprozesses versteht. Der Schüler muß sein Erfahrungswissen "auf den Begriff bringen", integrieren und reflektieren können, Problemlösungsstrategien erproben und damit seine heuristischen Fähigkeiten erweitern (das Lernen lernen), mit Hilfe neuer Informationen seine epistemische Struktur differenzieren, Handlungsschemata aufbauen. (Diese Position steht in erheblichem Gegensatz zu der Tradition behavioristischer Lernmaschinen.)

Unter solchen normativen Voraussetzungen müßte Unterrichts-Software die Funktion haben, die Selbststeuerung des Lerners zu unterstützen, Problemlösefähigkeiten entwickeln zu helfen und flexibel auf Lernvoraussetzungen und Lernwege zu reagieren. Die beeindruckenden Möglichkeiten der neuen Technologien erlauben eine Umsetzung solcher Prinzipien.

Bevor ich auf dem Grund dieser didaktischen Vorannahme Anforderungen an Unterrichts-Software formuliere, muß deutlich sein, wovon ich rede. Ich spreche weder von Lernprogrammen für den Hobby-Computer zu Haus noch von Schulverwaltungs-Programmen für Lehrer und Administratoren. Mit "Unterrichts-Software" meine ich auch nicht Programme, die im Rahmen des Informatik-Unterrichts von Schülern entwickelt werden. Ich spreche ausschließlich von Programmen, die in Lehr-Lern-Situationen mit dem Computer als Medium einsetzbar sind.

1. Komplexität

Solche Programme müssen hinreichend komplex sein. Um kognitive Komplexität zu fördern, müssen sie mehrdimensional angelegt und ihre Bausteine in vielfältiger Weise miteinander kombinierbar sein. Die Programme müssen ihren Benutzern verschiedene Alternativen in bezug auf Lernziele, deren Komplexitätsniveaus, die Wahl der Lernwege und Lernsituationen bieten können.

Die Forderung nach Komplexität bedeutet nicht, daß allen Benutzern jederzeit alle Alternativen zur Verfügung stünden. Der Lehrer sollte vielmehr die Möglichkeit haben, über die Veränderung von Parametern das Komplexitätsniveau dem kognitiven Niveau seiner Schüler anzupassen. Er sollte bestimmte Alternativen (zunächst) sperren und die Komplexität stufenweise erhöhen können (z.B. bei Planspielen).

2. Strukturiertheit.

Die Programme müssen weitgehend selbsterklärend sein, sinnvoll kommentiert und strukturiert (das bedeutet nicht unbedingt eine bestimmte Programmiersprache, sondern ist als durchgängiges Prinzip zu verstehen). Variablen sollten übersichtlich und mnemotechnisch sinnvoll abgekürzt am Anfang deklariert werden. Soweit Programme bzw. Programmteile im Rahmen einer komplexen übergreifenden Struktur oder in verschiedenen Situationen und Unterrichtsfächern (z.B. Lernbüro) auch unabhängig voneinander eingesetzt werden, sollten solche Module in Nomenklatur, Aufbau und mit klar formulierten Übergabeparametern aufeinander abgestimmt sein.

Strukturiertheit betrifft sowohl den Programmcode, insofern das Programm von Informatik-Lehrern und programmiererfahreneren Schülern nachvollziehbar und veränderbar sein muß. An dieser Stelle unterscheidet sich in besonderem Maße Unterrichts-Software von kommerzieller Software, die aus Copyrightgründen so gesichert ist, daß ein Eingriff praktisch unmöglich ist.

Aber auch Lehrer und Schüler, die nicht Informatiker sind, müssen die Möglichkeit haben, jederzeit zu wissen, wo sie sich befinden, was das Programm macht und welche

Alternativen ihnen offenstehen. Das bedeutet konsequente Anwendung der Menütechnik bzw. einer einfachen Steuersprache, eine Kommandozeile, die den gegenwärtigen Status anzeigt, eine Help-Funktion, die bei Schwierigkeiten Erklärungen gibt usw.

3. Fachdidaktische Orientierung

Unterrichts-Software muß sich an den fachwissenschaftlichen Strukturen der Unterrichtsinhalte, den curricularen Anforderungen an das Unterrichtsfach, den informationstechnischen Möglichkeiten, den entwicklungs- und lernpsychologischen Voraussetzungen von Schülern und Lehrern und an den schulorganisatorischen Randbedingungen orientieren.

Die hard- und softwaremäßigen Möglichkeiten - hohe Rechengeschwindigkeit, Grafikmöglichkeiten, Vernetzung, Sensorbildschirm, Maus, Menütechnik bzw. Steuersprache, Animation, Aspekte der Bildschirmergonomie u.a.m. - sollten einerseits ausgeschöpft werden, müssen aber im Hinblick auf didaktische Anforderungen optimiert weden.

Das mögen Selbstverständlichkeiten sein; sie bedeuten aber in der Konsequenz, daß Planung, Entwicklung und Evaluation solcher Programme nur in enger Kooperation zwischen Fachwissenschaftlern, Pädagogen und Informatikern geschehen können; möglicherweise werden auch gerade die Lehrer die Initiatoren solcher Unterrichts-Software sein.

4. Didaktische Flexibilität

Unterrichts-Software muß in verschiedenen didaktischen Situationen angewendet werden können und sowohl dem Lerner als auch dem Lehrer vielfältige Möglichkeiten des Einsatzes bieten. Je nach Eingangsvoraussetzungen, Lerngeschwindigkeit und Lernzweck (Demonstration, Lernen, Wiederholen, Aufgaben generieren und überprüfen) müssen verschiedene Einstiegspunkte markiert sein. Die verschiedenen Möglichkeiten können durch eine sinnvolle Baumstruktur in Menütechnik realisiert werden, wobei der Benutzer die Möglichkeit haben soll, verschiedene Programmteile flexibel abzuarbeiten. Abbruch, Rücksprung zum Beginn des Programmteils, Übergang in andere Programmodule, Abruf von erläuternden Informationen, Ausdruck von Aufgaben, Ergebnissen usw. müssen vom Benutzer gesteuert werden können.

Zu diesem Kriterium gehört auch die Forderung nach verständlicher Dokumentation für Lehrer und Schüler mit Anwendungsbeispielen dafür, wie der Computer in verschiedenen didaktischen Situationen in Kombination mit traditionellen Unterrichtsformen sinnvoll als Medium eingesetzt werden könnte.

5. Bedienungssicherheit.

Unterrichts-Software muß narrensicher sein. Fehlermeldungen sollten nicht in einer Fremdsprache, sondern als dem Benutzer verständliche Hinweise formuliert werden. Nicht benötigte Tasten, die möglicherweise zu einem Abbruch des Programms führen könnten, sind - soweit möglch - zu sperren. Die Eingabe ist gegen versehentliche Fehler abzusichern: die häufige Verwechselung zwischen Null und dem Großbuchstaben "O" kann man abfangen, das deutsche Komma und den amerikanischen Punkt bei Dezimalzahlen, z.B. DM-Beträgen, zulassen. Ein "j" oder "J", ein "ja" oder "JA" sollte synonym für eine bejahende Antwort akzeptiert werden, usw. Zur Bedienungssicherheit gehört auch die Einheitlichkeit in der Syntax der Tastenbelegung für Funktionsbefehle (vgl. auch NIEVERGELT/VENTURA 1983, 28-35).

Schließlich sollte das Programm bei Eingabe- oder logischen Fehlern sinnvolle Hinweise geben. Das heißt nicht, daß jeder denkbare Unsinn abgefangen werden muß, aber es sollte ein Hinweis darauf gegeben werden, daß hier etwas nicht stimmt, und der Schüler zum Nachdenken gebracht werden. Kommt er auch dann nicht weiter, gibt es den Lehrer, den er fragen kann.

Bedienungssicherheit bedeutet aber auch einen optimalen Komfort durch seitenorientierten Bildschirmaufbau sowie konsequente Anwendung von Menü- und Maskentechnik.

6. Transportabilität.

Dies ist ein zur Zeit sehr schwierig zu realisierende Forderung angesichts des geringen Normierungsgrades von Programmiersprachen und der Fülle verschiedener Betriebssysteme. Dennoch: die Programme sollten nicht nur auf einer bestimmten Maschine laufen können, sondern auf verschiedenen Modellen eingesetzt werden können.

Gerätespezifische Besonderheiten (Maschinenprogramme, Bildschirmsteuerung, Peek- und Poke-Befehle) können in modularen Unterprogrammen zu Beginn eines Programms abgelegt werden, die je nach Gerätetyp bzw. Sprachdialekt dann ausgetauscht werden können. (Ein solches System wird für Mikrocomputer von Radio Hilversum praktiziert.) Das Hauptprogramm würde dann nur noch kompatible Anweisungen enthalten.

Konsequenzen

Aus dem bisher Gesagten folgt, daß es sich bei Unterrichts-Software fast immer um umfangreiche Programmsysteme handeln wird: mehrere Ebenen von Demonstration, Lernen, Wiederholen, Informationen, Aufgaben und Hilfen greifen ineinander. Dies, zusammen mit dem Postulat einer sinnvollen Benutzeroientierung, führt zu aufwendigen Programmen, die weit über das hinausgehen, was einzelne Lehrer (oder auch Schüler/Studenten eines Informatikkurses) erstellen können.

Wer kann eigentlich solche komplexen Softwareprodukte erstellen? Eine naheliegende Antwort wäre, auf vorhandene komplexe Systeme zurückzugreifen, etwa in der kaufmännischen Berufsausbildung auf kommerzielle Software wie Textverarbeitung, Datenverwaltung, Finanzbuchhaltung, Lagerhaltung u.ä. Dagegen sprechen zwei gewichtige Argumente: Erstens sind solche Systeme geschützt. Es ist für den Lehrer nahezu unmöglich, den Quellcode zu erhalten und Veränderungen vorzunehmen. Selbst wenn dies möglich wäre, blieben diese Programme, da häufig in Maschinensprache geschrieben, normalen Schülern unzugänglich.

Zweitens sind solche Programme im Hinblick auf betriebliche Anforderungen optimiert: sie müssen die Komplexität wirtschaftlicher Abläufe berücksichtigen, sie müssen speichereffizient und schnell sein, vor allem müssen sie den Kriterien von Rationalisierung und Wirtschaftlichkeit Rechnung tragen. Unterrichts-Software dagegen wird auf didaktische Kriterien hin ausgerichtet, sie reduziert Wirklichkeit modellhaft in pädagogisch wesentlichen Aspekten. Das bedeutet aber auch, daß Unterrichts-Software selten in betrieblichen Anwendungsfeldern - ausgenommen in der betrieblichen Ausbildung - wird eingesetzt werden können und so eine Beteiligung kommerzieller Nutzer an den fixen Entwicklungskosten unterbleibt.

Könnten dann nicht Softwarehäuser oder Verlage Unterrichts-Software erstellen? Auch diese naheliegende Möglichkeit erweist sich als außerordentlich problematisch, solange kommerzielle Hersteller die Kosten solcher Produkte aus deren Vertrieb decken müssen. Die Forderung nach Offenheit von Unterrichts-Software erweist sich auch hier als das entscheidende Argument: wenn diese Produkte nicht wirksam geschützt werden können, sind sie jederzeit kopierbar. Es ist dann in der Tat fraglich, ob ein Unternehmen DM 300 000 für ein Planspiel oder für ein nach lernpsychologischen Gesichtspunkten optimales Vokabeltrainingsprogramm DM 50 000 ausgeben wird.

Die Chancen, <u>unterrichtsgeeignete</u> Software, die didaktischen Forderungen entspricht, in absehbarer Zeit zu erhalten, sind daher, was den kommerziellen Bereich betrifft, außerordentlich gering. Das bedeutet: Hier liegt eine Aufgabe, die nicht von Privaten, sondern von der öffentlichen Hand geleistet werden muß. Diese Aufgabe könnte von kleinen Forschungs- und Entwicklungsgruppen übernommen werden, die unter wissenschaftlicher Betreuung von Lehrern und Informatikern arbeitsteilig die nötigen komplexen Programme und dazugehörige Arbeitsmaterialien für bestimmte Unterrichtsfächer bzw. fächerübergreifende Projekte erstellen. Solche Unterrichtssoftware könnte innerhalb der staatlichen Lehrerfort- und -weiterbildung vorgestellt, evaluiert und implementiert werden, wobei den Vertrieb dann in der Tat Verlage oder ähnliche private Institutionen übernehmen könnten.

LITERATUR

AEBLI, Hans: Denken: Das Ordnen des Tuns. Band I und II, Stuttgart 1980f

DIEPOLD, Peter: "'Handelskalkulation'. Ein Beispiel für computerunterstützten Unterricht", in: DIEPOLD/BORG (Hrsg): Wirtschaftsinformatik an kaufmännischen Schulen, München/Wien 1984, 241-249

DÖRNER, Dietrich: "Lernen des Wissens- und Kompetenzerwerbs", in: TREIBER/WEINERT (Hrsg): Lehr-Lern-Forschung, Weinheim 1982, 134-148

NIEVERGELT, Jürg und VENTURA, Andrea: Die Gestaltung interaktiver Programme. Stuttgart 1983

WAGER, Walter: "Design Considerations for Instructional Computing Programs", Journal of Educational Technology Systems 10(3), 1981-82, 261-270

TENNYSON, Robert D.: "Interactive Effect of Cognitive Leraning Theory with Computer Attributes in the Design of Computer-Assisted Instruction", Journal of Educational Technology Systems 10(2), 1981-1982, 175-186

PROGRAMMIDEEN FÜR DEN NATURWISSENSCHAFTLICHEN UNTERRICHT

Lothar Staudacher
Pädagogisches Zentrum

1000 Berlin, Uhlandstr. 96

1. Programmtypen und Beispiele

Dieser Beitrag soll eine kritische Bestandsaufnahme dessen leisten, was es an Unterrichtsprogrammen für den naturwissenschaftlichen Unterricht gibt. Die Beispiele entstammen schwerpunktmäßig dem Fach Physik, soweit die Programme zugänglich waren, wurden sie erprobt.

Die Programme lassen sich grob klassifizieren in:

- "klassische" CUU-Programme, darunter fallen: tutorieller Dialog, Drill, Quiz, Mehrfachaus-
  wahl- und Lückentest, Testbewertung, Testkonstruktion, Autorensprachen (Bsp.: Commodore-
  Physics, Mikrometer-Drill, Photometrie).
- Rechenhilfe, numerische Ein- und Ausgabe (Bsp.: Freier Fall, Spannungsteiler, Schwingkreis).
- Messen, Steuern, Regeln, A/D-, D/A-Schnittstellen (Bsp.: Lichtbeugung am Spalt, Lampe ein/
  aus, Messgerätesimulation).
- Arten von Simulationen (Bsp.: Brownsche Bewegung, Kernspaltung, Kernkraftwerk, Millikanver-
  such, Pendel, Ohmsches Gesetz).

2. Soft- und Hardware-Restriktionen für den Unterrichtseinsatz

Die CUU-Anwendungen, Datei- und reine Rechenanwendungen bieten keinen Anlaß, Computer als Unterrichtsmedium einzusetzen, solche zu beschaffen oder noch mehr Software dieser Art zu produ-
zieren. Ein Unterrichtsgespräch, ein schriftlicher Test, eine Hausaufgabe, eine mündliche Abfrage, ein Fachlexikon und ein Klassensatz Taschenrechner leisten dasselbe billiger und wahrscheinlich besser. In einigen Fällen läßt sich der Einsatz als Rechenhilfe mit besserer Effizienz begründen, dadurch daß zeitraubende Rechenarbeit wegfällt (z. B.: Statistik, Fehlerrech-
nung, Fuoriersynthese). Die Entlastung von Mathematik im Physikunterricht durch den Einsatz des
Computers als Rechenhilfe ist jedoch kein fachdidaktisch fundiertes Argument, denn die fehlenden Mathematikkenntnisse müssen durch ebenso rudimentäre Informatikkenntnisse ersetzt werden.
Die Hinzunahme von Schnittstellen zum Messen, Steuern und Regeln liefert lediglich mehr Komfort

bei der Dateneingabe und Ausgabe, die erhöhte Meßgenauigkeit oder Reproduzierbarkeit allein rechtfertigen den bei weitem höheren Aufwand in der Schulphysik nicht. Hier gibt es viel Selbstgelötetes von Hardware-Hobbyisten, die notwendige Programmierung in Maschinensprache hält EDV-Laien ab. Ein Sektor, der nach einer Phase praktischer Erprobung und Standardisierung der zusätzlichen Hardware (Meßinterfaces) Bedeutung erlangen wird, ist der softwaregesteuerte Einsatz des Computers als multifunktionales Meßgerät.

3. Arten von Simulation

3.1. Unterstützung der Anschauung / Demonstration / Animation: Programme dieser Art nennen sich fälschlicherweise Simulation, denn sie imitieren lediglich andere Medien wie Overhead-Projektion, Trickfilm, Video, Dia, jedoch meist schlechter (Bsp.: Schaltkreis, Teilchenbewegung). Der verführerische Reiz, dem sich solche Programme verdanken, ist die Verwendung von hochauflösender Graphik, Ton, Farbe, Bewegung. Es werden die Techniken der Telespiele auf Unterrichtsinhalte aufgepropft. Die Programme sind ohne Intelligenz, dem Betrachter bleibt nur der passive Konsum. Das Motiv zur Produktion solcher Programme ist im Ausprobieren der neuen Hardware zu suchen (Ausnahme: Herstellung wissenschaftlicher Trickfilme, dynamische 3-D-Felder).

3.2. Unechte Simulation: Interaktive Programme dieses Typs liefern Aussagen in der Form "wenn-dann". Der Benutzer wird zur Eingabe von Parametern aufgefordert, die jedoch in "unredlicher" oder nicht weiter begründeter Form verarbeitet werden. Die Regeln (Modellidee, statistische Grundlagen) sind als willkürliche Fallunterscheidungen im Algorithmus eingebaut. Der Autor ist an der Computerimplementierung seiner Vorstellungen gescheitert oder er beherrscht das fachliche Metier nicht ausreichend (Schüler-Programme). In der Konsequenz greift er zu unlauteren Mitteln und spiegelt eine Gesetzmäßigkeit vor.

3.3. Echte Simulation: Im Programmkern liegt die Abbildung eines Modellgedankens vor. Im günstigsten Fall handelt es sich um eine mathematische Gleichung mit exaktem Algorithmus, der im Rahmen der Rechengenauigkeit und -geschwindigkeit die gewünschten Ergebnisse bringt. In einem erläuternden Vorspann werden das zugrunde liegende Modell und dessen Parameter vorgestellt. Mit dem "selbsterklärenden" Vorspann glauben die Autoren, den Anforderungen einer Dokumentation Genüge getan zu haben und sich schriftliches Begleitmaterial sparen können. In einem Anwendungsteil werden dann ein oder mehrere Parameter variiert und die Ergebnisse, meist graphisch, ausgegeben. Diese Wahlfreiheit der Parametervorgabe bringt den Lernden zwar ein höheres Maß an aktiver Beteiligung, dennoch fällt diese Anwendung zurück in das Stadium der Rechenhilfe, die lediglich um eine Interpretationshilfe bei der Ein- und Ausgabe erweitert ist. Eine sinnvolle Anwendung solcher Programme ist nur dem möglich, der schon begriffen hat, was es leisten soll. Der Einsatz im Unterricht läuft auf ein "enrichment" und "enlargement" hinaus, was bei der Verdichtung des Lehrstoffs in den Curricula nicht unbedingt wünschenswert ist.

3.4. Verdeckte Simulation (Computer based Studies): Programme dieses Typs sind, zumal im deutschen Sprachraum, selten zu finden. Eine Modellidee, ein Gesetz oder Zusammenhang sind im Programmkern abgebildet als mathematisch/numerischer Algorithmus oder in didaktisch reduzierter Form als Regelkanon. Dem Nutzer wird dieser Programmkern als zu untersuchende block-box präsentiert, die er mit wachsendem Lernfortschritt immer transparenter machen kann. Der Schüler, dem nur die Einzelkomponenten, das Material oder die grundlegenden Daten bekannt gegeben werden, hat mehrere Optionen, wie er den gesetzmäßigen Zusammenhang ausfindig machen kann. Er macht seine Eingaben als Hypothesen oder Prognosen und überprüft am Resultat seine Voraussetzungen. Hilfen, bis hin zu engen methodischen Führung, sind in manchen Fällen im Programm selbst eingearbeitet oder in Begleitmaterialien verfügbar. Seltener kann der Lehrer die Freiheitsgrade der Untersuchungsoptionen individuell den Fähigkeiten des Schülers anpassen oder die Komplexität des Modells wahlweise einschränken oder ausweiten (Bsp.: freier Fall mit oder ohne Luftreibung). Der Schüler übernimmt als Nutzer solcher Programme eine aktive Rolle im Lernprozeß, indem er seine Irrtümer selbst erkennt und korrigiert, sich vor allem nicht scheut, diese überhaupt zum Vorschein kommen zu lassen, da sie in einer Simulation keine praktischen Konsequenzen haben. Die Interaktion ist hypthesenfördernd, der Schüler wird in einen Lernprozeß verwickelt, dessen Reiz das "Dahinterkommen" und die Neugierde ist.
PROBLEM: Viele grundlegenden Modellgedanken sind per se oder auf Schulnivaeau nicht mathematisierbar, eher qualitativ-intuitiver Natur (Atom, Feld, chemische Bindung, Zelle, Verhalten). Von Physik über Chemie zu Biologie trifft dies in steigendem Maße zu. Die Übersetzungsarbeit in computergerechte Form verlangt fachdidaktisches Fingerspitzengefühl und vor allem eine exakte Definition der Zielgruppe und des Einsatzzwecks im Lernumfeld.

3.5. Spiele und Planspiele: In diesen Spielen unterwirft sich der Nutzer erfundenen Regeln. So phantasievoll, verzwickt und witzig die Regeln auch sein mögen, es kommt Langeweile auf, wenn man einmal entdeckt hat, wie man sie überlisten kann. Sie sind Selbstzweck, wie dies der Natur des Spielens angemessen ist. Der Übergang von mathematischen Modellen, die in der Schule nicht oder schwer darstellbar sind, zu einem vereinfachten Regelkanon, ist hier unvorsichtig so gestaltet, daß der Gegenstandsbezug verloren gegangen ist.

4. Fachdidaktische Argumente für den Computereinsatz

Modelle, Gesetze, Theorien stellen eine bereinigte Wirklichkeit vor, in der Wesentliches von Unwesentlichem getrennt wurde. Zum Transport dieser Ideen in die Köpfe der Schüler verwenden wir Lehrer mehr oder minder absichtlich, mehr oder minder geeignetes Unterrichtsmaterial. Die didaktische Auswahl geschieht unter dem Aspekt der Eignung als Transportmittel der Idee und der Anschaulichkeit. Aus diesem Grund hat sich das Experiment eine Schlüsselrolle im naturwissenschaftlichen Unterricht erworben. Durch die Auswahl eines Experiments und der Untersuchungsmethode gibt der Lehrer einen engen Pfad der Erkenntnisgewinnung vor. In welchem Unterricht werden schon alle noch so phantasievollen Hypothesen überprüft, bestätigt oder verworfen? Die Konsequenz ist, daß nicht alle Schüler diesem Pfad folgen, oder nur widerstrebend, da es nicht ihr ganz persönlicher ist, mit ihren individuellen Irrtümern. Dieser Einschränkung am vorhandenen Material und der verfügbaren Untersuchungsoptionen unterliegt eine computersimulierte Anordnung nicht prinzipiell, eine Experimentalanordnung wohl. Die Entdeckbarkeit einer Idee durch eigenes Tun ist bei der computersimulierten Anordnung eher gegeben.

Bei nichtmathematischen oder mathematisierbaren Modellen greifen wir Lehrer mit Blick auf die Lerntheorie zu Anschauungsmodellen, oft mechanischen Analogien. Der gedankliche Gehalt des Modells wird verwandelt in etwas Handgreifliches (rote und blaue Gasteilchen, stehende Materiewellen aus Styropor, Wasserbecken als Kondensator). Der Übersetzungsfehler ist in einigen Fällen so gravierend, daß die Anstrengungen des vorhergehenden Unterrichts, der die Vermittlung der Abstraktion zum Ziel hatte, durch das Anschauungsmodell wieder ruiniert wird. Der Schweiß von Lehrergenerationen steckt in der immer neuen Entwicklung von Experimenten und Analogmodellen, nicht etwa weil die schulrelevanten Wissenschaftszweige neue Inhalte entdeckt hätten, sondern weil man einen Mangel am vorhandenen Unterrichtsmaterial empfindet (Bsp.: verschiedene Atommodelle). Die Abbildung eines scharf umrissenen Modellgedankens in einem Computerprogramm unterliegt nicht prinzipiell diesem Übersetzungsfehler der Analogmodelle. Eine umfassende Darstellung der Modellidee ist durch Verwendung von hochauflösender Graphik, 3-D-Darstellung, Farbe, Ton und Bewegung möglich. Die Kommunizierbarkeit einer Modellvorstellung durch Computersimulation wächst gegenüber herkömmlichen Analogmodellen.

Die Hypothesen- und Prognosebildung kann im Rahmen einer Computersimulation weit offener gestaltet werden als bei einer Experimentalanordnung, der Schluß vom besonderen Experiment auf ein allgemeines Gesetz kann auch einmal umgekehrt werden, wodurch dem Experiment eine neue Rolle zuwächst: das "experimentum crucis", das zur Überprüfung einer Theorie dient. Die Überstrapazierung von Computermodellen, die ohne praktische Konsequenzen bleibt, ist ohne weiteres möglich und vermittelt den Gültigkeitsbereich von Gesetzmäßigkeiten.

PROBLEM: Die Computersimulation verdängt das Experiment?
a) Diese Frage unterstellt den Lehrern Bequemlichkeit. Eine gewisse Bequemlichkeit ist eher dort zu diagnostizieren, wo Lehrer sich in Schutzargumente und Berührungsängste vor neuen medien- und informationstechnologischen Entwicklungen flüchten, diese fordern nämlich den Entschluß zur Qualifikation und Weiterbildung heraus.
b) Die richtige Frage ist: Welches ist das fachdidaktisch bessere Transportmittel für meinen Unterrichtszweck?
c) Das Experiment kann eine veränderte Rolle im Unterricht annehmen. Es zeigt am Spezialfall, daß die Theorie in der praktischen Anwendung die Verfügbarkeit über die Natur und damit den Rahmen menschlicher Zwecksetzungen erweitert.
d) Die Computersimulation unterstützt richtiges Experimentieren: Aufbau, Begleitung, Auswertung von Realexperimenten.

e) Die Entscheidung, welches Medium eingesetzt wird, liegt letzten Endes in der Freiheit des Lehrers. Seine Wahlfreiheit wird durch das Angebot anspruchsvoller Courseware vergrößert.

5. Anforderungen an Courseware für Naturwissenschaften

Die Stärke des Computers als Werkzeug im naturwissenschaftlichen Unterricht ist die Modellsimulation und die dazugehörige Veranschaulichung ohne diejenigen Abstriche, die Analogmodelle beinhalten. Der gedankliche Inhalt eines Modells muß algorithmisch korrekt abgebildet sein, in verschiedenen Komplexitätsstufen zugänglich sein und die Gültigkeitsgrenezn berücksichtigen. Zur korrekten Simulation muß eine LERNFREUNDLICHE BENUTZEROBERFLÄCHE hinzutreten, will man nicht vorhandenen Medien schlicht und schlecht imitieren. Die besten Fortschritte auf diesem Gebiet haben englische Projekte gebracht, die für weit verbreitete Mikrocomputer schlüsselfertige Paketlösungen aus Software, Lehrer- und Schülerbegleitmaterialien entwickelt haben.

Zur "pädagogischen Schnittstelle" gehören:
- Hinweis auf Lernvoraussetzungen
- Vorstellung des Lerngegenstandes, des Materials, der methodischen Optionen
- individueller Zugang zu einer "versteckten Idee" durch interaktive Hypothesen- oder Prognosenbildung
- wahlweise Einschränkung oder Erweiterung der Untersuchungsoption durch den Lehrer
- schrittweise Enthüllung und Veranschaulichung des Modells bei treffender Untersuchung
- Hinweise auf praktische Anwendungen.

6. Hardware- Courseware- Schlußfolgerungen

- Hardware: "faster, smaller, cheaper, smarter"
- Lernfreundliche Courseware in Deutschland: ziemliche Fehlanzeige
- State of the art: In England seit mehr als zehn Jahren Forschung und Entwicklung an fachdidaktischer und pädagogischer Schnittstelle, professionelle Programmierung, Management und Marketing
- mehrfacher Flaschenhals: Kenntnisstand der bildungspolitischen Führungskräfte; methodisch-didaktische Ungewißheit; verfügbare Courseware; Software-Krise allgemein; Hardware-Lobby
- weit verbreitetes Bit-Napping; Softwareklau; Courseware lohnt sich nicht
- Übergangslösung: Pilotprojekt mit Mikrocomputern, Import von Know-How
- Fernlösung (vielleicht): BTX-Telesoftware, Ausbildung von Courseware-Designern.

IST ES ÜBERHAUPT DIDAKTISCH SINNVOLL UND WÜNSCHENSWERT DEN MIKROCOMPUTER IM PHYSIKUNTERRICHT EINZUSETZEN?

H. Brockmeyer
Bayernweg 37
4790 Paderborn

Obwohl es den Mikrocomputer erst seit einigen Jahren gibt, wird über
seinen Einsatz im Physikunterricht schon weltweit berichtet. Dabei werden vorwiegend Einzelbeispiele gebracht. Nur wenige Beiträge befassen
sich mit der Effizienz und der Auswirkung auf den realen Lehr- und Lernprozeß. Wie bei jeder Innovation gibt es neben der Euphorie der Befür-
worter auch schwerwiegende Gegenargumente der Gegner.

In diesem Vortrag werde ich über einen mehrjährigen Versuch des systematischen Einsatzes des Mikrocomputers im Physikunterricht der gymnasialen Oberstufe und in Differenzierungskursen der Sekundarstufe I am
Gymnasium in Höxter berichten. Der Versuch wurde mit dem Ziel durchgeführt, einige Anwendungsmöglichkeiten des Mikrocomputers im Physikunterricht zu erarbeiten, eine geeignete Unterrichtsmethode zu entwickeln
und deren Verwendbarkeit und Einfluß auf die Unterrichtspraxis zu unter-
suchen.Dabei wurde der Mikrocomputer nicht nur als universelles Meß-,
Registrier-, Speicher- und Auswertegerät physikalischer Versuche eingesetzt, sondern auch zur theoretischen Behandlung der Physik.

Nach diesen Anfangserfahrungen soll schon die Frage gestellt werden, ob
und wann es überhaupt didaktisch und methodisch sinnvoll ist, den Mikrocomputer im Physikunterricht einzusetzen. Die Ergebnisse des durchgeführten Versuchs geben schon einige Antworten auf die in diesem Rahmen
oft gestellten Fragen.

1. Sind Unterrichtsmethoden mit Hilfe des Mikrocomputers im Physikunterricht systematisch anwendbar?

Zu dem vorliegenden Versuch des Mikrocomputereinsatzes im Physikunterricht wurde eine Unterrichtsmethode entwickelt, die den Klassenunterricht mit dem Gruppenunterricht kombinierte. Die Ergebnisse des arbeits-
teiligen Gruppenunterrichts wurden dabei in den Klassenunterricht eingebracht. Darüber hinaus wurde bei der Unterrichtsvorbereitung das individuelle Arbeiten der Schüler unterstützt und geleitet, welches auf
freiwillige Beteiligung der Schüler beruhte. Dabei wurde die Methode
des entdeckenden Lernens angewandt und solche Arbeiten überschritten

oft bei weitem den Pflichtunterricht. Bei diesen Unterrichtsformen wurde mit und ohne Computerunterstützung gearbeitet. Der Einsatz des Mikrocomputers richtete sich dabei nach dem jeweiligen Unterrichtsthema.

Der Unterrichtsversuch fand unter der üblichen Situation und den Möglichkeiten der Schule statt. Die Schüler wurden dazu nicht besonders ausgewählt, sie konnten die Kurse wohl freiwillig wählen. Die Lage der Schule bedingt auch, daß die Schüler aus allen sozialen Gruppen der Bevölkerung kommen. Der Unterricht in den Kursen und der Unterrichtsversuch wurde von mir allein durchgeführt. Dazu standen in der Schule zunächst drei und später sechs Mikrokomputer APPLE II bzw. APPLE IIe mit Laufwerken und Drucker zur Verfügung. Die Schüler selbst besaßen mehrere Mikrocomputer mit entsprechender Peripherie.

Nach den Beobachtungen im Unterricht und nach Analyse der Schülerleistungen kann gesagt werden, daß die beschriebene Unterrichtsmethode mit Hilfe des Mikrocomputers ab Jahrgangsstufe 9 im Physikunterricht systematisch anwendbar ist und sogar mehrere Vorteile hat.

2. Ist der Einsatz des Mikrocomputers im Physikunterricht nicht viel
   zu komplex und schwierig?

Es wird oft argumentiert, daß der Mikrocomputer zu einer ganz neuen Ebene von Komplexität führe, welches die Beherrschung der schwierigen Hard- und Software erfordere.

Dem kann man aber erwidern, daß Lehrer wie Schüler den Mikrocomputer als "black box" auffassen können. Man lernt ja auch nicht erst den Aufbau einer elektronischen Meßapparatur kenn, ehe man damit messen will. Die Programme müssen auch nicht selbst erstellt werden. Nach Einlegen der Diskette erhält der Schüler vom Bildschirm aus sofort Anweisungen, was er zu tun hat. Die Schüler können mit dem Mikrocomputer sofort arbeiten. Er ist einfacher zu bedienen als herkömmliche Registrier- und Meßapparaturen.Dazu kommt noch, daß er sehr kostspielige Geräte wie Transientenrekorder, Speicheroszilloskope, Zählapparaturen, Impulshöhenanalysatoren usw., die oft das Vielfache eines Mikrocomputers kosten, ersetzt. Dann kommt noch,daß mit der Zeit die Mikrocomputer immer anwenderfreundlicher, leistungsfähiger und billiger werden.

Wenn die Schüler außerdem noch den Wunsch haben, Computerprogramme selbst zu erstellen und auch zur Interfacetechnik etwas beizutragen, so kann das für ihr späteres Leben doch nur zum Vorteil sein. Jeder zweite

an dem Unterrichtsversuch beteiligte Schüler hat freiwillig programmiert
ohne zusätzlichen Informatikunterricht gehabt zu haben. Für die meisten
Physikprogramme reicht BASIC völlig aus und diese Sprache eignen sich
schon die Schüler der fünften Klasse spielend an. Die Kinder können
mit dem Computer eher fertig werden als die Erwachsenen. Darauf beruht
auch die Angst vieler Lehrer vor dem Computer. Die Aufgabe des Physik-
lehrers ist es aber nicht, noch zusätzlich Informatiker zu werden. Wenn
er die Schüler dazu anleiten kann, den Mikrocomputer im Physikunterricht
sinnvoll zu benutzen, hat er schon viel geleistet.

Der Mikrocomputereinsatz bereitet dem Lehrer und den Schülern keine
Schwierigkeiten. Darüberhinaus erspart der Mikrocomputer viel Zeit und
ersetzt viele teure Geräte.

3. Werden mit Hilfe des Mikrocomputers die physikalischen Experimente
   für den Schüler noch undurchsichtiger?

Eine Meßanordnung kann u.U. so kompliziert sein, daß der Schüler überhaupt keine Verbindung mehr zwischen dem physikalischen Vorgang und dem
Meßergebnis sieht. Er hat keine Möglichkeit mehr, die Messungen zu kontrollieren. Dieser Vorwurf wird gern dem Einsatz des Mikrocomputers im
Unterricht gemacht. Natürlich verlangt das neue Medium Computer auch
eine neue Methodik. Es ist zum Beispiel sehr anschaulich, wenn man beim
Registrieren eines Bewegungsablaufs auf dem Bildschirm des Monitors einen Leuchtpunkt die analoge Bewegung durchführen läßt. Erst dann bekommt der Computer den Befehl, daß der Leuchtpunkt im gleichen Takt sich
nach rechts bewegt, sodaß auf dem Bildschirm das Ort-Zeit-Diagramm des
Bewegungsablaufs entsteht. Dabei werden auch gleichzeitig die entsprechenden Meßwerte mit angezeigt und abgespeichert, welches der große
Vorteil der Computerregistrierung gegenüber herkömmlichen Registrier-
methoden ist. Steht ein Drucker zur Verfügung, können Meßwerte und Kurven auf einer Matrize ausgedruckt werden und jeder Schüler erhält eine
Kopie.

Die Registrierungen und Messungen mit Hilfe des Mikrocomputers sind
durchschaubarer und anschaulicher als mit herkömmlichen Anordnungen.
Sie sind sehr schnell durchzuführen und jeder Schüler erhält sofort
nach der Registrierung die Meßwerte und Kurven.
Vergleiche dazu:
H. Brockmeyer: Meßdatenerfassung bei physikalischen Versuchen mit Hil-
fe des Mikrocomputers APPLE II, in: Praxis der Naturwissenschaften-
Physik, _33_ (1984) S.24 - 27

4. Können die Methoden der Physik mit Hilfe des Mikrocomputer weitervermittelt werden, und kann er zum besseren Verstehen und Lösen
   physikalischer Probleme beitragen?

Am Beispiel der Behandlung der Schwingungen soll gezeigt werden, wie
der Schüler mit Hilfe   des Mikrocomputers die induktive und deduktive
physikalische Methode kennenlernen kann und ein besseres Verständnis für
den physikalischen Vorgang bekommt. Nachdem der Schüler recht anschaulich die Computerregistrierung einer Schwingung erfaßt hat, kann er sofort die Periode T, die Amplitude s_m und die Phasenverschiebung ablesen.
Aus dem sinusförmigen Verlauf der Kurve folgt dann die Bewegungsglei-
chung. Zur Gleichung für die Schwingungsdauer kann er auf induktivem
Wege nicht gelangen. Wegen der bekannten mathematischen Defizite ist er
aber auch nicht in der Lage, die Schwingungsgleichung $m \cdot a = - k \cdot x$ zu
lösen. Mit Hilfe des Mikrocomputers kann aber unter Verwendung der
EULERschen Methode eine numerische Lösung gefunden werden. Er kann sehr
schnell eine Tabelle mit Ort-, Geschwindigkeits-, Beschleunigungs-
und Energie-Zeit-Werten ausdrucken. Außerdem können noch Ort-, Geschw.-,
Beschleunigungs- und Energie-Zeit-Diagramme dargestellt werden.
Daraus können dann ohne Kenntnis der Analysis alle Gesetzmäßigkeiten
abgelesen werden. Die dazu erforderlichen Simulationsprogramme sind
interaktiv gestaltet, sodaß der Schüler als aktiver Teilnehmer am Lernprozeß einbezogen wird, während bei vielen herkömmlichen Unterrichtsmethoden der Schüler passiv bleibt. Wird in die Schwingungsgleichung
noch ein Reibungsglied eingebaut, sei es mit konstanter oder geschwin-
digkeitsabhängiger Reibung, so liefern die gleichen Simulationsprogramme die entsprechenden numerischen Lösungen, sogar Lösungen, die analytisch überhaupt nicht darstellbar sind. Gleichzeitig lernt der Schüler
dabei die computergerechte diskrete Mathematik kennen, welche auch den
Analysisunterricht verändern wird. Außerdem lernt er noch das Wechselspiel von Theorie und Experiment im physikalischen Erkenntnisprozeß
kennen.
Durch Einsatz des Mikrocomputers wird der Schüler mit der induktiven
und deduktiven physikalischen Methode vertraut gemacht und er lernt
dabei das Wechselspiel von Theorie und Experiment kennen. Das interaktive Arbeiten mit dem Computer verhilft den Schüler zu einem besseren
Verstehen und Lösen physikalischer Probleme. Vergl. dazu auch:
H.Brockmeyer: Die induktive und deduktive Behandlung der gleichmäßig
beschleunigten Bewegung mit Hilfe des Mikrocomputers, in MNU 1984

5. Ermöglicht und unterstützt der Mikrocomputer das selbständige
   und entdeckende Lernen?

Es wird oft argumentiert, daß der Computer die geistige Aktivität des
Menschen einschränke.
Meine bisherigen Erfahrungen haben gezeigt, daß die Schüler sehr bald
zum selbständigen Lernen mit Hilfe des Mikrocomputers kamen. Sie such-
ten und lasen die erforderliche Literatur, um die physikalischen Probleme verstehen und lösen zu lernen. Viel der benötigten Computerprogramme wurden nach meinen Anregungen allein von den Schülern erstellt. Bei
der Erstellung der Programme haben die Schüler mehr Physik gelernt als
bei herkömmlichen Unterrichtsvorbereitungen. Mehrere Schüler hatten
damit beim Wettbewerb "Jugend forscht" guten Erfolg.

Bei dem beschriebenen Unterrichtsversuch kamen viele Schüler zum
selbständigen und entdeckendem Lernen.

6. Wie beinflußt die Unterrichtsmethode mit dem Mikrocomputer die
   Motivation und die Einstellung der Schüler für den Physikunterricht?

Die Wahl des weiteren Unterrichtsfaches und die Einstellung der Schüler
zu dem Fach Physik wurde mit der MAGERschen Methode untersucht.
Von den Schülern der Jahrgangsstufe 10 wählten 70 Prozent Physik in der
Jahrgangsstufe 11.Fast alle Abiturienten des Jahres 1982 vom Leistungskurs Physik entschieden sich für ein mathematisch-naturwissenschaftli-
ches oder technisches Studium. Die Fragen:"Wenn du alle Fächer frei wäh-
lenkönntest, würdest Du weiter Physik haben wollen?" und "Wie stark
bist Du daran interessiert, mehr über Physik zu erfahren?" wurden sehr
positiv beantwortet.

Bei der angewandten Unterrichtsmethode mit Hilfe des Mikrocomputers ist
die Einstellung der Schüler zum Fach Physik recht positiv und sie werden für das weitere Studium der naturwissenschaftlichen und technischen
Fächer motiviert.

Vergleiche dazu:
H.Brockmeyer:Der Mikrocomputer als Lehr- und Lernhilfe im Physikunterricht, in: Praxis der Naturwissenschaften,$\underline{32}$ (1983) S.311 - 314

Der Einsatz von Computern im Chemieunterricht und -praktikum

Richard Nagel

7347 Bad Überkingen 3

Während der Personalcomputer schon seit einigen Jahren im Mathematik-
und Informatikunterricht an den allgemeinbildenden Schulen zumindest
in den gymnasialen Oberstufen seinen festen Platz erobert hat, wird
er im Fachbereich Chemie noch sehr zögernd eingesetzt. Dies liegt
sicher zum einen daran, daß sich sehr viele Chemielehrer noch gar
nicht mit Personalcomputern näher beschäftigt haben. Andererseits
können sich auch viele gar nicht vorstellen, wo man dieses neue
Medium im Unterricht überall einsetzen kann.
Es sollen hier kurz einige Möglichkeiten aufgezeigt werden, wo ein
sinnvoller Einsatz von Personalcomputern im Chemieunterricht und
-praktikum gegeben ist. Vorab muß aber bemerkt werden, daß als
Grundlage des Unterrichts das Experiment bleiben muß und der Computer
nicht dessen Platz einnehmen darf.

1. Der Computer als Großanzeige

Die Benutzung einer Großanzeige, die es ermöglicht, daß alle Schüler
einer Klasse die Meßergebnisse selbst ablesen können, muß für einen
quantitativen Unterricht selbstverständlich sein. Der Computer kann
hier ein solches Anzeigegerät ersetzen und ist diesem häufig
überlegen. Dies soll an zwei Beispielen aufgezeigt werden:
a) Die Aufnahme einer Titrationskurve
Die Eichung eines pH-Meters über die Asymmetrie und Steilheit, sowie
die Nachjustierung ist bei diesen Geräten oft sehr langwierig. Der
Computer bringt hier den Vorteil, daß die Eichung zunächst einmal
rechnerisch erfolgt. Die große Anzeige der einzelnen Meßwerte, die
Differenz zum vorherigen Wert, eine Ermittlung des Mittelwerts, eine
anschließende Betrachtung des Fehlers, u.a. führen zu einer
eindeutigen Überlegenheit des Rechners gegenüber einer Großanzeige.
b) Die fraktionierte Destillation
Bei der fraktionierten Destillation von Roherdöl mit einer
Glockenbodenkolonne muß ein Schüler an den Thermometern die Sumpf-
und die Kopftemperatur, sowie die Temperaturen der einzelnen Böden

laufend ablesen und der Klasse bekanntgeben. Auf dem Bildschirm eines Computers können der gesamten Klasse alle Werte gleichzeitig gezeigt werden. Es lassen sich die Meßwerte speichern und dann nach den entsprechenden Wünschen auswerten.

c) Weitere Anwendungsmöglichkeiten des Computers als Großanzeige

Beim Anschluß an eine Digitalwaage lassen sich die Masse, die Anzeige der Stückzahl (nach vorheriger Eingabe der Einzelmasse) und auch die Massendifferenzen angeben.

Wird ein Photometer angeschlossen, so kann eine gleichzeitige Ausgabe der Meßwerte als Transmission, Absorption, Extinktion, oder nach Eingabe des Extinktionskoeffizienten die Konzentration des zu bestimmenden Stoffes angegeben werden.

Unter Benutzung der im Rechner eingebauten quarzgesteuerten Uhr ist die gleichzeitige Anzeige der oben aufgeführten Meßwerte und der Zeit möglich. Dies ist vor allem für Versuche aus dem Bereich der Reaktionskinetik interesssant.

2. Der Computer als "Taschenrechner"

Der Einsatz eines Computers wird dann immer sehr nützlich sein, wenn Berechnungen durchzuführen sind, die ein umfangreicheres Programm erfordern. Durch ein entsprechendes Menue kann der Schüler in sehr kurzen Zeiten Details erfragen und diese auch ausdrucken lassen. Dies bedeutet ebenfalls eine Überlegenheit des Tischrechners gegenüber einem Taschenrechner, der sich nicht programmieren läßt.

So lassen sich umfangreiche Berechnungen anstellen zu den folgenden Bereichen:

Löslichkeitsprodukt, Berechnungen der Koeffizienten und der pH-Werte, Titrationskurven, quantitative Analysen, Thermodynamik, galvanische Ketten, Molmassenbestimmungen, u.a.

3. Die Simulation mittels Computer

Die Möglichkeiten, die ein Computer auf diesem Gebiet hat, sollen an drei Beispielen aufgezeigt werden.

a) Die Ammoniaksynthese:

Im Unterricht wird zunächst durch das Experiment die Synthese von Ammoniak aus den Elementen unter Mitwirkung eines Katalysators bei erhöhter Temperatur und dem gegebenen Luftdruck gezeigt werden. In einem Praktikum wird nun dieser Versuch unter anderen Voraussetzungen mit einem Computer simuliert. Es lassen sich jetzt die verschiedenen Parameter wie Druck, Temperatur und Katalysatoren variieren. Der Rechner gibt die zu erwartende prozentuale Ausbeute an und berechnet die Dauer bis zur Einstellung des Gleichgewichts. Der Schüler hat jetzt die Möglichkeit, den Reaktionsablauf zu optimieren. Es soll herausgefunden werden, unter welchen Bedingungen eine maximale Ausbeute in einer vertretbaren Zeit zu erwarten ist. Sowohl aus zeitlichen als auch aus experimentellen Gründen würde sich eine Lösung dieses Problems niemals im Unterricht in so kurzer Zeit erreichen lassen. Alle Daten können ausgedruckt und hinterher miteinander verglichen werden.

b) Simulationen aus dem Bereich der Reaktionskinetik:

Ein zentrales Thema im Chemieunterricht nimmt die Einstellung des chemischen Gleichgewichts bei Reaktionen ein. Im Experiment wird man diese Problematik qualitativ durch visuelle Beobachtung oder quantitativ z.B. mittels Photometer an einer bestimmten Reaktion zeigen.

Aus Zeitgründen ist es vollkommen unmöglich quantitativ zu untersuchen, ob die Temperatur, die Konzentration, oder andere Parameter die Einstellung des Gleichgewichts

$$A + B \rightleftharpoons C + D$$

beeinflussen. Noch unübersichtlicher müßte die Betrachtung werden, wenn es zu einer Folgereaktion kommen würde. Durch ein entsprechendes Programm kann die Konzentration eingegeben und in Form von Punkten auf dem Bildschirm dargestellt werden. Reagieren Stoffe miteinander, so wandeln sich die Punkte in andere um.

c) Die Darstellung von Atomorbitalen

Der Rechner wird hier für eine Simulation von Atomorbitalen benützt. Es lassen sich auf dem Bildschirm, oder auf dem Drucker bestimmte Atomorbitale von einzelnen Atomen darstellen. Durch vergleichende Untersuchungen mittels Simulation läßt sich dann ermitteln, ob z.B. das 2s-Orbital bei allen Atomen die gleiche Größe hat, oder ob event. die Kernladung eine Rolle spielt.

4. Der computerunterstützte Unterricht

Es wurden Programme entwickelt, die ganze Unterrichtseinheiten in ihren wesentlichen Punkten dem Schüler noch einmal vor Augen führen. In einzelnen Lernschritten verfolgt man noch einmal den Gang des Unterrichts und beantwortet anschließend zur Vertiefung die einzelnen Fragen. Die Antworten können in Ruhe überlegt werden, die Anzahl der richtigen Lösungen sind nur dem Bearbeiter am Computer bekannt. Nach dem Ausschalten des Geräts sind alle gespeicherten Daten wieder gelöscht. Der Schüler fühlt sich somit unbeobachtet und bekommt zum Schluß vom Personalcomputer mitgeteilt, wie für ihn der erreichte

Wissenstand auf diesem Gebiet einzuordnen ist.

Die Erfahrung hat gezeigt, daß sehr viele Schüler von dieser Art einer ersten Überprüfung regen Gebrauch machten.

5. Der Computer als Speicher von Daten

Diese Programme würden als Selbstzweck nur einen Ersatz von Tabellen in Lehrbüchern darstellen. In der Regel wird man die Möglichkeiten, die hier ein Personalcomputer zur Datenspeicherung hat, in Form von Unterprogrammen benützen. Die gespeicherten Daten können dann bei bestimmten Programmabläufen, wenn sie dort benötigt werden, abgefragt und anschließend ausgewertet werden.

Dieser kleine Überblick möge zeigen, daß es allein auf diesen hier aufgezeigten Gebieten der Chemie eine Fülle von Möglichkeiten eines Computereinsatzes im Unterricht gibt. Diese Möglichkeiten lassen sich durchaus auf weitere Gebiete der Chemie ausdehnen.

Um diese Ideen in die Tat umzusetzen, wurde im Jahre 1979 der Arbeitskreis "Computer im Chemieunterricht" am Chemischen Institut Flad in Stuttgart gegründet. Zu den Gründungsmitgliedern gehörten vor allem Chemielehrer, die sich die Aufgabe stellten, Möglichkeiten für einen sinnvollen Einsatz von Computern im Chemieunterricht (und auch im Praktikum) zu erforschen.

In den vergangenen Jahren seines Bestehens hat der Arbeitskreis eine ganze Reihe von Aktivitäten entwickelt:

1. Zahlreiche und z.T. sehr umfangreiche Programme wurden erstellt und im Unterricht erprobt.
2. Programme aus dem In- und Ausland wurden gesammelt, gesichtet und gegebenenfalls bearbeitet.
3. Mit dem Aufbau einer Programmbibliothek wurde begonnen.
4. Die Programme des Arbeitskreises werden kostenlos an interessierte Kollegen im In- und Ausland abgegeben und auch getauscht.
5. Der Arbeitskreis stellt Referenten für Vorträge innerhalb der Bundesrepublik kostenlos zur Verfügung.
6. In ganztägigen Seminaren werden Kollegen in den einzelnen Bundesländern in die Benutzung von Computern eingeführt und mit zahlreichen Programmen vertraut gemacht.
7. In zahlreichen Publikationen macht der Arbeitskreis auf die von ihm erstellten Programme aufmerksam und erläutert diese.

8. Der Arbeitskreis beteiligt sich an Tagungen und Ausstellungen.

Richard Nagel, Studiendirektor, Arbeitskreis "Computer im Chemieunterricht", Dalisbergstraße 6, 7347 Bad Überkingen 3

<u>EDV im Technikunterricht der allgemeinbildenden Schule</u>

Hartwig Mackeprang
Institut f. Arbeitslehre/Technik der Technischen Universität Berlin

Zur Zeit gibt es in der Bundesrepublik zahlreiche Bemühungen um die Berücksichtigung der sogenannten "Neuen Technologien" in der allgemeinbildenden
Schule, allen voran der Elektronischen Datenverarbeitung. Häufig hat es den
Anschein, es handele sich bei diesem Anliegen um etwas ganz Neues. Tatsächlich haben die Bemühungen um die Berücksichtigung technischer Inhalte in der
allgemeinbildenden Schule, und die EDV gehört zu diesen technischen Inhalten, eine lange Tradition. Als wesentlicher Erfolg dieser Bemühungen wurde
Anfang der sechziger Jahre eigenständiger Unterricht über Technik eingeführt, der den Schülern Grundkenntnisse über und Grundfertigkeiten im Umgang
mit Technik vermitteln sollte.

Nun ist Technik sehr mit wirtschaftlichen und sozialen Fragen und Problemen
verknüpft, und es setzte alsbald Streit darüber ein, ob technische Inhalte
in einem selbständigen Fach Technik oder im Verbund mit anderen Fächern wie
z.B. Wirtschaftslehre, Soziallehre, Haushaltslehre oder Politik unterrichtet
werden sollten. Als Ergebnis dieses Streites wird Unterricht über Technik in
einigen Bundesländern in einem eigenständigen Schulfach "Technik" erteilt,
in einigen anderen Bundesländern in einem "Arbeitslehre" genannten Verbund
zusammen mit Haushalt und Wirtschaft, und in einem Bundesland überhaupt
nicht. Leider wurde über das Fach jahrelang bildungspolitisch gestritten,
und das hat der Sache, nämlich der allgemeinen technischen Bildung, nicht
gut getan. Trotz Allem: Dieses Fach hat ein eigenes Selbstverständnis entwickelt, hat gut überlegte und ausdiskutierte Unterrichtsverfahren und -gegen-
stände. Es ist - von der Sache her - inhaltsdynamisch und hat eine leben-
dige fachdidaktische Infrastruktur. Es ist wichtig, auf diese Resourcen
hinzuweisen und sie zu nutzen.

Wie bei anderen Schulfächern auch, weist der dem Fach Technik zugrundeliegende Sachbereich eine bestimmte Struktur auf. Die Menge aller technischen
Systeme läßt sich danach unterscheiden, welche der drei Grundkategorien
"Stoff", "Energie" und "Information" sie vornehmlich verarbeiten. Jedes
technische System besteht aus einem technischen Verfahren und aus einem
dieses Verfahren konkret umsetzenden technischen Gebilde, auch Sachsystem
genannt. Theorie und Praxis der Herstellung und des Gebrauchs der Techni-

schen Systeme können im Bereich der Arbeitswelt, des privaten Haushalts und
der Öffentlichkeit untersucht werden. Dabei werden neben den ingenieur- und
naturwissenschaftlichen weitere wissenschaftliche Perspektiven berücksichtigt, zum Beispiel betriebswirtschaftliche, ökologische, arbeitswissen-
schaftliche, soziale und anthropologische Perspektiven.

Die technischen Systeme der Elektronischen Datenverarbeitung gehören zur
Gruppe der informationsverarbeitenden technischen Systeme, dem dritten
großen Gegenstandsbereich der Technik. Gleichgültig, ob nun Unterricht über
Technik in einem eigenen Fach Technik oder im Rahmen eines Faches Arbeitslehre erteilt wird, berücksichtigt er EDV aus zwei Perspektiven:

-Anwendung der EDV-
Die erste Perspektive eröffnet den Blick auf die elektronische Datenverarbeitung als zunehmend bedeutsamesWerkzeug der Technik. Dies gilt in einem
doppelten Sinn: Einerseits ist EDV ein wichtiges Werkzeug bei der Herstellung technischer Systeme. "Herstellung" umfaßt nicht nur die Produktion,
sondern auch Konstruktion, Kalkulation, Designerstellung, Lagerverwaltung,
Folgenabschätzung, Service usw.. Andererseits sind technische Systeme der
Datenverarbeitung Bestandteil einer zunehmenden Anzahl technischer Systeme,
häufig werden sogar die Merkmale der technischen Systeme wesentlich durch
die Eigenschaften dieser Bestandteile geprägt.

-Kenntnisse über EDV-
Die zweite Perspektive erblickt in Datenverarbeitungssystemen, insbesondere
mikroelektronischen Systemen, typisch technische Systeme, deren Anteil an
der Gesamtmenge technischer Systeme zur Zeit rapide größer wird. Unterricht
über Technik, der nicht nur Grundfertigkeiten im Umgang mit Technik, sondern
auch Grundkenntnisse über Aufbau und Funktionsweise vermittelt, muß dies
auch auf dem Felde der Mikroelektronik und der Datenverarbeitung tun. Unterricht über Technik wird deshalb in zunehmendem Maße Unterricht über technische Systeme zur Datenverarbeitung werden.

Aus der ersten Perspektive folgt zunächst, daß im Rahmen des Unterrichts
über Technik EDV-Systeme zur Lösung typisch technischer Probleme eingesetzt
werden müssen, soweit sie auch in der technischen Wirklichkeit zu diesen
Zwecken eingesetzt werden. Lagerverwaltung, Materialbedarfsberechnungen,
werkstoffkundliche Versuchsauswertungen und standardisierte Berechnungen

sind zum Beispiel typisch technische Tätigkeiten, bei denen der Schüler den Umgang mit "Denkzeugen" im Bereich der Technik lernen kann. CAD, CAM und CAE scheinen auf den ersten Blick zu kompliziert für die Schule zu sein, sind aber in der technischen Wirklichkeit so wichtig geworden, daß man nicht länger darauf verzichten kann, auch hierfür didaktisch aufbereitetes Material zu entwickeln.

Hierzu einige Beispiele:

Die Schüler ermitteln die optimal verschnittarme Aufteilung einer Holzplatte für ein beliebiges Werkstück unter Benutzung eines fertigen Programms.

Die Schüler konstruieren unter Verwendung eines stark vereinfachten Statikprogramms ein Modell einer Brücke.

Die Schüler sollen mit einem Programm, das in der Lage ist, Eigenschaften von CAD zu simulieren, ein Zahnradgetriebe mit bestimmten Eigenschaften konstruieren.

Materiallisten, Bestellungen, Rechnungen usw. werden von den Schülern mit Textverarbeitung angefertigt.

Fertigungsprojekte werden von den Schülern mit Buchhaltungsprogrammen und Datenbankprogrammen begleitet und verwaltet.

Die Beispiele zeigen, daß es nicht darum geht, Programmieren zu lernen, sondern darum, EDV in der Technik als "Denkzeug" einzusetzen. Es wäre für den Schüler sehr hilfreich, wenn er dabei auf Kenntnisse der Informatik zurückgreifen könnte.

Ein weiterer Aspekt der Anwendung von Mikroelektronik und EDV im Unterricht über Technik hebt darauf ab, daß diese Systeme zunehmend innerhalb anderer technischer Systeme eingesetzt werden. Hier sind es in erster Linie Steuerungsaufgaben, die mit Hilfe der Mikroelektronik gelöst werden. Für den Schüler können hier Kenntnisse in Informatik das Verständnis sehr fördern, denn der Schwerpunkt der technikunterrichtlichen Behandlung liegt bei der Hardware und bei der Steuerungs- und Regelungstechnik.

Die zweite schon erwähnte Perspektive des Technikunterrichtes ist die hauptsächliche. Technische Systeme der Datenverarbeitung, die Computer, die Drucker, die Speicher, Schreibmaschinen, Photokopierer, Diktiergeräte, Fernschreiber - um nur einige Beispiele zu nennen - sind Gegenstände des Technikunterrichtes, so wie z.B. die Dampfmaschine aus dem Bereich der Energieverarbeitung oder die Drehmaschine aus dem Bereich der Stoffverarbeitung Gegenstände dieses Unterrichts sind. Über sie soll der Schüler Prinzipielles und Grundlegendes lernen: Über Aufbau und Funktionsweise der technischen Gebilde, über die ihnen zugrundeliegenden technischen Verfahren, die Prinzipien ihrer Herstellung und ihres Gebrauchs.

Das Wort "soll" deutet schon an, daß diese Ziele in der Unterrichtspraxis häufig nicht erreicht, oft nicht einmal verfolgt werden können, weil es an materieller Ausstattung, Unterrichtszeit und angemessen aus- und weitergebildeten Lehrern mangelt. Trotz dieser schlechten Rahmenbedingungen zeigt die technikdidaktische Literatur eine große Fülle unterrichtlicher Bemühungen um Themen, die unmittelbar oder mittelbar mit EDV zusammenhängen, und an fast jeder Schule gibt es jemanden, der sich autodidaktisch auf diesem Felde kundig gemacht hat oder sogar einen jüngeren Lehrer, der diese Themen im Rahmen der Techniklehrerausbildung studiert hat. Unterrichtseinheiten über Elektronik zum Beispiel gehören zum festen Bestand der Technikcurricula. Hier lernen die Schüler Platinen herstellen, löten, den Umgang mit Transistoren und ICs, erwerben Grundkenntnisse der Schaltungstechnik und lernen wichtige elektronische Bauteile kennen. Auch die Digitaltechnik ist fest im Technikcurriculum verankert und wird - soweit möglich - unterrichtet. Es gibt viele Unterrichtsvorschläge und Einheiten zum Kennenlernen von Logikgattern, digitaltecbnischen Grundschaltungen und Anwendungen, und zum Bau kleiner, typisch digitaltechnischer Geräte wie z.B. Elektronischer Würfel, Windrichtungsanzeigern, Digitaluhren , Meßwertaufnehmer, kleiner Roboter usw. Wichtige Grundlagenbereiche der EDV, die Nachrichtentechnik und die Steuerungs- und Regelungstechnik stehen seit Jahren in den Lehrplänen des Faches und sind in zahlreichen Unterrichtsvorschlägen und -einheiten schulpraktisch aufbereitet worden. Die Datenverarbeitung selbst spielt in der technikdidaktischen Diskussion schon seit Jahren eine wichtige Rolle, und zum Beispiel befaßte sich auf der letzten Tagung der GATWU und den Hochschultagen Technikunterricht 1983 und 84 ein großer Teil der Referenten mit diesem Thema.

Die technikdidaktische Diskussion läuft nach meiner Auffassung dahin, daß Technikunterricht Grundkenntnisse über Aufbau und Wirkungsweise von tech-

nischen Systemen der Datenverarbeiung vermitteln soll, nicht aber Kenntnisse
über Programmierung oder den Einsatz von EDV auf außertechnischen Gebieten.
Diese Grundkenntnisse haben dabei den Charakter von "Invarianten", und ich
schreibe diesen Begriff in Anführungszeichen, weil es wegen der hohen
Innovationsgeschwindigkeit sehr schwierig ist, Invarianten zu identifizie-
ren. Ich möchte trotzdem den Versuch machen, die im Technikunterricht be-
rücksichtigten Invarianten der EDV zusammenzustellen:

Handwerkliche Grundlagen für den Umgang mit Hardware
    (Löten, Herstellen von Platinen, Montage von Steckverbindungen,
     Bau von Gehäusen usw.)

Logische Verknüpfunge und digitaltechnische Grundlagen
    (Gatter und Funktionsbausteine, Zähler, Codewandler
     usw.)

Prinzipkenntnisse über den Aufbau von Computern
    (CPU, Speicher, I/O, Codierung)

Prinzipkenntnisse über Zweck und Funktionsweise von
    - CPUs (Adressierung, Register, Takt usw.)
    - Speichern (RAM,ROM,EPROM,Adressierung usw.)
    - I/O Bausteinen (Serielle/parallele Übertragung usw.)

Prinzipkenntnisse über Massenspeicher und Drucker
    (Lochstreifen, Druckverfahren, Schnittstellen usw.)

Prinzipkenntnisse über andere periphere Hardware
    (CRT, Plotter, Interfaces usw.)

Diese Invarianten sind hardwareorientiert. Sie sind Grundkenntnisse, die
jedem Schüler die Orientierung in der Welt der EDV erleichtern sollen, auf
die er zurückgreifen kann, wenn er sich spezieller mit EDV beschäftigt, und
auf die andere Schulfächer zurückgreifen können, besonders der Unterricht in
Informatik. Auf diese Weise trägt Technikunterricht im Zusammenhang mit
anderen Fächern dazu bei, daß über vermehrte Sachkompetenz die Urteilsfähig-
keit und die Fähigkeit zum verantwortungsvollen Umgang mit EDV gefördert
werden.

Der Mikrocomputer im englischen Anfangsunterricht
Dieter Mindt, Freie Universität Berlin

Entwicklung in der Vergangenheit

Für frühere Projekte zum Einsatz des Computers im Fremdsprachenunterricht standen
bis zum Ende der 70er Jahre fast ausschließlich Großrechenanlagen zur Verfügung,
die sich meist in Universitäten befanden. Die Adressaten des computerunterstützten
Fremdsprachenunterrichts waren daher im allgemeinen Studenten. Bei dieser Zielgruppe mit bestimmten Besonderheiten des Alters, der Begabung und der Motivation waren
es sehr oft Modulpakete mit Übungen zu Lexik und Grammatik der fremden Sprache,
die meist in der Form von Drills angeboten wurden und einen solchen Umfang hatten,
daß sie tendenziell den Lehrer durch mehr oder weniger weitverzweigte Programme
ersetzten.

Die Gemeinsamkeiten der frühen Projekte zum computerunterstützten Sprachunterricht
bestanden im wesentlichen in der Verbindung von behavioristischer Sprachlerntheorie,
taxonomisch-strukturalistischer Linguistik und der Technik der programmierten Instruktion. Beispiele für solche Verfahren des Fremdsprachenunterrichts finden sich
bei EYFERTH et al. 1974:331f., KEIL 1974:255ff., BOYD/KELLER/KENNER 1981 und MARTY
1981 und 1982. Diese Verfahren hatten starke Gemeinsamkeiten mit der Sprachlabor-
arbeit der 60er Jahre, die einem <u>stimulus-response</u>-Modell von Sprachenlernen verpflichtet war. Ihre Hauptmerkmale bestanden in der Aufgliederung des Lernstoffes
in kleinste operationalisierbare Schritte mit unmittelbarer Kontrolle der Reaktion
des Lernenden und sofortigem <u>reinforcement</u> nach der erfolgreichen Bewältigung jedes
einzelnen Lernschritts. Der Unterricht sollte auf diese Weise individualisiert
werden, wobei die Individualisierung sich jedoch im wesentlichen auf Unterschiede
im Lerntempo beschränkte. Als Probleme wurden später erkannt: die enge Begrenzung
der Lerngegenstände, die aus der Notwendigkeit der Vorhersagbarkeit der sprachlichen Reaktion des Lernenden folgte, die Eintönigkeit der Drillübungen und der fast
vollständige Ausschluß sprachlicher Kreativität.
Darüber hinaus gab es wegen der Bindung an Großrechenanlagen auch systembedingte
Einschränkungen: Die Arbeit mit den Programmen mußte an speziellen Terminalstationen
erfolgen, für die eine aufwendige Verkabelung erforderlich war. Die auf Großrechenanlagen verfügbaren Programmsprachen waren oft schwer zu handhaben und machten die
Mitwirkung professioneller Programmierer bei der Entwicklung und Veränderung von
Unterrichtsprogrammen erforderlich. Aus allen diesen Gründen ist den früheren Versuchen zum computerunterstützten Fremdsprachenunterricht ein durchgreifender Erfolg
versagt geblieben. Dennoch sollten die Erfahrungen aus früheren Versuchen bei der
jetzigen Arbeit mit Mikrocomputern nicht unbeachtet bleiben.

Heutige Tendenzen

Mit dem Aufkommen von Mikrocomputern (gelegentlich als <u>micro revolution</u> bezeichnet

(KENNING/KENNING 1983:143)) haben sich in den letzten Jahren einige grundsätzliche
Änderungen ergeben. Die neuen Geräte sind finanziell erschwinglich für Schulen und
sogar für den einzelnen geworden. Sie sind leicht transportierbar und daher nicht
an einen festen Einsatzort gebunden. Der Aufwand für die Erlernung und Anwendung der
auf Mikrocomputern verfügbaren Programmsprachen ist deutlich geringer geworden.
Hinzu kommt eine Tendenz zur "Ent-Mathematisierung" des Feldes: Während am Beginn
des computerunterstützten Unterrichts die meisten Anwendungsarten im Bereich der
Mathematik und Nachbardisziplinen lagen, setzt sich allmählich auch in unserem Land
die Erkenntnis mehr und mehr durch, daß der Computer ein Werkzeug für die Bewältigung einer Vielzahl von Aufgaben sein kann, die außerhalb des Bereichs der Mathematik, Statistik und Kalkulation liegen. Für die sprachlichen Fächer hat die Verbreitung von Textverarbeitungsprogrammen entscheidenden Anteil am Vordringen dieser
Erkenntnis gehabt.
In den letzten eineinhalb Jahrzehnten wurde die behavioristische Lerntheorie, auf
der viele Arbeiten zur Computeranwendung im Fremdsprachenunterricht beruhten, zunehmend in Frage gestellt. Die Forderung nach Arbeitsformen, die einen spontaneren und
kreativeren Sprachgebrauch anregen und möglich machen, als er im traditionellen
programmierten Unterricht gegeben war, stellt sich als neue Herausforderung.

Begrenzungen

Trotz der durch den Mikrocomputer bewirkten Fortschritte im Hinblick auf die leich-
tere Verfügbarkeit von Geräten und Software sowie der damit verbundenen Erweiterung
der Anwendungs- und Einsatzmöglichkeiten bleiben eine Reihe von Begrenzungen bestehen, die für den Fremdsprachenunterricht bedacht werden müssen. Der Computer ist
in aller Regel kein Lehr- und Lerngerät für die ganze Klasse, sondern ist vorrangig
für die Einzel- oder Kleingruppenarbeit (bis zu drei Teilnehmer pro Gruppe) geeignet. Bei der Gruppenarbeit besteht die Gefahr, daß die Schüler - besonders bei der
Diskussion schwieriger Problemlösungen - in die Muttersprache ausweichen und somit
wertvolle Zeit für die Anwendung der fremden Sprache verlorengeht.
Der Computer wird darüber hinaus voraussichtlich noch für lange Zeit auf die Entwicklung schriftlicher Fertigkeiten (Lesen, Schreiben) beschränkt bleiben. Dies gilt
trotz der Versuche, den Computer auch für Sprachrezeption und -produktion im akusti-
schen Bereich einzusetzen (vgl. HIGGINS/JOHNS 1984:29ff.).

Heutiger Stand der Lernprogramme

Betrachtet man die Vorstellungen von Programmen auf der Mikrocomputer-Börse der Ge-
sellschaft für Angewandte Linguistik im Herbst 1983 als charakteristisch für den
Entwicklungsstand in Deutschland, dann lassen sich drei Richtungen feststellen:
- Darbietung remedialer Lektionen zu Einzelproblemen des Fremdsprachenunterrichts
  (z.B. Wortschatz, Grammatik) durch den Mikrocomputer mit Hilfe der bekannten
  Techniken der programmierten Instruktion.

- Übertragung des Schemas bekannter Videospiele auf Problemlösungen des Fremdsprachenunterrichts. Der Erfolg des Spielers ist dabei nicht von einer angemessenen
  Schußreaktion abhängig, sondern von einer richtigen Entscheidung über bestimmte
  Problemstellungen der fremden Sprache (z.B. richtige Zuordnung eines Wortes zu
  einem Wortfeld).

- Typische fremdsprachliche Aufgaben, die die eher spielerische Lösung eines sprachlichen Problems ermöglichen. Beispiel: allmählicher Aufbau eines sinnvollen Textes,
  von dem zunächst nur wenige Schlüsselwörter vorgegeben sind.

Die in Großbritannien entwickelten Programmarten sind vielfältiger, wie die Übersicht in HIGGINS/JOHNS 1984:35ff. zeigt, wo unterschieden wird zwischen:

- <u>drills</u> (Übungen zu Teilgebieten der fremden Sprache, z.B. grammatische Strukturen,
  Wortfelder)

- <u>demonstrations</u> (oft unter Verwendung von Graphik zur Veranschaulichung)

- <u>games</u> (Lernspiele)

- <u>programmed learning</u> (Lernsequenzen mit den üblichen Techniken der programmierten
  Unterweisung)

- <u>computer-created materials</u> (der Computer erstellt z.B. unter Berücksichtigung
  syntaktischer Regeln der Zielsprache neue Sätze oder Texte)

- <u>simulations</u> (Entscheidungen auf der Basis von Daten aus realen Situationen werden
  vom Lernenden abgefordert)

- <u>'talking' to the computer</u> (Beispiel: WEIZENBAUMS <u>Eliza</u>).

Bei genauer Betrachtung läßt sich eine starre Abgrenzung der einzelnen Programmarten
jedoch nicht aufrechterhalten, weil in jeder einzelnen Programmart Teile aus anderen
Programmtypen verwendet werden können. So können etwa <u>drills</u> ohne weiteres auch
<u>demonstrations</u> enthalten, ebenso wie <u>computer-created materials</u> auch Bestandteile
von <u>simulations</u> sein können.

Ausblick

Eine vorwiegend thematisch motivierte Auflistung von Programmarten wie die von
HIGGINS/JOHNS läßt die wichtige Frage in den Hintergrund treten, welche dieser Programmarten spezifische fremdsprachendidaktische Zielsetzungen verfolgt, mit anderen
Worten, welche Sprachelemente (z.B. Wortschatz, Grammatik, Sprachfunktionen) jeweils
dargeboten, geübt und angewandt werden, welche Fertigkeiten ausgebildet werden (z.B.
Leseverstehen vs. Schreiben) und für welche Altersgruppen und Klassenstufen mit welchem Niveau der Sprachbeherrschung und welchem Umfang des außersprachlichen Wissens
die einzelnen Programmarten gezielt einsetzbar sind.

Diese spezifisch fremdsprachendidaktischen Fragestellungen sind heute im allgemeinen
nicht beantwortet. Weil zu wenige Programme, die von solchen zugrundeliegenden Fragestellungen ausgehen, vorhanden und erprobt sind, ist ein großer Teil des in Frage
kommenden Materials zwar mit einem gewissen Gewinn einsetzbar, das damit erreichbare
Sprachtraining spielt sich jedoch im wesentlichen auf der Ebene des inzidentellen

Lernens ab. Die vorhandenen Materialien lassen sich demnach nicht in eine Progression einordnen, so daß ein kontinuierlicher und systematischer Einsatz nicht möglich ist. Eine größere Zahl von Programmen, die auf Grund einer genauen Bestimmung der Lernziele, Adressaten, Fertigkeiten und des vorausgesetzten Grades der Sprachbeherrschung erstellt wurden, existiert nur für den Anfangsunterricht. Dazu gehören Programme wie das in MINDT/MOTTOK 1984 beschriebene spelling game oder "Wordspin" (HIGGINS/JOHNS 1984:45f., 134ff.) und "Photofit" (HIGGINS/JOHNS 1984:68). Die Konzentration solcher Programme auf den Anfangsunterricht ist kein Zufall. Die Gründe liegen darin, daß im Anfangsunterricht die Lernziele begrenzt sind und die sprachliche Komplexität wesentlich geringer ist als auf späteren Sprachlernstufen. Ein weiteres Problem ist die bei komplexeren Aufgaben erforderliche vollständige Beherrschung der Tastatur durch den Schüler, die im allgemeinen nicht vorausgesetzt werden kann. Eine Beschränkung auf die Bedienung weniger Tasten hat andererseits oft auch eine einfachere Programmstruktur zur Folge. Hier sind erhebliche Fortschritte zu erwarten durch Einführung von Zusatzgeräten wie der "Maus".

Aus der Sicht des Fremdsprachenunterrichts liegt ein bisher nicht zufriedenstellend gelöstes Problem in den Vergleichsprozeduren, mit denen überprüft wird, ob die Eingabe des Lernenden mit der erwarteten richtigen Antwort identisch ist. Die Vergleichsprozeduren arbeiten heute in der Regel so, daß eine Eingabe auch dann als unkorrekt zurückgewiesen wird, wenn sie sich nur in einem einzigen unwichtigen Element von der erwarteten Antwort unterscheidet. Wenn die erwartete Antwort zum Beispiel elephant lautet, werden Antworten wie eliphant, elefant oder elphant als ebenso unkorrekt abgelehnt wie etwa die völlig unzutreffende Antwort hunger oder Thursday. Auf diese Weise bleiben nicht nur Art und Schwere des Fehlers völlig unberücksichtigt, sondern diese Art des Vergleichs - bei mathematischen Formeln zwingend erforderlich - vernachlässigt vollkommen die Redundanz der Sprache, die entscheidend dazu beiträgt, das Erkennen von Sprachelementen auch dann sicherzustellen, wenn Beeinträchtigungen bei der Übermittlung eintreten. Auch hier ist noch eine erhebliche "Ent-Mathematisierung" erforderlich, die sich zum Vorteil aller Computerbenutzer auch bei der Handhabung von Betriebssystemen mit Gewinn nutzbar machen ließe.

Die Erstellung brauchbarer Programme, die sowohl fremdsprachendidaktische Fragestellungen berücksichtigen als auch einen angemessenen Gebrauch von Graphik und Tonanimationen machen, erfordert selbst für den Anfangsunterricht einen so erheblichen Zeitaufwand für die Programmierung, daß dies vom Lehrer nicht nebenbei zu leisten ist. Eine weitreichende Nutzung brauchbarer Programme scheitert darüber hinaus heute noch an der Uneinheitlichkeit der Betriebssysteme und der Verschiedenartigkeit der Programmsprachen.

Zusammenfassung

Beim heutigen Entwicklungsstand kann der Mikrocomputer nur zur gezielten Ergänzung des laufenden Unterrichts eingesetzt werden und zwar primär dort, wo es um Lerngegenstände geht, die auf die schriftlichen Fertigkeiten zielen und die Individualarbeit oder die Arbeit in Kleingruppen von zwei bis maximal drei Schülern nahelegen. Der Mikrocomputer kann den Fremdsprachenlehrer auf keinem dieser Gebiete vollständig ersetzen.

Sieht man von Programmen ab, die auf inzidentelles Lernen ohne Beachtung einer Progression abzielen, sind zum heutigen Zeitpunkt besonders Entwicklungen für die Ausbildung von schriftlichen Fertigkeiten im Anfangsunterricht zu erwarten. Selbst auf diesem Gebiet, auf dem die Komplexität der sprachlichen Probleme noch vergleichsweise gering ist, wird ein erhebliches Maß an Entwicklung mit kontrollierter Evaluation erforderlich sein, ehe man kontinuierlich einen systematischen Gebrauch von Programmen für den Fremdsprachenunterricht vorsehen kann. Auf der anderen Seite sind schon heute eine derartige Fülle von Entwicklungsmöglichkeiten mit Hilfe des Mikrocomputers absehbar, daß es unvertretbar wäre, neue Entwicklungen dieser Art für den Sprachunterricht ungenutzt zu lassen.

Literatur

Boyd, Gary; Keller, Arnold; Kenner, Roger: Remedial and Second Language English Teaching Using Computer Assisted Learning. Smith, P.R. (Hrsg.). Computer Assisted Learning: Selected Proceedings from the CAL 81 Symposium. Oxford: Pergamon, 105-112 (1981).

Eyferth, Klaus et al.: Computer im Unterricht - Formen, Erfolge und Grenzen einer Lerntechnologie in der Schule. Stuttgart: Klett (1974).

Higgins, John; Johns, Tim: Computers in Language Learning. London, Glasgow: Collins ELT (1984).

Keil, Karl-August: Lernen mit LIDIA in der Schule. Freibichler, Hans (Hrsg.). Computerunterstützter Unterricht - Erfahrungen und Perspektiven. Hannover: Schroedel, 241-269 (1974).

Kenning, M.J.; Kenning, M.-M.: Introduction to Computer Assisted Language Teaching. Oxford: Oxford University Press (1983).

Marty, Fernand: Reflections on the Use of Computers in Second Language Acquisition - I. System 9, 85-98 (1981).

Marty, Fernand: Reflections on the Use of Computers in Second Language Acquisition - II. System 10, 1-11 (1982).

Mindt, Dieter; Mottok, Gerd: Microcomputer und Englischunterricht - Ein Lernspiel zur Übung des Wortschatzes. Englisch 19, 47-53 (1984).

<u>PLANSPIELSYSTEME</u>

Dipl.-Inform. Joachim Baehr
München

Mein Thema ist weder Informatik in der Schulverwaltung, noch Informatik
als Schulfach, sondern die Informatik als Grundlage neuer Lehrmethoden.
Die Informatik erlaubt die Unterstützung des reinen Frage - Antwort -
Unterrichts, aber auch eines Unterrichts mit komplexeren Fragestellungen, die komplexere Antworten verlangen, z.B. die Simulation von Ent-
scheidungsverhalten in der Realität und deren Auswirkungen. Der Aspekt
der Planspiele wird hierbei im Vordergrund stehen.

PLANSPIELE

Computerunterstützte Unternehmensplanspiele, von denen hier die Rede
sein wird, sind eine aktive, lernerzentrierte Lehrmethode, die hohe
Motivation erzeugt, Rückkopplungseffekte fördert und sofortige Erfolgs-
kontrolle ermöglicht. Nachteilig sind die hohe Kosten-, Zeit- und Raum-
intensität; auch haben sie meist eine relativ starre Struktur.
An diesem Punkt möchte ich ansetzen, indem ich nicht ein Unternehmensplanspiel direkt konstruiere, sondern ein Planspielsystem, das nur die
Elemente und deren Beziehungen untereinander festlegt; die konkrete
Ausgestaltung des Systems durch Daten erfolgt erst durch den Spielleiter abhänig von dessen Lehrziel. Am Beispiel eines Planspiels mit
dem Hauptaugenmerk Produktion will ich dies näher erläutern.

BEISPIEL INDUSTRIEBETRIEB

Es wird eine Kategorie von Unternehmungen angenommen, bei der die
Funktionen Beschaffung, Produktion, Absatz und Finanzierung sich innerhalb des Betriebes vollziehen. Ein darauf basierendes Planspielsystem
wird dann derart gestaltet, daß der Spielleiter folgendes völlig frei
definieren kann:

- Produkte,
- Maschinen,
- Produktstrukturen,
- Einkaufsmöglichkeiten und -preise,
- Absatzwege, Nachfrage und Verkaufspreise,
- Finanzierungsmöglichkeiten,
- sämtliche Kostenarten und -größen und
- die zugrundeliegende Zeitstruktur.

Unter Zeitstruktur wird hier verstanden, welchen Zeitraum in der Realität eine Spielperiode simulieren soll, wieviel Perioden ein Zinsjahr bilden und wieviel Zeiteinheiten eine Periode hat.

Mittels dieser Marktdaten wird die gesamte Umwelt der Spielunternehmen bestimmt. Der Spielleiter kann nun, abhängig von seinen Lehrzielen, Unternehmen konstruieren, die mit ihrem aktuellen Zustand als Ausgangsbasis für die Spielgruppen dienen können, oder er gibt nur einen bestimmten Geldbetrag vor, der als Gründungskapital benutzt werden soll. Die Spieler entscheiden dann u.a. über

- Maschineneinkauf und Arbeitsplatzeinrichtungen (Investition),
- Materialbeschaffung (Einkauf),
- Fertigungslose und Überstundeneinsatz (Produktion),
- Kreditaufnahme und -tilgung (Finanzierung),
- Verkäufe und Preisgestaltung (Absatz) und
- andere Sachverhalte, wie Werbung, Service, Marktforschung,
  F & E, Rationalisierung etc.

DEFINITION DER MARKTDATEN

Beispielsweise kann ein Teil definiert werden durch Einkaufspreis, Lieferzeit, Rabattstaffel, Verkaufspreis usw; dabei ist Teil als Sammelbegriff für Rohstoff, Einzelteil, Zwischenprodukt, Baugruppe und/oder Endprodukt anzusehen. Eine Maschine charakterisiert sich durch Anschaffungswert, Lebensdauer, Abschreibungsart, Kostensatz etc. Ein Fertigungslos wird definiert durch das Teil, das gefertigt werden soll, die Maschine, auf der es ausgeführt wird, den Input, die Losgröße und den geplanten Zeitraum der Fertigung.

Als Beispiel zur näheren Erklärung soll ein Kredit dienen; folgende Variablen können bestimmt werden, um einen Kredit zu definieren:

- Kreditbezeichnung (zur eindeutigen Identifizierung),
- nominaler Zinssatz,

- Laufzeit (z.B. in Perioden),
- Auszahlungskurs (z.B. in %),
- Rückzahlungsmodus (Annuität, tilgungsfreie Zeit, ...) und
- Abschlußgebühr.

Allein durch diese wenigen Variablen läßt sich im Bereich Kredit-
finanzierung eines Unternehmensplanspiels Richtung und Komplexität der
Entscheidungssituationen stark beeinflussen. Denn je nachdem wie durch
den Spielleiter alle diese Variablen gestaltet werden, kann es sehr
schwierig werden, einzelne Kredite miteinander zu vergleichen.

MÖGLICHKEITEN

Auf Grund dieser vielfältigen Definitionsmöglichkeiten lassen sich die
verschiedensten Entscheidungssituationen simulieren:
- Unternehmensgründung, Weiterführung eines Unternehmens, aber
  auch deren Sanierung sind mögliche Ausgangssituationen.
- Es lassen sich Betriebe der Konsumgüterindustrie, der Investi-
  tionsgüterindustrie oder des Handels nachbilden.
- Auch die Simulation eines konkret existierenden Unternehmens ist
  in begrenztem Rahmen möglich.
- Je nach Gestaltung und Schwierigkeitsgrad kann man mit Einzelpersonen, Gruppen oder ganzen Klassen spielen.
- Forschung und Entwicklung, Produktinnovation, Produkteinführung,
  Diversifikation u.v.a. lassen sich trainieren.
- Man kann auch spezielle Problemsituationen konstruieren, wie
  z.B. Reihenfolgeplanung, Absatzförderung, Eigenfertigung/Fremd-
  bezug, Ersatzinvestitionen, Beschaffung/Lagerhaltung, ...

Diese Möglichkeiten beziehen sich auf ein Planspielsystem, das die
Simulation von Industriebetrieben als Kernpunkt hat. Es lassen sich
aber auch andere Planspielsysteme denken, z.B. mit Blickrichtung Land-
wirtschaft, Dienstleistungsbetriebe, Einzel-/Großhandel oder Export-
/Importunternehmen, internationale Konzerne, aber auch Betriebe des
öffentlichen Dienstes. Ein Planspielsystem, das alle diese Problemstellungen umschließt, dürfte wohl aufgrund seiner übergroßen
Komplexität nicht realisierbar sein.
Um die Flexibilität auch während des Spielablaufes zu erhalten, ist es
sinnvoll, beliebige Änderungen der Daten durch den Spielleiter zuzulassen. Diese Änderungen sollten pro Spielgruppe und pro Zeitraum
steuerbar sein.

DUPPS

Das hier beschriebene Beispiel ist realisiert in einem Unternehmens-
planspielsystem mit Namen DUPPS (Dialogorientiertes Unternehmensplanspiel für die Produktionsplanung und -steuerung). Bei dessen
Durchführung zeigte sich die Flexibilität in einer leichten und
direkten Steuerung, auch bei außergewöhnlichen Situationen. Es zeigte
sich aber auch, daß es an der allgemeinen Qualifikation der Spiel-
leitung und im besonderen deren Kenntnis- und Erfahrungsstand über das
Planspiel liegt, inwieweit die gesteckten Lehrziele erreicht und die
Möglichkeiten des Spiels ausgenutzt werden.
Die Erfahrungen am konkreten Beispiel:
Simuliert wurde eine Fahrradfabrik mit drei Endprodukten, insgesamt
etwa 70 Teilen, zehn verschiedenen Maschinen und fünf Kreditarten. Der
Absatz wurde größenordnungsmäßig vorgegeben, die Kredite einfach
gestaltet, Variantenproduktion gab es nicht,und vier der Teile waren
sowohl einkaufbar als auch produzierbar. Die Lebensdauer der Maschinen
und die Lieferzeit der Teile wurden durch Zufallszahlen bestimmt,
dessen Verteilung bekannt war. Eine Periode entsprach einem Monat und
bestand aus 160 Produktionsstunden, je Maschine mittels Überstunden
erweiterbar bis auf 220 Stunden. Aufgabe für die Spielergruppen war es,
ein gesundes Unternehmen zu gründen und möglichst schnell die Gewinn-
zone zu erreichen.
Die Spielergruppen versuchten in der Regel sehr genau und diffizil zu
planen, was sich aber auf Grund der komplexen Produktstruktur als
schwierig erwies und sich durch teilweise große Folgewirkungen kleiner
Fehlplanungen zeigte. Einzelne Fragestellungen wie Eigenfertigung/
Fremdbezug, Kreditauswahl, Ausschaltung der Unsicherheit bei der Teile-
lieferzeit, Bestellmengen oder Losgrößen warfen kaum Probleme auf; die
systematische Zusammenfassung aller dieser Einzelfragen war dagegen
schwierig und zugleich der größte Reiz des Spiels.
Die Resonanz auf DUPPS war die, daß ein Unternehmensplanspiel zeit-
intensiv und lehrreich ist, andere Lehrveranstaltungen zwar nicht
ersetzen kann, aber eine sehr gute Ergänzung ist. Die aktive Beteiligung war wohl der Grund dafür, daß das Planspiel den Lernenden mehr
Spaß machte als die meisten anderen Lehrveranstaltungen.

SCHLUSSBETRACHTUNG

Zusammenfassend läßt sich sagen, daß Planspiele eine zu beachtende
Lehrmethode werden könnten, wenn sie in den hier genannten Flexi-
bilitätskriterien gerecht werden und finanzierbar bleiben. Im Rahmen
dieser flexiblen Gestaltung sind andere Ausbildungsziele, wie Wirklich-
keitsnähe, Komplexität, Zeitstruktur und Informationsfluß in ihrer
Intensität und Konzentration beliebig steuerbar. Auch qualitative
Elemente lassen sich in diese Planspiele einbeziehen.
Grundbedingung dafür ist u.a. ein Computer und Software, die das
Planspiel bei seiner Durchführung unterstützen. Es könnte hier eine
Möglichkeit gefunden worden sein, den Computer als Hilfsmittel für den
Unterricht zu benutzen, bei dem es um komplexe Probleme geht und der
Zusammenhang der verschiedensten Sachverhalte von großer Wichtigkeit
ist.

$$\underline{Computereinsatz}\ \underline{im}\ \underline{Bemühen}\ \underline{um}\ \underline{Innere}\ \underline{Differenzierung}$$

Dipl.-Päd. Martin Schön
Erziehungswissensch. Hochschule Rheinland-Pfalz – FB IV
D-6500 Mainz, Große Bleiche 60-62

Mit diesem Referat werden Perspektiven für den <u>Einsatz von Computern im Unterricht als intelligentes Diagnose- und Fördermedium</u> aufgezeigt.

1980 begann in Rheinland-Pfalz unter Leitung von Herrn Prof. Dr. Begemann in mehreren Schulen für Lernbehinderte ein Modellversuch mit dem Anliegen, Möglichkeiten und Bedingungen der Inneren Differenzierung zu erkunden. Bei diesem Versuch ging es um die Frage, wie sich folgende Zielstellungen optimieren lassen (BEGEMANN u.a. 1983):
- individuelle Förderung ('Passung') gemäß des individuellen sachstrukturellen Entwicklungsstandes / Bedarfes,
- Pflege und Förderung von Gemeinschaft als Grunddimension menschlichen Seins und global als Grundbedingung für funktionierendes Miteinander von Menschen (nicht nur Ich-, sondern Wir-Bezogenheit im Handeln, Orientierung an Sitte und Moral),
- Einbezug der Schüler in die Lehr-/Lernplanung, Beteiligung an der Zielfindung.

Die o.a. Zielstellungen sollten dadurch erreicht werden, daß die Schüler sich wesentlich selbständiger und lerngruppenbezogener verhalten lernen. Der Lehrer wird von seiner Informationsfunktion entlastet, somit wird Kapazität geschaffen, wodurch er sich verstärkt einzelnen Lernern zuwenden kann. Diese Veränderungen umfassen auch materiale und inhaltliche Qualitäten von Unterricht.

In den einzelnen Klassen wurden auf je unterschiedlichen Wegen erhebliche Fortschritte im Hinblick auf die angestrebten Ziele erreicht. Hierbei stellte sich jedoch als besonderes Problem die Dokumentation der Schülerleistungen heraus. Die Schüler waren wohl in der Lage, recht unterschiedliche Aktivitäten im Hinblick auf ihre individuellen Bedürfnisse nebeneinander durchzuführen und sich auch gegenseitig hierin zu unterstützen. Es gelang jedoch nicht - aus Gründen, die bei Schülern und Lehrern lagen - im Rahmen eines Konzeptes zur Lernplanung vorgeschlagene Dokumentationsformen in den Unterrichts**alltag** zu überführen. Die **Kapazität eines Lehrers** erwies sich als zu begrenzt, um die Fülle anfallender Daten sachgerecht auszuwerten und in Unterricht umzusetzen. Es sei betont, daß es sich hierbei um sehr engagierte Lehrer handelte, also um eine Grenze der Individualisierung, die durch Verselbständigung der Schüler, Tutorenfunktionen usw. nicht zu überwinden war. Damit lag es nahe, die Möglichkeiten einer Datenverarbeitung im Klassenzimmer zu erkunden.

Manchem wird aus dem eigenen Erfahrungsbereich oder aus der Literatur ein Beispiel für praktizierte Innere Differenzierung bekannt sein, bei dem dieses Problem nicht auftrat. Mir stellt sich die Frage, ob bei dieser Realisierung das sachlich notwendige und sozial mögliche Maß an Individualisierung nicht einfach reduziert oder gar nicht geplant wurde, im Sinn: 'Das ist nicht machbar - also nicht denkbar!'

Im Modellversuch erschien manchen der beteiligten Lehrer so weitgehende

Individualisierung notwendig, daß sie keine Übersicht darüber behalten konnten, was in ihrer Klasse gelernt wurde! Ein Lehrer sollte aber über den Lernstand seiner Schüler informiert sein, weil wir annehmen, Anregungen, Informationen und Erfahrungen seien nicht beliebig aneinanderzureihen, sondern führten bei Berücksichtigen einer bestimmten Strukturierung, bei Einhaltung einer bestimmten Abfolge 'billiger' (schneller und für mehr Schüler) zum Ziel.

Neben diesem Aspekt, optimale Zuordnung von Lernangeboten im Sinne einer 'nächsterreichbaren Zone', ist es wegen verschiedener Förderziele nützlich, analog eine optimale Zuordnung von Tutoren vorzunehmen. D.h., man kann sich als Lehrer das Problem stellen: Wie führe ich ein Kind mit Schwierigkeiten in einem bestimmten Bereich einem anderen Schüler zu, der gerade dabei ist, hier 'abzuschließen'. Es hat sich nämlich gezeigt, daß das Erklären der Schüler untereinander oft weitaus effektiver ist als die Hilfe eines in seinen empathischen Möglichkeiten eingeschränkten oder aber eines von Fachdidaktik nicht einmal angehauchten Lehrers.

Das beschriebene Problem der Kontrolle im weitergehend individualisierten Unterricht läßt sich vermutlich durch eine Veränderung der Schüler-Lehrer-Relation nicht grundsätzlich beheben. Eine Kinder-Lehrer-Gruppe kann nicht beliebig verkleinert werden, ohne in unerwünschter Weise Einfluß auf das soziale Geschehen (peer-group) und die darin enthaltenen erzieherischen Möglichkeiten zu nehmen.

Aufgrund solcher Überlegungen wurde im letzten Schuljahr des Schulversuches 'Innere Differenzierung' für jede Versuchsklasse ein Rechner angeschafft. Es sei dankbar angemerkt, daß darüber hinaus Fa. Commodore sich aufgeschlossen zeigte und 5 Leihgeräte für ein Jahr zur Verfügung stellte. Somit konnten Probleme der Einbindung von Computern in ein Unterrichtskonzept (nicht umgekehrt!) studiert werden. Auf diesen Geräten kommen zunächst einfache Drill-Programme zum Einsatz, die nur vereinzelt Auswertungen und Hinweise auf Fehlerkategorien geben. Bis zum Versuchsende werden für die Bereiche Elementar- & Primarmathematik und Schriftspracherwerb einige Programme vorgestellt, in denen für die aufgewiesene Problemstellung Lösungen skizziert sind. Ich möchte problematisieren, daß es sich bei dieser Aufgabe nicht darum handeln kann, Schulbücher in Programme umzuschreiben. An vielen Stellen sind **konzeptionelle und didaktische** Arbeiten nötig, weil bestehende Konzepte sich für eine Programmierung zu schwammig erwiesen.

Bevor ich einige Programmkonzeptionen aufzeige, die in **verschiedensten Fächern** Anwendung finden könnten, möchte ich darum bitten, 'Computer' nicht nur als Tastatur und Bildschirm zu denken. Es handelt sich im Grunde doch um ein Werkzeug zur Informationsverarbeitung, bei dessen aktueller und konkreter Realisierung Pädagogen gedanklich nicht stehenbleiben sollten – auch wenn manche Kultusbehörden ein Weiterdenken "Denkfabriken", letztlich Technikern der Industrie überlassen (MINISTERIUM FÜR KULTUS UND SPORT BW 1983, 3) wollen und Ergebnisse "in den 90er Jahren" erwarten (ebenda, S. 39). Bereits heute sind einige Erleichterungen des Kontaktes mit dem Computer erhältlich: Eingabe durch Lichtgriffel, durch Anzeige und Markieren mit dem Finger auf dem Bildschirm, Tableaus anstelle der unübersichtlichen Tastatur (mit Eingabefeld DIN A4, auflegbaren "Beschriftungen", teilbar von 1 – 64 Felder). Es ist auch Sprachein-/ausgabe möglich, sogar die Verarbeitung von Pupillenbewegung als Steuersignale bei Schwerstkörperbehinderten. Für die nahe

Zukunft erscheint mir vor allem der flache Bildschirm mit stehendem Bild im Sinne eines intelligenten Arbeitsblattes interessant. Mit dieser Apparatur werden ohne Umstände zusätzliche Informationen über das Verhalten eines Schülers verfügbar. Eine solche Menge Informationen über einzelne Lerner können im konventionellen Unterricht vom Lehrer nicht aufgenommen, geschweige denn verarbeitet werden. Diese Informationen, ihre **pädagogische Relevanz und der Umgang mit ihnen** sowohl unter didaktischen als auch ethischen Aspekten wird deshalb in nächster Zeit ein Thema in vielen Wissenschaftsbereichen und politischen Kreisen werden.

Zunächst eine Anwendung unter dem Stichwort **"Informationsverarbeitung – Lehrintelligenz"**. Es seien einige Überlegungen vorangestellt, wie sie wohl jeder Lehrer anstellt, wenn er Beobachtungen macht bzw. einfach Unterricht erfährt:
- Man beobachtet, daß die Schüler einer Klasse eine Aufgabenart B immer erst dann lösen, wenn sie zuvor Aufgabenart A gelöst haben. Es gibt also Schüler, die lösen Aufgabe A, aber Aufgabe B noch nicht.
- Es gibt auch Schüler, die lösen Aufgabe A und Aufgabe B.
- Es gibt Schüler, die lösen weder Aufgabe A noch B.

Alle Beobachtungen, die mit den Aufgaben A und B und den Schülern gemacht wurden, werden zusammengefaßt in der Vermutung, daß evtl. eine besondere Abfolge-Beziehung zwischen den Aufgaben besteht, daß die Lösung der offensichtlich schwierigeren Aufgabe B die Lösung der leichteren Aufgabe A **voraussetzt** (entsprechend für 'Verhalten': daß das häufigere Verhalten Voraussetzung ist für das seltenere).

Ein großer Teil einer Lehrererfahrung dürfte durch intuitive Erfahrung dieser Regel oder entsprechender Konditionierungsprozesse zustandekommen. Während zur Bewältigung globaler Alltagserfahrung solche Verarbeitungen sehr effektiv sein können, ergeben sich Probleme, wenn Daten in größerer Menge und in psychischer Anonymität ohne personellen Bezug anfallen.

Eine entsprechende paarweise Auszählung von Bestätigungen der Voraussetzungsannahme zwischen Testaufgaben wird von Rechenprogrammen schnell durchgeführt. BART & KRUS (1973), KLEITER & PETERMANN (1977), FRICKE (1974) und HEINRICH (1980) geben hierzu interessante Anregungen bzw. Erweiterungen an, die wir fortführten. Als Ergebnis solcher Analysen steht die (eigentlich hypothetische) Aussage, daß vor Erreichen eines Lehrzieles bestimmte andere Lehrziele erreicht oder angestrebt sein müssen. Diese Analysetechnik kann zum einen dem Lehrer Handlungsanleitung geben, kann anderseits auch Grundlage zur Programmierung eines Diagnose- und Übungssystemes mit intelligenten Eigenschaften abgeben. Bemerkenswert dabei ist, daß dieses Verfahren nicht eingleisig und starr ist, sondern die Möglichkeit beinhaltet, nach einem sinnvollen, begründeten Kriterium Lernangebote zu erstellen, die auch die Auswahlmöglichkeit des Lerners vorsehen. Ein System kann dann evtl. so flexibel programmiert werden, daß es nicht nur eine feste Voraussetzungsstruktur als Entscheidungsgrundlage heranzieht, sondern Angebote vorgibt, die zu einer Revision der ursprünglichen Struktur führen könnten: **Ein Lehrsystem, das Lehrerfahrung sammelt und lehren lernt.**

Diese Anwendung kann nicht innerhalb eines frontalen Unterrichtsangebots realisiert werden, das ja den durchschnittlichen Schüler und die einheitliche Abfolge von Lehrschritten voraussetzt. **Es unterstellt und unterstützt eine Unterrichtsform, die** vor allem den **einzelnen Lerner im Blick hat.**

Eine weitere Anwendung ergibt sich, wenn nicht Aufgaben- sondern Schülermerkmale analysiert werden. Entsprechend kann also ein Tutorenplan (Peter hilft Markus, Martina, ...) ausgegeben werden, der diesen Sachverhalt berücksichtigt und dabei auf möglichst geringe Unterschiede in der Gesamtleistung und Leistungsstruktur von Tutor und Lerner abzielt. Natürlich sind auch andere Kompositionen denkbar: Attraktiv ist eine heterogene Gruppierung, bei der sich die Fähigkeiten (richtige Lösungen) der einzelnen Lerner gegenseitig weitgehend ergänzen müssen.

Wir entwickeln und untersuchen auch andere Anwendungen: Wenn Schüler **gelegentlich** am Computer rechnen, kann ein Fehler nicht nur festgestellt werden. Es kann durch eine weitere Diagnose i.S. eines Erklärungs- und Förder**vorschlages** (entsprechender Hinweis auf Material oder ein Tutorprogramm) eine sinnvollere Hilfestellung erbracht werden, als durch die Instruktion: 'Wer noch einen Fehler hat, rechnet Übungsaufgaben auf S.10, die anderen schlagen S.11 auf'. Ähnliches gilt auch z.B. für Rechtschreiben, wo eine Falschschreibung dazu führt, daß man einen Fehler 5 mal korrigiert schreiben muß - eine Systematik innerhalb der Fehler wird nur selten erkannt.

Zur Einschätzung der Möglichkeiten solcher Programme muß man sehen, daß es einem Lehrer in der Praxis oft kaum möglich ist, an Aufgabenlösungen mehr als richtig oder falsch zu erkennen - man stelle sich Hausaufgabenkontrolle bei 25 Kindern vor. Z.B. geschieht es häufig, daß Schüler beim schriftlichen Rechnen mit einer falschen Strategie richtig rechnen (vgl. GERSTER 1982, RADATZ 1980, WITTOCH 1981). Bei der Kontrolle (oft Schüler mit Schüler, Selbstkontrolle) fällt der Fehler nur als falsche Lösung auf, die verbessert werden muß.

Diese Programmkonzeptionen sind auch noch unter einem anderen Aspekt interessant. Es kommt überraschend häufig vor, daß Lehrer in Fächern unterrichten, in denen sie gar keine Ausbildung haben, so daß es unwahrscheinlich ist, daß sie Kompetenz einbringen. Hier ist wohl die Hypothese berechtigt, daß fachdidaktische Kompetenz im Sinne von Strukturwissen als differenzierte Kenntnis von Lehr-/Lernzielen und ihres Voraussetzungsgefüges (also denkbarer Lernwege) sowie Fehlerkategorien od. -strategien im Umgang mit Programmen und ihren diagnostischen Befunden (also eingebunden in praktische Bezüge und Anwendungen) erweitert werden kann: Computereinsatz als Element der **Lehreraus-/-fortbildung.**

Solche Diagnostikprogramme müßten in der Lage sein, auf falsche Lösungen so zu reagieren, daß sie sich in ihrem **aufgaben- bzw. lehrzielspezifischen** Anforderungsniveau auf einen Schüler einstellen und aus Fehlern nicht ausschließlich normorientierte Niveauentscheidungen ableiten, sondern auch Analyse der Fehler selbst betreiben und Empfehlungen für das weitere Vorgehen geben.
Ein solches Programm wäre dann nicht nur teurer Ersatz für andere Medien mit Selbstkontrollmöglichkeiten, sondern würde tatsächlich neue Dimensionen der Unterrichtsgestaltung eröffnen.

Wie oben angekündigt, soll bis Ende 84 ein Computerprogramm für den Bereich Mathematik Lernstufe 1-4 entwickelt werden, das folgende Ziele erfüllen soll:

- **Verwaltung einer Klassenliste:** Welcher Schüler hat welches Lernziel wie sicher in welchem Zeitraum erreicht? Möglichkeiten zur Ausgabe von Protokollen für Lehrer und Schüler. Tutorenempfehlung: Wer hilft wo wem am besten weiter?
- Empfehlungen und Entscheidungen orientieren sich an einer **Voraussetzungsstrukturmatrix:** Welche Ziele werden bei gegebenen Lernvoraussetzungen (s.o.) wahrscheinlich als nächstes erreicht? / Neue Erfahrungen werden in die bestehende Strukturmatrix aufgenommen: Selbstlernendes Lehrsystem.
- **Generatorroutinen** für jeweils erforderliche Test- und Übungsaufgaben (Aufgabenart: z.B. Gib Aufgabe a+b=c mit 2stelligen a und b ohne Zehnerübergang, gib Uhrzeit mit 1/4 h, Einheiten umwandeln mit ganzem Hunderter) und Rahmenprogramme zur Illustration.
- Zur **eigenen Lernplanung** kann sich jeder Schüler eine **Liste** ausdrucken lassen für zu empfehlendes und in der Klasse verfügbares Arbeitsmaterial (Arbeitsblätter, Rechenwerke, ...).

Mit diesen Hinweisen soll angedeutet werden, wie Computereinsatz im Unterricht nicht nur konventionelle Medien ersetzt, sondern aufgrund seiner spezifischen Fähigkeit der Informationsspeicherung und -verarbeitung ganz neue Konzeptionen von Unterricht herausfordert und ermöglicht. Weit komplexere Verzweigungen, Modelle mit mehr Bedingtheiten und Offenheiten sind denkbar, wie oben schon erwähnt auch Modelle die beim Lehren lernen. Computereinsatz kann vermeiden helfen, daß Lehrangebote in bestimmten Formen erstarren und im Gegenteil dazu führen, feste Vorstellungen über notwendige eingleisige Abfolgen, wie sie bei allen Lehrenden vorkommen, etwas aufzuweichen und kreativ/produktiv anzureichern.

Literatur

BART, W.M. / KRUS, D.J.: An ordering-theoretic method to determine hierarchies among items. Educ.Psych.Meas. 33, 1973, 291-300.

BEGEMANN, E./ KUNTZ, H. & SCHÖN, M.: Innere Differenzierung in der Schule für Lernbehinderte. Mainz 1983.

FRICKE, R.: Kriteriumsorientierte Leistungsmessung. Düsseldorf 1974.

GERSTER, H.D.: Schülerfehler bei schriftlichen Rechenverfahren. Diagnose und Therapie. Freiburg 1982.

HEINRICH, P.B.: Strukturüberprüfung eines hierarchischen Testsystems zur Diagnose von Lerndefiziten. Alsbach/Bergstraße 1980.

KLEITER, E. & PETERMANN, F.: Abbildung von Lernwegen. München 1977.

MINISTERIUM FÜR KULTUS UND SPORT BADEN-WÜRTTEMBERG: Bericht über eine Studienreise in die USA zum Thema "Neue Technologien und Computer in der Schule" vom 15. - 30. Oktober 1983.

RADATZ, H.: Fehleranalysen im Mathematikunterricht. Braunschweig/Wiesbaden 1980.

WITTOCH, H.: Studienbrief 'Lernbehindertendidaktik: Mathematik'. Kurseinheit 3: Anregungen zur Diagnose im Mathematikunterricht. Hagen 1981.

VERÄNDERUNGEN VON ZIELSETZUNGEN DES ANALYSISUNTERRICHTS IM COMPUTERZEITALTER

Bernard Winkelmann
Institut für
Didaktik der Mathematik
Universität Bielefeld

I. Ausgangspunkte

Im vielbeachteten englischen Cockcroft Report heißt es im Kapitel "7. Calculators
and Computers" gleich zu Beginn:

"We devote a separate chapter to electronic calculators and computers because we
believe that their increasing availability at low cost is of the greatest signifi-
cance for the teaching of mathematics ..." (372, S. 109),

und wenig später, im gleichen Kapitel:

"These developments have very great implications for the teaching of many subjects
in schools. So far as the teaching of mathematics is concerned, we believe that
there are two fundamental matters which need to be considered. The first concerns
the ways in which calculators and microcomputers can be used to assist and improve
the teaching of mathematics in the classroom. The second concerns the extent to
which the availability of calculators and microprocessors should change the con-
tent of what is taught or the relative stress which is placed on different topics
within the mathematics syllabus ..." (374, S. 109).

Während der erste der beiden genannten Punkte im weiteren des Reports noch näher ausgeführt wird, finden sich zum zweiten Punkt keine Konkretisierungen über allgemeine
Trendaussagen hinaus. Das ist typisch für die gesamte mathematikdidaktische Diskussion, die erst in allerjüngster Zeit in didaktischen Publikationen der Frage nachgeht,
inwiefern die Zielsetzungen des Mathematikunterrichts nach Stoff- und Aspekteauswahl
dadurch beeinflußt werden sollten, daß in den Anwendungssituationen (auch außerhalb
der Schule) Computer mit mathematischer Software zur Verfügung stehen werden. Im Gegensatz dazu will ich mich an dieser Stelle insbesondere mit diesem zweiten Punkt der
notwendigen Veränderungen der Zielvorstellungen des Mathematikunterrichts im Zeitalter der jedermann zugänglichen Computer unter anwendungsorientierten Gesichtspunkten
explorativ und konstruktiv auseinandersetzen. Dabei beschränke ich mich auf einige
Aspekte der Analysis in der gymnasialen Oberstufe.

Problemstellungen dieser Art werfen unweigerlich Fragen nach den Grundlagen auf, die
den Antwortversuchen zugrundeliegen. Ich will deshalb kurz einige Umrißlinien des Bil-
des von Mathematik skizzieren, von denen ich in den nachfolgenden Thesen ausgehe.

Mathematisches Wissen bezieht sich auf Mathematik und ihre Bedeutung; es ist gesell-
schafliches Wissen, das in einem ständigen Prozeß des Kommunizierens, Begründens,
(Um-)Strukturierens und Anwendens weiterentwickelt und weitervermittelt wird. Die
Auffassung, mathematisches Wissen repräsentiere einen wachsenden Bestand an Wahrhei-

ten, ist in dieser undifferenzierten Form unzutreffend: auch anscheinend abschließend
geklärte Probleme können wieder virulent werden, wenn neue Erkenntnisse, Einbettungen
und Sinnbezüge hinzukommen. Die Bedeutung der Mathematik für die Bildung des Menschen
sehe ich weniger in der durch sie vermittelten Denkschulung oder der Vermittlung von
Tugenden wie Exaktheit, Beharrlichkeit etc., als vielmehr in ihrer formalen und inhaltlichen Funktion als Analyse- und Prognoseelement. In dieser Hinsicht ist Analysis
als das Studium der Verknüpfung von lokalen und globalen Eigenschaften von Funktionen
und Prozessen von besonderer Bedeutung. Darüber hinaus spielen Hilfsmittel der Analysis in naturwissenschaftlichen, ingenieurwissenschaftlichen und ökonomischen Studiengängen eine unentbehrliche Rolle.

II. Sieben Thesen

1. Schule hatte (und hat noch immer) eine Tendenz, Schüler zu funktionierenden "Computern" auszubilden. Das ist heutzutage aus moralischen und ökonomischen Gründen
   nicht mehr tragbar.

Zur Begründung und näheren Erläuterung und Differenzierung dieser These verweise ich
auf K. Haefners "Die neue Bildungskrise". Mathematikspezifisch kann sie etwa verdeutlicht werden, indem man einige charakteristische Eigentümlichkeiten von Computern und
Menschen gegenüberstellt: Computer können höchst zuverlässig und ermüdungsfrei auch
komplizierte Aufgaben lösen, wenn ihnen nur das Verfahren genau genug bekannt ist;
Menschen dagegen zeigen Konzentrationsschwächen, neigen zu freien Assoziationen und
zur Erfindung von Varianten und neuen Wegen, was allerdings sowohl etwa in der Ortho-
grafie als auch beim Durchrechnen komplizierterer Aufgaben schulisch unerwünscht ist.

2. Diese Tendenz, Schüler in Routinetätigkeiten auszubilden, die schon heute besser
   durch Computer ausgeführt werden können, findet sich auch im Analysisunterricht
   der gymnasialen Oberstufe.

Dies wird etwa belegt durch Computerprogramme, die Kurvendiskussionen als Aufgaben
trivialisieren, oder durch algebraisch-symbolische Programmpakete wie muMATH, die
normale Abituraufgaben weitgehend automatisch zu lösen gestatten. Dabei bestätigt sich
wieder einmal, daß die meisten Abituraufgaben im wesentlichen eng angeleitete Übungsaufgaben sind, zu deren Bearbeitung kein Überblick, sondern ein eingedrilltes Beherrschen niederer algorithmischer Fertigkeiten notwendig ist. Allerdings ist zum Glück
Mathematikunterricht nicht mit der Vorbereitung auf das schriftliche Abitur identisch.

3. Für die Verwendung von Analysis sind weniger die Begriffe Grenzwert, Ableitung,
   Integral wichtig als vielmehr der verständige und kreative Umgang mit Differentialgleichungen.

In der Tat stellen Differentialgleichungen das eigentliche Zentrum der Anwendungsmöglichkeiten der Analysis dar. Sie sind Grundlage wesentlicher mathematischer Modellbildungen für gegebene Situationen und Probleme, und sie werden in Anwendungssituationen heute standardmäßig durch spezialisierte numerische Software mit interaktiv steuerbarem graphischen Output gelöst bzw. bearbeitet. Ohne Differentialgleichungen hat die Schulanalysis naturgemäß Schwierigkeiten, in den getrennt erscheinenden Kapiteln "Anwendungen der Differentialrechnung" und "Anwendungen der Integralrechnung" über Extremwertaufgaben hinaus sinnvolle weiterführende Beispiele zu finden. In vielen Anwendungsbeispielen spielen üblicherweise abgeleitete Größen nur deshalb eine Rolle, weil sie in Gleichungen, eben Differentialgleichungen auftreten.

4. Für den verständigen Umgang mit Differentialgleichungen bietet demnächst auf Heimcomputern verfügbare Software wesentliche Hilfen an.

Unter "demnächst" verstehe ich einen Zeitpunkt in etwa fünf Jahren. Dies ist einerseits ein Termin, zu dem erstmalig Schüler, die gemäß geänderten Qualifikationsanforderungen unterrichtet werden, die Schule verlassen und in die Verlegenheit kommen, die gelernte Mathematik anwenden zu müssen; zum anderen ist der Zeitpunkt noch überschaubar und in Grenzen durch Fortschreibungen prognostizierbar. Dann werden Rechner, die image- und preismäßig etwa dem heutigen Apple entsprechen, mit mehreren größeren und schnelleren Prozessoren ausgestattet sein und über einen Kernspeicher im Megabyte-Bereich verfügen.

Bereits heute gibt es Software für Mikrorechner, die für ein verständiges Umgehen mit Differentialgleichungen große Hilfestellungen geben können, etwa Simulationsprogramme (DYNAMO), numerisch-grafische Software (z.B. DIFF E-Q für UCSD-Systeme) und symbolisch-algebraische Software (muMATH für CP/M-Systeme und andere). Allerdings ist diese Software z.Zt. in ihrer Gesamtheit noch wenig benutzerfreundlich und leidet deutlich unter den technologischen Beschränkungen derzeitiger Mikrorechner. Immerhin kann sie schon heute einem Benutzer, der das Hin- und Herspringen zwischen verschiedenen Betriebssystemen nicht scheut und genügend Zeit mitbringt, graphisch die Lösungsgesamtheit mit eventuellen Singularitäten darbieten, numerisch Anfangswertprobleme lösen und bei der Berechnung einer geschlossenen Lösung (sofern eine solche existiert) wesentlich unterstützen. Demnächst wird solche Software als integriertes Paket zur Verfügung stehen und auch automatisch geschlossene Lösungen in allen dem Nichtspezialisten zugänglichen Fällen finden. Der Benutzer muß dann im wesentlichen nur noch die Differentialgleichung aufstellen, sich über seine Fragestellung klar werden sowie die erhaltene Lösung interpretieren bzw. zum Anlaß für eine veränderte Fragestellung nehmen.

5. Durch diese mathematische Software werden die für den verständigen Umgang mit Differentialgleichungen notwendigen Qualifikationen deutlich verändert.

Dies ist im oben Gesagten schon deutlich geworden: algorithmische Detailkenntnisse
und stupende Sicherheit im symbolisch-algebraischen Rechnen, wie sie von früheren Be-
arbeitern von Differentialgleichungen im Anwendungskontext gefordert waren, werden
vom Benutzer nicht mehr verlangt, sondern bereits in die Software integriert. Bei der
Modellerstellung sind aber nach wie vor ein Verständnis der Bedeutung der einzelnen
vorkommenden Größen und ihrer Ableitungen wichtig sowie Fertigkeiten, diese Größen
und ihre Ableitungen aufeinander zu beziehen. Weiterhin ist es unabdingbar, ein präzises intuitives Verständnis der "mathematischen" Bedeutung der verschiedenen in den
Modellansätzen vorkommenden Bezeichner zu haben, nämlich als Variable, Parameter, Anfangswerte und Bezeichner für (noch) unbekannte Funktionen bzw. "abhängige" Variable.
Hat man eine geschlossene Lösung erhalten, so stellt sich diese i.a. als ein unübersichtlicher längerer Ausdruck dar, für dessen Verständnis qualitative Interpretationen
notwendig sind wie Bestimmung von ausgezeichneten Sonderfällen oder Spezialisierungen
auf bestimmte Parameter und Anfangswerte hin, insgesamt also so etwas wie eine komplexe, aber zielgerichtete Kurvenschardiskussion, die durch die beabsichtigte Interpretation der Lösung im Anwendungsmodell unterstützt wird. Bei der Benutzung numerisch-gra-
fischer Software werden Fähigkeiten notwendig zur gezielt-explorativen Wahl von Parametern und Anfangswerten; Erfahrungen mit gewissen numerischen Phänomenen und der Interpretation komplexer Grafiken müssen vorhanden sein und interaktiv eingebracht werden können.

Insgesamt ergibt sich eine Verschiebung des Fähigkeitsspektrums von genauen algorithmischen Fertigkeiten hin zu komplexeren Interpretationen, also gewissermaßen vom Kalkül zur Bedeutung, was die historische Entwicklung z.T. umkehrt. Dabei wird die zu be-
herrschende Mathematik in der Tendenz intellektuell anspruchsvoller, aber technisch
einfacher.

6. Die veränderten Qualifikationen lassen sich schulisch vermitteln. Das verlangt
    allerdings eine Umorientierung des Mathematikunterrichts.

Die angesprochenen intellektuell anspruchsvolleren, aber technisch und verständnis-
mäßig einfacheren Tätigkeiten des Findens des Modellansatzes und des Interpretierens
der Gleichung und der Ergebnisse bewegen sich nämlich im wesentlichen im Rahmen dessen, was schulischer Analysisunterricht immer schon anstrebt und in seinen anwendungsorientierten Formen auch öfter erreicht.

Die notwendige Umorientierung würde u.a. bestehen in der Zulassung sog. Black Boxes,
d.h. von Sätzen, Verfahren oder ganzen Gebieten, die nicht deduktiv abgeleitet wurden
und in ihrem inneren technischen Aufbau nicht vollständig bekannt sind, in einer stärkeren und radikalen Anwendungsorientierung und im simulativen Eingehen auch auf vernetzte Systeme und damit zusammenhängendes prognostisches Denken.

Bei der Zulassung von Black Boxes muß aber bedacht werden, daß das Ausblenden wichtiger Zusammenhänge um einen mathematischen Gegenstand herum die wissensmäßige Integration dieses Gegenstandes in das bereits vorhandene Wissensgeflecht erschwert und damit auch den sinnvollen Gebrauch dieses Gegenstandes in der Anwendung. Zu den wichtigen Zusammenhängen gehören aber auch intendierte Anwendungen, teleologische Begründungen (Motivationen und geplante Weiterführungen) ebenso wie numerische und algorithmische Umsetzungen. Da eine vollständige Einbettung eines neuen mathematischen Gegenstandes in die vorhandenen Wissensstrukturen bei der erstmaligen Vermittlung aber i.a. nicht möglich erscheint, muß über die möglichen und notwendigen Ausblendungen jeweils didaktisch entschieden werden, und zwar unter Berücksichtigung der jeweiligen Bedeutung der in Frage stehenden Zusammenhänge für den Aufbau eines Gesamtverständnisses des betreffenden Gebietes. Da die angedeutete anwendungsorientierte Behandlung von Differentialgleichungen aber besonders beziehungsreich ist, erscheint eine partielle Übernahme gewisser technischer Verfahren als Black Box in diesem Fall durchaus didaktisch zu rechtfertigen.

7. Neben Konstruktion, Beweis, Verallgemeinerung, Spezialisierung, Modellbildung etc., die bisher als grundlegende Verfahren der Mathematik angesehen wurden, sollte in Zukunft auch die Simulation als ein solches grundlegendes mathematisches Verfahren angesehen und dementsprechend in die Schule aufgenommen werden.

Unter Simulation möchte ich dabei ein Verfahren verstehen, das in (komplizierteren) Modell-Systemen nach Festlegung aller freien Parameter eine numerische Nachbildung im Computer erlaubt, also z.B. die numerische Lösung eines Differentialgleichungssystems. Solche Simulationen haben in der Didaktik der Naturwissenschaften und in der schulischen Stochastik bereits einen wichtigen Platz. Während die genannten klassischen Verfahren der Mathematik in den Anwendungssituationen immer die Tendenz in sich tragen, die vorgelegten Modelle möglichst zu vereinfachen und zu simplifizieren, damit die anschließende mathematische Behandlung noch möglich bleibt, ist dieser Zwang bei Simulationen weniger ausgeprägt. Damit wird die Simulation als mathematisches Verfahren unentbehrlich, wenn es um ein realistisches Verhalten gegenüber komplizierter werdenden Systemen geht.

Literatur:

Cockcroft: Mathematics counts. Report of the Committee of Inquiry into the Teaching of Mathematics in Schools under the Chairmanship of Dr. W.H. Cockcroft. London: Her Majesty's Stationery Office 1982

Haefner, Klaus: Die neue Bildungskrise. Herausforderung der Informationstechnik an Bildung und Ausbildung. Basel: Birkhäuser 1982

INFORMATIK - HERAUSFORDERUNG AN DEN MATHEMATIKUNTERRICHT UND UMGEKEHRT

Klaus-Dieter Graf
Freie Universität Berlin

D-1000 Berlin 33

Mathematik und Informatik

Die Abgrenzung der Informatik von anderen wissenschaftlichen Disziplinen, insbesondere der Mathematik, hat über viele Jahre hinweg die Ge-
müter erhitzt und tut dies z.T. heute noch. Die Spannweite der Argumente reicht von der These, Informatik sei eben doch nur ein Teilgebiet der Mathematik, gekennzeichnet durch die Fortschreibung bestimmter Methoden und Anwendungsbereiche, bis hin zur ebenso affektiv ge-
färbten These, die Mathematik sei durch statische und konservative, die
Informatik hingegen durch dynamische und fortschrittliche Problemlösungen gekennzeichnet.

Diese Diskussion ist heute einerseits müßig, da es in der Anwendungs-
realität nur darauf ankommt, daß die Probleme gelöst werden, sei es mit
mehr mathematischen, sei es mit mehr informatischen Mitteln. Andererseits ist sie gewissermaßen unter dem Aspekt der Arbeitsteilung dahin-
gehend entschieden worden, daß sich die Informatik als selbständige wissenschaftliche und technische Disziplin mit wohldefinierten Inhalten,
Methoden und Zielen an den meisten deutschen Hochschulen eingerichtet
hat.

Unabhängig von diesen Tatsachen muß auch heute noch die Frage verfolgt
werden, wie nun Informatik in Schule und Ausbildung zu integrieren ist.
Dabei darf nicht nur das Problem im Mittelpunkt stehen, ob Informatik
als selbständiges Fach einzuführen ist. Vorrangig ist vielmehr zu klären, welche Inhalte und welche Methoden für Schule und Ausbildung relevant und geeignet sind, welche fachlichen und allgemeinen Ziele erreicht
werden sollen, insbesondere welche Anwendungen vollzogen werden sollen.
Zwar existieren bereits Lehrpläne und Curricula für ein Schulfach Informatik, die diese Klärung zu bringen beanspruchen, jedoch sind sie in der
Regel lediglich bezüglich der Inhalte hinreichend konkret, dann allerdings oft zu sehr an der Fachwissenschaft orientiert. So weist z.B. die
Stellungnahme der Deutschen Mathematikervereinigung darauf hin, daß die
für die Grundkurse in der gymnasialen Oberstufe bundeseinheitlich festgelegten Anforderungen erhebliche Ähnlichkeit mit Anforderungen des
Grundstudiums für einen Diplom-Informatiker an einer Universität haben.

Eine Ausnahme bildet das Berliner Rahmencurriculum für die Sekundarstufe I durch den Ansatz, mit der Einführung der Informatik auch eine generelle Neubestimmung von Unterrichtsinhalten unter methodischen wie gesellschaftlichen Aspekten zu verbinden.

Wie problematisch die Situation etwa in der Oberstufe ist, beweisen Äußerungen namhafter Kollegen von Gymnasien darüber, wie schwierig bereits die inhaltliche Ausfüllung von Grundkursen Informatik ist. Dies sei z.T. nur durch Einbeziehung von Inhalten der theoretischen Informatik zu lösen. Wünschenswerter wäre jedoch eine vertiefte Anwendung der Informatik in anderen Fächern. Die Frage, wie das realisiert werden kann, vor allem die Bereitstellung des erforderlichen fachlichen Grundwissens aus dem Anwendungsgebiet, erfordert mehr Einsatz als bisher. Hier treffen sich Mangel der Didaktik der Informatik und der Didaktik der Mathematik. In beiden Fällen besteht ein Defizit in der von den Schulen vermittelten Allgemeinbildung bezüglich der Anwendung von Mathematik wie Informatik.

Informatik - Herausforderung an den Mathematikunterricht

Diese Herausforderung wurde von vielen Mathematikern, Mathematikdidaktikern und vor allem Lehrern frühzeitig erkannt und durchdacht. Ein entsprechendes Ergebnis ist speziell für die Sek. I die Stellungnahme der Gesellschaft für Didaktik der Mathematik vom Juli 1981. Ausgehend von den gesellschaftlichen Forderungen an die Schule im Zusammenhang mit der Entwicklung der Informatik werden dort die Möglichkeiten des Schulfaches Mathematik aufgewiesen. Stichwörter sind z.B. 'Konkretisierung mathematischer Sachverhalte mit dem Computer als Medium', 'Betonung konstruktiver Begriffsbildungen und praktikabler Verfahren','Integration unterschiedlicher Teilgebiete der Mathematik und Kooperation mit anderen Schulfächern', 'verstärkte Einbeziehung echter Anwendungen'. Darüber hinaus werden neue Aspekte für Inhalte und Methoden des Mathematikunterrichts aufgezeigt. Stichwörter sind hier 'algorithmische Sicht von Begriffen und Zusammenhängen', 'Simulationen und Probierverfahren', 'Techniken des Entwerfens und Darstellens von Algorithmen beim Mathematisieren', aber auch 'praktikumsartiges Arbeiten am Computer', wodurch Lernformen wie Experimentieren, Simulieren und Entdecken einschl. der Diskussion über die gemachten Erfahrungen stärker in den Unterricht einbezogen werden. Diese Aspekte werden durch eine Vielfalt inhaltlicher und methodischer Vorstellungen konkretisiert. An entsprechenden Überlegungen für die Sek. II sei auf die Ausführungen von Winkelmann (IDM) in diesem Tagungsband verwiesen.

<u>Mathematikunterricht - eine Herausforderung an die Informatik</u>

Diese etwas provokante Formulierung soll in erster Linie darauf hinweisen, daß man bei der Behandlung der Informatik von der Lehre an der
Hochschule bis hin zum Unterricht in der Schule auf die Erkenntnisse
der Didaktik der Mathematik zugreifen sollte. Ein Vergleich mit Inhalten, Methoden, Zielen und Anwendungen des Mathematikunterrichts kann
einer sich entwickelnden Didaktik der Informatik aus verschiedenen Gründen sicher mehr nützen als schaden. Trotz aller Unterschiede sind die
Verwandtschaften bei Methoden und Zielen unübersehbar. Uwe Beck hat dazu bereits 1980 eine gründliche Analyse vorgelegt. Das genetische Prinzip innerhalb der Mathematikdidaktik mit seiner prozeßhaften Sicht des
Unterrichtsgeschehens steht in enger Beziehung zum dynamischen Problemlösungsverfahren der Informatik. Der Prozeß der Modellbildung ist dem
strukturierten Programmieren nahe verwandt. Anwendungsorientierter
Mathematikunterricht hat ausgeprägte dynamische und ingenieurmäßige
Komponenten. Er behandelt auch komplexe Probleme und teilweise Gruppenarbeit.
Vor kurzem hat Jochen Ziegenbalg das Thema 'Informatik und allgemeine
Ziele des Mathematikunterrichts' unter inhaltlichen und methodologischen
Aspekten erneut ausführlich behandelt und die Zusammenhänge durch gründlich ausgearbeitete Beispiele belegt. Stichwörter sind hier u.a. opera-
tives, konstruktives und modulares Arbeiten.
Manche Ablehnung gegenüber den Erfahrungen der Mathematikdidaktik geht
auch auf eine völlige Fehleinschätzung von Mathematikunterricht zurück.
Dazu gehört die Vorstellung, daß dort im wesentlichen numerisch gerechnet wird, ebenso wie ein völliges Mißverständnis von der Problematik der
sog. 'Mengenlehre'. Unbekannt ist demgegenüber, daß im Mathematikunterricht heute allgemeines formales Operieren mit allgemeinen Objekten verfolgt wird, projekthaftes Arbeiten gefördert wird und die Betrachtung
von Realanwendungen mehr und mehr einbezogen wird.
Die Unterrichtspraxis in Mathematik wie Informatik zeigt, daß vor jeder
eigentlichen Verwendung mathematischer oder informatischer Methoden eine
zeitlich dominierende Phase der Problemanalyse und Problemaufarbeitung
liegt, die in beiden Fächern gleichartige didaktische Probleme stellt.
An die Stelle der oder besser neben die sog. Mathematisierung tritt im
Informatikunterricht eine "Informatisierung" mit verwandten methodischen Problemen.
Zu warnen ist auch vor dem Versuch, Informatikunterricht im Hinblick auf
die "wahre Informatik" dadurch origineller zu machen, daß man mathematische Probleme als Anwendungsbeispiele völlig verdrängt. Das Verständnis
für Informatik wird bei den Schülern keinesfalls dadurch vertieft, daß

man statt des euklidischen Algorithmus als erstes Beispiel für Algorithmierung die Erstellung eines Standardbriefes übt. Besser wäre es, zu ma-
thematisierten Problemen optimale informatische Lösungswege aufzuweisen.
Wenig befriedigend bei manchen curricularen Ansätzen zur Schulinformatik
ist schließlich auch, daß sie bezüglich der methodologischen und inhaltlichen Teilbereiche der Informatik sehr unausgeglichen sind. Nach der
frühen Phase, die sich auf Schaltwerke als Grundlage der Computerfunk-
tion konzentrierte, hat sich mittlerweile "Algorithmik" als übergewich-
tiger Schwerpunkt etabliert. Dies muß zugunsten allgemeiner Verfahren
der Informationsverarbeitung und vor allem auch neuerer Entwicklungen
in der Software-Technologie (software-tools) bereinigt werden. Es darf
auch bei Schulbüchern nicht Schule machen, daß einfache Einführungen in
eine Programmiersprache unter dem Titel "Informatik" erscheinen.
Ich halte folgende Maßnahmen auf verschiedenen Ebenen für die Entwicklung einer Didaktik der Informatik für wesentlich:

a) In Schulen und Hochschulen sollte eine enge Zusammenarbeit zwischen
   Mathematikern und Informatikern ausgebaut werden.

b) Die mathematische Grundausbildung darf weder bei Schülern noch bei
   Studenten eingeschränkt werden, da "informatisches Denken" hinsichtlich Logik und Schärfe nicht weniger verlangt als "mathematisches
   Denken". Es ist ein betrübliches Bild, daß manche Schulabgänger Informatik wählen, da diese weniger anspruchsvoll als Mathematik erlebt wird. Ebenso ist darauf zu achten, daß Schüler und Studenten
   der Informatik vermehrt Grundwissen in Anwendungsgebieten erwerben.
   Es ist nämlich auch betrüblich, daß Informatik häufig als reine Ver-
   fahrens- und Strukturkunde ohne Anwendungsbezug gelernt bzw. studiert wird. Hier wiederholt sich ein Fehler, der leider auch für die
   Mathematik immer noch sehr verbreitet ist.

c) Es ist unbedingt geeignete Ausbildungskapazität an den Universitäten für zukünftige Informatiklehrer zu schaffen. Diese Selbstver-
   ständlichkeit ist vor allem durch die gegenwärtige Zurückdrängung
   der Didaktikstellen gefährdet. Die Lehrerausbildung in Informatik
   wird u.a. deshalb mehr und mehr an andere Institutionen verlagert.
   Dies dient weder einer Vereinheitlichung noch einer Verbesserung im
   Rahmen einer geeigneten Studienumgebung.

<u>Literatur:</u>

U. Beck: Ziele des zukünftigen Informatik-Unterrichts sind Ziele des
         Mathematikunterrichts.
         In: Journal für Mathematik-Didaktik, 80/3, 189-197.

N. Christmann u.a.: Anwendungsorientierter Mathematikunterricht.
Paderborn 1981.

K.-D. Graf (Red.): Analysen: Informatik in der Sekundarstufe I.
In: ZDM 83/5 und 84/1.

J. Ziegenbalg: Informatik und allgemeine Ziele des Mathematikunterrichts
ZDM 83/5, 215-220

K.-D. Graf (Hrsg.): Mathematikunterricht und Informatik.
Freie Universität Berlin, 1982
(Dieser Sammelband enthält auch die Stellungnahme der Gesellschaft
für Didaktik der Mathematik)

VOM PROGRAMMIEREN ZUM MATHEMATISCHEN VERALLGEMEINERN

Matthias Reiss
Universität Bielefeld
Institut für
Didaktik der Mathematik

Die Diskussion über die Möglichkeiten der Anwendung von Rechnern im Unterricht wird
von gegensätzlichen Positionen bestimmt. Glaubt man Seymour PAPERT (1982), so wird
der Rechner zwar im Moment falsch genutzt, aber es eröffnen sich Möglichkeiten,
unser gesamtes Denken, unsere Beziehungen zu wichtigen wissenschaftlichen Bereichen
umzugestalten:

"Man könnte sagen: Der Computer wird benutzt, um das Kind zu programmieren. In meiner Vorstellung programmiert das Kind den Computer, und dadurch erwirbt es nicht nur
ein Gefühl der Souveränität gegenüber einem Produkt der modernsten und leistungs-
fähigsten Technologie, es stellt auch eine persönliche Beziehung zu einigen der tief-
greifendsten Ideen aus dem Bereich der Naturwissenschaften, der Mathematik und der
Kunst des geistigen Modellbaus her." (PAPERT, 1982, S. 27f)

Jeremy BROPHY (1984) hingegen ist wesentlich skeptischer. Bei einer Auswertung empi-
rischer Untersuchungen zur Nutzung des Rechners in US-amerikanischen Schulen kommt
er zu der Auffassung - und in diesem Punkt besteht kein Gegensatz zu PAPERT -, daß
Mikrocomputer im Unterricht gegenwärtig in der überwiegenden Mehrzahl der Fälle für
"drill and practice" eingesetzt werden. Er ist aber im Gegensatz zu PAPERT gegenüber
den zukünftigen Möglichkeiten sehr viel skeptischer:

"In my view, the value of computing has been overemphasized ...: learning to program
a computer will probably have as much value to a student as learning Latin or Greek,
but no more. It will not directly stimulate intellectual development or 'teach' the
student how to think or generate highly complex and abstract ideas."
(BROPHY, 1984, S. 24)

Welche dieser beiden Auffassungen sich als richtig erweisen wird, kann hier nicht
entschieden werden. Es sollen lediglich Beziehungen hergestellt werden zwischen
einem ausgesuchten Bereich der Computer-Nutzung, dem Programmieren, und dem Verständnis für einen wichtigen wissenschaftlichen Bereich, nämlich den der Mathematik. Genauer gesagt soll hier die Frage untersucht werden, welche Beziehung zwischen den
kognitiven Prozessen beim Programmieren und denen beim mathematischen Verallgemeinern besteht.

1. Kognitive Prozesse beim Programmieren

Bevor der Programmierer beginnen kann, ein Programm zu entwerfen, muß er das zugrundeliegende Problem strukturieren, eine Problemrepräsentation in seinem geistigen Arbeitsspeicher schaffen. Sein gegenstandsspezifisches Wissen wird aktiviert, und es
liefert Begriffe, die die Elemente der Problemrepräsentation neu gruppieren. Problem-
typen werden klassifiziert und symbolische Repräsentationen verbaler Problemschilde-
rungen erzeugt.

Ist eine Problemrepräsentation vorhanden, so kann man daran gehen, das Programm in
groben Zügen zu skizzieren, ohne daß diese Darstellung einer Programmiersprache bedarf. Das gesamte Problem wird in eine Reihe von Unterproblemen zerlegt, die Beziehungen und Interaktionen zwischen den Unterproblemen müssen analysiert und in eine
prozedurale Form gebracht werden; daraus entsteht dann die Hierarchie von Modulen,
Submodulen und Konstrollstrukturen.

Nachdem der Plan des Programms ausgearbeitet ist, beginnt die eher handwerkliche Arbeit. Unter Einhaltung der syntaktischen Regeln müssen die einzelnen Schritte des
Programms in die Programmiersprache übersetzt und Befehlshierarchien durch Kontrollstrukturen eingearbeitet werden. Die Ausführung der Befehle muß geistig antizipiert
werden, und es wird eine Art hypothetisches Denken verlangt, damit die Auswirkungen
eines Befehls auf die folgenden abgeschätzt und eingebaute Verzweigungen verfolgt
werden können.

Dieser Prozeß wird in Gegenrichtung durchlaufen, wenn ein bereits geschriebenes Programm verstanden werden soll: Ein Text liegt in Form eines Programms vor, dieser muß
dekodiert und in eine Problemrepräsentation überführt werden. Die symbolische Problemrepräsentation muß in verbaler Form gegenstandsspezifisch dargestellt werden.
Die verschiedenen Zugänge zu diesem Problem (bottom-up, top-down, middle-out,
transformational etc.) sind bekannt.

Grob zusammenfassend kann man sagen, daß die kognitiven Prozesse beim Programmieren
in Anlehnung an PEA & KURLAND (1983) in vier Stadien verlaufen:

1) Verstehen des Problems
2) Planung und Entwurf des Programms
3) Übersetzung des Programmentwurfs in eine Programmiersprache
4) Verstehen eines Programms, "debugging" und Programmwartung.

2. Kognitive Prozesse beim mathematischen Verallgemeinern

Durch eine Problemstellung oder offene Anwendungssituation werden die motivationalen
Voraussetzungen für den Prozeß des mathematischen Verallgemeinerns geschaffen, eine
problemhaltige Situation zur Entwicklung eines mathematischen Begriffs erzeugt. Nun
können Elemente der Ausgangssituation identifiziert, die Beziehungen zwischen diesen
Elementen analysiert und die aus ihnen resultierenden Handlungsmöglichkeiten antizipiert werden. Darauf aufbauend können die als möglich erkannten Handlungen ausgeführt
und damit das interne Modell auf seine Realisierbarkeit hin überprüft werden.

Erweist sich das interne Modell als realisierbar, so können die Handlungen bzw. Operationen, die Situationselemente und deren wechselseitigen Beziehungen zueinander
durch sprachliche, ikonische oder sonstige Mittel beschrieben werden (erster Schritt
in Richtung Schematisierung). Das Ausführen der Handlungen in anderen Situationen
schafft die Voraussetzungen für das Erkennen von Strukturgleichheiten, setzt aber
seinerseits die Existenz eines Handlungsschemas und eines dazugehörigen Beziehungs-
schemas voraus. Einen wichtigen Schritt, um diese beiden Schemata zur Identität zu
bringen, stellt die Schematisierung der Handlungen bzw. Operationen und Beziehungen
durch gezielte Symbolisierung ihrer Elemente und die Feststellung der Handlungsbedingungen dar. <u>Das Handeln mit Objekten wird ersetzt durch das Operieren mit deren
symbolischen Repräsentanten.</u>

Konsequenterweise findet so im nächsten Schritt eine Loslösung vom gegenstandsspezi-
fischen Handeln statt. Die Handlungselemente sind von jetzt an nicht mehr inhaltlich
bestimmt, sondern haben lediglich den Charakter formaler Objekte. Die höchste Form
der Verallgemeinerung besteht nun darin, daß auf der Grundlage einer entwickelten
Schematisierung und Formalisierung der Beziehung zwischen Situations- und Handlungselementen immer wieder neue genetische Ausgangssituationen herangezogen werden und
diese auf Strukturgleichheiten überprüft werden können. Der Verallgemeinerungsprozeß
wird immer weiter vorangetrieben, weil dessen Ergebnis erneut in die Schematisierung
und Formalisierung der Beziehung zwischen Situations- und Handlungselementen aufgenommen wird. Das interne Modell wird so allgemein formuliert, daß eine immer größer werdende Anzahl von Situationen sich beschreiben und eine immer größer werdende Anzahl
von Handlungen sich damit realisieren läßt (näheres bei DÖRFLER, 1983).

3. Das Verhältnis des Programmierens zum mathematischen Verallgemeinern

Betrachtet man in den beiden dargestellten Modellen die ersten Phasen, so fallen eine
Reihe von Gemeinsamkeiten auf. Beim Verallgemeinern wird zunächst eine problemhaltige
Situation dargeboten bzw. hergestellt und dann die Ausgangssituation analysiert. Und
auch beim Programmieren wird zunächst eine Problemrepräsentation im geistigen Arbeits-

speicher geschaffen. In beiden Fällen soll gegenstandsspezifisches Wissen aktiviert werden, um die Problemrepräsentation und deren Elemente zu strukturieren. Dies geschieht in beiden Fällen, um spätere Handlungsmöglichkeiten auszuloten.

Hier setzt nun beim Programmieren ein weiterer Planungsschritt ein: Der Entwurf des Programms wird kurz skizziert. Beim Verallgemeinern werden in der Regel die Handlungen bzw. Operationen sofort versuchsweise ausgeführt und im Anschluß daran durch sprachliche, ikonische oder sonstige Mittel beschrieben. Dies erfolgt beim Programmieren durch die Umsetzung in eine Programmiersprache (bereits in symbolischer Form); es handelt sich jedoch um eine eher handwerkliche Tätigkeit, während es sich bei dieser Phase des Verallgemeinerns schon um einen relativ kreativen Akt handelt, der die Gültigkeit der hypothetisch aufgestellten Situations-Handlungskonstellation überprüfen soll. Stimmt die interne Repräsentation nicht damit überein, muß sie revidiert und erneut ausgeführt werden.

Beim Programmieren geschieht dies erst in der letzten Phase des Prozesses, wenn nämlich das bereits geschriebene Programm am Rechner ausgetestet wird. Dabei ist es durchaus denkbar, daß das Programm sich für _einen_ Datensatz als semantisch und syntaktisch als korrekt erweist, für einen anderen aber nicht. Hier geschieht etwas, das mit der entsprechenden Phase beim Verallgemeinern vergleichbar ist. Die Handlungen werden in verschiedenen Situationen ausgeführt (die Situationen sind beim Programmieren die Datensätze). Die Verallgemeinerungsfähigkeit des Programms und damit der internen Repräsentation des Problems wird überprüft.

Die nun folgenden Stufen der Verallgemeinerung mußten beim Programmieren schon sehr früh durchgeführt werden. So sind bereits beim Entwurf des Programms die Handlungen als Befehle schematisiert. Die Beziehungen zwischen den Befehlen wurden durch Verzweigungen formal dargestellt. Bei der Umsetzung in die Programmiersprache erfolgte eine gezielte Symbolisierung und Spezifizierung der Handlungsbedingungen. Es gehört ja zur Charakteristik von Programmiersprachen, daß ihre Handlungselemente als Befehle formalisiert sind und daß die Bedingungen ihrer Ausführbarkeit durch Verzweigungen festgelegt werden.

Was unterscheidet nun das Programmieren vom mathematischen Verallgemeinern, wenn doch beide Tätigkeiten in wichtigen Komponenten übereinstimmen? Es ist vor allem die letzte Stufe des Verallgemeinerungsprozesses, die keine rechte Entsprechung in den einschlägigen Formen des Programmierens findet. Da ein Programm in der Regel ein Produkt ist, das unter fest definierten Vorgaben erarbeitet wird, sind nachträgliche Ausweitungen der Problemstellung meist nicht erwünscht. Trotzdem gibt es natürlich Strukturähnlichkeiten oder sogar -gleichheiten zwischen verschiedenen Programmen.

Warum sollte man auch ein' Problem völlig neu angehen, wenn es bereits eine Lösung gibt? Allerdings wird jede Problemlösung unter Ausgangsbedingungen erreicht, die in allen Einzelheiten nie identisch sein können. Eine kompetente Nutzung von Programmbibliotheken setzt also eine Verallgemeinerung der Ausgangsbedingungen voraus. Mehr noch: Sie geht von einer Form des Programmierens aus, die eine Erweiterung des Programms bei veränderten Ausgangsbedingungen leicht ermöglicht.

Diese Form der Verallgemeinerung hat aber ihre Grenzen. So gibt es eine ganze Reihe von Programmen zur Statistik, die sich als Spezialfälle des allgemeinen linearen Modells erweisen. Es ist allerdings zu bezweifeln, daß ein kompetenter Programmierer allein durch Austesten, Strukturieren und kalligraphische Ausarbeitung seines Programms zur Diskriminanzanalyse die Verallgemeinerung zum allgemeinen linearen Modell erreichen würde, in dem auch der t-Test als Spezialfall enthalten wäre. Hier müssen die Tätigkeiten des mathematischen Verallgemeinerns und des Programmierens sequentiell ausgeführt werden.

Literatur

BROPHY, J.: On the future of microcomputers in the classroom. Vortrag gehalten auf dem Seminar "EDB og skolen", 25.-26.05.1984 in Oslo; veranstaltet von Bergen Laererhøgskole, Landås, Norwegen, und EDB-Høgskolen, Oslo

DÖRFLER, W.: Models of the process of generalization. In: HERSHKOWITZ, R.: Proceedings of the Seventh International Conference for the Psychology of Mathematics Education. Rehovot (Israel): Weizmann Institute of Science, 1983, 57-67

PAPERT, S.: Mindstorms - Kinder, Computer und Neues Lernen. Basel: Birkhäuser, 1982

PEA, R.D. & KURLAND, D.M.: On the cognitive prerequisites of learning computer programming. Technical Report No. 18. New York: Center for Children and Technology, Bank Street College of Education, 1983

REISS, M.: Technological change and mathematical competence. Proceedings of the Eighth International Conference for the Psychology of Mathematics Education. Sydney, 1984 (in Druck)

<u>DYNAMISCHE LABYRINTHE</u>
<u>Ein Einstieg in die Computerwelt</u>

E. Cohors-Fresenborg
Fachbereich Mathematik
Universität Osnabrück
4500 Osnabrück

Denken: das Ordnen des Tuns - als Titel eines Buches über kognitive Psychologie beschreibt es ein Programm, unter dem AEBLI die neueren Entwicklungen der kognitiven Psychologie referiert.

"Denken ist eine Form der inneren Entwicklung von Handlungsmustern mit dem Ziel, die Effektivität und Weite der Handlungen des Denkers zu verbessern. Durch die Beschäftigung mit Spielen und Automaten lernen die Kinder praktische Handlungstheorien, und diese Handlungstheorie sollte die Basis für eine Philosophie der Mathematik sein". Diesen Schwerpunkt setzt APOSTEL am Ende einer Tagung über Language and Language Aquisition.

Bei dem Bemühen, Kindern schon im Grundschulalter einen spielerischen Zugang zu Problemen der Automation, der Entwicklung von Schaltnetzen und eine Vorbereitung auf das Programmieren von Computern zu ermöglichen, sahen wir uns veranlaßt, ein Material zu entwickeln, welches die Aspekte von Denken und Ordnen mit Handeln verknüpft. Es sollte weiter ermöglicht werden, daß sich das Ordnen nicht ausschließlich in einem begrifflichen Strukturieren niederschlagen muß, sondern daß es den Kindern auch die Möglichkeit gibt, das Strukturieren als Sequenzialisieren von Handlungen aufzufassen.
Schon 1974 wurde mit Vorarbeiten zur Entwicklung des Baukastens "Dynamische Labyrinthe" begonnen, der inzwischen in umfangreichen Versuchen mit Kindern im Alter von 8 - 12 Jahren als Unterrichtsmaterial erprobt worden ist. Der Pfiff dieses Unterrichtsmaterials liegt darin, daß die Vorstellung über Spielzeugeisenbahnnetze als Einstieg in das Entwickeln von Algorithmen benutzt wird. Die Unterrichtserfahrungen haben gezeigt, daß mit diesem Baukasten neben einer Einführung in die mathematischen Hintergründe von Automaten und Computern insbesondere die Freude und die Fähigkeit zum Problemlösen bei den Schülern gestärkt wird.

Bausteine

Wir wollen das Netz einer Spielzeugeisenbahn betrachten, mit Start- und Zielbahnhof (Eingang E, Ausgang A), in dem nur ein Zug in einer Richtung fahren kann und alle Weichen durch Kontaktschienen selbst steuert. Ein solches einfaches Eisenbahnnetz läßt sich auffassen als ein Netzwerk von Automaten: Die Weichen sind die Automaten, verbunden miteinander durch Schienenstränge; der fahrende Zug ist die Information zur Steuerung des Netzes. Die *Weiche* (einschließlich der beiden Kontaktschienen) ist ein einfacher Automat mit einem Gedächtnis, welches zwei *Zustände* Z (siehe Abb. 2) annehmen kann: links l und rechts r. In dem Baukasten ist sie mechanisch realisiert (Abb.1).

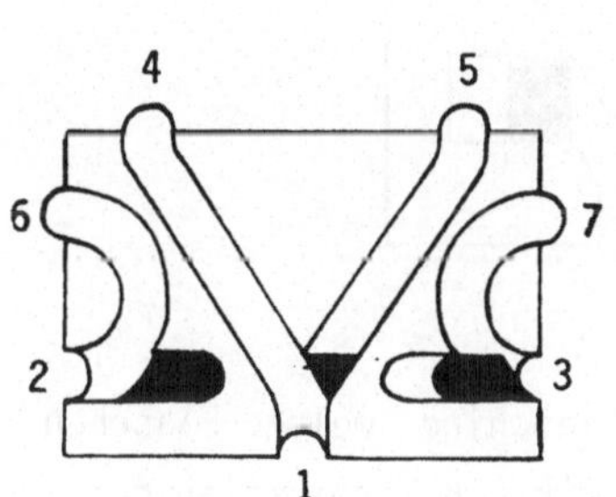

Eingangs-situation		Ausgangs-situation	
E	Z	A	Z
1	l	4	l
1	r	5	r
2	l	6	l
2	r	6	l
3	l	7	r
3	r	7	r

Abb. 1   Abb. 2

Der Baukasten enthält als wichtigen Baustein eine solche *Weiche*, die - wie alle anderen Bausteine - mechanisch wirkt (Abb. 1). Beim Befahren über Eingang 1 erreicht man je nach Stellung der Weiche den Ausgang 4 oder 5. Man kann sagen, daß man über den Eingang 1 das Gedächtnis (den Zustand Z) der Weiche abfragen kann. Beim Befahren der Weiche über Eingang 2 (bzw. Eingang 3) stellt man die Weiche in die linke bzw. rechte Position unabhängig von ihrer augenblicklichen Stellung. Das *mathematische* Verhalten des Bausteins wird durch die *Automatentabelle* (Abb. 2) beschrieben.

Ein zweiter wichtiger Baustein ist der sogenannte *Zähler* (Abb. 6). Er hat zwei Eingänge +, - und drei Ausgänge a, =, ≠. Befährt man den Zähler über den Eingang +, so zählt das eingebaute Zahnrad vorwärts (Zahlen von 0 bis 10), befährt man ihn über den Eingang -, zählt das Zahnrad rückwärts. Beim Rückwärtszählen findet zugleich ein Nulltest statt: Ist die im Fenster (x) erscheinende Zahl ≠ 0, so wird Ausgang ≠ erreicht, ist sie 0, so Ausgang =. Das Umlegen eines entsprechenden Hebels H erfolgt dabei durch das Zählrad beim Zählen von 1 nach 0 bzw. von 0 nach 1.
Außer je zwei *Weichen* und *Zählern* enthält der Baukasten noch zwei *Flip-Flops* (Abb. 4) und 92 Verbindungsstücke (*Geraden, Kurven, Kreuzungen, Einmündungen*) zur Konstruktion von Automatennetzen. Alle Bausteine werden auf eine *Lochplatte* gesteckt. Der "Zug" ist ein Hölzchen, mit dem man in den Schienen entlang fahren kann.

Beispiele

Mit den Bausteinen Weiche bzw. Flip-Flop lassen sich Netze konstruieren, die *Sortiermaschinen* oder *Zählautomaten* (wie sie in jedem Briefmarken-, Zigaretten- oder Fahrkartenverkaufsautomaten benötigt werden) simulieren. Abb. 3 zeigt ein Netz mit einer

Weiche, welches einen Verkaufsautomaten simuliert, der für zwei Münzen Ware verkauft. (Ausgang mG zeigt an, daß *mehr Geld* eingeworfen werden muß, Ausgang W veranlaßt die *Warenausgabe*).

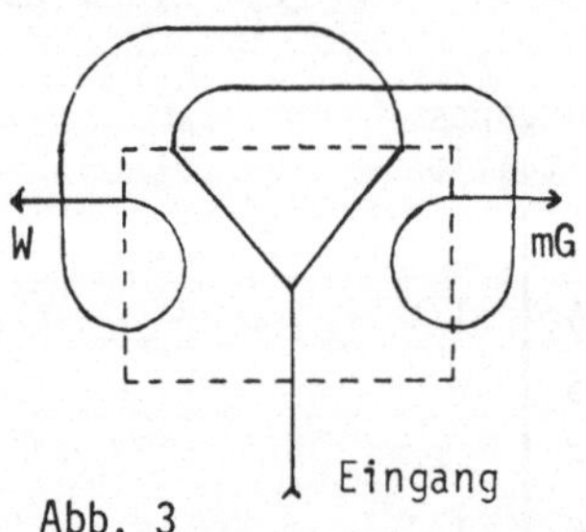

Abb. 3

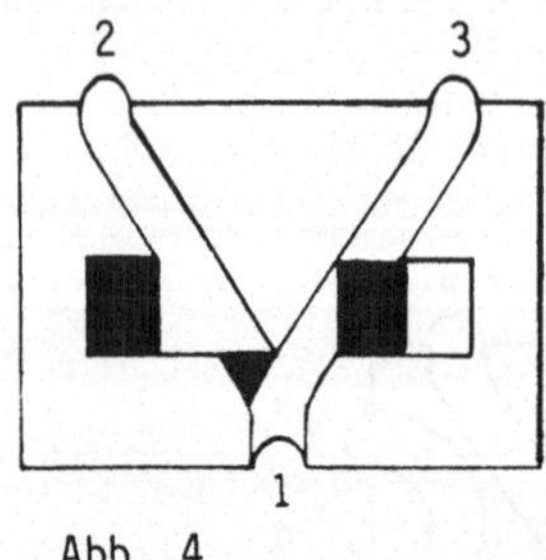

Abb. 4

Das gleiche Netz simuliert aber auch eine Flaschensortiermaschine, welche Flaschen des Typs A und B sortiert, wenn diese in der Reihenfolge A B A B sortiert in das Netz fahren. Mathematisch gesehen ist dieses Netz also äquivalent zu einem Flip-Flop: die beiden Ausgänge werden abwechselnd erreicht. Läßt man numerierte Flaschen 1,...,n durch diese Sortiermaschine laufen, so sortiert sie die Flaschen danach, ob ihre Nummer gerade oder ungerade ist. Entsprechend sind Netze (Abb. 5), welche drei verschiedene Flaschentypen sortieren können, Restklassenzähler mod 3 (oder Verkaufsautomaten, die nach der dritten Münze eine Ware ausgeben).

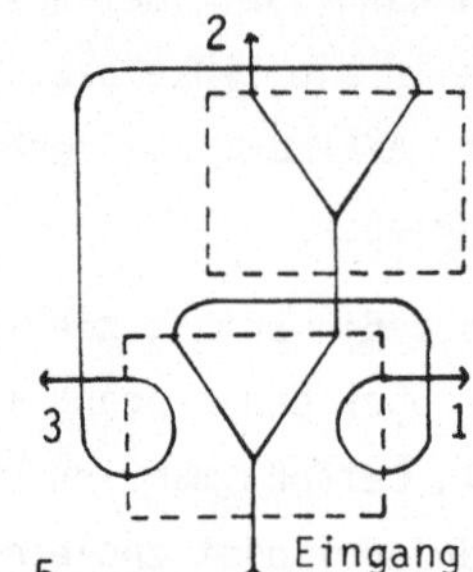

Abb. 5

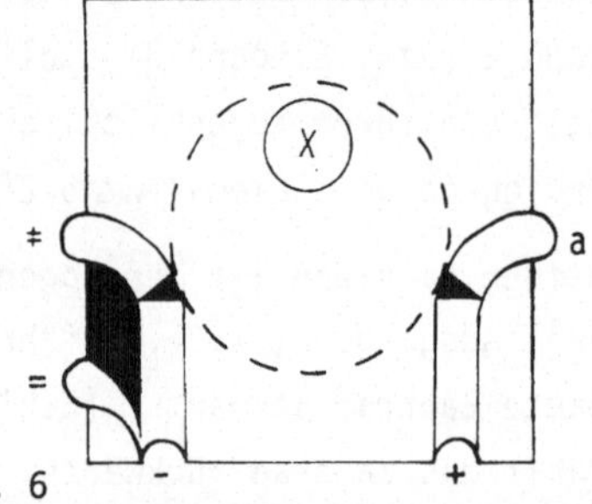

Abb. 6

Die Interpretation von Flaschensortierern und Verkaufsautomaten als Restklassensortiermaschinen und Teilbarkeitsprüfmaschinen schafft einen Zusammenhang mit der übrigen Schulmathematik. Aus Flip-Flop und Zähler läßt sich ein Netz bauen, mit dem man Zahlen vom Zehnersystem ins Dualsystem und umgekehrt umrechnen kann (Abb. 7).
Außer diesen Aufgaben zur *Konstruktion* von Netzen (mit aus der Umwelt motivierbaren Anforderungen) lassen sich auch gut Aufgaben zur *Analyse* von Netzen stellen: Zu einem vorgegebenen Netz ist die passende *Automatentabelle* (vgl. Abb. 2) gesucht. Eine Automatentabelle ist eine *Abstraktion* eines gebauten Netzes. Sie bestimmt vom mathematischen Standpunkt aus vollständig das Verhalten des Netzes. Auf dieser Ebene erkennen die Schüler gut, daß ein mathematisches Modell verschiedene Anwendungen haben kann (die Tabellen gehen bei geeigneter Umbenennung der Eingänge, Ausgänge und Zustände ineinander über).
Im Sinne der Repräsentationsstufen von BRUNER lassen sich drei Stufen unterscheiden: Bau und Durchfahren der Netze (*enaktive*), Zeichnen (*ikonische*), Darstellung durch

Automatentabellen (*symbolische Ebene*).

Mit Hilfe der Zähler (Abb. 6) lassen sich außerdem *Rechennetze* für die Grundrechenarten bauen, die man vom Standpunkt der Programmierung von Computern als funktions-
fähige Flußdiagramme ansehen kann. Abb. 8 zeigt ein *Additionsnetz*.

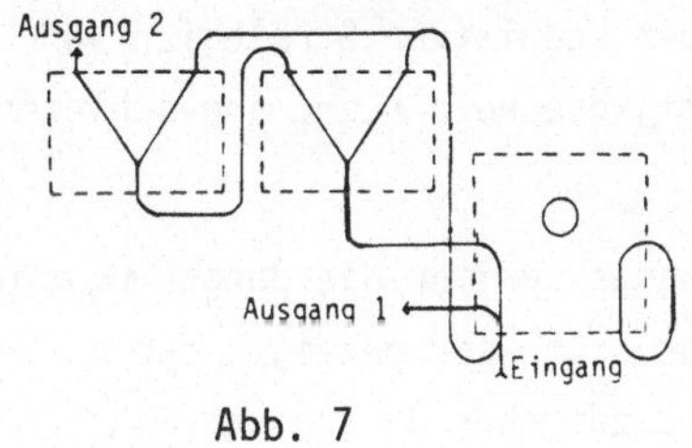

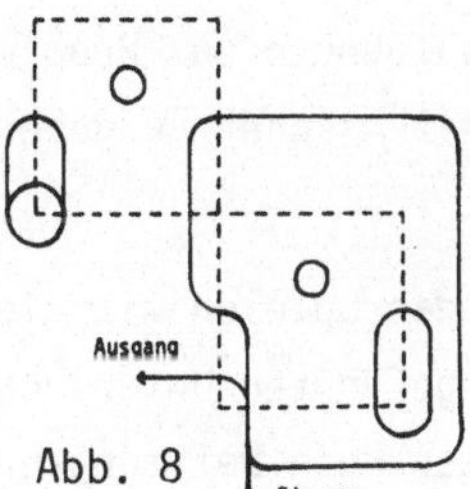

Unterrichtsreihen

Mit dem Material *Dynamische Labyrinthe* lassen sich zwei verschiedene Themenbereiche
in Unterrichtsreihen gestalten: Mit den Bausteinen Weiche und Flip-Flop werden Netze
konstruiert, die automatische Steuerungen und Sortiervorgänge simulieren, mit den
Zählbausteinen werden Rechennetze gebaut, die als Vorbereitung für das Programmieren
von Computern angesehen werden können.

In der Schulpraxis hat sich folgender Aufbau einer Unterrichtsreihe "Automatennetze"
bewährt:
Einführung der Verbindungsbausteine, Zeichnen von Netzen auf Papier, Einführung der
Weiche durch 2-er Verteiler, Äquivalenz zum 2 Münzen-Verkaufsautomaten, Einführung
des Flip-Flop, 3-er und 4-er Verteiler und Verkaufsautomaten, Automatentabellen,
Teilbarkeitsautomaten, rationelle Konstruktion von n-Münzen-Verkaufsautomaten nur
mit Flip-Flop's (für n = 8 benötigt man z.B. nur 3 (= $\log_2 8$) Bausteine!).

Eine solche Unterrichtsreihe nimmt 12 - 16 Stunden in Anspruch. Unabhängig davon
läßt sich das Thema "Rechennetze" folgendermaßen behandeln: Einführung der Zähler,
Bau von Additionsnetz, Subtraktionsnetz (4 Stunden). Mit leistungsstarken Schülern
kann man anschließend Netze für Multiplikation und Division bauen.

Aus zahlreichen Schulversuchen hat sich eine Folge von Aufgaben ergeben, die in 9
Anleitungsheften aufgeschrieben worden sind. Erfahrungsgemäß können Schüler ab 5.
Schuljahr diese sogar eigenständig durcharbeiten.

Empirische Untersuchungen

Die hier kurz skizzierte Unterrichtsreihe wurde zum Beispiel während des Schuljahres
1976/1977 in zwei großen Schulen mit ca. 540 Schülern im Alter von 10 - 11 Jahren
erprobt. Alle Schüler wurden nach demselben Unterrichtsentwurf unterrichtet. In der

anschließenden Auswertung wurden die Leistungen der Schüler in den Lernzielkontrollen mit ihren Werten in Intelligenz- und Persönlichkeitstests verglichen (vgl. COHORS-FRESENBORG, 1978). In später durchgeführten Fallstudien mit einzelnen Schülern ergaben sich interessante Hinweise auf unterschiedliche kognitive Strategien, mit denen Schüler Konstruktionsaufgaben von Automatennetzen lösten. Diese Beobachtungen haben umfangreiche Untersuchungen zum Problemkreis der kognitiven Strategien von Schülern beim Lösen algorithmischer Aufgaben angeregt, die noch nicht abgeschlossen sind (KAUNE, 1984).

Man könnte vermuten, daß das Spielen mit diesem Baukasten primär die Jungen anspricht. In mehreren von uns durchgeführten Untersuchungen hat sich aber gezeigt, daß bei der Arbeit mit diesem Baukasten kein Leistungsunterschied zwischen Jungen und Mädchen besteht. Mädchen sind im Bereich der Mathematik und Technik viel kreativer als die Vorurteile über sie vermuten lassen, falls sie passendes Material erhalten.

LITERATUR

AEBLI, H.:	Denken: das Ordnen des Tuns, Stuttgart: Klett-Cotta, 1981
APOSTEL, L.:	Language and language aquisition: some synthetical remarks, Revue de phonétique appliquée 46/47 (1978) S. 243-253
COHORS-FRESENBORG, E.:	Learning problem solving by developing automata-networks, Revue de phonétique appliquée 46/47 (1978) oder Proceedings of the 2nd Intern. Conf. f. Psychol. of. Math. Education, Osnabrücker Schriften z. Math., Reihe D Bd. 1, 1978
	Das Konzept der Rechennetze läßt sich nahtlos in der Sekundarstufe I mit der Programmiersprache Registermaschine fortführen. Dazu ist ein Heft für Schüler und ein sehr ausführliches Lehrerhandbuch geschrieben worden:
COHORS-FRESENBORG, E., u.a.:	Registermaschinen und Funktionen - Ein Schulbuch zur Einführung des Funktionsbegriffs auf der Grundlage von Algorithmen, Osnabrücker Schriften zur Mathematik Reihe U, Hefte 22, 22L (Lösungen), 25 (Lehrerhandbuch), Osnabrück 1979-82: Fachbereich Mathematik
COHORS-FRESENBORG, E., u.a.:	Dynamische Labyrinthe, Osnabrücker Schriften zur Mathematik Reihe U, Hefte 1-9, 1a-9a, 21 (Lehrerbegleitheft), Osnabrück 1979: Fachbereich Mathematik
KAUNE, C.:	Kognitive Stile beim Lösen algorithmischer Aufgaben, Osnabrücker Schriften zur Mathematik Reihe P, Heft 68, Osnabrück 1984

Der Baukasten wird im Auftrag der Universität Osnabrück hergestellt und vertrieben von: Beschützende Werkstatt, Industriestraße 7, 4500 Osnabrück

KOGNITIVE STRATEGIEN VON SCHÜLERN BEIM PROGRAMMIEREN

C. Kaune
Fachbereich Mathematik
Universität Osnabrück
4500 Osnabrück

Seit kurzer Zeit hört man aus dem politischen Bereich vermehrt den Anruf, die Schule
müsse sich um die Einbeziehung von Computern in ihren Unterricht kümmern. Die didaktische Literatur über entsprechende Beispiele schwillt zunehmend an. Typisch für eine solche Aufbruchstimmung ist die Situation, daß sich relativ wenige mit der Frage
auseinandersetzen, wie, vom didaktischen und methodischen Standpunkt aus, ein solcher Informatikunterricht oder eine Veränderung des Mathematikunterrichts aussehen
müßte. Vor einiger Zeit haben die Gesellschaft für Informatik und die Gesellschaft
für Didaktik der Mathematik und die deutsche Mathematikervereinigung entsprechende
Stellungnahmen veröffentlicht. An mehreren Stellen in Deutschland gibt es einschlägige Schulversuche. Trotz dieser didaktisch-methodischen Entwicklungsarbeit gibt es
in Deutschland erstaunlicherweise fast keine Untersuchungen zur Frage, wie Denkprozesse von Schülern ablaufen, wenn sie sich mit Computerprogrammen auseinandersetzen
oder solche schreiben sollen. Wir halten aber eine solche Grundlagenforschung für
notwendig, um Hinweise dafür zu bekommen, in welcher Weise Empfehlungen für die Konzeption von Unterricht und für die Einbettung von Informatik in das Gesamtcurriculum
erfolgen sollen.

Unsere seit 1981 durchgeführten Untersuchungen zur Besonderheit algorithmischer Denkprozesse von Schülern soll zur Klärung eines Teilaspektes dieser Fragestellung beitragen. Aus unserer Erfahrung mit der Entwicklung von didaktischen Materialien und
Unterrichtseinheiten haben wir uns zunächst mit dem Problem beschäftigt, unterschiedliche Repräsentationsebenen (enaktiv, ikonisch, symbolisch) für die Bildung algorithmischer Begriffe bei Schülern nutzbar zu machen. Der Erfolg dieser didaktischen Bemühungen führte zu dem Versuch, die dort zugrunde gelegten Ideen für eine kognitions-
psychologisch orientierte empirische didaktische Forschung weiterzuentwickeln. Es
sollte u.a. geklärt werden, welche Rolle die Repräsentationsebene bei der Bildung algorithmischer Begriffe spielt, ob es unterschiedliche kognitive Stile bei der Konstruktion von Algorithmen gibt, ob sich bei den Schülern eine generell bevorzugte
Hierarchie des Vorgehens beim Konstruieren von Algorithmen auffinden läßt. Unterrichtserfahrungen hatten darüber hinaus zu der Vermutung geführt, daß Schüler unterschiedlich leistungsstark beim Konstruieren und Analysieren von Algorithmen sein
können. Wir gingen dabei von der uns theoretisch plausibel erscheinenden Annahme aus,
daß solche Leistungen von der Verfügbarkeit unmittelbar einleuchtender elementarer
Handlungsstrukturen abhängen, daß also enaktive Repräsentationen im Bereich der

Algorithmierung von besonderer Bedeutung sind.

Bei der Planung der Untersuchung 1980 waren uns keine empirischen Untersuchungen zur Frage der kognitiven Stile beim Programmieren bekannt. KLING (1979) stellt ebenfalls ein solches Defizit fest.

Zur Untersuchung solcher Fragestellungen bot sich deshalb der in den eigenen didaktischen Entwicklungen vorgezeichnete Weg zur Weiterentwicklung an. Mit den dort entwickelten Materialien ergab sich die Möglichkeit, schon junge Schüler ohne Vorkenntnisse in kurzer Zeit an schwierigere mathematische Probleme der Algorithmierung heranzuführen. Die Sprache Registermaschine, die in ihrer mathematischen Komplexität vergleichbar mit PASCAL oder ELAN ist, wurde gerade zu diesem mathematischen Konzept von Algorithmen entwickelt. Die Implementation dieser Sprache auf einem handelsüblichen Kleinrechner ermöglicht den Schülern die schrittweise Abarbeitung eines Programms und gleichzeitig den aktuellen Stand der Variablenbelegung zu verfolgen.

Da unsere Untersuchungen darauf ausgerichtet sein sollten, die Denkprozesse der Schüler kennenzulernen, zu erklären und somit zu verstehen, hielten wir ein behavioristisch orientiertes Vortest-Nachtest-Design nicht für sinnvoll. Andererseits glaubten wir, daß eine reine Beobachtung einer relativ offenen Problemlösesituation und ihre nachträgliche Interpretation große Probleme aufwerfen könnte, wie eine solche freie Schüler-Lehrer-Interaktion zu bewerten und damit letztlich zu messen sei.
Im folgenden wollen wir einen Überblick über den gegenwärtigen Stand unserer Forschung geben.
Beobachtet wurden bisher in mehreren Pilotstudien 60 Schüler der Klasse 7 des Gymnasiums beim Umgang mit algorithmischen Problemen.

Ablauf der Untersuchungen: Bevor die eigentlichen Untersuchungen begannen, wurden die Schüler zum einen einem sprachfreien Intelligenztest, dem RAVEN, unterzogen, zum anderen wurden sie getestet, inwieweit sie in der Lage sind, Handlungsanweisungen zu verstehen und umzusetzen. Die eigentliche Untersuchung bestand aus je 6 Stunden Einzelunterricht für jede Versuchsperson, die von einer Videoanlage aufgezeichnet wurden.

Als *Material* standen den Schülern zur Verfügung:
- verschiedenfarbige Stäbchen als Repräsentanten für natürliche Zahlen
- Elemente aus dem Experimentierkasten "Dynamische Labyrinthe", mit denen die Schüler Flußdiagramme nachbauen konnten, (vgl. COHORS-FRESENBORG in diesem Band)
- ein Rechner mit dem Softwaresystem "Registermaschine", zum Testen der von ihnen geschriebenen Programme.

Die den Schülern vorgelegten Aufgaben lassen sich zwei Typen zuordnen: einmal handelt es sich um das Problem, für vorgegebene Aufgaben einen Algorithmus zu konstruieren (sog. konstruktive Aufgaben), zum anderen handelt es sich um das Problem, vorgegebene Algorithmen (in der Form von Registermaschinenprogrammen) auf ihre Wirkungsweise zu analysieren (sog. analytische Aufgaben).

In diesen Untersuchungen sollte der *Fragestellung* nachgegangen werden, ob man Schüler nach ihren *Leistungen* beim Bilden algorithmischer Begriffe klassifizieren kann und ob sich unterschiedliche *kognitive Strategien* beim Lösen solcher Aufgaben feststellen lassen.

Ein *Befund der Untersuchungen* war, daß es sowohl Schüler gab, die erheblich besser beim Konstruieren von Algorithmen als bei ihrer Analyse waren, als auch Schüler mit umgekehrter Leistungsdimension. Für diese beiden Typen wurden die Begriffe *konstruktiver* und *analytischer* Typ geprägt. Unter einem konstruktiven Schüler verstanden wir denjenigen, der deutlich bessere Leistungen im Bereich der konstruktiven Aufgaben erbrachte als im Bereich der analytischen Aufgaben. Waren die Leistungen eines Schülers beim Analysieren besser als beim Konstruieren, so bekam er das Prädikat analytisch. Das Prädikat analytisch oder konstruktiv bewertete die *Leistungsdimension* eines Schülers bei zwei unterschiedlichen *Aufgabentypen*. Diese Definition war sehr sicher, weil die Art der Aufgaben sehr klar zu bestimmen war. Daher ermöglichte sie eine eindeutige Zuordnung der Schüler.

Die gefundenen Unterschiede in der Leistungsdimension zwischen analytischen und konstruktiven Aufgaben legen die Interpretation nah, daß es für beide Typen von Aufgaben spezifische erfolgversprechende kognitive Werkzeuge gibt. Die genauere Analyse der Videobänder zeigte aber, daß sich diese Hypothese in dieser einfachen Form nicht bestätigt hat. Es zeigte sich, daß es Schüler gibt, die die gleiche kognitive Strategie bei beiden Aufgabentypen benutzen. Wir können bis heute nicht abschließend erklären, warum bei unseren Untersuchungen der Eindruck entstanden ist, daß sich die eine kognitive Strategie erfolgreicher zum Lösen eines Typs von Aufgaben einsetzen läßt als die andere.

Während der sich anschließenden Auswertung wurden Schüler genauer als bisher daraufhin beobachtet, welche unterschiedlichen Vorgehens- bzw. Reaktionsweisen sich ausmachen ließen. Die Aufzeichnung des gesamten Problemlösungsprozesses ermöglicht nun, die Videobänder von Problemlösesitzungen mit interpretativen Verfahren auszuwerten. Die Art, wie sich Schüler den Aufgaben stellen, mit ihnen umgehen und welche Verhaltensweisen sie zeigen, wurde für eine Charakterisierung von unterschiedlichen Denkprozessen herangezogen.

Mit Tobias und Martina stellen wir zwei typische Vertreter unterschiedlicher Denkstrategien vor: Für die Art, wie Tobias die Aufgaben löst, halten wir folgendes für typisch: Wenn er einen Algorithmus konstruieren soll, stellt er sich vor, was die Maschine im einzelnen nacheinander zu tun hat; wenn er einen gegebenen Algorithmus kommentieren soll, schildert er Stück für Stück, was die Maschine nacheinander macht. An keiner Stelle wird auch nur im entferntesten erkennbar, daß er vorgegebene Programmwörter oder Teile davon als Ganzheiten sieht. Wichtig für ihn scheint zu sein, das Arbeiten der Maschine in seiner Seqentialität zu erfinden bzw. zu analysieren; wir haben für ihn deshalb den Begriff *sequentiell* gewählt.

Für Martina scheint uns wichtig zu sein, daß sie beim Erfinden von Algorithmen zunächst versucht, das gegebene Problem an schon bekannte Konzepte anzubinden; es fällt auf, daß sie versucht, ihre Ideen mit Begriffen zu beschreiben bzw. vorgegebene Programme in Teile zu zerlegen und begrifflich über sie zu verfügen; wir haben für sie deshalb das Wort *begrifflich* gewählt.

Die beiden unterschiedlichen kognitiven Strategien äußern sich bei den beiden Aufgabentypen wie folgt: Ist ein Algorithmus in symbolischer Form als Programmwort vorgegeben, sieht man bei einer begrifflichen Strategie die Aufgabe darin, die Bedeutung des durch das Programmwort gegebenen Algorithmus zu verstehen und begrifflich zu beschreiben; bei einer sequentiellen Strategie sieht man die Aufgabe darin, das Programmwort als Handlungssequenz für die Maschine zu interpretieren, um dann aus mehreren Beispielen zur abstrakten Beschreibung zu gelangen. Bei einer konstruktiven Aufgabe sieht man mit einer begrifflichen Strategie das Problem darin, die Aufgabe begrifflich zu zergliedern und sie mit bekannten Teilalgorithmen zu lösen; mit einer sequentiellen Strategie versucht man eine Handlungssequenz mit Stäbchen zu erfinden und diese dann "nur noch" in ein Programm zu übersetzen.

Die Fragestellung, der wir heute nachgehen, lautet: *Wie sind die Beziehungen zwischen den sequentiellen und den begrifflichen Typen?*
Am Beispiel der unterschiedlichen Lösungsstrategien beim Lösen einer konstruktiven Aufgabe soll dies einmal verdeutlicht werden:

<u>sequentielle Typen</u>   <u>begriffliche Typen</u>

-folgen häufig der
nachstehenden *Lösungsstrategie*
beim Lösen konstruktiver Aufgaben:

Aufgabenstellung

sequentielle Typen	begriffliche Typen
Umsetzung einer (spontanen?) Lösungsidee, die - zwar das Ziel vor Augen - von ihnen noch nicht als endgültige Lösung gedacht ist, in eine adäquate Handlung	Entwicklung eines globalen Konzepts Problemlösezerlegung
	↓
	Erfinden konkreter Algorithmen bzw. Modifizieren von bekannten Algorithmen
↓	↓
Zwischenlösung analysieren, wenn falsche Zwischenlösung kleinschrittiges, lokales Korrigieren der Zwischenlösung, bis die gewünschte Lösung erreicht ist.	Lösung analysieren, wenn falsche Lösung
	↓
	Modifizieren der modularen Zerlegung

- haben eine Vorliebe für das Hantieren mit Stäbchen oder für das Arbeiten an dem gebauten Netz, weil sie dort das sequentielle Abarbeiten eines Programms direkt erfahren können. Dies wird durch die Programmsprache für sie erschwert.

- zeigen eine Vorliebe für das Arbeiten auf der Programmwortebene (Sprachebene). Dort gibt sich für sie eher die Möglichkeit, Teilprogramme als Ganzes auszugliedern, Programme zu strukturieren als auf der Ebene der Stäbchen oder des Netzes. Die von den sequentiellen Typen

<u>sequentielle Typen</u>   <u>begriffliche Typen</u>

                           bevorzugten Stäbchen sind für sie wenig nützlich und sogar hinderlich, da das Hantieren mit den Stäbchen das Abstrahieren erschwert.

- reagieren schneller auf eine ihnen vorgelegte Aufgabe, da sie zu handeln beginnen, sowie sie eine vage Lösungsidee haben. Die weiteren Ideen zur Problemlösung strukturieren sie dann *im Verlauf* der (bereits begonnenen) Handlung. Hier bietet sich eine Interpretation durch eine VMS im Sinne von DAVIS/McKNIGHT an.

  Aus diesem Grund ist anzunehmen, daß sie (nach RADATZ) eher zu den impulsiven Typen gehören.

- scheinen den Umgang mit *formalen Notationen* nicht zu mögen. Dies geht einher mit Unsicherheiten im Umgang mit der *mathematischen Sprache*. Sie verwenden eher falsche, unpräzise Namen für mathematische Sachverhalte.

- scheint der korrekte Umgang mit der mathematischen Sprache auch nicht so wichtig zu sein. Dies scheint eine emotionale Konsequenz des kognitiven Stils zu sein: Da der sequentielle Typ nicht mit Namen (weiter-) arbeitet, ist es für den Erfolg des weiteren Lösungsverlaufs auch nicht gefährlich, wenn die falschen Namen verwendet werden.

- benötigen eine deutlich längere Zeitspanne, bis sie sich zu einer gegebenen Aufgabe äußern. Ein Grund könnte dafür sein, daß sie ihre Ideen zu Programmlösung (Begriffe bilden, nach Verallgemeinerungen suchen u.ä.) vor Beginn der Ausführung strukturieren und sich im Kopf zurechtlegen.

- Daher ist auch zu vermuten, daß sie, untersucht man ihr kognitives Tempo, eher zu den reflektierenden Typen gehören.

- beherrschen eher die Fähigkeit, die *Sprache der Mathematik* zu schreiben und zu sprechen.

- bemühen sich, korrekt mit der mathematischen Sprache umzugehen. Dies ist auch für den Erfolg gerade ihrer Lösungsansätze eminent wichtig: Da sie mit Begriffen und Namen weiterarbeiten, würde das Verwenden falscher Namen unweigerlich das Scheitern ihrer Lösungsideen nach sich ziehen.

Nach Abschluß unserer Pilotstudien wurden Untersuchungen publiziert, die sich mit ähnlichen Fragestellungen beschäftigen. Einen Einblick erhält man bei MUYLWIJK (1983). Diese Arbeit zeigt, daß das Urteil von KLING (1979) heute nicht mehr zutrifft. Es wäre genauer zu untersuchen, wie sich unsere Beobachtungen zu dem von PASK eingeführten Begriffspaar Serialist/Holist verhalten, auf das sich VAN DER VEER in seinen Forschungen beruft.

<u>LITERATUR</u>

KAUNE, C.:   Kognitive Stile beim Lösen algorithmischer Aufgaben, Osnabrücker Schriften zur Mathematik, Reihe P, Heft 68, 1984

KLING, U.:   Kognitive Aspekte bei Mensch/Maschine - Interaktionsformen im Bereich des Lernens und Problemlösens, in: Ueckert/ D. Rhenius (Hrsg.): Komplexe menschliche Informationsverarbeitung, Bern 1979

PASK, G.; SCOTT, B.C.E.: Learning strategy and individual competence, Int. Journal of Man-Machine Studies, vol. 4, 1972

VAN DER VEER, G.C.:   Individual differences in cognitive style and educational background. -In: H. Schauer (Hrsg.): Psychologie des Programmierens, Wien 1983.

VAN MUYLWIJK, B. u.a.: On the implications of user variability in open systems. - In Behaviour and information technology, 1983, S.313-326

Informatik in Stochastik und Linearer Algebra

Bernd Ebbmeyer, Kreisgymnasium   7815 Kirchzarten
Karl Stamm, Walter-Eucken-Gymnasium   7800 Freiburg

Zur Integration und Anwendung der Informatik in andere Unterrichtsbereiche eignet sich das Fach Mathematik in besonderem Masse. Die Inhalte des Mathematikunterrichts weisen häufig algorithmische Strukturen, also Elemente der Informatik
auf. Daher kommt eine Integration beiden Fächern zugute.

- Bei der Aufbereitung mathematischer Probleme zur algorithmischen Behandlung
sind vertiefte Kenntnisse des zugrundeliegenden Sachverhalts und der Lösungsansätze erforderlich.
- Die Umsetzung in algorithmische Darstellungsformen vom Struktogramm bis hin
zum in einer Hochsprache formulierten Programm bilden wichtige Fähigkeiten der
Informatik aus.
- Bei der Anwendung der erstellten Programme wird das untersuchte Stoffgebiet
durch vielfältige Beispiele in breitem Rahmen ausgeleuchtet. Insbesondere gilt
dies dort, wo der hohe Rechenaufwand dem bisher im Wege stand.

Die Faszination, die vom Computer ausgeht, erleichtert den Einstieg in derartige Unterrichtssequenzen ganz wesentlich. Sie wird bei erfolgreichem Abschluss
sogar zu einer dauerhaften Motivation des Schülers. Diese beruht darauf, dass
der Schüler ein eigenständiges Produkt geschaffen hat, mit dessen Hilfe er das
Ausgangsproblem bequem beherrscht.
Der Computer erweist sich somit im Mathematikunterricht als ein starkes Hilfsmittel, das nicht nur als Black-Box, sondern als durchschaubares und beherrsch-
bares Werkzeug verwendet werden kann. Der Einsatz des Computers gerade bei komplexen mathematischen Fragestellungen ist allerdings u.E. nur dann realistisch,
wenn auch fertige und für den Unterricht geeignete Software zur Verfügung steht

An Hand zweier Programmbeispiele wollen wir verdeutlichen, wie der Rechnereinsatz den Mathematikunterricht im skizzierten Sinne intensivieren kann.

Das erste Beispiel stammt aus der Stochastik. Es dient der Untersuchung der Binomialverteilungen und deren Approximation durch stetige Funktionen. Der Teil-
aspekt "Berechnung der Binomialverteilungen" eignet sich zur algorithmischen
Aufbereitung durch den Schüler. Ein solcher Weg wird in [1] dargestellt.

Das zweite Beispiel ist der Linearen Algebra entnommen. Mit diesem zweiten Programm lässt sich das Austauschverfahren zur Lösung linearer Gleichungssysteme
erarbeiten. Auch hier kann der Schüler den zugrundeliegenden Algorithmus beherrschen und umsetzen (vgl. dazu [2]).

Beide Programme gehen über das vom Schüler Machbare weit hinaus. Sie sind dazu
konzipiert, den Unterricht über eine längere Sequenz unterstützend zu begleiten.

1. Die Approximation der Binomialverteilung durch Schulfunktionen.

1.1 Einführung

Die Approximation der Binomialverteilung wird herkömmlicherweise durch blosse Vorgabe der Gaussfunktion gelöst, da der mathematische Hintergrund für die Schule zu schwierig ist. Auch die Integration dieser Funktion beschränkt sich anschliessend auf das Nachschlagen von Tabellenwerten. Dies, ebenso wie die meist fehlende Veranschaulichung, ist für das Verständnis des Sachverhalts wenig förderlich.

Der im folgenden vorgeschlagene Weg ermöglicht den Schülern mit ihren vorhandenen Analysiskenntnissen selbständig verschiedene Näherungsfunktionen aufzustellen. Mit Hilfe des von uns erstellten Programms lässt sich deren Güte anschaulich umgehend testen.

1.2 Beschreibung der Programmfunktionen

Über ein Menue kann der Benutzer folgende Programmteile anwählen:

B(n,p)-Histogramme für kleine n
B(n,p)-Histogramme für grosse n
Transformation der B(n,p)-Histogramme
Standardisierung der B(n,p)-Histogramme
Approximierung der standardisierten B(n,p)-Verteilung
Approximierung der nicht standardisierten B(n,p)-Verteilung
Hardcopy

Mit dem 1. und 2. Teil werden nach Eingabe der Parameter n, p die Histogramme der B(n,p)-Verteilung auf den Bildschirm gezeichnet. Der Schüler hat damit die Möglichkeit, durch sinnvolle Variation der Parameter viele verschiedene Histogramme miteinander zu vergleichen, Vermutungen über Gemeinsamkeiten aufzustellen und diese zu bestätigen.

Teil 3 ermöglicht folgende Transformationen: Parallelverschiebung zur x-Achse, Streckung in x- und y-Richtung. Damit kann die Standardisierung für viele verschiedene B(n,p)-Verteilungen durchgeführt werden.

Teil 4 ist der Kernpunkt des Programms: Zu gewähltem n, p wird das standardisierte Histogramm ausgegeben. Anschliessend wird mit dem folgenden Programmteil, nach Eingabe eines frei wählbaren Funktionstermes, der zugehörige Graph in das gleiche Achsenkreuz geplottet.

Mit dem vorletzten Programmteil lassen sich Funktionsgraphen in nicht transformierte Histogramme einzeichnen.

Der letzte Programmteil erlaubt die 1:1-Druckerausgabe des Bildschirminhalts.

1.3 Approximation der standardisierten Histogramme

Aus dem Analysisunterricht kennt der Schüler die Aufgabenstellung, Funktionsgleichungen zu vorgegebenen Bedingungen zu ermitteln. Auf diese Fähigkeiten kann nun zurückgegriffen werden. Die Bedingungen, die hier an eine potentielle Näherungsfunktion zu stellen sind, kann der Schüler selbst formulieren. Er hat dazu reiches Anschauungsmaterial in Gestalt beliebig vieler verschiedener standardisierter Histogramme vorliegen, das der vierte Programmteil erzeugt. Er könnte etwa fordern:

249

Der Graph der gesuchten Näherungsfunktion f muss die Bedingungen erfüllen:

f ist achsensysmmetrisch zur y-Achse,
f hat genau einen Hochpunkt, etwa bei (0/0,4),
f hat Wendestellen bei etwa x = -1 und x = 1.

Da die Histogramme eine Wahrscheinlichkeitsverteilung darstellen, muss zusätzlich gefordert werden:

$$2 \cdot \lim_{u \to \infty} \int_0^u f(x)\ dx = 1$$

Im Gegensatz zum Analysisunterricht ist der Funktionstyp nicht vorgegeben. Dies ermöglicht eine reiche Palette von verschiedenartigen Lösungsansätzen. Je nach Wahl des Funktionstyps ist die Berechnung von sehr unterschiedlichem Schwierigkeitsgrad. Trotz der umfangreichen Rechnungen, die für das Bestimmen der Funktionsparameter erforderlich werden, arbeiten die Schüler mit grossem Einsatz. Denn es motiviert sie sehr stark, dass sie die Ergebnisse mit Hilfe des Programms sofort optisch auf dem Bildschirm kontrollieren können. Mögliche Ergebnisse zeigen die folgenden Bilder, die mit dem letzten Programmteil erzeugt wurden:

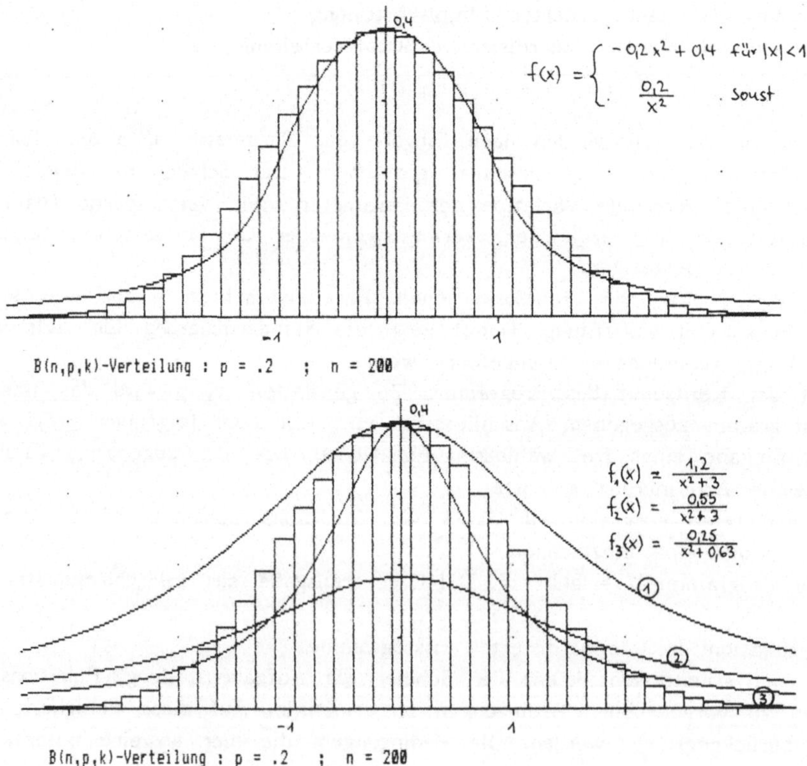

1.4 Zusammenfassung

Der mit diesem Programm durchführbare Unterrichtsgang bietet sich u.E. an, um
beim Schüler Verständnis für den mathematischen Hintergrund einer sehr schwierigen Stochastik-Sequenz zu fördern und ihn zu veranschaulichen. Ausserdem
bietet der Vorschlag die Möglichkeit einer organischen Verflechtung der mathematischen Teilgebiete Analysis und Stochastik. Dieser Brückenschlag und die
wichtige visuelle Hilfe durch die frei wählbaren Schaubilder werden erst durch
den Einsatz eines graphikfähigen Computers möglich.

2. Das Austauschverfahren

2.1 Einführung

Das Lösen von Linearen Gleichungssystemen (LGS) ist im Kurs über Lineare Algebra und Analytische Geometrie Unterrichtsthema und notwendiges Hilfsmittel zum
Bearbeiten fast aller Problemkreise. Daher hat jeder Lösungsalgorithmus für
die LGS zentrale Bedeutung. Neben dem bekannten und hauptsächlich eingesetzten
Gausschen Eliminationsverfahren ist das sehr tragfähige Austauschverfahren im
Schulunterricht wenig gebräuchlich. Seine weitreichenden Möglichkeiten seien
daher kurz umrissen:
Fast ohne Theorieaufwand lassen sich die üblichen Kriterien für die Lösbarkeit
von LGS aufstellen und begründen. Im Gegensatz zum üblichen Unterrichtsgang
kann der Schüler also frühzeitig diese Kriterien auf alle Fragestellungen, die
mit LGS gelöst werden, anwenden. über den traditionellen Schulstoff hinaus ist
das Austauschverfahren die Standardmethode zur Lösung von Problemen aus der
linearen Optimierung.
Trotz dieser offensichtlichen Vorteile des Austauschverfahrens fand es bisher
keinen Einzug in die Schulmathematik, da der mit ihm verbundene Rechenaufwand
sehr hoch ist. Dieser Nachteil lässt sich aber durch die Verwendung eines Mikrocomputers im Unterricht ausgleichen.

2.2 Programmbeschreibung

Alle Eingaben für das Programm erfolgen in einer feststehenden Kommandozeile
am unteren Bildschirmrand und werden auf Plausibilität geprüft.
Um die Koeffizientenmatrix einzugeben, sind folgende Optionen realisiert:
- freie Wählbarkeit von Zeilen- und Spaltenanzahl (bis maximal 6);
- Eingabe und Korrektur der Matrixelemente sind in fortlaufender Reihenfolge
wie auch an beliebiger Stelle möglich.
Alle akzeptierten Elemente (auch Brüche!) erscheinen in einem "Matrixfenster"
in grossformatigen Ziffern über drei Zeilen. Somit ist die Matrix mit all ihren
Elementen jederzeit vollständig im Blickfeld. Die grossformatige Darstellung
sorgt für gute Lesbarkeit auch von hinteren Bankreihen.

Das Austauschverfahren wird interaktiv durch Anwahl jedes Austausschrittes
vollzogen. Die Durchsichtigkeit jedes einzelnen Austauschschrittes und damit
des ganzen Verfahrens wird wesentlich dadurch gewährleistet, dass das Programm
Brüche verarbeitet und die Matrixelemente erforderlichenfalls auch in Bruch-
darstellung ausgibt. Damit sind bei der Programmgestaltung wesentliche didaktische Gesichtspunkte berücksichtigt worden.

2.3 Stellenwert im Unterricht

Der dem Verfahren zugrundeliegende Algorithmus kann vom Schüler weitgehend
selbst entwickelt und in ein einfaches lauffähiges Programm umgesetzt werden.
Es war - nebenbei bemerkt - erfreulich mit welchem Eifer die Schüler die dabei
nötigen symbolischen Umformungen durchführten. Die Motivation, sich den Computer über diesen Weg dienstbar zu machen, war enorm. Die Legitimation, daran
anschliessend die Früchte der Rechenkapazität des Computers zu ernten, steht
ausser Frage: Die Bearbeitung sehr vieler Beispiele von LGS lässt sich nun in
kurzer Zeit durchführen. Mit diesem reichen Fundus wird das Lösungsverhalten
von LGS leichter durchschaubar, und die Lösbarkeitskriterien lassen sich auch
anschaulich entwickeln. Der Modellcharakter mathematischer Verfahren tritt so
in den Vordergrund:

- Zu lösende Probleme sind zunächst für das Verfahren aufzubereiten,
- die aufwendige Verarbeitung nimmt der Rechner ab,
- die jedoch nicht einfache Interpretation der Ergebnisse muss vom Schüler
selber geleistet werden.

2.4 Zusammenfassung

Das Medium Computer ermöglicht mit diesem Programm die Erarbeitung und Anwendung eines Verfahrens, das bislang der Schule nicht zugänglich war. Das Austauschverfahren, kann damit zu einer reizvollen Variante des Unterrichts in
Linearer Algebra werden. Besonders die wirkungsvolle Einbeziehung von Elementen der Informatik sei dabei hervorgehoben. Eine erfolgreiche Integration des
Austauschverfahrens in einen Kurs über Lineare Algebra ist aber u.E. nur dann
realistisch zu beurteilen, wenn Software zur Verfügung steht, die unmittelbar
einsetzbar ist. Denn ein Programm, mit dem die oben skizzierte Abfolge und
selbstverständlich auch der unter Punkt 1 beschriebene Unterrichtsgang pro-
blemlos und häufig wiederholt werden kann, muss besonderen Anforderungen genügen (komfortable Eingaberoutinen, flexible Verarbeitungssteuerung etc.).
Dies geht weit über den Rahmen von Schülerprogrammen im Mathematikunterricht
hinaus.

Literaturhinweise:
[1] DIFF-Briefe zur Statistik mit Rechner (SR1 - SR4), Tübingen 1983
[2] E.Lehmann: Lineare Algebra mit dem Computer, G.B.Teubner, Stuttgart 1983

<u>Über die Menge der natürlichen Zahlen, die sich nicht als Summe</u>

<u>paarweise verschiedener Kubikzahlen darstellen lassen.</u>

C. Michael Kleinert   und   Winfried Nilson
Freie Universität Berlin   Technische Universität Berlin
Fachbereich Mathematik   Fachbereich Mathematik

Unter Einsatz eines Computers wird folgender Satz bewiesen:

Satz 1: Die Menge der natürlichen Zahlen, die sich nicht als Summe paarweise verschiedener Kubikzahlen darstellen lassen, ist endlich.

M sei diese Menge und M' sei die Menge der natürlichen Zahlen, die sich
bis zu einer vorgegebenen oberen Grenze MAX als Summe paarweise verschiedener Kubikzahlen von natürlichen Zahlen darstellen lassen. Die
Menge M' läßt sich durch das folgendes Sieb-Verfahren bestimmen.

Sieb: i) Man notiert alle natürlichen Zahlen von 0 bis MAX.
   ii) Man markiert für k=0 die 0^3 und erhält 0 als erstes Element aus M'.
   iii) Man markiert fortlaufend für k=1,2,... alle Zahlen $a+k^3$ für alle a,
        die bereits durch das Verfahren als zu M' gehörig erkannt wurden.
   iv) Das Verfahren ist beendet, wenn $k^3 >$ MAX. (Das Verfahren ist auch
        beendet, wenn alle notierten Zahlen $\geq k^3$ bereits als zu M' gehörig
        erkannt wurden.)

Die Endlichkeit von M, der Menge der nicht darstellbaren Zahlen, kann man
mit folgendem Hilfssatz zeigen:

Satz 2: Es sei $n \in \mathbb{N}$ mit $n > 3$. Existiert bei dem Sieb-Verfahren nach dem
        Schritt für $k = n-1$ ein $m \in \mathbb{N}$, dem unmittelbar mindestens n^3
        aufeinanderfolgende Zahlen folgen, die bereits als zu M' gehörig
        erkannt wurden, so ist m eine obere Schranke von M.

Für den Beweis sei MAX unendlich. Sind nach dem Schritt für $k = n-1$ die
Zahlen $m+1,...,m+n^3$ als Elemente von M' erkannt, so weiß man, daß nach
dem Schritt für $k = n$ die Zahlen $(m+1)+n^3,...,(m+n^3)+n^3$ auch aus M' sind.
Also sind die aufeinanderfolgenden Zahlen $m+1,...,m+n^3,m+1+n^3,...,n+2n^3$
aus M'. Da $n > 3$ sein soll, ist $n^3 > 3n^2 + 3n + 1$. Man findet also, daß nach
dem Schritt für $k = n$ dem m mindestens $2n^3 > n^3 + 3n^2 + 3n + 1 = (n+1)^3$ zu M'
gehörige aufeinanderfolgende Zahlen folgen. Die Behauptung des Satzes
folgt unmittelbar durch vollständige Induktion.

Die Existenz eines solchen m, dem hinreichend viele zu M' gehörige Elemente unmittelbar folgen, läßt sich mit einem Computer zeigen.

Die Rechnungen wurden in Pascal auf einem Apple II durchgeführt.

Man findet bei Durchführung des Sieb-Verfahrens ein solches m erstmals
für k = 20; oberhalb m = 12758 liegen mehr als $21^3 = 9261$ aufeinanderfolgende Zahlen, die nicht zu M gehören.

Damit ist gezeigt, daß M endlich ist.

Führt man das Sieb-Verfahren mit MAX = 12758 weiter bis $k^3 > 12758$ ist,
das gilt erstmals für k = 24 ($24^3 = 13824$), so erhält man alle Elemente
von M. Die folgende Abbildung zeigt die darstellbaren Zahlen bis 12999.

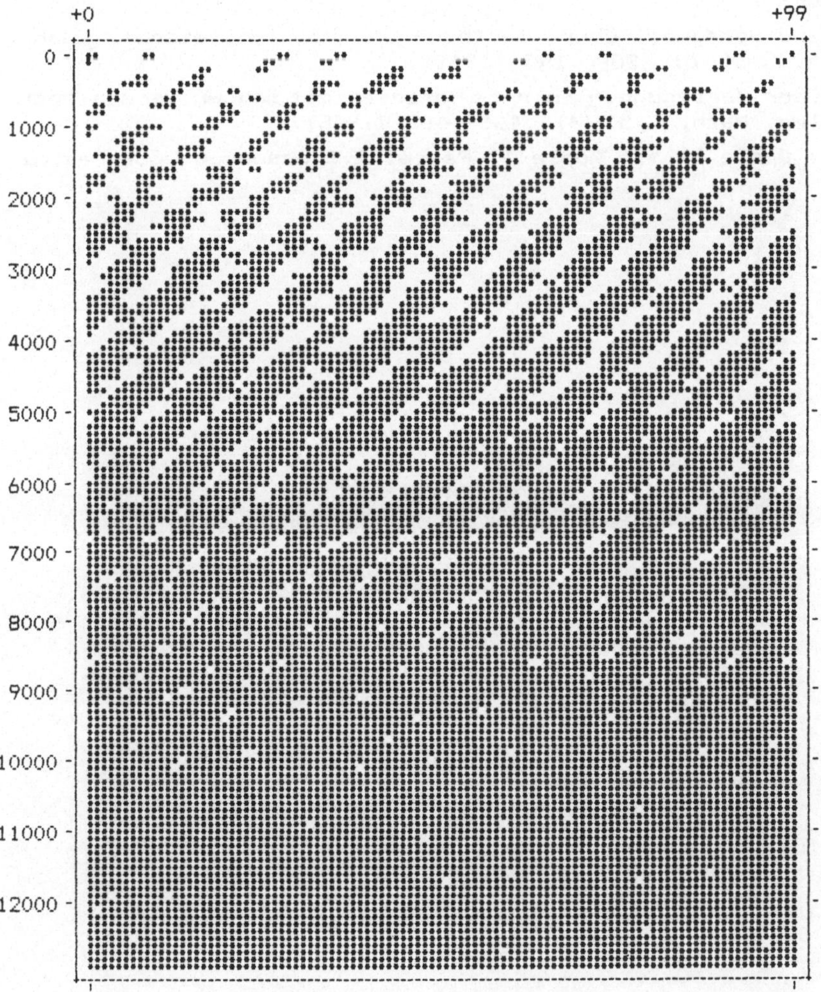

Satz 3: Die Menge M der natürlichen Zahlen, die sich nicht als Summe
        paarweise verschiedener Kubikzahlen darstellen läßt, enthält
        2788 Elemente, ihr größtes Element ist 12758.

Entsprechende Betrachtungen kann man auch zum Auffinden der Menge aller
der Zahlen machen, die sich nicht als Summe paarweise verschiedener Quadratzahlen darstellen lassen. Man findet 31 Elemente, das größte Element
ist 128.

R. Sprague [2] hat gezeigt, daß die Anzahl der natürlichen Zahlen, die
sich nicht als Summe paarweise verschiedener α-Potenzen darstellen
lassen, für alle ganzzahligen $\alpha > 0$ endlich ist. Das größte Element von M
und auch $|M|$ waren ihm unbekannt.

Literatur:

[1] Roland Sprague: über Zerlegungen von ungleichen Quadratzahlen.
    Math. Z. 51 (3), 289 – 290 (1948).

[2] –: über Zerlegungen in n-te Potenzen mit lauter verschiedenen Grund-
    zahlen. Math. Z. 51 (4), 466 – 468 (1948).

Rechner: Apple II mit Apple II Pascal 1.1 based on UCSD Pascal II.1.

<u>KONTAKTSTUDIENANGEBOT "INFORMATISCHE GRUNDKENNTNISSE" FÜR LEHRER</u>

Ilona Wanke und Peter Gorny
Universität Oldenburg
Pf. 2503, 2900 Oldenburg

1. <u>Begründung der Notwendigkeit/Darstellung der Ausgangssituation</u>

Aus den verschiedensten Motiven heraus wird in letzter Zeit zur Aufnahme der Informationstechnologie in die Schulen aufgerufen:
- Einige erhoffen eine schnellere Verbreitung der Informationstechnologie mit positiven Effekten auf die Wirtschaft.
- Andere möchten durch mehr Aufklärung Gefahren abwenden.
- Wieder andere meinen, daß es zum heutigen Menschen gehöre, mit der Informationstechnologie als einer neuen Kulturtechnik umgehen zu können.

Wir gehen davon aus, daß Informationstechnologien zukünftig in vielfältiger Weise im Unterricht auftreten werden und unterscheiden sechs sich überschneidende Formen:
- Informationstechnologie als <u>Unterrichtsgegenstand</u> (Geräte und Methoden der Informationsverarbeitung, ihre Inhalte, grundsätzlichen Anwendungen und Auswirkungen werden in einem informatikbezogenen Unterricht vermittelt);
- Informationstechnologie als <u>Unterrichtshilfsmittel</u>, vergleichbar einem Taschenrechner, einem Nachschlagewerk o.ä., zum Beispiel zur Visualisierung komplizierter geometrischer Figuren, zur Veranschaulichung logischer Strukturen und abstrakter Zusammenhänge und zur Simulation biologischer, technischer und ökonomischer Vorgänge sowie zur Abfrage von Informationssystemen;
- Informationstechnologie als <u>Unterrichtsmedium</u>, vergleichbar mit Film, Video und Sprachlabor, zur Einübung von gewissen kognitiven Fähigkeiten ('drill and practice'), zur Vermittlung von Faktenwissen ('tutorieller computerunterstützter Unterricht') und zur Einübung des methodischen Problemlösens;
- Informationstechnologie als <u>Kommunikationsmedium</u> unter den Lernenden und zwischen Lehrenden und Lernenden ('electronic mail');
- Informationstechnologie zur <u>Unterstützung der Unterrichtsverwaltung</u> (Zeugnisausstellung, Lernkontrolle, Längsschnittuntersuchung);
- Informationstechnologie zur <u>Unterstützung der Schulverwaltung</u> (Stun-

denplanerstellung).

Viele der genannten Einsatzgebiete der Informationstechnologie wurden
bereits in den Jahren ab 1970 in Modellversuchen erprobt. Die technologische Entwicklung führt dazu, daß nun Geräte und Programme im schulischen und im außerschulischen Unterricht der verschiedensten Fächer zum
Einsatz kommen werden. Da die Modellversuche bereits ergeben haben, daß
weder Methoden und Techniken in allen Fällen psychologisch verantwortbar oder didaktisch sinnvoll sind, muß der Lehrer in die Lage versetzt
werden, Geräte und Programme auf ihre Einsetzbarkeit zu beurteilen.

Geht man von dieser Situation aus, so ist es zwingend erforderlich, daß
soviele Lehrer wie möglich so schnell wie möglich auf die Veränderungen
vorbereitet werden, die ihre berufliche Arbeit und ihr Arbeitsumfeld
durch die neuen Technologien erfahren werden. Neben der Aus- und Weiterbildung zum Fachlehrer Informatik steht somit die Forderung allen Lehrern informatische Grundkenntnisse zu vermitteln. Das Kontaktstudium
soll Lehrern aller Fächer und Schularten die Kompetenz zur Beurteilung
des Einsatzes von Informationstechnologie im Unterricht vermitteln.

In dieser Situation befinden sich neben der Bundesrepublik Deutschland
auch viele andere Staaten. Daher wurde von Anfang an der Erfahrungsaustausch mit den benachbarten Ländern gemacht und die Entwicklung des Kontaktstudienangebotes in Zusammenarbeit mit der 'Jysk Åbent Universitet'
(Aarhus, Dänemark) und der 'Stichting Lerarenopleiding Ubbo Emmius (Groningen, Niederlande) durchgeführt. Trotz der in den drei Ländern unterschiedlichen Schul- und Lehrerausbildungssysteme konnten gemeinsame Ziele gefunden werden.

2. <u>Inhaltliche Struktur des Kontaktstudienangebotes</u>

Im allgemeinen wird der Lehrer mit fertigen "Systemen" von "hardware und
software" konfrontiert, die sich einer direkten Beurteilung wegen ihrer
Komplexität entziehen. Ein wesentlicher Teil des Kurses muß daher der
Dichotomie gewidmet sein, die zwischen Systementwicklung und Systemnut-
zung besteht, und ist konzentriert auf
- die Analyse von realen Organisationen und existierenden informationsverarbeitenden Systemen,
- deren Beurteilung und Kritik,
- Diskussion der Eigenschaften der Systeme und der Organisationen, die

automatisierte Verfahren einsetzen, und ihres Einflusses,
- Festlegung von Anforderungen und Entwurfskriterien für informationsverarbeitende Systeme.

Dadurch tritt die Konstruktion und die Änderung von Computerfunktionen
in den Hintergrund: der Lehrer soll nicht zum "professionellen" Programmierer ausgebildet werden. Gewisse Grundkenntnisse der Programmierung
sind aber trotzdem schon deshalb nötig, weil die "computerunterstützte
Methodik des Problemlösens" dies erfordert.

Da die Analyse und Beurteilung von Organisationen und Systemen, die mit
Informationstechnologie arbeiten, sowie deren Entwurfskriterien im Mittelpunkt stehen, müssen dem Lehrer auch die psychologischen, sozialen
und ökonomischen Kriterien für den Einsatz von informationsverarbeitenden Systemen vermittelt werden. An Programmsystemen aus der Unterrichtspraxis soll daher der Lehrer erarbeiten, nach welchen Maßstäben Informationstechnologie bezüglich der in den Entwurf eingeflossenen pädagogischen Prinzipien und deren Brauchbarkeit für den Unterricht beurteilt
werden kann. Er soll erkennen lernen, inwieweit dadurch ein Werkzeug den
von ihm gewollten Unterrichtsprozeß ergänzt oder den Unterrichtsprozeß
vorbestimmt. Außerdem soll dem Lehrer gezeigt werden, welche Teile der
eingesetzten Informationstechnologie veränderlich sind bzw. welche Teile als unveränderlich hingenommen werden müssen.

Als nächstes soll der Lehrer - in einer Gruppe mit anderen Kursteilnehmern - die Techniken erlernen können, um Entwurfskriterien für (kleinere)
informationstechnische Systeme exemplarisch festzulegen. Da er selbst in
der Regel nicht die Programmierfähigkeiten mitbringen wird, soll dem
Kurs ein kompetenter Programmierer zugeordnet werden, der die Kursteilnehmer bei der Erstellung eines Systementwurfs unterstützt und das System programmiert bzw. ein gegebenes System verändert.

Aus dem bisher Gesagten läßt sich folgendes projektorientierte Konzept
ableiten, das die inhaltliche Struktur in groben Zügen miteinbezieht.

A N W E N D U N G	A N A L Y S E	K O N S T R U K T I O N V E R Ä N D E R U N G	A N W E N D U N G
Block 1	Block 2		Block 3
Anwendungssoftware (Werkzeug und Medium für den Lehr/Lernprozeß) Didaktik (Analyse von Lehr/Lernprozessen und der Einfluß der Informationstechnologie)	Problemanalyse und Problemlösen mit algorithmischen Methoden Einführung in die Architektur von Informationstechnologiesystemen		Beurteilung
Informationstechnologie und Gesellschaft			

3. Organisation des Kontaktstudienangebotes

Die Adressaten des Kurses sind Lehrer, die die normalen Weiterbildungs-
und Fortbildungsangebote nicht wahrnehmen können oder in zu großer Ent-
fernung von Hochschulen und Weiterbildungseinrichtungen wohnen. Daher
werden die Kursinhalte überwiegend als Fernstudienmaterial angeboten.

Das Kursziel "Kompetenz zum Einsatz von Informationstechnologie im Un-
terricht" soll nach ca. einem Jahr erreicht sein. Der durchschnittliche
Arbeitsaufwand für den/die Teilnehmer/in wird mit 300 Stunden veranschlagt
Als Organisationsformen sind
- Phasen des Selbststudiums (100 Stunden)
- Kleingruppenarbeit, teilweise mit Mentorenbetreuung (100 Stunden)
- Phasen des Präsenzstudiums in Form von Seminaren an der Universität
  (100 Stunden)
vorgesehen. Diese drei Organisationsformen sollen etwa gleichgewichtig
zum Tragen kommen.

a Phasen des Selbststudiums und der Kleingruppenarbeit

Für das Selbststudium und die Kleingruppenarbeit können unter diesen
Voraussetzungen ca. 30 Wochen genutzt werden. Bei einer gleichmäßigen
Verteilung dieser 200 Stunden ergibt sich eine wöchentliche Arbeitsbe-
lastung von 7 Stunden. Der Teilnehmer hat also mit einer 3-4stündigen
Kleingruppensitzung pro Woche zu rechnen und einem gleichen Aufwand
für die Durcharbeitung der Kursmaterialien im Selbststudium. Für die
Kursmaterialien empfiehlt sich ein 2-Wochenrhythmus, so daß mit ca.
3 x 5 Kurseinheiten zu rechnen ist. Die lokalen Kleingruppen sollen
nach Möglichkeit Zugang zu Mikrocomputern haben; allerdings kann diese
Absicht nicht von seiten der Universität sichergestellt werden.

b <u>Phasen des Präsenzstudiums</u>

Das ca. 100 Stunden umfassende Präsenzstudium ist in fünf mehrtägigen
Kompaktseminaren von maximal fünf Tagen Dauer organisiert, die durch
das Niedersächsische Institut für Lehrerfortbildung, Lehrerweiterbildung und Unterrichtsforschung unterstützt werden. Während der Seminare
in Oldenburg können die Teilnehmer verschiedene Mikrocomputer und Groß-
computer benutzen.

4. <u>Erste Erfahrungen aus der Realisation und Weiterentwicklungsmöglich-
keiten</u>

Aus der derzeitigen Organisation des Kontaktstudiums "Informatische
Grundkenntnisse für Lehrer" und aus den Erfahrungen bei der Betreuung
von Fernstudenten verschiedener Studiengänge ergeben sich einige
Probleme. Obwohl die grundsätzliche Schwierigkeit des Fernstudiums,
die Beschränkung auf Fernstudienmaterial ohne Kontakt zu den Lehrenden
und Mitstudenten, in unserem Fall durch die Kleingruppenarbeit mit
Mentorenbetreuung und die Präsenzphasen verringert wird, bleiben
folgende Probleme:

a Die Betreuung der Fernstudenten erweist sich als schwierig. Die
  persönlichen Kontakte zwischen Student und Mentor können wegen der
  großen Entfernungen (über 100 km) nur selten eingerichtet werden,
  oder sie beschränken sich auf Telefonate. Da die Lehrer hauptsächlich in den Abendstunden studieren, wenn die Kursleitung in der
  Regel nicht erreichbar ist, scheidet diese Möglichkeit aber auch
  weitgehend aus. Der Postweg ist für aktuelle Informationen und Rück-
  fragen oft zu langsam.

b Bei der Vermittlung von Lerninhalten im Bereich Informatische Grundkenntnisse in Form von Studienbriefen ergeben sich Schwierigkeiten.
  Hier müßte der Lernprozeß durch zusätzliche Medien und Hilfsmittel
  unterstützt werden.

c Die DV-Versorgung nur innerhalb der Präsenzphasen ist nicht ausreichend. Das Thema des Kontaktstudienangebotes erfordert eine
  ständige DV-Versorgung.

Für die einzelnen angerissenen Problemfelder gibt es unterschiedliche
Lösungsansätze. Wünschenswert ist aber eine gleichzeitige Behebung bzw.
Verringerung der Probleme in allen Bereichen (a,b,c). Der Einsatz von
"intelligenten" Btx-Decodern liefert unserer Meinung nach einen guten
Lösungsansatz. Dies wird im folgenden bezogen auf die drei Problemkreise
begründet.

ad a Im Bereich der Informations- und Kommunikationsprobleme im Fern-
     studium kann auf die Erfahrungen der Fernuniversität Hagen aufge-
     baut werden. Die Fernuniversität Hagen hat sich an den Feldversuchen
     der Deutschen Bundespost zum Bildschirmtext beteiligt und mit Btx
     als Informations- und Kommunikationssystem positive Erfahrungen ge-
     macht.
     Die Kommunikation mit Speichermöglichkeit macht eine aktuelle beider-
     seitige Information schnell möglich. Aufbauend auf diesen ersten
     positiven Ergebnissen mit Btx wollen wir die erweiterten
     Kommunikationsmöglichkeiten durch "intelligente" Btx-Decoder er-
     proben.
     Wir sind uns jedoch bewußt, daß dadurch der Aspekt des "sozialen
     Lernens" nicht in das Fernstudium eingeführt wird.
ad b Das Downloading von Telesoftware auf intelligente Btx-Decoder er-
     möglicht einen einfachen Zugriff auf Computerprogramme. Erstellte
     Telesoftware kann in der Btx-Zentrale (oder im Fremdrechner) abge-
     legt werden - der Zugriff erfolgt wie der Aufruf von normalen
     Btx-Seiten. Das gewählte Programm wird in den lokalen Speicher
     (des "intelligenten" Btx-Decoder) geladen und kann offline exekutiert
     werden.
     Es wird also
     - die Erstellung von CUU-Software notwendig, um das System als
       Medium für den Fernunterricht zu nutzen,
     - die Erstellung von Software (z.B. Simulationsprogramme) zur Nutzung
       des Systems als Hilfsmittel im Fernunterricht
       notwendig.
ad c "Intelligente" Btx-Decoder lassen sich als Personal-Computer nutzen.
     Wünschenswert für die DV-Versorgung im Kontaktstudium ist die Ver-
     fügbarkeit einer höheren Programmiersprache (z. B. Pascal) und ei-
     ne entsprechende interaktive Entwicklungs- und Programmierumgebung.
     Diesen Anforderungen genügen die zur Zeit verfügbaren "intelligen-
     ten" Btx-Decoder allerdings noch nicht. Da es außerdem im Rahmen
     des Kontaktstudienangebotes sinnvoll ist, den Teilnehmern Zugriff
     zu einem Großrechner zu geben, wird zusätzlich ein externer Rech-

ner verwendet, auf den über Btx zugegriffen wird.

In diesem Bereich kann auf Erfahrungen des Hochschulrechenzentrums der Fernuniversität Hagen (Projekt BIRD: Time-Sharing-Zugriff über Rechnerverbund) aufgebaut werden.

Literatur

/1/ van Weert,T. (Hrsg.): Association for Teacher Education in Europe
    (ATEE) - Working Group Information Technology :
    Modellehrplan - Informatische Grundkenntnisse für alle Lehrer.
    Erscheint demnächst in LOG IN.

/2/ Schulz, Ch.: Möglichkeiten technischer Kommunikation im Fernstu-
    dium.
    in: Schauer,H.; Tauber, M. J. (Hrsg.): Kommunikationstechnologien/
        Neue Medien in Bildungswesen, Wirtschaft und Verwaltung.
        Wien 1982

/3/ Fernuniversität - Gesamthochschule - , Rechenzentrum:
    Time - Sharing - Zugriff über Bildschirmtext - Rechnerverbund,
    2. Arbeitsbericht zum Projekt BIRD.
    (Stand Dezember 83)

Lehrerfortbildung Informatik in Bayern
Karl-August Keil
Zentralstelle für Computer im Unterricht
Schertlinstraße 7, 8900 Augsburg

Das Verhältnis der Lehreraus- und -fortbildung

Normalerweise hat die Lehrerfortbildung die Aufgabe, Lehrern im Dienst
Hilfestellung zu geben. Es werden neuere Erkenntnisse in den Lehrfä-
chern, in der Didaktik und Methodik vermittelt, wobei auf die Kenntnisse aus der Ausbildung aufgebaut werden kann. Im Falle der Informatik
ist die Situation heute jedoch anders. In der Regel muß man davon ausgehen, daß die Informatik in der Ausbildung noch nicht berücksichtigt
wurde. Die Fortbildung muß daher erst die Grundlagen legen. Aufgrund
des raschen Eindringens der Informatik in alle Schularten wird sich
diese Situation in den nächsten Jahren auch noch nicht ändern, insbesondere angesichts der Tatsache, daß nur eine kleine Zahl von Lehrern
neu eingestellt werden kann.
Hinzu kommt, daß auch heute in der Lehrerausbildung noch nicht genügend in dieser Richtung geschieht. Auf längere Sicht stellt sich die
Frage, ob eine eigene Lehrbefähigung Informatik realisiert wird. Die
Aussichten dafür sind nicht günstig. Die Wochenstundenzahlen, die an
einer Schule in diesem Fach anfallen, werden auch in Zukunft sehr klein
sein im Vergleich zu anderen Fächern. Ein Lehrer mit zwei Fächern wäre
schwerer einsetzbar, wenn eines seiner Fächer nur über wenige Wochenstunden an der ganzen Schule verfügt. In Frage kommt eher eine Zusatzqualifikation oder Informatik als Bestandteil bei der Ausbildung in
anderen Fächern, wie es teilweise schon der Fall ist.

Das Problem der großen Lehrerzahl

Die Forderungen der Öffentlichkeit und der Wirtschaft bis hin zu An-
trägen in den Parlamenten führen dazu, daß innerhalb weniger Jahre in
fast allen Schularten Informatik angeboten werden muß. Der Bedarf an
Lehrern ist also ungeheuer groß, die Kapazität der Fortbildung aber
begrenzt. In Bayern gibt es allein ca. 400 Gymnasien und über 330 Realschulen. Wenn man mindestens drei Lehrer pro Schule fordert, sind das

für diese beiden Schularten schon ca. 2200 Lehrer, die in der Lage sein müßten, Informatikkurse zu geben. Für eine Integration der Informatik und Computernutzung in andere Fächern sind noch viel mehr Lehrer nötig. Hinzu kommt das ganze Berufsbildende Schulwesen und in den nächsten Jahren noch die große Zahl der Hauptschulen. Es zeigt sich, daß an jeder Schule mindestens einige Lehrer gerne bereit sind, sich einzuarbeiten. Ein autodidaktisches Erarbeiten der Grundlagen birgt aber Gefahren in sich. Es können sich leicht völlig falsche Vorstellungen von den Zielen der Informatik und auch des Programmierens ergeben, weil nur an die Programmierung des gerade vorhandenen Rechners gedacht und unter Umständen wenig geeignete Literatur verwendet wird. Dies gilt auch bei Lehrern, die von Fächern kommen, die der Informatik nahe stehen, z. B. Betriebsorganisation, Rechnungswesen, Mathematik und Physik.
Es muß also ein Kompromiß gefunden werden zwischen einer gründlichen Ausbildung in umfangreichen Kursen, was von der Kapazität her nicht möglich ist, und dem autodidaktischen Lernen mit seinen Mängeln. Es wurde bei uns der Weg gewählt, daß die Kurse im wesentlichen die Aufgabe haben, die selbständige Einarbeitung anzuleiten und zu unterstützen.

Die Organisation der Fortbildung

In Bayern wurde 1981 Informatik/Datenverarbeitung zu einem Schwerpunkt der Lehrerfortbildung erklärt. Es wird seitdem folgendes Modell praktiziert:
Erst wenn die Schule über mindestens einen Rechner verfügt, werden Lehrer zu den Einführungskursen eingeladen. Sie finden möglichst regional statt, um die Reisekosten zu minimieren. Einige Wochen vor Beginn des Kurses erhält der Teilnehmer ein Lehrprogramm in Form eines Buches zugesandt mit der Aufforderung, die ersten Kapitel einschließlich der zugehörigen Übungen am Rechner durchzuarbeiten. Dann kommen die ersten beiden Kurstage, bei denen man auf diese Weise auf ein verhältnismäßig einheitliches Eingangsniveau aufbauen kann, wie die Erfahrung gezeigt hat. Danach folgen einige Wochen mit praktischer Übung am Schulrechner und Durcharbeitung weiterer Kapitel des Buchprogramms, teils zur Festigung des im Kurs Gelernten, teils zur Vorbereitung auf zwei weitere Kurstage, die sich dann anschließen. Zum Schluß der Einführungsphase müssen die erworbenen Kenntnisse in der praktischen Arbeit an der Schule eingeübt und erweitert werden. Mancher Lehrer gibt dann schon einen Kurs für Schüler, wobei er beim Lehren selbst dazulernt.
Nach einem Zeitraum von wenigstens einigen Monaten kann der Teilnehmer

für einen einwöchigen Aufbaukurs, der in der Regel an der Akademie für
Lehrerfortbildung in Dillingen gehalten wird, zugelassen werden. Auch
zur Vorbereitung des Aufbaukurses wird gelegentlich ein Lehrprogramm
verwendet.
Nach dem gleichen Modell führen auch die Städte München und Nürnberg
in Zusammenarbeit mit der Zentralstelle für Computer im Unterricht in
Augsburg Einführungs- und Aufbaukurse durch.
Eine wesentliche Hilfe für die Lehrer sind zusätzlich die Handreichun-
gen zu den Lehrplänen und die Fortbildungszeitschrift 'BUS', die jede
Bayerische Schule von der Zentralstelle kostenlos zugesandt erhält.

Weitere Kursangebote

Neben diesem Angebot von Einführungs- und Aufbaukursen gibt es eine
Reihe von weiteren Kursen. Eintägige Veranstaltungen werden über die
Schulverwaltung mit Computerunterstützung für den Systembetreuer und
einen Mitarbeiter der Schulleitung gehalten. Andere eintägige Veranstaltungen befassen sich mit der Praxis der Stundenplanerstellung mit
Hilfe des Computers. Die Programmpakete zur Schulverwaltung und zur
Stundenplanerstellung werden den Schulen für ihre jeweilige Rechner-
konfiguration kostenlos zur Verfügung gestellt.
Besonders wenn neue Rechnertypen im Rahmen von Modellversuchen im Land
eingeführt werden, gibt es Kurse, die darauf eingenen. Gelegentlich
werden weitere Spezialkurse z.B. zur Didaktik der Informatikkurse angeboten. An der Akademie Dillingen wird im Rahmen anderer Kurse auf die
Computernutzung in einzelnen Fächern eingegangen. 1984 fand erstmals
ein einwöchiger Lehrgang zum Einsatz des Computers im Physikunterricht
statt. Besondere Veranstaltungen und Kurse werden, wenn erforderlich,
für Lehrer abgehalten, die an Modellversuchen und ähnlichem beteiligt
sind. 1984 wurden z.B. Lehrer vorbereitet, einen Modellversuch zur Informatik als Wahlfach in der Hauptschule durchzuführen.
Grundsätzlich wird angestrebt, daß die Lehrer im Kurs an dem gleichen
Rechnertyp arbeiten können, den sie auch an ihrer Schule haben. Dies
ist in der Regel möglich, da die Rechnervielfalt auf Grund von Aus-
schreibungen des Kultusministeriums nicht zu groß ist.
Seit 1982 wird auch das Angebot von DV-Firmen angenommen, daß Lehrer
an firmenneutralen Kursen der jeweiligen Schule für Datenverarbeitung
kostenlos teilnehmen können, soweit Plätze verfügbar sind. Generell
werden die Fahrt- und Unterbringungskosten für die Lehrer staatlicher
Schulen vom Land, sonst vom jeweiligen Schulträger bestritten.
Daneben gibt es natürlich private Initiativen, z.B. den Besuch von

Volkshochschul- und Universitätsveranstaltungen.

Zur Gestaltung der Kurse

Inhaltlich wurden diese Einführungs- und Aufbauphase in einer Kommission festgelegt. Natürlich ist ein Spielraum für die einzelne Schulart und die Referenten vorgesehen. Beim Einführungskurs und beim Aufbaukurs werden der Umgang mit dem Rechner und seiner Peripherie, das Erstellen von Algorithmen und ihre Umsetzung in eine Programmiersprache, Auswirkungen der Datenverarbeitung, Datenschutz und Beispiele für den Einsatz des Computers im Unterricht anderer Fächer behandelt. Auch die für die jeweilige Schulart zutreffenden Lehrpläne und ihre Durchführung im Unterricht werden besprochen.
Bei den Referenten für die verschiedenen Tagungen, die von staatlicher oder kommunaler Seite veranstaltet werden, handelt es sich um Lehrkräfte, die über langjährige Erfahrung verfügen und selbst entsprechende Kurse absolviert haben. Sie werden unterstützt von der Zentralstelle für Computer im Unterricht in Augsburg, die im Auftrag der Akademie Dillingen die Fortbildungsmaßnahmen in den Bereichen Informatik/Datenverarbeitung gestaltet. Sie erhalten Hilfen, Materialien zur Vorbereitung und für die Teilnehmer bis hin zu Folien, soweit sie es wünschen. Speziell das Lehrprogramm für die Teilnehmer wurde eigentlich für Schüler entwickelt und in Klassen erprobt. Es hat sich aber auch in der Lehrerfortbildung bewährt.
Die Referenten wurden auch selbst schon zu einer Fortbildungstagung, die von Informatikern der Technischen Universität München gehalten wurde, und einer Arbeitsbesprechung jeweils für einige Tage nach Dillingen eingeladen.

Der heutige Stand

Bis Mitte 1984 haben bereits über 2500 Lehrer die Einführungskurse besucht und über 1500 Lehrer ein entsprechendes Niveau auf andere Weise erreicht. Für die Aufbaukurse liegt die entsprechende Zahl bei etwa 800 Lehrern. Angesichts der Tatsache, daß ca. 850 Schulen über Rechner verfügen, haben also im Durchschnitt pro Schule mit Rechner etwa drei Lehrer wenigstens den Einführungskurs besucht.
Die Rechnerausstattung liegt bei 5,5 Rechnern im Durchschnitt aller Gymnasien, bei 4,6 Rechnern für die Realschulen, bei 10,4 Rechnern für die Fachoberschulen, bei 7 Rechnern für die Wirtschaftsschulen. Die

Daten stammen aus einer Erhebung, die das Bayerische Kultusministerium
im Mai 1984 durchgeführt hat.

In der Anfangsphase wurden regelmäßig Fragebogen von den Teilnehmern
der Kurse ausgefüllt. Es mußte in den verschiedenen Sparten des Kurses jeweils das Eingangswissen von den Lehrern abgeschätzt werden und
eine Angabe gemacht werden, was ihnen der Kurs gebracht hat. Außerdem
war Raum für freie Formulierung von Kritik. Die Ergebnisse waren in
der Regel recht erfreulich. Im einzelnen wurden aber auch Konsequenzen
für die folgenden Kurse gezogen, z.B. ergab sich, daß die Kurse anfangs
zu konzentriert waren und für die eigene Arbeit zu wenig Zeit zur Verfügung gestellt wurde.

Man muß davon ausgehen, daß in den nächsten Jahren noch keine Entlastung eintritt, daß im Gegenteil der Bedarf an Lehrerfortbildung
noch steigen wird.

Literatur:
BUS, Computernutzung an bayerischen Schulen,Bayerischer Schulbuchverlag,
München,Heft 1-10
Handreichungen für den Informatikunterricht im Gymnasium Jahrgangsstufe
10, Institut für Schulpädagogik und Bildungsforschung,München/Auerverlag
Donauwörth,1981
Keidel,K. Keil,K.A.,Programmieren 1 und 2, Problemorientierte, program-
mierte Einführung, Bayer.Schulbuchverlag, München 1983
Keil, Karl-August, The general introduction of computers into Bavarian
schools, in Proceedings of the IFIP 3rd World Conference on Computer in
Education, North-Holland, Amsterdam 1981.
Schmittlein, Konrad, Nach erfolgreichen Versuchen jetzt allgemeine Einführung, in Schulreport 1982/6, Hrsg. Bayer. Staatsministerium für Un-
terricht und Kultus, München.

<u>Fernstudium Informatik in Nordrhein-Westfalen</u>

Gathmann

Landesinstitut für Schule und Weiterbildung

4770 Soest

Im Lande NW gibt es eine zweistufige Lehrerfortbildung:

- Das Landesinstitut für Schule und Weiterbildung in Soest (LSW) entwickelt Lehrerfortbildungsmodelle und schult Moderatoren.
- Die eigentliche Fortbildung der Lehrer vor Ort ist den fünf Gesamtseminaren des Landes übertragen. Dabei werden die oben erwähnten Moderatoren als Lehrerfortbildner eingesetzt.

Ich selbst gehöre zum Landesinstitut für Schule und Weiterbildung und leite dort im Rahmen der Lehrerfortbildung das Referat für

- Organisation von Fernstudienkursen,
- Statistik der Lehrerfortbildung und
- Medien.

Der zuletzt genannte Bereich "Medien" soll in Zukunft den Schwerpunkt "Informatik" erhalten. Eine Arbeitsgruppe unseres Hauses entwickelt z.Z. ein Lehrerfortbildungskonzept für Informatik in den Sekundarbereichen I und II für alle Schulformen. Über dieses Konzept von ein- bis fünftägigen LFB-Maßnahmen in Informatik möchte ich jedoch nicht zu Ihnen sprechen, sondern über den von mir zuerst genannten Arbeitsbereich "Organisation von Fernstudienkursen".

<u>Fernstudienkurse</u> richten sich an Lehrer, die über eine mindestens zweijährige Berufserfahrung verfügen. Sie unterscheiden sich von normalen Lehrerfortbildungsmaßnahmen einmal durch ihre Länge (sie dauern zwischen 1 Jahr und 3,5 Jahren) und außerdem durch eine bestimmte Art von Fernstudiendidaktik: Die Teilnehmer lernen anhand von selbstlehrenden, ihnen kostenlos zur Verfügung gestellten Materialien - sogenannten Fernstudienbriefen - zu Hause und treffen regelmäßig bei Präsenzveranstaltungen zusammen.

Die _Fernstudienbriefe_ werden in der Regel vom Deutschen Institut für Fernstudien in Tübingen (DIFF) geliefert.

Die _Präsenzveranstaltungen_ sollen das Gelernte vertiefen und haben eine Dauer von 1/2 Tag bis zu 5 Tagen.

Fernstudienkurse haben - ganz allgemein gesprochen - zwei verschiedene _Zielsetzungen:_ Sie dienen entweder der Lehrerfortbildung oder der Lehrerweiterbildung. Dabei bereiten die der Lehrerweiterbildung dienenden Kurse auf eine Erweiterungsprüfung im erworbenen Lehramt vor. Besteht ein teilnehmender Lehrer die Erweiterungsprüfung, so erhält er damit eine zusätzliche Lehrbefähigung.

Zur Zeit laufen Kurse für die Bereiche

- Arbeitslehre
- AV-Medien
- Beratungslehrer
- Evangelische Religionslehre und
- Informatik.

Der einzige _bisher voll durchgeführte Fernstudienkurs in Informatik_ wurde im August d.J. abgeschlossen. An ihm beteiligten sich etwa 45 Lehrer der gewerblich-technischen Schulen aus dem Regierungsbezirk Detmold. Er diente der Lehrerfortbildung und dauerte 1,5 Jahre. Im Gegensatz zu der Schulform Gymnasium gibt es im beruflichen Schulwesen das eigenständige Fach Informatik nicht. Es war daher auch nicht beabsichtigt, den teilnehmenden Lehrern eine zusätzliche Lehrbefähigung in Informatik zu vermitteln. Vielmehr sollten die Teilnehmer in die Lage versetzt werden, in ihrem Unterricht besser als vorher Aspekte der Informatik zur Geltung bringen zu können.

Inhaltlich gliederte sich der Kurs wie folgt:

1. Einführung in die Informatik
2. Problemorientierte Programmierung
   - Algorithmik
   - PASCAL
   - Anwendungen
3. Aufbau von DV-Anlagen,
   Betriebssysteme und
   Peripherie

4. Projektorientierte Programmierung

5. Technische Informatik

    - Kombinatorische Logik

    - Sequentielle Logik

    - Mikroprozessortechnik

    - Anwendungen der Technischen Informatik

6. CNC - Technik

7. Grafische Datenverarbeitung

8. Didaktische, ökonomische und gesellschaftliche Aspekte der Datenverarbeitung

Der Kurs wurde eingerichtet, ohne daß Fernstudienmaterialien des DIFF vorlagen. Bei der Entwicklung von Fernstudienmaterialien war das Land NW daher auf sich allein angewiesen. Es hat mit finanzieller Unterstützung des Bundes das sogenannte "LEWIN"-Projekt entwickelt. Es handelt sich hierbei im wesentlichen um einen Satz von 5 Fernstudienbriefen, die inzwischen im Oldenbourg-Verlag als zweibändiges Werk erschienen sind. Das LEWIN-Projekt wurde später durch einen 6. Fernstudienbrief ergänzt, der sich besonders der sonst etwas vernachlässigten Technischen Informatik annimmt. Dieser Satz von 6 Fernstudienbriefen wurde in dem beschriebenen Kurs eingesetzt.

Der Verlauf dieses Kurses hat insbesondere zwei Schwächen offenbart. Diese beziehen sich auf

    - das Fernstudienmaterial und

    - die Tutorials.

Bei den Fernstudienbriefen LEWIN zeigten sich Schwächen im Anspruchsniveau, in der didaktischen Aufbereitung, in der Redundanz des Materials und in der Aufgabenstellung. Zur Zeit wird mit Hochdruck an einer Verbesserung bzw. Ergänzung und Neugestaltung dieses Materials gearbeitet, damit die Einrichtung von Neukursen nicht gefährdet wird.

Eine weitere Schwäche zeigte sich bei den Tutorials. Ein Tutorial ist eine Präsenzveranstaltung, die nur eine Untergruppe aller Teilnehmer eines Kurses umfaßt. In der Regel besteht ein Tutorial aus 5 bis 8 Teilnehmern. Tutorials werden von Tutoren geleitet und finden nachmittags statt. In ihnen wird an Rechnern praktisch gearbeitet.

Die Tutorials können als Übungsphasen aufgefaßt werden, die die Plenumsveranstaltungen eines Kurses begleiten. Es hat sich gezeigt, daß

die Koordinierung dieser Tutorials mit den Plenumsveranstaltungen gewisse Wünsche offen ließ. Als Ursache hierfür können in erster Linie
genannt werden:

- Die Tutoren brachten unterschiedliche Voraussetzungen mit;
  ihre Arbeit untereinander war nicht immer gut abgestimmt.
- Die während der Übungsphasen eingesetzten Rechner stammten in
  der Regel aus den Schulen der teilnehmenden Lehrer. Die Vielfalt der mitgebrachten unterschiedlichen Rechner bedeutete dabei eine zusätzliche Schwierigkeit. Es ist offensichtlich, daß
  die Verständigung der Teilnehmer untereinander sehr erleichtert wird, wenn mit Geräten des gleichen Typs gearbeitet
  werden kann.

Der Kultusminister des Landes NW hat nunmehr das Landesinstitut mit
der <u>Neueinrichtung von 4 Fernstudienkursen in Informatik</u> beauftragt.
Diese 4 Kurse sind im vergangenen Monat angelaufen. Alle Kurse richten
sich an Lehrer der Sekundarstufe II. Im einzelnen:

- Ein Lehrerfortbildungskurs für das allgemeinbildende Schulwesen
- Ein Lehrerweiterbildungskurs für das allgemeinbildende Schulwe-
  sen
- Ein Lehrerfortbildungskurs für Lehrer der gewerblich-technischen
  Schulen
- Ein Lehrerfortbildungskurs für Lehrer kaufmännischer Schulen.

Um die beiden genannten Schwierigkeiten für diese Neukurse zu vermeiden, haben wir uns entschlossen,
- eine begleitende Tutorenschulung zu organisieren und
- einheitliche Rechner mit Landesmitteln zu kaufen und den Teilnehmern leihweise zur Verfügung zu stellen.

Wir sind davon ausgegangen, daß für einen modernen Informatikunterricht Personalcomputer ausreichend und geeignet sind.
Bei einer Tagung mit den Wissenschaftlichen Begleitern und Studienlei-
tern der Kurse sind die Leitlinien festgelegt worden, die bei der
Neuanschaffung solcher Rechner zu berücksichtigen sind. Einvernehmen
herrschte darin, daß die anzuschaffenden Rechner eine 16-bit-Struktur,
einen wirkungsvollen Prozessor und ein verbreitetes Betriebssystem
(CP/M oder MS-DOS) besitzen müssen. Da wir PASCAL als Basissprache
gewählt hatten, so mußte das System natürlich auch PASCAL-fähig sein.
Die Existenz deutschsprachiger Handbücher war eine weitere Forderung.

Die Entscheidung fiel nach längerer Diskussion zugunsten des Siemens-
rechners PC 11. Mitentscheidend waren dabei der besonders günstige
Preis und die Tatsache, daß Siemens eine deutsche Firma ist.

Insgesamt wurden 24 PC's gekauft. Jeder Rechner hat eine Kapazität von
256 KB, ist ausgestattet mit einem Monitor, zwei Laufwerken und außerdem steht für je zwei Rechner ein Drucker zur Verfügung. Die Drucker
sind grafikfähig und jeweils mit einem Traktor ausgerüstet.

Bei der Software ist neben der Entscheidung für PASCAL als Basissprache auch darauf geachtet worden, daß eine gute Textverarbeitung möglich ist. Bei dem Kurs für das gewerblich-technische Schulwesen ist
eine erweiterte Peripherie für meßtechnische Zwecke wie AD- und
DA-Wandler vorgesehen.

Bei der Konzipierung der Inhalte der Kurse war zu berücksichtigen, daß
sie nicht dem Fernunterricht für Schüler, sondern dem Fernstudium für
Lehrer dienen sollen. Die Inhalte können also nicht einfach an die
Curricula für Schulen angelehnt werden: Schulbücher sind als "Fern-
studienbriefe" prinzipiell ungeeignet. So muß insbesondere der auf
eine Erweiterungsprüfung abzielende Kurs den gesamten Hochschulstoff
Informatik abdecken. Hierfür sind die folgenden Themenbereiche
vorgesehen:

1. PASCAL / Programmierung (2-tgg.)
2. PASCAL / Technische Informatik I (3-tgg.)
3. Datenstrukturen / Technische Informatik I und II (2-tgg.)
4. Datenstrukturen / Theoretische Informatik I und II (3-tgg.)
5. Theoretische Informatik I / Rechnerarchitektur (3-tgg.)
6. Datenbanken / Datenschutz (2-tgg.)

Dieser Rahmenplan gilt für die ersten 1,5 Jahre. Für ein weiteres Jahr
kommen hinzu:

7. Programmierpraktikum (ev. in zwei Blöcken) (5-tgg.)
8. Theoretische Informatik II / Ausgewählte Teilgebiete der
    Praktischen Informatik (3-tgg.)
9. Gesellschaftliche Aspekte der Informatik (2-tgg.)

Als Vorbereitung auf die Erweiterungsprüfung ist noch eine Abschluß-
veranstaltung vorgesehen.

Damit bin ich am Schluß meines Vortrags angelangt. Ich gehe davon aus,
daß in NW die Informatik-Aktivitäten in Zukunft noch weiter verstärkt
werden.

Lehrerfort- und Weiterbildung im Bereich Informatik
für Lehrer an berufsbildenden Schulen
Karl-Ludwig Renker, Studiendirektor
Georg-Kerschensteiner-Schule
6380 Bad Homburg v.d.H. 1

1. Ausgangssituation und Grundkonzept

In den Kultusministerien der Länder wurden und werden Konzepte für die
- Ausbildung   (Erwerb einer Erstqualifikation für ein Lehramt)
- Fortbildung   (Vertiefung und Ergänzung von Kenntnissen für die Unterrichtstätigkeit in
                   einem Lehramt)
- Weiterbildung (Erwerb einer Zusatzqualifikation für die Ausübung eines Lehramtes)
erarbeitet, die sich mit dem Bereich der Informatik befassen. Ansätze solcher Konzepte
sind in einigen Bundesländern inzwischen bald 10 Jahre alt, ohne daß daraus allgemein
übertragbare Ergebnisse entstanden wären. Aus diesem Grunde soll hier nicht der Versuch gemacht werden, solche Lösungen in einem Vergleich auszuwerten und zusammenzustellen. Vielmehr sollen die Gesichtspunkte erörtert werden, die in ihrer Relevanz für
die Gestaltung des Unterrichts in den verschiedenen berufsbildenden Schulformen von Bedeutung sind und somit Einfluß insbesondere auf die Lehrerfortbildung haben müssen.
Die meisten sehr detaillierten Planungen befassen sich ausführlich mit einer grundständi-
gen Ausbildung eines Lehrers für Informatik. Es ist nicht absehbar, ob dieses Fach als
solches zu irgendeiner Zeit in der Zukunft Unterrichtsfach im Bereich der berufsbildenden
Schulen wird oder werden kann. Die Gründe, die aus heutiger Sicht dagegen sprechen,
ergeben sich daraus, daß Inhalte der Informatik im beruflichen Schulwesen z.T. schon
seit mehr als 15 Jahren stets im Verbund mit typischen berufsqualifizierenden Anwendungen gesehen und als solche unterrichtet werden. Wie weit daher ein grundständiges Informatik-Studium für ein Lehramt an beruflichen Schulen von Bedeutung werden kann,
müßte sorgfältig geprüft werden. Bei einem positiven Ergebnis dieser Prüfung wird sich
daraus vermutlich ein Kombinationsstudium entwickeln, in dem Wirtschaftswissenschaften,
Elektrotechnik, Maschinenbau, Bauwesen oder ein anderes geeignetes grundständiges und
berufsfeldspezifisches Fachgebiet "z e n t r a l e s" Studienfach sein könnte, welches dann
den Kern und die Voraussetzungen für den Erwerb eines Lehramtes an beruflichen Schulen ausmacht.
Eine solche Lösung mag langfristig gerechtfertigt und sinnvoll erscheinen. Kurzfristig -und
dies ist leider die Situation im Schulalltag- ist es erforderlich, eine beachtliche Anzahl
von Kolleginnen und Kollegen im Rahmen der Lehrerfortbildung auf die Unterrichtsinhalte vorzubereiten, die aufgrund des Technologiewandels im Büro, in Werkstätten, Ferti-
gungsstätten, Prüffeldern und Labors Einzug in die berufliche Bildung halten und sowohl
bei der beruflichen Erstqualifikation als auch im Bereich der Fort- und Weiterbildung
von Fachkräften der Wirtschaft bedeutungsvoll geworden sind. Die erforderliche Mobilität

am Arbeitsmarkt wird hier vermutlich noch erhöhte Anforderungen an die berufsbildenden Schulen stellen, sobald der Schülerberg auch diese Schulform durchwandert hat. Zu diesem Zeitpunkt wird aufgrund der Altersstruktur der Lehrkräfte jedoch kein Austausch einer Lehrergeneration und somit die Möglichkeit der Einstellung eines neu ausgebildeten "Informatik-Lehrers" geschaffen. Vielmehr ist es erforderlich, daß die Kollegen, die an berufsbildenden Schulen unterrichten, rechtzeitig die Möglichkeit erhalten (haben), sich auf die veränderten Unterrichtsinhalte einzustellen. Leider ist gerade im Bereich der beruflichen Schulen bereits ein größerer Nachholbedarf bzgl. einer solchen Zusatzqualifikation entstanden, der letztlich auch darauf zurückzuführen ist, daß die erforderliche sächliche Ausstattung der Schulen nicht dem Stand der Technik in Wirtschaft, Verwaltung und Fertigungsbereich der Unternehmen entspricht, so daß aufgrund des raschen Technologiewandels auch der Anreiz zur Einarbeitung nur teilweise gegeben war.

Die Unterrichtsinhalte eines Faches Informatik werden sich an allgemeinbildenden Schulen bereits in der Sekundarstufe I entwickeln und in der Sekundarstufe II bis hin zum Prüfungsfach im Abitur führen. Schüler mit solchem Grundwissen werden dann im dualen System eine Berufsausbildung antreten und zwangsläufig eine andere Qualität der Bildungsinhalte in ihrer beruflichen Grund- und Fachbildung im Betrieb erfahren als dies bisher möglich war. Dies zwingt aber die Berufsschule dazu, sich im Bezug auf die Zusatzqualifikation der vorhandenen Lehrkräfte und im Bezug auf die zu schaffende Ausstattung für eine angemessene moderne Unterrichtsgestaltung ein- bzw. umzustellen. Da im ausdifferenzierten System der berufsbildenden Schulformen jedoch nicht nur berufliche Grund- und Fachbildung zu vermitteln ist, sondern auch Maßnahmen der Fort- und Weiterbildung (Berufsfach- und Fachschulen) parallel zu Bildungsgängen mit dem Ziel der Vorbereitung auf ein Studium (Fachoberschule, berufliches Gymnasium) eingerichtet sind und die Lehrkräfte i.d.R. in mehr als einer Schulform fach- oder berufsfeldspezifisch eingesetzt werden, muß die Art und Weise, in der Inhalte aus dem Bereich der Informatik in die Lehrerfortbildung einfließen, sowohl das Spektrum der Schulformen als auch die der fachlichen und berufsfeldbezogenen Aspekte berücksichtigen. **Inhalte der Informatik müssen mit den berufsqualifizierenden als didaktische Einheit verbunden dargestellt werden**, so daß sich Lehrerfortbildung im Bereich der berufsbildenden Schulen vermutlich nicht in derselben Weise wie im Bereich der Sekundarstufen I und II realisieren läßt, wenn man von einem Grundlagenbereich mit allgemeinen und verbindlichen Inhalten absieht.

2. Fortbildungskonzept

Indem die allgemeinen Grundlagen aus dem Bereich der Informatik mit den berufsfeldspezifischen Anforderungen einschlägiger Fachrichtungen (Wirtschaftswissenschaften, Elektrotechnik, Maschinenbau u.a.) verbunden werden, ist es sinnvoll, die Beschreibung der Fortbildungsmaßnahmen aus dem übergeordneten Begriff der Informatik zu lösen und auf die gezielte Bereitstellung von Methoden und Arbeitsmitteln aus dem Anwendungsbereich der elektronischen Informationsverarbeitung abzuheben, ohne dabei die Grundzüge aus dem

Ansatz der Informatik zu verlassen. Aufgrund mehrjähriger Erfahrungen aus der Vorbereitung, Leitung oder Mitarbeit im Leitungsteam bei Lehrerfortbildungsveranstaltungen im Rahmen des Programms des Hessischen Instituts für Lehrerfortbildung erweist es sich als sinnvoll, die Themenbereiche etwa wie folgt abzugrenzen:

- (Elektronische) Datenverarbeitung - allgemeine Einführung
  Systemkonzepte, Konfigurationen, Betriebssoftware
- Datenstrukturen und Dateiverarbeitung, Datenbanksysteme
- Datenfernverarbeitung und Rechnerverbund
- Programmiertechnik und Softwaredokumentation
- Mikroprozessortechnik (Hardware und Assemblerprogrammierung)
- Interfacetechnik
- Prozeßdatenverarbeitung

u.a.m., um damit sowohl den Adressatenkreis gezielter anzusprechen als auch die Zielsetzung des Einzellehrganges oder einer Lehrgangsreihe deutlicher zu kennzeichnen. Eine zusätzliche Abgrenzung ergibt sich aus der Struktur der Lehrgangsausschreibung des Hessischen Instituts für Lehrerfortbildung, indem die Lehrgänge schulformbezogen aufgeführt werden, wodurch die Teilnahme von Lehrkräften anderer Schulformen oder Schulstufen jedoch untereinander nicht grundsätzlich ausgeschlossen ist. Durch die Zuordnung eines Lehrganges zu einer bestimmten Schulform und durch die Umschreibung des Lehrgangszieles im Anwendungsbezug wird gleichzeitig ein didaktisches Konzept realisiert, welches insbesondere für den Bereich der beruflichen Schulformen vorteilhaft ist und im Bezug auf die Anmeldung zur Fortbildung motivierend wirkt. Bei Fortsetzungslehrgängen ist darauf zu achten, daß dieselbe Lehrergruppe die Möglichkeit erhält, regelmäßig die Folgelehrgänge zu besuchen. Ist dies nicht der Fall, so entstehen nahezu immer Schwierigkeiten aufgrund der Informationsdefizite der "Seiteneinsteiger" oder weil aus meist dienstlichen Gründen die Teilnahme an einem Fortsetzungslehrgang nicht regelmäßig möglich war.

Es hat sich als sinnvoll erwiesen, die Lehrgangsinhalte, die sich auf Verfahren und praktische Inhalte zur Programmiertechnik beziehen, zunächst grundlagenorientiert sowie maschinen- und systemunabhängig darzustellen. In der zweiten Phase (Anwendungen) erwarten die Kollegen jedoch eine exemplarische Konkretisierung, die umso positiver aufgenommen wird, je mehr eigenständiges Arbeiten an Geräten einbezogen werden kann. Geräte, die sich für einen solchen Einsatz eignen, müssen

- einem gewissen industriellen und technlogischen Stand entsprechen,
- in ihrer Art eine hinreichende Verbreitung im Anwendungsspektrum der einschlägigen Wirtschaftszweige besitzen,
- eine professionelle Anwendung bei einfachen und komplexen Problemstellungen erlauben,
- sowohl den didaktischen und methodischen Konzepten der Lehrerfortbildung als auch den spezifischen Anforderungen des berufsqualifizierenden Unterrichts in den unterschiedlichen beruflichen Schulformen genügen.

Es ist nicht sinnvoll, singuläre Lösungen darzustellen. Schwerpunktmäßig sind folgende Grundsätze aus dem Bereich der Problemlösungsstrategien und Dokumentationstechnik zu erarbeiten und prinzipiell anzuwenden:

- Problembeschreibung/Pflichtenheft,

- Entwicklung von Lösungsstrategien/Modulkonzept,

- Entwickeln geeigneter Algorithmen,

- Darstellung von Algorithmen in geeigneten (problemorientierten) Lösungsstrukturen (Struktogramme, HIPO-, Jackson- oder Petri-Diagramme, Entscheidungstabellen)

- Schrittweise Verfeinerung einer Lösungsstruktur und ergänzende Dokumentation

- Anwenden von Dokumentationstechniken für Batch-, Dialog- und Realtime-Prozesse (Datenflußpläne, Schnittstellenbeschreibungen, Darstellung bzw. Definition und Beschreibung von Datenfeldern, Datensätzen, Dateien, Verkettungen usw.),

- Auswahl, Beurteilung und Dokumentation von Testdaten,

- Codierung in einer Programmiersprache unter Einbeziehung selbstdokumentierender Bezeichner und ergänzende Kommentierung der Programmstruktur und Prozeduren im Quellenprogramm,

- Dokumentation der Testläufe (Dialogführung, Testdateien, Programmlaufzeiten, ggf. Speicherplatzbedarf im Arbeitsspeicher, Stackbelegung, Compilierungslisten, Crossreference-Listen, Segmentierung des lauffähigen Programms usw.)

- Erstellen einer Bedienungsanleitung/eines Bedienungshandbuches für ein Programm bzw. Programmsystem.

Es hat sich als sinnvoll erwiesen, Problemlösungsstrategien an berufsfeldspezifischen Beispielen zu konkretisieren, weil dadurch die Motivation zum Mitvollzug einer Problemlösung gefördert wird oder erhalten bleibt. Bei inhomogenen Lerngruppen sollte daher für die Einzel- oder Gruppenarbeit ein entsprechender Vorrat an berufs- oder berufsfeldspezifischen Aufgabenstellungen aufbereitet zur Verfügung stehen, was an das Leitungsteam eines solchen Lehrganges besondere Anforderungen stellt. Der Schwierigkeits- und Abstraktionsgrad solcher Problemstellungen läßt sich im Verlauf einer Lehrgangsfolge deutlich steigern, sofern Lehrgangssequenzen von 3-4mal eine Woche in einem Zeitraum von maximal 20 Monaten erreicht werden. Eine dichtere Lehrgangsfolge wäre zwar wünschenswert, ist aber meist aus dienstlichen Gründen nicht realisierbar.

Sofern die oben dargestellten allgemeinen Inhalte und Verfahren bei der Problemlösung mit EDV-Unterstützung in einer Lehrgangssequenz konsequent berücksichtigt werden, läßt sich als immanente Zielsetzung solcher Fortbildungsmaßnahmen die Absicht realisieren, für die verschiedenen Schulformen im beruflichen Schulwesen

- Beispiele schulform- und berufsfeldspezifisch auszuwählen und exemplarisch aufzubereiten,

- das didaktische und methodische Konzept einer berufsqualifizierenden Bildung an Inhalten aus der Informatik anwendungsbezogen zu entwickeln,

- die Schwierigkeit bzw. den Umfang einer Problemlösung an den zeitlichen Rahmen eines Lerngebietes, Unterrichtsfaches, Lehrganges oder Kurses und deren Voraussetzungen bzw. Zielsetzungen anzupassen,

- die Verwendung von (mathematischen) Hilfsmitteln schulformspezifisch auszuwählen bzw. anzuwenden,

- die Auswahl einer Programmiersprache zur Codierung einer Problemlösung problemorientiert und an die sächliche Ausstattung oder die technischen Möglichkeiten des Schul-
  rechnersystems angepaßt vorzunehmen.

3. Intensivierung und Koordination der Lehrerfortbildung

Die zahlreichen Einzelangebote zur Lehrerfortbildung, in denen Kollegen ihre Erfahrungen aus eigener Fortbildung und Unterrichtserfahrung anderen mitteilen und die entwickelten Konzepte vortragen bzw. zur Diskussion stellen, sollten in Zukunft nicht dem Zufall überlassen bleiben. Es ist schade um die fachliche Kompetenz, die an vielen Schulen entwickelt wurde und anderen Kollegen nicht schnell genug zur Verfügung steht, sondern teilweise nur spärlich ggf. zeitlich verzögert (wenn überhaupt!) weitergegeben werden kann.

Der Vorteil, der sich aus einem Schneeballsystem unter Kollegen ergibt, ist der, daß alle Ansätze bereits durch das **"didaktische bzw. methodische Filter des Machbaren"** gegangen sind, und somit die Effizienz einer Fortbildungsmaßnahme unter Beteiligung erfahrener Kollegen in einer Zeit, in der es darum geht, einen Nachholbedarf auf breiter Basis aufzuarbeiten, wohl kaum durch andere Maßnahmen übertroffen werden kann. Die bei den Kollegen vorhandenen Erfahrungen beziehen sich sowohl auf die Bereiche der Wirtschaftsinformatik als auch auf Inhalte der Technischen Informatik, der praktischen Informatik, und Anwendungen der Informatik (vgl. Fächerkatalog der Informatik vom 30.04.1975, vom Fakultätentag Informatik beschlossen). Zusammen mit einer noch zu entwickelnden **Didaktik der Informatik** könnte eine Intensivierung der Fortbildungsmaßnahmen auf Dauer den Anschluß an den Stand der Hard- und Software-Entwicklung sicherstellen. Voraussetzung hierfür ist jedoch eine verstärkte Koordination und ein regelmäßiger Erfahrungsaustausch verbunden mit der Teilnahme an Schulungsmaßnahmen in der einschlägigen Industrie oder bei entsprechenden Instituten.

Leider sind die entsprechenden Schulungskurse i.d.R. nicht kostenlos. Geht man jedoch von der Voraussetzung aus, daß ein Kollege, dem die Möglichkeit der Fortbildung durch einen qualifizierten Lehrgang angeboten wurde, nach einer Zeit der didaktischen Aufbereitung und Umarbeitung auf die Belange des berufsqualifizierenden Unterrichts in einer der beruflichen Schulformen als Multiplikator wirksam werden kann, so handelt es sich um relativ geringfügige Investitionen, die hier im Bezug auf die Lehrerfortbildung jetzt und künftig zu leisten wären.

Auch die Hochschule könnte mit ihren etablierten Bildungsgängen insbesondere die theoretische Informatik (Automaten-, Schaltwerk-, Algorithmen- und Informationstheorie, Codierung, mathematische Modelle für Rechensysteme u.ä.) als Beitrag zu einem Gesamtkonzept leisten, wobei neben dem Wissenschaftsaspekt dieses Fächer- bzw. Themenkatalogs auch didaktische Überlegungen entwickelt bzw. einbezogen werden sollten, die sich an der Vielfalt beruflicher Schulformen, deren Bildungszielen und Bildungsgängen zu orientieren hätten.

DATENVERARBEITUNG
IN DER TECHNISCH-GEWERBLICHEN UND KAUFMÄNNISCHEN
BERUFSAUSBILDUNG BEI IBM
K. Pawlek
Berufsausbildung IBM Deutschland GmbH
Postfach 800880, 7000 Stuttgart 80

1. DV-Ausbildung in der technisch-gewerblichen Berufsausbildung

Die ersten Erfahrungen Anfang der 60er Jahre zeigten, daß das erworbene DV-Hardware-
Wissen schnell veraltete und von neuen Technologien überholt wurde. Es war deshalb
notwendig, ein

1.1 Konzept

zu entwickeln, das von der Hardware unabhängig ist und mit einem starken Anwendungsbezug den Langzeitbesitz erworbener Kenntnisse sichert. Dieses seither gültige Konzept verfolgt folgende Ausbildungsziele: Der Lernende kann

1. programmlogische Denkmuster auf konkrete Problemstellungen anwenden,
2. Aufgaben in computergerechte Verfahren umsetzen,
3. die Arbeitsweise eines Computer-Systems differenziert beschreiben,
4. Job-bezogene Aufgaben in möglichst kleine Programm-Module strukturieren und mit
   einer Benutzer-Sprache in sog. "Wegwerfprogrammierung" durch die DV am Arbeitsplatz bearbeiten,
5. kann die Unterschiede von professioneller und Benutzer-Programmiersprache nach
   den Kriterien Anwendung, Fehlersuche und Antwortverhalten erklären.

1.2 Methodik

Die Ziele erreichen wir durch folgendes Vorgehen:
- Vermittlung sowohl einer professionellen Sprache (PL 1) wie einer Benutzerspra-
  che (APL).
- Beschränkung auf wichtige Grundlagen und -funktionen (keine Ausbildung zum Pro-
  grammierspezialisten!).
- Dabei Vertiefung und Erweiterung der Kenntnisse durch selbständiges Programmieren von mehreren Aufgabenstellungen in dem Bereich Basiswissen. Austesten der
  Programme an der Maschine und Fehlersuche führen zu persönlicher Erfahrung
  durch Betroffensein und klarem Durchblick. Es sichert langfristiges Behalten.

1.3 E r f a h r u n g e n

liegen mit allen Altersgruppen in der beruflichen Erstausildung vor. <u>Haupt-</u> und <u>Real-schüler</u> benötigen teilweise Frontalunterricht bei der Grundlagenvermittlung, da sie nicht ausreichend vorbereitet sind, aus den schriftlichen Informationen von eingesetzten Lerntexten effektiv und ausdauernd zu lernen. Sie benötigen in starkem Maß die sofortige praktische Anwendung (Erfahrungslernen).

<u>Abiturienten</u> im 1. Praxissemester vertragen mehr Theorie, sind aber auch stark an praktischer Anwendung interessiert. <u>Studenten</u> höherer Semester der Berufsakademie begnügen sich eher mit "nur" Theorie und Verständnis, da sie Anwendungen vom betrieblichen Einsatz her kennen.

Komplexe, abstrakte Themen der DV wie Betriebssysteme oder Organisation finden bei Realschülern in der gewerblichen Ausbildung wenig Interesse, da die Möglichkeiten praktischer Anwendung bei der Ausbildung sehr begrenzt sind (Ausbildung überwiegend in der Lehrwerkstatt).

Bei den Informationselektronikern liegt die DV-Grundausbildung mit ca. 10 Wochen am Übergang vom 2. in das 3. Lehrjahr. Genau ein Jahr später folgt eine dreiwöchige Vertiefungsphase. Hier sind die Auszubildenden bereits nach zwei bis drei Tagen selbständiger Auffrischarbeit wieder in der Lage, eine selbstgewählte Aufgabenstellung entweder allein oder in Kleingruppen als Projekt zu bearbeiten, z. B. wenn Unterprogramme zu erstellen sind.

1.4 I n t e g r a t i o n   v o n   M i c r o c o m p u t e r -   u n d   C N C - T e c h n i k

Neue Technologien werden sinnvollerweise am Ende der Berufsausbildung nach Erwerb einer soliden breiten Grundlage vermittelt, da sie verfügbare Grundqualifikationen voraussetzen. Das bedeutet im <u>Elektronik-Beruf</u> zunächst Kenntnisse der elektronischen Bausteine, der Standard-Schaltungen und Kombinations-Prinzipien der Digitaltechnik, im <u>Metallberuf</u> Kenntnisse aller grundlegenden spanenden Fertigungstechniken und deren sichere Kombination und Anwendung bei der Herstellung von Werkstücken. Hinzu kommt in beiden Berufsfeldern in gleichem Maße ein solides <u>Grundwissen der Datenverarbeitung</u> im Bereich Zahlensysteme, Programmierlogik, Programmablaufpläne, Struktur einer Programmiersprache, prinzipielle Arbeitsweise von DV-Anlagen.

Neue Technologien waren für die Berufsausbildung der IBM eine nur geringe Herausforderung, da die Voraussetzungen für ihre Einführung lange schon Standard-Bestandteil
der Ausbildung waren. Es ging nur noch darum, die Kenntnisse aus verschiedenen Aus-
bildungsabschnitten zu verbinden und die Besonderheiten eines Mikrocomputer-Systems
gegenüber anderen, dem Lehrling bereits bekannten DV-Systemen zu vermitteln. Zu erwähnen ist die Programmierung im sog. Hex-Code als Maschinensprache, die spezielle
Arbeitsweise des Mikrocomputers bei der Abarbeitung eines Befehls oder die Einführung in Assembler-Programmierung.

Seit 1982 beteiligen wir uns als Modellbetrieb an dem Modellversuch "Microcomputer
in der Facharbeiterausbildung" beim Berufsförderungszentrum (Bfz) in Essen. Wir haben
mit unseren Auszubildenden Informationselektronikern 16 MC-Systeme aus Bausätzen nach
Plänen der Projektgruppe des Bfz hardwaremäßig aufgebaut und in Betrieb genommen. Die
nachfolgenden Jahrgänge führen im Rahmen eines 3wöchigen Programms einerseits vom Bfz
vorgeschlagene Übungen im Rahmen des Modellversuchs durch. Andererseits programmieren
sie in Projektarbeit Anwendungen wie Ampelsteuerung (Kreuzung mit Fußgängerübergän-
gen), Ton- oder Bildgenerator, Sprachausgabe. Besonders beliebt sind auch Arbeiten in
Zweier- oder Dreiergruppen, in denen kleine eigene Projekte entwickelt, hardwaremäßig
aufgebaut und in Betrieb genommen und Testprogramme dazu geschrieben werden.

Bei der Einführung der CNC-Technik in unsere metalltechnischen Berufe haben die Ausbilder ähnliche Erfahrungen gemacht. Aufbauend auf den erworbenen Kenntnissen in Datenverarbeitung und spanender Fertigungstechnik durchlaufen die Azubis einen 2wöchi-
gen CNC-Lehrgang. Neu zu erlernen ist die maschinenbezogene, steuerungsbedingte Codierung und die Arbeitsweise bei der manuellen Werkstattprogrammierung. Der Azubi ist
schließlich in der Lage, CNC-Programme selbständig zu entwerfen, dabei Arbeitszyklen
zu berücksichtigen und schließlich auf Fertigungsaufgaben selbst anzuwenden.

Im technisch-gewerblichen Bereich bilden wir hauptsächlich Realschüler und in geringem Umfang Hauptschüler aus. Unsere Erfahrungen zeigen, daß diese Auszubildenden
im Hinblick auf diese modernen Technologien besonders hoch motiviert lernen, die gesteckten Lernziele in der Regel alle voll erreichen und dabei Arbeitsergebnisse mit
guter bis sehr guter Qualität abliefern.

2. DV-Ausbildung in der kaufmännischen Berufsausbildung

2.1 K o n z e p t

Ausbildungsziele und -konzept entsprechen weitgehend der DV-Zusatzausbildung im gewerblichen Bereich. Abweichungen ergeben sich aus der Schulbildung der kaufmännischen Auszubildenden und der besonderen Art ihrer Ausbildung im Betrieb.

Neben Gruppen von Realschülern bilden wir auch eine größere Zahl von Abiturienten zu Industrie- bzw. Bürokaufleuten und zu Diplom-Betriebswirten (Berufsakademie) aus. Im Gegensatz zur gewerblichen Ausbildung vollzieht sich kaufmännische berufliche Erstausbildung fast ausschließlich in Fachabteilungen der verschiedenen Unternehmensbereiche. Auf diesem Wege lernen die Auszubildenden wesentlich mehr DV-Anwendungen kennen als ihre gewerblichen Kollegen.

2.2   M e t h o d i k

Dementsprechend wird bei der DV-Ausbildung nach den Grundlagen ein besonderer Schwerpunkt auf diejenigen Benutzersprachen und Anwendungen gelegt, welche die Auszubildenden vorwiegend in den Einsatzabteilungen vorfinden und benutzen können.

Ein Teil der kaufmännischen Auszubildenden findet einen festen Arbeitsplatz im Bereich Informationssysteme, der unternehmensinternen Datenverarbeitung. Deshalb ist auch eine Ausbildungseinheit IS-Benutzung, Datenschutz und Stellung des Bereichs IS im Unternehmen vorgesehen. Die kaufmännischen Auszubildenden lernen die Datenverarbeitung an zwei Orten mit verschiedener Teil-Zielsetzung. Die Grundlagen und einzelnen Programm-Module vermittelt das Ausbildungszentrum, in dem auch Mitarbeiter und Kunden unterrichtet werden.

Für das Handhabungstraining, die Anwendung und Vertiefung steht in der kaufmännischen Ausbildungsstätte ein Lernzentrum zur Verfügung (Datensichtstation mit Datenfernverarbeitungsanschluß an einen Großrechner, Matrixdrucker, Tischrechner Systeme und Personal Computer). Mit diesem Gerätepark können die Grundlagen mit Lerntexten, Kassetten, Disketten wiederholt und vertieft werden. Betriebswirtschaftliche Vorgänge werden im Rahmen einer Übungsfirma mit der DV bearbeitet. Nicht zuletzt benutzen die Auszubildenden das Medium DV, um Schul- bzw. Hausarbeiten anzufertigen.

Im Rahmen der Weiterentwicklung der DV zur Informationsverarbeitung sind die Schreibmaschinenkurse auf Bildschirm und Terminalsystem ausgelegt und über eine Anwendung (HONE) abrufbar.

Ferner setzen wir zwei IBM interne Unternehmensplanspiele für weitere Erfahrungen beim Computereinsatz im Unternehmen ein.

3. <u>Zusammenfassung</u>

Datenverarbeitung in der beruflichen Erstausbildung bei IBM hatte immer den Charakter einer fundierten Zusatzausbildung im Rahmen eines anspruchsvollen Berufsbildes. Da aktuelle DV-Kenntnisse relativ schnell erlernt werden können und sofort dauernd angewandt werden müssen, sollen sie nicht wieder in Vergessenheit geraten, zielt die Berufsausbildung auf Grunderfahrungen, auf die Entwicklung und Förderung von abstraktem, programmlogischem und analytischem Denken ab. Sind diese Fähigkeiten erst entwickelt, so zeigt die Erfahrung, ist ein Wiedereinstieg selbst nach längerer Pause wesentlich weniger aufwendig und Transferleistungen auf neue Problemstellungen möglich. Die Integration von neuen Technologien (Mikrocomputer, CNC-Maschinen, Bürokommunikation, ...) war durch die vorangegangene DV-Ausbildung gut vorbereitet und konnte von den Auszubildenden ohne Probleme bei überdurchschnittlicher Motivation mit guten Lernergebnissen vollzogen werden.

Wir sind der Meinung, daß in der beruflichen Erstausbildung das technisch-gewerbliche bzw. betriebswirtschaftlich-kaufmännische Fachwissen und -können, über mehrere Jahre breit angelegt, in ausreichender Tiefe erworben und durch eigene praktische Erfahrungen abgesichert, eine unverwüstliche Grundlage für die Berufstätigkeit in einer sich ständig ändernden Arbeitswelt bildet. Allerdings ist diese Grundlage heute nur in Verbindung mit einer gründlichen Zusatzausbildung in Informationsverarbeitung vollständig und tragfähig.

EDV ALS BESTANDTEIL DER AUS- UND WEITERBILDUNG IN DER
DRUCKINDUSTRIE

Klaus Breuer
Universität-GH Paderborn
4790 Paderborn

1. Ursachen für den Aus- und Weiterbildungsbedarf

Der Einsatz von datenverarbeitenden Produktionstechniken ist in der Druckindustrie
seit langem üblich:

- Bereits im maschinellen Bleisatz wurde beim endlosen Maschinensatz auf den Rechner
zurückgegriffen. Die endlose Schriftzeichenfolge, die der Schriftsetzer vom ausgezeichneten Manuskript auf einen Lochstreifen übertragen hat, wird von einem Satz-
rechner, bei gleichzeitiger Silbentrennung, zu Zeilen ausgeschlossen.
- Im Bereich der Reproduktion werden Bildvorlagen auf elektronischem Weg in Filme
umgesetzt (Scanntechniken). Die entsprechenden Kenngrößen, wie Bildschärfe, Ton-
werte oder Auflösung werden dabei durch Gradations- und Farbrechner ermittelt.
- Im Bereich des Druckens werden Farbsteuerungssysteme eingesetzt. Dabei übernehmen
wiederum Farbrechner die Überwachung des Druckvorgangs, indem u.a. Farbführung und
Farbsättigung optimiert werden.
Diese Beispiele weisen, mit anderen, die Gemeinsamkeit auf, daß sie festgelegte
Anwendungen der DV darstellen. Ein Rechner übernimmt jeweils eine bestimmte, fest
definierte Funktion, auf die er hard- und/oder softwaremäßig ausgerichtet ist.
Andere Funktionen lassen sich über diese Formen der DV-Anwendung nicht abdecken.
Zu diesen festgelegten DV-Anwendungen treten zunehmend neue, in denen drucktechnische
Produktionsprozesse auf dem Wege über digitalisierte Informationen verwirklicht werden. Die zugehörigen Fachtermini, wie z.B. Elektronische Bildverarbeitung, Textverarbeitung, Datenkonvertierung, Datenübertragung oder Rechnen und Sortieren belegen
bereits sprachlich die Übereinstimmung mit klassischen Aufgabenstellungen des EDV-
Einsatzes (vgl. SCHWARZ 1984) und führen unter dem Aspekt der Aus- und Weiterbildung
zu Forderungen wie: "Das Ausbildungsniveau muß sich aufgrund der sich schon abzeich-
nenden Tendenzen steigern." (NtK Druck 1982, 254). Als neue inhaltliche Komponente
wird dabei explizit angesprochen: "... ebenso werden in den (...) betrachteten Berufen Kenntnisse der Elektronik und der EDV benötigt."

2. Rahmenbedingungen für die Aus- und Weiterbildung

In der Druckindustrie arbeiteten 1983 insgesamt 164.900 Beschäftigte, das sind
2,38 % der Arbeitnehmer in der Gesamtindustrie (6.927.100). Sie verteilen sich auf
mehr als 7.000 Betriebe, von denen etwa 75 % mit 1 bis 19 Beschäftigten als Klein-
betriebe einzustufen sind. Großbetriebe, mit 100 und mehr Beschäftigten, sind nicht
ganz 400 vorzufinden. Die Betriebe weisen sehr unterschiedliche Spezialisierungen

mit den Schwerpunkten im Setzen, Reproduzieren und Drucken auf. Erwirtschaftet wurde
1983 ein Umsatz von fast 22 Millionen DM (1,66 % der Gesamtindustrie), mit einer
positiven Außenhandelsbilanz (vgl. BVD 1984). Die Facharbeiter stellen mit mehr als
50 % der gewerblichen Arbeitnehmer einen vergleichsweise hohen Anteil der Beschäftigten.

Die Voraussetzungen für die Aus- und Weiterbildung sind somit bestimmt durch eine
Unternehmerstruktur von unterschiedlich spezialisierten Klein- und Mittelbetrieben,
in denen Beschäftigte mit einem überdurchschnittlichen Ausbildungsniveau zu konventionellen Kenntnissen und Fertigkeiten arbeiten. In diesem Rahmen zieht es der
ständig steigende Einsatz von neuen elektronischen Produktionsverfahren nach sich,
daß von den Mitarbeitern auch neue Qualifikationen erworben werden müssen, ohne
daß die Betriebe selbst bereits über das notwendige Fachwissen oder die entsprechenden Schulungs- und Ausbildungsmöglichkeiten verfügen.

Diese neuen Anforderungen versucht man unter Ausbildungsgesichtspunkten über drei
gestufte Maßnahmen zu bewältigen.

1. Mit der Einführung neuer, informationstechnischer Produktionsmittel werden inner-
   betriebliche Schulungsmaßnahmen durch den jeweiligen Hersteller durchgeführt.
2. Für die Vermittlung von handlungsorientierten Kenntnissen und Fertigkeiten zur
   DV-Technik wird ein Aus- und Weiterbildungsgang "EDV in der Druckindustrie" entwickelt, der in der Trägerschaft der überbetrieblichen Bildungszentren durchgeführt werden soll.
3. Bei der notwendigen Revision der Berufsbilder in der Druckindustrie werden die
   neuen Qualifikationsanforderungen berücksichtigt und eingearbeitet.

3. Maßnahmen der Aus- und Weiterbildung

Die drei vorgestellten Reaktionen auf die neuen Qualifikationsanforderungen bilden
einerseits eine Rangfolge hinsichtlich ihrer zeitlichen Wirksamkeit und andererseits,
jedoch in umgekehrter Reihenfolge, hinsichtlich ihres systematischen Beitrags zur
Aus- und Weiterbildung. Zusätzliche Bestimmungsstücke ergeben sich aus der näheren
Betrachtung.

3.1 Innerbetriebliche (herstellergebundene) Schulung

Ein Schulungsbedarf ergibt sich in den Unternehmen in der Regel mit der Einführung
neuer Produktionstechniken. Dabei erweist sich, daß die verfügbaren Kenntnisse und
Fertigkeiten der Facharbeiter für den produktiven Einsatz dieser Techniken oft nicht
ausreichen: "Diese optimale Ausnutzung aller Möglichkeiten des Systems kann vom Bediener aber nur erreicht werden, wenn er entsprechend ausgebildet wird. Das klingt
einfach, bedarf aber einer Reihe von Vorbedingungen, die nicht überall selbstverständlich sind. (...) Die Systeme werden immer komplexer, das voraussetzbare und
eigentlich notwendige Grundwissen aber wächst meist nicht mit." (IHLENFELDT 1984, 28).
So sehen sich die Hersteller komplexer, informationsverarbeitender Produktionssysteme

veranlaßt, die notwendige Schulung als einen wichtigen Teil ihres Marketings aufzufassen. Sie bieten ihre Produkte als Pakete von Hard-, Soft- und <u>Teachware</u> an und
übernehmen so den Schulungsbedarf in den Unternehmen, wobei auch der Anspruch er-
hoben wird, über die Vermittlung von Bedienungstechniken weit hinauszugehen (vgl.
IHLENFELDT 1984, 28).

Der Organisationsrahmen setzt zwangsläufig Tendenzen. Dazu rechnen u.a.:

- Die Schulung bleibt herstellerorientiert, schon deshalb, weil bisher keine her-
  stellerübergreifenden Standards definiert sind.

- Sie bleibt auf einzelne Facharbeiter, die zukünftigen "Bediener" des neuen Systems
  beschränkt. Es entsteht kein zusätzliches Potential für die Bewältigung weiterer
  neuer Technologien in dem jeweiligen Unternehmen.

- Sie bleibt von ihrer Zielsetzung her produktionsorientiert und kann Grundlagen al-
  lenfalls als unverzichtbaren Hintergrund umfassen. Damit ist für den Facharbeiter
  die Gefahr verbunden, in seiner Tätigkeit auf die Funktionen eines angelernten
  Arbeiters reduziert zu werden, für das Unternehmen die Gefahr, die Möglichkeiten
  eines neuen Systems nicht vollständig nutzen und schon gar nicht weiterentwickeln
  zu können.

Um solche Tendenzen zu kompensieren, bedarf es eines anderen Organisationsrahmens.
Damit ist auch eine Aufgabenstellung für die überbetrieblichen Bildungszentren in
der Druckindustrie definiert.

3.2 Aus- und Weiterbildungsgang "Computertechnik in der Druckindustrie"

Auf die dargelegten Anforderungen reagieren die Bildungszentren mit der Konzeption
für einen Lehrgang "Computertechnik in der Druckindustrie" für die Aus- und Weiterbildung der Facharbeiter. Er soll herstellerunabhängige Grundkenntnisse zum Thema
vermitteln (vgl. bd 1984). Vorgesehen sind vier Bausteine:

a) EDV als nicht festgelegte allgemeine Problemlösungshilfe.
   Unter Rückgriff auf Mikrocomputer soll der Umgang mit den Grundkomponenten eines
   DV-Systems vermittelt werden.

b) Eine berufsfeldspezifische EDV-Anwendung bei der Datenübernahme und -verarbeitung.
   Am Beispiel der Datenübernahme von einem Densitometer und der Verarbeitungsmög-
   lichkeiten sollen Grundprinzipien aufgezeigt werden.

c) Berufsspezifische EDV-Anwendungen in
   - der Textverarbeitung / Satzherstellung,
   - der Reproduktion / elektronischen Bildverarbeitung sowie
   - dem Steuer- und Regelsystem Druck.
   Angezielt werden die Vermittlung von Grundfertigkeiten beim Umgang mit informationsverarbeitenden Systemen in der Druckindustrie.

- Fertigungsorientierte DV-Anwendungen.
  Hier besteht die Zielvorstellung darin, den produktiven Umgang mit komplexen Systemen aus dem Verständnis für Anwendungsmöglichkeiten der EDV zu schulen.

Der erste Baustein zielt unter der Akzentsetzung Weiterbildung vor allem auf die Akzeptanzproblematik gegenüber der EDV bei den Facharbeitern in den Betrieben. Unter der Akzentsetzung Ausbildung wird er entfallen können, wenn die Schulabsolventen künftig über einschlägige Vorkenntnisse verfügen werden.

Als methodische Orientierungen sind u.a. "Handlungsbezug", "Problemorientierung" sowie "selbsttätige Informationsverarbeitung" vorgesehen. Der Handlungsbezug gilt als Grundlage für den angezielten Aufbau von operativen Komponenten der kognitiven Struktur (vgl. TULODZIECKI & BREUER 1984, 18). Unter der Problemorientierung sollen berufsbezogene Aufgabenstellungen für die Lernprozesse formuliert werden, um - vor allem in der Weiterbildung - vorhandene Kenntnisse aufgreifen und die neu erworbenen mit beruflichen Inhalten verknüpfen zu können. Die selbsttätige Informationsverarbeitung, d.h. die Abkehr von einer traditionellen ausbilderorientierten Unterweisung, soll die aktive Auseinandersetzung mit den Lerninhalten fördern (vgl. TENNYSON & BREUER 1984).

Die Möglichkeiten eines solchen Kurses, der bis Ende 1985 in einer Probefassung realisiert sein soll, bestehen vor allem in der Breitenwirkung. Er wird die Auszubildenden und nach Kapazitäten und Bedarf die Facharbeiter in den Unternehmen erreichen und so das Niveau der Grundkenntnisse und -fertigkeiten zur EDV vergleichsweise kurzfristig beeinflussen können. Auf einer solchen Basis können dann herstellergebundene Schulungsmaßnahmen (s.o.) sowohl eine andere Effizienz als auch eine andere Bewertung erhalten.

Aus den dargestellten inhaltlichen Ausweitungen für die Aus- und Weiterbildung ergibt sich folgerichtig auch die Notwendigkeit zu einer Revision der Ausbildungsordnungen.

3.3 EDV in neugestalteten Ausbildungsordnungen

Eine Neufassung der bestehenden Ausbildungsordnungen kann nicht ausschließlich darin bestehen, überholte Inhalte zu eleminieren und an ihre Stelle neue DV-spezifische zu setzen oder gar die neuen Inhalte additiv zu ergänzen. GIZYCKI & WEILER (1980) weisen deutlich darauf hin, daß die Ordnungsmittel dem gesteigerten technischen Wandel in der Form Rechnung tragen müssen, daß sie weniger statische Strukturen erhalten sollten. Dementsprechend geht die Konzeption für die neuen Ordnungsmittel u.a. davon aus, die notwendigen Kenntnisse und Fertigkeiten für die Berufe verfahrens-neutral zu beschreiben. Danach kann z.B. eine Aufgabenstellung in der Facharbeiterprüfung entweder über ein konventionelles oder aber ein elektronisches Verfahren bearbeitet werden, je nach der technischen Ausstattung im Ausbildungsbetrieb. So kann der Übergang zu informationsverarbeitenden Technologien in den Unternehmen erfolgen, ohne daß die Ordnungsmittel immer wieder neu anzupassen sind.

Als zweite Komponente der Flexibilisierung wird die Einführung von Wahlpflichtelementen in die Ausbildungsordnungen diskutiert. Sie sollen individuelle Schwerpunktsetzungen ermöglichen und das auch für EDV-orientierte Kenntnisse und Fertigkeiten eröffnen.

4. Literatur

bd (Bildungswerk der Druckindustrie Nordrhein e.V.) 1984.
Entwicklung und Erprobung einer beruflichen Aus- und Weiterbildungsfolge für das Berufsfeld Druck im Rahmen der Modellversuchsreihe "Neue Technologien in der beruflichen Bildung". Düsseldorf: bd (Antragsvorfassung).

BVD (Bundesverband Druck e.V.) 1984.
Die deutsche Druckindustrie in Zahlen. Wiesbaden: BVD.

Gizycki, R. von; Weiler, U. 1980.
Mikroprozessoren und Bildungswesen. München: Oldenbourg.

Ihlenfeldt, Arnold 1984.
TEACHWARE. In: Berthold Journal (125 Jahre Berthold). Berlin: H. Berthold AG, S. 28 - 29.

NtK (Neue technische Kommunikation in der Druckindustrie) 1982.
Wiesbaden: BVD.

Schwarz, P. 1984.
Fremddatenübernahme - Fotosatz ohne Umwege. Düsseldorf: Vortrag zum Kongreß IMPRINTA '84.

Tennyson, R.D.; Breuer, K. 1984.
Cognitive-Based Design Guidelines for Using Video and Computer Technology in Course Development. In: Zuber-Skerrit, O. (ed.) Video in higher education. London: Kogan Page, S. 26 - 63.

Tulodziecki, G.; Breuer, K. 1984.
Zur Entwicklung von Unterrichtskonzepten. In: Tulodziecki, G.; Breuer, K.; Hauf, A.: Konzepte für das Berufliche Lehren und Lernen. Bad Heilbrunn, Hamburg: Klinkhardt & Handwerk und Technik, S. 13 - 32.

INFORMATIK IN DER WEITERBILDUNG VON JOURNALISTEN

Dr. Gerhard Vowe
Technische Hochschule Darmstadt
Institut für Politikwissenschaft

Die folgenden Ausführungen, wie der komplexe Bereich Informatik für Erwachsenenbildung aufbereitet werden kann, beruhen auf einer Studieneinheit im Rahmmen
des Modellversuchs "Journalistenweiterbildung" an der FU Berlin, die im März 1984
in drei Durchgängen für jeweils 30 Journalisten durchgeführt wurde. In diesem
durch Bund und Länder finanzierten Modellversuch können Journalisten berufsbeglei-
tend einen Hochschulabschluß ("Zertifikat") erwerben. Das dreijährige Curriculum
enthält Präsenz- und Fernstudieneinheiten, übergreifende und ressortspezifische
Themen (1). Im Rahmen der abschließenden Präsenzeinheit war ein Seminar vorgesehen, das die Beziehung von interpersoneller Kommunikation bzw. menschlichen
Denkprozessen einerseits und technischer Vermittlung bzw. maschineller
Informationsverarbeitung andererseits thematisierte. Dafür war der plakative Titel
"Zukunft der Kommunikation - Zukunft des Computers?" gewählt worden. Dabei stand
weniger die Schnittstelle von Informatik und Redaktion zur Debatte - dies war
bereits andernorts thematisiert worden -, sondern mehr die wachsende Relevanz von
Informations- und Kommunikationstechnik für die inhaltliche Arbeit von Journa-
listen gleich welchen Ressorts.
Die Auswertung basiert auf meinen persönlichen Eindrücken als Organisator,
Moderator und Referent und nicht auf einer systematischen Evaluation, wie sie
sozialwissenschaftlichen Ansprüchen genügen könnte. Dennoch scheinen mir einige
Überlegungen und Schlußfolgerungen berichtenswert und können Hinweise für ähnlich
gelagerte Projekte enthalten.

1. Hintergrund

Die Vermittlung von Informatik im Rahmen von Weiterbildungsmaßnahmen wirft
erhebliche Probleme auf, da man einen Bereich mit enormer Komplexität in eng-
gezogene Zeit- und Verständnisgrenzen stellen muß. Dies beginnt bei den technischen Potentialen: Kunstworte wie "Telematik" oder "Compunication" versuchen die
Vielgestaltigkeit der technischen Komponenten und ihrer Integration einzufangen;
die Größenordnung von Mikrominiaturisierung oder von Satellitenübertragungen, die
Aufhebung von Zeitgrenzen durch Massenspeicher und Schnellstrechner u.a.m. überfor-

dern die kognitiven Alltagsroutinen. Dies setzt sich fort in der schier unbegrenz-
ten Vielzahl von Einsatzbereichen: Verwaltung und Organisation, Produktion,
Planung und Wissenschaft, Kunst und Freizeit - kein Bereich scheint ausgenommen
vom Zugriff technischer Potentiale. Jeder Einsatz zeitigt endlose Folgenketten;
deren Abschätzung führt in schwerwiegende methodische Probleme: Abschätzung und
Auswahl allein setzen schon Bewertung von Relevanz voraus - ein Problem, das sich
bei der Bewertung der Wünschbarkeit von Folgen dann endgültig zu einer normativen
Diskussion entwickelt. Wo aber normative Divergenzen bestehen, da wächst die
Komplexität um mehrere Größenordnungen. Und um dem noch eins draufzusatteln: Wie
man dann handeln soll, ist wiederum Gegenstand langwieriger Reflexion und Diskussion.

Auf dem Hintergrund dieser Komplexität soll ein Seminar mit enger Zeitbegrenzung
(2 Tage) und ohne spezifische Vorkenntnisse der Teilnehmer geplant werden. Von
daher ist nur ein facettierter Ansatz möglich: Man wählt einzelne Aspekte aus,
vergißt aber nie, auf die Unvollständigkeit hinzuweisen, und versucht, über die
Verallgemeinerung zu einem grundlegenden Verständnis zu gelangen.

So wurden auch hier aus den verschiedenen Einsatzbereichen, den verschiedenen
Deklinationen von Folgen, den verschiedenen Standpunkten, den verschiedenen
Handlungsoptionen einzelne ausgewählt. Dem entsprach eine Auswahl variierender
Herangehensweisen - exemplarisch wurden hier ingenieurwissenschaftliche und
sozialwissenschaftliche Ansätze konfrontiert.

2. Aufbau des Seminars

Diesem hohen Ziel wurde mit folgender Struktur beizukommen versucht: Das zwei-
tägige Seminar eröffnete mit einem vormittäglichen Einführungsblock, der die
technischen Potentiale aufzeigen sollte; ein Überblicksreferat wurde durch
Arbeitsgruppen zu einzelnen Technikausprägungen wie Artificial Intelligence,
Personal Computer und Telekommunikation mit Gerätevorführungen und Übungen
vertieft.
Am Nachmittag bzw. am zweiten Vormittag wurden jeweils ein brisanter und aktueller
Einsatzbereich in seiner Ambivalenz herausgearbeitet: Aus dem Problemfeld "Arbeit
und Organisation" war das Thema "Büroautomation" ausgewählt worden, wobei das
Hauptreferat eines Betriebswirts durch einen Gewerkschaftsvertreter kommentiert
wurde. Das Problemfeld "Internationale Beziehungen" war vertreten durch die
Gegenüberstellung des Zusammenhangs von Informatik und Rüstung auf der einen und
der Nutzung von Rechnern bzw. von quantitativen Modellen für die Politikberatung
bei globalen Entwicklungen auf der anderen Seite.

Abschluß des ersten und des zweiten Tages bildeten jeweils etwas aufgelockerte Veranstaltungen: Zum einen wurde anhand von Beispielen und Erfahrungen eines Komponisten das Verhältnis von Computern und Musik unter dem Titel "Amati, Bechstein - Moog? Von den Möglichkeiten elektronischer Tonproduktion" durchleuchtet, wobei mir als dem Organisator erst bei dem Referat deutlich wurde, daß - anders als im Titel angedeutet - Moog als der Erfinder des Analog-Synthesizer eher in die Reihe der klassischen Instrumentenbauer gehört als zu den namenlosen Programmierern eines "Fairchild". Zum anderen wurde anhand von Ausschnitten und ihrer Kommentierung die Rolle von Computern im zeitgenössischen Filmschaffen unter dem illustren Titel: "HAL 9000, R2D2, JOSHUA - Computer im Film" analysiert.

Einen gewissen sozialen und kognitiven Höhepunkt bildete ein Streitgespräch, wo mehr oder weniger prominente, kompetente und kontrahierende Experten sich um ein Thema bemühten (z.B.: "Gläserner Bürger" oder "Gläserner Staat"? Transparente Obrigkeit oder kontrollierte Gesellschaft? - Einsatz von Informations- und Kommunikationstechnik im Bereich staatlicher Planung und Verwaltung).

3. Erfahrungen

a) Um ein <u>Gesamturteil</u> vorwegzunehmen: Eine <u>Sensibilisierung</u> der Teilnehmer war bereits weitgehend vorhanden und brauchte nicht eigens erzeugt zu werden; da Journalisten berufsmäßig die aktuellen Debatten etwas intensiver zu verfolgen haben als normale Zeitgenossen, dürfte ihnen eigentlich die Relevanz von Informations- und Kommunikationstechnik deutlich sein: 35-Stunden-Woche, atlantisches versus pazifisches Becken, Neuordnung der Medienlandschaft - all dies sind Probleme, in denen I- und K-Technik eine entscheidende Größe für das soziale und politische Kräftespiel bildet.

Eine <u>Horizonterweiterung</u> und <u>Problematisierung</u> der überkommenen Kenntnisse und Wertvorstellungen kann zweifelsohne verbucht werden: Technikeuphorie und apokalyptische Vorstellungen waren gleichermaßen destruiert worden, dem Kirchtumsdenken ("meine Redaktion") und hochfliegenden Plänen ("weltweites Dorf") war mehrfach der Boden entzogen worden.

Dies heißt aber nicht unbedingt, daß im Gegenzug eine <u>Differenzierung</u> und <u>Präzisierung</u> der Vorstellungen stattfinden konnte - d.h., es besteht keine Evidenz dafür, daß die Vorstellungen nun nicht nur aufgelockert und umbrochen sind, sondern sich auch eine differenzierte Sicht durchgesetzt hat. Dann wird aber auch fraglich, ob es zu einer neuen <u>Strukturierung</u> kommen kann, ob die komplexen Einzelbausteine zu einem zusammenhängenden Ganzen gefügt werden können. Also: Eine Problematisierung der überkommenen Strukturen ist gelungen, aber ob es darüber

hinaus zu einer neuen, auf Differenzierung gebauten, leistungsfähigen Struktur
gekommen ist, scheint zweifelhaft.

b) In _inhaltlicher Hinsicht_ ist die exemplarische Behandlung zweier Einsatzbereiche - Büroautomation und Rüstung - weitgehend geglückt. Die Problematik konnte
verdeutlicht werden, aber ob es zur Ausbildung übertragbarer theoretischer
Kategorien oder von übergreifenden Synthesen als neuen Wertgerüsten kam, ist
fraglich.
Als Problem hat sich auch die Vermittlung ingenieurwissenschaftlichen Grundwissens
erwiesen. Es war geplant, hier nicht exemplarisch vorzugehen, sondern Tendenzen
allgemeiner Art aufzuzeigen und an Beispielen zu belegen. Dies erfordert eine
flächendeckende Behandlung und dies wiederum eine hohe Souveränität gegenüber der
gesamten Technikpalette. Hier besteht die Gefahr, daß die Referenten sich in ihrem
engeren Arbeitsgebiet - etwa der Vielfalt von Netzstrukturen oder der Probleme von
Expertensystemen - verlieren, ohne die Verallgemeinerung der aufgezeigten Tendenzen leisten zu können.

c) In _formaler Hinsicht_ hat sich vor allem die Varietät der Formen bewährt. Dabei
haben sich _Referate_, möglichst mit kontroverser Kommentierung, mit Medienunter-
stützung und mit schriftlicher Zusammenfassung als effektiv erwiesen. _Arbeits-
gruppen_ zeigten sich als schwierig für die rasche Vermittlung strukturierten
Wissens, da ein ausgeprägtes Diskussions- und Betätigungsbedürfnis bestand.
Zumindest muß hier erhebliche Zeit veranschlagt werden. Die Form des _Streit-
gesprächs_ hat die ihr zugedachte Attraktivität eingelöst, wenn auch das Problem
auftauchte, daß von den Experten - und auch teilweise von den Zuhörern - der
didaktische und heuristische Stellenwert eines Streitgesprächs nicht durchweg
akzeptiert wurde. Oft wurde von vornherein auf eine "sowohl- als auch-Position"
eingeschwenkt, in der Standpunkte kaum mehr zu unterscheiden sind und die Flügel
des Spektrums nicht mehr erkannt werden können, sondern nur noch eine einzige
graue Mitte zu existieren scheint.
Wenn _Plenumsdiskussionen_ unter den hier gegebenen Bedingungen - eloquentes und
heterogenes Publikum - für alle verwertbare Ergebnisse zeitigen sollen, erfordern
sie einen erheblichen Steuerungs- und Strukturierungsaufwand.

4. Probleme und Vorschläge

Ein grundlegendes Problem bei Veranstaltungen dieser Art stellt das _heterogene
Vorwissen_ dar, das dann mehr oder weniger unvermittelt den zumeist aus dem Wissen-

schaftsbereich kommenden Experten mit ihrem spezifischen Sprachstil, ihren Wertvorstellungen und Qualitätskriterien gegenübersteht. Weitere Probleme waren der Zwang zur Konzentration auf ganz wenige Teilausschnitte des Komplexes und die Begrenzung der Interaktivität. An Themenvorschlägen und Diskussionspunkten, an Partizipationsbedürfnis und eingeforderter Teilhabe war wahrlich kein Mangel, sondern eher, dies zu bündeln, zu strukturieren, in ein handhabbares Maß zu überführen und zu einem homogenen Ganzen zu fügen.

Von daher zwingt die Knappheit der Zeit für interpersonelle Kommunikation zu stärkerer Entlastung des Seminars selbst, also zur Verlagerung eines Teils der Arbeit auf Vor- und Nachbereitung; konkret bedeutet das ein Studium von Grundlagentexten, Aufarbeitung der Referate und Diskussionen. Da Apelle an die Einsicht meistens wenig fruchten, bleibt nur die motivationsfördernde Kraft einer Prüfung vor allem für die Teile außerhalb des eigentlichen Seminars.

Außerdem sollte ein Eingangs-Wissenstest darüber Aufschluß geben, wo die Lücken hauptsächlich zu sehen sind, auf welcher Ebene also ein Referent vor allem im technischen Bereich argumentieren kann. Der Test sollte allerdings nur in anonymisierter Form zur Zusammensetzung von Gruppen benutzt werden. Ein weiterer Teil einer Vorbereitungsphase könnte die Systematisierung der individuellen Erfahrung mit Telekommunikation und Rechnern in lockerer Form sein. Dies sollte korrespondieren mit einer Abschlußeinheit, in der Synthetisierung, Strukturierung und Verallgemeinerung ihren Platz finden können - über bewußt kontroverse Berichterstattung, über Zusammenfassung aus mehreren Perspektiven usw.

---

(1) Modellversuch Journalistenweiterbildung, Malteser Str. 74-100, 1000 Berlin 46, 030/77921. Die Weiterführung des MV ist allerdings noch ungesichert.
Vgl.: - Zwischenberichte des MV JW. Berlin 1980 ff (Endbericht im Druck)
      - MV JW (HG): Fernstudium Kommunikationswissenschaft Teil 1 und 2. München 1984

Datenverarbeitung in der Ausbildung
zum Medizinischen Dokumentar

Hans-H. Schindler, Bruno Schweizer
Universität Ulm - Klinikum -
Schule für Medizinische Dokumentation
Schloßbau 38

D-7900 Ulm-Wiblingen

1 Die Schule für Medizinische Dokumentation

Die Medizinischen Dokumentare unterstützen den Arzt bei allen Problemen der Informationsbeschaffung und -verarbeitung. Dazu gehört auch
die Erschließung der in den Krankenakten gespeicherten ärztlichen Erfahrung, das Zusammenstellen medizinischer Daten und Umweltinformatio-
nen, der Einsatz der EDV in der Medizin, die Mitwirkung bei der Prüfung neuer Arzneimittel bis hin zur inhaltlichen Erschließung medizinischer Fachliteratur. Diese Aufgaben kann der Arzt heute nicht mehr
im notwendigen Umfang zusätzlich neben seiner ärztlichen Tätigkeit
übernehmen.

An der Universität Ulm besteht neben den universitären Studiengängen
ein Schulzentrum für nichtärztliche medizinische Berufe. Die Schule
für Medizinische Dokumentation bildet von den insgesamt acht Ausbildungsgängen des Schulzentrums zwei Berufe aus: seit 1969 den Medizinischen Dokumentar (MD) und seit 1983 den Medizinischen Dokumentationsassistenten (MDA). Für die dreijährige Ausbildung zum Medizinischen
Dokumentar wird als Eingangsvoraussetzung die Hochschulreife gefordert, für die zwei Jahre dauernde Ausbildung zum Medizinischen Dokumentationsassistenten die Mittlere Reife.

Jährlich werden 36 Schüler für die Ausbildung zum MD und 54 Schüler
für die Ausbildung zum MDA aufgenommen. Entsprechend der Ausbildungsdauer hat die Schule somit 108 MD- und 108 MDA-Schüler. Hierfür stehen
nur 1.5 Stellen für Informatiker, 4 Stellen für Lehrassistenten und
1/2 Stelle für eine Sekretärin zur Verfügung. Über die Hälfte des Unterrichts muß daher von ungefähr 20 nebenberuflichen Dozenten abgedeckt werden.

Wir beschränken uns im folgenden auf die Ausbildung zum Medizinischen
Dokumentar, da dort der EDV-Unterricht einen Schwerpunkt bildet. Der
Ausbildungsgang besteht aus einem Wechsel von Unterricht in der Schule
(24 Monate) und außerschulischen Praktika (12 Monate). Während der
Schulausbildung werden pro Woche durchschnittlich 22 Stunden Unterricht und 10 Stunden Übungen gegeben. Der Unterrichtsstoff verteilt
sich auf die fünf Hauptfachgruppen Medizin, Dokumentation, Mathematik
und Statistik, Datenverarbeitung, Organisation.

2 Die Hauptfachgruppe Datenverarbeitung

Die Datenverarbeitung ist mit etwa 37% die stärkste Hauptfachgruppe
des Curriculums. Die folgende Darstellung nennt die fünf Fächer der
Hauptfachgruppe Datenverarbeitung zusammen mit der im jeweiligen Fach
unterrichteten Gesamtstundenzahl.

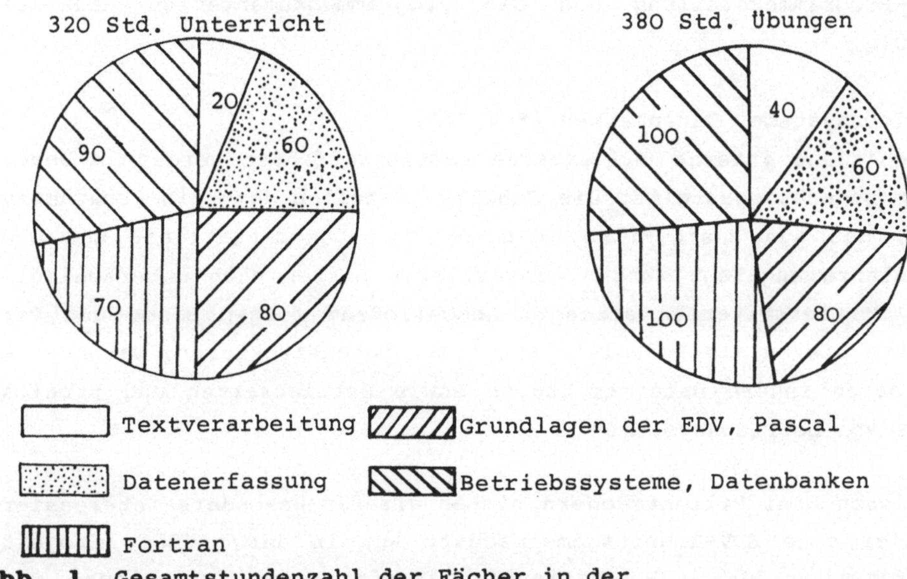

Abb. 1 Gesamtstundenzahl der Fächer in der
Hauptfachgruppe Datenverarbeitung

Den Schwerpunkt des EDV-Unterrichts bilden drei aufeinander aufbauende
Kurse:

1. Grundlagen der EDV, Pascal (EDV I)

   Das Ziel dieses Einführungskurses ist es, die Mehrzahl der Schüler
   erstmalig an die elektronische Datenverarbeitung heranzuführen und
   für solche Schüler, die bereits das Fach Informatik in der Schule
   unterrichtet bekamen, eine gemeinsame Grundlage für die beiden folgenden Kurse zu schaffen. Vermittelt wird hierbei u.a. der funktio-

nelle Aufbau eines Computers, die interne Datendarstellung und die Klassifizierung von Programmiersprachen. Einen breiten Rahmen nimmt das Erlernen der Sprache Pascal ein, wobei die Schüler gleichzeitig eine Beziehung zu Problemlösungsverfahren und Algorithmen finden. Auf einige Sprachelemente (Records, Mengen, dynamische Variablen, rekursive Programmierung) wird verzichtet, die in den Bereich des Kurses EDV III fallen.

2. Fortran (EDV II)

Fortran ist auch im medizinischen Bereich (z.B. statistische Auswertung, Prozeßdatenverarbeitung, Nuklearmedizin, Patientendatenerfassung und -verwaltung) eine weitverbreitete Programmiersprache. Deshalb wird versucht, die von Pascal bekannten Strukturen zu übertragen. An kleineren Projekten aus den Bereichen Datenaufbereitung, beschreibende Statistik und Datenhaltung üben die Schüler die Top-Down-Programmerstellung und die Programmdokumentation nach DIN 66230.

3. Betriebssysteme, Datenbanken (EDV III)

Verschiedene interne und externe Sortierverfahren werden im Unterricht gegenübergestellt. Die Schüler erstellen dazu ein Programmsystem, das aus Basic-Files, die im Fach Dokumentations- und Ordnungslehre angelegt wurden, invertierte Listen nach unterschiedlichen Sortierkriterien erzeugt. Anschließend folgen Bäume und verkettete Listen als Beispiele komplexer Datenstrukturen, Datenbanken und deren innere Dateistrukturen sowie Betriebsarten und Arbeitsweise von Betriebssystemen.

Neben diesen drei Pflichtfächern bieten wir für besonders interessierte Schüler eine EDV-Arbeitsgemeinschaft an, in der größere Projekte durchgeführt werden (z.B. Patientenauskunftssystem, graphische Darstellung von Daten auf dem Plotter, Erstellung von Dienstprogrammen) oder eine dritte Programmiersprache erlernt wird (z.B. Assembler, C, Mumps).

Diese EDV-Ausbildung bereitet die Absolventen auf ihre EDV-Tätigkeit vor, ist aber auch Grundlage für einige Inhalte folgender Fächer anderer Fachgruppen:

- Medizinische Dokumentation und Datenverarbeitung: Patientenaufnahme, Basis- und Spezialdokumentation, Biosignalverarbeitung, EDV-Einsatz bei niedergelassenen Ärzten;

- Medizinische Literaturdokumentationssysteme: Online-Recherchen in
  Datenbanken, z.B. zu den Bibliographien Index Medicus, Excerpta Me-
  dica und MEDLARS des Deutschen Instituts für Medizinische Dokumentation und Information (DIMDI) und Infodata der Gesellschaft für Information und Dokumentation (GID);

- Biostatistische Verfahren: Arbeiten mit Statistikprogrammen wie
  BMDP und SPSS;

- Berufs- und Gesetzeskunde: Datenschutzgebung und deren Problematik
  im medizinischen Bereich (z.B. Sammlung und Verwendung patientenbe-
  zogener Daten).

3 EDV-Ausstattung der Schule

Für die Übungen in der Ausbildung zum Medizinischen Dokumentar und Medizinischen Dokumentationsassistenten stehen drei verschiedene Rechnerkonfigurationen zur Verfügung.

Vier Mikrocomputer werden unter CP/M eingesetzt
- in der Textverarbeitung mit dem Programm WordStar/Mailmerge,
- in der Datenerfassung zum Erstellen von Bildschirmmasken mit Hilfe
  des Programms DataStar.

Für die Pascal-Übungen wurde Anfang des Jahres von uns folgende Rechenanlage zusammengestellt, die als CPU eine LSI 11/73 der Firma Digital Equipment besitzt. Die weiteren Komponenten, 1 MByte Hauptspei-
cher, 80 MByte Winchester-Magnetplatte, 1 Multiplexer mit 8 Schnittstellen und 1 Magnetbandgerät sind von verschiedenen Herstellern.
Als Betriebssystem wählten wir Unix, um die Schüler effizient und vor
allem von der Hardware weitgehend unabhängig unterrichten zu können.

An sechs Datensichtgeräten der TR 440 des Universitätsrechenzentrums
programmieren die Schüler in Fortran und benutzen umfangreiche Anwendungsprogramme. Diese Rechenanlage wird z.Z. von einer Siemens 7550
abgelöst. Außerdem ist an der Siemens ein Datex-P-Mehrfachanschluß
vorgesehen, über den die Schüler im Fach Medizinische Literaturdokumentationssysteme Online-Recherchen an mehreren Datensichtgeräten
gleichzeitig durchführen sollen.

In den Übungen am Mikro-, Mini- und Großrechner lernen die Schüler mit drei verschiedenen Betriebssystemen zu arbeiten. Durch diese breite Grundlage erhoffen wir uns eine praxisgerechtere Ausbildung als durch die Fixierung auf einen speziellen Rechnertyp.

4 Arbeitsgebiete der Medizinischen Dokumentare

Die folgende Abbildung zeigt eine Aufschlüsselung nach Tätigkeitsbereichen von 114 berufstätigen Medizinischen Dokumentaren, die in Ulm ausgebildet wurden.

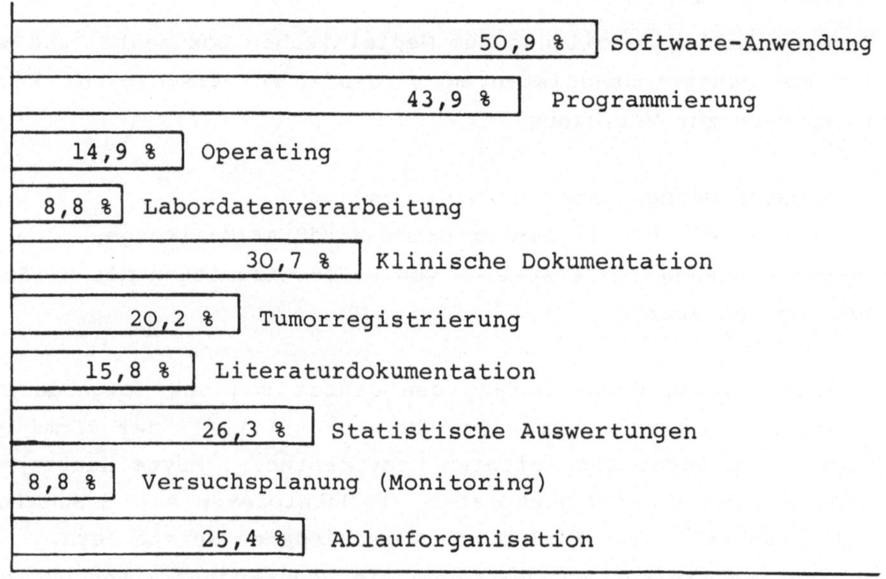

Abb. 2 Tätigkeitsbereiche (Mehrfachnennungen möglich)

Quelle: KOMSYS, Deutscher Verband Medizinischer Dokumentare,
         Forstinning 1983

Die Abb. 2 zeigt, daß viele Medizinischen Dokumentare in mehreren Bereichen gleichzeitig arbeiten. Auch die Berichte der Schüler über das halbjährige Berufspraktikum am Ende der Ausbildungszeit bestätigen dies. Das Ziel der Ausbildung zum Medizinischen Dokumentar sehen wir daher nicht in der Spezialisierung auf die Medizin, Dokumentation oder Datenverarbeitung. Die Zukunft dieses Berufes verlangt Personal, das kompetentes Fachwissen mit fundierten anwendungsbezogenen DV-Kenntnissen vereint.

INFORMATIONSTECHNIK AN VOLKSHOCHSCHULEN

Klaus Pehl
Pädagogische Arbeitsstelle des
Deutschen Volkshochschul-Verbandes
Holzhausenstr. 21, 6000 Frankfurt 1

Stellenwert für Erwachsenenbildung

In der Einschätzung der zukünftigen Bedeutung der Informationstechnik
liegen Experten unterschiedlicher Provenienz nicht weit voneinander entfernt. Informationsverarbeitung unter Einsatz neuer Technologien scheint
zukünftig das Gemeinsame von Arbeitsprozessen in Industrie, Wirtschaft
und Verwaltung zu werden. Aber auch der Alltag über den Bereich der Er-
werbsarbeit hinaus wird von informationsverarbeitenden Prozessen geprägt
sein. Auch markant unterschiedliche politische Positionen können sich
darauf einigen, daß dabei die Technologie dem Menschen zu dienen habe.
Die verantwortete Mitgestaltung der Entwicklung zwischen "Technikver-
weigerung" und "Orwellschen" Verhältnissen erfordert ein hohes Maß an
einschlägiger Bildung. Vor allem unter zwei Gesichtspunkten kommt der
Bildung für Erwachsene ein besonderer Stellenwert zu:

- Programmieren und der Umgang mit Rechnern ist den Kenntnissen und Fähigkeiten zuzurechnen, die "über breite Felder der Tätigkeitsland-
  schaft nachweislich als praktische Anforderung am Arbeitsplatz auftreten". Dieter Mertens nennt diese Gruppe von Schlüsselqualifikationen
  Breitenelemente. Insbesondere sind sie für die Teilhabe an Informationsverarbeitung von Selbständigen und Kleinbetrieben ausschlaggebend.

- In seiner grundlegenden Arbeit zum Begriff der Schlüsselqualifikation
  nennt Mertens bereits 1972 Programmiertechnik als wesentliches Element
  in einer Gruppe von Schlüsselqualifikationen ("Vintage-Faktoren"), die
  der Aufhebung von Bildungsdefiziten zwischen Generationen dienen.

Entwicklung

1982 wurden an deutschen Volkshochschulen im Bereich Informationstechnik knapp 3000 Kurse mit gut 90 000 Unterrichtsstunden durchgeführt.

Sie wurden von ca. 40 000 Teilnehmern besucht. Alle drei Größen haben
sich seit 1979 verdoppelt. Gemessen an der Gesamtentwicklung wäre nur
eine 6 v.H.-Steigerung zu erwarten gewesen. Auch 1982 hielt die große
Anstiegsgeschwindigkeit an, obwohl für das Gesamtangebot der VHS bereits
ein Stillstand aufgrund engerer finanzieller Bedingungen festgestellt
werden mußte [1]. Im Juni dieses Jahres abgeschlossene Auswertungen für
einzelne Bundesländer lassen annehmen, daß sie 1983 für Kurse, Unterrichtsstunden und Belegungen sogar noch weiter zugenommen hat.

Struktur der Kursangebote

Anläßlich der Fachbereichskonferenz Mathematik/Naturwissenschaften/
Technik (MNT) des Deutschen Volkshochschul-Verbandes (DVV) 1982 zum Thema Informationstechnologien wurde der neueste Stand der Kursstruktur ermittelt. Nahezu alle Kurse machen in Adressatenbeschreibungen den Berufsbezug deutlich, obwohl angenommen werden kann, daß die Zahl der Teilnehmer z.B. in Programmierkursen im Steigen ist, deren erster Kontakt
mit Datenverarbeitung (DV) Homecomputer sind.
Im einzelnen können unterschieden werden:

a) Kurse als Einführungen in DV (20 v.H.): Ihr Bild ist uneinheitlich.
   Dies betrifft neben der Unterrichtszahl zwischen 15 und 90 vor allem
   die Art der Lernziele. Ein Teil der Kurse beschränkt sich auf eine
   erste Orientierung. Ein nicht unbeträchtlicher Teil integriert bereits Grundkenntnisse des Programmierens mit praktischen Übungen.

b) Kurse zu Grundlagen der Informatik/DV (10 v.H.): Vor allem für Adressaten, die Datenverarbeitung beruflich anwenden wollen, zielen sie
   auf die Fähigkeit, Problemlösungen zu erstellen (ohne Codierung in
   speziellen Programmiersprachen), darüber hinaus auf den Umgang mit
   Hard- und Softwaresystemen, auf die Grundlagen von Systemanalyse und
   DV-Organisation sowie auf Aspekte gesellschaftlicher Auswirkungen.
   Mit dem VHS-Zertifikat Informatik gibt es hierzu ein überregionales,
   kompaktes Kurskonzept. Viele Kurse zielen jedoch jeweils auf Teil-
   aspekte.

c) Kurse zu Programmiersprachen (45 v.H.): Fast zwei Drittel davon sind
   BASIC-Kurse. Dies verwundert nicht, bedenkt man die marktbeherrschen-
   de Stellung dieser Sprache vor allem bei Mikrocomputersystemen.
   BASIC steht darüber hinaus in dem Ruf, leicht erlernbar zu sein. Sie
   wurde konstruiert, um - für Anfänger günstig - dialogähnliche Pro-

grammierung zu unterstützen. Der Rest der Kurse verteilt sich auf
die Sprachen COBOL (kaufmännische Anwendungen), FORTRAN (technische
Anwendungen) und PASCAL, die modernste dieser Sprachen. Sie unterstützt ein strukturiertes Vorgehen bei der Umsetzung einer Lösungsidee in ein Programm. Dies ist unumgänglich, sobald die Anwendungsprobleme komplexer werden.

d) Mikrocomputer/-prozessorkurse (20 v.H.): Teils integrieren Kurse dieser Gruppe notwendige elektronische Grundlagenkenntnisse, teils bau-
en sie auf ein Kurssystem Elektronik, Digitalelektronik eingeschlos-
sen, auf. Die Kurse zielen auf Anpassungsfortbildung von Facharbeitern, in deren Arbeitsfeld Geräte mit Mikroprozessoren zu warten sind.

e) Sonstige Kurse (5 v.H.): Vereinzelt finden Kurse für spezielle Be-
rufsgruppen statt, so z.B. zu Textverarbeitungssystemen im Bürobe-
reich. Dabei wird auch der Versuch unternommen, über die Vermittlung
von Bedienungstechniken hinausgehend, Fragen der Auswirkungen auf zukünftig betroffene Benutzer zu integrieren. Zwar entspricht die Zahl
der Kurse zu Themen wie neue Kommunikationstechniken oder auch Datenschutz nicht dem Ausmaß der öffentlichen Diskussion; dennoch gelingt
es der VHS neuerdings, auch zu diesen Themen Kurse zu veranstalten.

Curriculare Ansätze und Perspektiven

Im Rahmen des BMBW-Projekts zur MNT-Grundbildung (1982 - 1984) war Gelegenheit, die Struktur des Weiterbildungsangebots in Beziehung zum Bedarf nach innovierenden curricularen Ansätzen zu setzen.

- Orientierung/Information/Grundkenntnisse

Hierzu gehören allgemeine Einführung in Datenverarbeitung, Program-
mierkurse für "Anfänger" sowie Einführungen in Informationsverarbeitung aus dem Blickwinkel spezieller Tätigkeitsbereiche. Dabei gibt es
Kurse, die nicht nach allgemeiner oder beruflicher Orientierung spezifizieren. Hierzu hat das Projekt MNT-Grundbildung ein Curriculum-
konzept, den "Grundkurs Datenverarbeitung/Informatik" [2] vorgelegt.
Andere Kurse stellen bereits deutlich berufliche Ausrichtung bzw. Ausrichtung an Nicht-Beruflichem in den Vordergrund. Hier zeichnet sich
vermehrt Bedarf nach Kursmodellen mit Materialien ab, da Weiterbildungseinrichtungen auf die Nachfrage noch nicht mit Erprobtem reagieren können. Dies gilt in besonders starkem Maße für Einführungen in
das Programmieren unter den Arbeitsbedingungen von Homecomputern oder

Personalcomputern im Einsatz bei Selbständigen, Klein- und Mittelbetrieben und Einführung in die Informationsverarbeitung im Büro unter Einbeziehung neuer Kommunikationstechnologien. Alle Kurse dieser Ebene sollten in der Regel höchstens ein Semester dauern, ihre Unterrichtsstundenzahl im allgemeinen nicht über 60 liegen.

- allgemeine Grundqualifizierung

Hierzu gehören meist Kurse oder Kurssysteme, die sich mindestens über ein Jahr erstrecken und systematisch und breit qualifizieren. Solche Kurse sind überwiegend berufsbezogen, allerdings nicht berufsfeldspezifisch. Ziel ist zunächst Grundqualifizierung, die dem Teilnehmer ein qualifiziertes Zurechtfinden im beruflichen Alltag als Anwender und Betroffener von Informationsverarbeitung ermöglicht und auf die weiterführende Kurse aufbauen können. In Einrichtungen der allgemeinen Weiterbildung werden auf dieser Ebene kaum Kurse für DV-Fachkräfte angeboten. In erster Linie ist hier das seit 1977 immer mehr verbreitete VHS-Zertifikat Informatik als Curriculumansatz mit überregionaler Reichweite zu nennen [3,4,5].

- Aufbau- und Spezialwissen

Soweit die hierzu gehörenden Kurse beruflich orientiert sind, bauen sie in der Regel auf der Ebene einer allgemeinen Grundqualifizierung auf. Die Teilnehmer sind nicht mehr trennscharf nach Anwendern von Informationsverarbeitung und DV-Fachkräften zu klassifizieren. Die Kurse auf dieser Ebene unterscheiden sich beträchtlich in der Zahl ihrer Unterrichtsstunden, in der Dauer und dem Grad der Ausrichtung an beruflichen Erfordernissen. So gehören auch Kurse zu Fragen der Rationalisierung mit Hilfe der DV oder zu Datenschutzproblemen (etwa ausgerichtet an zwei Curriculumkonzepte der PAS [6,7]) zu dieser Ebene. Auf dieser Ebene zeigt sich, daß die Stufe der Grundqualifizierung, wie sie im VHS-Zertifikat Informatik beschrieben ist, für betriebliche Zusammenhänge nicht in allen Teilgebieten ausreicht. Besonders Teilnehmer, die betrieblich in Systementwicklungen einbezogen sind oder es in den nächsten Jahren sein werden, benötigen aufbauende Elemente.

Ausgewählte Materialien zu Curriculumkonzepten im VHS-Bereich:

[1] Statistische Mitteilungen des Deutschen Volkshochschul-Verbandes, Arbeitsjahre 1979 bis 1983, PAS des DVV, Frankfurt, erscheint jährlich

[2] Grundkurs Datenverarbeitung/Informatik, Heft 1: Kurskonzept, Heft 2: Materialien, PAS des DVV, Frankfurt, 1984

[3] Das VHS-Zertifikat Informatik, 2. neubearbeitete Auflage, PAS des DVV, Frankfurt, 1984

[4] Glossar zum VHS-Zertifikat Informatik, 2. neubearbeitete Auflage, PAS des DVV, Frankfurt, 1984

[5] Prüfungstest (zu Übungszwecken) zum VHS-Zertifikat Informatik, 2. neubearbeitete Auflage, PAS des DVV, Frankfurt, 1984

[6] Hampe, W., Rationalisierung mit Hilfe der Datenverarbeitung, Unterrichtseinheit zum VHS-Zertifikat Informatik, PAS des DVV, Frankfurt, 1982

[7] Ketelsen, C., Müllert, N., Datenschutz, Unterrichtseinheit zum VHS-Zertifikat Informatik, PAS des DVV, Frankfurt, 1981

DER VOLLCOMPUTERISIERTE CAMPUS: ERSTE ERFAHRUNGEN

Ernst-Erich Doberkat
Clarkson University, Potsdam

Im September 1982 beschloss der Aufsichtsrat des Potsdamer Clarkson College of
Technology (jetzt: Clarkson University), jeden Studienanfänger mit einem Mikrocomputer auszurüsten; dieser Plan sollte im Herbst-Semester 1983 in die Tat
umgesetzt werden. Alle Vorlesungen für Anfänger sollten soweit wie möglich diese
Mikrocomputer benutzen.

Dieser Plan erschien recht ehrgeizig: die Hochschule hat im Jahr immerhin 800-
900 Studienanfänger, die Hochschullehrer waren mit den Computern vertraut zu machen
(was besonders in der Fakultät für Geisteswissenschaften auf einige Zurückhaltung
stiess), und Kurse mussten möglicherweise revidiert werden, um den neuen Geräten
Rechnung zu tragen. Clarkson ist mit etwa 5000 Studenten eine recht kleine Hochschule, deren Schwerpunkt in der Lehre auf den Ingenieurwissenschaften, den
Naturwissenschaften und der Management Science liegt; in den U.S.A. zählt sie jedoch
zu den führenden Technischen Hochschulen, was die Qualität der Ausbildung und der
Forschung in diesen Gebieten betrifft.

Die Grundüberlegung bei der Einführung der Mikrocomputer war es, die Studenten
moglichst früh mit diesem universellen Werkzeug vertraut zu machen, um sie optimal
auf ihr Berufsleben vorzubereiten. Natürlich waren vorher Computer in die Lehre
einbezogen worden, vor allem der Hauptrechner (eine IBM 4331), eine VAX11/780 für
Computer-Graphik im Bereich CAD/CAM und eine unüberschaubare Vielfalt an Labor-
computern. Nach Ansicht des Aufsichtsrats fehlte jedoch die Durchdringung der
Lehre mit Computern insbesondere im Bereich der Geisteswissenschaften, in denen computer literacy immer wichtiger wird, und sei es nur, um mit einem wordprocessor
umgehen zu können. Wie weit bereits das Interesse nicht-technischer Kreise an solchen
Dingen geht, kann an Beiträgen eher betulicher und dem Kulturleben zugewandter
Zeitschriften wie The Atlantic abgelesen werden: hier werden von Zeit zu Zeit Vor-
und Nachteile verschiedener textprocessing Systeme in grosser Ausführlichkeit
abgehandelt.

Neben diesen Überlegungen berücksichtigte jedoch der Aufsichtsrat die ungeheure
Werbewirkung einer solchen Massnahme, die für Clarkson als einer privaten Hochschule
lebenswichtig ist: Clarkson würde die erste Universität in den U.S.A. sein, die ihre
Anfanger mit Mikro-Computern ausrüstet (obgleich die Carnegie-Mellon University
einen entsprechenden Plan vorbereitet, der jedoch von anderen technischen Voraussetzungen ausgeht und nicht vor 1985 realisiert werden soll). Diese Vorhersage traf
ein, und die Werbewirkung durch Meldungen in allen grösseren Tageszeitungen in den
U.S.A. (sogar das Waldecker Tageblatt brachte eine entspechende Notiz) war in der
Tat so gross, dass die Anfrage auf Zulassung zum College in allen Bereichen um etwa

10% stieg.

Zunächst mussten einige nicht unwichtige Fragen geklärt werden: welche Anforderungen an die Maschinen gestellt werden sollten, innerhalb welchen finanziellen Rahmens man handeln konnte, und welche Maschine man tatsächlich auswahlen sollte. Daneben traten organisatorische Fragen, auf die ich hier nicht eingehen möchte. Nach reiflichen Überlegungen (und harten Verhandlungen mit führenden und weniger führenden Herstellern) wurde im Winter 1982/82 beschlossen, den Mikro-Computer Z-100 der Firma Zenith einzusetzen. Die technischen Details der ins Auge gefassten Konfiguration sind wie folgt:

* die CPU basiert auf dem Intel 8086 Mikro-Chip,
* 192 KB Kernspeicher, aufrüstbar bis zu 1 MB,
* ein Diskettenlaufwerk (322 KB pro Diskette),
* Betriebssysteme CP/M und Z-DOS (eine Modifikation von MS-DOS),
* FORTRAN 77, Pascal und BASIC als Programmiersprachen.

Der Preis fur diese Konfiguration beträgt $1600 (gegenüber dem regulären Ladenpreis von etwa $2800). Auch die Finanzierung der Maschinen durch die Studenten wurde in dieser Phase festgelegt: die Studiengebühren (die hier im Jahr etwa $8,000 betragen) wurden um jährlich $400 erhoht; absolviert der Student sein Studium erfolgreich, geht die Maschine in sein Eigentum über, falls ein Student dagegen sein Studium abbricht, bleibt die Maschine im Besitz der Hochschule, die jährlich zu entrichtenden $400 sind dann die Benutzungsgebuhr für den Computer.

Bald nach dieser Entscheidung trafen die ersten Mikros auf dem Campus ein; zunächst wurde jeder Hochschullehrer, der eine Vorlesung für Anfänger halten sollte, mit einer Maschine ausgerüstet, um eine hinreichend lange Einarbeitungszeit zu gewährleisten. Daneben wurde ausgesuchten Studenten Zugang zu einem Mikro gewährt, da unterstützende Software im Rahmen von Projekten geschrieben werden musste. Hier musste vor allem das Problem gelöst werden, den Studenten Zugang zu Druckmöglichkeiten zu schaffen, denn die Mikros (die bald "Zorro" genannt wurden) waren ja nicht mit Druckern ausgestattet. Während des Frühjahrs 1983 entwickelte das Rechenzentrum der Hochschule ein zunächst noch rudimentäres Netzwerk von Anschlüssen an den Hauptrechner. In den Terminal-Räumen der Hochschule wurden Mikros aufgestellt, die eine direkte Leitung zum Hauptrechner haben; mit Hilfe eines Terminal-Emulations-Programms kann man sich mit dem Hauptrechner verbinden lassen, um etwa Post zu empfangen oder auf der Diskette abgespeicherte Dateien zum Hauptrechner zu schicken und ausdrucken zu lassen. Daneben kann man Dateien zu anderen Benutzern des Netzwerks schicken. Auf diese Weise war gewährleistet, dass Benutzer untereinander kommunizieren können und (was für die Vorlesungen im Herbst wichtig war) Druckmöglichkeiten vorhanden sind. Das erwähnte Netzwerk wird gegenwärtig um Anschlüsse in den Studentenwohnheimen erweitert; das Fernziel ist, jeden Raum in den Studentenwohnheimen mit einem Anschluss auszustatten.

Neben dem Terminal-Emulations-Programm wurde innerhalb der Hochschule eine
Fülle anderer Software entwickelt: ein Wortprozessor (GALAHAD, mit dem ich dies hier
schreibe) mit einem einfach zu benutzenden Full Screen Editor, ein LISP
Interpreter, ein System zum Display von Text auf Bildschirmen und ein C-Compiler,
um nur einige Programme zu nennen. Daneben hat sich - natürlich - ein grauer Markt
für Software entwickelt: Spiele werden aus anderen Implementationen adaptiert und
unter Studenten ausgetauscht.

Das Department bat mich, die Anfängervorlesung "Einführung in die Informatik
I/II" im Herbst 1983/Frühjahr 1984 für die Naturwissenschaftliche Fakultät zu
übernehmen, so dass ich mich bald als das erste Opfer dieser ganzen Aktion fühlte.
Diese Vorlesung besteht aus zwei Teilen: der erste Teil ist für Anfanger aus der
gesamten Fakultät bestimmt (also auch Mathematiker, Physiker, Chemiker und Biologen),
der zweite Teil ist Pflicht nur für die Studenten mit Hauptfach Informatik. Daraus
ergab sich bei der Kursplanung eine natürliche Zweiteilung, die im ersten Teil eher
Grundfertigkeiten in der Programmierung zu berücksichtigen hatte, im zweiten Teil
jedoch informatikspezifisch werden musste. Zusätzlich war zu berücksichtigen, dass
Hauptfachstudenten aus den anderen Fachbereichen der Fakultät für ihre Laborarbeit
BASIC brauchen (was die anderen Fachbereiche stets als Unterrichtssprache für diese
Vorlesung forderten und ebenso regelmässig zu Spannungen führte).

Diese Nebenbedingungen waren bei der Kursplanung zu berücksichtigen: der Kurs
bestand in seiner ersten Hälfte aus einer Einführung in FORTRAN; vorher musste jedoch
der Gebrauch der Maschine und des erwähnten Netzwerks erläutert werden, was etwa zwei
Wochen in Anspruch nahm, ohne vom eigentlichen Stoff allzusehr abzulenken. Die
zweite Hälfte bestand aus einer Einführung in Pascal (was im zweiten Semester fortgeführt wird); da die Studenten nun FORTRAN beherrschten, war es leicht, eine kurze
Einführung in BASIC zu geben.

Die beiden Teile dieser Einfuhrung sind nun vorbei, und es hat sich aus meiner
Sicht gelohnt, diese Systeme einzusetzen. Was am meisten für die Mikros spricht,
ist die kaum zu überschätzende Motivation, die durch ihre leichte Verfügbarkeit
begründet ist. Hatte ein Student vorher zu unchristlichen Zeiten manchmal Stunden
auf einen Platz am Terminal zu warten, um ein Programm in aller Hast ablaufen zu
lassen (zum Testen war in der Regel keine Zeit), so kann er nun in seinem Zimmer im
Studentenwohnheim das Programm in aller Ruhe entwickeln und testen, was der
Qualität der Programme zugute kommt. Darüberhinaus erlebt er den Computer "hautnah":
es wird bewusst gemacht, dass so wichtige Systemkomponenten wie Editoren, Compiler
oder Betriebssysteme schliesslich auch nur Programme sind, die man von Diskette zu
Diskette kopieren kann (vorher erlebte man immer wieder, dass insbesondere Anfänger
Hardware und Software nicht voneinander trennen konnten). Die Verfügbarkeit der
Maschinen hatte darüberhinaus den Seiteneffekt, dass der Stoff wesentlich intensiver
geübt werden konnte, was solchen üblicherweise Schwierigkeit bereitenden Konzepten
wie dynamischen Datenstrukturen zugute kam. Die Begeisterung der Studenten für die

Maschinen schlug sich in den Noten wieder, die hier ja wesentlich wichtiger als in Deutschland sind: mehr als 60% aller Studenten bekamen in der Einführung ein "A", was einem "sehr gut" an deutschen Hochschulen entsprechen würde (vorher waren es knappe 20%), und mehr als 75% der Studenten belegten den zweiten Teil des Kurses (vorher waren es in der Regel etwa 40%). Man sollte freilich nicht verkennen, dass sich möglicherweise ein besonderer Studententyp (der bekannte Hacker) besonders zu diesem Szenario hingezogen fühlen könnte. Dem wird im zweiten Teil dieser Einführung u.a. durch Betonung der Verbalisierung des Problemlösungsprozesses wirkungsvoll begegnet.

Allgemein wird der Mikro auf dem Campus als wichtiges Arbeitsmittel akzeptiert und eingesetzt, sei es für numerische Rechnungen oder zur Formelmanipulation mit mumath, sei es um Briefe und Memoranden zu schreiben; es beginnt sich als Praxis durchzusetzen, dass man unter Kollegen auf dem Campus nicht mehr Briefe auf Papier, sondern auf Diskette austauscht (wobei man die Diskette sogar zurückbekommt).

In den nächsten Jahren wird sich der Mikro-Computer immer weiter auf dem Campus ausbreiten, so dass 1986 jeder Student im Grundstudium seinen eigenen Mikro hat. Damit erhebt sich die Frage, wie weit der Gebrauch dieser Maschinen in das Curriculum eindringen kann. Hier werden sich früher oder später die Grenzen dieser Maschinen zeigen, zumindest insofern die Informatik im Grundstudium betroffen ist. So werde ich im kommenden Herbst über Programmiersprachen und über Compilerbau lesen. Im Labor zum Kurs über Programmiersprachen werde ich C und ADA behandeln und dabei versuchen, den Mikro einzusetzen: dies geht ganz sicher für C, für das eine gute Implementation für den Mikro zur Verfügung steht, und es geht ganz sicher auch für eine Teilmenge von ADA, die bereits auf Maschinen dieser Grössenordnung implementiert ist (die volle Sprache ADA ist bislang nur in SETL implementiert und benötigt mindestens 4 MB virtuellen Speicher; auf eine Implementation auf Mikros sollte man daher zur Zeit nicht hoffen). Für die Vorlesung über Compilerbau werde ich ebenso sicher den Mikro nicht einsetzen können, da man den Quell-Code für einen ordentlichen Compiler mit nur einem Diskettenlaufwerk der gegebenen Grössenordung nicht sinnvoll handhaben kann.

Aktuelle Situation und historisch-kultureller Hintergrund

der Computer Literacy und der Schulinformatik in Schweden

- der Computer als Werkzeug

H. Köhler, Stockholms Universitet, S - 106 91 Stockholm
L.-G. Ståhl, ESSELTE, S - 171 76 Solna

Das Resultat einer lang andauernden Forschungs- und Entwicklungsarbeit ist, daß die Schulen in Schweden - und auch in den anderen skandinavischen Ländern - nun nach und nach mit der Hardware, der Software und den Lehrmitteln ausgestattet werden, die erforderlich sind, um Unterricht über, mit und durch Computer zu ermöglichen, und zwar sowohl in der Grundschule als auch in der Oberschule.

Zur Zeit haben ca. 50% der schwedischen Schulen eigene Computer, Grundschulen durchschnittlich 6 und Gymnasien 19 Computer je Schule. Parallel hierzu erfolgt eine sukzessive Ausbildung der Lehrer, so daß diese das neue Hilfsmittel auf eine konstruktive Weise anwenden können. Bis 1983 haben 6000 von ca. 30 000 Lehrern eine Grundausbildung erhalten. Davon wurden über 1400 Lehrer länger als 10 Wochen ausgebildet. Durch sukzessive Änderungen der Lehr- und Stundenpläne werden auch die Unterrichtsziele den neu aufgetretenen Anforderungen angepaßt.

Das Ziel dieser grundlegenden Datenausbildung besteht nicht allein darin, die Schüler mit der Handhabung der Datentechnik vertraut zu machen, sondern auch darin, den Schülern Wissen über und Verständnis für solche Faktoren zu vermitteln, welche die Entwicklung lenken, und wie diese beeinflußt werden kann, sowie Wissen über und Verständnis für die Konflikte, die zwischen dem technisch Möglichen, dem wirtschaftlich Realisierbaren und dem gesellschaftlich Erwünschten auftreten können. Der Unterricht soll auch die Konsequenzen für die Arbeitswelt, die Bedeutung der Technik für zwischenmenschliche Beziehungen, Machtverhältnisse und Integrität aktualisieren. Weiterhin soll den Schülern Wissen über die Bedeutung der Datentechnik für die Informationsversorgung vermitteln, z.B. durch die Anwendung von Datenbasen und Datenkommunikation. Durch den Einsatz des Computers als Unterrichtshilfsmittel wird der Unterricht in Datenverarbeitung auf natürliche Weise unterstützt.

Die Computer Literacy wurde auch außerhalb der Schule zu einer wichtigen Frage. Um eine umfassende schwedische Datenpolitik zu schaffen, wurde eine Datendelegation gebildet. Ein zentraler Punkt dieser erstmals 1982 beschlossenen Politik ist die Ausbildung weiter Bevölkerungskreise in den für Schweden wesentlichen Inhalten der Computer Literacy. Diese sind Entmystifizierung des Computers zur Verhinderung unberechtigter Angst, Akzeptanz des Computers, und die Vermittlung von Kritikfähigkeit beim Einsatz des Computers.

Zur Zeit entwickelt das schwedische Ausbildungsfernsehen einen Fernkurs in Datenverarbeitung, der das ganze Jahr 1985 in Fernsehen und Rundfunk gesendet werden wird. Der Kurs hat ähnliche Ziele wie die Datenlehre in der Schule. Alle Hochschulen Schwedens beteiligen sich an der Entwicklung und der Durchführung. Außerdem betreuen Bildungverbände die Ausbildung in den kleineren Orten. Zwei andere wichtige Organisationen haben vollständige Kurspakete für Computer Literacy entwickelt. Das Paket des Reichsdatenverbundes (RDF) wird schon in großem Umfang bei der Arbeitplatzausbildung benutzt. Letztes Jahr wurde auch die Ausbildung mit Material vom Staatlichen Institut für Personalausbildung (SIPU) begonnen.

Um die Entwicklung in Schweden zu verstehen, muß man berücksichtigen, daß dieses Land jetzt zwar hochindustrialisiert ist, jedoch vor zwei Generationen hauptsächlich aus Leuten bestand, die von der Landwirschaft lebten. Die "bäuerliche Kultur" spielt eine große Rolle für das Verhalten gegenüber der neuen Technologie. "Was der Bauer nicht kennt, das ißt er nicht". Das gilt gleichfalls für den Konfessionshintergrund. Schweden trägt das Erbe Martin Luthers.

Anfang der 80er Jahre wurde der Boden für eine umfassende Volksausbildung vorbereitet. Meinungsführer hatten Zeit, sich Wissen zu verschaffen, und die Hochschulen und Universitäten konnten sich auf die Massenausbildung vorbereiten, was natürlich ein ideologisches Umdenken erforderte. Was vor allem langsam ging, war die Verbreitung von Computern in den Schulen. Im Gegensatz zu Forscherkollegen, z.B. in den USA, bemühte man sich in Schweden, die Verbreitung des Computers solange zu bremsen, bis der Öffentlichkeit der Wert des Computers nahegebracht werden konnte.

Die schwedische Anforderungsspezifikation schreibt eine Gesamtbetrachtungsweise des aktuellen Problembereichs vor. Diese Betrachtungsweise, bei der der Computer keine isolierte Erscheinung darstellt, sondern einen Teil einer Gesamtheit, umfaßt

- Hardware

- Bedienersystem und Systemsoftware

- Anwenderprogramm

- Lehrmittel

- Personalfortbildung.

Diese Anforderungspezifikation umfaßt insgesamt 38 Seiten, und es würde zu weit führen, jeden einzelnen Punkt im Detail zu beschreiben. Deshalb sollen hier nur einige Beispiele genannt werden:

- Hardware und Software sollen einfach in der Anwendung sein. Hierfür ist z.B. in der Tastatur eine besondere Hilfstaste vorhanden. Wenn der Anwender vor einem Problem steht, kann er diese Hilfstaste drücken und Information erhalten, die ihm in der aktuellen Situation weiterhilft.

- Die Antwortzeiten von Mehranwendersystemen müssen kurz sein, nicht länger als drei Sekunden. Der Computer muß mit größeren Primär- und Sekundärspeichern ausgerüstet werden können, wenn zu einem späteren Zeitpunkt höhere Anforderungen gestellt werden. Außerdem muß der Computer mit einem Standardinterface ausgestattet sein.

Textbe- und -verarbeitungsprogramme müßen verfügbar sein. Für die Grafik ist eine Auflösung in 250.000 Punkte vorgeschrieben.

- Um mit anderen Computern kommunizieren zu können, beispielsweise beim Suchen in externen Datenbasen, muß der Computer für diese Kommunikation ausgerüstet sein.

- Eine selbstverständliche Voraussetzung ist, daß alle Lehrmittel pädagogisch gestaltet und dem Level, in dem sie zum Einsatz kommen sollen, angepaßt sein müssen. Zum Anwenderprogramm muß eine vollständige Dokumentation (in Landessprache) vorhanden sein, mit Lehrer- und Schüleranleitungen. Auch die Software muß, wie bereits genannt, Anleitungen und Anweisungen enthalten.

- Besondere Anforderungen wurden an den Computer und die Peripherieausrüstung bezüglich moderner Arbeitsplatzerfordernisse gestellt, so beispielsweise der Gestaltung des Bildschirms und des Geräuschpegels von Sekundärspeichern und Druckern.

- Der Lieferant von Hardware und Software muß die Verantwortung für die technische Instandhaltung, Systeminstandhaltung und Softwareinstandhaltung übernehmen können. Zur Ausrüstung muß auch eine vollwertige Dokumentation gehören.

- Außerdem muß die notwendige Einweisung sichergestellt sein.

Das Ergebnis wurde ein Computer, COMPIS (COMputer In School), auf dem Niveau eines IBM PC, jedoch wesentlich billiger (ca 2.900 DM).

Da sich die Technik im Computerbereich im letzten Jahr schnell entwickelt hat, konnte der COMPIS-Computer mit Leistungen ausgestattet werden, die in mehrerer Hinsicht noch über den Anforderungen liegen.

Eine Prototypenerprobung hat in rund 15 Schulen Schwedens stattgefunden. Während der Erprobungszeit wurden nach und nach Veränderungen und Verbesserungen bei Hardware, Software und Lehrmitteln in enger Zusammenarbeit mit den Anwendern realisiert. Dies erfolgte unter der eindeutigen Zielvorgabe, daß der Anwender über die Anforderungen entscheidet. Eine Zusammenarbeit mit Lehrmittelproduzenten der anderen skandinavischen Länder wurde eingeleitet, und im Rahmen dieser Zusammenarbeit findet ein Austausch statt.

Das Oberschulamt (Skolöverstyrelsen) finanzierte 1974-1980 das Projekt Computer in der Schule (DIS) und 1973-1983, zusammen mit dem Amt für technische Entwicklung (Styrelsen för Teknisk Utveckling) das Projekt PRINCESS, um den interaktiven Gebrauch des Computers als pädagogisches Hilfsmittel zu fördern. In diesen beiden Projekten wurden Fragen der Computer Literacy behandelt. Vor allem wurde eine gemeinsame schwedische Policy vorgeschlagen. Eine Untersuchung hat neuerdings festgestellt, daß viele Schulen dieser Policy nicht folgen. Zum Beispiel werden die gesellschaftlichen Auswirkungen zu wenig behandelt. Das Oberschulamt hat deshalb ein neues Projekt eingeleitet, das Ausbildung für die Datengesellschaft heißt (Utbildning för Datasamhället).

Die Schwedische Zentralstelle für Technische Entwicklung (STU) erhielt 1981 den Auftrag für ein Technikbeschaffungsprojekt (TUDIS) mit der Zielvorgabe, eine auf die Schule abgestimmte Computerausrüstung zu entwickeln.

Ein Technikbeschaffungsprojekt wird auf die Weise durchgeführt, daß qualifizierte Anwender und Techniker mit STU-Unterstützung Anforderungsspezifikationen und Angebotsunterlagen erstellen, die der Industrie vorgelegt werden. Interessierte Industriegruppen unterbreiten ihre Angebote, und nach Verhandlungen erfolgt ein Vertragsabschluß über Entwicklung, Zusammenarbeit, Versuche usw. mit dem Anbieter, der das preislich und hinsichtlich seiner Entwicklungsmöglichkeiten interessanteste Angebot abgegeben hat. Die Käufergruppe bestellt danach Probeexemplare, die in Zusammenarbeit von Käufer und Anbieter weiterentwickelt werden. Wenn das Produkt die Anforderungen erfüllt, kann der Käufer die Beschaffung vollziehen und die Vertragsrechte zum Kauf bestimmter Mengen zu vereinbarten Preisen ausnutzen. Diese Art von vertragsmäßiger "Zusammenarbeit" läuft normalerweise über einige Jahre. Danach ist das Produkt auf normale Weise auf dem Markt zu verkaufen und weiterzüentwickeln. Ausgehend von den Erfahrungen aus dem DIS-Projekt, dem PRINCESS-Projekt sowie aus der übrigen Forschungs- und Entwicklungsarbeit wurden die TUDIS-Anforderungsspezifikationen erstellt.

Schon Ende der 40er Jahre baute man Schwedische Computer. 1955 war der schwedische Computer BESK der schnellste in der Welt. Aber:"Es ist gefährlich die eigenen Kräfte zu überschätzen." Anstatt BESK, SARA, SMIL und andere schwedische Computer weiterzuentwickeln, nutzte man die Dienste der IBM. Durch die Entwicklung des Computers vom Riesenrechenschieber zum Administrationsautomaten wurde erstmals der Wunsch nach einer Computer Literacy laut. Während der 60er Jahre beschloß man eine staatliche Informatikausbildung einzurichten - hatte aber die Untrennbarkeit Mathematik-Ökonomie im Bewußtsein. Es konnte daher nicht länger akzeptiert werden, daß z.B. IBM die Modelle für die Arbeitsorganisation der Beriebe entwarf. Ende der 60er Jahre entstand auch in Schweden eine antiautoritäre Kulturrevolution. Der industriellen Gesellschaft war es in den intellektuellen Kleidern der zentralverwalteten Bauerngesellschaft zu eng. Im Zusammenhang mit der Volkszählung 1970 kam es zu einer Vertrauenskrise. Es kann beinahe als Zufall betrachtet werden, daß dabei das Phänomen Computer ins Kreuzfeuer geriet. Jedenfalls fand eine starke Kursveränderung statt. Ein Komitee für Öffentlichkeit und Integrität formulierte das Schwedische Datenverarbeitungsgesetz zum Personenregister. Mehrere Gesetze folgten. Der Computer symbolisierte die Zentralmacht, die man nicht mehr anerkennen wollte.

Dies soll nicht falsch verstanden werden. Gerade das Exempel des Datenverarbeitungsgesetzes zeigt, wie sehr sich die Politiker der öffentlichen Meinung anpassen. Es ist eher ein kultureller Prozeß der "Ego-Entwicklung". In der modernen Industriegesellschaft ist der Einzelne psychologisch nur auf sich selbst gestellt, trotz aller sozialstaatlichen Schutznetze. In diesem Klima entstand die Computer Literacy als Antwort auf ein bewußtes Bedürfnis der Mitbürger.

Auch die Politiker hatten das Bedürfniss mehr zu wissen. Im Verlauf von ein paar Jahren wurden eine große Anzahl von Komitees gegründet und Ermittlungen durchgeführt. Man hatte Angst vor Integritätsverletzungen, Arbeitslosigkeit, Arbeitsverarmung, usw.

Außerdem änderte man auch die Gesetze für Arbeitgeber und Arbeitnehmer drastisch,um den Schutz des Einzelnen und Mitbestimmung zu sichern.
Während der 70er Jahre fand dann die allgemeine Dezentralisierungs- und Antitechnik-debatte in Schweden statt. Nach allgemeinen Umweltschutzfragen wurde die Frage der Kernenergie ein kulturpolitisches Thema. Das gab der Computer Literacy eine Atem-pause. Während dieser Zeit, das heißt in den 70er Jahren, konnte Forschung und Komiteearbeit betrieben werden. In dieser Zeit entwickelten sich auch die technisch-ökonomischen Voraussetzungen für einen Computer für jedermann.
Die vorsichtige Strategie glückte. Und die Moral von der Geschichte? Der persönliche Gebrauch des Computers setzt das Interesse und die positive Einstellung des Indivi-duums in so großem Ausmaße voraus, daß nur solche Strategien zum Erfolg führen, die von einer demokratischen Gesinnung geprägt sind. Dadurch wird Computer Literacy zu einer notwendigen kulturellen Voraussetzung für eine echte und positive Integra-tion der EDV in die Gesellschaft.
Das heißt: "Computer als Werkzeug Paradigma".

Kommentar:
Das Referat stellt eine verkürzte Version der Referate
"Schwedische Computer Literacy 1948-1984" von
H. Köhler
und
"COMPIS - neue Wege des Computer Einsatzes in der Schule" von
L.G. Ståhl
dar, die auf Wunsch des Programmausschußes integriert wurden.

Allgemeinbildung im Umgang mit dem Computer

-Projekte und Ansätze in Baden-Württemberg-

K. Menzel
In den Hagenäckern 58
7070 Schwäbisch Gmünd

Zusammenfassung.

Dieser Beitrag ist ein Bericht zu aktuellen Unterrichtsprojekten, zu den Anteilen von Informatik/Datenverarbeitung in den ab 1984/85 geltenden Lehrplänen und zur Lehrerausbildung der Sekundarstufe I im Bundesland Baden-Württemberg.

Es wird über Inhalte und Organisation dreier Halbjahreskurse mit arbeitslosen ehemaligen Hauptschülern sowie Modellversuchsplanungen im 'Erweiterten Bildungsangebot'(EBA) von Haupt- und Realschulen berichtet. Die Lehrplanänderungen zum 'Umgang mit dem Computer' ab dem Schuljahr 1984/85 werden beschrieben und bewertet.

Stand und Planung der Lehrerausbildung an den Pädagogischen Hochschulen in Baden-Württemberg werden dargestellt.

Aus den drei Berichtsteilen wird ein Großkonzept einer künftigen Allgemeinbildung im Umgang mit dem Computer entwickelt.

Gliederung.

1. Unterrichtsprojekte zum Umgang mit dem Computer
2. Lehrpläne Baden-Württembergs (S I) zum Umgang mit dem Computer
3. Lehrerausbildung (S I) zur Informatik/Datenverarbeitung

1. Unterrichtsprojekte zum Umgang mit dem Computer

Praktische Unterrichtserfahrungen für die Jahrgangsstufen 5 bis 10 fehlen in Baden-Württemberg fast völlig. Eigene Erfahrungen kann der Autor aus drei Halbjahreskursen ziehen, die arbeitslosen ehemaligen Hauptschülern ab November 1982 als 'Berufsbildungshilfemaßnahme(BBH)' in Schwäbisch Gmünd angeboten wurden.

Es handelt sich dabei um ein dreißigstündiges Ausbildungsangebot pro Woche mit 20 Stunden Datenverarbeitung und 10 Stunden Deutsch. Bereits im Vorfeld der Kurse hatten die Jugendlichen trotz intensiver individueller Beratung ein 'konventionelles' Angebot aus Mathematik und Deutsch deutlich abgelehnt. Der Ersatz des Mathematikanteils durch Themen der Datenverarbeitung sorgte dagegen für eine gute Akzeptanz bei der großen Mehrheit der Teilnehmer bis zur freiwilligen Prüfung, die sowohl gute schriftliche und praktische Leistungen erbrachte.

Schwerpunkt des Angebotes zum Thema Datenverarbeitung war nicht etwa die Programmierung, sondern der praktische Umgang mit fertigen Programmen zur TEXT-, DATEI- und TABELLENVERARBEITUNG. Im Laufe der Kurse wurden

dann kleinere Programmieraufgaben zu den Anwendungsprogrammen und auch
unabhängiger Art eingestreut.
Der zeitliche Anteil der Eigenarbeit am Computer lag etwa bei der Hälfte der Gesamtzeit. Der Unterricht wurde entweder von PH-Absolventen
oder arbeitslosen Lehrern durchgeführt. Die Vorkenntnisse der Lehrkräfte waren gering und von autodidaktischer Art. Trotzdem äußerten sich
die meisten Teilnehmer überwiegend positiv zur Qualität der Kurse.
Den Lehrkräften wurde das Thema TEXT-, DATEI- und TABELLEN-Verarbeitung
vorgegeben. Damit gelang es, praxisnahe Aufgaben der Datenverarbeitung
ohne einen längeren zeitlichen Vorlauf zu behandeln. Ziel des Kurses
war es, die Eigenschaften fertiger Basissoftware als Benutzeroberfläche
kennenzulernen und auf konkrete Probleme anwenden zu können.
Es gelang die anfangs schwache Resonanz im Teil Deutsch durch Verknüpfung der Deutschthemen mit der TEXT- und DATEI-Verarbeitung nachhaltig
zu verbessern. So war der Entwurf von Fragebögen und deren Auswertung
ein besonders motivierendes Anwendungsbeispiel.
Für das Schuljahr 1984/85 plant die Pädagogische Hochschule Schwäbisch
Gmünd Unterrichtsversuche an zwei Hauptschulen und einer Realschule.
Das Vorhaben wird als 'Erweitertes Bildungsangebot' an den Hauptschulen
und als Arbeitsgemeinschaft an der Realschule angeboten. Es ist das
Ziel, konkrete Unterrichtsmaterialien zum 'Umgang mit dem Computer' in
Klassenstufe 9 zu erarbeiten. Außerdem sollen Erfahrungen im schulischen
Einsatz mit der Programmiersprache LOGO gewonnen werden. Die Kurse wer-
den gemeinsam von Lehrern der Schulen und Kollegen der Hochschule vor-
bereitet und durchgeführt. Grundlage der Schulversuche ist die ab dem
Schuljahr 1984/85 geltende Änderung der Lehrpläne in Baden-Württemberg.

2. Lehrpläne Baden-Württembergs (S I) zum Umgang mit dem Computer
Mit dem Schuljahr 1984/85 werden in Baden-Württemberg in allen Klassenstufen neue Lehrpläne verbindlich. Nach der Veröffentlichung dieser
Lehrpläne wurden Anfang 1984 vom Kultusministerium Ergänzungen für alle
Schularten ab der Klassenstufe 9 mit dem Thema 'Umgang mit dem Computer'
vorgenommen. Hier werden nur diese Ergänzungen für die Haupt- und Realschulen angegeben und bewertet.
a) Hauptschule. Sogenanntes _Leitfach_ ist das Fach _Technik_.
In der Lehrplaneinheit 'Bau und Einsatz einfacher elektronischer Geräte'
wurde ergänzt:
Bau einer computergesteuerten Anlage und Entwurf eines entsprechenden
Programms.
Neben diesem verbindlichen Unterrichtsteil ist im Fach Mathematik in
der Lehrplaneinheit 'Angewandtes Rechnen' als Zusatzstoff Umgang mit
dem Computer ausgewiesen. Weitere Angebote können die Schüler im 'Erweiterten Bildungsangebot' zur Arbeit mit Computern wählen.

Inhalt und Umfang des vorgesehenen Computereinsatzes in der Hauptschule dürften den künftigen Anforderungen an die Allgemeinbildung von Hauptschulabgängern kaum entsprechen. Man muß mit diesem bescheidenen Einstieg zunächst zufrieden sein; baldige Verbesserungen sind recht wahrscheinlich, wobei die starke Technik-Orientierung von der künftigen Entwicklung sicher eingeholt werden dürfte. Eine inhaltliche Entwicklung der Lehrpläne dürfte am meisten von der Intensität und der Qualität der Lehreraus- und-fortbildung abhängen.

b) Realschule. **Leitfach** ist das Fach **Mathematik**.

In der Lehrplaneinheit 'Sachrechnen und Computer' soll der Schüler Lösungsabläufe so zu gestalten und zu beschreiben lernen, daß sie mit einem Computer ausgeführt werden können (Klasse 9, 20 Stunden).

Als Lehrplanelemente werden dazu genannt:

-Grundlegende Methode des Bearbeitens von Aufgaben mit dem Computer-

-Erstellung von Computerprogrammen durch den Schüler-

Als Anwendungsgebiete werden angegeben:

-Aufgaben aus Wirtschaft, Handel, Verkehr, Technik, Produktion-

Die Sachrechen-Einheit soll in Klasse 10 fortgesetzt werden.

Außer diesem verbindlichen Teil des Mathematik-Lehrplanes wird der Lehrplan im Fach Physik 'an hierfür geeigneten Stellen, z.B. bei Simulationen' für den Einsatz von Computern geöffnet. Schließlich enthält der Lehrplan Realschule für das Fach 'Natur und Technik' einen Zusatz 'Grundlagen der Informationsverarbeitung' bzw. alternativ 'Bau einer einfachen computergesteuerten Anlage und Entwurf eines entsprechenden Programms'. Im Fach Gemeinschaftskunde der Klasse 9 findet sich der neue Hinweis: Bedeutung der Mikroelektronik, insbesondere des Computers, für die Arbeitswelt und die Gesellschaft.

Ein eigenständiger Anteil der Informatik/Datenverarbeitung ist auch in der Realschule derzeit (noch) nicht vorgesehen. Die Anwendungen innerhalb des Faches Mathematik sind zu stark auf numerische Aufgaben ausgerichtet. Die Lehrplanänderungen haben auch hier den Charakter eines vorsichtigen Einstieges. Es kann erwartet werden, daß sich auch hier unter der schnellen Umfeldentwicklung der Schule schnell Änderungen in Inhalt und Umfang einstellen werden.

Alle Lehrplanelemente zum 'Umgang mit dem Computer' in der Haupt- und Realschule stehen unter dem Vorbehalt ausreichender sächlicher und personeller Voraussetzungen. Das Kultusministerium will in jedem Schuljahr ergänzende 'Handreichungen' für den Computereinsatz herausgeben.

Man muß bei allen Schwächen des Lehrplankonzeptes anerkennen, daß Baden-Württemberg das erste Bundesland ist, in dem das Thema Umgang mit dem Computer für alle Schularten und damit für alle Schüler verbindlich werden wird.

3. Lehrerausbildung (S I) zur Informatik/Datenverarbeitung

Die Ausbildung von Haupt- und Realschullehrern auf dem Gebiet der
Informatik/Datenverarbeitung besteht derzeit in Baden-Württemberg aus
folgenden Elementen:

a) Freiwillige Studienanteile für Studenten des Hauptfaches Mathematik

b) Erweiterungsstudium für Absolventen mit bestandener 1.Staatsprüfung

Die Pädagogischen Hochschulen haben in Baden-Württemberg seit zehn Jahren die Einführung eines eigenständigen Faches Informatik/Datenverar-
beitung in der Lehrerausbildung gefordert, weil die Ausbildungsanteile
innerhalb des Faches Mathematik nicht als ausreichend angesehen werden.
Mit dem Studienjahr 1984/85 wird an allen Pädagogischen Hochschulen nun
ein Erweiterungsstudium 'Datenverarbeitung/Informatik' angeboten. Als
Teilnehmer dürften vorwiegend Lehrer im Schuldienst und arbeitslose
PH-Absolventen in Betracht kommen.

Für die künftige Ausbildung von Lehrkräften in Informatik/Datenverar-
beitung haben die Pädagogischen Hochschulen ein Rahmenkonzept vorbereitet, das von folgenden vier Komponenten ausgeht:

A. Problemlösen mit algorithmischen Methoden

B. Umgang mit Anwendersystemen

C. Anwendungen und Auswirkungen der realen Datenverarbeitung

D. Aufbau und Funktionen von Computersystemen

Das Konzept geht also von der Zweigleisigkeit Informatik und Datenverarbeitung aus. Es wird davon ausgegangen, daß Kenntnisse und Fertigkeiten im Einsatz standardisierter Basissoftware in der TEXT-, DATEI-,
TABELLEN- und GRAFIK-Verarbeitung für die S I - Ausbildung von besonderer Bedeutung für die berufliche und private Nutzung von Computern
künftig sein werden.Die Anwendungen der realen Datenverarbeitung sollen
aber in die informatikbezogenen Ausbildungsanteile des algorithmischen
Problemlösens und des Computeraufbaus eingebettet werden.

Als Voraussetzung für eine erfolgreiche Integration der Methoden der
Informatik/Datenverarbeitung in die bestehenden Schulfächer wird nicht
nur die Verfügbarkeit über eine leistungsfähige Basissoftware über alle
Fächer hinweg, sondern vor allem die Entwicklung geeigneter 'elektronischer' Unterrichtsmaterialien angesehen. Den Lehrkräften der einzelnen Fächer müssen dazu fachspezifische Basis-Dateien, Basis-Texte, Ba-
sis-Tabellen und Basis-Grafiken zur Verfügung stehen, aus denen durch
Auswahl, Verknüpfung und Ergänzung ein individuelles Unterrichtskonzept
entwickelt werden kann. Da in diesem Ansatz der Computer die Funktion
eines Werkzeuges hat, sind inhaltliche Änderungen der Fach-Lehrpläne
keine notwendige Voraussetzung. Der Erfolg des fächerübergreifenden
Computereinsatzes dürfte vor allem von der Entwicklung leistungsfähiger
'elektronischer' Schulbücher abhängen.

<u>INFORMATIKUNTERRICHT - DIE SAMBASCHULE DER NATION?</u>
Günther Cyranek
Institut für Angewandte Informatik
Technische Universität Berlin

Brasilianische Sambaschulen haben PAPERT fasziniert: Tänzer, Musiker, Laien bereiten sich ein Jahr lang auf ihren Auftritt im Karnevalsumzug vor. Kennzeichen der Sambaschulen sind sozialer Zusammenhalt und ein Gefühl des gemeinsamen Vorhabens. Trotz Ähnlichkeiten (PAPERT) sind LOGO-Umgebungen keine Sambaschulen. Der Unterschied liegt im jeweiligen Bezug zur umgebenden Kultur. "Die Sambaschule hat weitreichende Verbindungen zu einer populären Kultur. Das Wissen, das dort erworben wird, steht mit dieser Kultur im Einklang" (PAPERT, S. 270).
Um in Industriestaaten den Einklang zwischen Computer und Kultur zu forcieren, setzt er große Hoffnungen in die Weiterentwicklung der Computertechnologie, weil sie für die Ausbildung von Kinder und Jugendliche neue Maßstäbe für das Lernen setzt: die mathetische Computerkultur. Mathetisch heißt, daß Schüler und Erwachsene nicht nur lernen, sondern mittels Computer überhaupt erst besser in die Lage versetzt werden, das Lernen zu lernen. Der Grundgedanke von PAPERT (S. 250):

> "Wir sehen Ideen aus der Computerwissenschaft nicht nur als Instrumente, um zu erklären, wie Lernen und Denken tatsächlich funktionieren, sondern auch als Instrumente des Wandels, die die Lern- und Denkweisen von Menschen verändern und möglicherweise verbessern können."

Die Prognose: Der technische Computerfortschritt beflügelt menschliches Denken und Handeln. Deshalb müssen schleunigst die Weichen für die computerunterstützte Lerngesellschaft gestellt werden (vgl. HAEFNER). Informatikunterricht ist heute bestimmt durch Vermittlung und praktische Übung von Algorithmen, Programmiermethodik und Softwaretechnik. Im folgenden werden vernachlässigte Aspekte des Informatikunterrichts wie Computer und Sprache, Sozialisationsbedingungen und Gesellschaftlicher Wandel thematisiert.

<u>GESELLSCHAFTLICHER WANDEL</u>

Die Schule muß dem Wandel der Gesellschaft Rechnung tragen, indem sie durch kritische Ausbildung und Vorbereitung ihre Schüler befähigt, auf den gesellschaftlichen Prozeß der Veränderungen durch Informationstechnik zu reagieren. Die Entscheidungen über Veränderungen von Arbeit, Kontrolle und der Kommunikationsstruktur durch technische Medien wie

z.B. Bildschirmtext und Computernetze, dürfen nicht von einer kleinen
Elite getroffen werden, sondern müssen von der Mehrheit der Bevölkerung
erst verstanden und durch Mitentscheidung verantwortet werden. Schließlich bezahlen die Bürger die Kosten für die Verkabelung der Republik.
Nur: die Verkabelung als Voraussetzung für die Erschließung weiterer
Rationalisierungswellen, insbesondere im Dienstleistungsbereich, ist
beschlossene Sache (vgl. KUBICEK). Informatikunterricht muß sich gesellschaftlichen Fragestellungen öffnen: Wie kann Informatikunterricht
die kritische Auseinandersetzung mit Informationstechnologie fördern?
Wie können Auswirkungen auf die Arbeitsplätze - sowohl die Qualität von
Arbeit als auch Arbeitsplatzvernichtung betreffend - sowie Gefahren
durch staatliche Kontrolle vermittelt werden?

SOZIALISATIONSBEDINGUNGEN

> "Kinder, die mit Computern ihre Spiel- und Lernbedürfnisse befriedi-
> gen wollen, müssen mit anderen Kindern und Erwachsenen qualifizier-
> te Beziehungen unterhalten, um mit den einen das Spiel so weit als
> möglich auszuschöpfen und mit den anderen tiefer in den Zusammen-
> hang der Anwendung von Computern einzudringen. Das sind Sozialisa-
> tionsbedingungen für Kinder, die sich jeder Pädagoge wünscht."
> (SCHUBENZ)

Die so gepriesenen Sozialisationsbedingungen reduzieren sich auf Tech-
nikfaszination und Konkurrenz:

- Die "kooperative Gruppe" ist durchdrungen von Leistungskämpfen unter den Computerprofis. Hierarchie im Klassenverbund ist angesagt.
- Mit dem Pausengang beginnt der Run auf die Terminals. Wer setzt
  sich durch? Gelassener kann sein, wer zuhause seinen Homecomputer
  für sich allein hat.
- Selbst in den Ferien stehen die Schüler schon morgens um 7 h vor
  Terminalräumen Schlange, und in Computer-Ferienlagern sind die
  Kids durch herkömmliche Freizeitangebote wie Segeln oder Ballspie-
  le nicht vom Monitor wegzulocken.

Leistung, Konkurrenz, Technik und die Möglichkeit mit einem Softwarehaus
zu kooperieren, ist die Mischung, die besonders Jungen anzieht. Mädchen
sind in den Informatikkursen nur spärlich vertreten.

Da die meisten Eltern keine kompetenten Gesprächspartner für ihre Kinder in Sachen Programmierung sind, Lehrer mit Computerprofis in ihren
Klassen oft nicht Schritt halten können, bleibt wenig Anlaß, in Sachen
Computer mit Erwachsenen qualifizierte Beziehungen zu unterhalten - es
sei denn auf der Ebene von Geschäftsbeziehungen (vgl. SPIEGEL-Interview).

COMPUTER UND SPRACHE

Kinder lernen sehr schnell, sich an die Kürzelsprache der Computerein-
gabe anzupassen. Wird ihre Alltagssprache davon betroffen? Wie kann
das Umgehen mit Computern menschliche Sprachfähigkeit verändern? Bei
der Benutzung von Rechnern werden durch den Zwang zur begrifflichen
Eindeutigkeit im Vergleich zur menschlichen Alltagssprache Restriktio-
nen syntaktischer und semantischer Art wirksam.
Der Interaktion zwischen Mensch und Computer liegt eine formale Programmiersprache zugrunde, wobei alle emotionalen sprachlichen Verhal-
tensäußerungen ausgeklammert werden. Wir passen uns der unserem Verhalten vorgeschriebenen Grammatik an. Jedes Kind, jeder Erwachsene verin-
nerlicht "in unterschiedlicher Ausprägung das algorithmische Verhalten,
überträgt es von der Maschine in sein Inneres und reproduziert so täg-
lich beim Sprechen maschinenhaftes Verhalten" (BAMMÉ et al., S. 255).
Wie sorglos Sprachveränderung im Zusammenhang mit computerunterstütz-
tem Lernen gesehen wird, belegt ein Zitat von SCHUBENZ in der ZEIT:

> "In der aktiven Auseinandersetzung mit dem Computer wird Sprache zu
> einem immer präziseren Kommunikationswerkzeug. Die Sprache, mit der
> sich ein Kind seinem Computer erfolgreich nähert, ist hochwirksame
> Sprache, ist Schriftsprache, unsere Sprache und die Sprache dieses
> Kindes. Das muß erkannt werden unter der Oberfläche irgendeiner
> Programmiersprache."

Die Bereitschaft zur Anpassung an die Maschine wird nicht nur gefordert, sondern als selbstverständlich vorausgesetzt.

AUSBLICK

Für POSTMAN (S. 167) ist der Computer die einzige Kommunikationstechnik,
die das "gesellschaftliche Bedürfnis nach Kindheit zu stützen vermag,
denn er kann die Fähigkeit zu folgerichtigem, logischem und komplexem
Denken" fördern. Warum wird diese mechanistische Denkweise, die charakterisiert ist durch Eindeutigkeit, durch Denken in Kausalbeziehungen,
gerade für Kinder gefordert? Durch Programmieren erhält die mechanistische Denkweise neuen Auftrieb, die "Verbiegung des menschlichen Denkens
durch den Mensch-Rechner-Dialog" (VOLPERT, S. 16) wird übersehen. Logik
und der quantitative Sinn werden die großen Tugenden der Compkids sein.
MAKOWSKI (S. 134) weist auf die veränderten sozialen Beziehungen hin:

> "Ein wichtiger Nebeneffekt solcher mechanisierter Erziehung ist ge-
> rade diese Gewöhnung an die jederzeitige Verfügbarkeit der Maschine
> und die daraus resultierende Ungeduld mit den Mitmenschen."

Die Lehrerbildung für Informatikunterricht darf Auswirkungen der Informationstechnologie auf Arbeit, Veränderung zwischenmenschlicher Kommunikationsstrukturen durch Rechnerdialog und die Pathologie im Terminalraum nicht ausklammern. Ergänzend muß diese Thematik auch in den anderen Schulfächern, wie z.B. Deutsch, Geschichte, Sozialkunde, aufgegriffen werden.

Wenn sich Informatikunterricht dagegen nur an Kriterien wirtschaftlicher Verwertbarkeit und Konkurrenzfähigkeit auf dem Weltmarkt orientiert, wie dies die Aktion "Computer und Bildung" des Bildungsministeriums verfolgt (vgl. FRANKFURTER RUNDSCHAU vom 20.3.84: 'Auch an Kindern soll technische Revolution nicht vorbeigehen'), werden wir den Rhythmus der Sambaschule nie treffen:

Die Sambaschule fällt aus.

LITERATURANGABEN

BAMMÉ, A.; FEUERSTEIN, G.; GENTH, R.; HOLLING, E.; KAHLE, R.; KEMPIN, P.: Maschinen-Menschen, Mensch-Maschinen. Reinbek, 1983

HAEFNER, K.: Die neue Bildungskrise. Basel, 1982

KUBICEK, H.: Glasfasernetze als Autobahnen zum elektronischen Büro und zum elektronischen Heim. In: DGB Landesbezirk Rheinland-Pfalz (Hrsg.), Medientag 1982, Mainz

MAKOWSKY, J.A.: 1984: Brave New Work. In: Kursbuch 75, S. 119-143, Berlin 1984

PAPERT, S.: Mindstorms - Kinder, Computer und neues Lernen. Basel 1982

POSTMAN, N.: Das Verschwinden der Kindheit. Frankfurt, 1983

SCHUBENZ, S.: Mit Computern gegen den neuen Analphabetismus. In: Die Zeit Nr. 4, 1984, S. 23

SPIEGEL: Computer - das ist wie eine Sucht. SPIEGEL Nr. 50, 1983, S. 172-183

VOLPERT, W.: Denkmaschinen und Maschinendenken: Computer programmieren Menschen. In: Psychosozial Nr. 18, 1983, 6. Jg., S. 10-29

PLÄDOYER FÜR UND WARNUNG VOR NEUEN TECHNOLOGIEN IN DER SCHULE
ZUM EINFLUSS DES TECHNOLOGISCHEN WANDELS AUF DIE ALL-
GEMEINE UND BERUFLICHE BILDUNG

Gerd Heursen
Freie Universität Berlin

Eine kürzlich erfundene Webmaschine versetze den Magistrat von Danzig in große Be-
sorgnis, berichtet der italienische Abbé Lancelotti 1636. Sie würde "eine Masse Arbei-
ter zu Bettlern machen". Daher habe der Magistrat "die Erfindung unterdrückt und den
Erfinder heimlich ersticken oder ersäufen lassen". Wir wissen heute, daß der Danziger
Magistrat die Entwicklung der Webtechnik nicht aufzuhalten vermochte. Auch nicht die
Kaiser Leopold und Karl VI, die die Maschine später für das ganze Deutsche Reich ver-
boten. Einmal in die Welt gesetzt, konnte die Entwicklung dieser speziellen Technik
weder mit Gewalt noch durch höchste Verbote aus der Welt geschafft werden.
Die Reaktion der Danziger auf den später von James Watt mit einem mechanischen An-
trieb versehenen Webstuhl könnte ein Lehrbeispiel für den heutigen Umgang mit den
neuen Technologien der "Dritten Welle" sein, wenn wir heute überhaupt noch die Wahl
hätten, ihre Erfinder ersäufen zu lassen. Indessen: auch dieser Gewaltakt wäre ver-
gebens. Vielmehr, so ist uns nun gewiß, müssen wir heute mit den Technologien leben.
Es kann nur noch um das "comment vivre", um das "wie" im Verhältnis des Menschen zu
den Technologien gehen. Das vorausgeschickt, will ich einige Thesen zum Verhältnis
von neuen Technologien und Bildung wagen.

DIE ALTE BILDUNGSKRISE

Wir befinden uns nicht in einer neuen Bildungskrise. Eher schärft sich unser Bewußtsein für ein altes Problem, das als der Widerspruch von instrumentell-technischer
Vernunft auf der einen und humaner Bildung auf der anderen Seite beschrieben werden
kann.
Schon die Formulierung der neuhumanistischen Bildungsidee durch W. v. Humboldt war
geprägt von dem aufkommenden technologischen Wandel der Industrialisierung und seinen
sozialen Folgen. Wo allerdings individuelle und gesellschaftliche Nützlichkeit auf
der einen und menschliche Selbstreflexion und Selbstbestimmung als Ideal humani-
stischer Bildung auf der anderen Seite gegenübergestellt wurden, werden heute techno-
logischer Wandel und menschliche Bedürfnisse gegeneinandergesetzt. Die so oft pro-
klamierte neue Bildungskrise (vgl. HAEFNER, 1982) ist im übrigen auch mit all ihren
Auswirkungen hinsichtlich der Rationalisierung, der Veränderung von beruflichen Tätigkeiten, der Vereinzelung des Menschen etc., etc. ein altes Problem.
Lediglich die Inhalte der Diskussion wechseln mit den Zeitabläufen.

FACHLICHE KOMPETENZ

Die Anforderung an die fachliche Kompetenz, verstanden als Qualifikationsanforderung
an und für den Beruf, wird sich am stärksten verändern.

Ich brauche hier nicht auf die schon vielfach beschriebenen Tendenzen einzugehen.
Beispielhaft erwähnt seien hier nur textverarbeitende Berufe, Berufe des Druckerei-
gewerbes, technische Zeichner etc.
Für die Bildung wie für das Bildungssystem sind diese Veränderungen aber nicht von
grundsätzlicher Bedeutung. Wie Schule ja überhaupt nie ausschließlich unter die
Qualifikationsanforderungen der Wirtschaft gespannt war, wie Joist Grolle in seiner
Kritik an Klaus Haefner richtig bemerkt (vgl.Grolle, 1984) An die Stelle veralteter
Inhalte und Qualifikationsanforderungen treten neue Inhalte und Qualifikationen; mehr
nicht. Interessanter ist schon, daß die Veränderung und Spezialisierung von Qualifikationsanforderungen sehr schnell so intensiv sein werden, daß Schule sie allein
schon aus zeitlichen und kapazitären Gründen nicht mehr im einzelnen wird vermitteln
können. Deshalb wird sich die Tendenz zu breiteren Qualifikationen etwa auf der Ebene
der Berufsfelder bzw. auf der Ebene von Grundberufen zunehmend verstärken. Auch wird
die Schule nicht mehr nur für eine Erwerbstätigkeit ausbilden. Das wird effektiver
beim Spezialisierungsvorgang im Beruf selbst geschehen. Auch sogenannte Nicht-Erwerbs-
berufe, heute vielleicht bezeichnet als Hobbyberufe, werden in das Ausbildungspro-
gramm der Schule aufgenommen werden können.

HUMANE KOMPETENZ

Im Bereich der humanen Kompetenz als der Fähigkeit des Menschen zur Selbstreflexion
wie auch seiner Fähigkeit, sich selbst in menschliche Zusammenhänge einzubetten, sind
die Veränderungen für das zukünftige Bildungssystem schon sehr viel bedeutsamer. Denn
in dem Maße, in dem sich das Bild des Menschen von sich selbst ändert, muß sich auch
seine humane Kompetenz - eben als Fähigkeit zur Selbstreflexion - ändern. Was das
Selbstbild des Menschen seit der Aufklärung noch für möglich hielt, nämlich daß das
Fortschreiten des Menschen als Herrschaft über die Welt verstanden werden kann, ist
heute so nicht mehr denkbar. Zwei Aspekte setzen dieser Art von Fortschrittsgläubig-
keit Grenzen. Zum einen die Natur selbst. Auf diesen ökologischen Aspekt ist hier
nicht einzugehen. Den anderen Aspekt setzt die Technik, mit der sich der Mensch die
Macht teilen muß. Sie ist zwar sein Geschöpf; der Mensch paßt sich ihr aber an und
wird in Teilbereichen von ihr abhängig. Gefährlich für den Menschen, für den einzelnen wird diese Entwicklung indessen erst dann, wenn darüber seine freie Handlungs-
fähigkeit gegenüber anderen Menschen - wie auch gegenüber der Maschine - eingeschränkt
und beeinträchtigt wird. Wenn also seine Selbstbestimmung nicht ausgebaut, sondern
im Gegenteil vermindert wird. Diese Gefahr besteht nun real.

MENSCH UND MASCHINE

Allerdings gibt es einen wesentlichen Unterschied zwischen alten und neuen Technologien, der bei der Behandlung der neuen Technologien als Bedingungsfaktor menschlicher Bildung nicht übersehen werden darf: Thematisierte der alte Gegensatz von
Bildung und Technik das Verhältnis des Menschen zu einer ihm äußeren Technik, so
thematisiert die Frage nach dem Verhältnis von Bildung und Technik heute den Menschen selbst.

Denn Technik und technisches Denken werden zunehmend ein Teil des Menschen. Nicht
nur wird die Maschine dem Menschen ähnlicher - auch der Mensch paßt sich seiner
Schöpfung an (vgl. dazu besonders: BAMMÉ et.al.,1983). Der Maschinenmensch ist kein
Zukunftsbild mehr. Unser alltägliches Leben beweist die zunehmende Symbiose von
Mensch und Maschine. Aufklärung über die Bedingungen der neuen Technologien, ihre
Wirkungsweise und Wirkungen ist deshalb immer auch zugleich notwendige Aufklärung
über den Menschen, über seine Voraussetzungen, über Abhängigkeiten und Entwicklungs-
möglichkeiten.

GANZHEITLICHE BILDUNG

Diese Entwicklung darf allerdings nicht dazu führen, daß wir das,was ursprünglich
mit Bildung einmal gemeint war und heute zunehmend wieder entdeckt wird, nämlich die
Ausführung des Menschen aus der Unmündigkeit zu sich selbst, zur Mündigkeit und Kritikfähigkeit, zurückdrängen zugunsten eines Bildungsbegriffes, der schon die Einschränkung auf die bloße technische Rationalität selbst beinhaltet. Dieser Gefahr
unterliegt ein Bildungsbegriff, der Bildung begreift als Informationsaufnahme, -be-
arbeitung und -umsetzung (vgl. HAEFNER, 1982, S. 14 f). Bildung so verstanden ist
schon die reflektierte Umsetzung der Maschinisierung des Menschen. Indem viele Theo-
retiker der dritten Welle, unter ihnen insbesondere Haefner, genau das tun, subsu-
mieren sie den Menschen unter die von den Maschinen geschaffenen Existenzbedingungen.
Vor diesem technisch verkürzten Bildungsbegriff und nur vor ihm stimmt dann freilich
die Analyse, daß der einzelne natürlich immer hoffnungslos der Maschine hinterher-
hinke und auf Bereiche ausweichen müsse, die von den Maschinen - noch - nicht ver-
einnahmt werden können. Vor den Ansprüchen des seit der Frühaufklärung oft artiku-
lierten Bildungsbegriffes stellt sich aber die Frage nach dem Verbleib, den Inhalten und Zielen der Bildung ganz anders. Gefragt werden muß nun nämlich nach den
Fähigkeiten des ganzen Menschen, nach seinen intellektuellen Fähigkeiten ebenso wie
nach seinen emotionalen und handlungsbezogenen Fähigkeiten, wie auch den kulturellen
und politischen Kompetenzen.
Ein solches - ich nenne es hier ein ganzheitliches-Modell von Bildung lieferte in
der Vergangenheit, wenn auch nur bruchstückhaft, der Deutsche Bildungsrat. Er unter-

scheidet im Begriff der Bildung zwischen drei Kompetenzbereichen, für die in der
Schule, wenngleich nicht nur dort, gebildet werden soll:
- die fachliche Kompetenz,
- die humane Kompetenz   und
- die politisch-gesellschaftliche Kompetenz (vgl. DEUTSCHER BILDUNGSRAT, 1974).
Es ist jetzt interessant zu fragen, wie der Wandel der Technologien auf die drei
einzelnen Bereiche menschlicher Kompetenz sich auswirkt, wie er die Bedingungen des
Erwerbs der Kompetenzen, wie die Kompetenzen selbst verändert, welche Veränderungen
der Bildungsprozesse in der Folge impliziert sind, schließlich auch, wie durch die
Veränderung von Einzelbereichen das Gesamtbild von "erfolgreichen" Bildungsprozessen
gewandelt wird.

WIDER DIE INNERLICHKEIT

Ein einseitiger Bildungbegriff wie der Haefnersche, der die instrumentellen Fähigkeiten der Informationsgewinnung, -verarbeitung und -umsetzung hervorhebt, zerstört
aber das Zusammenspiel der drei Bildung ausmachenden Kompetenzen und verlagert Bildung einseitig in den fachlichen Bereich, wobei dann genau diese Kompetenz als die
Domäne der neuen Maschinen erscheint. Dabei wird der Mensch auf Denken und Handeln
in den übrigen Bereichen, hier also der humanen Kompetenz und der politischen Kompetenz abgedrängt. Haefner würde sagen, der Mensch lernt den Umgang mit seinen Emotionen, er wird kreativ, und er lernt soziales Handeln. Schule sei wieder der Ort von
sozialem Lernen. Beides ist sicherlich wichtig und in der Vergangenheit sträflich
vernachlässigt worden - beides hat aber in dem Haefnerschen Modell seine ökonomischen
und sozial wichtigen Bezugspunkte verloren. Diese stecken nun nämlich als fachlich-
instrumenteller Teil der menschlichen Kompetenzen in den Maschinen, in den Computern.
Bürgerliche Innerlichkeit scheint durch: Der einzelne darf sich seinen Emotionen -
nun endlich befreit von lästigen Zwängen zweckrationalen Denkens - ganz hingeben,
kann kreativ sein und soll soziales Handeln, auch politisches, ausüben. Wenngleich
immer in dem Rahmen, der von den Maschinen und ihren anonymen "unberechenbaren" Programmieren gesteckt ist.
Will man aber, daß Bildung und Ökonomie sich nicht einfach auseinanderdividieren,
dann muß das, was der Computer leistet in seinen Grundzügen immer auch als Leistung
des Menschen erkannt bleiben und entsprechend vermittelt werden.

Wie aber kann sich die menschliche Kompetenzentwicklung im Zusammenspiel mit der
Maschine so entwickeln, daß nach dem hier unterbreiteten Bildungsbegriff Bildung dennoch vermittelbar bleibt?

Beispiele: In dem Maße, indem Mitmenschen nur noch über die Medien wahrgenommen und angesprochen werden, verändert sich die Kommunikation und die ihr zugrundeliegende kommunikative Kompetenz als Teil der humanen Kompetenz. Da der averbale Teil menschlicher Kommunikation in den elektronischen Medien gar nicht (Bildschirmtext) oder nur sehr eingeschränkt dargestellt werden kann, verkümmert hier langfristig eine Fähigkeit, die gerade im emotionalen Bereich sehr wichtig ist.

Hier wäre es Aufgabe der literarischen, ästhetischen und sprachlichen Bildung, die unter diesem Aspekt zunehmend relevant werden wird, einen Ausgleich und Gegengewichte zu schaffen.

Durch die von den technischen Medien bedingte Vereinzelung in der beruflichen Tätigkeit (Heimarbeit, Computer) wird das sinnstiftende Element von Arbeit, nämlich die soziale Anerkennung, weitgehend abgebaut. Bildung muß deshalb potentieller Vereinzelung und Vereinsamung des Menschen durch das konkrete Erleben von Solidarität und Mitmenschlichkeit entgegenzuwirken versuchen. Das kann geschehen, indem etwa Arbeitsformen, die noch ein Stück Ganzheitlichkeit darstellen, vermittelt werden. Das aber bedeutet, daß es nicht um die isolierte Einübung von Emotionalität und Kreativität geht, sondern daß beides immer nur im Zusammenhang des arbeitenden Menschen vermittelt werden kann.

POLITISCH-GESELLSCHAFTLICHE KOMPETENZ

Im Bereich der politisch-gesellschaftlichen Kompetenz als der Fähigkeit der Teilhabe an gesellschaftlichen Prozessen bieten die neuen Technologien ebenso Chancen wie Gefahren (vgl. dazu z. B. GORZ, 1983). Der ungeheure Zuwachs an gespeicherten Informationen wie auch an formalen Zugangsmöglichkeiten zu ihnen, vermag eine ganz neue Freiheit zu vermitteln, nämlich alles wissen zu wollen und zu können. Indes bleiben Zugangsmöglichkeiten immer ein formales Angebot und deshalb voraussehbar auch auf jene beschränkt, die ohnehin schon viele Informationen besitzen und entsprechend motiviert sind, auch an weitere zu gelangen. Es gilt diesem Effekt, bekannt auch als Mattäus-Effekt, der sich schon jetzt bei Volksschulangeboten, bei Abendkollegs etc. zeigt, entgegenzuwirken. Schule muß deshalb in den Fächern intensiv über die Informationsmöglichkeiten und die Zugänge zu ihnen aufklären, zugleich muß sie ihre Handhabung einüben.Noch ein anderes: Die Freiheit der Handhabung ist nur eine sehr subjektive Freiheit. Tatsächlich ist das Bild, das uns der Computer über die Fülle an Informationen liefert, immer schon ein eingeschränktes, weil die Informationstechnologien natürlich nicht mehr hergeben können, als ihnen von den Verwaltern der Datenbanken eingegeben wurde. Zwar glaubt der einzelne, daß er über jede Information verfügen kann, indessen entpuppt sich diese Meinung schnell als Trugbild, wenn bedacht wird, daß die Informationen immer schon und notwendigerweise gefiltert, systematisiert und vereinheitlicht sind. Das wird aber nun nicht mehr über Personen erfahren, die eine Information vorenthalten. Über das Medium selbst ist es überhaupt nicht mehr erfahrbar. Es ist deshalb eine ganz wichtige Aufgabe der Schule, Erfahrungen zu vermitteln, die darauf hinauslaufen, daß die angegebenen Informationen immer eine Einschränkung des möglichen Informationsangebotes sind. Wichtig ist auch, daß das Programmieren selbst eingeübt wird, weil nur in diesem Vorgang deutlich wird, daß die Erarbeitung eines Programms immer und notwendigerweise den Ausschluß von soundsoviel Möglichkeiten der Problemlösung bedeutet. Dabei muß die Erkenntnis vermittelt werden, daß Programmieren als Problemlösung abhängig ist von der (sozialen) Sichtweise des Problems selbst. Eine rein technologische Behandlung des Programmierens selbst kann es deshalb nicht geben.

Hier treffen sich die klassischen Fächer Sozialkunde, Geschichte etc. mit einem neuen Fach bzw. mit den neuen Technologien. Insofern ein Plädoyer für die Informatik im allgemeinbildenden Unterricht. Sie darf allerdings nur als Teil einer die gesamte Person umfassenden Bildung vermittelt werden, insofern eine Warnung vor der unbesehenen Übernahme der Informatik in die Schule.

Literatur:

BAMMÉ, A./FEUERSTEIN, G./GENTH, R./HOLLING, E./KAHLE, R./KEMPIN, P.: Maschinen-Menschen, Menschen-Maschinen - Grundrisse einer sozialen Bezeichnung, Reinbek bei Hamburg 1983

DEUTSCHER BILDUNGSRAT: Empfehlungen der Bildungskommission - Zur Neuordnung der Sekundarstufe II, Konzept für eine Verbindung von allgemeinem und beruflichem Lernen, Bonn 1974

GORZ, A.: Wege ins Paradies, Thesen zur Krise, Automation und Zukunft der Arbeit, Berlin 1983

GROLLE, J.: Führt die Revolution der Informationstechnik zu einer neuen Bildungskrise? in: LOG IN, 4 (1984), Heft 2, S. 31 ff.

HAEFNER, K.: Die neue Bildungskrise, Herausforderung der Informationstechnik an Bildung und Ausbildung, Basel, Boston, Stuttgart 1983

Empfehlungen der Gesellschaft für Informatik (GI) e. V.

1976: Zielsetzungen und Inhalte des Informatikunterrichts
      Nachdruck aus: ZDM. Zentralblatt für Didaktik der Mathematik,
      8. Jg. (1976) H.1, S.35-43.

1979: Empfehlungen zur Ausbildung, Fortbildung und Weiterbildung von
      Lehrkräften für das Lehramt Informatik für die Sekundarstufe I
      und II
      Nachdruck aus: Informatik-Spektrum,
      2. Jg. (1979) H.1, S.53-60.

1979: Stellungnahme und Empfehlungen zum Volkshochschulzertifikat
      Informatik
      Nachdruck aus: Informatik-Spektrum,
      2. Jg. (1979) H.3, S.175-177.

1982: Empfehlungen der Gesellschaft für Informatik e.V. (GI) über
      'Eine praktische Tätigkeit für Informatik-Studenten an
      Universitäten'
      Nachdruck aus: Informatik-Spektrum,
      5. Jg. (1982) H.2, S.129-131.

1982: Lernziele des Informatikunterrichts an kaufmännischen Schulen
      Nachdruck aus: LOG IN, 4. Jg. (1984) H.1, S.28-30.
      Erstveröffentlichung in: Informatik-Spektrum,
      5. Jg. (1982) H.4, S.264 -266.

1984: Neue Empfehlungen der Gesellschaft für Informatik für das
      Informatikstudium an Fachhochschulen
      Nachdruck (auszugsweise) aus: Angewandte Informatik,
      26. Jg. (1984) H.5, S.211-216.
      Umfassende Veröffentlichung im Informatik-Spektrum (Heft 4,
      1984) in Vorbereitung.

Anmerkungen: Die hier aufgeführten Empfehlungen sind die vom
             Präsidium verabschiedeten Endfassungen, es wurden nur
             die für Schule und Ausbildung wichtigsten Empfeh-
             lungen zusammengestellt.

Zielsetzungen und Inhalte des Informatikunterrichts[1]

ÜBERSICHT
Zielsetzungen des Informatikunterrichts
1. Systematisches Finden algorithmischer Lösungen von Problemen
2. Formulierung algorithmischer Problemlösungen als Programm
3. Vertiefung durch Anwendung auf praxisorientierte Probleme
4. Erkennung der Auswirkung der Datenverarbeitung auf die Gesellschaft
5. Vertiefung durch Erarbeitung von theoretischen oder technischen Grundlagen der Informatik

Inhalte des Informatikunterrichts

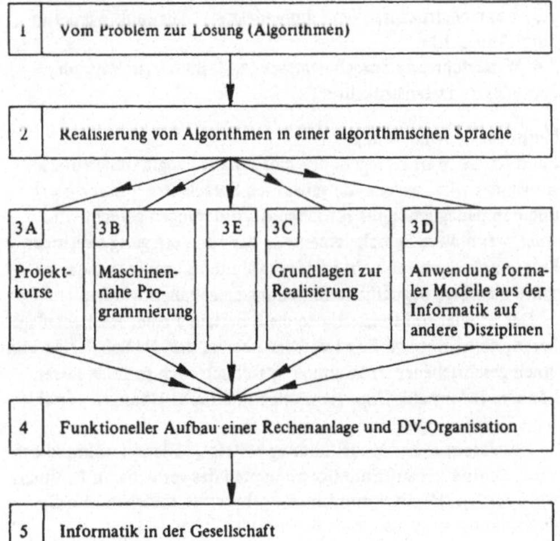

ANHANG
I.: Kommentar zu Zielsetzungen 2. und Inhalte 1.:
Als Beispiel für algorithmisches Problemlösen: Ordnen einer geflickten Liste
II.: Kommentar zu Inhalte 1. und 2.:
Algorithmen und deren Formulierung
III.: Kommentar zu Inhalte 3. Alternative A:
Beispiele zu 3 A
IV.: Kommentar zu Inhalte 3. Alternative B:
Maschinennahe Programmierung
V.: Kommentar zu Inhalte 3. Alternative C:
Grundlagen zur Realisierung
VI.: Kommentar zu Inhalte 3. Alternative D:
Anwendung formaler Modelle aus der Informatik auf andere Disziplinen
VII.: Kommentar zu Inhalte 4.:
Funktioneller Aufbau einer Rechenanlage
VIII.: Kommentar zu Inhalte 4.4:
Aspekte des DV-Einsatzes
IX.: Kommentar zu Inhalte 5:
Informatik in der Gesellschaft (Anwendungen, Auswirkungen und Problematik)

[1] Diese „Zielsetzungen und Inhalte des Informatikunterrichts" wurden im Auftrag des Fachausschusses „Ausbildung" der „Gesellschaft für Informatik" von einem Unterausschuß erarbeitet. Dieser Unterausschuß setzte sich aus Vertretern für das Fach Informatik an Universitäten, Schulen und Kultusverwaltung zusammen.
Federführend für diesen Unterausschuß: o. Prof. Dr. J. Eickel, Institut für Informatik der Technischen Universität München, 8000 München 2, Arcisstr. 21 (Postfach 202420), Tel.: (089) 2105-8261, 8262

Zielsetzungen des Informatikunterrichts

Der zunehmende Einsatz von Rechenanlagen verlangt von jedem Schulabgänger, daß er die Fähigkeit besitzt, einfache Probleme zu analysieren, deren Lösungsabläufe zu entwickeln und diese so zu beschreiben, daß sie schließlich auf einer Rechenanlage ausgeführt werden können. Gegenstand des Informatikunterrichts ist in erster Linie nicht die technische Funktion des Rechners. Vielmehr erscheint es wesentlich, Möglichkeiten der Anwendung des Rechners sowie Auswirkung und Grenzen des Einsatzes von Rechenanlagen zu kennen und zu erkennen.

Es gilt, die Vorstellung vom Rechner als „Elektronengehirn" und die von der „Knopfdruckautomatik" abzubauen. Der Schulabgänger soll der Datenverarbeitung nicht hilflos wie einer höheren Gewalt gegenüberstehen, sondern sie rational in sein Umweltverständnis einordnen können.

Für den Informatikunterricht lassen sich drei interdependente Schwerpunkte definieren:
1. Entwicklung eines Problemverständnisses für die Möglichkeiten der Datenverarbeitung,
2. Einordnen von Informatik-Kenntnissen in die Erlebniswelt,
3. Erlangen von speziellen Informatik-Kenntnissen.

Die stichwortartig angegebenen Zielsetzungen und Inhalte sind nicht ohne den sie umgebenden Kontext oder ohne die später erfolgende Detaillierung zu verstehen. Sie stellen insbesondere keine voneinander unabhängigen etappenweise zu erreichenden Ziele dar. Die Zielsetzungen sind so allgemein formuliert, daß sie sowohl dem Bedürfnis der allgemeinbildenden als auch denen der berufsbildenden Schulen gerecht werden können, je nachdem, wie die Anwendungsgebiete und daraus wiederum die Problemstellungen ausgewählt werden.

Um die Zielsetzungen zu erreichen, soll der Schüler erlernen:

1. *Die Fähigkeit, algorithmische Lösungen von Problemen systematisch zu finden.*
Grundlegend für alle Bereiche der Informatik und ihrer Anwendungen ist das algorithmische Denken. Durch Behandlung verschiedener Beispiele konkreter Probleme sollte die Fähigkeit, die algorithmische Formulierung von Lösungen zu entwickeln, allmählich zu einer Denkdisziplin ausgebaut werden; zur algorithmischen Lösung gehört u. a. auch die Einführung geeigneter Organisationsformen.

Der Zugang zur Informatik sollte aus methodischen Gründen „top-down", d. h. vom Allgemeinen zu den Details, und problemorientiert sein, d. h. alle Überlegungen sind von vornherein einem gestellten Problem oder einer Problemklasse unterzuordnen. Bei der Auffindung der Lösung von Problemen soll man zunächst immer von den Bedürfnissen des Problems, nicht von den zufälligen Eigenschaften der vorhandenen Hilfsmittel, wie Rechner und Programmiersprache, ausgehen. Die Realisierung der Algorithmen mit den vorhandenen Mitteln ist dann ein zweiter Schritt.

2. *Die Fähigkeit, die algorithmische Problemlösung als Programm zu formulieren.*
Als Ausdrucksmittel der Algorithmen kommt in erster Instanz die Muttersprache in Frage, die gerade bei der schöpferischen Phase des Algorithmenentwurfs von besonderer Bedeutung ist. Da man die Algorithmen jedoch letzten Endes automatisch ausführen lassen will, ist die Einführung von standardisierten Sprachelementen geboten, d. h. die Einführung einer „Programmiersprache". Diese sollte so gewählt sein, daß sich ihre Einführung als eine organische Präzisierung derjenigen Ausdrucksmittel der Muttersprache darstellt, die sich zur Formulierung der algorithmischen Lösung als erforderlich herausstellen. Die Sprachelemente der gewählten Programmiersprache sollten im Unterricht deutlich gegen deren spezielle Notation abgehoben werden, damit der Schüler nicht zu stark an den akzidentellen Gegebenheiten einer Programmier-

Informationen

sprache hängt. Eine Einführung in die Informatik ist kein Programmiersprachen-Kurs und will ihn auch nicht ersetzen.

Die Technik, Programme strukturiert zu entwerfen, d. h. sie aus der systematischen Zerlegung und Verfeinerung der Aufgabenstellung heraus entstehen zu lassen, ist von Anfang an zu verfolgen. Strukturiertes Programmieren hilft, Fehler beim Programmieren zu vermeiden, macht es leichter, sich schrittweise von der Korrektheit der Programme zu überzeugen, erlaubt die Delegation von Teilaufgaben und unterstützt die Fähigkeit des so konstruierten Programms, sich selbst zu dokumentieren.

3. Das Gelernte zu vertiefen durch Anwendung auf praxisorientierte Probleme oder Problemkreise, insbesondere unter Berücksichtigung geeigneter Datenstrukturen und DV-Organisationsformen.
Der Problemkreis ist hier sehr weit gefaßt. Er beschränkt sich nicht auf mathematisch-physikalische und kaufmännische Aufgabenstellungen, sondern enthält auch z. B. Aufgaben aus den Wirtschaftswissenschaften und der Linguistik; er enthält die Aufbereitung, Erstellung, Instandhaltung und Nutzbarmachung großer Datenbestände; er kann sich aber auch auf die Implementierung von Programmiersprachen beziehen, sei es in Form eines Übersetzerprogramms oder sei es in Form der algorithmischen Beschreibung eines Rechners, d. h. einer Funktionseinheit zur Ausführung von Programmen in dieser Sprache.

Welche Probleme in den Mittelpunkt des Unterrichts gestellt werden, hängt von der Schulart, von der zur Verfügung stehenden Zeit und den Vorkenntnissen der Schüler ab. In allen Fällen aber ist zu betonen, daß die grundsätzliche Vorgehensweise für jeden Problemkreis dieselbe ist, daß es keinen begrifflichen Unterschied etwa zwischen numerischer (sogenannter „wissenschaftlicher") und nichtnumerischer Datenverarbeitung gibt.

4. Die Fähigkeit, die Auswirkungen der Datenverarbeitung auf die Gesellschaft zu erkennen.
Im gesamten Informatik-Unterricht, insbesondere bei den dabei verwendeten Beispielen, sind u. a. folgende Fragen aufzuwerfen:
Wer benutzt Rechner?
Wozu werden Rechner benutzt?
Wozu werden Rechner benötigt?
Welche Aufgaben sind erst durch den Einsatz von Rechnern zu bewältigen?
Was sind die beabsichtigten und unbeabsichtigten Konsequenzen der Benutzung von Rechnern?
Worauf ist bei zukünftigem Einsatz von Rechnern zu achten?
Bei wem liegen die Verantwortlichkeiten für den Rechnereinsatz?

5. Das Gelernte möglicherweise zu vertiefen durch Erarbeitung von theoretischen oder technischen Grundlagen der Informatik.
Im Informatik-Unterricht sollte der Rechner im allgemeinen von einem phänomenologischen Standpunkt aus behandelt werden, indem herausgearbeitet wird, wie man sich seiner als Werkzeug bedienen kann. Darüber hinaus können nach Bedarf auch die theoretischen und die technischen Grundlagen in etwas größerer Tiefe angegangen werden. In diesem Rahmen können auch mehr maschinenorientierte Bereiche wie Aufbau, Funktionsweise und maschinennahe Programmiersprache eines vorhandenen Rechners erarbeitet werden. Voraussetzung hierfür ist aber eine tiefgehende Vorbereitung im algorithmischen Denken und im Programmieren. Auch hier sollte der Zugang „top-down" sein.

Inhalte des Informatik-Unterrichts
1. Vom Problem zur Lösung
(Algorithmen und deren Formulierung mit Hilfe der Umgangssprache)
1.1. Alltagsalgorithmen
1.2. Bekannte Algorithmen aus dem Schulunterricht

1.3. Der intuitive Begriff des Algorithmus
1.3.1. Elementare Objekte
1.3.2. Elementare Anweisungen
1.3.3. Kontrollstrukturen
1.3.4. Datenstrukturen
1.4. Strukturierung von Algorithmen

2. Realisierung von Algorithmen in einer algorithmischen Sprache
(Herausarbeiten der benötigten Sprachmittel, formalisierte Darstellung der Algorithmen)
2.1. Elementare Objekte (Konstante, Variable, Vereinbarungen)
2.2. Elementare Anweisungen (Zuweisungen, arithmetische und BOOLEsche Ausdrücke, Standardalgorithmen, Ein-/Ausgabe u. a.)
2.3. Kontrollstrukturen (Zusammenfassung, Auswahl, Wiederholung, Abbruch)
2.4. Weiterführende Sprachelemente (z. B. indizierte Variable, Prozeduren, Datenstrukturen)

Methodische Anmerkung:
Es ist darauf Wert zu legen, daß eine höhere Programmiersprache verwendet wird, welche die genannten Sprachelemente realisiert und den pädagogisch-didaktischen Anforderungen gerecht wird. Auch wenn diese Sprachelemente in der zur Verfügung stehenden Programmiersprache nicht in der erwähnten Form vorhanden sind, sollte die obige begriffliche Einteilung eingehalten werden.

Der Schüler soll frühzeitig an die Benutzung einer Rechenanlage herangeführt werden. Es ist vorauszusetzen, daß die Schüler die von ihnen geschriebenen Programme tatsächlich auch rechnen lassen können. Informatik-Unterricht ohne praktische Übungen verfehlt seine Zielsetzungen.

Nur sofern es zur Modellbildung beiträgt, soll man während des Unterrichts auch auf Funktionseinheiten des verfügbaren Rechners wie Speicher, Register und Ein-Ausgabegeräte eingehen. Zur Begriffsbildung vergleiche man Normblatt DIN 44300.

3. Anwendung und Vertiefung
Während 1. und 2. verbindlich sind, werden unter 3. verschiedene Alternativen A, B, C, D, E angeboten.

Der Unterricht sollte sich auf eine der Alternativen konzentrieren, jedoch auch noch einen kurzen Einblick in eine der anderen Alternativen bieten, wenn der Zeitplan dieses erlaubt. Insbesondere sollte möglichst immer ein Projektkurs im Sinne von 3 A durchgeführt werden.

3. Alternative A:
Projektkurse
Ein wesentlicher Platz im Informatik-Unterricht kommt einer Projektphase zu, in der das selbständige Entwickeln von Algorithmen in der Form von spielerischem Lernen eingeübt werden sollte. Die zu bearbeitenden Projekte sollten dem Alter der Schüler angepaßt werden. Die Projekte sollten so ausgewählt sein, daß sie
– geeignet für Arbeit in kleinen Gruppen sind,
– im Schwierigkeitsgrad dem Alter anpassbar sind,
– Raum für eigene Phantasie und Initiative lassen,
– ein direktes Erfolgserlebnis bieten, indem die Resultate für andere Schüler unmittelbar begreiflich sind,
– ein kontinuierliches Erfolgserlebnis bieten, indem sie stufenweise verschönert und ausgebaut werden können,
– einen direkten Bezug zum Alltag aufweisen.

Beispiele einiger Projekte sind im Anhang stichwortartig angegeben. Dabei ist die Auswahl nicht repräsentativ für den Bereich der Möglichkeiten. Es soll deutlich werden, wie man umfangreichere Probleme auf unterschiedlichem Niveau behandeln kann, wobei der Vertiefungsgrad dem Kenntnisstand und der Lernbereitschaft angepaßt werden kann.

Bei der Stundenaufteilung sollten die Eigenheiten des projektbezogenen Unterrichts durch größere Zeiteinheiten berücksichtigt werden.

3. *Alternative B:*
Maschinennahe Programmierung
3.1. Maschinenmodell, Befehl, Adresse
3.2. Interne Codierung von Objekten
3.3. Register, Indexregister, Adressierungsmethoden
3.4. Weitere Maschinenbefehle
3.5. Überführung einiger Programme in maschinennahe Sprache
3.6. Automatische Überführung von Programmen in maschinennahe Sprache am Beispiel von Zuweisungen (Aufbrechen von Formeln)

3. *Alternative C:*
Grundlagen zur Realisierung
3.1. Schaltvariable
3.2. Schaltfunktion und ihre Darstellung durch Schaltelemente
3.3. Schaltnetze und Schaltwerke (z. B. Halbaddierer, Volladdierer, Additionsschaltnetz, Decodierer)
3.4. Zustandsgraphen
3.5. Dioden, Transistoren, technische Verwirklichung von Schaltnetzen und Schaltwerken (z. B. Flip-Flop, Serienaddierschaltwerk, Dualzähler, Schieberegister, Verzögerungsglied u. a.)

3. *Alternative D:*
Anwendung formaler Modelle aus der Informatik auf andere Disziplinen
Sprachunterricht – Grammatiken, formale Sprachen, Parser
Biologie – Automaten, Simulation
Mathematik – Automaten, Berechenbarkeitsbegriffe
Gemeinschaftskunde/Philosophie – Syntax, Semantik, Nichtberechenbarkeit

3. *Alternative E:*
Nichts, d. h. man geht von 2. direkt zu 4. über oder behandelt höchstens einen kurzen Einblick in eine der anderen Alternativen.

4. *Funktioneller Aufbau einer Rechenanlage und DV-Organisation*
4.1. Zentraleinheit (Speicher, Leitwerk, Rechenwerk)
4.2. Geräte der Peripherie
4.3. Abläufe bei der Abarbeitung eines Befehls in der Zentraleinheit
4.4. Organisatorische Aspekte des DV-Einsatzes
4.5. Preise und Leistungsfähigkeit

5. *Informatik in der Gesellschaft*
(Anwendung, Auswirkungen und Problematik)

Anhang
Anhang I
(Kommentare zu Zielsetzungen 2. und Inhalte 1.:
Als Beispiel für algorithmisches Problemlösen: Ordnen einer geflickten Liste)
Frei nach: L. E. J. GEURTS, „Cursus Programmeren, deel 1: de elementen van het programmeren", Mathematisch Centrum Amsterdam, publ. MC 16.1, Aug. 1973

1. Problemstellung
In einem Notizbuch haben wir im Laufe der Jahre die Nachnamen von einigen hundert Menschen aufgeschrieben. Zu Anfang haben wir uns vielleicht bemüht, diese Nachnamen alphabetisch aufzuschreiben, aber nach einiger Zeit haben wir die Nachnamen an ziemlich willkürlichen Stellen eingetragen, und es ist dann auch wohl vorgekommen, daß ein Nachname nicht schnell genug zu finden war und nochmals aufgenommen worden ist. Jetzt wollen wir unser Notizbuch bereinigen, indem wir eine alphabetische Liste dieser Nachnamen anlegen, in der jeder Nachname natürlich nur einmal vorkommen darf.

Es gibt verschiedene Vorgehensweisen, wie wir dieses Problem in der Praxis lösen können. Wir könnten z. B. alle Nachnamen auf Zettel schreiben und diese Zettel lexikographisch ordnen, oder wir könnten die ganze Liste auf Lochkarten ablochen und ein Programm schreiben, das die Liste sortiert und in lexikographischer Reihenfolge ausdruckt. Wir werden hier eine Methode benutzen, die man zwar mit der Hand ausführen kann, die aber deutlich auf Verfahren hinweist, die man auf dem Computer verwenden würde.

Zu Anfang stellen wir fest, welche Elementaralgorithmen wir zur Verfügung haben. Wir könnten etwa folgende Auswahl treffen:
– *Betrachte den ersten Nachnamen aus der alten Liste*
– *Betrachte den nächsten Nachnamen aus der alten Liste*
– *Radiere diesen Nachnamen aus*
– *Schreibe an diese Stelle der alten Liste den Nachnamen . . .*
– *Füge . . . an die neue Liste an*
– *Gibt es noch einen Nachnamen in der alten Liste?*
– *Ist diese Liste leer?*
– *. . . kommt lexikographisch vor . . .?* (bei Wörtern)
– *. . . kommt alphabetisch vor . . .?* (bei Buchstaben)
– *. . . ist verschieden von . . .?*

Darüber hinaus verfügen wir natürlich über die Möglichkeit von Zuweisungen sowie über bestimmte Kontrollstrukturen. Weil das Gesamtproblem ziemlich komplex im Vergleich zum Niveau dieser elementaren Algorithmen ist, werden wir den Lösungsalgorithmus zuerst auf einer gröberen Ebene beschreiben und ihn dann schichtweise verfeinern.

2. Lösungsansatz
Wir werden versuchen, jeweils denjenigen Nachnamen in der alten Liste zu suchen, der als nächster in die neue Liste eingetragen werden sollte, und diesen dann von der alten in die neue Liste übertragen. Dabei müssen wir dafür sorgen, daß Nachnamen, die mehrmals in der alten Liste vorkommen, nur einmal in die neue Liste eingetragen werden.

Eine etwas genauere Formulierung dieses Lösungsansatzes könnte lauten:

Name des Algorithmus: Liste bereinigen
Eingabe: alte Liste
Ausgabe: neue Liste

Suche jeweils den lexikographisch ersten Nachnamen in der alten Liste, radiere ihn aus und füge ihn an die neue Liste, falls er nicht schon dort steht; mache so weiter, bis die alte Liste leer ist.

---

3. Erste Formalisierung
Diese umgangssprachliche Fassung ist nicht gerade genau (z. B., worauf bezieht sich *falls er nicht schon dort steht?*). Wir formalisieren den Algorithmus etwas, indem wir Kontrollstrukturen für Wiederholung und Auswahl sowie die Zuweisung aus einer ALGOL-ähnlichen Programmiersprache verwenden. Zitate aus der Programmiersprache werden wir mit „Polygo Elite 12" (kleine eckige Schrift) schreiben, umgangssprachliche Formulierungen mit „Script" (Zierschrift).

Name des Algorithmus: Liste bereinigen
Eingabe: alte Liste
Ausgabe: neue Liste

while *die alte Liste ist noch nicht leer* do
begin niedrigster: = *der lexikographisch erste Nachname aus der alten Liste;*
    Radiere niedrigster *aus der alten Liste aus;*
    if niedrigster *steht noch nicht in der neuen Liste*
      then *füge* niedrigster *an die neue Liste an*
end

Informationen

4. Verfeinerung

Der verwickeltste Baustein in dieser Grobformulierung des Algorithmus ist:

niedrigster: = *der lexikographisch erste Nachname aus der alten Liste.*

Offenbar muß *der lexikographisch erste Nachname aus der alten Liste* bei weiterer Verfeinerung durch einen Algorithmus detailliert werden. Bei diesem Algorithmus wird jeweils die ganze alte Liste durchsucht, und für jeden Nachnamen wird dabei festgestellt, ob dieser lexikographisch vor allen bisher betrachteten Nachnamen rangiert. Wir werden dazu in der Variablen niedrigster zu jedem Zeitpunkt den Nachnamen festhalten, der von den bis dahin betrachteten Nachnamen aus der alten Liste der lexikographisch erste ist:

bis jetzt	niedrigster	
	schon verarbeitet	*Rest der alten Liste*

Sobald „*Rest der alten Liste*" leer ist, enthält niedrigster den lexikographisch ersten Nachnamen aus der alten Liste.

Ein zweiter Baustein, der weiter ausgeführt werden muß, ist:
Radiere niedrigster *aus der alten Liste aus*

Hierfür könnte man sich 3 Strategien denken:
1. Die alte Liste nochmals durchlaufen, bis ein Nachname angetroffen wird, der identisch ist mit niedrigster und diesen dann ausradieren.
2. Beim Suchen des „niedrigsten" immer festhalten, wo dieser „niedrigste" angetroffen wurde, so daß er später ohne Suchen ausradiert werden kann.
3. Beim Suchen des „niedrigsten" diesen jeweils ausradieren, sobald er angetroffen wird.

Weil Strategie 1 doppelte Arbeit erfordert (nicht so sehr bei der Formulierung des Algorithmus, sondern mehr bei seiner Ausführung) und Strategie 2 sich nicht ausdrücken läßt mit Hilfe der Teilalgorithmen, die wir angegeben haben (es gibt keine Möglichkeit, die Nachnamen durchzunumerieren, und auch keine, um mit diesen Nummern weiterzuarbeiten), werden wir versuchen, die 3. Strategie zu benutzen: Wir integrieren das „Ausradieren" in den Suchprozeß.

Sofort entsteht eine neue Schwierigkeit: Während wir die alte Liste durchsuchen, werden wir nacheinander verschiedenen Kandidaten für niedrigster begegnen. Diese dürfen wir nicht einfach alle entfernen. Am Ende des Suchprozesses muß genau ein Nachname entfernt sein, nämlich der „niedrigste" Nachname. Wenn wir im ersten Teil der Liste einen bestimmten „niedrigsten" Nachnamen (z. B. Neumann) gefunden haben, kann es passieren, daß wir im zweiten Teil einen lexikographisch „niedrigeren" Nachnamen finden werden (z. B. Aardvark). Wenn wir also den Nachnamen Neumann sofort ausradiert hätten, würden wir beim Begegnen des Nachnamens Aardvark erfahren, daß das nicht zu Recht geschah, daß (evtl.) dieser letzte Nachname ausradiert werden sollte.

Lösung: Wir werden jedes Mal den neuen Kandidaten „niedrigster" (z. B. Aardvark) entfernen und an seine Stelle den Nachnamen schreiben, den wir fälschlicherweise ausradiert hatten (Neumann), usw. Wenn sich am Schluß erweist, daß Aardvark tatsächlich der lexikographisch niedrigste war, brauchen wir uns nicht mehr darum zu kümmern, diesen Nachnamen auszuradieren — das ist schon passiert.

Verfeinern wir jetzt dementsprechend den Teil
niedrigster: = *der lexikographisch erste Nachname aus der alten Liste;*
Radiere niedrigster *aus der alten Liste aus;*
zu einem separaten Algorithmus:

Name des Algorithmus: suche und entferne niedrigster *aus der alten Liste*
Eingabe: alte Liste
Ausgabe: geänderte alte Liste; niedrigster

niedrigster: = *erster Nachname der alten Liste;*
Radiere den ersten Nachnamen aus der alten Liste aus;
while *es gibt noch einen weiteren Nachnamen in der alten Liste* do
begin dieser name: = *folgender Name aus der alten Liste;*
    if dieser name *kommt lexikographisch vor* niedrigster then
      begin *Radiere* dieser name *aus der alten Liste aus;*
        Schreibe an dieser Stelle der alten Liste den Nachnamen niedrigster *auf;*
        niedrigster: = dieser name
    end [*der bis jetzt „niedrigste" ist aus der alten Liste wegradiert*]
end [*der „niedrigste" ist aus der alten Liste wegradiert*]

---

5. Weitere Verfeinerung

In der Ausarbeitung der zweiten Schicht kommt noch ein ziemlich verwickelter Baustein vor:
dieser name *kommt lexikographisch vor* niedrigster
Hier wird vom Ausführenden verlangt, daß er nicht nur von zwei Buchstaben entscheiden kann, welcher im Alphabet vor dem anderen kommt, sondern auch von zwei Wörtern bestimmen kann, welches der beiden Wörter lexikographisch zuerst kommt. Diese letzte Aufgabe muß offenbar ausgedrückt werden in Termen eines einfacheren Testes für Buchstaben: *Kommt dieser Buchstabe alphabetisch vor jenem.*

Beim Vergleich der Wörter „Tante" und „Tabak" sind die ersten beiden Buchstaben gleich, erst der dritte Buchstabe führt zur Entscheidung, daß „Tabak" lexikographisch vor „Tante" kommt. Eine etwas andere Situation liegt beim Vergleich von „Tabak" und „Tabakladen" vor. Hier sind die ersten 5 Buchstaben gleich, aber „Tabak" hat keinen sechsten und ist deshalb lexikographisch das erste Wort.

Zur Feststellung der lexikographischen Folge müssen wir also die Buchstaben des einen Wortes von links nach rechts mit den korrespondierenden des anderen Wortes vergleichen, bis wir feststellen:
— entweder zwei Buchstaben sind ungleich,
— oder eines der beiden Wörter ist zu Ende,
— oder beide Wörter sind beendet.

Zum Ausführen dieses Testes werden wir einen separaten Algorithmus schreiben:

Name des Algorithmus: wort 1 *kommt lexikographisch vor* wort 2
Eingabe: wort 1, wort 2
Ausgabe: ja oder nein

buchstabe 1: = *erster Buchstabe von* wort 1;
buchstabe 2: = *erster Buchstabe von* wort 2;
while buchstabe 1 = buchstabe 2
    und sowohl wort 1 *als auch* wort 2 *hat weitere Buchstaben* do
begin buchstabe 1: = *nächster Buchstabe von* wort 1;
    buchstabe 2: = *nächster Buchstabe von* wort 2;
end;
if buchstabe 1 *kommt alphabetisch vor* buchstabe 2 *oder*
  (buchstabe 1 = buchstabe 2 *und*
  wort 1 *hat keine weiteren Buchstaben, wohl aber* wort 2)
then *ergibt ja*
else *ergibt nein*

Hiermit haben wir das Problem, zwei Wörter zu vergleichen, auf das im weiteren als elementar betrachtete Problem, zwei Buchstaben zu vergleichen, reduziert.

6. Endgültiger Algorithmus

Als letztes gefällt uns noch nicht der Test:

niedrigster *steht noch nicht in der neuen Liste,*

weil diese Formulierung suggeriert, daß man die ganze neue Liste nach einem Vorkommen von niedrigster durchsuchen muß. Wir wissen, daß die neue Liste geordnet ist und brauchen uns deshalb nur das letzte Element der neuen Liste anzusehen und mit niedrigster zu vergleichen. Es kann aber sein, daß die neue Liste noch leer ist und deshalb kein letztes Element hat. Diese Überlegungen führen zu folgender Formulierung des Algorithmus:

Name des Algorithmus: Liste bereinigen
Eingabe: Alte Liste
Ausgabe: Neue Liste

---

while *die alte Liste ist nicht leer* do
begin *Suche und entferne* niedrigster *aus der alten Liste;*
   if *die neue Liste ist leer oder*
      niedrigster *ist verschieden vom letzten Namen*
      der neuen Liste
     then *füge* niedrigster *an die neue Liste an*
end

Dieser Algorithmus verwendet den Algorithmus *Suche und entferne* niedrigster *aus der alten Liste.* Dieser Algorithmus wiederum verwendet den Algorithmus wort 1 *kommt lexikographisch vor* wort 2, wobei nur die elementaren Algorithmen aus Anhang I verwendet werden. Wir haben diesen zusammengesetzten Algorithmus erzeugt durch schrittweise Verfeinerung der Formulierung des Originalalgorithmus in 2.

Dies ist ein einfaches Beispiel der Technik, die man *strukturierte Programmierung* nennt.

Anhang II

(Kommentar zu Inhalte 1. und 2.: Algorithmen und deren Formulierung)

1. Algorithmen

Einen intuitiven Begriff des Algorithmus (als Vorschrift, als Rezept, als Gebrauchsanleitung) hat jeder Schüler. Es geht darum, diesen Begriff zu konkretisieren und die Fähigkeit zu üben, Algorithmen zu entwerfen.

1.1. Alltagsalgorithmen

Beispiele: Kochrezept, Vorschrift zum Führen eines Telephongesprächs, Ampelsteuerung, Zigarettenautomat, Wägungen mit Hilfe von Gewichtsstücken, Ermittlung des Wochentages aus dem Tagesdatum, Suche eines Buches in einer Bibliothek.

Formulierungen in der Muttersprache können nach und nach stärker strukturiert werden durch Einsatz von muttersprachnahen Kontrollstrukturen (Auswahl, Wiederholung usw.). Auch kann schon auf dieser Ebene die Einführung der Zuweisung und des Variablenbegriffs vorbereitet werden.

1.2. Bekannte Algorithmen aus dem Schulunterricht

Es ist darauf zu achten, daß nicht der Eindruck erweckt wird, daß Algorithmen in der Regel numerischer Natur sind.

Beispiele: Addition und Multiplikation von Zahlen, Lösung einfacher Gleichungen, Auswertung von physikalischen Meßreihen, Deklination und Konjugation im Sprachunterricht, Bestimmung von Kationen und Anionen durch Titration einer Lösung, Wachstumsprozesse.

1.3. Herausarbeitung des Begriffs Algorithmus

Ein *Algorithmus* ist eine *genaue endliche* Beschreibung eines *allgemeinen Verfahrens.* Diese Beschreibung erfolgt in irgend-

einem *Formalismus* mit Hilfe von *anderen Algorithmen* und, letztlich, *elementaren Algorithmen.*

Man fordert von einem Algorithmus, daß er *ausführbar* ist von einem *Prozessor* (sei es von einem Menschen oder von einem Automaten), der den Formalismus kennt, den Algorithmus abarbeiten kann und die elementaren Algorithmen beherrscht.

Bei Ausführung des Algorithmus werden *Objekte* manipuliert, insbesondere kann *Eingabe* und *Ausgabe* von Objekten stattfinden.

Ein Algorithmus kann *sequentiell* oder *nicht-sequentiell* sein. Ein sequentieller Algorithmus wird *seriell* abgearbeitet, von einem nicht-sequentiellen Algorithmus werden Teile *kollateral* oder *parallel* abgearbeitet.

Im Kontext der Muttersprache kann hingewiesen werden auf die Existenz von *Objekten* (Haus; Auto; Mensch; Text; Ziffer; Zahl usw.), insbesondere *Variablen* (die bis jetzt kleinste Zahl; das erste Haus links), *Anweisungen* (Aufrufe von Algorithmen; Zuweisungen; Operationen auf „Häusern", „Autos", „Menschen", „Texten", „Ziffern", „Zahlen" usw.), *Kontrollstrukturen* (wenn ... dann; zuerst ... dann ... anschließend ... , ... zum Schluß ... ; wiederhole ... bis ... ; wiederhole ... solange ... ; wiederhole ... tausend Mal) und *Datenstrukturen* (Häuserreihen; Strukturen zusammengestellt aus Elementen; Karteien usw.).

1.4. Wesentliche Aspekte der Strukturierung von Algorithmen sind: Verbalisierung der Algorithmen, Methode der schrittweisen Verfeinerung (siehe hierzu auch Anhang I), Modularität („Black-box-Begriff"). Die Strukturierung eines Algorithmus erleichtert es, Aussagen über ihn zu machen, wie z. B. Terminierung, Korrektheit und Aufwand.

2. Realisierung von Algorithmen in einer algortihmischen Sprache

Ein Programm ist ein Algorithmus, geschrieben in einer Programmiersprache. Ein Programm soll ausführbar sein und zwar mit möglichst wenig Aufwand (Speicher- und Zeitbedarf) auf einer zur Verfügung stehenden Rechenanlage.

Zur Lösung eines Problems konzipiert man auf einer abstrakten Ebene einen Algorithmus, den man als Programm realisiert. Dieses ist eine *Konkretisierung* in zweierlei Hinsicht:
— *Wahl eines bestimmten Formalismus* (Programmiersprache), in welchem man mittels wohldefinierter Bausteine alles genau und vollständig detailliert darstellen muß,
— *Wahl einer bestimmten Darstellung* für die Daten.

Die Programmiersprache ist als eine Konkretisierung und Formalisierung der schon erwähnten intuitiven Ausdrucksmittel aufzufassen.

Die gemäß Anhang I umgangssprachlich erarbeiteten Konzepte sind in mehr oder weniger geeigneter Form in jeder Programmiersprache zu finden:

Elementare Objekte:
Konstante, Variable: Vereinbarung, Art, Gültigkeitsbereich
Datenstrukturen:
Indizierte Variable, Tabellen, Verbunde, Keller, Schlange
Elementare Anweisungen:
Aufruf von Prozeduren (auch von Standardalgorithmen, u. a. Ein-/Ausgabe), Zuweisung, Operationen
Kontrollstrukturen:
Zusammenfassung, Auswahl, Wiederholung, Abbruch.

Die aufgeführten programmsprachlichen Elemente sind in den für Schulen z. Zt. verfügbaren Programmiersprachen nicht vollständig enthalten. In diesem Falle ist die Formulierung der Programme unter Verwendung obiger Sprachelemente ein wesentlicher Schritt, dem als weiterer die Umsetzung in die verfügbare Sprache folgen muß.

Anhang III

(Kommentar zu Inhalte 3. Alternative A: Beispiele zu 3 A)
Beispiel 1. zu 3 A:
Girodienst
Spezielle Vorkenntnisse: keine

Informationen

1.1. Einfachste Form
Überweisung von Konto zu Konto;
Kontenführung ohne Benutzung von Dateien.
1.2. Verfeinerung
a) Versenden von Abrechnungen
b) Vermeidung von Kontoüberziehungen
c) Führung und Berücksichtigung des Datums (Sammelabrechnungen)
d) Ein- und Auszahlungen
e) Anfertigen von Bestandsübersichten
f) Fehler-Kontrolle und -überwachung
g) Zinsberechnungen
1.3. Vertiefung
a) Benutzung von Dateien auf Hintergrundspeichern. Erklärung der Funktionsprinzipien von Magnetbändern und -platten.
b) Kontenführung mit Namen und Adressen unter Benutzung von Dateien.
Erklärung des zeichenweisen Lesens und Schreibens.
c) Sortieren
d) Arbeit mit mehreren Dateien bzw. verschiedenartig abgespeicherten Teilen einer Datei.

Beispiel 2. zu 3 A:
Textbearbeitung
Vorkenntnisse: keine
2.1. Einfachste Form
Einlesen von Text, Verschlüsselung der Einzelzeichen durch Zahlen, Ausdrucken des Textes (in umgekehrter Buchstabenfolge). Erklärung der Begriffe Code, Lochkarte (-streifen), Telex, Zeilendrucker
2.2. Verfeinerung
a) Feststellung der Häufigkeit von Zeichen
b) Einfache Textsubstitution. (Ersetzen von Zeichen durch Zeichenreihen)
c) Geheimcode-Verschlüsselung und -Entschlüsselung
d) Editieren eines Textes, d. h. Aufteilen des Textes auf Zeilen unter geeigneter Einfügung von Zwischenräumen
e) Einlesen und Ausdrucken einer Zahlenfolge als Zeichenkette
f) Schreiben von Weihnachtskarten
2.3. Vertiefung
a) Sortieren von Zeichenreihen (etwa: Inverse Sortierung zur Erzeugung eines Reimwörterbuches)
b) Verarbeitung von Programmen als Eingabetexte, z. B. Aufstellen des Identifier-Verzeichnisses, syntaktische Überprüfung
c) Generieren von sprachlichen Texten: Mit Hilfe der Digramm- und Trigrammhäufigkeiten; mit Hilfe einer syntaktischen Beschreibung in Form einer einseitiglinearen oder einer kontextfreien Grammatik
c) Schreiben von „Gedichten"

Beispiel 3. zu 3 A:
Personalverwaltung
Vorkenntnisse: Dateien, Zeichenlesen und -schreiben
3.1. Einfachste Form
Ein Bestand enthält pro Arbeitnehmer:
Nummer, Name, Geburtsjahr, Geschlecht, Familienstand, Kinderzahl, Diensteingangsjahr, Brutto-Monatsgehalt
Aufbau und Handhabung eines solchen Bestandes
3.2. Verfeinerung
a) Suchen von Arbeitnehmern, die bestimmten Kriterien genügen, z. B. unverheiratete Frauen unter 30
b) Berechnung des Nettogehalts unter Berücksichtigung von Steuer, Kindergeld, Krankenkassenbeitrag etc.
c) Berechnung des Weihnachtsgeldes
d) Verknüpfung der Gehaltsabrechnung mit dem Girodienst
e) Erstellung von monatlichen Übersichten
3.3. Vertiefung
a) Sortieren und Suchen

b) Dateien beim Einwohnermeldeamt unter Berücksichtigung von Verwandtschaftsrelationen. Ausführung als Geflecht (verkettete Liste) von Objekten. Abänderung des Geflechts z. B. bei Geburt, Ehe usw.

Beispiel 4. zu 3 A:
Lohnsteuer und Sozialversicherung
Vorkenntnisse: Dateien, Zeichenlesen und -schreiben
4.1. Einfachste Form
Bestand enthält: Name, Geburtsjahr, Geschlecht, Familienstand, Kinderzahl, Monatslohn (brutto), Steuerfreibetrag
a) Bestimmung der Steuerklasse
b) Ausstellen der Lohnsteuerkarte
c) Berechnung des Nettolohns mit Hilfe von Lohnsteuer- und Sozialversicherungstabellen
4.2. Verfeinerung
a) Berechnung der Lohnsteuer mit Hilfe der Steuerformel (Bundessteuerblatt 1974, Nr. 1, Seite 733)
— zu versteuernder Einkommensbetrag
— Splittingverfahren
— Abrundung des Einkommensbetrages
— Berechnung der Steuer
b) Berechnung der Sozialversicherung (Krankenversicherung, Rentenversicherung, Arbeitslosenversicherung) nach den entsprechenden Prozentsätzen mit Rundung
4.3. Vertiefung
a) Gesamtabrechnung des Arbeitgebers über einbehaltene Lohnsteuer
b) Gesamtabrechnung des Arbeitgebers über Sozialversicherung
c) Gesamtkosten zu Lasten des Arbeitgebers
(Löhne, Sozialversicherung, Sparzulagen usw.)

Beispiel 5 zu 3 A:
Platzbuchungssystem
Vorkenntnisse: Dateien
5.1. Einfachste Form
Ein Flugzeug hat n Plätze. Reservierung ist möglich, solange noch Plätze frei sind. Ausstellung von Flugtickets mit Angabe der Platznummer
5.2. Verfeinerung
a) Platzreservierung bei mehreren Flugmöglichkeiten pro Tag und bei Flugmöglichkeiten an verschiedenen Tagen
b) Einbeziehung von Umsteigmöglichkeiten und Berechnung der Flugpreise
c) Sonderwunschberücksichtigung (Fensterplatz, Raucher etc.)
d) Buchungen mit Alternativen (z. B. Verzicht auf Sonderwünsche, andere Zeiten)
e) Simultanbuchungen mit Nebenbedingungen (z. B. nebeneinander)
5.3. Vertiefung
a) Netzwerk von Fluglinien
b) Feststellung von Umsteigezeiten
c) Bestimmung der billigsten Route

Anhang IV
(Kommentar zu Inhalte 3. Alternative B: Maschinennahe Programmierung)
3.1. Maschinenmodell, Befehl, Adresse
Als Maschinenmodell wird die von -NEUMANN-Maschine, bestehend aus den beiden Einheiten Speicher und Prozessor eingeführt. Der *Speicher* enthält die Benutzerprogramme mit den zugehörigen Daten. Er ist aufgebaut aus identischen Speicherelementen, die über zugeordnete *Adressen* eindeutig identifizierbar sind. Als *Befehle* sind Lesen und Schreiben eines adressierten Speicherelementes ausführbar. Andere Grundbefehle erlauben z. B. die Durchführung von arithmetischen Operationen.

Zwei *Prozessoren* (zusammengefaßt in der Zentraleinheit) interpretieren die Befehle (Befehlsprozessor, Leitwerk) und führen sie aus (Datenprozessor, Rechenwerk).

Der *Befehlsprozessor* lädt nach einem festverdrahteten Algorithmus den Inhalt eines bestimmten Speicherelementes und interpretiert ihn. Der *Datenprozessor* kann eine Reihe elementarer, festverdrahteter arithmetischer und logischer Algorithmen (Maschinenbefehl) ausführen. Die Maschinenbefehle sind aus Operations- und Adressteil aufgebaut.

3.2. Interne Codierung von Objekten

Ausgehend von der bekannten Dezimaldarstellung von Zahlen kommt man über das Prinzip des Stellenwertsystems zur Codierung bzgl. einer anderen Basis. Argumente für die Wahl der *Basis 2:*
a) einfache Realisierung einer zeitstabilen Repräsentation (Speicherung) durch ausgezeichnete Zustände geeigneter physikalischer Materialien: leitend/nichtleitend, magnetisch Nord/Süd ...
b) technisch einfache Möglichkeiten zur automatisierten Zustandsänderung und damit zur Transformation der binären Repräsentation (z. B. Volladdierer)
Weitere Stichworte: Gleitpunktdarstellung, Codierung von alphanumerischer Information (z. B. ASCII-Code), Paritätsbit, Fehlererkennung.

3.3. Register, Indexregister, Adressierungsmethoden

Effizienzbetrachtungen bei der Programmierung und der Programmausführung geben Anlaß, neben der direkten Adressierung weitere Adressierungsmethoden und spezielle Speicherelemente (*Register*) einzuführen:
– Stufe-0-Adressierung ('immediate operand'):
Der Befehl enthält den Operanden unmittelbar.
– Stufe-1-Adressierung:
neben der direkten Adressierung sind indizierte Adressierung (*Indexregister*) und
relative Adressierung (Verschiebbarkeit von Programmen) von Bedeutung.
– Stufe-2-Adressierung (indirekte Adressierung)
– Adressierung von Kellerspeichern

3.4. Weitere Maschinenbefehle

Eine effiziente Programmierung setzt außer den Befehlen *zur Berechnung* (arithmetische, logische Befehle) noch weitere Befehlsklassen voraus: Befehle für die *Ablaufkontrolle* (Test, Vergleich, Sprung ...), Befehle für den *Transport* (Laden, Speichern) und weitere Befehle (z. B. shift)

3.5. Überführung einiger Programme in eine maschinennahe Sprache

Am Beispiel einer vorgegebenen Maschine werden einfache Programme von Hand in eine maschinennahe Sprache überführt. Die Verwendung von mnemonischen Symbolen für Operationscode und Adressen erleichtert die Programmierung und erfordert nur einen einfachen weiteren Übersetzungsvorgang (Assemblierung):
1-1-Übertragung des Operationscodes in Maschinencode, Erstellen und Auswerten einer Symboltabelle, Umsetzen der Namen in Adressen.

3.6. Automatische Überführung von Programmen in maschinennahe Sprache am Beispiel von Zuweisungen (Aufbrechen von Formeln)

Die Problematik einer automatischen Überführ ͣ (Compilierung) von Programmen aus einer algorithmischen in eine maschinenorientierte Sprache wird am Beispiel des Aufbrechens von arithmetischen Formeln verdeutlicht.
Die Zerlegung einer zusammengesetzten Formel nach Maßgabe der Priorität der Operatoren und der Klammerungen kann anhand einer graphischen Darstellung des Ausdrucks als (Syntax-) Baum anschaulich für 3-, 2-, 1-Adressmaschinen oder für Kellerspeichermaschinen gezeigt werden. Algorithmen für die automatische Erstellung eines Syntaxbaumes und für dessen Umformung in auflösbaren Code können an dieser Darstellung diskutiert werden.

Anhang V
(Kommentar zu Inhalte 3. Alternative C: Grundlagen zur Realisierung)
Der Grund für die Überführung von Programmen einer problemorientierten Programmiersprache in Befehlsfolgen vom Einadreß-

typ (vgl. etwa Alternative B) ist darin zu sehen, daß man sich so auf eine verhältnismäßig einfache und überschaubare Basis von zu realisierenden Befehlen oder Befehlstypen beschränken kann. Man nimmt, ebenfalls aus Gründen der Vereinheitlichung an, daß die zu verarbeitenden Daten als Binärwörter fester Länge vorliegen.

Sobald ein Befehl zurückgeführt ist auf eine Folge von Verarbeitungsschritten, die nur noch im Ablesen einer endlichen Tabelle bestehen, kann man insofern von Realisierung sprechen, da das Ablesen endlicher Tabellen durch Schaltnetze geschehen kann. Die Steuerung der Folge dieser Verarbeitungsschritte benötigt Zähler und Alternativentscheidungen, die durch Schaltwerke realisiert werden können, sie kann aber ebensogut über ein (Mikro-)Programm erfolgen, dessen Befehle die genannten Verarbeitungsschritte initiieren, und das dann seinerseits ein (Mikro-)Leitwerk benötigt. Die Grenze zwischen physikalischer Apparatur und Programmatur ('software') ist fließend:
Die Steuerung von Verarbeitungsschritten kann durch Schaltwerke oder durch Programme erfolgen. Die Ausführung des einzelnen Verarbeitungsschrittes kann mittels eines Schaltnetzes (Ablesen einer endlichen Tabelle) oder als Abfolge noch elementarerer Verarbeitungsschritte erscheinen.

Wo dabei die Grenze gezogen wird, hängt von wirtschaftlichen und technologischen Gesichtspunkten ab. Schaltvariable, Schaltfunktion und Schaltnetze sowie Schaltwerke und deren Zustandsgraphen können entsprechend vorhandener Literatur behandelt werden. Die dort behandelten Beispiele, wie Halbaddierer, Volladdierer, Additionsschaltnetz, Decoder etc., zeigen die Möglichkeiten auf, jedoch spiegeln sie den derzeitigen strukturellen Aufbau der Apparatur nicht mehr wider, da die mikroprogrammierten Prozessoren heute praktisch die Regel sind.

Die Minimierung BOOLEscher Funktionen in allen ihren Varianten spielt vom technologischen Gesichtspunkt aus gesehen keine Rolle und sollte daher nicht zu sehr betont werden.

Die Prinzipien von Relais, Röhren und Transistoren als Schalter sowie der derzeitige technologische Stand sind in angemessenem Rahmen darzulegen, damit die Möglichkeiten, die Grenze und insbesondere der Einfluß der Technologie erfaßt werden.

Anhang VI
(Kommentar zu Inhalte 3. Alternative D: Anwendung formaler Modelle aus der Informatik auf andere Disziplinen)
Es sollten einige wichtige Begriffe und Konstruktionen der Informatik genauer untersucht werden, wobei beispielhaft gezeigt werden sollte, daß sie auch in anderen Disziplinen eine Bedeutung haben und sinnvoll angewandt werden können. Man sollte sich dabei auf *ein* Anwendungsgebiet beschränken und die Gemeinsamkeiten anhand von Beispielen herausarbeiten, wobei nicht rein theoretisch-formal vorgegangen, sondern möglichst die zu besprechenden Begriffe und Beispiele durch Programme realisiert werden sollten.

Wichtige formale Modelle bzw. Begriffe aus der Informatik sind:
– Mechanismen zur Erzeugung von Zeichenreihen (Grammatiken)
– Mechanismen zur Analyse oder zur Transformation von Zeichenreihen (Automaten, Maschinen)
– MARKOV-Algorithmen, Semi-Thue-System, POST'sche Kalküle usw.
– Berechenbarkeit, Entscheidbarkeit
– Komplexität von Maschinen und Algorithmen
– Übertragungskanal, Code, SHANNONsches Informationsmaß

Im folgenden sind beispielhaft einige Disziplinen aufgeführt und stichwortartig einige Hinweise darauf gegeben, wie gewisse der genannten Begriffe bzw. formalen Modelle in ihnen angewandt werden können.

Sprachunterricht

Formalisierung von Regeln der Grammatik einer natürlichen Sprache – Vergleich mit der Beschreibung der Syntax einer Programmiersprache.

Informationen

Programmierung eines Sprachgenerators, Diskussion linguistischer Probleme anhand der automatisch erzeugten Worte oder Sätze.

Automaten zur Analyse von Sätzen einer natürlichen Sprache bzw. von Programmen einer Programmiersprache.

Biologie

Simulation des Wachstums einfacher Pflanzen und von Populationen. Automatentheoretisches Modell eines biologischen Prozesses oder eines Lebewesens – Analyse der „Struktur" des Prozesses bzw. des Lebewesens aufgrund der Beobachtung seines Verhaltens (Experimente an Automaten), Untersuchung von Fragen der Adaption und des Lernens. Einfaches Modell eines Neurons nach McCULLOCH/PITTS – Untersuchung des Verhaltens von Nervennetzen (Vergleich mit Automaten).

Mathematik

Maschinen zur Berechnung von Funktionen über natürlichen Zahlen (Multiplikation von Zahlen, Polynomauswertung, Matrizenmultiplikation). Graphentheoretische Algorithmen. Sortierverfahren. Untersuchung des Aufwandes bei der Anwendung eines Algorithmus, d. h. der Komplexität des Verfahrens (z. B. Anzahl der arithmetischen Operationen als Maß des Aufwandes), Berechenbarkeit, Entscheidbarkeit, Aufzählbarkeit. Einfache fehlererkennende und fehlerkorrigierende Codes (Beziehung zu Gruppentheorie und analytischer Geometrie). Endliche Automaten. Formelmanipulation (z. B. formales Differenzieren).

Gemeinschaftskunde/Philosophie

Probleme von Syntax und Semantik (Form und Bedeutung) in der Kommunikation zwischen Menschen und zwischen Mensch und Maschine. Prinzipielle Grenzen der Leistungsfähigkeit von Computern (Nichtentscheidbarkeit, Nichtaufzählbarkeit).

Anhang VII

(Kommentar zu Inhalte 4.: Funktioneller Aufbau einer Rechenanlage und DV-Organisation)

4.1. Der funktionelle Aufbau einer Rechenanlage muß nur insoweit behandelt werden, als es sich aus den notwendigen Grundanforderungen für die maschinelle Abarbeitung von Algorithmen ergibt. Die technologischen Fragen sollten im Informatikunterricht kein allzu großes Gewicht bekommen.

Auf den Unterschied von analogen und digitalen Rechenanlagen sollte hingewiesen werden. Für eine eingehendere Besprechung interessieren hier nur die digitalen Rechner. Zur Erklärung des Zusammenwirkens zwischen Rechenwerk, Leitwerk und Speicher (in der Zentraleinheit) eignen sich Blockschaltpläne, wobei zwischen Daten- und Steuerkanälen unterschieden werden sollte.

Der Vergleich zwischen einem menschlichen Rechner, der eine Tischrechenmaschine bedient, und einer Rechenanlage bietet sich an.

Dabei entsprechen

Sinnesorgane	– Eingabegeräte
Notizzettel	– Speicher
Tischrechenmaschine	– Rechenwerk
Gehirn	– Leitwerk
„Mundwerk" od. Bleistift	– Ausgabegeräte

Als Beispiel eines Arbeitsspeichers kann ein Ringkernspeicher besprochen werden. Beim Rechenwerk sollten die Vorgänge bei Ausführung von Addition, Subtraktion und Multiplikation binärcodierter ganzer Zahlen besprochen werden.

4.2. Die Abarbeitung eines Befehls in der Zentraleinheit wird selbst als Algorithmus beschrieben. Hierbei wird auf die Bedeutung von Befehlszählregistern, Adressenregistern, Operationsregistern und evtl. Indexregistern als Teilen des Leitwerks eingegangen.

Besprochen werden sollten Sprungbefehle, Rechenbefehle mit und ohne Adressenbezug (evtl. mit Indexregister) und Speicherbefehle.

Anhang VIII

(Kommentar zu Inhalte 4.4.: Aspekte des DV-Einsatzes)

Aspekte des DV-Einsatzes

Der Schüler soll erkennen, daß nicht nur der Betrieb eines Rechenzentrums organisiert werden muß, sondern daß der Einsatz einer Datenverarbeitungsanlage in kaufmännischen Bereichen und in der Verwaltung weitreichende organisatorische Maßnahmen erfordert. An einer exemplarischen Aufgabenstellung (z. B. Lagerfortschreibung, Provisionsabrechnung) soll der Schüler kennenlernen, daß der gesamte Arbeitsablauf im Umfeld der maschinellen Datenverarbeitung automationsgerecht gestaltet werden muß.

Organisatorische Aspekte können aufgezeigt werden:
1) bei der Umstellung eines Verfahrens auf Datenverarbeitung (Aufgabenbeschreibung, Ist-Aufnahme, Soll-Konzept, Programmierung, Programmtest, Dokumentation, Implementation)
2) bei der Entwicklung von Ordnungsbegriffen (Schlüssel, Gruppenbildung, Datensatz, Datei)
3) im Vorfeld der Datenverarbeitung (Belegentwurf, Arbeits- und Signieranweisung, Mitarbeiterschulung, Koordinierungsstelle zum Rechenzentrum, Terminplanung, Änderungsdienst)
4) bei der Planung der Datenerfassung (Ablochen, Beleglesen, Direkterfassung)
5) bei der Entscheidung über die Art der Verarbeitung (Datenverarbeitung im Haus, Datenverarbeitung außer Haus, Datenfernverarbeitung, Direktzugriff, Mittlere Datentechnik)
6) bei Maßnahmen zur Datensicherung und zum Datenschutz (Betrieblicher Selbstschutz gegen technische Pannen und Computerkriminalität, Schutz des Bürgers durch gesetzgeberische Maßnahmen vor Mißbrauch personenbezogener Daten)

Anhang IX

(Kommentar zu Inhalte 5.: Informatik in der Gesellschaft; Anwendung, Auswirkungen und Problematik)

Der Themenkreis ist verpflichtend. Prinzipiell soll angestrebt werden, den genannten Problemkreis im Zusammenhang mit dem Unterricht über Inhalte der Punkte 1. und 4. darzustellen. Das heißt, es sind Interdependenzen aufzuzeigen, die zwischen der Anwendung bzw. Umsetzung von Forschungsergebnissen der Informatik und der Entwicklung der Gesellschaft bestehen.

Im Rahmen der unten stichwortartig zusammengestellten Themenübersicht soll der Schüler lernen, daß Datenverarbeitungsanlagen nicht nur als schnelle Rechner oder zur Verwaltung großer Datenmengen eingesetzt werden, sondern daß sie als Glied in Entscheidungsverfahren diese durch Bereitstellung aktueller Daten auch wesentlich beeinflussen und u. U. manche Entscheidungen erst ermöglichen. Der Rechner übernimmt dadurch Steuerungsfunktionen. Die damit verbundenen, zum Teil einschneidenden Einflußnahmen auf Entscheidungs- und Arbeitsabläufe, bzw. deren Veränderungen, wirken sich auf die gesamtgesellschaftliche Entwicklung aus.

Aufgabe des Unterrichts ist es, die sich aus dem Einsatz des Rechners ergebenden Interdependenzen, Konsequenzen und Auswirkungen in den verschiedenen Gebieten einsichtig zu erarbeiten.

Themenkreise

A) Bildungswesen

Rechner als Gegenstand des Unterrichts

Rechner als Lehrmaschine

Rechner in der schulinternen Verwaltung (Steuerung der Unterrichtsorganisation, Lernorganisation, Stundenplan, Organisation großer Schulen)

B) Forschung und Wissenschaft

Einsatz als „Rechenmaschine"

Entwicklung neuer Verfahren der Informatik und neuer Technologien

Anwendung bei Simulation von Modellen

Erstellen von Voraussagen z. B. Ingenieurwissenschaften; Welt-

raumfahrt ohne elektronische Datenverarbeitung nicht möglich.
Wert von Prognosen.

C) Kriminologie
Datenbanksystem zur schnelleren Identifizierung von gesuchten
Personen.

D) Kommunikation
Bilderübertragung durch Telefon vom Ort des Geschehens direkt
in die computergesteuerte Setzerei einer Zeitung.
Computergesteuerte Selbstwählverbindungen unter Berücksichti-
gung optimaler Auslastung von Übertragungswegen.
Informationssysteme, Datenbanken, Datenschutz.

E) Medizin
Diagnose- und Therapiehilfe für den Arzt, Überwachung von Kran-
ken auf der Intensivstation, Laborautomation.

F) Technik
Steuerung von Produktionsstraßen (z. B. Motorenherstellung)
Steuerung von Fertigungsprozessen (z. B. Arbeiten mit numerisch
gesteuerten Werkzeugmaschinen, Stahlproduktion)
Kraftwerkssteuerung
Erprobung von Kraftfahrzeugen im Labor statt auf Teststrecken
„Computerdiagnose" bei der Wartung technischer Erzeugnisse
Architektur (Entwurf von Bauwerken, Bauformen unter Berück-
sichtigung der Statik)

G) Verkehrswesen
Autopiloten, vollautomatisiertes Nahverkehrssystem, Schiffssteuer-
anlagen

H) Verwaltung
Einwohnermeldewesen, Planungsmodelle (Grenzen!), z. B. im
Städtebau, Bildungsplanung, Datenschutz.

I) Wirtschaft
Marktanalyse, Managementinformationssysteme (Datenschutz!),
Wirtschaftlichkeitsprognosen

Schwerpunkte in diesen Themenkreisen sind im Sinne von
Punkt 5:
Speicherfähigkeit und Schnelligkeit der DV-Anlagen erlauben
schnellere Entscheidungen aufgrund großer aktueller Datenmengen als Entscheidungsvoraussetzungen.
Aufbereitung der Daten zur maschinellen Verarbeitung und
Arbeit mit den Datenbeständen bedingen neue Aufgaben und erfordern neue Berufe (Locher, Operator, Organisator, DV-Kauf-
mann, Informatiker)
Datenverarbeitung und die damit verbundenen Denkstrukturen
fördern logisches und rationales Denken.

Schwerpunktverlagerung innerhalb der Arbeitsprozesse:
Zunahme geistig-planender Tätigkeit, Abnahme körperlicher Arbeit
haben Bildungsprobleme zur Folge.

Die großen Kosten, mit denen die Einführung der Datenverarbeitung in den verschiedenen Einsatzbereichen verbunden ist, bergen das Problem in sich, daß die Vorteile der Informationsverarbeitung nicht allen gesellschaftlichen Gruppen in gleichem Maße
zur Verfügung stehen. Dieser Gefahr ist durch eine möglichst
breitgestreute Zugriffsmöglichkeit auf Rechner und Programme
zu begegnen.

W. Brauer, V. Claus, P. Deussen,
J. Eickel, W. Haacke, W. Hosseus,
C. H. A. Koster, D. Ollesky, K. Weinhart

Einführung der Informatik in der Sekundarstufe II
– Überlegungen und Grundsätze –

1. Vorbemerkungen
Die Informatik ist als selbständige Wissenschaft noch sehr jung:
sogar die Bezeichnung „Informatik" ist noch keine 10 Jahre alt[1].
Der Ansatzpunkt zur Entwicklung dieser eigenständigen Wissenschaft ist in der Formulierung der v. NEUMANN'schen Fundamen-
talprinzipien und in der Konstruktion des ersten elektronischen
Digitalrechners zu sehen und liegt erst knapp 30 Jahre zurück.

Es ist ein Novum in der deutschen Schulgeschichte, daß ein
Fachgebiet, dessen wissenschaftliche Abklärung noch nicht erreicht
ist, bereits als eigenständiges Fach in die Schulen eingeführt wird[2].
Andererseits hat nach Auffassung des Verfassers gerade die Diskussion des Bezuges Informatik/Schule dazu geführt, daß die Informatik
begrifflich und terminologisch deutlichere Konturen gewonnen hat.

Aufgrund der Kulturhoheit der Länder in der Bundesrepublik
Deutschland können dezidierte Aussagen letztlich nur für jeweils
ein bestimmtes Bundesland gemacht werden. Andererseits sind die
bildungspolitischen Voraussetzungen in allen Bundesländern ähnlich gelagert. Soweit im folgenden zur Verdeutlichung des Gesagten auf länderspezifische Dinge eingegangen werden muß, bezieht
sich der Verfasser auf die Situation in Rheinland-Pfalz.[3]

2. Bildungspolitische Voraussetzungen
2.1 Legitimation
Die eingangs dargelegte besondere Situation der Informatik erfordert es, daß man vor allen fachlich begründeten Forderungen zur
Einführung eines Schulfachs Informatik zunächst die Frage nach
der Legitimation stellen muß – eine Frage, die bei den herkömmlichen Fächern zumindest für den Praktiker sozusagen durch Tradition beantwortet ist. Der Erziehungsauftrag des Staates ist legiti-
miert durch den Grundkonsens, der im Grundgesetz und in den
Landesverfassungen niedergelegt ist. Dieser Grundkonsens besagt
im wesentlichen, daß Schulehalten eine öffentliche Aufgabe ist.
Hieraus wird die Kompetenz der Exekutive zur Normsetzung abgeleitet.[4]

Welchem Ziel dient diese öffentliche Schule? Der Auftrag der
Schule ist für das Land Rheinland-Pfalz im Schulgesetz[5] von 1974
festgelegt: Neben dem Recht des Einzelnen auf Förderung seiner
Anlagen und Fähigkeiten und dem Anspruch von Staat und Gesellschaft auf Vorbereitung des jungen Bürgers zur Wahrnehmung seiner Rechte und Pflichten, neben der Vorbereitung auf den Beruf
und der Orientierung in der modernen Welt hat die Schule den Auf-

1) BAUER, F. L.: Sinn, Inhalt und Methode des Informatikunterrichts.
   In: Einführung der Datenverarbeitung im Bildungswesen, Informatik 1,
   München 1974
2) WEINHART, K. in: Handreichungen für den Informatikunterricht in
   der Kollegstufe, Bericht Nr. 7313 der TUM, München 1974
3) Eine kurzgefaßte Darstellung der Situation in den einzelnen Bundesländern (Stand etwa Sommer 1974) findet sich in: Arbeitsgruppe
   „Schulcomputer" beim Kultusminister des Landes Nordrhein-Westfalen: Automatisierte Daten-Verarbeitung im Unterricht, Sonderdruck
   des Kultusministers des Landes Nordrhein-Westfalen 1975; eine neuere
   Darstellung, die insbesondere auf die vorhandenen Lehrpläne detailliert
   eingeht, erscheint demnächst als Forschungsbericht des Bundesinstituts
   für Berufsbildungsforschung Berlin (HECKER, O.: Zusammenstellung
   und Auswertung der Aktivitäten im Bereich Datenverarbeitungs- bzw.
   Informatikausbildung an den berufs- und allgemeinbildenden Schulen
   im Sekundarbereich II)
4) Vgl. hierzu kritisch HENNECKE, F.: Staat und Unterricht. Die Festlegung
   didaktischer Inhalte durch den Staat im öffentlichen Schulwesen. Berlin
   1972; vgl. dort insbesondere S. 107 ff; neuerdings LÖHNING, B.: Der Ge-
   setzesvorbehalt im Schulverhältnis. Berlin 1974
5) Landesgesetz über die Schulen in Rheinland-Pfalz (Schulgesetz – SchulG)
   vom 6.11.1974, GVBl. S. 487

Empfehlungen zur Ausbildung, Fortbildung und Weiterbildung von Lehrkräften für das Lehramt Informatik für die Sekundarstufe I und II

Erarbeitet vom Unterausschuß „Lehrerausbildung" des Fachausschusses „Ausbildung" der Gesellschaft für Informatik e. V.

Mitglieder: V. Claus (Sprecher), J. Eickel, R. Gunzenhäuser, C. Hackl, W. Hosseus, J. Loff, H. Schauer, I. Schnell-Haungs, R. Schulz-Zander, G. Spitta.
Federführend: Prof. Dr. Volker Claus, Lehrstuhl Informatik II, Universität Dortmund Postfach 500 500 D-46 Dortmund 50

Übersicht:

0 Vorbemerkung

Die Auswirkungen der automatisierten Datenverarbeitung beeinflussen mehr und mehr die berufliche und persönliche Lebenssituation der Bürger und die zukünftige Entwicklung unserer Gesellschaft.

Eine bessere Unterrichtung einer breiten Öffentlichkeit über die Möglichkeiten und Grenzen, über Chancen und Risiken dieser Entwicklung ist daher notwendig und erfordert insbesondere in den Bereichen der Schule und der Berufsausbildung geeignete Maßnahmen. In diesem Zusammenhang wird seit längerer Zeit die Einführung eines Schulfaches Informatik diskutiert, um die Methoden und Anwendungsmöglichkeiten der Datenverarbeitung in allgemeinbildenden und berufsbildenden Schulen in geeigneter Weise bekanntzumachen.

Als Beitrag zu dieser Diskussion hat die Gesellschaft für Informatik e. V. im Jahre 1976 Empfehlungen über Zielsetzungen und Inhalte des Informatik-Unterrichts veröffentlicht [1].

Als weiterer Beitrag zu diesem Problemkreis hat der Unterausschuß „Lehrerbildung" des Fachausschusses 9/10 „Ausbildung" Empfehlungen für die Aus-, Fort- und Weiterbildung von Lehrkräften für den Informatikunterricht erarbeitet. Einbezogen in diese Überlegungen sind auch Lehrkräfte, die Fächer mit Bezeichnungen wie Datenverarbeitung, Organisation/EDV lehren.

Es ist zu hoffen, daß diese Empfehlungen zur Ausbildung, zur Fort- und Weiterbildung von Lehrkräften für den Informatikunterricht einen Beitrag leisten, die vielfältigen Ansätze und Bestrebungen zur Einbeziehung der Informatik in Schule und Berufsausbildung auf eine einheitliche Grundlage zu stellen.

1 Zur gegenwärtigen Situation der Informatikausbildung in Schulen

Auf eine genauere Abgrenzung der Begriffe „Informatik" und „Datenverarbeitung" wurde in dieser Ausarbeitung verzichtet, da der Versuch unternommen wurde, die Fragestellungen an allgemeinbildenden und berufsbildenden Schulen unter einem einheitlichen Gesichtspunkt zu betrachten. Im folgenden werden daher beide Bezeichnungen verwendet, wobei der Begriff „Informatik" vorzugsweise für die Erstellung und Bereitstellung von allgemeinen Hilfsmitteln und Methoden für die Datenverarbeitung benutzt wird.

In der Diskussion um die Einführung eines Unterrichtsfaches Informatik an allgemeinbildenden und berufsbildenden Schulen beziehen sich die wesentlichen Fragestellungen auf die Festlegung der Lehrinhalte, auf die Durchführung des Informatikunterrichtes und auf Fragen der Geräteausstattung.

1.1 Zu den Lehrinhalten der Informatikausbildung in Schulen

Auf Grund der unterschiedlichen Ausbildungsziele an berufsbildenden und allgemeinbildenden Schulen werden zum gegenwärtigen Zeitpunkt sehr unterschiedliche Lehrinhalte der Informatikausbildung vermittelt.

Der organisatorische und gerätetechnische Aspekt der Informatik wurde vorwiegend in die Ausbildung an berufsbildenden Schulen aufgenommen; die Anwendungen der Informatik und deren Auswirkungen insbesondere auf die berufliche Situation wurden in die Organisationslehre, Arbeitslehre oder verwandte Fächer einbezogen; mathematisch-orientierte Informatik-Inhalte und Funktionsprinzipien von Rechenanlagen fanden verstärkt Eingang in den Mathematik- und Physikunterricht an allgemeinbildenden Schulen.

Nach ersten Erfahrungen in Schulen und in der Lehrerbildung in Informatik hat sich die Überzeugung durchgesetzt, daß bei den komplexer und breiter gewordenen Anwendungen die Vermittlung grundlagenorientierter, maschinenunabhängiger Inhalte und prinzipieller, nicht an speziellen Systemen orientierter Methoden anzustreben ist; diese kommen beispielsweise in Begriffen wie Problembeschreibung, Algorithmisieren, Strukturieren, Methode der schrittweisen Verfeinerung, Methoden zur Projektarbeit u. a. zum Ausdruck.

Wichtige Ausbildungsziele des Informatikunterrichts sind daher das Vertrautwerden mit den Methoden des Problemlösens, die notwendige Disziplin beim Entwickeln algorithmischer Lösungen und deren Darstellung in einer Programmiersprache.

Darüber hinaus ist ein Verständnis der Bedeutung der Datenverarbeitung für die Gesellschaft ein wichtiges Unterrichtsziel, beispielsweise die Darstellung von Fragen im Zusammenhang mit Datenbanken und Informationssystemen in der Öffentlichen Verwaltung, Fragen des Datenschutzes, Fragen der Auswirkungen auf die Arbeitswelt.

1.2 Zur Realisierung der Informatikausbildung in Schulen

Die Frage, in welcher Form Informatik in der Schule zu vermitteln ist, wird zur Zeit in Schulversuchen in mehreren Bundesländern erprobt. In Rheinland-Pfalz ist Informatik als eigenständiges Fach in das Kursangebot der Sekundarstufe II einbezogen worden; in anderen Ländern erwägt man zunächst die Einführung eines Faches an berufsbildenden Schulen; in den Mathematikunterricht fließen Informatikinhalte im Rahmen einer stärkeren Algorithmisierung ein.

Eine vollständige Integration der Informatik in ein anderes Unterrichtsfach birgt die Gefahr in sich, daß Informatik-Inhalte und -Methoden einseitig und verzerrt dargestellt werden. So könnte bei einer Eingliederung in die Mathematik (an allgemeinbildenden Schulen) Informatik zu einer mathematischen Spezialdisziplin verkürzt werden, die auf einer synthetischen Denkweise basiert und ihre An-

wendungen hauptsächlich im mathematisch-naturwissenschaftlichen Bereich findet.

An berufsbildenden Schulen dagegen könnte Informatik als Lehre von elektronischen Geräten und deren Funktionsweisen mit spezifischen technischen und organisatorischen Kennzeichen erscheinen, deren Anwendungen vorwiegend im gewerblich-technischen oder kaufmännisch-organisatorischen Bereich zu suchen sind.

In jedem Fall ist darauf hinzuwirken, daß bei einer Informatikausbildung ein an Grundlagen orientiertes Basiswissen vermittelt wird, insbesondere um dem Schüler eine erhöhte Flexibilität mitzugeben, ohne die er den sich rasch ändernden Umwelt- und Berufsanforderungen kaum folgen kann.

Die Anwendungsmöglichkeit der Informatik und die systematische Problemlösung sollen daher im Informatikunterricht an den Anfang gestellt werden, wobei die Lösung methodisch „vom Allgemeinen zum Speziellen" gewonnen wird. Praktische Realisierungen mit speziellen Rechnersystemen sollen erst im Anschluß daran besprochen werden.

Diese Grundauffassung, die in den Empfehlungen der Gesellschaft für Informatik „Zielsetzungen und Inhalte des Informatikunterrichts" [1] dargestellt wurde, wird von den mit Fragen der Informatik befaßten regionalen und überregionalen Fachgremien geteilt. Hinweise sind dem beigefügten Literaturverzeichnis zu entnehmen.

Weitere bestimmende Faktoren bei der Gestaltung des Informatikunterrichts sind der Zugang zu einem Rechner und die Verfügbarkeit einer Programmiersprache. Bezüglich der Programmiersprachen empfehlen überregionale Fachgremien ([2], [5], [7]) höhere problemorientierte Sprachen, die gegenwärtig auch auf kleineren Rechnern implementiert und im Unterricht erprobt werden.

Bezüglich der Rechnerbeschaffung sind die Anschaffungskosten und die laufenden Kosten zu berücksichtigen.

Die Anschaffungskosten für geeignete Schulrechnerkonfigurationen liegen zum gegenwärtigen Zeitpunkt (1978) etwa in der Größenordnung von DM 50 000 mit sinkender Tendenz [15].

Laufende Kosten entstehen durch Wartungsverträge in der Höhe von etwa 0.5–1.0% der Anschaffungskosten je Monat, durch Verbrauchsmaterial und durch Postgebühren, falls der Anschluß an einen entfernt stehenden Rechner erfolgt.

Bei Verwendung geeigneter Konfigurationen zur gemeinsamen Nutzung durch mehrere Schulen können diese Kosten je Schule gesenkt werden. Es ist zu erwarten, daß die Anschaffungskosten in den nächsten Jahren weiter sinken werden.

Die mit dem Zugang zu einem Rechner anfallenden Kosten sind für die Einführung des Informatikunterrichts an vielen Orten ein ernstes Hindernis.

2 Zur Ausbildung von Lehrkräften für den Informatikunterricht

Als Möglichkeiten der Ausbildung von Lehrkräften für den Informatikunterricht bieten sich an:

1 Die Einführung eines Lehramtsstudium für das Fach Informatik.

2 Die Weiterbildung vorhandener Lehrkräfte geeigneter Fachrichtungen.
Als Weiterbildung wird an dieser Stelle der Erwerb einer weiteren Unterrichtsqualifikation verstanden, zusätzlich zu einem bereits erworbenen Lehramt.

3 Die Fortbildung von Lehrkräften anderer Fachrichtungen. Unter Fortbildung wird die Vertiefung und Ergänzung der zur Ausübung eines Lehramtes erforderlichen Kenntnisse verstanden.

2.1 Lehramtsstudiengang für das Fach Informatik

Im Jahre 1978 erfolgt eine spezielle Ausbildung für das Lehramt Informatik in der Sekundarstufe an einigen Hochschulen im Bundesgebiet (z. B. Berlin, Paderborn). Daneben gibt es einzelne Aktivitäten, die sich aber nicht auf genehmigte Studienordnungen stützen können.

Die Einrichtung eines Lehramtsstudienganges parallel zum Studiengang des Diplom-Informatikers wirft an den betroffenen Hochschulen Kapazitätsprobleme auf, so daß als Zwischenlösung angestrebt werden muß, aus dem bereits vorhandenen Lehrangebot des Diplom-Studienganges Informatik geeignete Teile auszuwählen und lehramtsbezogene Veranstaltungen hinzuzufügen.

Bei diesen Überlegungen stellen jedoch die für einen Informatik-Studiengang erforderlichen Voraussetzungen in Mathematik, Elektrotechnik und den Anwendungsfächern eine Schwierigkeit dar, da diese in einem Lehramtsstudium im allgemeinen nicht im

erforderlichen Umfang vermittelt werden. Daher wird an einigen Hochschulen der Besuch von Lehrveranstaltungen entsprechender Fachrichtungen zusätzlich zum Lehramtsstudium empfohlen.

Der Ausschuß ist der Auffassung, daß längerfristig gesehen ein Informatik-Lehramts-Studium wünschenswert und anzustreben ist. Es ist jedoch nicht zu übersehen, daß sich ein eigenständiges Lehramtstudium Informatik auf den Schulbereich erst etwa 10 Jahre nach Einrichtung des Studienganges spürbar auswirkt.

2.2 Weiterbildung von Lehrkräften

Eine Übergangslösung stellt die intensive Weiterbildung vorhandener Lehrkräfte dar, insbesondere solche mit Lehrbefähigung in Mathematik, Natur-, Ingenieur- oder Wirtschaftswissenschaften. Weiterbildungs- und Fortbildungskurse in Informatik sollten sich an einem typischen Lehramtsstudiengang orientieren. Für Lehrer, die bisher andere Fachrichtungen unterrichten, müssen langfristig angelegte Weiterbildungsveranstaltungen mit einer grundlegenden Einführung und typischen Anwendungen der Informatik in der jeweiligen Fachrichtung angeboten werden. Weiterbildungskurse, die zu einer Unterrichtsqualifikation führen, werden an mehreren Orten diskutiert und erprobt. In Rheinland-Pfalz sind Weiterbildungsveranstaltungen zum Erwerb der Unterrichtsbefugnis in Informatik bereits durch Richtlinien geregelt ([11]).

2.3 Fortbildungskurse

Fortbildungskurse sind zu trennen in solche für ausgebildete Informatik-Lehrer und solche für Lehrer anderer Fachrichtungen. Für die Ausbildung von Lehrkräften sind jedoch isolierte Fortbildungskurse als unzureichend anzusehen; diese können einen Einblick in Teilgebiete der Informatik oder ein besseres Verständnis einzelner Methoden vermitteln, jedoch nicht zu einer Unterrichtsqualifikation führen. Die grundsätzlichen Schwierigkeiten bei solchen isolierten Fortbildungsveranstaltungen liegen in dem Anspruch, in nur einer Woche Lehrer aus anderen Fachrichtungen einen Einblick in eine Wissenschaft geben zu wollen, die an Hochschulen ein vollständiges Studium erfordert. Fortbildungskurse für Lehrer anderer Fachrichtungen sollen daher schwerpunktmäßig die typischen Anwendungen der Informatik in der entsprechenden

Fachrichtung behandeln. Späterhin einzurichtende Fortbildungskurse für ausgebildete Informatiklehrer dagegen sind an der Hochschulwissenschaft Informatik und an neuen didaktischen Erkenntnissen zu orientieren. Die bisher durchgeführten Fortbildungskurse sind regional sehr unterschiedlich und werden den gewünschten Anforderungen nur zum Teil gerecht.

3 Empfohlener Studiengang für das Lehramt Informatik (Sekundarstufe)

Die nachfolgenden Empfehlungen für eine Lehrerausbildung orientieren sich an der Fachwissenschaft Informatik, den didaktischen Zielen der Lehrerausbildung und den Zielsetzungen des Informatik-Unterrichts nach [1]. Aus dem Studienplan für die Lehrerausbildung werden Empfehlungen für die Weiterbildung, die zu einer Unterrichtsqualifikation in Informatik führt, abgeleitet; hieran sollen sich auch die Fortbildungskurse orientieren (siehe Abschnitt 4).

Die Empfehlungen sind unterteilt in „Lehrinhalte", „Prüfungen" und „Voraussetzungen". Sie sehen ein Grundstudium im Umfang von 40 Semesterwochenstunden (SWS) und ein Hauptstudium gleichen Umfangs vor. Im Hauptstudium müssen weitere Wahlmöglichkeiten angeboten werden. Welche Anteile für welche Studiengangsziele sinnvoll sind, geht aus folgender Tabelle hervor:

Studienziel Informatik als	SWS insgesamt	Grundstudium (40 SWS)	Hauptstudium (40 SWS)
Erstes Fach (Sek. II)	80	40	40
Zweites Fach (Sek. II)	40	28–32	8–12
Drittes Fach (Sek. II, „Zusatzfach")	32–40	24–32	8–12
Erstes Fach (Sek. I)	40–60	28–40	12–28
Zweites Fach (Sek. I)	32–36	24–28	8–12

Die Lehrveranstaltungen dieses Lehramtsstudienganges können durch die gängigen Lehrveranstaltungen des Diplom-Studiengangs Informatik, ergänzt durch lehramtsbezogene Veranstaltungen weitgehend abgedeckt werden [13]. Längerfristig sollten jedoch in erhöhtem Maße auf den Lehramtsstudiengang bezogene Lehrveranstaltungen angeboten werden.

3.1 Lehrinhalte

3.1.1 Grundsätzliche Bemerkungen

Die Sekundarstufe II unterteilt sich in einen allgemeinbildenden und einen berufsbildenden Bereich. Der Informatik-Unterricht in den allgemeinbildenden Schulen soll den grundlagenorientierten, in den berufsbildenden Schulen den berufspraktischen Aspekt stärker betonen. Für alle Schulformen gibt es jedoch einen gemeinsamen Kern, der in den Empfehlungen der GI zu den „Zielsetzungen und Inhalten des Informatik-Unterrichts" umrissen ist [1].

Der Unterricht an verschiedenartigen Schulen sollte sich auf lange Sicht nur in der Wahl der Anwendungen und in der mehr oder weniger breiten Behandlung spezieller Problemlösungsmethoden unterscheiden.

Daher wird hier davon ausgegangen, daß die auszubildenden Lehrer -unabhängig von der späteren Schulform, an der sie unterrichten werden – während mehr als der Hälfte ihres Studiums die gleichen Lehrveranstaltungen besuchen, wodurch ihnen ein gemeinsames Basiswissen vermittelt wird.

Grundlegende Methoden der Informatik sollen im Kontext von Anwendungen in andere Bereiche Eingang finden. Am Beispiel der Finanzbuchhaltung kann im Fach Rechnungswesen das algorithmische Formulieren herausgearbeitet werden, oder es können im Mathematik-Unterricht die Darstellungen und Durchführungen einiger mathematischer Verfahren behandelt werden. Gerade eine fachspezifische Aufbereitung befähigt den Lehrer, Informatik-Inhalte und -Methoden besser zu erfassen und klarer weiterzugeben.

Informatik ist eine anwendbare Wissenschaft; Anwendungen in gesellschaftlichen Bereichen und die Auswirkungen auf die zukünftige berufliche und aktuelle persönliche Situation der Schüler sollten in Lehrveranstaltungen der Hochschulen vermittelt werden und sich später im Schulunterricht wiederfinden.

Der in der Vergangenheit häufig gemachte Fehler vieler Mathematiklehrveranstaltungen, nämlich durch eine zu weit getriebene Abstraktion den Bezug zu einer möglichen Anwendung des Gelernten in den Hintergrund zu verdrängen, sollte in der Informatikausbildung vermieden werden. Der Grundsatz, daß der Unterricht beim Schüler Interesse und Motivation zur Erprobung des vorgetragenen Lehrstoffes auslösen sollte, besitzt gerade in der Informatik eine gute Realisierungschance, die nicht verschenkt werden darf.

In den Lehrveranstaltungen müssen auch die gesellschaftlichen Implikationen behandelt werden. Diese sollten sowohl im Grundstudium als auch im Hauptstudium an geeigneten Stellen durchgesprochen werden; eine Vertiefung dieser Fragestellungen soll im Hauptstudium in einer eigenen Lehrveranstaltung erfolgen.

Die folgenden Lehrveranstaltungen werden an den Universitäten und Technischen Hochschulen, an denen ein Diplom-Studiengang Informatik eingerichtet ist, zum großen Teil regelmäßig angeboten oder lassen sich dort leicht einrichten.

Für die Lehrveranstaltungen ist in Klammern angegeben, welchen Umfang sie in SWS besitzen könnten und in welchem Semester sie gehört werden sollten, sofern Informatik als erstes Fach (Sekundarstufe II) gewählt wird.

3.1.2 Lehrveranstaltungen des Grundstudiums

Von den im Folgenden aufgelisteten Lehrveranstaltungen können die Themenbereiche Praxis des Programmierens (b) und Spezielle weiterführende Veranstaltungen (g) auf die angestrebte Studienrichtung (allgemeinbildend, berufsbildend mit kaufmännischem Schwerpunkt, berufsbildend mit gewerblichtechnischem Schwerpunkt) bezogen werden; die übrigen Punkte sollten für alle Lehramtsstudierende einheitlich sein und sich höchstens in der Wahl geeigneter Anwendungsbeispiele unterscheiden.

a) Einführung in die Informatik (1. u. 2. Semester; je 4 SWS Vorlesung und 2 SWS Übungen). Hier wird eine grundlegende Einführung in theoretische und praktische Aspekte der Informatik gegeben. Stichworte: Algorithmus, Datenstruktur, Methodik der Programmierung, Rekursion, Verifizieren; Rechneraufbau, Automaten, Schaltwerke, Mikroprogrammierung, Grundlagen der Speicherverwaltung und Betriebsmittelzuteilung.

b) Praxis des Programmierens (parallel zu a oder anschließend); 1. bis 3. Semester, insgesamt im Umfang von 8 SWS,

b1) Programmieren in höheren Programmiersprachen,

b2) Praktikum (Einüben und Realisieren von Algorithmen, Programmierung grundlegender Verfahren, Bearbeiten größerer Aufgaben aus entsprechenden Anwendungsbereichen)

b3) Maschinenpraktikum (Einführung in den Aufbau, die Arbeitsweise und die Bedienung eines bestimmten Rechners, maschinennahe Programmierung)

c) Datenstrukturen (3. Semester; 4 SWS Vorlesung und 2 SWS Übungen). Hier werden Methoden des schichtweisen Aufbaus und der Verarbeitung größerer Datenmengen und komplexer Datenstrukturen vermittelt. Stichworte: Graphen, komplexe Datentypen, Listen, Bäume, Sortieren, Suchen, Manipulieren, Speichertypen, Speicherverwaltung, Speicherbereinigung.

d) Einführung in die theoretische Informatik (4. Semester; 3 SWS Vorlesungen und 1 SWS Übungen). Hier sollen theoretische Grundbegriffe und Modelle der Informatik (wie Syntax, Semantik, Automaten, Berechenbarkeit und Komplexität) behandelt werden.

e) Didaktik der Informatik (ab 3. Semester; 4 bis 6 SWS). Hier sollen die Umsetzung von Informatik-Inhalten und -Methoden für den Unterricht und grundlegende Ergebnisse aus den Erziehungs- und Sozial-Wissenschaften, die für den Informatik-Unterricht von Bedeutung sind, behandelt werden.

Im besonderen Maße sind die fachdidaktischen Probleme bei der Planung, Durchführung und Analyse des Informatik-Unterrichts durchzusprechen.

Stichworte: Überblick über die Informatik und ihre Beziehungen zu anderen Wissenschaften, geschichtliche Entwicklung der Informatik, Auswirkungen der Informatik auf die berufliche und persönliche Situation,

Informatik-Ausbildung als neue Qualifikationsanforderung, Informatik-Curricula, Lehrverfahren im Informatik-Unterricht, fachspezifische Leistungskontrolle, Beurteilungskriterien für die Wahl der Anwendungen, des Rechners, der Programmiersprache, Organisation des Rechenbetriebs an der Schule.

f) Schulpraktisches Seminar (2 bis 4 SWS). (Unterrichtsbesuche, Einsatz des Rechners in der Schule)

g) Spezielle weiterführende Veranstaltungen (2 bis 4 SWS). Hier soll die Spezialisierung auf die angestrebte Schulform berücksichtigt werden. Es werden folgende Vertiefungen empfohlen:

● Vertiefung in theoretischer oder praktischer Informatik (vorwiegend für allgemeinbildende Schulen),

● Vertiefung in angewandter Informatik, z. B.: Informationssysteme, Datenbanken, Simulation und Planspiele, Systemanalyse oder DV-Organisation (vorwiegend für berufsbildende Schulen, kaufmännische Richtung),

● Vertiefung in technischer Informatik, z. B. Rechnerarchitektur, digitale Schaltungen, periphere Geräte, Mikroprozessoren, Prozess-Steuerung oder Speicher (vorwiegend für berufsbildende Schulen, gewerblich-technische Richtung).

Für Studenten, die Informatik als erstes Fach gewählt haben, kann ersatzweise eine Lehrveranstaltung des Hauptstudiums hier hin vorgezogen werden.

3.1.3 Lehrveranstaltungen des Hauptstudiums

Das Hauptstudium soll insbesondere folgenden Zielen dienen:

● Mitarbeit an einem komplexeren Projekt

● Besseres Verständnis der Grundlagen der Programmierung

● Vertiefung des Wissens und Erlernen von Spezialwissen

Die unterschiedlichen Schulformen sind bei der Wahl der Projekte (h) und bei der Wahl der vertiefenden Lehrveranstaltungen (l) zu berücksichtigen.

h) Projekt (Gesamtaufwand 12 SWS, z. B. 6 SWS über 2 Semester oder 4 SWS über 3 Semester; siehe Anhang 7.1)

h1) Projektkurs (8 bis 10 SWS). Lehrer besitzen im allgemeinen keine Industrie-Erfahrung und besuchen kein Industrie-Praktikum, obwohl eine hier zu erlernende Arbeitsweise typisch für die Anwendungen der Datenverarbeitung ist. Stichworte: Problemanalyse, Arbeit in Gruppen, Leiten von Diskussionen, Aufstellen von Arbeitsablaufplänen, Definition von Schnittstellen, Übernahme von Teilaufgaben in eigener Verantwortung, Integration, Dokumentation, Testen.

h2) Übertragung von Projekten auf die Schulsituation (2 bis 4 SWS). Dieser Teil sollte vom Projektkurs formal entkoppelt sein. Stichworte: Analyse des projektorientierten Vorgehens im Unterricht, Beobachtung und Unterrichts-Hospitationen, Auswahl der Themen, Organisation des Projekts, arbeitsteiliges Vorgehen. Bemerkung: Projekte für Lehrer sollten keine Spezialkenntnisse aus der Informatik oder aus einem technischen Gebiet voraussetzen oder vermitteln. Vielmehr sollten sie sich an Schulprojekten (vergl. Anhang 8.1 u. [1]) orientieren, sich aber von diesen in Tiefe und Breite abheben. Vorwiegend für den berufsbildenden Bereich kann ein Projekt durch zeitlich begrenztes Praktikum in einem Betrieb oder einer Behörde (unter geeigneter Betreuung) ersetzt werden.

i) Informatik und Datenverarbeitung in Beruf und Gesellschaft (4 SWS, z. B. in Vorlesungen und Seminaren). Hierzu gehören insbesondere die Behandlung der Datenschutzgesetzgebung und der Datensicherung, Fragen der Berufspraxisanalyse, der historischen Entwicklung der Informatik, Anwendungen und Auswirkungen der Informatik auf andere Gebiete, u. ä.

j) Systematischer Programmentwurf (2 SWS Vorlesung und 2 SWS Übungen). Hier sollte der konsequente Aufbau und die Entwicklung von Programmen (stets an Verifikation und Dokumentation orientiert) an größeren Aufgaben aus mehreren Anwendungsbereichen und mit Hilfe verschiedener Sprachen demonstriert werden.

k) Grundlegende Konzepte der Programmiersprachen (4 SWS Vorlesungen und 2 SWS Übungen. Ein Lehrer sollte über die den verschiedenen Programmiersprachen zugrundeliegenden Konzepte gut informiert sein. Existierende Programmiersprachen sollen als Realisierungsbeispiele behandelt werden.

l) Weitere Lehrveranstaltungen (Wahlpflichtveranstaltungen im Umfang von insgesamt 14 bis 18 SWS). Aus einem Katalog von vertiefenden Lehrveranstaltungen kann sich der Student schwerpunktmäßig einige Veranstaltungen auswählen, z. B.: Betriebssystem, graphische Kommunikation, Informationssysteme, Mikroprogrammierung, Modellbildung, Rechnersysteme, Simulationen, Übersetzerbau, Prozessrechner, rechnerunterstütztes Konstruieren, Schaltwerktheorie, Automatentheorie, formale Sprachen, Komplexitätstheorie, Semantik von Programmiersprachen, Lehrveranstaltungen aus dem Bereich der angewandten Informatik, spezielle Lehrveranstaltungen zur Didaktik der Informatik usw. Für einzelne Schulformen können spezielle Veranstaltungen als verpflichtend erklärt werden.

3.2 Prüfungen

Die Prüfungen richten sich nach den landesrechtlichen Verordnungen. Zum Abprüfen gewisser Fähigkeiten, die dem kreativen Bereich zuzuordnen sind, sind „klassische" Prüfungen in Form von Klausuren oder mündlichen Prüfungen nur in unzureichendem Maße geeignet. Dies betrifft insbesondere die Fähigkeiten, die in einer Projektgruppe oder in einem Praktikum vermittelt werden.

Die Bewertung von Leistungen in diesem Bereich, die neben Disziplin auch Einfühlung und kreative Fähigkeiten erfordern, sollte in einer besonderen Form in die Benotung eingehen (z. B. durch eine spezielle Studienarbeit, betreute Leistungen während der Übungen, Praktika und Projekte).

3.3 Voraussetzungen

3.3.1 Voraussetzungen in Mathematik

Es wird empfohlen, daß ein Student, der Informatik für das Lehramt studiert, als weiteres Fach Mathematik wählt, auch wenn dies nicht prinzipiell notwendig ist. Der Besuch von Mathematik-Lehrveranstaltungen ist jedoch empfehlenswert auf Grund der Erfahrungen im Diplom-Studiengang, für den mathematische Grundlagen im Umfang von mindestens 20 Semesterwochenstunden vorgeschrieben sind.

Ist Informatik erstes Fach und Mathematik nicht zweites Fach, dann können die notwendigen Mathematikveranstaltungen zum Teil durch Verringern des Stoffs im Hauptstudium (insbesondere durch Ersetzen bei l) aufgenommen werden; jedoch ist sicherzustellen, daß durch Anrechnung von Mathematik-Lehrveranstaltungen nicht Informatik-

Inhalte abgewählt werden können, für die diese Mathematik-Veranstaltungen Voraussetzung sind.

Dagegen ist Informatik als zweites Fach nur zu empfehlen, falls der Student sich Mathematikkenntnisse anderweitig aneignet. Für Lehramtskandidaten der Informatik ist eine eigenständige Lehrveranstaltung über mathematische Grundlagen anzustreben (siehe Anhang 7.1.)

3.3.2 Voraussetzungen in Physik und Elektrotechnik

Für das Studium des Lehramts Informatik an allgemeinbildenden Schulen und an berufsbildenden Schulen mit kaufmännischer Ausrichtung sind physikalisch-elektrotechnische Grundlagen nicht unbedingt notwendig, aber wünschenswert.

Studenten, die später an berufsbildenden Schulen mit gewerblich-technischem Schwerpunkt unterrichten wollen, müssen jedoch entsprechende Lehrveranstaltungen der Elektrotechnik besuchen; diese sollten, sofern Informatik als erstes Fach gewählt wurde, zum Teil auf das Informatik-Studium angerechnet werden (siehe Anhang 7.2.).

3.3.3 Voraussetzungen im Anwendungsgebiet

Für Lehrer an berufsbildenden Schulen sind Kenntnisse in einem Anwendungsgebiet der Informatik unentbehrlich. Bei der Aufstellung eines Studienganges sollte dies entsprechend den örtlichen Gegebenheiten angemessen berücksichtigt werden.

In Ergänzung zu [l] sind in den Anhängen 8.2. und 8.3. einige Inhalte für den Unterricht zweier Anwendungsgebiete aufgelistet worden; diese Auflistung ist als Orientierungshilfe bei der Aufstellung konkreter Studienpläne anzusehen.

4 Empfehlungen für Fort- und Weiterbildungsveranstaltungen in Informatik für Lehrer

4.1 Anforderungen an Weiterbildungsveranstaltungen

Das Ziel der Weiterbildungsveranstaltungen ist die Vergabe der Unterrichtsqualifikation an geeignete Lehrkräfte anderer Fachrichtungen. Hierbei ist eine Vergleichbarkeit mit dem Lehramtsstudiengang zu fordern. Grundsätzlich ist folgendes zu berücksichtigen:

(1) Die Weiterbildung sollte in Zusammenarbeit mit dem Lehrkörper von Fachbereichen, die einen Informatik-Studiengang anbieten oder anbieten werden, durchgeführt werden.

(2) Der Zugang zu einem Rechner ist unentbehrlich.

(3) Weiterbildungskurse erreichen im allgemeinen nicht den Grad an Abstraktion, der im Studium üblich ist. Der Einstieg in die Informatik wird deshalb meist über geeignete Problemstellungen aus verschiedenen Anwendungsbereichen erfolgen. Es wird dringend empfohlen, hierbei bereits ein größeres Projekt im Hintergrund mitzuführen.

(4) Die Freistellung von Lehrern über einen längeren Zeitraum hinweg ist nicht sichergestellt. Daher müssen Konzepte für die Weiterbildung die Möglichkeiten des Fernstudiums einbeziehen.

(5) Die Mitarbeit an einem umfangreichen Projekt ist im Laufe der Weiterbildung von allen Teilnehmern zu fordern.

4.2 Umfang der Weiterbildungsveranstaltungen

Grundsätzlich sollten von einem Lehrer für die Erlangung der Unterrichtsbefugnis die Kenntnisse und die Fähigkeiten verlangt werden, die im Rahmen des Zusatzfaches im Lehramtsstudiengang erworben werden. Zeitlich entspricht dies Lehrveranstaltungen im Umfang von 400 Vorlesungsstunden (VS).

Unter der realistischen Annahme, daß Lehrer (in Flächenstaaten) jährlich für höchstens zwei Wochen für Weiterbildungsveranstaltungen (dies entspricht zusammen etwa 75 VS im Jahr) freigestellt werden, würden bis zur Erteilung der Unterrichtsbefugnis 5 bis 6 Jahre verstreichen. Da nur ein Zeitraum von zwei bis drei Jahren als sinnvoll angesehen werden darf, kann in den Weiterbildungskursen höchstens ein Stoff im Umfang von 150 VS vermittelt werden.

Die Informatik-Inhalte und -Methoden, die in Abschnitt 3 genannt wurden, sind daher sorgfältig zu trennen in solche, die im Rahmen eines Selbststudiums oder eines Fernstudiums erworben werden können, und solche, für die eine Betreuung durch qualifizierte Ausbilder erfolgen muß.

Auf Grund der Belastung, die die Weiterbildung für den berufstätigen Lehrer darstellt, kann in den Weiterbildungskursen (150 VS) und durch zusätzliches Selbststudium in einem Zeitraum von zwei Jahren maximal ein Lehr-

stoff vermittelt werden, der einem Umfang von etwa 300 VS entspricht. Durch sorgfältig geplante Fortbildungskurse sollten daher fehlende Inhalte im Anschluß an die Weiterbildungskurse angeboten werden.

Als Modell werden im folgenden vier einwöchige Weiterbildungskurse, die durch Eigenstudien und Fernstudien ergänzt werden, empfohlen. Dieses Vorgehen empfiehlt sich für Flächenstaaten, während bei Stadtstaaten oder bei günstigen örtlichen Gegebenheiten zusätzlich regelmäßige Nachmittags-Seminare oder Wochenend-Kurse für die Vermittlung weiterer Inhalte und Methoden angeboten werden sollten und einwöchige Weiterbildungskurse zum Teil ersetzen können.

4.3 Lehrinhalte

Die folgenden vier Kurse orientieren sich an den Lehrinhalten a), b), e), h) und j) des Abschnitts 3. Diese Inhalte bedürfen in erhöhtem Maße der Betreuung oder sind nur in einer Gruppe zu erarbeiten. Die Kurse 1 und 2 behandeln Teile der obengenannten Lehrinhalte a), b), e) und j), Kurs 3 deckt schwerpunktmäßig den Punkt h) ab und Kurs 4 umfaßt Teile von b), j) und anderen Punkten. In Kurs 3 ist eine Differenzierung durch das Anwendungsgebiet und die Problemstellung gegeben; in Kurs 4 sollte eine Differenzierung je nach Schulform vorgenommen werden.

Die vier Kurse umfassen ein „Präsenzstudium" im Umfang von 150 VS. Durch Begleitmaterial, Aufgaben und Lehrbriefe sollte der für die Abschlußprüfung benötigte Stoff so erweitert werden, daß er umfangsmäßig einem Kurs von etwa 300 VS entspricht. Nach den Kursen 1 und 2 kann eine Zwischenprüfung erfolgen. Die Abschlußprüfung richtet sich nach den landesrechtlichen Regelungen.

Kurs 1: Einführung in die Informatik mit Übungen, Teil 1

Stichworte: Anwendungen der Informatik und deren Auswirkungen insbesondere auf die berufliche und persönliche Lebenssituation, Alltagsalgorithmen, formalisierte Darstellungen von Verfahren, algorithmische Sprachelemente, Datentypen und elementare Datenstrukturen, Rekursion, sequentielle, parallele und Realzeit-Programmierung, Verifikation und Dokumentation von Programmen, Anwendungsbeispiele.

Kurs 2: Einführung in die Informatik mit Übungen, Teil 2

Stichworte: Einführung in komplexe Datenstrukturen, Erlernen einer höheren Programmiersprache (vergl. b1 in 3.1.2), systematische Programmentwicklung, Syntax und Semantik von Programmiersprachen; Aufbau und Funktionsweise eines Rechners, evtl. Behandlung einer maschinennahen Sprache und Übersetzung in diese Sprache; Anwendungsbeispiele.

Kurs 3: Projektkurs

Stichworte: Problemstellung, Einführung in das Anwendungsgebiet (je nach Schulform), Problemanalyse, ggfls. Problemeingrenzung, Definition von Schnittstellen, arbeitsteiliges Vorgehen, Übernahme einer Teilaufgabe in eigener Verantwortung, Integration, Dokumentation, Implementierung auf einem Rechner, Test, Auswertung, Analyse und evtl. Verbesserung der implementierten Problemlösung. Die Übertragung eines Projekts in den Unterricht ist zu vermitteln (vergl. h2) in Abschnitt 3.1.3.).

Kurs 4a (allgemeinbildende Schulen): Fachsystematik/Fachdidaktik

Stichworte: Teilgebiete der Informatik, Einführung in Komplexität und Entscheidbarkeit, Datenstruturen, Einführung in Informationssysteme und Programmiersysteme, Unterrichtsmethodik und didaktische Konzeption eines Informatik-Unterrichts, Informatik-Curricula, der Prozess der Problemlösung im Informatik-Unterricht, projektorientiertes Lernen.

Kurs 4b (berufsbildende Schulen, kaufmännische Richtung): Betriebsinformatik/Fachdidaktik

Stichworte: Überblick über Gebiete der „Angewandten Informatik", Datenorganisation, Datenbanken, Informationssysteme, Simulation, Einsatz der DV im Betrieb, Mensch-Maschine-Kommunikation, Datenschutz, Unterrichtsmethodik und didaktische Konzeption eines Informatik-Unterrichts analog zu Kurs 4a.

Kurs 4c (berufsbildende Schulen, gewerblich-technische Richtung): Technische Informatik/Fachdidaktik

Stichworte: Schaltungen, Realisierung von Schaltwerken, Mikroprogrammierung, Mikroprozessoren, Rechneraufbau, Prozessrechentechnik, Unterrichtsmethodik und didaktische Konzeption eines Informatik-Unterrichts mit gewerblich-technischem Schwerpunkt analog zu Kurs 4a.

In Begleitmaterialien und in Lehrbriefen können z. B. folgende Lehrinhalte dargestellt werden:

- Algorithmen auf Datenstrukturen, z. B. Sortieren und Suchen, Tabellenverwaltung, Speicherbereinigung
- Vertiefungen in den gewählten höheren Programmiersprachen
- Grundbegriffe der theoretischen Informatik (Automaten, Syntax, Semantik)
- Vergleich der Konzepte verschiedener Programmiersprachen (an ausgewählten Beispielen sollen die unterschiedlichen Konzepte verschiedener Sprachen behandelt werden)
- Anleitung zum Aufbau einer systematischen Programmbibliothek und zur Organisation des Rechenbetriebs an der Schule (diese Aufgabe besitzt für Lehrer eine zentrale Bedeutung im Schulalltag)
- Vertiefungen im Bereich „hardware", in theoretischer, praktischer oder angewandter Informatik (je nach Schulform)
- Anwendungen der Informatik und Auswirkungen auf die berufliche und persönliche Situation
- Didaktik des Informatik-Unterrichts.

4.4 Hinweise zu Fortbildungskursen in Informatik

Fortbildungskurse können zum einen für ausgebildete Informatiklehrer und zum anderen für Lehrer anderer Fachrichtungen konzipiert werden.

4.4.1 Fortbildungskurse für ausgebildete Informatik-Lehrer

Im Rahmen der Weiterbildungsveranstaltungen und im Lehramtsstudiengang für Informatik als zweites oder drittes Fach können viele Inhalte der Informatik nicht gründlich genug dargestellt werden.

Es sind daher Fortbildungskurse zu entwickeln, die die bisherige Ausbildung zum Informatiklehrer vertiefen und durch fehlende Gebiete ergänzen.

Solche Kurse sind an dem in Abschnitt 3 entwickelten Lehramtsstudiengang zu orientieren. Darüberhinaus sind Fortbildungskurse anzubieten, die neue Entwicklungen in der Informatik und ihrer Fachdidaktik vermitteln.

4.4.2 Fortbildungskurse für Lehrer anderer Fachrichtungen

Informatik-Inhalte und -Methoden dringen in viele Wissensgebiete ein. Lehrern anderer Fachrichtungen sollen daher in Fortbildungskursen grundsätzliche Begriffe und Arbeitsweisen der Informatik und deren Anwendungen in den betreffenden Fachrichtungen vorgestellt werden.

Hierbei ist besonderer Wert auf typische Anwendungsbeispiele, die für den Schulunterricht geeignet sind, zu legen. Die Fortbildungskurse sollen gemeinsam von Informatikern und Fachvertretern der betreffenden Fachrichtungen erarbeitet werden.

5 Abschließende Bemerkungen

Um die hier vorliegenden „Empfehlungen zur Ausbildung, Fortbildung und Weiterbildung für das Lehramt Informatik für die Sekundarstufen I und II" und die Empfehlungen zu den „Zielsetzungen und Inhalte des Informatik-Unterrichts" in die Schul- und Hochschulwirklichkeit einfließen zu lassen, schlägt die Gesellschaft für Informatik folgendes Vorgehen vor:

(a) Informatik sollte verstärkt an Schulen erprobt werden. Diesen Versuchen sollten die „Zielsetzungen und Inhalte des Informatik-Unterrichts" zugrundegelegt werden. Eine Zusammenarbeit mit Hochschul-Fachbereichen für Informatik ist hierbei anzustreben.

(b) Sofern Informatik in der Schule in verstärktem Maße ausgeweitet wird, sollten Anstrengungen unternommen werden, um
- an den Hochschulen Lehramtsstudiengänge in Informatik zu konzipieren und ggfls. aufzunehmen,
- Weiterbildungsveranstaltungen zu erarbeiten und durchzuführen und die ministeriellen Verordnungen zum Erwerb der Unterrichtsqualifikation in Informatik zu erstellen,
- Fortbildungskurse zu entwickeln und (zunächst für Lehrer anderer Fachrichtungen) abzuhalten,
- entsprechende Fachleiterstellen an Studienseminaren zu schaffen und die Durchführung eines Informatik-Unterrichts organisatorisch sicherzustellen,
- auf Grund von Schulversuchen die Methodik und Didaktik der Informatik verstärkt weiter zu entwickeln und Informa-

tik-Lehrpläne für Schulen vorzubereiten und zu erlassen bzw. zu ändern.

(c) Verstärkte Anstrengungen sind für die Entwicklung von Unterrichtseinheiten zu unternehmen, wobei die Erfahrungen von Schulversuchen einzuarbeiten sind. Insbesondere sollten die Anwendungen den Erfahrungshintergrund der Schüler einbeziehen, wodurch die vom Rechner ausgehende Motivierung verstärkt wird. Schließlich sind Unterrichtsmaterialien und Begleitbriefe zu erarbeiten und mit interessierten Lehrern zu erproben.

6 Literatur

1. Brauer, W., Claus, V., Deussen, P., Eickel, J., Haacke, W., Hosseus, W., Koster, C. A., Ollesky, W., Weinhard K.: Zielsetzungen und Inhalte des Informatik-Unterrichts. Empfehlungen der Gesellschaft für Informatik e. V., Zentralbl. Didakt. Math. **76**, 34–43

2. A.C.I.L.A.-Arbeitskreis der ACU „Empfehlungen zur Aus-, Fort- und Weiterbildung von Lehrkräften im Bereich der Informatik", Hrsg.: G. Spitta, Kultusministerium, Niedersachsen, Mai 1976

3. Beer, M., Koerber, B., Martens, B., Reker, J., Sack, L., Schulz, R.: Untersuchungen und Vorschläge zur Fort- und Weiterbildung von Lehrkräften im Bereich der Datenverarbeitung bzw. Informatik. Bundesinstitut für Berufsbildungsforschung, Berlin, Juli 1976

4. Ad-hoc-Ausschuß „Ausbildung von DV-Fachkräften des Bundesministerium für Forschung und Technologie, „Empfehlungen für den Ausbau der DV-Ausbildung", BMFT Bonn/Bad Godesberg, 1975

5. Empfehlungen des ad-hoc-Ausschusses „Schulsprache" beim BMFT

6. Hosseus, W.: Zur Ausbildung von Informatiklehrern. In: Staatliches Institut für Lehrerfort- und -weiterbildung Rheinland-Pfalz (Hrsg.): Informatik, Studienmaterialien Band 12, 1–20, Speyer 1977, (vgl. hierzu auch den Tagungsband zur ACU-Tagung 2/1977, S. 100–119, Berlin 1977)

7. Das VHS-Zertifikat Informatik, Deutscher Volkshochschulverband e. V., Pädagogische Arbeitsstelle Frankfurt/Main, 1977

8. Curricularer Lehrplan Informatik, Berufsoberschule. Bayerisches Kultusministerium München 1976
9. Empfehlungen zur Lehreraus-, Lehrerweiter- und Lehrerfortbildung in Informatik. Beirat für Informatik und programmierten Unterricht beim Senator für Schulwesen, Berlin, Dezember 1976
10. Baumann, H., Bous, H., Hosseus, W., Laubenheimer, H.-N., Loos, R., Niefnecker, D., Seemann, E., Thielmann, H., Werner, W.: Entwurf eines lernzielorientierten Lehrplans Informatik, Grundfach. Hrsg.: Kultusministerium Rheinland-Pfalz für die Mainzer Studienstufe, 52 S. Mainz 1976
11. Kultusministerium Rheinland-Pfalz: Richtlinien zum Erwerb der Unterrichtserlaubnis und der Unterrichtsbefugnis in den Fächern Informatik und Datenverarbeitung vom 1. 10. 76, Amtsbl. 19/1976, S. 426
12. Tätigkeitsbericht zum Projekt Informatik in der Schule, Hrsg.: E. E. Doberkat, L. Sturm, Paderborn: Feoll 1976
13. Brauer, W., Haacke, W., Münch, S.: Studien- und Forschungsführer Informatik. DAAD und GMD, Bonn-Bad Godesberg 1978
14. EDV-Einsatz in Schule und Ausbildung, Hrsg.: W. Arlt, Reihe: Datenverarbeitung im Bildungswesen, Bd. 1, München, Wien 1978
15. Bosler, U.: Geeignete Rechnerkonfigurationen für den Informatikunterricht an Schulen und Volkshochschulen. IPN-Kurzberichte 13, Kiel 1978

7 Anhänge (zu Lehramtsstudienplänen)

7.1 Mathematische Voraussetzungen für das Lehramtsstudium Informatik

Grundsätzlich benötigt der Informatiker die in der Mathematik vermittelte Methodik, Ideen und Vorstellungen in einen exakten Kalkül zu übertragen. Inhaltlich sollte dem Informatik-Lehrer folgendes Fachwissen aus der Mathematik bekannt sein:

Mathematische Strukturen
Mengen, Relationen und Funktionen, Halbgruppen, Gruppen, Körper und Verbände, Boolesche Algebren, Aussagen

Lineare Algebra
Vektoren, Matrizen, lineare Gleichungen und Ungleichungen,

Analysis
Aufbau des Zahlensystems, Folgen und Reihen, Differenzieren, Integrieren, gew. Differentialgleichungen

Stochastik
Kombinatorik, Elementare Wahrscheinlichkeitsrechnung, Wahrscheinlichkeitsverteilung (diskrete Verteilung wie Binomialverteilung, Poissonverteilung; stetige Verteilungen wie Gleichverteilung, Exponentialverteilung und Normalverteilung, Monte-Carlo-Verfahren), Statistik (Grundbegriffe wie statistische Verteilung, Mittelwert und Streuungsmaßnahme von Verteilungen, Korrelationen statistischer Meßreihen)

Methoden der Angewandten Mathematik
Graphentheorie und Algorithmen auf Graphen, Einführung in Operations Research, Einführung in numerische Verfahren.

7.2 Physikalische und elektronische Voraussetzungen für das Lehramtsstudium in Informatik

Das im folgenden aufgelistete Fachwissen sollte insbesondere für Lehrer für berufsbildende Schulen mit gewerblich-technischem Schwerpunkt vorausgesetzt und den Anforderungen dieser Schulart entsprechend aufbereitet werden.

Grundlegende Begriffe der Mechanik
Mechanik des Massenpunktes. Newtonsche Grundgesetze, Arbeit, Energie, Leistung, Maßsystem, Impuls, Stoß.

Elektrizität und Magnetismus
Elektrische Felder, elektrische Ströme, magnetische Felder, Elektromagnetismus

Netzwerke
Zweipolnetzwerke, lineare Netze, Analyse nicht-linearer Netze, Schaltvorgänge bei Kapazitäten und Induktivitäten

Schwingungen und Wellen

Bauelemente der Elektrotechnik
Zweipolige Bauelemente, Transistoren, integrierte Techniken.

Impulstechnik

Speichertechnik
Speicherprinzipien, magnetische Speicher, Ferritspeicher, Speicher mit bewegtem magnetischem Speichermedium

Sonderformen von Speichern

Schaltungen digitaler Rechenanlagen

8 Anhänge (zum Informatikunterricht)

8.1 Projektorientiertes Vorgehen im Informatikunterricht an Schulen

a) Allgemeine Bemerkungen. Die an Hochschulen üblichen größeren Aufgaben in einem Programmierpraktikum oder in Projektgruppen können im allgemeinen nicht unmittelbar auf den Schulunterricht übertragen werden. Andererseits sollte in der Schule die Lösung komplexer Probleme durch Methoden der Informatik mit Hilfe eines projektorientierten Vorgehens geübt werden.

Das projektorientierte Vorgehen im Unterricht entspricht dem interdisziplinären Charakter der Informatikausbildung und umfaßt die für komplexe Anwendungen notwendige systematische Arbeitsweise. Hierbei sollen alle Phasen in einem Problemlösungsprozess durchlaufen werden. Kennzeichnende Merkmale des projektorientierten Vorgehens sind:

- die Beteiligung der Lehrer und Schüler an der Planung und Durchführung des Projektvorhabens,
- die gemeinsame Findung des Themas und die Abgrenzung der Lernziele,
- Orientierung am Projektthema statt an traditionellen Fächergrenzen,
- die Theorie-Praxis-Integration,
- forschendes Lernen,
- Berufsbezug und Einsatzmöglichkeiten der Datenverarbeitung.

b) Kriterien für die Wahl der Themen. Entscheidend für die Wahl des Themas ist es, daß die Lernenden für den langen Zeitraum der Projektbearbeitung motiviert bleiben. Daher sollten die Probleme folgenden Kriterien genügen:

1. Die Probleme sind auf dem Erfahrungshintergrund der Schüler aufzubauen und müssen das individuelle und gemeinsame Betroffensein berücksichtigen.

2. Die Aufgaben sollen keine idealtypischen, konstruierten Situationen behandeln, sondern exemplarische Ausschnitte der Realität darstellen, die beispielhaft für die Anwendungen und die Bedeutung der Informatik sind. Sie sollen nicht speziell auf ein späteres Informatik-Studium zugeschnitten sein.

3. Die Probleme sollen zum Handeln herausfordern (also auch Konfliktsituationen verursachen) und Erfahrungen vermitteln, wie die Schüler in ihrer Umwelt verantwortungsbewußt tätig werden und Datenverarbeitung einsetzen können.

4. Die Bearbeitung muß kreatives Verhalten ermöglichen. Das Problem muß in Teilprobleme für das arbeitssteilige Vorgehen gliederbar sein und sich schrittweise hinsichtlich des Umfangs ausbauen lassen. Seine Lösungen müssen auf dem verfügbaren Rechner realisiert werden können.

Allgemein ist zu beachten, daß die benötigte Literatur und zusätzliche Informationen leicht zugänglich sind. Der Umfang der inhaltlichen Vorbereitung und der noch benötigten programmiertechnischen Kenntnisse muß in ausgewogenem Verhältnis zur Projektbearbeitung selbst stehen.

c) Mögliche Themenbereiche
- Banken (Kontoführung, – Überwachung, Statistik)
- Bildungswesen (Schulorganisation, z. B. Überprüfung von Übersichtsplänen für die Schullaufbahn in der reformierten gymnasialen Oberstufe, Schüler-Lehrer-Datei, Bibliotheken)
- Handel (Lagerhaltung, Auslastung von Transportkapazitäten)
- Kommunikation (Kreditauskunftsbüros, Druckereiwesen, Nachrichtenübermittlung)
- Kriminologie (einfaches Datenbanksystem zur schnellen Identifizierung, polizeiliche Fahrzeugüberwachung)
- Medizin (computerunterstützte Diagnose einiger Krankheiten, Patientenüberwachung)
- Militärwesen (Kartographie, Raketensteuerung)
- Naturwissenschaften (Auswertung komplexerer Versuche)
- Personalverwaltung
- Planung und Prognose (Marktforschung, Produktions- und Investitionsplanung, Implementierung einfacher Planspiele)
- Produktion (Simulation und Steuerung eines Stahlwalzwerks)
- Statistik
- Textverarbeitung (Unterstützung von Sekretariatstätigkeiten, Dokumentation, Druckvorbereitung)
- Verkehr (Ampelsteuerung, Optimierung von Fahrtrouten, Platzbuchungssystem)
- Versorgung (Steuerung eines Kraftwerks, Verbrauchsabrechnung)

d) Durchführung. Folgender Ablauf ist empfehlenswert: Problemstellung, Problemanalyse, Algorithmierung, Programmiertechniken, Modulprogrammierung und Modultest, Test und Implementierung des Gesamtsystems, Analyse der Problemlösung hinsichtlich der Problemstellung, praktischer Einsatz der Lösung und Hinweise zur Wartung, Einschätzung des praktischen Einsatzes, Aktualisierung der Dokumentation. Während aller Phasen ist eine ausführliche, für einen Außenstehenden verständliche Dokumentation der inhaltlichen Problemlösung und des Problemlösungsprozesses arbeitsbegleitend anzufertigen.

e) Bemerkungen. Das projektorientierte Vorgehen kann in der Schule z. Z. zu grundsätzlichen Schwierigkeiten führen. Folgende Punkte sind daher zu berücksichtigen:

- Organisationsstruktur und Leistungsbewertung in der Schule
- traditionelle Rollenvorstellung der Schüler und Lehrer
- Unselbständigkeit der Lernenden und ggfls. mangelnde Kooperationsfähigkeit,
- Schwierigkeiten der Schüler, eigene Interessen und Bedürfnisse zu artikulieren,
- strukturierte Problemlösung von komplexen Problemen und
- arbeitsteilige Vorgehensweise.

8.2 Vorstellungen für Unterrichtsinhalte des kaufmännischen Schwerpunktes für berufsbildende Schulen

Folgende Themen sind für den Unterricht an berufsbildenden Schulen für den kaufmännischen Schwerpunkt relevant:

- Verarbeitung sequentieller Dateien, Verarbeitung von Dateien mit direktem Zugriff, ein- und mehrstufige Gruppenwechsel, Tabellenverarbeitung, Sortier- und Suchverfahren, formale Fehlerprüfungen, Textverarbeitung

- Datenorganisation/Datenstrukturen

- Betriebliche Informationssysteme (Administrations-, Dispositions-, Planungs- und Kontrollsysteme, Dokumentationssysteme, Datenbanken)

- Betriebsorganisation und Datenverarbeitung (Projektorganisation, Matrixorganisation, Entscheidungs- und Planungstechniken, Dokumentationstechniken, Planung, Realisation, Implementierung und Kontrolle von DV-Abläufen
- Datenschutz und Datensicherung

8.3 Vorstellungen für Unterrichtsinhalte des gewerblich-technischen Schwerpunktes an berufsbildenden Schulen

Das gewerblich-technische Schulwesen umfaßt viele Berufsfelder, wie z. B. Berufe des Gaststättengewerbes, der Druckindustrie, des Maschinenbaus, aber auch der Informationselektronik. Die hier aufgeführten Angaben können also nur als allgemeine Richtschnur verstanden werden, die immer noch der berufsspezifischen Ergänzung bedürfen.

Folgende Themen sind für den Unterricht an berufsbildenden Schulen mit gewerblich-technischem Schwerpunkt relevant:

- Erfassen der technischen Abläufe als Kette von Kausalbeziehungen, in denen in vielfältiger Weise naturwissenschaftliche Gesetze zur Anwendung kommen

- Entwickeln von Lösungsstrategien an technischen Verfahren und Anwendungen

- Erstellen eines Programms zur Beschreibung eines Ablaufs (verbal, Programmiersprache)
- Methoden der graphischen Darstellung von Algorithmen

- Digitale Informationsverarbeitung: Schaltnetze, Schaltwerke und ihre Beschreibungen mit Hilfe von Termen

- Realisieren von Algorithmen in Schaltungen (hardware-Lösungen)

- Softwaremäßige Beschreibung von hardware-Lösungen

- Aufbau einer Zentraleinheit

- Komponenten eines Datenverarbeitungssystems
- Datenträger, Datenerfassung

- Berufsspezifische periphere Geräte (Telefon, Analog-Digital-Wandler, Winkelkodierer, Ventilsteuerung etc.)

- Rechner als Hilfsmittel zur Lösung und Simulationtechnisch-naturwissenschaftlicher Aufgaben (NC-Steuerung, Vermittlungstechnik, Prozeßsteuerung u. a.)

- Mikroprozessor (Aufbau, Organisation, Adressierung, Bus, Programmierung)

- Analog-Rechner (Operationsverstärker, Addierer, Subtrahierer, Integrierer, etc.)

- Datenschutz und Datensicherung

- Auswirkung des Einsatzes der Datenverarbeitung auf Beruf und Gesellschaft.

Stellungnahme und Empfehlungen zum Volkshochschulzertifikat Informatik

Erarbeitet vom Unterausschuß „Erwachsenenbildung" des Fachausschusses „Ausbildung" der Gesellschaft für Informatik e. V.

Mitglieder:

H. Balzert, K. Becker, P. Deussen, R. Gunzenhäuser, C. Hackl (Sprecher), O. Hecker, R. Meyer, H. Schappert, E. Schwarz, F. Stetter, H. Will und Frau M. Woll-Litt.

Federführend:
Prof. Dr. R. Günzenhäuser
Institut für Informatik der Univ. Stuttgart
Azenbergstr. 12, 7000 Stuttgart 1

Inhaltsübersicht

1. Das VHS-Zertifikat Informatik
   1.1 Ausgangssituation
   1.2 Gegenwärtiger Stand
   1.3 Adressaten
   1.4 Durchführung
2. Wertung der derzeitigen Durchführung
   2.1 Allgemeines
   2.2 Adressaten
   2.3 Lernziele und Lernzielkatalog
3. Empfehlungen
   3.1 Lernzielkatalog
   3.2 Unterrichtsmaterialien
   3.3 Rechnerbenutzung
   3.4 Sicherung der Ausbildungsqualität

1. Das VHS-Zertifikat Informatik

1.1 Ausgangssituation

An zahlreichen Volkshochschulen (VHS) der Bundesrepublik werden seit Jahren Kurse mit Themen aus der Datenverarbeitung und der Informatik angeboten. Diese Kurse sind meist an den lokalen Bedürfnissen und Möglichkeiten ausgerichtet; nicht wenige davon können mit der stürmischen Entwicklung der Datenverarbeitung und der Informatik nur mühsam Schritt halten – ihre Inhalte und ihre Lehrmethoden sind nicht selten veraltet.

Das Kursangebot der Volkshochschulen orientiert sich stark an der (lokalen) Nachfrage. Derzeit besteht eine relativ große Nachfrage nach einführenden Kursen, die Grundlagenwissen vermitteln.

Von mehreren Seiten wurde an die Pädagogische Arbeitsstelle des Deutschen Volkshochschulverbandes e. V. (Sitz in Frankfurt) der Wunsch herangetragen, auch für das Fach Datenverarbeitung/Informatik einen volkshochschuleigenen Abschluß in Form eines VHS-Zertifikats zu entwickeln. Die Inhalte solcher Zertifikatskurse werden zentral von der Pädagogischen Arbeitsstelle des VHS-Verbandes festgelegt; die Kursleiter sind verpflichtet, sich an diese Inhalte zu halten. Es werden zentrale Prüfungen durchgeführt.

Als im Jahre 1976/77 von der Pädagogischen Arbeitsstelle ein VHS-Zertifikatskurs Informatik erstellt und erprobt wurde, bestanden im mathematisch-naturwissenschaftlichen Bereich bereits VHS-Zertifikatskurse in Chemie, Elektronik, Elektrotechnik, Mathematik und Statistik.

Bei der Erstellung des Informatik-Kurses wurde die Pädagogische Arbeitsstelle des VHS-Verbandes durch einen Grundlagenausschuß unterstützt, dem namhafte Vertreter der Informatik und der Datenverarbeitung aus Schulen, Hochschulen, Universitäten, aus Industrieunternehmen und aus der öffentlichen Verwaltung angehörten.

1.2 Gegenwärtiger Stand

Für den Informatik-Kurs, der zum VHS-Zertifikat Informatik führt, werden derzeit 120 Unterrichtsstunden (USt.) zu je 45 Minuten empfohlen. Das Kursangebot umfaßt
(1) eine Einstiegsphase, (5 USt.)
(2) die Abschnitte
   – A: Problemlösen mit
      Hilfe der Datenverarbeitung (Computer als
      Werkzeug), (40 USt.)
   – B: Hardware und Software als Instrumentarium des Anwenders
      (Funktion von
      Hardware- und Software-
      Systemen), (20 USt.)
   – C: Grundlagen der Systemanalyse und
      Datenverarbeitungsorganisation, (25 USt.)
   – D: Rationalisierung mit
      ADV; gesellschaftliche Auswirkungen

des DV-Einsatzes, (10 USt.)
(3) praktische Übungen und (20 USt.)
(4) eine bundeseinheitliche
Abschlußprüfung.

Zur Unterstützung dieses Kursangebots wurden von der Pädagogischen Arbeitsstelle des VHS-Verbandes Materialien entwickelt wie ein Glossar zum Lernstoff, Testsätze zu Übungszwecken und Arbeitshilfen wie eine Einführungsbroschüre in die Programmiersprache Pseudo-PASCAL und Umsetzungsbroschüren von Pseudo-PASCAL in andere problemorientierte Sprachen.

Im Studienjahr 1977/78 fanden bundesweit etwa 40 Informatik-Kurse mit mehr als 400 eingeschriebenen Teilnehmern statt. Die Aufgaben der Abschlußprüfung im Juni 1978 wurden von der Pädagogischen Arbeitsstelle zentral gestellt und ausgewertet; dabei wurden objektivierte Testverfahren angewandt. Für das laufende Studienjahr 1978/79 ist mit einer wesentlich höheren Teilnehmerzahl zu rechnen.

Durch die bestandene Prüfung wird das VHS-Zertifikat Informatik erworben. Es ist zu erwarten, daß es – wie die anderen VHS-Zertifikate – zur beruflichen Weiterbildung der Teilnehmer und zu deren beruflichen Sicherung und beruflichem Fortkommen Entscheidendes beiträgt.

Bildungsträger, die sich in der Arbeitsgemeinschaft der Datenverarbeitungs-Bildungszentren (ADVB) koordinieren, sind weitgehend bereit, das VHS-Informatik-Zertifikat als Qualifikationsnachweis für Grundlagenkenntnisse in Datenverarbeitung und Informatik anzuerkennen. In Rheinland-Pfalz sind Bestrebungen im Gange, das VHS-Zertifikat für die Fort- und Weiterbildung von Lehrern der Sekundarstufen I und II durch das Kultusministerium anerkennen zu lassen.

1.3 Adressaten

Durch den zunehmenden Einsatz von Datenverarbeitungsanlagen entstehen in vielen Berufsfeldern Aufgaben, zu deren Lösung einschlägiges Grundwissen und Fertigkeiten im Bereich Datenverarbeitung/Informatik notwendig sind. Hierfür gibt es neuerdings auch außerhalb des Hochschulbereichs definierte berufliche Ausbildungsgänge[1]; der aktuelle Bildungsbedarf wird aber noch einige Zeit durch Fort- und Weiterbildungskurse gedeckt werden müssen.

Der Bedarf für ein bundesweites Weiterbildungsangebot durch die Volkshochschulen in Datenverarbeitung und Informatik stützt sich auf eine Reihe von Untersuchungen, wie

– *Bundesminister für Forschung und Technologie:* Empfehlungen für den Ausbau der DV-Ausbildung in der Bundesrepublik Deutschland, 1973–1978. Bonn. 1975
– *Blume, D./Bosler, U.:* Vorstudie zur Bedarfsanalyse für das VHS-Zertifikat Informatik. Materialien zu den VHS-Zertifikaten Nr. 28. Frankfurt. 1976.
– *Balzert, H.:* Auswertungen von VHS-Kursankündigungen im Lernbereich Informatik. Herausgegeben von der Pädagogischen Arbeitsstelle des Deutschen Volkshochschulverbandes. Frankfurt. 1975.
– *Diebold Deutschland GmbH:* Der Bedarf an ADV-Fachkräften bis 1978, Band 1 + 2. Frankfurt. 1975

Der Personenkreis, der damit als Zielgruppe des VHS-Zertifikatkurses Informatik anzusehen ist, besteht im wesentlichen aus zwei Personengruppen:

(1) Teilnehmer, die nicht zur Gruppe der Datenverarbeitungsberufe gehören, jedoch in ihrem Beruf mit Methoden der Datenverarbeitung in Berührung kommen. Sie sind daran interessiert, durch fundiertes Grundlagenwissen ein besseres Verständnis dieser Methoden zu erwerben. Die Teilnehmer kommen aus verschiedenen gewerblichen, kaufmännisch-organisatorischen und technisch orientierten Berufen. Zu dieser Gruppe können heute etwa 15% aller Berufstätigen gerechnet werden; mit einer weiteren Steigerung ist zu rechnen.
(2) Teilnehmer, die bereits im Datenverarbeitungsbereich tätig sind und eine zusätzliche Berufsqualifikation erwerben wollen. Dazu gehören auch Teilnehmer, die sich noch in der beruflichen Ausbildung befinden und den Zertifikatskurs zu ihrer Grundausbildung benutzen.

In den VHS-Kursen werden keine EDV-Kenntnisse vorausgesetzt.

1.4. Durchführung

Bei der Festlegung der Lernziele des VHS-Zertifikat-Kurses Informatik wurde zwischen der Vermittlung von Grundlagenwissen und einer praktisch orientierten Ausbildung ein

---

[1] vgl. den *Studienführer Informatik* des Bundesinstituts für Berufsbildungsforschung. Berlin, Sept. 1977

Kompromiß gesucht.

Der Lernzielkatalog ist abschlußorientiert. Er legt verbindlich fest, über welche Kenntnisse und Fähigkeiten die Kursteilnehmer nach Kursabschluß verfügen sollen. Im Rahmen des Lernzielkatalogs steht den Kursleitern freie Methodenwahl offen, um lokale Bedingungen – wie die Art der benutzten DV-Anlage – berücksichtigen zu können. Die Planung und die methodische Gestaltung einzelner Unterrichtseinheiten wird durch die Pädagogische Arbeitsstelle des VHS-Verbandes unterstützt. Erprobungsfassungen exemplarischer Unterrichtseinheiten liegen vor[2].

Grundlage zur Formulierung von Algorithmen ist die Programmiersprache PASCAL. Stehen auf der eingesetzten DV-Anlage nur andere Programmiersprachen zur Verfügung, so erleichtern bereitgestellte Broschüren die Umsetzung von PASCAL-Programmen in andere problemorientierte Sprachen wie APL, BASIC, COBOL, FORTRAN, oder PL/1.

Spezielle Qualifikationen für die Kursleiter werden nicht verlangt.

2. Wertung der derzeitigen Durchführung

2.1 Allgemeines

Das Vorhaben der Pädagogischen Arbeitsstelle des Deutschen Volkshochschulverbandes, einen Baustein Informatik in das System der VHS-Zertifikatskurse aufzunehmen, ist sehr begrüßenswert, weil damit die vielfältigen Kursaktivitäten der Volkshochschulen koordiniert und auf gemeinsame Qualifikationen – abschlußorientierte Lernziele – hin ausgerichtet werden.

Durch den Grundlagenausschuß Informatik wurde die Entwicklung dieses Bausteins fachlich und didaktisch gut unterstützt. Der Lernzielkatalog und die dazugehörigen Lehr- und Lernhilfen unterliegen einer ständigen Revision und Korrektur durch die Pädagogische Arbeitsstelle und durch den Grundlagenausschuß.

2.2 Adressaten

Weil die derzeitigen Teilnehmergruppen der VHS-Zertifikatskurse sehr heterogen zusammengesetzt sind, ist es schwierig, den Lernzielkatalog im Hinblick auf die Bedürfnisse der Teilnehmer zu beurteilen. Nach den bisherigen Erfahrungen stellt jedoch das vermittelte Grundlagenwissen für die Teilnehmer aus Gruppe (1) eine solide Basis für eine berufliche Zusatzqualifikation dar.

Der VHS-Kurs Informatik ist weniger darauf ausgerichtet, aktuelle und insbesondere technische Spezialkenntnisse zu vermitteln. Die Teilnehmer aus dem Datenverarbeitungsbereich werden aus dem gebotenen und erworbenen Wissen erheblichen Nutzen ziehen, da sie dadurch zusätzliche Quellen wie Fachliteratur und Herstellerbeschreibungen erschließen können.

Für alle anderen Volkshochschulhörer, die ihre Allgemeinbildung erweitern wollen, sind einzelne Teile des Kurses, wie zum Beispiel die Details über Programmiersprachen, weniger relevant. Dagegen ist die Konzeption des Kurses und insbesondere die im Abschnitt D besprochene Problematik über die Rationalisierung mit Hilfe der Datenverarbeitung zur individuellen Bildung gut geeignet.

2.3 Lernziele und Lernzielkatalog

Beim Aufbau der Lernziele steht der Problemlöseprozeß konsequent im Vordergrund; sein Ablauf wird klar herausgearbeitet. Durch die Analyse spezieller Probleme werden Datenstrukturen, Anweisungsarten und Begriffe wie Funktion und Prozedur gewonnen, mit deren Hilfe die Problemlösung in eine geeignete Programmiersprache umgesetzt wird[3]. Diese Vorgehensweise, die sich auch im Schulunterricht und in der Lehre an Hochschulen bewährt hat, ist bezogen auf die angesprochenen Adressatengruppen adäquat. Es ist gut, daß in diesem Zusammenhang auch Eigenschaften von Algorithmen sowie deren Zeit- und Speicheraufwand durch Beispiele angesprochen werden.

---

[2] Vgl. dazu „Rationalisierung mit Hilfe der Datenverarbeitung" – eine Unterrichtseinheit. Pädagogische Arbeitsstelle, Frankfurt, 1978.
(Autor: Wolfgang Hampe unter Mitarbeit von Hartmut Hille.)

[3] Vgl. dazu: *Zielsetzungen und Inhalte des Informatikunterrichts.* (Empfehlungen der Gesellschaft für Informatik e. V.). Zeitschrift für Didaktik der Mathematik *1* (1976)
Hecker, O.: Probleme der Informatik-Ausbildung im Sekundarbereich II. Schriften zur Berufsbildungsforschung. Band 39, Berlin 1976

Bei der Behandlung der Funktionsweise von Hardware- und Softwaresystemen wird weitgehend auf die Erläuterung technischer Details verzichtet. Dies ist richtig, weil die technische Entwicklung das rein technische Verständnis von Rechnern immer mehr zu einer Angelegenheit von Spezialisten für die Hardware- und Mikroprogrammentwicklung werden läßt. Der funktionale Aufbau von DV-Anlagen wird ausführlich genug behandelt.

Die Wahl der im VHS-Informatik-Kurs verwendeten Sprache PASCAL erfolgte vorwiegend nach Gesichtspunkten der Didaktik und der Entwurfsmethodik und nimmt gleichzeitig auf die Grundlagenorientierung des Kurses Rücksicht. Zudem ist die Sprache PASCAL relativ leicht lehr- und lernbar und sowohl im kaufmännischen als auch im technisch-wissenschaftlichen Bereich verwendbar.

Bei konsequenter Einhaltung der Lernziele und der entsprechenden Zeitzuteilung ist eine Entartung des Kurses zu einem Programmierkurs nicht zu erwarten.

Die Lernziele im Bereich der Systemanalyse und der Datenverarbeitungsorganisation sind gut geeignet, die Kursteilnehmer zur schrittweisen (strukturierten) Lösung von Problemen vorzubereiten, die kaufmännischen und technischen Aufgabenstellungen entstammen. Da die von den Teilnehmern erarbeiteten Problemlösungen bzw. Programme notwendigerweise nur von geringem Umfang sein können, könnte eine Folge davon sein, daß bei der Besprechung der Beispiele Probleme der Systementwicklung beispielsweise eine übersichtliche Dokumentation und die Definition zwischen Schnittstellen zwischen getrennt bearbeiteten Lösungs- bzw. Programmteilen – nicht in ausreichendem Umfang berücksichtigt werden können.

Für diesen Kursteil ist es daher in besonderem Maße erforderlich, für die Kursleiter geeignete Hilfen bereitzustellen, so daß auch eine Fallstudie von der Problemanalyse bis zur exemplarischen Implementierung besprochen werden kann.

Die Behandlung der Themen über die Rationalisierung mit automatischer Datenverarbeitung und über die gesellschaftlichen Auswirkungen des DV-Einsatzes ist grundsätzlich zu begrüßen. Die Sachverhalte dieses Problemkreises sind jedoch außerordentlich vielschichtig. Daher kann die didaktische Zielsetzung dieses Abschnitts nur sein, die Kursteilnehmer mit der Problematik vertraut zu machen; dies kann durch eine sorgfältig ausgewählte Fallstudie geschehen.

Von Umfang und Inhalt her sind die einzelnen Abschnitte des Informatik-Kurses gegeneinander ausgewogen. Die Erfahrungen müssen jedoch zeigen, ob der empfohlene Umfang von 120 Unterrichtsstunden für die Durchführung des gesamten Kurses ausreichend bemessen ist.

3. Empfehlungen

3.1 Lernzielkatalog

Der Lernzielkatalog sollte in Bezug auf die Lerninhalte in regelmäßigen Abständen revidiert werden. Er ist insbesondere anzupassen an die technisch-wissenschaftlichen Fortentwicklungen innerhalb der Informatik, die Wandlung des beruflichen Feldes der DV-Anwender – beispielsweise durch den verstärkten Einsatz von computergestützten Informationssystemen und anderen dialogorientierten Anwendungen – und an die sich verändernden und entwickelnden Ausbildungsgänge für Datenverarbeitungsberufe.

Bei aller den Kursleitern eingeräumten methodischen Freiheit sollte dennoch darauf hingewiesen werden, daß die im Lernzielkatalog vorgegebene Reihenfolge der Lernziele methodisch sinnvoll und wünschenswert ist. Vor einem Einstieg über Rechnerstrukturen oder einem Beginn mit einer maschinennahen Programmiersprache sollte gewarnt werden. Beide Vorgehensweisen erschweren, daß die Teilnehmer lernen, in höheren logischen Programmstrukturen zu denken und damit die Möglichkeiten moderner Datenverarbeitungsanlagen auszunützen.

3.2 Unterrichtsmaterialien

Die Entwicklung von Unterrichtsmaterialien, die auf die Bedürfnisse der Erwachsenenbildung abgestimmt sind, ist zu intensivieren. Im Vordergrund der Entwicklung sollten stehen

(1) Fallstudien und Beispiele für typische Programmieraufgaben sowie für gute DV-Systemlösungen auch ohne detaillierte Programmierung,

(2) Filme und Foliensätze für ausgewählte Themen,

(3) methodisch ausgearbeitete („Programmierte") Lerneinheiten für exemplarisch ausgewählte Einzelthemen sowie

(4) Handreichungen für die Kursleiter, möglichst in Form von methodisch aufbereiteten Unterrichtseinheiten.

3.3 Rechnerbenutzung

Die Verfügbarkeit einer DV-Anlage für den Unterricht ist dringend erforderlich. Jeder Absolvent eines VHS-Informatik-Kurses sollte die Möglichkeit haben, von ihm erstellte Programme auszutesten und ablaufen zu lassen. Die Beschaffung von Rechenanlagen oder die Mitbenutzung von Rechnern anderer Institutionen ist laufend zu prüfen. Zwar lassen sich manche Lernziele auch ohne regelmäßige Rechnerbenutzung erreichen; jedoch bleibt für eine effektive Durchführung wichtiger Kursteile ein regelmäßiger Rechnerzugriff erforderlich.

3.4 Sicherung der Ausbildungsqualität

Die bisher einheitlich verwendeten Testaufgaben sind aus Gründen der vereinfachten Auswertung stark objektiviert, z. B. durch Auswahlantworttests. Empfohlen wird, Testverfahren zu entwickeln, um zusätzlich die Fähigkeit zur systematischen Problemlösung, zur DV-gerechten Organisation von betrieblichen Abläufen und zum sinnvollen Einsatz von DV-Systemen so objektiv wie möglich beurteilen zu können.

Es ist daher zu begrüßen, daß die Pädagogische Arbeitsstelle des VHS-Verbandes eine Arbeitsgruppe gebildet hat, die die Lernziele und Testaufgaben – insbesondere für die komplexe Qualifikation „Problemlösen mit Hilfe von DV" – überprüft und weitere Testaufgaben entwickelt.

Für die Kursleiter sollten gerade in der Einführungs- und Aufbauphase des Informatik-Kurses definierte Minimalanforderungen vom VHS-Verband festgelegt werden. Ihm sollte ferner langfristig die Pflicht auferlegt werden, für die fachliche Fort- und Weiterbildung seiner Dozenten zu sorgen. Wünschenswert wäre, wenn dem VHS-Verband Mittel zur Verfügung stünden, um die Kursleiter zur fachlichen Koordination und zum Erfahrungsaustausch zusammenzurufen.

Die Zusammenarbeit mit den für die Informatik an Schulen, Fachschulen, Hochschulen und anderen Bildungsträgern Verantwortlichen ist weiterzuführen.

Empfehlungen der Gesellschaft für Informatik e. V. (GI) über „Eine praktische Tätigkeit für Informatik-Studenten an Universitäten"

Erarbeitet vom Unterausschuß „Praktikum/Werkstudententätigkeit" des Fachausschusses 9/10 „Ausbildung"

Mitglieder des Unterausschusses:
- Dr. Reinhold Franck, Softlab München
- Prof. Dr. Gerhard Goos, Universität Karlsruhe
- Horst A. Paternoga, Sperry Univac Sulzbach
- Dieter Rohlfing, mbp Dortmund (Sprecher)
- Dr. Ernst Vöge, Bayerische Motorenwerke München

Bonn, im Februar 1982

Zusammenfassung. Ein großer Teil der Informatik-Studenten an Universitäten arbeitet gegenwärtig während des Studiums aus finanziellen Erwägungen als Werkstudenten in der Industrie oder als Programmierer in der Hochschule. Mangels entsprechender Zielvorgaben sind diese Tätigkeiten jedoch nur im beschränkten Maße geeignet, dem Studenten die praxisnahen Kenntnisse und Erfahrungen zu vermitteln, die ihm bei seiner Vorbereitung auf die zukünftige berufliche Tätigkeit förderlich wären. Aus diesem Grund ist ein Praktikum von einem halben Jahr, vergleichbar den Praktika der Ingenieurwissenschaften oder dem Praxis-Semester der Fachhochschulen in Baden-Württemberg und Bayern, als Bestandteil der Ausbildung im Grundsatz anzustreben.

Der Fachausschuß empfiehlt die Aufnahme eines obligatorischen Praktikums in das Informatik-Studium an Universitäten zum gegenwärtigen Zeitpunkt nicht, und zwar im Hinblick auf
- die Schwierigkeiten bei der Bereitstellung von Plätzen für eine reglementierte Praktikumstätigkeit,
- die Probleme bei der Integration solcher Tätigkeiten in die Studienordnungen.

Er empfiehlt aber eine praktische Tätigkeit auf freiwilliger Basis, die dem Studenten interdisziplinäre Zusammenarbeit und einen Einblick in die Arbeitswelt vermitteln sowie ihn auf spätere Leitungsfunktionen vorbereiten soll. Diese Erfahrungen lassen sich auf bestimmten, abgegrenzten Tätigkeitsgebieten (z. B. fachbezogene Problemanalyse, Software-Entwicklung und -Pflege, Datenbank-Administration, Rechenzentrumsbetrieb) erwerben.

1 Ziele

Das Studium der Informatik an den Universitäten vermittelt langfristig brauchbares theoretisches und praktisches Fakten- und Methodenwissen. Es muß ergänzt werden durch:
- Erfahrung in der Umsetzung des Wissens auf praktische Anwendungen,
- Erfahrung mit den fachübergreifenden Zielvorgaben und den daraus folgenden Randbedingungen praktischer Tätigkeit,
- Erfahrungen mit Organisationsformen und Strukturen von Unternehmen.

Eine Möglichkeit für Informatik-Studenten, ihre Ausbildung mit solchen Kenntnissen zu bereichern, steckt in einer praktischen Tätigkeit. Diese zielt zum einen dahin, den persönlichen Standort im Hinblick auf eigene Interessen und Fähigkeiten im zukünftigen Beruf genauer markieren zu können, zum anderen ist sie eine Vorbereitung für die spätere berufliche Tätigkeit und insoweit eine Ergänzung der Ausbildung. So können zum Beispiel Erfahrungen bei praxisorientierter Projektarbeit mithelfen, Sicherheit im fachlichen Urteil zu gewinnen, und zu einer Akzentsetzung im späteren Studium beitragen. Im Hinblick auf die spätere Berufsausbildung hat die praktische Tätigkeit die folgenden Ziele:

Interdisziplinäre Zusammenarbeit

In vielen Bereichen, insbesondere an der Grenze zu Anwendungsgebieten, arbeitet der Informatiker mit Fachleuten anderer Disziplinen zusammen. Bei dieser Zusammenarbeit hat der Informatiker die Aufgabe, die fachspezifischen Aspekte in DV-Aspekte umzusetzen. Er muß dies unter Benutzung seiner erlernten theoretischen Kenntnisse tun und sieht so den praktischen Bezug seiner Ausbildung und die Beziehung seines Faches zu anderen. Daher muß das Ziel einer praktisch orientierten Tätigkeit sein, interdisziplinäre Zusammenarbeit gründlich kennenzulernen.

Einblick in die Arbeitswelt

Die spätere berufliche Tätigkeit des Informatikers wird wesentlich durch die Organisationsstrukturen und Formen der Zusammenarbeit in den Unternehmen beeinflußt. Sie bilden die Randbedingungen, unter denen er nach seinem Studium arbeiten wird. Hierzu zählen z. B. Managementmethoden für die Abwicklung von Projekten und effizientes Arbeiten bei Berücksichtigung knapper Ressourcen. Für den angehenden Informatiker ist es wichtig, daß er sich darüber ein an der Praxis orientiertes Bild macht.

Vorbereitung auf spätere Leitungsfunktionen

In vielen Fällen, so z. B. im Rechenzentrumsbetrieb, wird der Informatiker aufgrund seiner Ausbildung Leitungsaufgaben übernehmen, auf die er vorbereitet werden muß. Hierbei ist es von Vorteil, wenn er während seiner praktischen Tätigkeit die dabei auftretenden Fragestellungen und Probleme sowie deren Lösungen von der Basis her kennenlernt.

Bei einer praktischen Tätigkeit mit den oben dargestellten Zielen und Inhalten hat der Informatik-Student die Gelegenheit, seine Ausbildung mit den o. a. Kenntnissen zu bereichern.

2 Äußere Form

Die Aufnahme eines obligatorischen Praktikums in das Informatik-Studium an Universitäten wird zum gegenwärtigen Zeitpunkt aus folgenden Gründen nicht empfohlen:
- Schwierigkeiten bei der Bereitstellung von Plätzen für eine reglementierte Praktikumstätigkeit
- Probleme bei der Integration solcher Tätigkeiten in die Studienordnungen
- vergleichbar geringe Vergütung der Praktikanten.

Daher kommt nur eine praktische Tätigkeit auf freiwilliger Basis in Frage. Im folgenden wird eine Dauer von einem halben Jahr zugrunde gelegt, nach Möglichkeit ein zusammenhängender Zeitraum. Diese Spanne ist nötig, um nach der Einarbeitung genügend Zeit für eine produktive Arbeit zu haben.

Die praktische Tätigkeit sollte im Rahmen eines (befristeten) Arbeitsvertrages erfolgen. Damit hat der Student einen Anspruch auf ein Arbeitszeugnis (Tätigkeitsnachweis), das sein Aufgabengebiet beschreibt und – auf Wunsch – eine Beurteilung über Leistung und Führung enthalten muß. Die Vergütung sollte sich an vergleichbaren Tätigkeiten orientieren.

Die Tätigkeit ist an keine bestimmten Branchen und/oder Unternehmensformen gebunden. Vielmehr sollte ein Aufgabengebiet in ausgeprägter Form vorhanden sein, das mit denen in Kapitel 4 beschriebenen vergleichbar ist.

Es ist zweckmäßig, wenn die beteiligten Unternehmen und Hochschulen je einen Berater benennen, an die sich der Student während der Beschäftigungsdauer mit Problemen aller Art (z. B. organisatorische, verfahrenstechnische, fachliche Fragen) wenden kann. Diese Berater sollten auch für die Abstimmung zwischen Studium und Tätigkeit sorgen.

3 Tätigkeitsgebiete

Für wenige Unternehmen ist die volle Bandbreite der DV-technischen Möglichkeiten von Bedeutung. Da es nicht möglich ist, diese Bandbreite innerhalb von sechs Monaten hinreichend kennenzulernen, empfiehlt es sich, sich auf ein Tätigkeitsgebiet zu konzentrieren.

Solche Gebiete sind z. B.:
- Fachbezogene Problemanalyse
- Software-Entwicklung
- Software-Pflege
- Datenbank-Administration
- Rechenzentrumsbetrieb (einschließlich Arbeitsvorbereitung, Systemtuning etc.)

Die Konzentrierung auf ein Gebiet erlaubt eine bessere Durchdringung und führt den Studenten über das Kennenlernen hinaus zur produktiven Arbeit. Sie ist eine Voraussetzung, um z. B. praxisorientiertes Arbeiten auch tatsächlich zu erfahren.

4 Erläuterungen zu den exemplarischen Tätigkeitsgebieten

4.1 Fachbezogene Problemanalyse

Eine wesentliche Aufgabe bei der praxisorientierten Einführung von rechnergestützten Systemen ist die fachbezogene Problemanalyse im Vorfeld der Umsetzung in ein DV-Anwendungssystem. Wegen der vielfältigen Schnittstellen zu anderen Fachdisziplinen, zu historisch gewachsenen Unternehmensstrukturen und -abläufen stellt sie heute einen entscheidenden Engpaß bei der Systementwicklung dar. In diesem Aufgabenbereich ist daher als Kennenlernen der Schnittstellenprobleme vordringliches Ziel der praktischen Tätigkeit.

Es kann z. B. durch Mitarbeit bei den folgenden Tätigkeiten angestrebt und erreicht werden:

- Untersuchung, ob sich Anwenderanforderungen mit Hilfe der vorgesehenen Systeme realisieren lassen, z. B. durch Austesten von Beispielen
- Festlegung von Benutzerschnittstellen im Detail, z. B. bei der Definition von Bildschirmmasken
- Befragung von Anwendern über Eigenschaften eines geplanten Informationssystems, z. B. durch Diskutieren eines Fragebogens mit Anwendern
- Vorbereitung von Präsentationen bei Anwendern über den Nutzen eines geplanten Systems, z. B. durch Erstellung von Unterlagen
- Analyse der Informationsflüsse vor Einführung eines DV-Systems, z. B. bei Erfassung des Ist-Zustandes eines organisatorischen Ablaufs.

4.2 Software-Entwicklung

Während der Ausbildung wird die Software-Entwicklung normalerweise nur an einem größeren Programmsystem demonstriert. Ziel einer praktischen Tätigkeit in einer Software-Entwicklungsabteilung ist es dagegen, diesen Eindruck von der Einmaligkeit der Software-Erstellung zu widerlegen: Im Vordergrund sollte dabei die Erfahrung stehen, daß die Software-Entwicklung ein industrieller Produktionsprozeß ist, der mit bestimmten Ressourcen und innerhalb festgesetzter Termine ein Ereignis bestimmter Qualität erbringen soll, und daß weiterhin dieser Prozeß selbst einer Standardisierung und Rationalisierung unterliegt.

Abhängig von der Größe und Dauer eines Software-Projektes wird ein Student diese Erfahrungen im angesprochenen Zeitraum von einem halben Jahr weniger in bezug auf das gesamte Produkt, sondern eher in bezug auf die Erstellung einzelner Teilprodukte oder Hilfsmittel machen können.

Dabei sind etwa folgende Tätigkeiten beispielhaft vorstellbar:

- Mitarbeit an einem einzelnen Baustein, z. B. der Spezifikation, der Programmierung oder dem Einzeltest eines Moduls sowie der parallelen Dokumentation dieser Tätigkeiten
- Mitarbeit bei projektbegleitenden Unterstützungsarbeiten, z. B. bei Aufbau und Betrieb einer Produktverwaltung (Projektbibliothek)
- Entwurf und Erstellung von Hilfssoftware zur Unterstützung der Arbeit der Entwicklung, z. B. Testrahmen oder -treiber.

4.3 Software-Pflege

Es zeigt sich in der Praxis, daß Pflegeaufgaben bei Software gegenüber Entwurfs- und Entwicklungsarbeiten überwiegen. Es muß daher Ziel im Arbeitsgebiet Software-Pflege und -Weiterentwicklumg sein, die Anforderungen an den Entwurf von Software aus der Sicht der Pflege (z. B. Dokumentation, Modularisierung, Programmierstandards) kennenzulernen und einen Einblick in die ökonomischen Probleme der Software-Pflege (z. B. Aufwand für Fehlerfreiheit, Zuverlässigkeit und Benutzerfreundlichkeit) zu erhalten).

Dieses Ziel kann z. B. bei den folgenden Aufgaben angestrebt und erreicht werden:

- Einsatzvorbereitung
- Program-Modifikationen
- Installation von Softwareprodukten
- Bearbeitung von Fehlerberichten, Fehlersuche
- Teilnahme am Produkttest
- Einführung in die Unternehmensorganisation, Kostenrechnung, Terminplanung.

4.4 Datenbank-Administration

Die Aufgabe der Datenbank-Administration ist es, einerseits die unterschiedlichen Belange der einzelnen Fachabteilungen bei einer integrierten Datenhaltung und -nutzung mit den DV-technischen Möglichkeiten in Einklang zu bringen, und andererseits durch geeignete Maßnahmen einen ordnungsgemäßen und optimalen Datenbank-Betrieb zu gewährleisten. Die dabei auftretenden Probleme (z. B. Suche nach einer gemeinsamen Datenbasis, Abstimmung verschiedener Anforderungen, Vereinheitlichung) und Aufgaben (z. B. Datensicherheit, Reorganisation, Leistungsmessung) soll der Student während seiner praktischen Tätigkeit kennenlernen.

Dieses Ziel kann z.B. bei den folgenden Aufgaben angestrebt und erreicht werden:
— Erstellung von Testdatenbanken und -umgebungen
- Statistiken über Speicher-, Zugriffs- und Datenbenutzung
- Formulierung von Benutzersichten
- Mitarbeit bei Bedarfsanalysen
- Mitarbeit bei Erstellung einer gemeinsamen Datenübersicht
- Implementierung von Tuningmaßnahmen.

4.5 Rechenzentrumsbetrieb

Bei der täglichen Durchführung, aber auch bei Planung und Überwachung DV-bezogener Arbeitsabläufe nimmt das Rechenzentrum eine wichtige Stellung ein. Deshalb gehört es zu den Zielen der praktischen Tätigkeit, die Eingliederung des Rechenzentrums in die Unternehmensorganisation ebenso kennenzulernen wie die Struktur des Rechenzentrums selbst. Der Student sollte

- erkennen, daß und wie sich die Unternehmensstruktur (historische Gegebenheiten, von außen gesetzte Prioritäten, etc.) auf Rechenzentrumsabläufe und diese sich wiederum auf die Unternehmensorganisation auswirken
- einen Einblick in Arbeitsgebiete erhalten, für die er später möglicherweise in leitender Funktion verantwortlich tätig sein wird.

Diese Ziele können z.B. bei den folgenden Aufgaben angestrebt und erreicht werden:
- Auswahl, Erstellung, Generierung, Einsatz und Pflege von System- und Anwendungssoftwarepaketen sowie Rechenzentrums-Hilfsprogrammen
- Überwachung, Analyse und Leistungsmessung
- Ermittlung effektiver Programmablaufzeiten, Erstellung von Arbeitsablauf- und Maschinenbelegungsplänen, Kontrolle aller anfallenden Daten bei Einlieferung und Weiterleitung.

Ein Einblick und eine Mitarbeit in den Arbeitsgebieten Datenerfassung, Maschinenbedienung und Archivierung stellt eine sinnvolle Ergänzung dar.

Lernziele des Informatikunterrichts an kaufmännischen Schulen

Empfehlungen der Gesellschaft für Informatik e. V.

*Erarbeitet vom Unterausschuß „Informatik an berufsbildenden Schulen kaufmännischer Richtung"
des Fachausschusses „Ausbildung" der Gesellschaft für Informatik e. V.*

Mitglieder: *H. Balzert, B. Freidinger, J. Griese (Sprecher), H. Herbstreith, J. Loff, M. Welzel*

Vorbemerkungen

Der Einsatz von Informations- und Kommunikationssystemen in unserer Gesellschaft beeinflußt in zunehmend stärkerem Maße die berufliche und auch die persönliche Situation jedes einzelnen. Angesichts der sich hieraus ergebenden tiefgreifenden Strukturveränderungen in der Berufs- und Arbeitswelt kommt dem Bildungswesen eine Schlüsselrolle zu: Es gilt, geeignete Strategien zu entwickeln, mit denen man antizipatorisch auf die sich ändernde Umwelt reagieren kann.

Informations- und Kommunikationssysteme in Unternehmungen und Verwaltungen bilden einen zunehmend größer werdenden Anwendungsbereich der Informatik. Das kaufmännische Bildungswesen muß hierauf in geeigneter Weise reagieren und Voraussetzungen schaffen, die künftig noch stärker erforderliche Mobilität und Flexibilität des kaufmännischen Mitarbeiters zu gewährleisten.

Die vorliegenden Empfehlungen sollen dazu beitragen, die erkennbar größer werdende Kluft zwischen den Strukturveränderungen der Betriebspraxis und den derzeit festzustellenden Zielen des Informatikunterrichts an kaufmännischen Schulen zu überwinden.

Nach den von der Gesellschaft für Informatik e. V. 1976 veröffentlichten „Zielsetzungen und Inhalte des Informatikunterrichts" werden mit den vorliegenden Lernzielen zum ersten Mal Empfehlungen für den Unterricht in einem Anwendungsgebiet der Informatik ausgesprochen.

Durch die Zusammensetzung des Unterausschusses, dessen Mitglieder aus den Bereichen der Schulpraxis, der beruflichen Praxis und der Wissenschaft stammen, ist darauf geachtet worden, den fächerübergreifenden Aspekt genügend zu berücksichtigen: Betriebswirtschaftslehre und Informatik haben ihre Schnittmenge bei der Informationsverarbeitung für betriebliche Entscheidungen. Eine interdisziplinäre Arbeit in diesem Bereich hat Rückwirkungen auf die Grunddisziplinen. Das sollte in der kaufmännischen Ausbildung dazu führen, daß betriebliche Informations- und Kommunikationssysteme auch verstärkt im betriebswirtschaftlichen Unterricht behandelt werden.

Zur gegenwärtigen Situation des Informatikunterrichts an kaufmännischen Schulen

Die umfangreichen Aufgaben und Ziele der kaufmännischen Grundbildung haben in den einzelnen Bundesländern zu einer unterschiedlichen Differenzierung des kauf-

männischen Schulwesens geführt. Äußeres Kennzeichen dieser Entwicklung sind die vielgestaltigen Schulformen mit jeweils verschiedenen Eingangsvoraussetzungen sowie die vielfältigen Fachbezeichnungen für den Informatikunterricht (z. B. „Datenverarbeitung", „EDV", „Organisation/Datenverarbeitung", „Organisation mit EDV", „Bürowirtschaft", „Rechnungswesen mit EDV"). Trotz der Versuche, Inhalt und Umfang des Informatikunterrichts bundesweit zu gestalten (vgl. z. B. die KMK-Rahmenvereinbarungen vom 19. 5. 1978), bleiben alle Ansätze hinter den in der Betriebspraxis und der Wissenschaft gewonnenen Erkenntnissen zurück.

Die curriculare, organisatorische und institutionelle Situation des Informatikunterrichts an kaufmännischen Schulen ist heute allgemein gekennzeichnet durch

- eine überwiegend technologisch und hardwareorientierte Ausrichtung der Lerninhalte; Beispiele hierfür sind: Datenträger, Grundkenntnisse von DV-Maschinen und Peripheriegeräten, physische Datenorganisationsformen;

- die Vermittlung eines häufig überholten Faktenwissens; Beispiele hierfür sind die Prüfungsaufgaben der Industrie- und Handelskammern;

- ein allgemein geforderter, jedoch kaum realisierter Praxisbezug im Unterricht; mit ein Grund hierfür ist die in vielen Schulen ungenügende Ausstattung mit dialogfähigen Rechnerarbeitsplätzen;

- eine unzureichende Berücksichtigung des Informatikunterrichts in den Stundentafeln; ein Kontingent von 30 Stunden muß als zu gering angesehen werden;

- eine ungenügende Lehreraus- und -weiterbildung; Informatik ist in den Lehramtsstudiengängen einiger Bundesländer gar nicht enthalten.

Zusammenfassend kann festgestellt werden, daß der Informatikunterricht an kaufmännischen Schulen weder quantitativ noch qualitativ den heute zu stellenden Anforderungen entspricht; insbesondere fehlt ein stärker grundlagenorientierter, problembezogener und damit längerfristig tragender Curriculumansatz.

Lernziele

Angesichts der inneren und äußeren Heterogenität des kaufmännischen Bildungswesens im allgemeinen und der Situation des Informatikunterrichts im besonderen kann es nicht das Ziel des vorliegenden Beitrags sein, ein für alle kaufmännischen Schulen gültiges Gesamtcurriculum zu entwickeln. Es gilt vielmehr, diejenigen Qualifikationen aufzuzeigen, über die ein Schüler des kaufmännischen Schulwesens verfügen sollte, um seine mehr und mehr rechnergestützte betriebliche Umwelt zu verstehen. Die Informations- und Kommunikationssysteme dieser Umwelt dienen betrieblichen Entscheidungen, wie sie von der entscheidungsorientierten Betriebswirtschaftslehre modellartig dargestellt werden.

Im Rahmen einer intensiven Lernzieldiskussion sind umfassende Taxonomien entwickelt worden. Dieses Ziel wird hier nicht verfolgt. Die angegebenen Lernziele sind eher der Richt- bzw. Grobzielebene zuzuordnen. Unter Richtzielen sollen dabei allgemeingültige Unterrichtsziele verstanden werden, die teils fachbezogen, teils fächerübergreifend definiert sind, Grobziele stellen demgegenüber eindeutige, aber nicht ins Detail gehende Lernziele dar, die innerhalb des Informatikunterrichts erreicht werden sollen. Die hierzu im einzelnen zu definierenden Lernziele, z.B. die Feinziele des kognitiven, affektiven und psychomotorischen Bereichs, sind der jeweiligen kaufmännischen Schulform sowie der Leistungsfähigkeit der Schüler anzupassen.

Methodisch ist darauf zu achten, daß auf der Grundlage praxisgerechter konkreter betrieblicher Problemstellungen der gesamte Prozeß der Problemlösungsfindung unterrichtlich erarbeitet wird. In einer darauf aufbauenden Unterrichtsstufe gilt es dann, die Allgemeingültigkeit der verwendeten Methoden herauszustellen. Die didaktische Grundlage bilden Modelle der entscheidungsorientierten Betriebswirtschaftslehre.

Unter Berücksichtigung der angestrebten Ziele und der Annahmen können die folgenden Lernzielformulierungen fünf Bereichen zugeordnet werden:

- Informationsverarbeitende Prozesse in Unternehmungen und Verwaltungen
- Algorithmen und Programme
- Daten und ihre Organisation
- Abwicklung rechnergestützter Problemlösungen
- Informatik und Gesellschaft.

1. Informationsverarbeitende Prozesse in Unternehmungen und Verwaltungen

Der Schüler soll die folgenden Qualifikationen erwerben:

1.1. Kaufmännische Tätigkeiten in Unternehmungen und Verwaltungen als informationsverarbeitende Prozesse erkennen.

1.2. Innerhalb von informationsverarbeitenden Prozessen realisierte und mögliche rechnergestützte Aufgaben unterscheiden. Kennzeichen dieser Aufgaben sind z.B. Algorithmisierbarkeit, Wirtschaftlichkeit, Arbeitsbedingungen, Arbeitsplatzgestaltung.

1.3. In einem informationsverarbeitenden Prozeß Handlungsanweisungen und zu verarbeitende Daten unterscheiden.

1.4. Mit Hilfe allgemeiner Methoden, Verfahren und Darstellungsformen betriebliche informationsverarbeitende Prozesse beschreiben.

1.5. Die zur Erfassung der Informationsstruktur und des betrieblichen Tätigkeitsbereichs wesentlichen Methoden der schrittweisen Verfeinerung anwenden.

Beispiele: Black-box-Verfahren, Top-down-Vorgehensweise.

1.6. Gestaltungsphasen bei der Entwicklung informationsverarbeitender Prozesse kennen.
Beispiel für ein Phasenschema: Planung, Leistungsbeschreibung, Entwurf, Herstellung, Betrieb.

1.7. Standardsoftware sowie deren Einsatz im betrieblichen Ablauf organisatorisch und wirtschaftlich beurteilen.

1.8. Verschiedene selbsterstellte und vorgegebene Dialoganwendungen einsetzen.
Beispiele: Finanzbuchhaltung, Lagerdisposition, Liquiditätsplanung, Textverarbeitung, Bildschirmtextanwendungen.

2. Algorithmen und Programme

Die Schüler sollen die folgenden Qualifikationen erwerben:

2.1. Eigenschaften von Algorithmen erläutern.
Eigenschaften sind: eindeutig, endlich, allgemein, ausführbar.

2.2. Algorithmische von nicht-algorithmischen Problemlösungen unterscheiden.

2.3. Bei der Algorithmenkonstruktion die Elemente der Algorithmen anwenden.
Elemente sind: Objekte, Vorschriften zur Manipulation von Objekten, Steuerung der Manipulation (Kontrollstruktur).

2.4. Die Standardstrukturen von Algorithmen unterscheiden und anwenden.
Beispiele: Zuweisung, Sequenz, Auswahl, Wiederholung.

2.5. Darstellungsformen für Algorithmen zur Beschreibung der Problemlösung einsetzen.
Beispiele: verbal (umgangssprachlich, bezogen auf algorithmische Standardstrukturen), graphisch (Struktogramme u.ä.).

2.6. Die gesuchte Problemlösung systematisch durch schrittweise Verfeinerung entwickeln, darstellen und mit konkreten Daten testen und dokumentieren.

2.7. Die gefundene algorithmische Problemlösung in einer höheren problemorientierten Programmiersprache[1] formulieren und auf einem Rechnersystem überprüfen.

2.8. Zwischen Algorithmus, Programm und Prozeß unterscheiden.

3. Daten und ihre Organisation

Die Schüler sollen die folgenden Qualifikationen erwerben:

3.1. Bei Daten deren Bezeichnung, Wert, Format und Art voneinander unterscheiden.
Beispiel: Rechnungsbetrag;

---

[1] Dabei sollte vorzugsweise eine Programmiersprache verwendet werden, die folgenden Anforderungen genügt:

- Erhaltung der Problemlösungsstruktur im Programm,
- direkte Umsetzung von Datenstrukturen und Kontrollstrukturen in die Programmiersprache,
- selbstdokumentierende Bezeichner.

3.2. Daten in Variable und Konstante sowie in skalare und zusammengesetzte Datentypen unterscheiden und anwenden.
Beispiele: skalare Datentypen (ganz, reell, logisch, Zeichen); zusammengesetzte Datentypen (Bereich, Verbund, Datei).

3.3. Daten zu Datenstrukturen zusammenfassen und darstellen.
Beispiel: Kundenanschrift.

3.4. Die Zusammenfassung von Daten zu logischen Sätzen, von logischen Sätzen zu Dateien sowie von Dateien zu Datenbanken erklären und anwenden.

3.5. Organisationsformen von Dateien (z. B. sequentiell, wahlfrei) und Zugriffsformen zu Dateien (z. B. direkt, indirekt) erklären.

3.6. Aufgaben der Datenverwaltung erklären.
Beispiele: Organisation, Zugriff, Datenschutz, Datensicherung, Änderungsdienst.

3.7. Aufgaben, Aufbau und Grundzusammenhänge in inner- und außerbetrieblichen Datenbanksystemen erläutern.

4. Abwicklung von rechnergestützten Problemlösungen

Die Schüler sollen die folgenden Qualifikationen erwerben:

4.1. Die Funktion der Komponenten eines Rechnersystems erläutern.
Funktionen: automatische Verarbeitung von Informationen, Speicherung von Programmen und Daten, Kommunikation mit der Systemumwelt.
Komponenten: Hardware, Software.

4.2. Aufgaben eines Betriebssystems erklären.
Beispiele: Steuerung von Rechnerkomponenten, Ausführung von Benutzerprogrammen, Interpretation von Benutzerkommandos.

4.3. Möglichkeiten der direkten und indirekten Datenerfassung anwenden sowie zugehörige Datenträger kennen.

4.4. Die Anforderungen für Betriebsarten von Rechnersystemen formulieren und die Einsatzmöglichkeiten beurteilen. Betriebsarten: Dialogverarbeitung, Stapelverarbeitung, Echtzeitverarbeitung, Datenfernübertragung, Teilnehmerbetrieb, Teilhaberbetrieb.

4.5. Die Zusammenhänge von Datenverarbeitung, Textverarbeitung und Kommunikation erläutern.

5. Informatik und Gesellschaft

Die Schüler sollen die folgenden Qualifikationen erwerben:

5.1. Die betriebliche und die gesamtwirtschaftliche Bedeutung des Hardware- und Software-Einsatzes abschätzen.

5.2. Die durch den Rechnereinsatz hervorgerufenen Veränderungen und Anforderungen an die individuelle und berufliche Qualifikation abschätzen.

5.3. Die Notwendigkeit der Ausfall- und Datensicherung für den Betrieb und für den Mitarbeiter einschätzen.

5.4. Die besondere Schutzwürdigkeit personenbezogener Daten sowie die hierfür vorgeschriebenen gesetzlichen Maßnahmen kennen und bewerten.

Zur Entwicklung schulformbezogener Curricula

Wie schon erwähnt, liegt das Ziel dieses Beitrages nicht darin, ein für alle kaufmännischen Schulen gültiges Gesamtcurriculum zu entwickeln. Ebensowenig kann es sinnvoll sein, sofort eine Vielzahl schulformenbezogener Einzelcurricula aufzustellen. Es ist jedoch denkbar, daß nach einer Festlegung der Qualifikationen in Form von Richt- oder Grobzielen als weiterer Schritt schulformbezogene Curricula entstehen. Hierbei können die einzelnen Lernziele durch Lerninhalte ergänzt und durch umfangreiche Beispiele illustriert werden.

Literatur

[1] Brauer, W.; Claus, V.; Deussen, P.; Eickel, J.; Haacke, W.; Hosseus, W.; Koster, C. A.; Ollesky, W.; Weinhard, K.: Zielsetzungen und Inhalte des Informatik-Unterrichts, Empfehlungen der Gesellschaft für Informatik e. V., Zentralblatt für Didaktik der Mathematik 1976, 1, 34–43.

Die Empfehlungen wurden bereits veröffentlicht im Informatik-Spektrum 5 (1982) 4, 264–266.

Federführend:
o. Prof. Dr. Joachim Griese
Lehrstuhl für Betriebsinformatik der Universität Dortmund
Vogelpothsweg
Postfach 500500
4600 Dortmund 50

Neue Empfehlungen der Gesellschaft für Informatik für das Informatikstudium an Fachhochschulen

Erarbeitet vom GI-Arbeitskreis 7.1.2: Informatik an Fachhochschulen, Sprecher: Prof. Dr. Heidi Heilmann, Fachhochschule Furtwangen

Stichworte: *Informatikstudium, Fachhochschulen, Allgemeine Informatik, Technische Informatik, Wirtschaftsinformatik, Informatik in anderen Fachhochschulstudiengängen*

Zusammenfassung: *Die Bedeutung praxisbezogener, kurzer Hochschulstudiengänge für die Versorgung von Wirtschaft und Verwaltung mit Informatikern ist gestiegen, ein Ende des Nachholbedarfs zeichnet sich noch nicht ab. Die Anforderungen an die Qualität der Informatikstudiengänge nehmen zu, weil Informatik immer mehr zur Lösung von Aufgaben mit hoher Komplexität eingesetzt wird.*

Die neuen Empfehlungen der Gesellschaft für Informatik für das Informatikstudium an Fachhochschulen gehen von den Empfehlungen von 1975 aus. Sie stellen Studieninhalte von Informatikstudiengängen an Fachhochschulen vor und beschreiben Informatik als Lehrfach in anderen Fachhochschulstudiengängen.

New Recommendations of the Gesellschaft für Informatik (GI) Concerning Computer Science Studies on Fachhochschulen

Key-words: *Computer Science Studies, Fachhochschulen, Applied Computer Science in Business Data Processing and Engineering, Computer Science courses in other studies on Fachhochschulen*

Abstract: *The importance of short and practice related studies, providing computer scientists for business and administration, increases; the backlog demand is not yet satisfied. The requirements for quality of computer science studies are growing due to computer applications with more sophisticated problems.*
These New Recommendations of the Gesellschaft für Informatik, concerning applied computer science studies on Fachhochschulen are based on earlier recommendations published 1975. Curricula for Computer Science studies on Fachhochschulen are presented and Computer Science courses as a part of other studies on Fachhochschulen is described.

1 Gründe für neue Empfehlungen

Das Präsidium der Gesellschaft für Informatik e.V. hat 1975 erstmals Empfehlungen für ein Informatikstudium an Fachhochschulen verabschiedet [1]. Die Grundlagen dieser ersten Empfehlungen gelten unverändert.

Die Weiterentwicklung von Computerhardware und -software sowie der zahlenmäßig immer weiter steigende Computereinsatz in Wirtschaft und Verwaltung haben qualitative und quantitative Auswirkungen auf das Studienfach Informatik mit sich gebracht.

Die Zahl der Informatik-Studiengänge an Fachhochschulen ist bis 1983 auf rund 40 gestiegen[1]). Die Nachfrage nach Absolventen übersteigt das Angebot (vgl. [5]). Den vorhandenen Ausbildungskapazitäten stehen erheblich höhere Studienbewerberzahlen gegenüber, örtlicher Numerus Clausus ist die aus gesamtwirtschaftlicher Sicht bedauerliche Konsequenz (vgl. [10]).

Die veränderten Studieninhalte des Studiengangs Informatik und die Bedeutung der Informatik als Lehrfach in anderen Fachhochschulstudiengängen stehen im Mittelpunkt dieser neuen Empfehlungen der Gesellschaft für Informatik. Sie wurden im Laufe des Jahres 1983 vom Arbeitskreis 7.1.2 „Informatik an Fachhochschulen" der Gesellschaft für Informatik erarbeitet[2]).

2 Der Studiengang Informatik und das Fach Informatik an Fachhochschulen

Diese Empfehlungen unterscheiden zwischen Informatikstudiengängen, Studienschwerpunkt Informatik, Aufbaustudium Informatik, Informatik in anderen Fachhochschulstudiengängen und der Informatik-Weiterbildung an Fachhochschulen.

2.1 Informatikstudiengänge

Zu den Informatikstudiengängen zählen Allgemeine Informatik, Technische Informatik und Wirtschaftsinformatik, neben die noch einige Spezialrichtungen – z.B. Telekommunikation an der Fachhochschule Fulda – treten. Nach wie vor einen Sonderfall bildet die Medizinische Informatik an der Fachhochschule Heilbronn, die in Zusammenarbeit mit der Universität Heidelberg „Diplominformatiker der Medizin" (ohne den Zusatz „FH") ausbildet (vergl. [1]).

Die Bezeichnungen Allgemeine Informatik und Wirtschaftsinformatik werden relativ einheitlich benutzt; alternative Benennungen sind z.B. „Systemprogrammierung" in Darmstadt für Allgemeine Informatik oder „Informatik in der Wirtschaft" anstelle von Wirtschaftsinformatik in München. In der Technischen Informatik ist das Spektrum möglicher Benennungen sehr viel weiter gespannt. Wie zum Zeitpunkt der ersten Empfehlungen erschweren Studiengänge wie „Informationsverarbeitung", „Informationstechnik", „Informatik in der Technik", „Ingenieur-Informatik" die Transparenz des Studienganges für die Öffentlichkeit. Die Ursache liegt u.a. in der relativ frühen Einrichtung von Studiengängen der Technischen Informatik und in der Beibehaltung des ursprünglich gewählten Namens.

Informatikstudiengänge haben eine Ausbildungsdauer von 6 bis 8 Semestern und schließen mit dem Grad Diplom-Informatiker, ggfs. mit dem landesüblichen Zusatz, ab. Bei Studiengängen der Technischen Informatik kann alternativ auch der Titel Diplom-Ingenieur der Fachrichtung Informatik, bei der Wirtschaftsinformatik der Titel Diplom-Betriebswirt der Fachrichtung Informatik verliehen werden.

2.2 Studienschwerpunkt Informatik

Ein Studienschwerpunkt Informatik im Rahmen eines sonstigen Fachhochschulstudiengangs umfaßt mindestens 30 Semesterwochenstunden aus dem Informatikbereich. Er führt nicht zum Titel eines Diplom-Informatikers, sondern zu dem eines Diplom-Ingenieurs, Diplom-Mathematikers oder Diplom-Betriebswirts (ggfs. mit landesüblichem Zusatz).

Beispiele sind: Der Studiengang Betriebswirtschaftslehre mit Studienschwerpunkt Informatik; verschiedene Ingenieurdisziplinen (Bauingenieurwesen, Elektrotechnik, Maschinenbau, Wirtschaftsingenieurwesen, Schiffbau), sowie die der Allgemeinen Informatik verwandten Mathematik-Studiengänge an einer Reihe von Fachhochschulen[3]).

Die inhaltliche Ausfüllung der (mindestens) 30 Semesterwochenstunden des Studienschwerpunktes hängt vom zugehörigen Hauptstudiengang ab: Je nachdem, ob es sich um einen betriebswirtschaftlichen, einen mathematischen oder um einen Ingenieurstudiengang handelt, ist eine Auswahl aus den Studieninhalten der Wirtschaftsinformatik, der Allgemeinen Informatik bzw. der Technischen Informatik zu treffen.

Empfohlen wird, den Studienschwerpunkt Informatik in Studienplänen und Studienführern klarer zum Ausdruck zu bringen, als dies bisher geschieht.

2.3 Aufbaustudium Informatik

Aufbaustudiengänge der Informatik[4]) schließen sich an ein abgeschlossenes Fachhochschulstudium einer anderen Fachrichtung an. Sie umfassen im Mittelwert drei bis vier Semester und können mit einem zusätzlichen Diplom verbunden sein.

Inhaltlich können sie sowohl auf einen der drei Informatik-Hauptstudiengänge – also Allgemeine Informatik, Wirtschaftsinformatik, Technische Informatik – als auch auf eine Informatik-Spezialrichtung ausgerichtet sein.

Vorkenntnisse in Informatik als Grundlagen- oder Schwerpunktfach können i.a. bei den Absolventen aus dem 1. Studienabschluß vorausgesetzt werden. Wahlpflichtfächer sind im wesentlichen ebenfalls aus dem Vorstudium abgedeckt.

2.4 Informatik in anderen Fachhochschulstudiengängen

Informatik als wichtiges Fach vieler anderer Studiengänge und Fachrichtungen soll mindestens 6 Semesterwochenstunden umfassen. Folgende Lernziele sollen erreicht werden:

– Die Fähigkeit zum Erkennen potentieller Informatikeinsatzgebiete,
– die Fähigkeit zum Transfer fachspezifischer Probleme und Lösungsansätze an den Informatiker,
– die Fähigkeit zur Beurteilung von Lösungsvorschlägen, und
– die Fähigkeit zur selbständigen Realisierung von Lösungsvorschlägen der Informatik mit geeigneten Endbenutzersprachen.

Als Inhalte[5]) werden vorgeschlagen:

– Aufbau und Funktionsweise von DV-Anlagen,
– Programmiertechnik (nicht zwingend die Vermittlung einer bestimmten Programmiersprache, sondern v.a. das Kennenlernen von Programmierlogik und strukturierter Vorgehensweise),
– Überblick über den fachspezifischen DV-Einsatz.

2.5 Informatik-Weiterbildung an Fachhochschulen

Einen Lehrauftrag im Sinne der Weiterbildung nehmen Fachhochschulen derzeit nur begrenzt wahr[6]). Grundsätzlich denkbar erscheinen folgende Weiterbildungseinrichtungen:

– Kontaktstudium zur Vertiefung/Ergänzung der Wissensbasis für frühere Informatik-Absolventen
– Systematisierte Weiterbildungskonzepte für Teilnehmer aus der Wirtschaft (auch solche ohne Studienabschluß); evtl. könnten solche Konzepte auch auf bestimmte Branchen oder größere Unternehmungen bezogen sein.
– Informatik-Zusatzausbildung für Lehrer an berufsbezogenen/allgemeinbildenden Schulen[7])

In ein Weiterbildungskonzept an Fachhochschulen sind – soweit es nicht um ein Kontaktstudium früherer Absolventen geht – mit Sicherheit sehr sorgfältige Überlegungen einzubringen. Gestaltung und Finanzierung des Weiterbildungsangebots sind nicht einfach zu lösen, Koope-

- Empfehlungen der GI in Arbeitsfassungen (1984)

- Entwurf einer Rahmenempfehlung für die Informatik im Unterricht
  der Sekundarstufe I
  Stand: Fassung vom AK 7.3.4 beschlossen.

- (Entwurf einer) Rahmenempfehlung für die Einbeziehung von
  Informatik-Inhalten in die berufliche Erstausbildung an gewerblich-technischen berufsbildenden Schulen,
  kurz: Informatik an gewerblich-technischen Schulen (Auszug)
  Stand: Fassung vom AK 7.3.3 verabschiedet.

- Arbeitspapier zum Entwurf neuer 'Empfehlungen zur Lehrerbildung
  im Bereich der Informatik' (Auszug)
  Stand: Im AK 7.1.4 erarbeiteter Teilentwurf der Empfehlungen
       (insb. zur Lehrerausbildung Informatik).

- Entwurf: 'Empfehlungen der Gesellschaft für Informatik für die
  die Ausbildung von Diplom-Informatikern an wissenschaftlichen
  Hochschulen' (Auszug)
  Stand: Fassung vom AK 7.1.1, FA 7.1 und FB 7 bereits verabschiedet.

Anmerkungen: Die vom Präsidium der Gesellschaft für Informatik
bereits verabschiedeten Empfehlungen zur Informatik in Schule und
Ausbildung haben dazu beigetragen, daß die Lehrpläne der Schulen
und die Studiengänge der Informatik weitgehend vergleichbar angeboten werden. Von den hier angekündigten Empfehlungen ist ebenfalls eine positive Wirkung auf die Integration der Informatik in
Schule und Ausbildung zu erwarten.

Jede einzelne Empfehlung (hier sind nur die wichtigsten ange-
führt) wird auf allen Ebenen der GI-Organisation diskutiert und
verabschiedet. Am Beispiel der Rahmenempfehlungen zur Sekundarstufe I sei das Verfahren kurz dargestellt:

Ein von der GI eingesetzter oder in der GI gegründeter Arbeitskreis (hier AK 7.3.4: Informatik in der Sekundarstufe I) erarbeitet und verabschiedet einen Entwurf der Empfehlungen. Dieser
Entwurf wird dann im zuständigen Fachausschuß (hier FA 7.3: Informatik in Schulen), dann im Fachbereich (hier FB 7: Ausbildung
und Beruf) diskutiert und verabschiedet. Falls erforderlich, kann
auf jeder Stufe eine Überarbeitung der Empfehlungen angeregt
werden.

Erst nach Verabschiedung der Empfehlungen im AK, FA und FB werden
diese im Präsidium beraten und beschlossen - im Regelfall werden
die Empfehlungen dann im Informatik-Spektrum veröffentlicht.

Entwurf einer Rahmenempfehlung
für die Informatik im Unterricht der Sekundarstufe I

vorgelegt von

GI-Arbeitskreis 7.3.4 "Informatik
in der Sekundarstufe I": Claus,
Gunzenhäuser, Hosseus, Keidel,
Löthe, <u>Loos</u>, Lübbers, Peters,
Pulver, Schruff, Spengler

Kurzfassung

Wir schlagen vor, für alle Schüler der Sekundarstufe I Informatik obligatorisch zu lehren. Hierbei soll das Verständnis von Lösungsverfahren, deren Realisierung in Programmen und die Arbeitsweise des Computers im Mittelpunkt stehen. Dieser Pflichtbereich sollte mindestens 30 Unterrichtsstunden umfassen und in Praktikumsform an Schulrechnern unterrichtet werden.

<u>Stand:</u> 31. Mai 1984

0. Einleitung

Vor fast zehn Jahren hat die Gesellschaft für Informatik e. V.
Rahmenempfehlungen für Informatikunterricht in der Sekundarstufe II herausgegeben, die inzwischen in viele Lehrpläne Eingang
gefunden haben. Die Einführung des Schulfachs Informatik wurde
durch die reformierte Oberstufe als Wahlfach begünstigt, gleichzeitig stand es damit jedoch im Zeichen der Auflösung verbind-
licher Vorstellungen von Allgemeinbildung und berufsbezogener
Ausbildung.

Inzwischen hat sich in einigen Bundesländern die Einsicht durchgesetzt, daß Grundwissen in Informatik zur Allgemeinbildung eines
jeden Schülers gehört, das deshalb in der Sekundarstufe I zu vermitteln ist. Künftig werden noch mehr junge Menschen in ihrer
weiteren Ausbildung mit Methoden der Informatik im Umgang mit
Rechnern in Berührung kommen.

Deshalb bietet die Gesellschaft für Informatik mit den hier vorgelegten Empfehlungen Hilfen und Richtlinien an, wie die Informatik in der Sekundarstufe I in fachlich vertretbarer Weise verankert werden kann. Ohne propädeutischen Anspruch muß hier eine
Beschränkung auf wenige zentrale Fragestellungen erfolgen:

- Wie kann man Verfahren so beschreiben, daß sie maschinell
  ausführbar werden?

- Was ist ein Programm?

- Was ist ein Computer, wie arbeitet er?

- Welche Auswirkungen hat er auf Gesellschaft und Arbeitswelt?

Das Erarbeiten sauberer und klarer Begriffe wird ergänzt durch
das Beschreiben von Lösungswegen, durch eigenes Programmieren
und durch eigenes Austesten am Rechner als Lernen durch Tun.
Wer selbst ein Programm zum Laufen bringt, erfährt die Verwirk-

lichung seiner zuvor gefaßten Idee durch zielgerichtetes Vorgehen. Die Beschreibung der Idee und aller zu ihrer Verwirklichung unternommenen Schritte schließt eine Lösung ab. Ohne die Erfahrung eigenen Tuns ist Grundwissen in Informatik nicht zu vermitteln. Hierbei brauchen Lösung und Programm nicht von Grund auf neu entwickelt zu werden, der Schüler kann auch durch Ändern und Erweitern vorgegebener Programme zu eigenen Ergebnissen kommen.

1. Ziele und Begründungen

1.1 Bildungsziele

Der Informatikunterricht soll dem Schüler eine weit in seine Zukunft reichende Orientierung ermöglichen und gleichzeitig ein tragfähiges Fundament einer beruflichen Ausbildung abgeben können. Deswegen bleiben maschinennahe Details, die einem raschen technischen Wandel unterliegen, einschließlich niederer Programmiersprachen, als Lerninhalte ausgeschlossen. Betont werden vielmehr grundlegende Konzepte, Prinzipien und Verfahren, die ihm einen Horizont für das Werkzeug Computer eröffnen.

Informatikbezogene Bildungsziele sind:

- die Fähigkeit, in Aufgabenstellungen Strukturen zu erkennen, die eine Zerlegung in einfachere Teilaufgaben ermöglichen (strukturelles Denken)

- die Fähigkeit, durch planvolles und zielgerichtetes Arbeiten Teilaufgaben auf die Lösung einer Hauptaufgabe hinzuordnen (konstruktives Denken)

- die Fähigkeit, Lösungsideen zu entwickeln oder nachzuvollziehen und sich von deren Zuverlässigkeit kritisch zu überzeugen

- die Fertigkeit, sich sprachlich so genau auszudrücken, daß
  eine Verfahrensbeschreibung Grundlage eines maschinellen
  Ablaufs werden kann

- die Einsicht und Erfahrung, eigene Ideen systematisch in die
  Tat umsetzen zu können

- die Einordnung des Werkzeugs Computer in übergreifende Wert-
  bezüge.

Diese informatikbezogenen Bildungsziele verfolgen zugleich allgemeine Bildungsziele, die von der Schule angestrebt werden, z.
B. die Entfaltung der Anlagen und Fähigkeiten von Schülern, die
Entwicklung der Selbständigkeit und Eigenverantwortung, die Bereitschaft zur Teamarbeit, das Verstehen von Vorgängen in der
heutigen Welt und die Vorbereitung auf Berufstätigkeit durch
Förderung wissenschaftlicher und technischer Fähigkeiten.

Immer mehr Schüler kommen auch außerhalb der Schule mit Computern
in Berührung und entwickeln Interesse am eigenständigen Lösen von
Aufgaben im Umfang mit den Geräten. Die Behandlung von Informatikmethoden im Unterricht dient zugleich dem Zweck, Fehlentwicklungen
zu begegnen. Durch fundierten Unterricht in Informatik wird das
systematische Arbeiten mit Rechnern und die Vermittlung eines guten Arbeitsstils angestrebt, der langfristig zur echten Freude an
der eigenen Leistung führt.

1.2 Fachspezifische Richtziele

Die fachspezifischen Richtziele können nicht ohne den Informatiker, sollten andererseits aber nicht durch ihn allein festgelegt
werden, um den Schüler nicht mit neuem Stoff zu befrachten. Die
Informatik sollte als Methodenlehre an gegebene und bereits ver-
standene Problembereiche anschließen können. Dies bedarf weite-

rer sorgfältiger Klärung und Erprobung. Inzwischen haben sich
aus der Diskussion von Informatikern, Fachdidaktikern, Schul-
pädagogen und erfahrenen Lehrern folgende übergeordnete Richtziele ergeben:

1. Die Fähigkeit, Beschreibungen von Algorithmen zu verstehen

- Erfassen von Problemstellung, gegebenenfalls durch Aufstellen eines einfachen Modells
- die Fähigkeit, konstruktive Lösungen zu einfachen Problemen
  zu finden oder vorgegebene Lösungen als solche zu verstehen
- die Kenntnis des Begriffs Algorithmus und seine kritische Anwendung auf Problemlösungen im Alltag oder Unterricht
- Kennenlernen von Grundelementen höherer Programmiersprachen
- die Fähigkeit zur Darstellung einfacher Algorithmen in natür-
  lichsprachlicher und programmiersprachlicher Form
- die Fertigkeit, mit einfachen Datenstrukturen umzugehen.

2. Einblick in die Benutzung und den funktionalen Aufbau eines Rechners

- die Einsicht, daß Computer programmgesteuerte Maschinen sind
- Kenntnis von Betriebssystem-Funktionen und Programmierwerk-
  zeugen
- Überblick über Funktionseinheiten eines Rechners
- Erfahrung darin, was ein System benutzerfreundlich macht,und
  Fähigkeiten zum interaktiven Arbeiten mit Rechnern.

3. Kenntnisse über Anwendungen und Auswirkungen der Computertechnik

- Beispiele typischer Anwendungen
- Einblick in Möglichkeiten und Grenzen von Rechneranwendungen
- Einblick in Auswirkungen auf Gesellschaft und Arbeitswelt.

1.3 Fachmethodik

Der Informatikunterricht ermöglicht in besonderem Maße, die
Eigenaktivität des Schülers zu fördern. Er hat deswegen weitgehend den Charakter eines Praktikums. Außerdem liegt es nahe,
eine Aufgabenteilung für verschiedene Programmierteams durchzuführen. Es ist zu empfehlen, statt vieler kleinerer Probleme ein größeres Problem mit unterschiedlichen Schwierigkeitsgraden gemeinsam zu bearbeiten. Alle Schüler sollten die Problemstellung, den Lösungsentwurf und die Zerlegung in Teilaufgaben gemeinsam erarbeiten (Top-Down-Methode). Algorithmen können vorgegeben und gemeinsam besprochen werden. Die erarbeiteten Teillösungen sind für andere Aufgaben wiederverwendbar und
sollen in eine gemeinsame Bibliothek eingestellt werden.

Für größere Aufgaben spricht auch, daß nur solche praxis- und
anwendungsnahe sind. Außerdem erlauben sie eine Differenzierung
der Schülergruppen nach Schwierigkeitsgrad und Umfang der Aufgaben, ohne daß der Kurs in Anfänger- und Fortgeschrittenenkurs
zerfällt. Größere Aufgaben erlauben, daß alle Schüler am gleichen Projekt arbeiten und die Methoden des systematischen Vorgehens sinnvoll demonstriert werden können.

Schülern ohne Vorkenntnisse sollten Softwarerahmen zur Verfügung gestellt werden. Wo eigenes Entwickeln von Programmen nicht
erreichbar ist, sollte durch systematisches Ändern vorgegebener
Programme in die Funktionsweise des Rechners eingeführt werden.
Wünschenswert wären problemorientierte Anwendersprachen, die
komplexe Operationen, etwa graphischer Art, durch wenige Befehle
ermöglichen. Auch wo diese nicht gegeben sind, sollte auf keinen
Fall auf eigenes Arbeiten des Schülers verzichtet werden.

Ein besonderes Problem des Informatikunterrichts stellen die unterschiedlichen Eingangsvoraussetzungen dar, die leicht zur Frustration der Anfänger durch schon erfahrene Schüler führt. Letztere
laufen Gefahr, sich abzukoppeln, sich in eine eigene Welt einzu-
spinnen und einen wenig systematischen Arbeitsstil zu entwickeln.

Umso mehr sollte man bei ihnen auf Mitteilbarkeit, Strukturierung, Dokumentation und Verständlichkeit ihrer Ideen und Programme für andere Schüler dringen. Zusammengefaßt in Arbeitsgruppen gleicher Erfahrungsstufen sollten diese Schüler an größeren Programmrahmen des Gesamtprojekts eingesetzt werden, ihnen können weitergehende und koordinierende Aufgaben übertragen werden.

Insgesamt erfordert der Informatikunterricht der Sekundarstufe I ein hohes Maß an Organisation und durchdachter Vorbereitung. Mehr im Ablauf des Kurses als in Worten sollen die Prinzipien systematischen Arbeitens wirksam und sichtbar werden. Nur gut ausgebildete und erfahrene Lehrer können vermeiden, daß der Informatikunterricht zu einem Programmierkurs herabsinkt, in dem kleine Aufgaben gestellt werden, deren Lösungen erst vor dem Bildschirm konzipiert werden.

2. Inhalte

2.1 Allgemeinbildende Inhalte

Die Inhalte des Informatikunterrichts sind zum Teil schon in den Zielen angesprochen. Da die Informatik in erster Linie eine Methodenlehre ist, sind die Gegenstände, an denen die Methoden gelehrt werden, in besonderer Weise frei wählbar. Dies erlaubt es sogar, die allgemeinbildenden Inhalte der Informattik schulartübergreifend zu formulieren. In jedem Fall sollte der Gegenstandsbereich zumindest am Anfang dem Schüler wirklich vertraut sein. Hier bieten sich Graphik-Programme, Textverarbeitung, aber auch mathematische Verfahren oder Aufnahme und Verarbeitung von Meßdaten an.

Wir schlagen vor, für alle Schüler der Sekundarstufe I Informatik obligatorisch zu lehren. Hierbei steht das Verständnis von Lösungsverfahren und deren Realisierung in Programmen für Computer im Vordergrund. Dieser Pflichtbereich sollte mindestens dem Umfang von 30 Unterrichtsstunden haben und in Praktikumsform an Schulrechnern unterrichtet werden. Optimal wäre die Einrichtung eines eigenständigen Pflichtfachs Informatik.

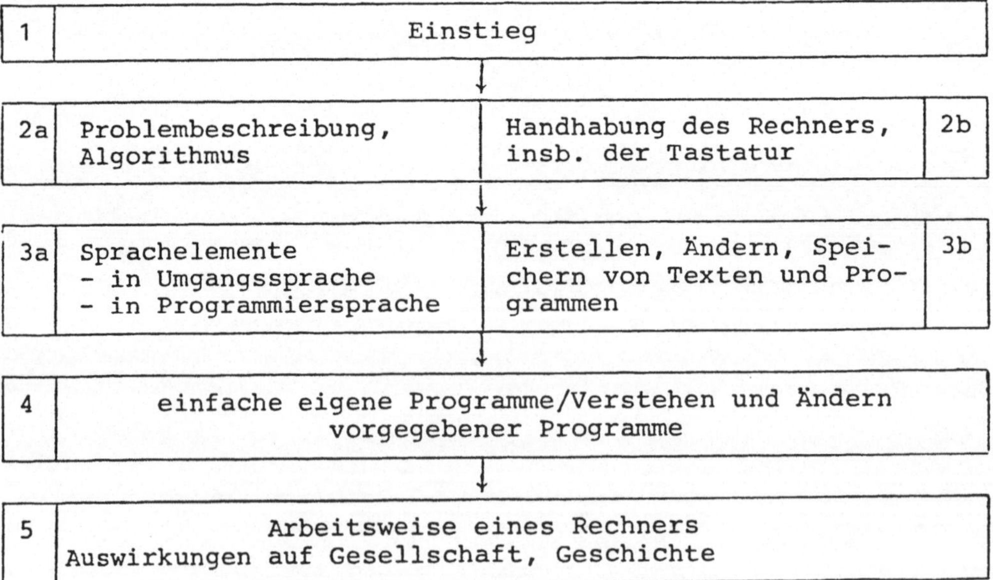

Inhalt des Informatikunterrichts parallel
zum Einsatz des Rechners

2.2 Spezielle Lerninhalte (Pflicht-/Wahlbereich)

Schulformbezüge

Die Gesellschaft für Informatik hält Grundwissen in Informatik
für alle Schüler als Bestandteil ihrer Bildung und Voraussetzung zur Lebensbewältigung für notwendig. Deswegen ist Informatikunterricht im Wahlpflichtbereich kein Ersatz für Unterricht im Pflichtbereich sondern dessen Ergänzung und Vertiefung.

Die Empfehlung lautet deshalb, Informatik im Wahlpflichtbereich
erst dann zu unterrichten, nachdem Grundwissen im Pflichtbereich
vermittelt wurde. Durch den praktikumsartigen Unterricht und das
hohe Maß an Eigenaktivität der Schüler ist es dringend wünschenswert, im Wahlpflichtbereich das Informatikangebot zu verbreitern.
Dies sollte vorzugsweise in Vertiefung von Algorithmenentwurf
und Programmierung geschehen.

Auch Themen aus den Bereichen Datenbanken, projektbezogene Anwen-
dersysteme, Betriebssysteme, Übersetzung von (formalen) Sprachen,
Rechnermodelle, Simulationsverfahren, Rechnereinsatz im kaufmännischen Bereich und in der Verwaltung. Auch der Besuch eines Rechenzentrums, der organisatorische Ablauf kommerzieller Datenverarbeitung, das Vorstellen neuer Berufsbilder sind dem Interesse
von Abgangsklassen, etwa an Hauptschulen, empfohlen. Als Zeitvor-
stellung erscheint eine Dauer von 60-80 Unterrichtsstunden sinnvoll.

2.3 Arbeitsgemeinschaften

Als Anregungen zu eigenen Arbeiten des Schüler zur Bearbeitung
spezieller Projekte ohne Bindung an einen Lehrplan empfehlen wir
Arbeitsgemeinschaften. Sie sind besonders attraktiv, wenn außerhalb des Unterrichts Rechnerzugang dafür ermöglicht wird. Auch
Arbeitsgemeinschaften sollten auf dem Grundwissen des Pflicht-
kurses und der dort vermittelten Methoden aufbauen. Deswegen
sollten sich Lehrer dazu bereitfinden, um die Aktivitäten besonders interessierter Schüler in die richtigen Bahnen zu leiten.

2.4 Integration in andere Fächer

Dort, wo die Einrichtung eines eigenständigen Pflichtfaches Informatik nicht möglich ist, empfehlen wir die Einbettung eines geschlossenen Unterrichtsblocks in ein Leitfach, z.B. Mathematik, Technik oder Arbeitslehre. Unabhängig davon sollten Methoden der Informatik auch Eingang in andere Fächer finden. Auch dort, wo andere Fächer Informatikaspekte ansprechen und sich des Rechners bedienen, sollte sich dies an den Grundsätzen des Fachs Informatik orientieren. Insbesondere sollten Algorithmen und Programme, die etwa im Mathematik- oder Physikunterricht entwickelt werden, auch den Forderungen entsprechen, die im Informatikunterricht an Programme der Schüler gestellt werden.

Zusätzlich können andere Fächer, wertvolle Beiträge zum Verständnis der Informatik leisten, z.B.

- Datenschutz und informationelle Selbstbestimmung im Sozialkundeunterricht
- Messen, Steuern, Regeln im Technikunterricht
- Semantik im Deutschunterricht
- formale Sprachen im Lateinunterricht
- mathematische Algorithmen.

Darüber hinaus ist die vielfältige Einsatzmöglichkeit des Rechners Grund seiner Benutzung als Medium im Unterricht; dies ist ausschließlich nach den Grundsätzen der Mediendidaktik zu bewerten und darf nicht mit Informatikunterricht verwechselt werden.

Schlußbemerkung

Diese Rahmenempfehlungen sind unvollständig ohne ein Wort zur
Lehrerfortbildung und zur Realisierung des Informatikunterrichts. Grundsätzlich sollten nur Lehrer mit einem qualifizierten Nachweis einer Ausbildung oder Fortbildung in Informatik dieses Fach unterrichten. Außerdem ist eine gute Grundausstattung an Schulrechnern und vor allem Software vonnöten.
Zu beiden Punkten - Lehrerausbildung und Ausstattung - wird
die Gesellschaft für Informatik gesonderte Empfehlungen erstellen.

Literatur

[1] "Zielsetzungen und Inhalte des Informatikunterrichts"
    W. Brauer, V. Claus, P. Deussen, J. Eickel, W. Haacke,
    W. Hosseus, C.H.A. Koster, D. Ollesky, K. Weinhart,
    Zentralblatt für Didaktik der Mathematik 76/1, 34-43

R A H M E N E M P F E H L U N G

für die Einbeziehung von Informatik-Inhalten in die berufliche
Erstausbildung an gewerblich-technischen berufsbildenden Schulen, kurz:

I N F O R M A T I K   A N

G E W E R B L I C H - T E C H N I S C H E N   S C H U L E N

Diese Empfehlung wurde im Auftrag des Fachausschusses "Informatik in Schulen" der Gesellschaft für Informatik e.V. von dem Ausschuß "Informatik an gewerblich-technischen berufsbildenden Schulen" erarbeitet. Mitglieder des Ausschusses:

Stud.-Dir. Alfons Rissberger, Berufsbildende Schule I, Worms
  (Sprecher der Ausschusses)
Dr. Peter Böhmer, Oberschulamt Karlsruhe
Dipl.-Ing. Annemarie Hauf, Forschungszentrum FEoLL, Paderborn
Prof. H. Herbstreith, Fachhochschule Karlsruhe
Stud.-Dir. Horst Jansen, Berufsbildende Schule 4, Hannover
Prof. Dr. Ewald von Puttkamer, Universität Kaiserslautern

1. AUSGANGSLAGE

Die Entwicklung der programmierbaren Mikroelektronik, insbesondere der Mikrocomputer, führt in vielen Bereichen der Gesellschaft zu starken Veränderungen in der Problemlösungsart. Auch die gewerblich-technischen Bereiche in Industrie und Handwerk sind zunehmend betroffen. Mikrocomputer sind gekennzeichnet durch

- hohe Integrationsdichte
- geringe Preise
- hohe Robustheit
- Einsatz in sehr unterschiedlicher Umgebung
- Programmierbarkeit.

Mikrocomputer werden seit den 70er Jahren in Bereichen eingesetzt, die der analogen- und fest verdrahteten Technik und der Mechanik vorbehalten waren. Hierbei sind individuelle Problemlösungen mit Hilfe von Programmen bei großem Kostenvorteil möglich. Zugleich kann man vorhandene Lösungen an neue Problemstellungen und veränderte Umweltbedingungen durch veränderte Software und geeignete Wandler anpassen. Mikrocomputer werden dabei nicht nur in speicherprogrammierbaren Steuerungen (SPS) oder bei computergesteuerten numerischen Werkzeugmaschinen (CNC) und zunehmend beim computerunterstützten Entwurf (CAD) und bei der computerunterstützten Fertigung (CAM) eingesetzt. Sie spielen auch bei Berechnungsaufgaben, in der Kalkulation und in allen Planungs- und Organisationsbereichen (Textverarbeitung) eine große Rolle.

Grundkenntnisse über die programmierbare Mikroelektronik werden in vielen Berufen erwartet. Um die ständig größer werdende Lücke zwischen Berufspraxis und Berufsausbildung zu schließen, müssen Informatikinhalte in die Berufsbilder und Lehrpläne betroffener gewerblich-technischer Berufe einbezogen werden. Bisher finden sich in den Lehrplänen der berufsbildenden Schulen fast keine derartigen Inhalte.

Die hier vorgelegte Rahmenempfehlung konzentriert sich auf solche Kenntnisse und Fähigkeiten, die für berufliche Anwendungen grundlegend sind und die nach heutiger Auffassung über längere Zeit grundlegend bleiben werden.

Die Empfehlung bezieht sich auf den Unterricht in der Berufsschule
(berufsbegleitende Teilzeitschule). Von den möglichen gewerblichen
Ausbildungsberufen werden nur die gewerblich-technischen berücksichtigt. Dabei
liegt der ausgearbeitete Schwerpunkt im Berufsfeld Elektrotechnik; weite Teile
dieser Empfehlung können auch für das Berufsfeld Metalltechnik übernommen
werden.

Das folgende Konzept wurde in ähnlicher Form bereits an berufsbildenden Schulen
erprobt und hat sich bewährt. Es kann leicht in die bestehenden Lehrpläne für
die Fachtheorie eingepaßt werden. Um dies zu ermöglichen, wurde es bewußt auf
eine wöchentliche Unterrichtsstunde (45 Min.) für ein Schuljahr beschränkt. Es
kann zugleich bei der Überarbeitung der betroffenen Berufsbilder und der
Lehrpläne von großem Nutzen sein.

2. DER ALGORITHMENORIENTIERTE ANSATZ

Um Mikrocomputer, die vielfach auch Teil verschiedener Geräte und Maschinen
sind, zu verstehen, die Bedeutung ihrer vielseitigen Verwendbarkeit zu erkennen
und ihre Möglichkeiten sinnvoll nutzen zu können sind Kenntnisse und
Fertigkeiten erforderlich, die bisher kaum in die Berufsausbildung eingedrungen
sind. Dabei ist das detaillierte Wissen über den internen Schaltungsaufbau der
Mikroelektronik unwesentlich, wichtig sind dagegen elementare Kenntnisse beim

- Erstellen kleiner (numerischer) Programme
- Verändern (Anpassen) von Parametern und Daten
- Anwenden vorhandener Programme, sowie
- Kenntnisse über die Funktionen der Mikrocomputerkomponenten und
  ihr Zusammenwirken (Schnittstellen), über ihr Ein-, Ausgangs-
  und Umweltverhalten, ihre Daten, Kenn- und Grenzwerte

Die technische Entwicklung vom Relais über die Röhre, den Transistor bis hin zur
kundenspezifischen integrierten Schaltung, die auch ein Teil der heutigen
Mikroelektronik ist, verlangte kein grundsätzliches Umdenken bei der Ausbildung.
Die Funktion der Bauelemente blieb im wesentlichen unverändert. Beim Übergang
von der Röhre zum Transistor mußte nur Detailwissen ausgewechselt werden. Der
Übergang zur kundenspezifischen integrierten Schaltung führte viele
Transistorfunktionen auf einem Chip zusammen, bedeutete somit zwar eine
Komplexitätssteigerung, aber keine grundlegende Neuorientierung.

Die programmierbare Mikroelektronik ist mit diesen Methoden allein kaum zu
erfassen. Vielmehr besteht in den betroffenen gewerblich-technischen
Ausbildungsgängen die Notwendigkeit zur Behandlung von algorithmischen
Problemlösungen und deren Umsetzung in Form von Programmen (Software). Dieser
Weg führt vom Problem über den Algorithmus zum Programm und zur Hardware und
unterscheidet sich durch diese "Top-down"-Denkweise deutlich vom üblichen
Vorgehen in der Ausbildung. Die dabei vermittelten Kenntnisse sind in vielen
Anwendungsbereichen grundlegend, z.B. bei

- speicherprogrammierbaren Steuerungen
- CNC-Steuerungen
- Berechnen, Konstruieren (CAD) und Ausschreiben/Anbieten
- Verfahrenstechnik
- Meß- und Regelungstechnik

sowie darüber hinaus auch

- im Bereich der neuen Medien und
- in der Bürotechnik

Empfehlungen zur Lehrerbildung im Bereich der Informatik
3. Entwurf, Stand: 01.07.1984

A R B E I T S P A P I E R

zur Vorbereitung neuer Empfehlungen

Erarbeitet vom Arbeitskreis 7.1.4
'Lehreraus-, Lehrerfort- und -weiterbildung für das Fach Informatik'
im FA 7.1 der Gesellschaft für Informatik e.V.

Mitglieder:
Wolfgang Arlt (Berlin), Bernhard Borg (Soltau), Peter Diepold (Göttingen),
Bernd Freidinger (Saarbrücken), Peter Gorny (Oldenburg), Peter Heyderhoff
(St. Augustin), Winfried Hosseus (Mainz), Wilfried Koch (St. Augustin),
Bernhard Koerber (Berlin), Jürgen Loff (Osnabrück), Wolf Martin (Hamburg),
Lothar Sack (Berlin), Renate Schulz-Zander (Kiel), beratend: Volker Claus
(Dortmund)

Empfehlungen zur Lehrerbildung im Bereich der Informatik

INHALT

0. Vorbemerkungen
1. Struktur der Empfehlungen
2. Ziele einer Lehrerbildung im Bereich der Informatik
   2.1. Lehrer für Informatik
   2.2. Informationstechnische Grundbildung für Lehrer
        anderer Fächer

Teil I: Empfehlungen zur Lehrerausbildung für das Fach Informatik
          I.0.   Vorbemerkungen
          I.1.   Inhalte der Ausbildung
                 I.1.1. Grundstudium
                 I.1.2. Hauptstudium
          I.2.   Anhang

Teil II: Empfehlungen zur Lehrerweiterbildung für das Fach Informatik
          II.0. Vorbemerkungen
          II.1. Inhalte der Weiterbildung
                 II.1.1. Fundamentum
                 II.1.2. Schulartenspezifische Weiterbildung
          II.2. Organisations- und Durchführungsmodelle
                 II.2.1. Flächenstaaten
                 II.2.2. Stadtstaaten und kommunale Einheiten
          II.3. Anhang

Teil III: Empfehlungen zur Lehrerfortbildung im Fach Informatik
          III.0. Vorbemerkungen
          III.1. Generelle Fortbildung
          III.2. Schulartenspezifische Fortbildung
                 III.2.1. Allgemeinbildung
                 III.2.2. Kaufmännische Berufsbildung
                 III.2.3. Gewerblich-technische Berufsbildung
          III.3. Anhang

0. <u>Vorbemerkungen</u>

Für Bereiche der Aus-, Fort- und Weiterbildung, insbesondere für
den schulischen Bereich hat die Gesellschaft für Informatik bereits mehrere Empfehlungen erarbeitet sowie zum größten Teil verabschiedet und veröffentlicht:

1. Zielsetzung und Inhalte des Informatikunterrichts /a/,

2. Empfehlungen zur Ausbildung, Fortbildung und Weiterbildung
   von Lehrkräften für das Lehramt Informatik für die Sekundarstufe I und II /b/,

3. Stellungnahme und Empfehlungen zum Volkshochschulzertifikat
   Informatik /c/,

4. Lernziele des Informatikunterrichts an kaufmännischen
   Schulen /d/,

5. Informatik an gewerblich-technischen Schulen,

6. Informatik in der Sekundarstufe I,

7. Ausbildung von Diplom-Informatikern an wissenschaftlichen
   Hochschulen.

Bei den vorliegenden Empfehlungen sind die aus dem Jahr 1978
stammenden Empfehlungen zur Lehreraus-, -fort- und -weiterbildung
/b/ zugrunde gelegt, jedoch den gegenwärtigen und voraussehbaren
Entwicklungen angepaßt worden. Die zur Zeit vorliegenden Erfahrungen zur Lehrerbildung in Informatik sind ebenfalls soweit wie möglich einbezogen worden.

Diese Empfehlungen sind bei der Konzipierung von Lehreraus-,
-fort- und -weiterbildungsgängen in den einzelnen Bundesländern
weitgehend berücksichtigt worden (z. B. in Berlin durch die
"Verordnung über die Ersten (Wissenschaftlichen und Künstlerisch-
Wissenschaftlichen) Staatsprüfungen für die Lehrämter" vom
28. Sept. 1982). Zugleich haben die Empfehlungen von 1978 in
Zusammenhang mit /a/ mit vier <u>neuen</u> inhaltlichen Schwerpunkten
Maßstäbe gesetzt:

- generelle Berücksichtigung der Didaktik der Informatik,
- Durchsetzung von Problemlösemethoden der Informatik,
- Einbeziehung von Projekten im Informatikunterricht,
- Berücksichtigung von Anwendungen der Informatik und deren
  Auswirkungen.

Die Überarbeitung und Neustrukturierung der Empfehlungen zur Lehrerbildung
wurde aus mehreren Gründen zwingend:

- Die starke Ausbreitung von Anwendungen der Informatik, insbesondere
  durch die Ausbreitung der Mikroelektronik auch in andere Fächer hinein,
  bewirkt die Forderung nach einer Grundbildung in Informatik für <u>alle</u>
  Lehrer.

- Der starke Austausch der Informatik mit anderen wissenschaftlichen
  Disziplinen impliziert eine Ausstrahlung der Informatik in andere Fächer
  hinein, die sich zunehmend mit Inhalten der Informatik auseinandersetzen
  müssen (Stichworte: "Informatisierung der Gesellschaft", "anwendungsorientierte und benutzerfreundliche Schnittstelle").

- Der deutliche Trend, technische Kommunikationsmedien mit Mikroelektronik
  zu verbinden und somit eine neue Qualität an Informations- und
  Kommunikationsstrukturen zu schaffen, erfordert eine Ausweitung der
  Informatik in der Schule im Hinblick auf informationstechnologische
  Aspekte (Stichwort: "Neue Bildungskrise").

- Gegenwärtig entwickelt sich eine starke Tendenz, Informatik als Schulfach in der Sekundarstufe I zu etablieren, so daß inbesondere hier eine
  intensive Lehrerbildung in Informatik notwendig wird.

- Maßnahmen einer verstärkten und zielgerichteten Lehrerausbildung in
  Informatik werden frühestens 1990 bis 1995 wirksam, so daß - auch
  aufgrund geringer Neueinstellungsquoten - von allem die Lehrerweiter-
  und -fortbildung ausbebaut werden müssen.

- Nicht zuletzt impliziert die rasche Entwicklung der Wissenschaft
  Informatik eine Überprüfung der Inhalte eines entsprechenden
  Lehrerstudienfaches (Stichworte: "Herausarbeitung von Grundlagenwissen",
  "Invarianten-Wissen"). Dies erfordert außerdem die Konzipierung einer
  Fortbildung bereits ausgebildeter Informatiklehrer.

Um den unterschiedlichen Entwicklungen und daraus resultierenden
Forderungen gerecht werden zu können, sollen die vorliegenden Empfehlungen
nicht nur die Lehrerbildung im Fach Informatik, sondern auch die in
anderen Fächern umfassen.

1. Struktur der Empfehlungen

Die Struktur der vorliegenden Empfehlungen hat differenzierter zu sein,
als dies 1978 möglich war. Es werden daher im folgenden vier Teilbereiche
unterschieden:

Teil I: Empfehlungen zur Lehrerausbildung für das Fach Informatik

Teil II: Empfehlungen zur Lehrerweiterbildung für das Fach Informatik

Teil III: Empfehlungen zur Lehrerfortbildung im Fach Informatik

Teil IV: Empfehlungen zur Lehrerfortbildung in Informatik für Lehrer
           anderer Fächer

Überlegungen zur Integration von Inhalten der Informatik und Informationstechnik in die Ausbildung von Lehrern anderer Fächer werden in den vorliegenden Empfehlungen ausgeklammert. Dies kann nur in Zusammenarbeit mit den
Vertretern der anderen Fächer geleistet werden. Es sollen jedoch im Rahmen
von Forderungen nach einer informationstechnischen Grundbildung
(Stichworte: "computer literacy"), auch Empfehlungen für die Ausbil-

dung von Lehrern aller Fächer erarbeitet werden. Für diese Lehrer ist allerdings schnellstens ein Fortbildungsangebot sicherzustellen, das den Anwendungen der Informationstechnik in den jeweiligen Fächern Rechnung trägt und die wichtigsten, grundlegenden Methoden der Informatik vermittelt.

Die im folgenden empfohlenen Inhalte der einzelnen Lehrerbildungsabschnitte weisen eine bausteinartige Struktur aus. Dies soll vor allem die Möglichkeit eröffnen, sofern noch kein systematischer Bildungsgang etabliert werden kann, mit Hilfe der vorgeschlagenen Bausteinstruktur ein umfassendes Angebot zu sichern.

Es wird empfohlen, für die Lehrerausbildung im Fach Informatik als Hauptfach ca. 60 - 80 SWS (Semesterwochenstunden) und als Nebenfach ca. 40 - 60 SWS vorzusehen.

In der Lehrerweiterbildung, d. h. zum Erwerb einer zusätzlichen Unterrichtsqualifikation ergänzend zu einem bereits erworbenen Lehramt, sollte ein Umfang von ca. 40 SWS angestrebt werden. Hier werden im Teil II der Empfehlungen unterschiedliche Modelle zur Realisierung dieses Weiterbildungsvolumens vorgelegt.

Zugleich ist eine Fortbildung für das Fach Informatik einzurichten, d. h. eine Fortbildung für Lehrer, die bereits eine Qualifikation in dem betreffenden Fach erworben haben. Die rasche Entwicklung der Informatik zwingt zu einem systematischen Fortbildungsangebot, das die Ansprüche an eine echte Fortbildung auch sicherstellt. Dies ist eine permanente Aufgabe der Fortbildungsinstitutionen in den Bundesländern. Damit soll den neuen technologischen und methodischen Entwicklungen der Informatik sowie neuen komplexen Anwendungen der Informationstechnik Rechnung getragen werden, die auch auf den Unterricht einwirken.

2. <u>Ziele einer Lehrerbildung im Bereich der Informatik</u>

2.1. Lehrer für Informatik

Ausgehend vom Berufsbild eines Lehrers sind Ausbildung und Weiterbildung im Fach Informatik an folgenden Anforderungen orientiert,
die von einem dieses Fach unterrichtenden Lehrer geleistet werden sollten:

I.   Anforderungen an die allgemeine fachliche Qualifikation

o1. Er muß ein hinreichendes Grundverständnis für die theoretischen (einschl. der mathematischen) Grundlagen der
Informatik haben.

o2. Er muß ein hinreichendes Verständnis der technischen
und organisatorischen Grundlagen der Informatik haben.
Dies gilt besonders für die Beurteilung von Gestaltungs-
formen (einschl. Ergonomie) typischer Datenverarbeitungssysteme sowie von Problemen ihrer Eignung und Wirtschaftlichkeit, der Qualitätssicherung und Arbeitsorganisation.

o3. Er muß die Fähigkeit besitzen, für konkrete Probleme algorithmische Lösungen zu finden und zu formulieren, die
entwickelte Lösung als Programm zu formulieren sowie das
Programm auf einen Rechner zu übertragen und benutzungs-
fähig zu machen. Dabei steht nicht die Kenntnis einer
bestimmten Programmiersprache im Vordergrund, sondern
die Fähigkeit, Methoden der Datenstrukturierung und des
Algorithmenentwurfs anzuwenden.

o4. Er soll die unterschiedlichen Phasen des "software life
cycle" und die wichtigsten Methoden der Erstellung komplexer Software-Systeme kennen. Außerdem soll er in der
Lage sein, die jeweiligen Dokumente der einzelnen Phasen
zu erstellen.

o5. Er soll die Fähigkeit und die entsprechenden Fertigkeiten
besitzen, im Rahmen eines Software-Projektes bei der Erstellung eines komplexen, anwendbaren Software-Systems
mitzuwirken und dabei die benötigten unterschiedlichen
Tätigkeiten ausführen können.

o6. Er soll die Auswirkungen bei der Anwendung eines von ihm
miterstellten Software-Systems erkennen und beurteilen
können.

o7. Er muß die für die Informatik relevanten rechtlichen
Bestimmungen (insbesondere Datenschutz, Mitbestimmungs-
recht, Tarifrecht) kennen und beurteilen können.

o8. Er muß die wichtigsten Anwendungen der Informatik in den
verschiedenen Wirklichkeitsbereichen kennen. (Unter den
zwei wählbaren Bereichen des Hauptstudiums muß ein Anwendungsbereich sein. In einem Anwendungsbereich sollte
er ein dreimonatiges EDV-Praktikum absolviert haben.)

o9. Er muß die Informatik in ihren (zukünftigen) Auswirkungen
auf die Gesellschaft beurteilen und kritisch einschätzen
können. Das gilt besonders für Kommunikationsprozesse
zwischen Menschen, für Qualifikationsentwicklung und
Arbeitsorganisation, für Organisation und Kompetenzen in
Institutionen sowie für menschliches Lernen.

II. Anforderungen an die schulspezifische fachliche Qualifikation

1o. Er muß die Möglichkeiten und Probleme des Einsatzes der
Informatik in Bildungsinstitutionen, speziell der Schule,
kennen und beurteilen können.

11. Er muß einen typischen Schulrechner bedienen können und
Strukturen des Einsatzes eines solchen Rechners in der
Schule kennen.

12. Er muß Kollegen anderer Fächer, die die Informatik als Hilfs-
    mittel einsetzen wollen, beraten können.

III. Anforderungen an die pädagogisch-didaktische Qualifikation

13. Er muß Anwenderprobleme der Informatik didaktisch reduzieren
    können, so daß sie für Schüler bearbeitbar werden.

14. Er muß den Schülern technisch und methodisch bei der Erstellung
    und Nutzung von Software helfen können.

15. Er muß schülergerechte Bedienungsanleitungen und Dokumentationen
    für Hard- und Software erstellen können.

16. Er muß im fachlichen und bildungspolitischen Bereich Weiterent-
    wicklungen der Informatik in den Unterricht umsetzen können.

17. Er muß Möglichkeiten und Probleme des Einsatzes der Informatik
    für Lernprozesse innerhalb und außerhalb der Schule kennen und
    beurteilen können.

18. Er muß die Rechnerausstattung und den Einsatz des Rechners in
    seiner Schule nach pädagogischen Gesichtspunkten beurteilen und
    planen können.

Ob diese Ziele allein durch die Primärausbildung zu erreichen sind, ist
unter den gegenwärtig gegebenen Umständen zweifelhaft. Ergänzend und ver-
tiefend muß hier die zweite Phase der Lehrerbildung (Referendariat) einbezogen werden.

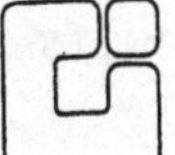

Gesellschaft für Informatik e.V.
FA 7.1 "Informatik in Studiengängen an Hochschulen"

22. Juni 1984

Antwort erbeten an:

E N T W U R F

Empfehlungen der Gesellschaft für Informatik für die Ausbildung von Diplom-Informatikern an wissenschaftlichen Hochschulen[1)]

Diese Empfehlungen wurden vom Fachbereich 7 ("Ausbildung und Beruf") vom Fachausschuß 7.1 ("Informatik in Studiengängen an Hochschulen") sowie vom Arbeitskreis 7.1.1 ("Diplomstudiengang Informatik") erarbeitet und beschlossen.

---

1)
Weiterentwicklung der GAMM/NTG-Empfehlung vom 20. Juni 1969.

Präsident   Prof. Dr. Clemens Hackl, IBM Deutschland GmbH, Postfach 80 08 80, 7000 Stuttgart 80, Telefon (07 11) 7 20 70, 72 07-46 77
Vizepräsident: Prof. Dr. Gerhard Krüger, Universität Karlsruhe, Institut für Informatik III, Postfach 63 80, 7500 Karlsruhe 1, Telefon (07 21) 608-38 35
Schatzmeister   Prof. Dr. Fritz Krückeberg, GMD Birlinghoven, Postfach 12 40, 5205 St. Augustin 1, Telefon (0 22 41) 14-23 35
Geschäftsführer Dr. Hermann Rampacher, Postfach 16 69, 5300 Bonn 1, Godesberger Allee 99, Bonn-Bad Godesberg, Telefon (02 28) 37 67 51

Sparkasse Bonn Konto 46 581 (BLZ 380 500 00) · Postscheckkonto Köln 198 139-502 (BLZ 370 100 50)

Vereinsregister Bonn 3429

<u>Mitglieder des FB 7</u>: Sprecher: Prof. Dr. K. Haefner (Bremen)
stellvertretender Sprecher: Prof. Dr. R. Gunzenhäuser
(Stuttgart),
Prof. Dr. W. Arlt (Berlin), Prof. Dr. G. Böhme (Furtwangen)
Prof. Dr. W. Brauer (Hamburg), B. Borg (Soltau), Prof. Dr.
C. Hackl (Stuttgart), Dr. P. Heyderhoff(St. Augustin),
W. Hosseus (Mainz), Dr. H.D. Kohlhammer (München), D. Rohl-
fing (Dortmund), Dr. H. Schauer (Wien), M. Spengler (Hermes-
keil), Prof. Dr. F. Stetter (Mannheim), Dr. M. Tauber
(Heidelberg), K. Wenke (Bremen).

<u>Mitglieder des FA 7.1</u>: Sprecher: Prof. Dr. F. Stetter (Mannheim),
stellvertretender Sprecher: Prof. Dr. R. Gunzenhäuser
(Stuttgart),
Prof. Dr. W. Arlt (Berlin), Prof. Dr. H. Giesen (Koblenz),
Dr. F. Gnatz (München), Prof. Dr. P. Gorny (Oldenburg),
Prof. Dr. R. Hartenstein (Kaiserslautern), Prof. Dr.
H. Heilmann (Furtwangen), Prof. Dr. H. Herbstreith (Karlsruhe),
Prof. Dr. R. Vollmar (Braunschweig).

<u>Mitglieder des AK 7.1.1</u>: Sprecher: Prof. Dr. H. Giesen(Koblenz),
Prof. Dr. R. Gunzenhäuser (Stuttgart), Prof. Dr. R. Harten-
stein (Kaiserslautern), Prof. Dr. F. Stetter (Mannheim),
Prof. Dr. R. Vollmar (Braunschweig).

I. <u>Vorbemerkungen</u>

Der Fachausschuß Informationsverarbeitung der Gesellschaft
für Angewandte Mathematik und Mechanik (GAMM) und der
Fachausschuß 6 der Nachrichtentechnischen Gesellschaft (NTG)
haben am 20. Juni 1969 Empfehlungen für die Ausbildung von
Diplom-Informatikern an wissenschaftlichen Hochschulen veröffentlicht. Die stürmische Entwicklung der Informatik macht
eine Fortschreibung notwendig, die auch wieder zu einer
besseren Übereinstimmung zwischen Modell und Wirklichkeit
führt.

Obwohl die Informatik eine sehr junge und in rascher Entwicklung begriffene Wissenschaft ist, besteht doch ein
breiter Konsens über das, was Informatik ist.[1]

Informatik ist die Wissenschaft von der systematischen und
automatischen Verarbeitung von Information. Sie erforscht
grundsätzliche Verfahrensweisen der Informationsverarbeitung
und allgemeine Methoden ihrer Anwendung in den verschiedensten Bereichen. Für diese Aufgaben wendet die Informatik vorwiegend formale und ingenieurmäßig orientierte Techniken an.
Durch Verfahren der Modellbildung sieht sie beispielsweise
von den Besonderheiten spezieller Datenverarbeitungssysteme
ab; sie entwickelt Standardlösungen für die Aufgaben der
Praxis.

Die Informatik befaßt sich daher

a) mit den Strukturen, den Eigenschaften und den Beschrei-
   bungsmöglichkeiten von Information und Informationsverarbeitung,

b) mit dem Aufbau, der Arbeitsweise und den Konstruktions-
   prinzipien von Rechnersystemen,

---

[1] Man vergleiche hierzu auch Brauer/Haacke/Münch: Studien-
und Forschungsführer Informatik.

c) mit der Entwicklung sowohl experimenteller wie auch
produktorientierter Rechnersysteme und Systemsoftware moderner Konzeption,

d) mit den Möglichkeiten der Strukturierung, der Formalisierung und der Mathematisierung von Anwendungsgebieten in Form spezieller Modelle und Simulationen und

e) mit der ingenieurmäßigen Entwicklung von Softwaresystemen für verschiedenste Anwendungsbereiche unter besonderer Berücksichtigung der hohen Anpassungsfähigkeit und der Mensch-Computer-Interaktion solcher Systeme.

In dem folgenden Studienmodell sind internationale Entwicklungen berücksichtigt[2]. Die Aufteilung der Informatik in die Bereiche Theoretische Informatik, Praktische Informatik und Technische Informatik bezieht sich auf den Fächerkatalog des Fakultätentags Informatik vom 30. April 1976 (siehe Anlage).

Diese Empfehlungen gelten nur für den Diplomstudiengang Informatik, nicht dagegen für Studiengänge im Bereich der Anwendungen (z.B. Wirtschaftsinformatik) oder für andere Studiengänge mit großem Informatikinhalt.

---

[2] Austing R.H. et al: Curriculum '78: Recommendations for the undergraduate program in Computer Science - A report of the ACM curriculum committee on Computer Science. Comm. ACM 22, 147-166 (1979)

Magel K.I. et al: Recommendations für the Master's level programs in Computer Science - A report of the ACM curriculum committee on Computer Science. Comm. ACM 24, 115-123 (1981).

II. Prämissen

1) Die neuen Empfehlungen sollen auf den GAMM/NTG-Empfehlungen
   vom 20. Juni 1969 aufbauen; es soll eine evolutionäre
   Fortschreibung angestrebt werden.

2) Der Umfang des Grundstudiums beträgt ca. 80 Semesterwochenstunden, der des Hauptstudiums ca. 90 Semesterwochenstunden. Die Regelstudienzeit beträgt 9 Semester
   zuzüglich ein Semester für die Diplomarbeit.

3) Im Grundstudium soll die Informatik einen größeren Anteil
   als die Mathematik erhalten. Im Hauptstudium erstreckt sich
   die Mathematik in der Regel auf Lehrveranstaltungen in
   einzelnen Schwerpunkten und/oder im Nebenfach Mathematik.

4) Die in den bisherigen GAMM/NTG-Empfehlungen aufgeführten
   "Physikalischen und elektrotechnischen Grundlagen" sind
   als Teil der Technischen Informatik anzusehen.

5) Die Hochschulen sollen einen Freiheitsraum in der Ausgestaltung des Studiums haben, um (z.B. in Studienschwerpunkt-
   fächern) in Informatik lokale Gegebenheiten berücksichtigen zu können.

Einheitliche Prüfungsanforderungen in der Abiturprüfung Informatik (Teil 1)

(Beschluß der Kultusministerkonferenz vom 23.2.1981)

0 Vorbemerkung

Um eine vergleichbare Konstruktion der Prüfungsaufgaben sicherzustellen, enthalten die Einheitlichen Prüfungsanforderungen für das Fach Informatik unter anderem:

— eine Beschreibung der in diesem Fach nachweisbaren Qualifikationen sowie Angaben über mögliche Inhalte und

— Kriterien, mit deren Hilfe überprüft werden kann, ob eine Prüfungsaufgabe das anzustrebende Anspruchsniveau erreicht.

Damit soll sichergestellt werden, daß in den geforderten Leistungen ein breites Spektrum allgemeiner fachspezifischer Qualifikationen angesprochen wird. Als Hilfsmittel dient die Beschreibung von drei Anforderungsbereichen. Mit ihrer Hilfe und nach Maßgabe des vorangegangenen Unterrichts, dem die Lehrpläne der Länder zugrunde liegen, werden Prüfungsinhalte ausgewählt und Prüfungsaufgaben erstellt.

Als Fach des mathematisch-naturwissenschaftlich-technischen Aufgabenfeldes orientiert sich Informatik dabei an den allgemeinen Prinzipien, die für die Fächer dieses Aufgabenfeldes entwikkelt worden sind. Informatik ist erst in den letzten Jahren in den Fächerkatalog der gymnasialen Oberstufe aufgenommen worden. Deshalb scheint es geboten, die Ziele und in Abschnitt 1.2 die Inhalte des Faches näher darzustellen, auf welche die Prüfungsanforderungen bezogen werden.

Informatik befaßt sich in einem umfassenden Sinne mit Informationsverarbeitung, dabei wird Problemlöseverhalten systematisch entwickelt und der Zugang zu modernen Forschungsmethoden ermöglicht und erleichtert. Die Methoden der Informatik werden zunehmend in allen Wissenschaften, der Technik, der Wirtschaft und der Gesellschaft zur Lösung von Problemen benutzt. Damit bestehen auch in der Schule Beziehungen zu Fächern der anderen Aufgabenfelder. Der Schüler gewinnt für die Orientierung in der Arbeitswelt wichtige Kenntnisse und Verständnis für die Möglichkeiten und Grenzen der Datenverarbeitung.

Der gegenwärtigen Entwicklung des Faches Informatik entsprechend, werden hier nur Einheitliche Prüfungsanforderungen für das Grundkursfach vorgelegt.

1 Prüfungsgegenstände

Im Informatikunterricht werden sowohl Fachwissen als auch fachliche Qualifiaktionen vermittelt. Beides soll in der Abiturprüfung festgestellt und bewertet werden.

1.1 Fachliche Qualifikationen

Die folgende Zusammenstellung fachlicher Qualifikationen geschieht ohne Unterscheidung von Schwierigkeitsgraden und ohne Anspruch auf Vollständigkeit. Überschneidungen sind dabei unvermeidlich.

1.1.1 Fachliche Qualifikationen für das Erarbeiten einer algorithmischen Problemlösung

— Bei der Problembeschreibung
Beschreiben der Situation und Erkennen des Problems
Benennen der Ein- und Ausgabedaten
Einengen des Problems auf einen algorithmisierbaren Kern

— Bei der Problemanalyse
Strukturieren des Problems, Erkennen möglicher Schnittstellen
Formulieren von Teilproblemen, Erkennen von Analogien, Analysieren und Strukturieren der Daten

Entwickeln von Modellen, Anwenden algorithmischer Beschreibungselemente, Einbetten des Problems in eine allgemeine Problemklasse

— Bei der Problemlösung und Dokumentation
Lösen von Teilproblemen, Zusammensetzen von Teillösungen zur Gesamtlösung
Formulieren und Darstellen der algorithmischen Problemlösung
Beschreiben der Datenbewegung

— Bei der Überprüfung der Problemlösung
Testen des Algorithmus durch Verfolgen eines konkreten Zustandsvektors
Überprüfen des Gültigkeitsbereichs
Formulieren von Gültigkeitsbedingungen

— Bei der Modifikation der Problemlösung ,
Erweitern und Verfeinern des Algorithmus in Abhängigkeit von Ausgabedaten, Verändern der Problemlösung aus ökonomischen Gesichtspunkten
Verändern aus Gründen der Lesbarkeit, Verändern aus Gründen einer einheitlichen Dokumentation

1.1.2 Fachliche Qualifikationen bei der Realisierung einer algorithmischen Problemlösung

— Beim Codieren
Übertragen der formulierten Problemlösung (möglichst strukturerhaltend) in eine problemorientierte Programmiersprache
Einsetzen der Hardware und Software der vorhandenen EDVA

— Beim Testen von Programmen
Z. B. maschinelles Testen des Programms durch Eingeben ausgewählter Testdaten, Bewerten von Ergebnissen des Programmlaufs, Verwenden geeigneter Testhilfen zur Fehlersuche, Korrigeren des Programms

— Bei der Modifikation des Programms
Verändern und Optimieren des Programms in Abhängigkeit von den Gegebenheiten der EDVA

1.1.3 Fachliche Qualifikationen bei der Beschreibung und Bewertung von DV-Anlagen

— Kennen des prinzipiellen Aufbaus von informationsverarbeitenden Systemen und Einblick in die Funktionsweise einzelner Komponenten (Hardware)

— Kennen der Funktion der Software

— Kennen und Erläutern der Wechselwirkung zwischen theoretischen Grundlagen und praktischer Realisierung

1.1.4 Fachliche Qualifikationen bei der Anwendung der Informatik

— Strukturieren eines Sachgebiets mit den Methoden der Informatik z. B. in Verwaltung, Produktion, Wissenschaft, Gesellschaft (Systemanalyse)

— Verarbeiten von Dateien, Entwickeln eines Informationssystems, Planen und Steuern eines Prozesses, Simulieren und Optimieren eines Prozesses, Einsetzen des Rechners als Hilfsmittel zur Auswertung und Statistik

— Kennen von Auswirkungen beim Einsatz von DV-Systemen

— Kennen grundlegender Aspekte der Datensicherung und des Datenschutzes

1.2 Fachliche Inhalte

Die in 1.1 genannten Qualifikationen werden an geeigneten fachlichen Inhalten nachgewiesen. Im Fach Informatik eignen sich insbesondere Themenbereiche aus der praktischen, angewandten, technischen und theoretischen Informatik in einer für den Unterricht angemessenen Auswahl.

1.2.1 Algorithmische Lösung von Problemen

— Problemerkennung und -beschreibung

— Problemlösung: Strukturierung und Darstellung (verbal, graphisch und gemischt)

— Analyse und Beurteilung

— Algorithmusbegriff (Allgemeingültigkeit, Ausführbarkeit, Eindeutigkeit, Endlichkeit, Vollständigkeit)

— Numerische und nichtnumerische Algorithmen aus verschiedenen Gebieten

— Möglichkeiten und Grenzen des Algorithmusbegriffs

Einheitliche Prüfungsanforderungen in der Abiturprüfung Informatik (Teil 2)

(Beschluß der Kultusministerkonferenz vom 23.2.1981)

LOG IN 2 (1982) Heft 2   45

Praxis & Methodik

Einheitliche Prüfungsanforderungen in der Abiturprüfung Informatik (Teil 3)

(Beschluß der Kultusministerkonferenz vom 23.2.1981)

LOG IN 2 (1982) Heft 3

49

```
Die einheitlichen Prüfungsanforderungen in der
Abiturprüfung Informatik
sind erstmal erschienen in der Reihe:
Beschlüsse der Kultusministerkonferenz,
Sekretariat der Ständigen Konferenz der Kultusminister
der Länder in der Bundesrepublik Deutschland (Hrsg.),
Neuwied: Luchterhand 1981.
```

Verordnung
über die Ersten (Wissenschaftlichen und
Künstlerisch-Wissenschaftlichen) Staatsprüfungen
für die Lehrämter
(1. LehrerPO 1982)

Vom 18. August 1982

Auf Grund des § 7 Abs. 3 Nr. 1, des § 7 Abs. 1 Nr. 3 Satz 2 und des § 18 des Lehrerbildungsgesetzes in der Fassung vom 25. Januar 1971 (GVBl. S. 341), zuletzt geändert durch Gesetz vom 12. Dezember 1978 (GVBl. S. 2361), wird verordnet:

Inhaltsübersicht

Erster Teil
Gemeinsame Vorschriften

§ 1
Zweck der Prüfung und Prüfungsanforderungen

(1) In der Ersten (Wissenschaftlichen) Staatsprüfung für ein Lehramt soll festgestellt werden, ob der Bewerber nach dem Ergebnis seines Studiums die fachlichen Voraussetzungen für die Zulassung zum Vorbereitungsdienst für das Amt
des Lehrers,
des Lehrers – mit fachwissenschaftlicher Ausbildung in zwei Fächern –,
des Lehrers an Sonderschulen
oder
des Studienrats
erworben hat (§ 9 Abs. 2 LBiG).

(2) Die Prüfungsanforderungen sind in der Anlage 1 zu dieser Verordnung geregelt.

§ 2
Prüfungsamt

(1) Die Prüfung wird vor dem Wissenschaftlichen Landesprüfungsamt Berlin (Prüfungsamt) abgelegt.

(2) Das Prüfungsamt trifft seine Entscheidungen durch seinen Leiter oder einen Vertreter. § 3 Abs. 2 bleibt unberührt.

§ 3
Prüfungskommissionen

(1) Das Prüfungsamt stellt die Prüfungskommissionen nach Maßgabe des § 10 a Abs. 2 bis 6 und des § 10 c Abs. 1 des Lehrerbildungsgesetzes zusammen. Für jeden Prüfungsteil wird eine Prüfungskommission gebildet. Für den Prüfungsteil der wissenschaftlichen Hausarbeit ist die Prüfungskommission des Prüfungsteils zuständig, dessen Bereich das Thema der Hausarbeit entnommen ist. Die Ablehnung nach § 10 a Abs. 5 Satz 1 des Lehrerbildungsgesetzes kann nur innerhalb einer Frist von zwei Wochen seit Bekanntgabe der vom Prüfungsamt nach § 10 a Abs. 3 Satz 4 des Lehrerbildungsgesetzes bestellten Prüfers erfolgen. Die Frist kann bei Vorliegen eines wichtigen Grundes auf einen vor Fristablauf gestellten Antrag verlängert werden.

(2) Die Prüfungsentscheidungen der Prüfungskommissionen werden mit Stimmenmehrheit getroffen. Bei Stimmengleichheit entscheidet die Stimme des Vorsitzenden.

§ 4
Regelstudienzeiten und Meldefristen

(1) Die Regelstudienzeit beträgt für den Studiengang

a) für das Amt des Lehrers
sieben Semester,

b) für das Amt des Lehrers – mit fachwissenschaftlicher Ausbildung in zwei Fächern –,
für das Amt des Lehrers an Sonderschulen und
für das Amt des Studienrats
neun Semester,

c) für das Amt des Studienrats in der Ausbildung mit einem künstlerischen Fach
zehn Semester.

(2) Die Frist für die Meldung zu der Prüfung endet mit dem Ende des Semesters, das dem letzten Semester der Regelstudienzeit vorausgeht. Der Prüfungsanspruch wird durch die Überschreitung der Meldefrist nicht berührt.

§ 5
Meldung zur Prüfung

(1) Die Meldung zur Prüfung enthält den Antrag auf Zulassung zur Prüfung. Ihr sind folgende Unterlagen beizufügen:

1. Angabe des angestrebten Lehramtes und des gewählten Lernbereichs und des gewählten Prüfungsfaches oder der gewählten Prüfungsfächer und des gewählten didaktischen Schwerpunktes eines Lernbereichs oder des gewählten Prüfungsfaches und der gewählten sonderpädagogischen Fachrichtungen oder des gewählten Ersten Prüfungsfaches und des gewählten Zweiten Prüfungsfaches,

2. Erklärung des Bewerbers, ob und mit welchem Erfolg er sich bereits früher einer Lehramtsprüfung oder einem Teil einer solchen Prüfung unterzogen hat,

3. Lichtbild in Paßbildgröße,

4. Lebenslauf mit näheren Angaben zur Person und zum Ausbildungsgang,

5. Belege über das Studium sowie Leistungsnachweise über die erfolgreiche Teilnahme an Lehrveranstaltungen und sonstigen Bescheinigungen, die nach den Besonderen Zulassungsvoraussetzungen (§§ 23, 27, 32, 36, 40, 45, 49) und den Prüfungsanforderungen verlangt werden,

6. ein nach Studiengebieten gegliedertes Verzeichnis der belegten Lehrveranstaltungen,

Gesetz- und Verordnungsblatt für Berlin   38. Jahrgang   Nr. 48   28. September 1982

§ 51
Gewichtung der Prüfungsteile

Die zusammenfassenden Urteile über die Prüfungsteile sind bei der Feststellung des Gesamtergebnisses wie folgt zu gewichten:

2 (Hausarbeit) : 2 (Erziehungswissenschaft und die andere Sozialwissenschaft) : 4 (Erstes Prüfungsfach) : 3 (Zweites Prüfungsfach).

Dritter Teil
Übergangs- und Schlußvorschriften

§ 52
Übergangsvorschriften

(1) Diese Verordnung gilt für Studenten, die ihr Studium mit dem Ziel der Ablegung der Ersten Staatsprüfung für ein Lehramt nach dem Inkrafttreten dieser Verordnung beginnen. Studenten, die ihr Studium vor dem Inkrafttreten dieser Verordnung begonnen haben, können wählen, ob sie die Prüfung bereits nach den Vorschriften dieser Verordnung ablegen wollen.

(2) Abweichend von Absatz 1 Satz 2 werden Studenten nach dieser Verordnung geprüft, die sich nach dem 30. September 1984 zur Prüfung melden und die Regelstudienzeit um mehr als fünf Semester überschritten haben oder in dem Studiengang für das Amt des Studienrats mit dem Fach Bildende Kunst mehr als fünfzehn Semester, in dem Studiengang für das Amt des Studienrats mit einer technisch-wissenschaftlichen Fachrichtung mehr als vierzehn Semester studiert haben. Eine bereits mit Erfolg abgelegte Teilprüfung in Erziehungswissenschaft wird angerechnet.

(3) Wer vor Ablauf von drei Jahren seit Inkrafttreten dieser Verordnung nach den Vorschriften dieser Verordnung geprüft wird, braucht die Ablegung der Zwischenprüfung (§ 5 Abs. 1 Nr. 7) nicht nachzuweisen.

§ 53
Inkrafttreten

Diese Verordnung tritt am Tage nach der Verkündung im Gesetz- und Verordnungsblatt für Berlin in Kraft. Gleichzeitig treten außer Kraft:

1. Die Verordnung über die Erste (Technisch-Wissenschaftliche) Staatsprüfung für das Amt des Studienrats vom 25. September 1969 (GVBl. S. 2021),

2. die Verordnung über die Erste Staatsprüfung für das Amt des Lehrers und des Lehrers - mit fachwissenschaftlicher Ausbildung in zwei Fächern - (1. LehrerPO - Übergangsregelung) vom 7. Mai 1979 (GVBl. S. 1185),

3. die Verordnung über die Erste (Wissenschaftliche) Staatsprüfung für das Amt des Studienrats (1. WissPO - Übergangsregelung) vom 25. März 1980 (GVBl. S. 768),

4. die Verordnung über die Erste (Künstlerisch-Wissenschaftliche) Staatsprüfung für das Amt des Studienrats mit dem Studienfach Musik (Übergangsregelung) vom 21. November 1980 (GVBl. S. 2484).

Berlin, den 18. August 1982

Der Senator für Schulwesen, Jugend und Sport

Dr. Hanna-Renate Laurien

Inhaltsübersicht zur Anlage 1:

Prüfungsanforderungen

Nr.	Fach
1	Erziehungswissenschaft
2 – 3	Grundschulpädagogik
4	Fachdidaktik
5 – 6	Bildende Kunst
7 – 8	Biologie
9 – 10	Chemie
11 – 12	Deutsch
13 – 14	Englisch
15 – 16	Erdkunde
17 – 18	Französisch
19 – 20	Geschichte
21 – 22	Griechisch
23	Haushalt / Arbeitslehre
24	Informatik
25 – 26	Latein
27 – 28	Mathematik
29 – 30	Musik
31 – 32	Physik
33 – 34	Russisch
35 – 36	Sozialkunde
37 – 38	Spanisch
39 – 40	Sport
41	Technik / Arbeitslehre
42	Wirtschaft / Arbeitslehre
43 – 45	Sonderpädagogik
46 – 48	Bautechnik
49 – 50	Elektrotechnik
51 – 52	Ernährungswissenschaften
53	Gestaltungstechnik
54 – 56	Land- / Gartenbauwissenschaft
57 – 59	Metalltechnik
60	Wirtschaftswissenschaft
61	Betriebliches Rechnungswesen
62	Recht

Prüfungsanforderungen   Anlage 1

1. **Prüfungsanforderungen für Erziehungswissenschaft und eine andere Sozialwissenschaft für alle Lehrämter**

A. Prüfungsbereiche

a) Erziehungswissenschaft mit Bezug auf folgende Studienbereiche:

1. Pädagogisches Handeln, Erziehungstheorie und Theorie der Erziehungswissenschaft

2. · Schule als gesellschaftliche Institution

3. Sozialisation und Erziehung

4. Curriculum und Unterricht

5. Diagnose, Beurteilung und schulische Erziehungshilfe

und

b) Philosophie mit Bezug auf folgende Studienbereiche:

1. Pädagogisches Handeln und Wissenschaftliche Theoriebildung

2. Sozialisation und Erziehung

3. Curriculum und Unterricht

oder

c) Politologie mit Bezug auf folgende Studienbereiche:

1. Schule als gesellschaftliche Institution

E. Zusammenfassendes Urteil

Bei der Bildung des zusammenfassenden Urteils über diesen Prüfungsteil sind die Bewertungen der Prüfungsleistungen und der benotete Leistungsnachweis über die fachpraktischen Leistungen wie folgt zu gewichten:

1 (Aufsichtsarbeit) : 2 (mündliche Prüfung) : 1 (fachpraktische Leistungen).

24. Prüfungsanforderungen für das Fach Informatik mit einem Studienanteil von etwa 60 Semesterwochenstunden

A. Prüfungsbereiche

I. Pflichtbereich ist Allgemeine Informatik.

II. Wahlpflichtbereiche sind

  a) DV-Anwendersysteme in Wirtschaft, Verwaltung und Recht,

  b) DV-Anwendersysteme in Technik und Wissenschaft,

  c) Softwaretechnologie,

  d) Rechnerorganisation,

  e) Theoretische Informatik.

Die Prüfung erstreckt sich auf den Pflichtbereich sowie auf zwei vom Prüfungskandidaten zu wählende Wahlpflichtbereiche. Ist Wirtschaftswissenschaften Erstes Fach, ist der Wahlpflichtbereich nach Buchstabe A, Nr. II, Buchstabe a), ist ein technisch-wissenschaftliches Fach Erstes Fach, ist der Wahlpflichtbereich nach Buchstabe A, Nr. II, Buchstabe b) zu wählen.

B. Zulassungsvoraussetzungen

Nachweis eines ordnungsgemäßen Informatikfachstudiums im Umfang von etwa 60 Semesterwochenstunden.

Nachweis einer mathematischen Grundausbildung, bestehend aus der erfolgreichen Teilnahme an drei Übungen.

Zwei Nachweise über die Teilnahme an Lehrveranstaltungen im Pflichtbereich, davon je eine zur Einführung in die Rechnerorganisation und eine über DV-Anwendungen einschließlich ihrer Problematik und Auswirkungen.

Drei Leistungsnachweise über die erfolgreiche Teilnahme an zwei Lehrveranstaltungen über Programmiermethodik und ein Softwareprojekt.

Leistungsnachweis über die erfolgreiche Teilnahme an einem fachdidaktischen Hauptseminar in Informatik.

Leistungsnachweis über die erfolgreiche Teilnahme an je einem Seminar, Projekt oder Fachpraktikum im Pflichtbereich und den beiden gewählten Wahlpflichtbereichen.

C. Prüfungsinhalte

In Zusammenhang mit einem Sachverhalt aus der Informatik sind sowohl notwendige Voraussetzungen aus Nachbardisziplinen, speziell der Mathematik, als auch Probleme der Anwendung Prüfungsgegenstand.

I. Pflichtbereich Allgemeine Informatik

Überblick über den Aufbau der Wissenschaft Informatik und die für die Schule relevanten Bereiche, über theoretische, hard- und softwaretechnische sowie organisatorische Grundlagen der Informatik und über die Auswirkungen des EDV-Einsatzes.

Kenntnis der wichtigsten Anwendungen der Informatik einschließlich exemplarischer historischer Entwicklungen, der Begriffe und Methoden des strukturierten Programmierens sowie von Aufbau, Funktionsweise und von den Einsatzmöglichkeiten von DV-Systemen, speziell im Bildungsbereich, von Kriterien für Rechnerausstattung und -einsatz in der Schule.

Kenntnis in mindestens zwei Programmiersprachen.

Fähigkeit und Fertigkeit, den Einsatz von EDV exemplarisch zu analysieren und kritisch einzuschätzen, einfache Probleme im Hinblick auf ihre Lösbarkeit mit EDV-Einsatz zu analysieren, eine Lösung strukturiert darzustellen, eine gefundene Lösung auf einem Rechner einsatzfähig zu machen und zu dokumentieren.

Fähigkeit und Fertigkeit, geeignete Probleme aus der Informatik und ihrer Anwendungen so weit zu reduzieren, daß sie für Schüler bearbeitbar werden, und geeignete Unterrichtsmaßnahmen zu planen, einen typischen Schulrechner zu bedienen.

II. Wahlpflichtbereiche

  a) DV-Anwendersysteme in Wirtschaft, Verwaltung und Recht

  Überblick über typische DV-Anwendungen in Wirtschaft, Verwaltung und Recht einschließlich Entwicklungstendenzen.

  Kenntnis der Ziele und Methoden der Entwicklung und des Einsatzes bereichstypischer DV-Systeme, von Beurteilungskriterien für die Auswahl von DV-Systemen, von Implementierungsmethoden und -problemen, der Auswirkungen des Einsatzes von DV-Systemen.

  Fähigkeit und Fertigkeit, problembezogene Anforderungsdefinitionen zu formulieren, den Einsatz von bereichstypischen DV-Systemen an geeigneten Beispielen zu planen, derartige bereichstypische DV-Systeme zu benutzen und andere in die Benutzung einzuführen.

  Gründliche Kenntnis in einem Wahlgebiet gemäß Buchstabe D.

  b) DV-Anwendersysteme in Technik und Wissenschaft

  Überblick über typische DV-Anwendungen in Technik und Wissenschaft einschließlich Entwicklungstendenzen.

  Kenntnis der Ziele und Methoden der Entwicklung und des Einsatzes typischer DV-Systeme im wissenschaftlich-forschenden, im technisch-entwickelnden und im fertigungstechnischen Bereich.

  Fähigkeit und Fertigkeit, problembezogene Anforderungsdefinitionen zu formulieren, Entwicklung und Einsatz von DV-Systemen bezogen auf das Wahlgebiet nach Buchstabe D. zu planen und durchzuführen sowie andere bei der Benutzung anzuleiten.

  Gründliche Kenntnis in einem Wahlgebiet gemäß Buchstabe D.

  c) Softwaretechnologie

  Überblick über Stand und Entwicklungstendenzen der Softwaretechnologie.

  Kenntnis in EDV-Organisation und Verarbeitungsprinzipien, Systemanalyse, -spezifikation und -entwurf, Methodik der Softwareherstellung, Organisation und Durchführung eines Softwareprojektes.

  Fähigkeit und Fertigkeit, Verfahren der Problem- und Systemanalyse einzusetzen, Softwaresysteme arbeitsteilig zu entwerfen, zu erstellen und einzusetzen.

  Gründliche Kenntnis in einem Wahlgebiet gemäß Buchstabe D.

d) Rechnerorganisation

Überblick über Begriffe und Verfahren des Rechnerentwurfs, über physikalisch-technische Realisierung von Rechnern und Peripherie-Geräten, über Betriebsarten von Rechnern und Funktionsprinzipien zugehöriger Betriebssysteme und ihrer Komponenten.

Kenntnis der mathematischen und physikalisch-technischen Grundlagen von Schaltnetzen und Schaltwerken, des Aufbaus und der Funktionsweise von digitalen Universalrechnern, der Aufgaben, Funktions- und Konstruktionsmerkmale von Betriebssystemkomponenten.

Fähigkeit und Fertigkeit, unter Verwendung von Bausteinen unterschiedlicher Integrationsstufe einfache Schaltnetze und Schaltwerke zu entwerfen und bei entsprechendem Wahlgebiet auch technisch zu realisieren, geeignete Aufgaben maschinennah zu programmieren.

Gründliche Kenntnis in einem Wahlgebiet gemäß Buchstabe D.

e) Theoretische Informatik

Überblick über die Teilgebiete der Theoretischen Informatik.

Kenntnis der Grundlagen der Automatentheorie und der grundlegenden Arbeitsmethoden und -ergebnisse auch der anderen Teilgebiete der Theoretischen Informatik.

Fähigkeit und Fertigkeit, Aussagen der Theoretischen Informatik, insbesondere im Wahlgebiet unter Verwendung typischer Beweismethoden aus ihren Voraussetzungen abzuleiten, Aussagen der Theoretischen Informatik beispielhaft anzuwenden.

Gründliche Kenntnis in einem Wahlgebiet gemäß Buchstabe D.

D. Wahlgebiete

Der Prüfungskandidat gibt aus jedem der beiden gewählten Wahlpflichtbereiche ein Wahlgebiet an. Der Prüfungskandidat gibt an, aus welchem Wahlgebiet der Wahlpflichtbereiche die Aufgaben der Aufsichtsarbeit zu stellen sind.

Sofern die schriftliche Hausarbeit in Informatik angefertigt wird, gibt der Kandidat hierfür ein weiteres Gebiet aus dem Pflichtbereich oder einem der gewählten Wahlpflichtbereiche an.

Wahlgebiete sind repräsentative Ausschnitte von Wahlpflichtbereichen, die im Umfang mindestens einer vierstündigen Lehrveranstaltung entsprechen.

Wahlgebiete dürfen sich in Sachverhalt und Problematik nicht überschneiden.

E. Prüfungsleistungen

a) Hausarbeit

Sofern die schriftliche Hausarbeit im Fach Informatik geschrieben wird, wird das Thema dem Gebiet entnommen, das der Prüfungskandidat für die Hausarbeit benannt hat.

b) Aufsichtsarbeit

Es ist eine vierstündige Aufsichtsarbeit zu fertigen. Die Aufgaben sind dem vom Prüfungskandidaten dafür benannten Wahlgebiet eines Wahlpflichtbereichs zu entnehmen.

Zugelassene Hilfsmittel müssen dem Prüfungskandidaten spätestens mit dem Termin der Aufsichtsarbeit mitgeteilt werden.

c) Mündliche Prüfung

Die mündliche Prüfung erstreckt sich zu gleichen Teilen auf den Pflichtbereich und den Wahlpflichtbereich, dem nicht das Wahlgebiet für die Aufsichtsarbeit entnommen wurde. Das vom Prüfungskandidaten für die mündliche Prüfung benannte Wahlgebiet ist zu berücksichtigen.

25. Prüfungsanforderungen für das Fach Latein mit einem Studienanteil von etwa 60 Semesterwochenstunden

A. Prüfungsbereiche

a) Lateinische Dichtung

b) Lateinische Prosaliteratur

Beide Prüfungsbereiche sind auf die römische Literatur und die Literatur des nachantiken Latein bezogen.

B. Zulassungsvoraussetzungen

Nachweis eines ordnungsgemäßen Fachstudiums im Umfang von etwa 60 Semesterwochenstunden.

Leistungsnachweis über die erfolgreiche Teilnahme an einem fachdidaktischen Hauptseminar in Latein.

Je ein Leistungsnachweis über die erfolgreiche Teilnahme an einem Haupt- oder Oberseminar aus den beiden Prüfungsbereichen, bezogen auf die römische Literatur.

Nachweis von Griechischkenntnissen, der in der Regel durch das Graecum erfolgt, wenn Griechisch nicht Prüfungsfach ist.

Nachweis von Kenntnissen in zumindest einer modernen Fremdsprache.

C. Prüfungsinhalte

Fähigkeit, vorgelegte prosaische oder poetische Texte sinnvoll, mit korrekter Aussprache und gegebenenfalls entsprechend der metrischen Gestaltung vorzulesen.

Fähigkeit, einen nicht vorbereiteten Text aus dem Kreis der wichtigen Dichter und Prosaiker der späten Republik und der frühen Kaiserzeit (einschließlich Tacitus) grammatisch zu analysieren, zu übersetzen, sachlich und stilistisch zu erklären sowie zur eigenen Übersetzung begründet Stellung zu nehmen.

Fähigkeit, einen deutschen Text aus dem Umkreis des antiken Denkens in grammatisch korrektes Latein zu übertragen.

Überblick über die römische Literaturgeschichte, der, bezogen auf die späte Republik und die frühe Kaiserzeit, durch Originallektüre einer repräsentativen Textauswahl gewonnen sein muß.

Überblick über eine Periode oder Gattung des nachantiken Latein.

Überblick über die römische Geschichte.

Kenntnis der Lautlehre, Formenlehre, Wortbildungslehre und Syntax des klassischen Latein im Rahmen der Geschichte der lateinischen Sprache.

Kenntnis der wichtigsten Versformen.

Gründliche Kenntnisse in je einem Wahlgebiet der Lateinischen Dichtung und der Lateinischen Prosaliteratur; eines der Wahlgebiete kann der Literatur des nachantiken Latein entnommen werden.

D. Wahlgebiete

Wahlgebiete sind z. B. Autoren, Gattungen oder literaturhistorische Zusammenhänge.

E. Prüfungsleistungen

a) Hausarbeit

Sofern die Hausarbeit im Fach Latein geschrieben wird, wird das Thema dem Wahlgebiet entnommen, das der Prüfungskandidat zusätzlich für die Hausarbeit benannt hat.

Verordnung
über die ergänzenden Staatsprüfungen für Lehrämter
(ESPO)
Vom 7. Februar 1984

Auf Grund des § 14 Abs. 3, des § 15 Abs. 2 und des § 18 des Lehrerbildungsgesetzes in der Fassung vom 25. Januar 1971 (GVBl. S. 341), zuletzt geändert durch Gesetz vom 12. Dezember 1978 (GVBl. S. 2361), wird verordnet:

Erster Teil
Gemeinsame Vorschriften

§ 1
Zweck der Prüfung

In der ergänzenden Staatsprüfung für ein Lehramt soll festgestellt werden, ob der Bewerber nach seinen Kenntnissen und Fähigkeiten auf Grund der Weiterbildung für das Amt

des Lehrers - mit fachwissenschaftlicher Ausbildung in zwei Fächern -,

des Lehrers an Sonderschulen

oder

des Studienrats

geeignet ist.

§ 2
Meldung zur Prüfung

(1) Vor der Meldung zur Prüfung soll sich der Bewerber durch das Prüfungsamt für seine Prüfungsvorbereitung beraten lassen.

(2) Die Meldung zur Prüfung enthält den Antrag auf Zulassung. Ihr sind folgende Unterlagen beizufügen:

1. Angabe des angestrebten Lehramtes und des ergänzenden Prüfungsfaches oder der sonderpädagogischen Fachrichtungen oder des zu vertiefenden Prüfungsfaches oder des zu vertiefenden und des ergänzenden Prüfungsfaches,

2. beglaubigte Abschriften der Zeugnisse über die im Land Berlin abgelegte Erste und Zweite Staatsprüfung für ein Lehramt oder über entsprechende Prüfungen oder Befähigungen sowie Belege über ihre erfolgte Gleichsetzung nach § 16 des Lehrerbildungsgesetzes,

3. Lichtbild in Paßbildgröße,

4. Erklärung des Bewerbers, ob und mit welchem Erfolg er sich bereits früher einer ergänzenden Staatsprüfung unterzogen hat, sowie gegebenenfalls eine beglaubigte Abschrift des Zeugnisses,

5. Lebenslauf mit näheren Angaben zur Person und zum Ausbildungsgang,

6. Belege über das Studium sowie Nachweise über die erfolgreiche Teilnahme an Lehrveranstaltungen und sonstige Bescheinigungen, die nach den Besonderen Zulassungsvoraussetzungen (§§ 11, 14, 18, 22, 26) verlangt werden,

7. ein nach Studiengebieten gegliedertes Verzeichnis der belegten Lehrveranstaltungen,

8. Nachweis über das Bestehen der nach der Studienordnung vorgesehenen Zwischenprüfung für das ergänzende Prüfungsfach,

9. Bescheinigung über die fristgemäße Ablieferung der Hausarbeit im Falle der Meldung zur ergänzenden Staatsprüfung für das Amt des Lehrers an Sonderschulen oder für das Amt des Studienrats,

10. Angabe der Wahlgebiete und Angaben zu den Wahlmöglichkeiten nach Maßgabe der Vorschriften des Zweiten Teils und der Prüfungsanforderungen,

11. Benennung der Prüfer für die Prüfungskommissionen gemäß § 10 a Abs. 3 Satz 1 des Lehrerbildungsgesetzes, sofern der Bewerber von seinem Benennungsrecht Gebrauch macht,

12. Angabe der Dienstbehörde des Bewerbers, sofern er im öffentlichen Schuldienst steht.

§ 3
Zulassungsvoraussetzungen, Prüfungsanforderungen

(1) Die Nummern 5 bis 21, 23 bis 37, 39 bis 42 und Nummer 44 der Anlage 1 der Verordnung über die Ersten (Wissenschaftlichen und Künstlerisch-Wissenschaftlichen) Staatsprüfungen für die Lehrämter (1. Lehrerprüfungsordnung - 1. LehrerPO 1982 -) vom 18. August 1982 (GVBl. S. 1650), geändert durch § 29 dieser Verordnung, gelten entsprechend mit folgenden Maßgaben:

1. In der ergänzenden Staatsprüfung für ein Lehramt gelten die Prüfungsanforderungen der Ersten Staatsprüfungen

   a) für die Fächer mit einem Studienanteil von etwa 80 oder etwa 100 Semesterwochenstunden als Prüfungsanforderungen für die zu vertiefenden Prüfungsfächer,

   b) für die Fächer mit einem Studienanteil von etwa 60 Semesterwochenstunden als Prüfungsanforderungen für die ergänzenden Prüfungsfächer.

2. Die in den Prüfungsanforderungen der Ersten Staatsprüfungen genannten Zulassungsvoraussetzungen gelten nur in den Fällen des § 18 Abs. 1 Nr. 4, des § 22 Abs. 1 Nr. 4 und des § 26 Abs. 1 Nr. 4.

3. Nummer 44 Doppelbuchst. D.a gilt nicht.

(2) Die fachlichen Zulassungsvoraussetzungen (§§ 11, 14, 18 Abs. 1 Nr. 3, § 22 Abs. 1 Nr. 3, § 26 Abs. 1 Nr. 3) sind in der Anlage 1 zu dieser Verordnung geregelt.

§ 4
Zulassung zur Prüfung

(1) Über den Antrag auf Zulassung zur Prüfung entscheidet das Prüfungsamt.

(2) Zur Prüfung wird zugelassen, wer die für die Meldung erforderlichen Unterlagen (§ 2 Abs. 2) vorgelegt und nach der Zweiten Staatsprüfung für ein Lehramt nach Maßgabe der Besonderen Zulassungsvoraussetzungen (§§ 11, 14, 18, 22, 26) an einer wissenschaftlichen oder künstlerisch-wissenschaftlichen Hochschule im Geltungsbereich des Grundgesetzes studiert hat. Der Bewerber soll mindestens das letzte Semester vor der Meldung zur Prüfung an einer wissenschaftlichen oder künstlerisch-wissenschaftlichen Hochschule des Landes Berlin studiert haben.

(3) Für die Zulassung zur ergänzenden Staatsprüfung für das Amt des Lehrers - mit fachwissenschaftlicher Ausbildung in zwei Fächern - und für das Amt des Lehrers an Sonderschulen kann abweichend von Absatz 2 an die Stelle des Hochschulstudiums der Besuch eines von dem für das Schulwesen zuständigen Senatsmitglieds zur Vorbereitung auf die ergänzende Staatsprüfung veranstalteten Kurses treten.

(4) Über die Zulassung oder Nichtzulassung erhält der Bewerber schriftlichen Bescheid. Die Nichtzulassung ist zu begründen und mit einer Rechtsbehelfsbelehrung zu versehen.

§ 5
Prüfungsverfahren

(1) Auf die ergänzende Staatsprüfung für ein Lehramt finden die nachfolgenden Vorschriften der 1. Lehrerprüfungsordnung entsprechende Anwendung:
§§ 2, 3, 7, 9, 10 Abs. 1 bis 3, §§ 12 bis 18, § 20 und § 21.

(2) Steht der Prüfungskandidat im öffentlichen Schuldienst, so ist einem Mitglied des für den Prüfungskandidaten zuständigen Personalrats die Anwesenheit während der mündlichen Prüfung sowie die Einsicht in die schriftlichen Prüfungsleistungen zu gestatten. Vor der Beratung über das Gesamtergebnis der Prüfung ist dem Mitglied des Personalrats, soweit der Prüfungskandidat nicht widerspricht, Gelegenheit zur Abgabe einer Stellungnahme zu geben. Der wesentliche Inhalt der Stellungnahme des Mitglieds des Personalrats oder der Widerspruch des Prüfungskandidaten ist in die Niederschrift über den Prüfungshergang aufzunehmen.

§ 6
Hausarbeit

Die Hausarbeit ist vor der Meldung zur Prüfung (§ 2 Abs. 2) zu fertigen. Der Bewerber beantragt bei dem Prüfungsamt, ihm das Thema der Hausarbeit zu stellen. Im übrigen gelten die Vorschriften des § 11 Abs. 3 bis 6 und des § 12 der 1. Lehrerprüfungsordnung entsprechend.

§ 7
Zeugnis, Bescheinigung, Bescheid

Hat der Prüfungskandidat die ergänzende Staatsprüfung für ein Lehramt bestanden, erhält er hierüber ein Zeugnis nach der Anlage 2 Buchstabe a bis e zu dieser Verordnung. Im übrigen gilt § 19 der 1. Lehrerprüfungsordnung entsprechend.

§ 8
Anwendung der Vorschriften über die Erste Staatsprüfung

Die in dieser Verordnung enthaltenen Verweisungen auf Vorschriften der 1. Lehrerprüfungsordnung beziehen sich auf die jeweils geltende Fassung dieser Vorschriften.

Zweiter Teil
Besondere Vorschriften für die einzelnen Lehrämter

Kapitel I
Ergänzende Staatsprüfung für das Amt des Lehrers
- mit fachwissenschaftlicher Ausbildung in zwei Fächern -

§ 9
Prüfungsleistungen, Prüfungsteile

(1) Die ergänzende Staatsprüfung für das Amt des Lehrers - mit fachwissenschaftlicher Ausbildung in zwei Fächern - besteht aus folgenden Prüfungsleistungen im ergänzenden Prüfungsfach:

eine oder zwei Aufsichtsarbeiten oder eine Aufsichtsarbeit und ein freier Vortrag nach Maßgabe der Prüfungsanforderungen sowie eine mündliche Prüfung.

(2) Ist das ergänzende Prüfungsfach Musik, besteht die Prüfung aus folgenden Prüfungsteilen:

1. eine praktische Prüfung im Hauptinstrument,

2. in Musiktheorie eine Aufsichtsarbeit (Satztechnik und Textanalyse) und eine mündliche Prüfung (Höranalyse und Theorie der Musik),

3. eine mündliche Prüfung in Musikwissenschaft.

§ 10
Ergänzende Prüfungsfächer

(1) Als ergänzendes Prüfungsfach kann eines der in § 28 Abs. 1 der 1. Lehrerprüfungsordnung genannten Fächer gewählt werden, sofern dieses Fach nicht bereits Prüfungsfach der vom Prüfungskandidaten abgelegten Ersten Staatsprüfung für das Amt des Lehrers war.

(2) Ein Fach nach Absatz 1 kann als ergänzendes Prüfungsfach nicht gewählt werden, wenn dieses Fach und das Prüfungsfach der vom Prüfungskandidaten abgelegten Ersten Staatsprüfung für das Amt des Lehrers eine nach § 28 Abs. 2 der 1. Lehrerprüfungsordnung nicht zulässige Fächerverbindung ergäbe.

§ 11
Besondere Zulassungsvoraussetzungen

Besondere Zulassungsvoraussetzungen sind Nachweise über

1. die abgelegte Zweite Staatsprüfung für das Amt des Lehrers,

2. ein Studium von mindestens zwei Semestern mit etwa 40 Semesterwochenstunden in dem ergänzenden Prüfungsfach sowie ein Praktikum, sofern das ergänzende Prüfungsfach Haushalt/Arbeitslehre, Technik/Arbeitslehre oder Wirtschaft/Arbeitslehre ist, nach Maßgabe der fachlichen Zulassungsvoraussetzungen (Teil A der Anlage 1 zu dieser Verordnung).

Kapitel II
Ergänzende Staatsprüfung für das Amt des Lehrers an Sonderschulen

§ 12
Prüfungsteile

(1) Die ergänzende Staatsprüfung für das Amt des Lehrers an Sonderschulen hat folgende Prüfungsteile:

1. eine wissenschaftliche Hausarbeit,

2. eine Aufsichtsarbeit in einer der sonderpädagogischen Fachrichtungen und eine mündliche Prüfung in den sonderpädagogischen Fachrichtungen.

(2) Das Thema der wissenschaftlichen Hausarbeit ist der einen sonderpädagogischen Fachrichtung zu entnehmen, das Thema der Aufsichtsarbeit der anderen sonderpädagogischen Fachrichtung.

§ 13
Sonderpädagogische Fachrichtungen

(1) Es sind zwei der nach § 33 Abs. 2 der 1. Lehrerprüfungsordnung zugelassenen sonderpädagogischen Fachrichtungen zu wählen.

(2) War das Prüfungsfach der vom Prüfungskandidaten abgelegten Ersten Staatsprüfung für das Amt des Lehrers Chemie, Englisch, Französisch, Latein oder Wirtschaft/Arbeitslehre, so können die sonderpädagogischen Fachrichtungen Geistigbehindertenpädagogik und Lernbehindertenpädagogik nicht gewählt werden. Das gleiche gilt, wenn die Prüfungsfächer der vom Prüfungskandidaten abgelegten Ersten Staatsprüfung für das Amt des Lehrers – mit fachwissenschaftlicher Ausbildung in zwei Fächern – oder der Ersten Staatsprüfung für das Amt des Lehrers und der ergänzenden Staatsprüfung für das Amt des Lehrers – mit fachwissenschaftlicher Ausbildung in zwei Fächern – die nachfolgenden Fächer waren:

1. zwei der in Satz 1 genannten Fächer oder

2. eines der in Satz 1 genannten Fächer und Russisch oder Informatik oder

3. Russisch und Informatik.

§ 14
Besondere Zulassungsvoraussetzungen

Besondere Zulassungsvoraussetzungen sind Nachweise über

1. die abgelegte Zweite Staatsprüfung für das Amt des Lehrers oder des Lehrers – mit fachwissenschaftlicher Ausbildung in zwei Fächern –,

2. ein Studium von mindestens drei Semestern mit etwa 60 Semesterwochenstunden in den sonderpädagogischen Fachrichtungen nach Maßgabe der fachlichen Zulassungsvoraussetzungen (Teil B der Anlage 1 zu dieser Verordung).

§ 15
Gewichtung der Prüfungsteile

Die zusammenfassenden Urteile über die Prüfungsteile sind bei der Feststellung des Gesamtergebnisses wie folgt zu gewichten:
2 (Hausarbeit) : 4 (sonderpädagogische Fachrichtungen).

Kapitel III
Ergänzende Staatsprüfung für das Amt des Studienrats

§ 16
Prüfungsteile

(1) Die ergänzende Staatsprüfung für das Amt des Studienrats hat folgende Prüfungsteile:

1. Eine wissenschaftliche Hausarbeit mit einem Thema aus dem zu vertiefenden Prüfungsfach,

2. zwei Aufsichtsarbeiten oder eine Aufsichtsarbeit und ein freier Vortrag nach Maßgabe der Prüfungsanforderungen und eine mündliche Prüfung in dem zu vertiefenden Prüfungsfach,

3. eine oder zwei Aufsichtsarbeiten oder eine Aufsichtsarbeit und ein freier Vortrag nach Maßgabe der Prüfungsanforderungen und eine mündliche Prüfung im ergänzenden Prüfungsfach.

(2) Absatz 1 Nr. 3 gilt nicht für Prüfungskandidaten, die eine Erste Staatsprüfung für ein Lehramt oder eine Erste Staatsprüfung und eine ergänzende Staatsprüfung für ein Lehramt abgelegt haben, in denen zwei der nach § 17 Abs. 2 bis 4 zugelassenen Fächer Prüfungsfächer waren.

§ 17
Prüfungsfächer

(1) Das zu vertiefende Prüfungsfach (§ 16 Abs. 1 Nr. 1 und 2) ist ein Prüfungsfach einer vom Prüfungskandidaten abgelegten Ersten Staatsprüfung oder ergänzenden Staatsprüfung für ein Lehramt.

(2) Als zu vertiefendes Prüfungsfach kann gewählt werden: Biologie, Chemie, Deutsch, Englisch, Erdkunde, Französisch, Geschichte, Latein, Mathematik, Physik, Russisch, Sozialkunde oder Sport.

(3) Als ergänzendes Prüfungsfach kann eines der in Absatz 2 genannten Fächer sowie Griechisch, Informatik oder Spanisch gewählt werden.

(4) Erdkunde in Verbindung mit Geschichte oder Sozialkunde, Geschichte in Verbindung mit Sozialkunde und Informatik in Verbindung mit Mathematik können nicht gewählt werden. Das gilt auch, wenn diese Fächer Prüfungsfächer einer vom Prüfungskandidaten abgelegten Ersten Staatsprüfung oder ergänzenden Staatsprüfung für ein Lehramt waren.

§ 18
Besondere Zulassungsvoraussetzungen

(1) Besondere Zulassungsvoraussetzungen sind Nachweise über

1. die abgelegte Zweite Staatsprüfung für das Amt des Lehrers oder des Lehrers – mit fachwissenschaftlicher Ausbildung in zwei Fächern –,

2. eine abgelegte Erste Staatsprüfung oder ergänzende Staatsprüfung für eines der in Nummer 1 genannten Ämter mit mindestens einem der in § 17 Abs. 2 bezeichneten Fächer als Prüfungsfach,

3. ein Studium von etwa 20 Semesterwochenstunden in dem zu vertiefenden Prüfungsfach nach Maßgabe der fachlichen Zulassungsvoraussetzungen (Teil C der Anlage 1 zu dieser Verordnung),

4. ein Studium von etwa 60 Semesterwochenstunden in dem ergänzenden Prüfungsfach nach Maßgabe der Prüfungsanforderungen.

(2) Absatz 1 Nummer 4 gilt nicht für die in § 16 Abs. 2 genannten Prüfungskandidaten.

§ 19
Gewichtung der Prüfungsteile

Die zusammenfassenden Urteile über die Prüfungsteile sind bei der Feststellung des Gesamtergebnisses wie folgt zu gewichten:
2 (Hausarbeit) : 4 (zu vertiefendes Prüfungsfach) : 3 (ergänzendes Prüfungsfach im Falle des § 16 Abs. 1 Nr. 3).

Kapitel IV
Ergänzende Staatsprüfung für das Amt des Studienrats mit dem Fach Musik

§ 20
Prüfungsteile

(1) Die ergänzende Staatsprüfung für das Amt des Studienrats mit dem Fach Musik hat folgende Prüfungsteile:

1. eine wissenschaftliche Hausarbeit mit einem Thema aus der Musikwissenschaft,

2. eine praktische Prüfung im Hauptinstrument,

3. in Musiktheorie eine Aufsichtsarbeit (Satztechnik und Textanalyse) und eine mündliche Prüfung (Höranalyse und Theorie der Musik),

4. eine mündliche Prüfung in Musikwissenschaft,

Gruppe B

(1) Allgemeine und technische Anwendungsgebiete der Chemie

b) Bescheinigungen über erfolgreiche Teilnahme sind für folgende Studienbereiche erforderlich:

Gruppe A (1 b), A (2 b).

c) Leistungsnachweise über die erfolgreiche Teilnahme mit Benotung sind für 2 Lehrveranstaltungen aus folgenden Studienbereichen erforderlich:

Gruppe A (3 b); B (1) (Seminar).

4. Deutsch

Nachweis eines ordnungsgemäßen Fachstudiums im Umfang von etwa 40 Semesterwochenstunden in den drei Prüfungsbereichen. Davon müssen mindestens je 16 Semesterwochenstunden in den beiden Prüfungsbereichen nachgewiesen werden, die gemäß Nummer 11 Buchst. A. der Anlage 1 der 1. Lehrerprüfungsordnung Gegenstand der Prüfung werden, in dem nichtgewählten Prüfungsbereich müssen es 8 Semesterwochenstunden sein.

Je ein Leistungsnachweis über die erfolgreiche Teilnahme an einem Hauptseminar in jedem der beiden Prüfungsbereiche gemäß Nummer 11 Buchst. A. der Anlage 1 der 1. Lehrerprüfungsordnung.

5. Englisch

Nachweis eines ordnungsgemäßen Fachstudiums im Umfang von etwa 40 Semesterwochenstunden.

Leistungsnachweis über die erfolgreiche Teilnahme an einer Lehrveranstaltung in Landeskunde.

Je ein Leistungsnachweis über die erfolgreiche Teilnahme an einem sprachwissenschaftlichen und einem literaturwissenschaftlichen Hauptseminar.

6. Erdkunde

Nachweis eines ordnungsgemäßen Fachstudiums im Umfang von etwa 40 Semesterwochenstunden.

Leistungsnachweis über die erfolgreiche Teilnahme an einer landeskundlichen Lehrveranstaltung.

Bescheinigungen über die erfolgreiche Teilnahme an einer oder mehreren wissenschaftlichen Exkursionen im Umfang von insgesamt 14 Tagen.

Leistungsnachweise über die erfolgreiche Teilnahme an zwei Hauptseminaren im Fach aus unterschiedlichen Prüfungsbereichen.

7. Französisch

Nachweis eines ordnungsgemäßen Fachstudiums im Umfang von etwa 40 Semesterwochenstunden.

Leistungsnachweis über die erfolgreiche Teilnahme an einer Lehrveranstaltung in Landeskunde.

Je ein Leistungsnachweis über die erfolgreiche Teilnahme an einem sprachwissenschaftlichen und einem literaturwissenschaftlichen Hauptseminar.

8. Geschichte

Nachweis eines ordnungsgemäßen Fachstudiums im Umfang von etwa 40 Semesterwochenstunden.

Leistungsnachweis über die erfolgreiche Teilnahme an vier Lehrveranstaltungen des Grundstudiums aus allen drei Prüfungsbereichen, davon zwei aus je einem Teilgebiet der Neuzeit gemäß Nummer 19 Doppelbuchst. D. a) der Anlage 1 der 1. Lehrerpüfungsordnung.

Leistungsnachweis über die erfolgreiche Teilnahme an einem Hauptseminar der neueren Geschichte.

Nachweis der erforderlichen Sprachkenntnisse in Latein und einer neuen Fremdsprache.

9. Haushalt/Arbeitslehre

Nachweis eines ordnungsgemäßen Fachstudiums im Umfang von etwa 40 Semesterwochenstunden.

Bescheinigung über die Teilnahme an einem Betriebspraktikum von vier Wochen Dauer zur Gewinnung elementarer Erfahrungen der Arbeitswelt sowie zur Erlangung von Fähigkeiten und Fertigkeiten im Bereich der Lebensmittelverarbeitung und im Bereich der Textilverarbeitung.

Je einen Leistungsnachweis über die erfolgreiche Teilnahme an Hauptseminaren nach Wahl des Bewerbers aus zwei der folgenden Lehrgebiete:

a) Wirtschaftslehre des Haushalts;

b) Ernährungs- und Lebensmittelwissenschaft;

c) Soziologie des Haushalts;

d) Ökologie des Haushalts;

einer der beiden Leistungsnachweise muß in den Lehrgebieten des Buchstaben a) oder b) erworben sein.

Bescheinigung über eine mindestens ausreichende selbständige Bearbeitung einer fachpraktischen Aufgabe; die Bescheinigung muß eine Note gemäß § 16 der 1. Lehrerprüfungsordnung enthalten. Der Anwendungsbezug zum Schulfach muß gegeben sein.

10. Informatik 

Nachweis eines ordnungsgemäßen Informatikfachstudiums im Umfang von etwa 40 Semesterwochenstunden.

Nachweis einer mathematischen Grundausbildung, bestehend aus der erfolgreichen Teilnahme an zwei Übungen.

Nachweis über die Teilnahme an einer Lehrveranstaltung im Pflichtbereich über DV-Anwendungen einschließlich ihrer Problematik und Auswirkungen.

Zwei Leistungsnachweise über die erfolgreiche Teilnahme an je einer Lehrveranstaltung über Programmiermethodik und ein Softwareprojekt.

Leistungsnachweis über die erfolgreiche Teilnahme an je einem Seminar, Projekt oder Fachpraktikum im Pflichtbereich und den beiden gewählten Wahlpflichtbereichen.

11. Latein

Nachweis eines ordnungsgemäßen Fachstudiums im Umfang von etwa 40 Semesterwochenstunden.

Je ein Leistungsnachweis über die erfolgreiche Teilnahme an einem Haupt- oder Oberseminar aus den beiden Prüfungsbereichen, bezogen auf die römische Literatur.

Nachweis von Kenntnissen in zumindest einer weiteren Fremdsprache.

12. Mathematik

Nachweis eines ordnungsgemäßen Fachstudiums im Umfang von etwa 40 Semesterwochenstunden, wobei sich die Studienzeit über die fachwissenschaftlichen Anteile etwa im Verhältnis 2:1 auf Pflicht- und Wahlpflichtbereich verteilen soll.

Im Pflichtbereich müssen Lehrveranstaltungen zu

a) Analysis

b) Analytische Geometrie/Lineare Algebra

nachgewiesen werden.

Die zu den Buchstaben a) und b) gehörenden Lehrveranstaltungen müssen etwa mit gleichem Gewicht vertreten sein.

Insgesamt können maximal 8 Semesterwochenstunden Übungen auf die geforderte Semesterwochenstundenzahl angerechnet werden.

Die im Wahlpflichtbereich nachzuweisenden Lehrveranstaltungen müssen aus folgenden Gebietsgruppen stammen:

PROGRAMMAUSSCHUSS

Vorsitzender: Prof. Dr. Klaus Haefner (Bremen)

Prof. Dr. Wolfgang Arlt (Berlin)
Prof. Dr. Klaus-Dieter Graf (Berlin)
Prof. Dr. Rul Gunzenhäuser (Stuttgart)
Dr. Peter Heyderhoff (Bonn)
MinR Winfried Hosseus (Mainz)
OSchR Hubert Kaiser (Berlin)
Bernhard Koerber (Berlin)
StD Mario Spengler (Hermeskeil)
Dr. Michael Tauber (Heidelberg)
Dr. Werner Thomas (Sindelfingen)

PROGRAMMBEIRAT

Dr. Ulrich Bosler (Kiel)
Prof. Dr. Wilfried Brauer (Hamburg)
Prof. Dr. Jürgen Eickel (München)
Prof. Dr. Peter Gorny (Oldenburg)
Prof. Dr. Heidi Heilmann (Furtwangen)
StD Dr. Karl-August Keil (Augsburg)
Dipl.-Math. Wilfried Koch (Berlin, Bonn)
Prof. Herbert Löthe (Esslingen)
Prof. Dr. Wolf Martin (Hamburg)
Prof. Dr. Jürg Nievergelt (Zürich)
Dipl.-Inform. Dieter Rohlfing (Dortmund)
Dr. Helmut Schauer (Wien)
Prof. Dr. Franz Stetter (Mannheim)

TAGUNGSLEITUNG

Prof. Dr. Wolfgang Arlt
Freie Universität Berlin - ZI 7
Habelschwerdter Allee 45
1000 Berlin 33
Tel. (030) 838 6329

TAGUNGSORT

Freie Universität Berlin
Zentralinstitut für Unterrichtswissenschaften und Curriculument-
wicklung (ZI 7)
Habelschwerdter Allee 45, 1000 Berlin 33
Eingang Fabeckstr. 35
Tagungsbüro: Tel. (030) 838 6327

Band 47: GWAI – 81 German Workshop on Artificial Intelligence. Bad Honnef, January 1981. Herausgegeben von J. H. Siekmann. XII, 317 Seiten. 1981.

Band 48: W. Wahlster, Natürlichsprachliche Argumentation in Dialogsystemen. KI-Verfahren zur Rekonstruktion und Erklärung approximativer Inferenzprozesse. XI, 194 Seiten. 1981.

Band 49: Modelle und Strukturen. DAG 11 Symposium, Hamburg, Oktober 1981. Herausgegeben von B. Radig. XII, 404 Seiten. 1981.

Band 50: GI – 11. Jahrestagung. Herausgegeben von W. Brauer. XIV, 617 Seiten. 1981.

Band 51: G. Pfeiffer, Erzeugung interaktiver Bildverarbeitungssysteme im Dialog. X, 154 Seiten. 1982.

Band 52: Application and Theory of Petri Nets. Proceedings, Strasbourg 1980, Bad Honnef 1981. Edited by C. Girault and W. Reisig. X, 337 pages. 1982.

Band 53: Programmiersprachen und Programmentwicklung. Fachtagung der GI, München, März 1982. Herausgegeben von H. Wössner. VIII, 237 Seiten. 1982.

Band 54: Fehlertolerierende Rechnersysteme. GI-Fachtagung, München, März 1982. Herausgegeben von E. Nett und H. Schwärtzel. VII, 322 Seiten. 1982.

Band 55: W. Kowalk, Verkehrsanalyse in endlichen Zeiträumen. VI, 181 Seiten. 1982.

Band 56: Simulationstechnik. Proceedings, 1982. Herausgegeben von M. Goller. VIII, 544 Seiten. 1982.

Band 57: GI – 12. Jahrestagung. Proceedings, 1982. Herausgegeben von J. Nehmer. IX, 732 Seiten. 1982.

Band 58: GWAI-82. 6th German Workshop on Artificial Intelligence. Bad Honnef, September 1982. Edited by W. Wahlster. VI, 246 pages. 1982.

Band 59: Künstliche Intelligenz. Frühjahrsschule Teisendorf, März 1982. Herausgegeben von W. Bibel und J. H. Siekmann. XIII, 383 Seiten. 1982.

Band 60: Kommunikation in Verteilten Systemen. Anwendungen und Betrieb. Proceedings, 1983. Herausgegeben von Sigram Schindler und Otto Spaniol. IX, 738 Seiten. 1983.

Band 61: Messung, Modellierung und Bewertung von Rechensystemen. 2. GI/NTG-Fachtagung, Stuttgart, Februar 1983. Herausgegeben von P. J. Kühn und K. M. Schulz. VII, 421 Seiten. 1983.

Band 62: Ein inhaltsadressierbares Speichersystem zur Unterstützung zeitkritischer Prozesse der Informationswiedergewinnung in Datenbanksystemen. Michael Malms. XII, 228 Seiten. 1983.

Band 63: H. Bender, Korrekte Zugriffe zu Verteilten Daten. VIII, 203 Seiten. 1983.

Band 64: F. Hoßfeld, Parallele Algorithmen. VIII, 232 Seiten. 1983.

Band 65: Geometrisches Modellieren. Proceedings, 1982. Herausgegeben von H. Nowacki und R. Gnatz. VII, 399 Seiten. 1983.

Band 66: Applications and Theory of Petri Nets. Proceedings, 1982. Edited by G. Rozenberg. VI, 315 pages. 1983.

Band 67: Data Networks with Satellites. GI/NTG Working Conference, Cologne, September 1982. Edited by J. Majus and O. Spaniol. VI, 251 pages. 1983.

Band 68: B. Kutzler, F. Lichtenberger, Bibliography on Abstract Data Types. V, 194 Seiten. 1983.

Band 69: Betrieb von DN-Systemen in der Zukunft. GI-Fachgespräch, Tübingen, März 1983. Herausgegeben von M. A. Graef. VIII, 343 Seiten. 1983.

Band 70: W. E. Fischer, Datenbanksystem für CAD-Arbeitsplätze. VII, 222 Seiten. 1983.

Band 71: First European Simulation Congress ESC 83. Proceedings, 1983. Edited by W. Ameling. XII, 653 pages. 1983.

Band 72: Sprachen für Datenbanken. GI-Jahrestagung, Hamburg, Oktober 1983. Herausgegeben von J. W. Schmidt. VII, 237 Seiten. 1983.

Band 73: GI - 13. Jahrestagung. Hamburg, Oktober 1983. Proceedings. Herausgegeben von J. Kupka. VIII, 502 Seiten. 1983.

Band 74: Requirements Engineering. Arbeitstagung der GI, 1983. Herausgegeben von G. Hommel und D. Krönig. VIII, 247 Seiten. 1983.

Band 75: K. R. Dittrich, Ein universelles Konzept zum flexiblen Informationsschutz in und mit Rechensystemen. VIII, 246 pages. 1983.

Band 76: GWAI-83. German Workshop on Artificial Intelligence. September 1983. Herausgegeben von B. Neumann. VI, 240 Seiten. 1983.

Band 77: Programmiersprachen und Programmentwicklung. 8. Fachtagung der GI, Zürich, März 1984. Herausgegeben von U. Ammann. VIII, 239 Seiten. 1984.

Band 78: Architektur und Betrieb von Rechensystemen. 8. GI-NTG-Fachtagung, Karlsruhe, März 1984. Herausgegeben von H. Wettstein. IX, 391 Seiten. 1984.

Band 79: Programmierumgebungen: Entwicklungswerkzeuge und Programmiersprachen. Herausgegeben von W. Sammer und W. Remmele. VIII, 236 Seiten. 1984.

Band 80: Neue Informationstechnologien und Verwaltung. Proceedings 1983. Herausgegeben von R. Traunmüller, H. Fiedler, K. Grimmer und H. Reinermann. XI, 402 Seiten. 1984.

Band 81: Koordination von Informationen. Proceedings, 1983. Herausgegeben von R. Kuhlen. VI, 366 Seiten. 1984.

Band 82: A. Bode, Mikroarchitekturen und Mikroprogrammierung: Formale Beschreibung und Optimierung. 6,1-227 Seiten. 1984.

Band 83: Software-Fehlertoleranz und -Zuverlässigkeit. Herausgegeben von F. Belli, S. Pfleger, und M. Seifert. VII, 297 Seiten. 1984.

Band 84: Fehlertolerierende Rechensysteme. 2. GI/NTG/GMR-Fachtagung, Bonn 1984. Herausgegeben von K.-E. Großpietsch und M. Dal Cin. X, 433 Seiten. 1984.

Band 85: Simulationstechnik. Proceedings, 1984. Herausgegeben von F. Breitenecker und W. Kleinert. XII, 676 Seiten. 1984.

Band 86: Prozeßrechner 1984. 4. GI/GMR/KfK-Fachtagung, Karlsruhe, September 1984. Herausgegeben von H. Trauboth und A. Jaeschke. XII, 710 Seiten. 1984.

Band 87: Mustererkennung 1984. Proceedings, 1984. Herausgegeben von W. Kropatsch. IX, 351 Seiten. 1984.

Band 88: GI - 14. Jahrestagung. Braunschweig, Oktober 1984. Proceedings. Herausgegeben von H.-D. Ehrich. IX, 451 Seiten. 1984.

Band 89: Fachgespräche auf der 14. GI -Jahrestagung. Braunschweig, Oktober 1984. Herausgegeben von H.-D. Ehrich. V, 267 Seiten. 1984.

Band 90: Informatik als Herausforderung an Schule und Ausbildung. GI-Fachtagung, Berlin, Oktober 1984. Herausgegeben von W. Arlt und K. Haefner. X, 416 Seiten. 1984.